汉学研究大系
Series of Chinese Studies
阎纯德 总主编

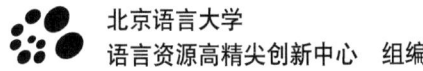
北京语言大学
语言资源高精尖创新中心　组编

列国汉学史丛书

英语世界的南戏传播与研究

林施望　译著

学苑出版社

图书在版编目（CIP）数据

英语世界的南戏传播与研究 / 北京语言大学语言资源高精尖创新中心组编；林施望译著. -- 北京：学苑出版社，2019.4
(汉学研究大系 / 阎纯德总主编)
ISBN 978-7-5077-5677-7

Ⅰ.①英… Ⅱ.①北… ②林… Ⅲ.①南戏－文化传播－研究－国外②南戏－英语－翻译－研究 Ⅳ.①I207.37②H315.9

中国版本图书馆CIP数据核字(2019)第065208号

责任编辑：杨 雷 张敏娜
出版发行：学苑出版社
社　　址：北京市丰台区南方庄2号院1号楼
邮政编码：100079
网　　址：www.book001.com
电子信箱：xueyuanpress@163.com
联系电话：010-67601101（销售部） 67603091（总编室）
经　　销：新华书店
印　刷　厂：北京建宏印刷有限公司
开本尺寸：710×1000　1/16
字　　数：460千字
印　　张：30
印　　数：1500册
版　　次：2019年4月第1版
印　　次：2019年4月第1次印刷
定　　价：65.00元

汉学研究大系 组织编写委员会

主　任：李宇明　　刘　利
成　员：阎纯德　　杨尔弘　　刘晓海　　田列朋

汉学研究大系 总编辑委员会

总顾问：袁行霈　　李学勤
顾　问：王晓平　　乐黛云　　宇文所安　李明滨　　吴志良
　　　　严绍璗　　张西平　　宋绍香　　何培忠　　郁　白
　　　　孟　白　　钱林森　　崔希亮　　柴剑虹　　阎国栋
　　　　熊文华
主　任：李宇明
总主编：阎纯德
助　理：陈　晶

列国汉学史丛书 编辑委员会

主　任：刘　利
副主任：韩经太
主　编：阎纯德　　吴志良
编　委：安平秋　　许光华　　李海绩　　李雪涛　　陈开科
　　　　陈戎女　　杨玉英　　张国刚　　周　阅　　侯且岸
　　　　钱婉约　　徐志啸

序 一

经过近30年多位学者的辛劳努力,现在我们可以说,国际汉学研究确实已经成长为一门具有特色的学科了。

"汉学"一词本义是对中国语言、历史、文化等的研究,而在国内习惯上专指外国人的这种研究,所以特称"国际汉学",也有时作"世界汉学""国际中国学",以区别于中国人自己的研究。至于"国际汉学研究",则是对国际汉学的研究。中外都有学者从事国际汉学研究,但我们在这里讲的,是中国学术界的国际汉学研究。

自从改革开放以来,国际汉学研究改变了禁区的地位,逐渐开拓和发展。其进程我想不妨划分为三个阶段:一开始仅限于对国际汉学界状况的了解和介绍,中心工作是编纂有关的工具书,这是第一个阶段。到了20世纪90年代,出现国际汉学研究的专门机构,大量翻译和评述汉学论著,应作为第二个阶段。在这两个阶段里,学者们为深入研究国际汉学打好了基础,准备了条件。新世纪到来之后,进入全面系统地研究国际汉学的可能性应该说业已具备。

今后国际汉学研究应当如何发展,有待大家磋商讨论。以我个人的浅见,历史的研究与现实的考察应当并重。国际汉学研究不是和现实脱离的,认识国际汉学的现状,与外国汉学家交流沟通,对于我国学术文化的发展以至于多方面的工作都是必要的。我曾经提议,编写一部中等规模的《当代国际汉学手册》,使我们的学者便于使用;如果有条件的话,还要组织出版《国际汉学年鉴》。这样,大家在接触外国汉学界时,不会感到隔膜,阅读外国汉学作品,也就更容易体味了。必须指出的是,国际汉学有着长久的历史,因此现实和历史是分不开的,不了解各国汉学的历史传统,终究无法认识汉学的现状。

我们已经有了不少国际汉学史的著作及论文。实际上,公推为中国最早的汉学史专书,是1949年出版的莫东寅《汉学发达史》,尽管是通史体裁,但也包含了分国的篇章。这本书最近已有经过校勘的新版,大家容易看到,尽管只是概述性的,却使读者能够看到各国汉学相互间的关系。由此可见,有组织、有系统地考察各国汉学的演进和成果,将之放在国际汉学整体的背景中来考察,实在是更为理想的。

这正是我在这里向大家推荐阎纯德教授、吴志良博士主编的这套"列国汉学史书系"的原因。

阎纯德教授在北京语言大学主持汉学研究所工作多年,是我在这方面的同行和老友,曾给我以许多帮助。他为推进国际汉学研究,可谓不遗余力,所做出的重要贡献是学术界周知的。在他的引导之下,《中国文化研究》季刊成为这一学科的园地,随之又主编了《汉学研究》,列为《中国文化研究汉学书系》,有非常广泛的影响。其锲而不舍的精神,我一直敬服无地。特别要说的是,阎纯德教授这几年为了编著这套"列国汉学史书系"所投入的心血精力,可称出人意想。

在《汉学研究》第八集的"卷前絮语"中,阎纯德教授慨叹:"《汉学研究》很像同人刊物,究其原因,是从事这个领域研究的学者太少,尤其是专门的研究者更是少之又少,所以每一集多是读者相熟的面孔。"现在看"列国汉学史书系",作者已形成不小的专业队伍,这是学科进步的表现,更不必说这套书涉及的范围比以前大为扩充了。希望"列国汉学史书系"的问世成为国际汉学研究这个学科在新世纪蓬勃发展的一个界标。让我们在此对阎纯德教授和这套书的各位作者,还有出版社各位所做出的劳绩表示感谢。

李学勤

2007 年 4 月 8 日

于清华大学国际汉学研究所

序　二

汉学历史和学术形态历史是既抽象又具体的存在,是浩瀚无边的过去、现在和未来。历史会让我们兴奋,也会使我们悲哀,有时还会觉得它仿佛是一个梦。但是,当我们梦醒而理智的时候,便会发现——太阳、地球、人类社会,一切的一切,不管是曾经存在过的恐龙,还是至今还在生生不息的蚂蚁社群,天上的,地下的,看得见的,看不见的,一切都有自己的历史。一切都有过发生,一切都还在发展,可能还会灭亡。

任何事物的发生都有一个有形或无形的孕育过程,"汉学"（Sinology）也是这样,其孕育和成长,就是中国文化与异质文化相互交媾浸淫的历史。这个历史,始于公元1世纪前后汉代所开通的丝绸之路,接下来是七八世纪的大唐帝国、十四五世纪的明代、清末的鸦片战争和五四新文化运动,这种文化的碰撞和交流之潮时起时伏直到今天,还会发展到永远。这是历史,是汉学的昨天、今天和未来,是其孕育、发生和成长的过程显现出的文化精神。但是,昨天有远有近,我们可以寻着蛛丝马迹探讨找回其真;而今天,只是一个过渡,一俟走过,便成为昨天的陈迹。

写作汉学史是一件艰难的劳作,尤其对象是遥远的昨天,尤其是"遗失"在异国他乡的昨天,更非一件易事。时至今日,朦胧面纱下的汉学还不完全为一些学人所认识,因此有必要取下面纱,让人们看个究竟。

中华人民共和国成立最初的30年,对于"汉学"讳莫如深,因为"它"被认为是个有害于中国的"坏东西";从20世纪70年代中期之后,尤其90年代以降,"汉学"便逐渐成为学术界耳熟能详的学术名词。中国大陆重提"汉学"至今,汉学就像隐藏在深山里的小溪,经过30年的艰辛跋涉,才终于形成一条奔腾的水流,并成为中国文化水系不可或缺的组成部分;尤其是到了21世纪10年代之后,国家领导人也提出倡导研究汉学（中国学）。这是天翻地覆的文化壮举。这个变化是时代和历史变迁带来的结果,也是文化自己发展的规律。

那么,究竟什么是汉学呢? 首先,这里的汉学非指汉代研究经学注重名物、训诂——后世称"研究经、史、名物、训诂考据之学"的"汉学",而是指外国人研究中国历史、语言、哲学、文学、艺术、宗教、考古及社会、经济、法律、科技等人文和社会科学领域的学问,这起码是近300来年世界上的习惯学术称谓。李学勤(1933—2019)教授多次说:"'汉学',英语是Sinology,意思是对中国历史文化和语言文学等方面的研究。在国内学术界,'汉学'一词主要是指外国人对中国历史文化等的研究。有的学者主张把它改译为'中国学',不过'汉学'沿用已久,在国外普遍流行,谈外国人这方面的研究,用'汉学'比较方便。"[①]Sinology一词来自外国,它不是汉代的"汉",也不是汉族的"汉",不指一代一族,其词根Sino源于秦朝的"秦"(Sin),所指是中国。为了弄清Sinology的真正含义和译义,我曾向西方多位汉学家征求其看法。他们几乎毫无疑义地认为:Sinology的词根"Sino",意思是"秦",所指是中国,源自拉丁词语"Sina"(China,中国),"logia"为希腊词语,其意为"科学",或含有考古学或哲学的部分意思;前者所示是"中国",后者所示是"科学"或"研究",两者相加,Sinology就是"中国的科学研究"。Sinology一词的诞生,最早应是始于后利玛窦时代,出自某个传教士的智慧——借用汉代和清代的"汉学"。从那时起,西方传教士就将对中国的文化研究称为Sinology(汉学),研究者称为Sinologist(汉学家)。

如果我们将Sinology在学术上称为"汉学"和"中国学",名字虽异,但实质上它们是"异名共体",所表述的内涵完全一样。高利克在回信中说:"我认为Sinology(汉学)或Sinologist(汉学家)是用以指称我们所从事的事业之恰当的词语。"

在历史长河里,汉学由胚胎逐渐发育成长。当汉学走过少年时代,在西学东渐和中学西传互示友情之后,中学开始影响西方而成为人类文明史上的伟大事件。中世纪以来,欧洲视中国为"修明政治之邦",对中国充满了好奇与好感,18世纪"中国热"蜂起欧洲,19世纪初期法国便成为西方汉学的中心,巴黎成为"汉学之都"。戴密微(Paul Demiéville,1894—1979)曾说汉学的先驱是葡萄牙、西班牙和意大利。但是,汉学作为学术研究和

---

① 李学勤《国际汉学漫步·序》,河北教育出版社,1997年。

一种文化形态,举大旗的则是法国人。1814 年 12 月 11 日,雷慕沙(Jean Pierre Abel Rémusat,1788—1832)在法兰西学院首开"汉语和鞑靼—满语语言与文学讲座",开启了西方真正的汉学时代。但指代汉学的"Sinologie"(英文"Sinology")一词则出现在 17 世纪末,应该早过雷慕沙主持第一个汉学讲座 100 年的时间。从此之后,"Sinology"便成为主导汉学世界的图腾、约定俗成的学术"域名"。在世界文化史和汉学史上,外国人把研究中国的学问称为"汉学",研究中国学问的造诣深厚的学者称为"汉学家"。因此,我认为,我们不必要标新立异,根据西方绝大部分汉学家的习惯看法,"Sinology"发展到如今,这一学术概念有着最广阔的内涵,绝不是汉代和清代独有的"汉学",更不是什么"汉族文化之学",它涵盖中国的一切学问,既有以儒释道为核心的传统文化,也包含"敦煌学""西夏学""突厥学""满学"以及"藏学"和"蒙古学"等领域。由于汉学的发展、演进,以法国为首的"传统汉学"(Sinology)和以美国为首的"现代汉学"("中国学",Chinese Studies),到了 20 世纪中叶之后,研究内容、理念和方法,已经出现兼容并包状态,就是说 Sinology 可以准确地包含 Chinese Studies 的内容和理念;从历史上看,尽管 Sinology 和 Chinese Studies 所负载的传统和内容有所不同,但现在却可以互为表达、"雌雄同体"于同一个学术概念了。话再说回来,对于这样一个负载着深刻而丰富历史内涵的学术"域名",我以为还是叫它"汉学"(Sinology)为好,因为 Sinology 不仅承继了汉学的传统,而且也容纳了 Chinese Studies 较为广阔而现代的内容。另外,中国人对中国文化的研究应该称为国学,而外国学者研究中国文化的那种学问则称为汉学。汉学是国学有血有肉有灵魂的"影子",而汉学不是国学,是介于中学与西学两者之间、本质上更接近西学的一种文化形态。说它与国学同根而生,说它们是"一条藤上的两个瓜"(许嘉璐语),都不为过,然而瓜的形象与味道却不相同,一个是"东瓜",一个是"西瓜"。我认为这样认识汉学,既符合中国文化的学术规范,又符合世界上的历史认同与学术发展实际。

汉学的历史是中国文化与异质文化交流的历史,是外国学者阅读、认识、理解、研究、阐释中国文明的结晶。汉学是中国文化和外国文化撞击后派生出来的学问,实际上也是中国文化另一种形式的自然延伸。但是,汉学不是纯粹的中国文化,它与中国文化有着密不可分的血缘关系,它既是中外文化的"混血儿",又是可以照见"中国文化"的镜子,是可以攻玉的"他山之石";"'Sinology'是一门在国际文化中涉及双边或多边文化关系的近代边缘性的学术,它以'中国文化'作为研究的'客体',以研究者各自的'本土文化语境'作为观察'客体'的基点,在'跨文化'的层面上各自表述其研究的结果,它具有'泛比较文化研究'的性质。"①以上两种表述虽有不同,但学理一致,基本可以厘清我们对于 Sinology 的学术定位。

　　法国汉学家马伯乐(Henri Maspero,1883—1945)说过:"中国是欧洲以外仅有的这样的一个国家:自远古起,其古老的本土文化传统一直流传至今。"法国哲学家弗朗索瓦·于连(François Jullien)也说:"中国文明是在与欧洲没有实际的借鉴或影响关系之下独自发展的、时间最长的文明……中国是从外部审视我们的思想——由此使之脱离传统成见——的理想形象。"②他在《为什么我们西方人研究哲学不能绕过中国》中提出:"我们选择出发,也就是选择离开,以创造远景思维的空间。人们这样穿越中国,也是为了更好地阅读希腊。"为了获得一个"外在的视点",他才从遥远的视点出发,并借此视点去"解放"自己。这便是一个未曾断流、在世界上仅存的几种古老文化之一的中国文明的意义。中国文明是一道奔流不息的活水,活水流出去,以自己生命的光辉影响世界;流出的"活水"吸纳异国文化的智慧之后,形成既有中国文化的因子,又有外国文化思维的一种文化,这就是"汉学"。也就是说,汉学是以中国文化为原料,经过另一种文化精神的智慧加工而形成的一种文化。从某种意义上说,汉学既是外国化了的中国文化,又是中国化了的外国文化;抑或说是一种亦中亦西、不中不西,有着独立个性的文化。汉学作为一门独立的具有跨文化性质的学科,是外国文化对中国文化借鉴的结果。汉学对外国人来说是他们的"中学",对中国人来说又是西学,它的思想和理论体系仍属"西学"。

　　我们的汉学研究,是指对外国汉学家及其对中国文化研究成果的再研究,是中国学者对外国学者研究中国文化的反馈,也是对外国文化借鉴的一个方面。凡是对历史或异质文化进行研究,都有一个价值判断和公正褒贬的问题。因此,对于汉学家对中国文化的研究,必得有我们自己的判断,

---

① 严绍璗《我对 Sinology 的理解和思考》,载《世界汉学》2006 年第 4 期。
② [法]弗朗索瓦·于连(François Jullien)《迂回与进入》,香港三联书店,1998 年。

然后做出公正的褒贬。我们说汉学是可以攻玉的"他山之石",但是这句箴言并非只适用于中国人,对外国人也是一样。汉学也像外国的本体文化一样,对我们来说有借鉴作用,对西方来说有启迪作用——西方学者以汉学为媒介来了解中国,汲取中国文化的精华,完善自己的文明。人类由于文化背景差异和文化语境的不同,思维方向和方式也会不同,因而就会得出不同的结论,讲出不同的道理。"西方学者接受近现代科学方法的训练,又由于他们置身局外,在庐山以外看庐山,有些问题国内学者司空见惯,习而不察,外国学者往往探骊得珠。如语言学、民俗学、考古学、人类学、社会学诸多领域,时时迸发出耀眼的火花。"[①]汉学的学术价值往往不被国人重视,并利用汉学家对于中国文化的一些误读而贬低汉学的价值。其实,这并不公平,有些汉学家对于中国文化确实有其独到的见解,能发中国人未发之音。法国汉学家马伯乐对中国上古文化和上古宗教的研究就有独到的贡献,中国学者称赞他对中国宗教研究有开"先河"之功。他研究中国宗教的宗教社会学之方法,促进和推动了中国学者采用宗教社会学来研究中国宗教,被称为"中国宗教社会学研究的真正创始人"。

踏着地理学家和探险家斯文·赫定(Sven Hedin,1865—1952)的足迹来到中国的瑞典地质学家、考古学家安特生(John Gunnar Andersson,1874—1960),他对中国的贡献足以说明他也是一位汉学家。1914年,他被中国北洋政府农商部聘任为矿政顾问,他先是从事地质调查,写出《中国的铁矿和铁矿工业》和《华北马兰台地》的调查报告,然后致力于古生物化石的收集和研究。1921年10月,在河南渑池发现仰韶文化,因此被誉为"仰韶文化之父"。他的研究揭开了中国田野考古工作的序幕,改变了中国近代考古的面貌。他有《甘肃考古记》、《中国远古之文化》(*An Early Chinese Culture*,1923)、《黄土的女儿:中国史前史研究》(*Children of the Yellow Earth:Studies in Prehistoric China*)等著作。

瑞典汉学家高本汉(Bernhard Karlgren,1889—1978)的最高成就是根据研究古代韵书、韵图和现代汉语方言、日朝越诸语言中汉语借词译音构拟汉语中古音,以及根据中古音和《诗经》用韵、谐声字构拟古音,写出著名的学术专著《中国音韵学研究》《汉语中古音与古音概要》《古汉语字典

[①] 季羡林《汉学研究·序》第七集,中华书局,2003年。

重订本》《中日汉字形声论》《论汉语》《诗经注释》《尚书注释》和《汉朝以前文献中的假借字》等。他对汉语音韵训诂的研究是不少中国学者所不及的,并深刻影响了对于中国音韵训诂的研究。20世纪日本学者津田左右吉(Tsuda Soukichi,1873—1961)关于中国文化的研究著述甚丰,他认为中国文化是一种"人事本位文化",其核心是"帝王文化",其他认识上尽管有偏颇,但也有其独异性和深刻之处。这就是"他山之石"的意义和价值。

当然,不可否认,汉学家对于中国文化的误读或歪曲也是常见的。美国现代汉学(中国学)的奠基人费正清对中国历史尤其近代史的研究独具风采,为美国人民认识中国搭建了一座桥梁;但他在研究上的所谓"冲击—回应"模式,却近乎荒谬,认为是西方给中国带来了文明,是西方的侵略拯救了中国。

综上所述,对于汉学成果的研究,只有冷静、公正、客观、全面,才能在沙中淘得真金,发现真正的"他山之石"。

在中国,汉学的接受与命运,诚实地说,在20世纪80年代初期之前,基本上是无视它的学术价值,更没人把它看作是中国文化的延伸。此外,由于民族心理上的历史"障碍",我们还曾视汉学为洪水猛兽,甚至觉得它是仇视中国、侮辱中国的一个境外的文化"孽种"。这种"观点",虽嫌偏颇,当然也不是空穴来风。因为自19世纪"鸦片战争"前后,直至20世纪40年代,偌大的中国曾经惨遭蹂躏,其间也不乏为列强殖民政策服务的少数传教士、"旅行家"和"学者"深入中国腹地,以旅行、探险、考古之名而实行社会情报的搜集、盗窃和骗取中国文物。

人类思想的飞翔,是受社会和历史禁锢的,山高水远的阻隔也使得人类互相寻找的岁月特别漫长。交流是人类文化选择的自然形态,汉学就发生在这种物质交流和文化交流之中。

人类在互相寻找的初级阶段,中国和西方试探性的商业交往还很原始,那时的人类,不同的国家、民族和族群处于相对落后和封闭的状态,人类各个角落的不同文化还处于相对不自觉或是相对蒙昧的历史时期。在人类最早的沟通中,中国人走在最前边。公元前139年,张骞奉汉武帝之命,越过葱岭,亲历大宛、康居、大月氏、大夏、乌孙、安息等地,直达地中海东岸,先后两次出使中亚各国,历时十多年,开创了古代和中世纪贯通欧亚非的陆路"丝绸之路",为人类交往开了先河,也为汉学的萌发洒下最初的雨露。

在文化史上,以孔孟儒家学说为核心的中国文化最先影响朝鲜半岛,然后才是日本和越南等周边国家。这些周边国家与中国的关系复杂,甚至被说成同种同文,因此可以说它们的文化与中国文化有着很深的"血缘"关系。公元522年,中国佛教渡海东传日本,从那时开始,中国典籍便大量传入日本;但这只是一种"输入",只是日本创建自己文化的借鉴,并没有形成对于中国文化的深层研究。及至唐代,由于文化上承接了汉朝的开放潮流,那时与异质文化的交流相对更加频繁,商贸往来和文化沟通有了发展,西方和中国周边国家或地域的人士通过陆路和水路进入中国腹地,有的经商,有的留学,长安(今西安)、洛阳、扬州、广州、泉州等城市,都是中外贸易和文化交汇的重要都会。尤其是长安(今西安),是当时世界最大的商业文化之都;而扬州、广州、泉州等,由于东南沿海经济崛起、人口增多、手工业发达、农田水利的改善,为海外贸易发展创造了条件,再由于唐代中期"安史之乱"切断了陆路"丝绸之路"的缘故,曾称为"鲤城""温陵""刺桐城"的泉州,便成为联结亚洲、欧洲和非洲的海上丝绸之路的"东方第一大港",是那时以丝绸、金银、铜器、铁器、瓷器为主的国际贸易之都。通过频繁的往来和交流,外国人对中国文化的认识越来越多、越来越深,汉学也便在这种交流中不知不觉慢慢衍生。

但是,源远流长的汉学,人们习惯地认为其洪流和网络在西方,西方是汉学的形象代表。这种看法,一是源自近代以来西方强势文化和中国人的崇洋心理;二是西方汉学的某些特征也确实有别于朝鲜半岛、日本和越南的汉学。其实,如果我们从世界汉学历史发展的角度看,日本、朝鲜半岛和越南的汉学要早于西方的汉学,比如日本在十四五世纪已经初步形成了汉学,而那时西方的传教士还没有进入中国。因此,对于汉学的研究,无论是西方还是东方(朝鲜半岛、日本和越南),我们都不能顾此失彼,要以同样的关注和努力而探讨之。当然,汉学的历史藏在文献里,而隐性源头却可能在文献之外。

文化往往伴随经济流动,其交流也会在不自觉或无意识状态下发生。到了明代初年,郑和于1405年,率200多艘舰船的庞大舰队出使西洋,前后7次,历经28年,到过30多个国家,最远抵达非洲东岸和红海口,真正拓展了海上"丝绸之路"。

在公元八九世纪至十六七八世纪期间,关于中国,多见于西方商人、外交使节、旅行家、探险家、传教士、文化人所写的游记、日记、札记、通信、报告之中,这些文字包含着重要的汉学资源,因此这些文献被称为"旅游汉学"。这些人的东来源于文艺复兴,因为思潮的开放影响了欧洲人的思想和生活,他们或通商,或传教,或猎奇,但了解和研究中国文化却是一致的,于是汉学便在葡萄牙、西班牙、意大利、法国、荷兰、英国、德国、俄罗斯等主要的西方国家逐步发展起来。

这类游记和著作较早的,有约在公元851年成书的描述大唐帝国繁荣富强的阿拉伯帝国(大食国)旅行家苏莱曼(Sulayman)的《中国印度见闻录》(又译《苏莱曼东游记》)、威廉·吕布吕基斯(1215—1219)的《远东游记》(1254)、意大利雅各布·德安克纳的《光明城》(*The City of Light*);这类"旅游汉学"著作中,最著名且影响至今的当属《马可·波罗游记》(*The Travels of Marco Polo*,又译《东方见闻录》)。马可·波罗(Marco Polo,1254—1324)于1275年随父亲和叔父来中国,觐见过元世祖忽必烈,1295年回国后出版了这本书,它以美丽的语言和无穷的魅力翔实地记述了中国元朝的财富、人口、政治、物产、文化、社会与生活,第一次向西方细腻地展示了"唯一的文明国家""神秘中国"的方方面面。

大航海凯旋不久,欧洲传教士最初到世界各地传教,在美洲和日本等许多地方遭遇不顺。但是,他们唯独在中国这个以德仁待人的文明国度得到了善待。庞迪我(Diego de Pantoja,1571—1618)在1602年写给西班牙主教的信里说:"中国那么强大,为什么不去征服那些周边小的国家,甚至一任那些小国给它制造麻烦呢?因为中国不想用自己的威力征服别人。这一事实,对欧洲人来说是不可理解的;中国人与他们的皇上并不寻求或梦想超过他们目前的国土疆界来扩大他们的帝国。"利玛窦(Matteo Ricci,1552—1610)说:"在这样一个几乎具有无数人口和无限国土幅员辽阔、各种物产丰富的国家,虽然它有装备精良的陆军和海军,很容易征服临近的国家,但他们的皇上和人民却从来没想过要发动侵略战争,他们很满足于自己已有的东西,没有征服别人的野心。在这方面,他们与欧洲人很不相同,欧洲人常常不满意自己的政府,并贪婪祈求别人享有的东西……我仔细研究了中国四千多年的历史,我不得不承认,我从未见过这类征服的记载,我也没有听说过他们对外侵略、扩张国界。"

序　二

从 16 世纪到十八九世纪，在数以千计的散布在中国各地的传教士中，有不少人成为名载史册的汉学先驱，他们为汉学的发展做出了重大贡献。自 1540 年圣伊纳爵·罗耀拉（St Ignatins de Loyola, 1491—1556）、圣方济各·沙勿略（St. Francisco Xavier, 1506—1552）等人来华，开始了以葡萄牙、西班牙、意大利传教士为主的第一波耶稣会的传教活动。接着，意大利的范礼安（Alexandre Valignani, 1539—1606）、罗明坚（Michel Ruggieri, 1543—1607）等著名传教士来华。明朝万历十一年（1583 年），罗明坚又将利玛窦神甫带到中国，从此，耶稣会传教士在中国的宗教活动无论是对于西方还是东方，都开始了一个新的历史时期。

西方众多旅行家、探险家、商人和耶稣会士来华，他们笔下的许多记载和著译，催生了汉学。葡萄牙贝尔西奥（P. Belchior, 1519—1571）的《中华王国的风俗与法律》（1554）、葡萄牙多明我会传教士加斯帕尔·达·克鲁斯（Gaspar da Cruz, 1520—1570）全面介绍中国的《中国情况详介专著》，最著名的是 1585 年在罗马出版的西班牙胡安·冈萨雷斯·德·门多萨（Juan Gonsales de Mendoza, 1545—1618）编著的《中华大帝国史》（Dell'historia della China，又译《大中国志》）。这位没有来过中国的传教士汉学家，却根据自己所掌握的有关中国文献写出了第一部真正的汉学著作，名副其实地对中国的政治、历史、地理、文字、教育、科学、军事、矿产、物产、衣食住行、风俗习惯等做了百科全书式的介绍，具有相当的学术价值，以七种文字印行，风靡欧洲。

在这个一百多年的岁月里，前后出版的有金尼阁（Nicolas Trigault, 1577—1629）根据利玛窦日记的整理，加上自己的中国见闻合著为《利玛窦中国札记》（Regni Chinensis Descriptio，又译《基督教远征中国史》）、亚历山大·德·罗德（Alexandre de Rhodes, 1591—1660）的《在中国的数次旅行》（1666），比利时南怀仁（Ferdinand Verbiest, 1623—1688）的《中国皇帝出游西鞑靼行记》（1684），葡萄牙费尔南·门德斯·托平的（Fernão Mendes Pinto, 1509—1583）的《远游记》，法国李明（Louis-Daniel Le Comte, 1655—1728）的《关于中国现状的新回忆录》（Nouveau mémoire sur l'état présent de la Chine, 1696，又译《中国近事报道》）和《中华帝国全志》（《中国通志》），等等。

这些包罗万象的文献，不仅记录了不同时代的中国，还以自己的文化视角开始了中西文化最初的碰撞。作为文献,这些游记、日记、札记、通信和报告,有赞美,有误读,也有批评,但因为其中包含大量中国物质文化及政治、经济、历史、地理、宗教、科举等多方面的文化记载,而成为汉学的重要组成部分,在学术史上有重要价值。

汉学的发生、发展与经济、政治、交通以及资讯分不开。有学者把汉学的历史分为"萌芽""初创""成熟""发展""繁荣"几个时期,也有的分为"游记汉学时期""传教士汉学时期"和"专业汉学时期"三个阶段。但汉学的真正形成是在明末清初兴起的"西学东渐"和"中学西传"的互动之中。

以利玛窦为核心的耶稣会士的历史意义在于他们开始了对中国文化的全面开垦,不仅著书立说,还把《大学》《中庸》《论语》《孟子》等中国文化经典译成西文,不仅开西学东渐之先河,也推动了中学西传,使中国文化对西方科学与哲学产生重要影响,因此这位思想家当仁不让地被视为西方汉学的鼻祖。与其先后到达中国的著名的传教士大都曾著书立说、传播中国文化,对推动西学东渐和中学西传做出了贡献。

在世界汉学史上,除了以上提及的,还有许多汉学家的名字十分响亮,如曾德照、柏应理、卫匡国、殷铎泽、南怀仁、汤若望、龙华民、罗如望、熊三拔、张诚、白晋、马若瑟、宋君荣、钱德明、翟理斯、安特生、雷慕沙、儒莲、德理文、安东尼·巴赞、蒙田、冯秉正、尼·雅·比丘林、巴拉第·卡法罗夫、瓦西里耶夫、沙畹、伯希和、马伯乐、葛兰言、马礼逊、斯坦因、理雅各、李约瑟、韦利、霍克斯、卫礼贤、福兰阁、孔拉迪、高本汉、卫三畏、费正清、拉铁摩尔、孔飞力、史景迁、狄百瑞、傅高义、齐赫文斯基、季塔连科、戴密微、谢和耐、石泰安、汪德迈、施寒瑞、施舟人、顾彬、宇文所安,等。他们对中国文化的独特理解,铸造成汉学史上的思想学术之碑,开垦了汉学成长的沃土。

"西方的汉学是由法国人创立的。"但是,在欧洲全面研究中国文明的问题上,"法国的先驱是葡萄牙、西班牙和意大利"①。戴密微把以上三个国家誉为汉学的先锋,"他们于 16 世纪末叶,为法国的汉学家开辟了道路,而法国的汉学家稍后又在汉学中取代了他们",真正建立了作为学术的汉

---

① [法]戴密微《法国汉学研究史》,耿昇译《法国当代中国学》,中国社会科学出版社,1998年。

学传统。就传统汉学而言,法国是汉学家最多的国家之一,还有英国、俄罗斯、美国、日本等国,有许多汉学界的学术巨擘,不断为汉学大厦的崇高而添砖加瓦。

中外文化交流的结果不仅意味着中国文化"外化"的传播,也意味着异质文化对中国文化"内化"的接受。汉学家作为中外文化交流的桥梁和使者,在异质文化的交流中,也是人类和谐与进步的推动者。

汉学诞生在与异质文化碰撞、交流和相互浸淫之中。这个结果无异于一枚果子的成熟,只有"风调雨顺"才能生长得好。和谐、宽容、理解与尊重,是异质文化彼此借鉴的保证。作为文化形态的汉学,其生存和成长离不开良好的国际语境。就中国而言,历史上凡是开放的时代,文化交流就多,汉学就发展;反之,汉学就停滞,这似乎成为一种规律。

作为学术公器的汉学,文化上有其自己的成长过程。汉学是发展的,这一植根于中国文化土壤,生存于异国他乡的文化,同样深受不同时代语境的极大影响。这里所说的语境,既包括中国的历史演变,也包括异国和世界的历史变化;就是说,不同的历史时期,不同的社会、政治、经济、文化背景,在很大程度上左右着汉学的发展方向和内容;换句话说,汉学的形成和发展,不仅受制于中国历史的更迭,也受制于他者社会的变化。这就是以历史悠久的中国文化为研究对象的汉学发展的基本轨迹。

传统汉学以法国为中心,现代汉学兴显于美国。20世纪中期以来,在西方其他国家葆有传统汉学的同时,现代汉学也很繁荣。这个时期的"汉学"涂满了政治色彩,以法国为代表的汉学较多地保持着传统汉学的学术精神,而美国的"中国学"却成了充满政治意识的现代汉学的代表。

19世纪末至20世纪初,美国汉学悄然嬗变为中国学,并以自己独有的个性特点和极强的生命力出现在世人面前。美国的"中国学"所关心的不是中国文化,更不是中国的传统文化,而是中国的政治、经济、军事、教育和社会生活各个层面的问题。这种政治特征,是那个时期美国中国学的基础,这一特征也影响了其他国家汉学的研究方向和内容。

人类文化包含了物质文化和观念文化。物质文化表现在衣食住行生活方面,是一种看得见、摸得着又极易变化的"具象"文化,例如饮食、服饰、住房、音乐、舞蹈等;观念文化是一个民族精神的核心,表现在人的价值观、道德观、家庭观、宗教观等诸多方面,以及对自由、平等、民主的理解,观念文化是一个民族的思维经过高度抽象后形成的思想、观念和精神,它是通过文化的灵魂——哲学、文学、语言、宗教、历史等来表达的。① 观念文化,一俟进入汉学家的研究视野,他们的研究也就进入了对中国文化核心的深层研究。

汉学家从对中国物质文化到观念文化的研究,其研究领域越来越广阔,越来越深厚。现在,汉学不仅包括对中国的哲学、文学、宗教、历史领域的研究,还包括对社会学、政治学和自然科学的研究。传统汉学和现代汉学,它们已经亲密到"异名共体"的地步。二者的差异在于前者是以文献研究和古典研究为中心,包括哲学、宗教、历史、文学、语言等;而以美国为中心的现代汉学(中国学)则以现实为中心,以实用为原则,其兴趣根本不在那些负载着古典文化资源的"古典文献",而重视正在演进、发展着的信息资源。但是,汉学发展到21世纪,其研究内容和方式已经出现了融通这两种形态的特点。这种状况既出现在欧洲的汉学世界,也出现在美国的中国学研究之中,可以说世界各国汉学家的研究,都兼有以上两种汉学形态。

汉学(Sinology)对中国研究者来说,被尘封得太久,所以它的空白很多,浩如烟海的资源还有待于深入开掘。这种开掘,不仅可以收获汉学,还可以于无意中发现被历史"放逐"和"遗失"在异国他乡的中国文化。编撰"汉学研究大系"的目的和宗旨,不仅是为了梳理已有的汉学资源,在世界范围内追踪中国文化的传播与研究的历史状况、经验及影响,同时探究汉学的产生、成长、发展与繁荣,还要尽可能厘清这块"他山之石"对于中国文化的作用。当然,"汉学研究大系"还期望对推动中国文化与世界文化当下的交流有所裨益。

"汉学研究大系"包括"列国汉学史丛书""中国文化经典与名人传播与研究丛书""汉学家研究丛书""外国文学与中国丛书""西学中医丛书"等多个"丛书"。作为一个文化工程,其撰写的难度非一般学术著作所能比拟。严绍璗教授谈到Sinology的研究者的学识素养时提出四个"必须":第一,必须具有本国的文化素养(尤其是相关的历史、哲学素养);第二,必须具有特定对象国的文化素养(同样包括历史、哲学素养);第三,必须具

---

① 任继愈《汉学发展前景无限》,载《中华读书报》2001年9月19日。

有关于文化史学的基本学理素养(特别是关于"文化本体"理论的修养);第四,必须具有两种以上语文的素养(很好的中文素养和对象国的语文素养)。这几点确实都是汉学研究者必须具备的文化和语文素养,否则很难高效进入汉学研究的学术境界。

"列国汉学史书系"的启动始于20世纪90年代,但它的诞生经历了千难万险,如果稍微松懈,必定会死于胎中。2018年10月13日,在北京语言大学校长刘利教授和北京语言大学语言资源高精尖创新中心领导李宇明教授的支持下,开了一次"'汉学研究大系'专家咨询会"。来自北京、天津和南京的学者、在京的汉学家,以及多家新闻媒体的记者参加了本次咨询会。从那时开始,我们将"汉学史书系"裂变为多个"丛书",如此变化,完全是为了能将书系编撰得更科学、更广阔。这个"大系"就像一个"汉学研究超市",如此分法,就是为了便于更多的学者能将自己的作品加入这个"超市"之中,也便于更多的读者走进这个"超市"选购自己需要的精神食粮。

冬天到了之后是春天,接着便是收获的季节。这套富有创意和价值的书系工程几乎涵盖了汉学研究的一切领域,它将对中外文化交流和汉学的发展以及比较研究产生深远影响。

在人类的文化长廊里,无论是中国还是外国,各种书写异国文化的著作琳琅满目,这其中有外国人写中国各类历史的,也有中国人写外国的各类著作。历史,是往事,是记录,是选择,并有相对独立的评论和褒贬。但是,事实上任何一部历史都不是最后的历史,历史随着时光的流逝而演进,修史很难一步到位,它需要一代代的学者"积跬步"才能"至千里",只有"积土成山,积水成渊",才会有"风雨兴""蛟龙生"。学问之事非一夕之功,非得有前赴后继者敢于赴汤蹈火"流血牺牲",才会达至光明顶峰。

开拓者也许会在某个时候将自己的真诚劳作化为欢乐,因为在以后的岁月里,定会有人踏着自己的肩膀攀上高峰,以鸟瞰美丽风光。21世纪是经济的大空间,对汉学来说也是一个"大空间"。但是,要探索这个"大空间",需要有个和谐的"太空站",需要大家联袂共建。当然,世界需要多元文化和谐相处的历史语境,共同创造彼此接近、认识、理解、尊重、沟通、借鉴与融合的机会,这个机会,就是汉学研究发展的机会。

时间在行走,历史在行走。人类创造过历史,书写过历史,但这尚不是最后的历史。汉学有历史,而且还正在创造新的历史,汉学及其研究将以自己的品格和个性在人类文化的世界里放出异彩。

阎纯德
2019 年 3 月 3 日
于北京半亩春秋

序 三

我在 2012 年到了温州大学后,继续指导研究生,温州大学不是 211 大学,也不是 985 大学,其研究生的生源素质虽然不能与 211 或 985 大学的生源相比,但也不乏优秀者,施望便是其中之一。施望大学阶段不是中文专业,刚入学时他的戏曲史及理论的专业基础不是很好,但他在入学时,就意识到了自己的短处。因此,在入学后的第一年,他就修满了各门学位课程,补上了一些中文专业的基础课程,还结合专业课的学习,撰写并发表了多篇学术论文。

施望在大学阶段学的是英语专业,故他在对戏曲进行研究时,利用他的英语优势,选择了海外英语学界的南戏研究作为自己研究的课题。

中国戏曲与古希腊的悲喜剧、印度的梵剧并称为世界三大古剧,而南戏是中国最早成熟的戏曲形式。作为中国戏曲发展史上最早成熟的戏曲形式,南戏在剧本形式、音乐体制、脚色体制及具有写意特征的舞台表演等方面都为后世的戏曲形式,如明清传奇及清代中叶以后兴起的各种地方戏,奠定了基础。由于南戏在中国戏曲史上有着重要的地位,故南戏不仅为国内学者所重视,已成为戏曲史研究的一个重要方面,而且也受到海外汉学家们的关注。其中,由于英语在当今海外学术界具有强势的话语地位,因此,海外英语学界对南戏的研究是海外南戏研究的重要组成部分,尤其是代表了西方学术界南戏研究的学术成就和理论水平。而由于语言、文化以及思维方式上的不同,海外英语学界对南戏有着独特的认识,他们从西方人的视角来揭示南戏以及中国戏曲的发展规律和本质特征,因此,他们的研究成果可为中国戏曲史学者提供借鉴,即通过对海外英语学界的南戏研究的再研究,对他们的论著加以翻译和研究,总结其在不同的文化背景下,对南戏的形成历史、艺术形式、作家和作品等问题所提出的不同于中国学者的观点,使得中外学术界的南戏研究得以交流,从而拓展南戏研究的视野,也有助于南戏研究的深入。

长期以来,国内戏曲史学界的多数学者囿于英语阅读的能力不够,对海外英语学界的南戏研究现状缺乏了解,对海外英语学界的南戏研究的再研究甚少,迄今国内学术界尚未出现有关英语学界南戏研究的再研究专著。因此,施望选择了这一课题加以研究,不仅具有很好的学术价值,而且具有填补空白的意义。

作为一位尚在读的研究生,就能选择学术界甚少涉及的课题来研究,而且取得了一定的成果,这不仅需要有高度的自信,而且更需要扎实严谨的治学精神。施望在选定这一课题后,便专心致志,一边搜集材料,一边对搜集到的材料加以翻译和研究,并围绕着这一课题,撰写专题论文,有的已经正式发表。在研究期间,施望十分刻苦,平时除了睡觉回宿舍外,多数时间都在图书馆。他家虽离温州不远,但平时很少回家,即使寒暑假也都留在学校。俗话说:功夫不负有心人。这一著作正是他刻苦努力的成果。作为刚进入戏曲研究领域的小字辈,能取得这样的成果,更值得我们称赞和庆贺。

在具体研究中,施望的研究方法也是值得赞许的,他首先从搜集第一手资料入手,广泛搜集海外英语学界的南戏研究成果,有的材料是直接与作者联系后取得的,故在获得这些材料的同时,还与海外学者进行了交流,更加深了对这些材料的解读。在搜集到材料的基础上,他对其中的一些代表性的成果加以翻译和解读,将海外英语学界学者的南戏研究与国内学者的研究加以比较,揭示英语学界南戏研究的特点。也正因为研究方法科学,因此,他在具体研究中,多有新的见解,这些见解可为学术界对南戏的研究提供借鉴。

目前,对海外英语学界南戏研究的再研究还有着很大的研究空间,施望对这一课题的研究也只是初步的,作为刚进入戏曲研究领域的小字辈,前面的路还很长,故我希望他能继续保持扎实勤奋的治学精神,再接再厉,在今后的学术研究的道路上,取得更多具有更高质量的学术成果。

俞为民
2017 年 10 月于温州大学

编者的话

英语世界的南戏研究,是汉学研究的组成部分,也是西方学者以"他者"的角度对中国文史现象的关注,并在不同的文化和学术背景之上,使用英语作为研究结果的呈现语言的学术研究。中国的戏曲研究,从近代以来,蔚然成大国,名家辈出,在这个过程中,始终有域外汉学家的参与。南戏作为中国最早成熟的戏曲形式,关注的学者原本不多,但在《永乐大典戏文三种》被重新发现后,国内学者首先开始投入精力,而英语世界的南戏研究学者,虽然限于语言的障碍和文本爬梳能力的限制,未能第一时间加以研究,但在借鉴中国学者研究成果的基础之上,也取得了数量不多,但有一定质量的研究成果。本书所选的两部研究专著和四篇研究论文,可以大致反映出英语世界的南戏研究从肇始到逐渐关注具体作品的过程。

对于英语世界的南戏研究学者而言,"南戏"是一种他国的文化现象,因此他们的南戏研究成果,显得与深受本国文化浸润的中国学者有一些不同之处。部分探究成果力图从不同角度丰富南戏发展史乃至中国戏曲史:如孙玫的博士论文《南戏——中国最早的戏曲形式》,即通过对考察戏曲文献版本、出土文物与细读戏曲文本,以"舞台表演"为主线叙述南戏的发展史,这一研究也是中国传统的以文献为基础的研究方法与西方研究范式的一次结合。部分研究成果希望从对南戏的研究中,得到一些与戏剧表演有关的经验:如雷伊娜的博士论文《〈张协状元〉喜剧脚色及其演出研究》,使用了大量篇幅主要探讨了净、末、丑三种喜剧脚色的发展演变和戏剧功能。也有一些成果,试图通过对南戏剧作的内容及与南戏相关的文化现象探讨,更加了解中国和中国人,如日比科夫斯基的专著《南宋早期南戏研究》的部分章节和雷伊娜的学术论文《论早期南戏所见之天罚、复仇及书生负心》。杜为廉的《中国戏曲史》在英国汉学界和欧洲汉学界都有巨大的影响,是西方学者进入中国戏曲研究领域的必读书目之一,虽因范围所限,本书只是节选了该书的两个章节,但应能使读者部分地了解杜为廉研究中国戏曲史的方法与学术追求。毕鲁直的学术论文《20世纪前半叶中国古典诗词与戏曲的文学翻译》虽然主要考察的是《琵琶记》德译本的译者洪涛生的生平与当时的中德文化交流形势,而与本书收录的其他论著有所不同,但毕鲁直在该论文中的旁征博引,也补充了国内学界对《琵琶记》等戏曲作品在德国的传播与接受的认识。上述所列举的只是笔者从个人的阅读体会中,所举出的英语世界的南戏研究成果的特点之一二。但无论这些研究成果的出发点为何,它们都表现出了英语学界的南戏研究学者擅长将南戏置于世界戏剧史中,将南戏与其他戏剧形式进行对比的特点,也表现出了英语学界的南戏学者所具有的广博的研究视角。

本书所选择的虽然都是英语世界的南戏研究成果,但这些成果的所有者并未局限于英语世界。如《南宋早期南戏研究》,这部著作就笔者目力所及,极有可能是英语世界第一部南戏研究专著,而他的作者日比科夫斯基是波兰人,曾在中国求学多年,生前是波兰华沙大学汉学系教授。又如《〈张协状元〉喜剧脚色及其演出研究》和《论早期南戏所见之天罚、复仇及书生负心》的作者雷伊娜,受过西班牙文化的熏陶,掌握英语、汉语、法语等多国语言,曾在台湾接受教育。又如博士论文《南戏——中国最早的戏曲形式》的作者孙玫,出生于中国扬州,早年曾师从南戏研究大家钱南扬。再如,学术论文《20世纪前半叶中国古典诗词与戏曲的文学翻译》以南戏剧作《琵琶记》德译本的译者洪涛生为关注对象,其作者毕鲁直为德国汉学家,这篇文章所表现出的正是德国学者的深入、细致、严密的研究风范。《中国戏曲史》的作者杜为廉虽然是英国人,但若不是因为他对中国戏曲的极大兴趣,并且在早年刻苦学习汉语、了解中国文化,也难以在后来取得如此影响巨大的成就。

《英语世界的南戏研究》一文则是笔者的习作,将之放在诸位学界前辈的大作之前,实在是倍觉压力。笔者的本意是从英语世界对南戏的起源研究、戏剧体制的研究、传播接受的研究及具体剧作的研究这四个方面对"英语世界的南戏传播与研究"做尽量全面的论述,但结果差强人意。首先,这固然是因为笔者学力尚浅;其次,笔者在后来慢慢发现,对域外汉学研究的再研究,既需要从全局了解汉学家与汉学家所身处的文化、学术背景,做到"知人论世",又需要从与汉学家不同的,符合中国人文化、学术价值的视角加以研究,从而才能品味其中三昧,二者均非易事,留待来日与后来者吧。在这样的情况下,就暂时将《英语世界的南戏研究》作为一篇不大合格的导读吧。

总之,本书实为抛砖引玉之作,笔者希望能以本书为契机,使更多的国内学者关注英语世界的南戏研究,进而更加关注英语世界的戏曲研究和俗文学研究。笔者水平有限,还望方家不吝赐教。

目 录

英语世界的南戏研究 ················· 林施望 著（1）

《南宋早期南戏研究》

················ ［波兰］日比科夫斯基 著 林施望 译（59）

  第一章 中国戏曲起源 ····························（61）
  第二章 南戏 ····································（86）
  第三章 南戏剧目 ································（105）
  第四章 南戏主要结构问题 ························（130）
  第五章 南戏形式 ································（151）
  参考文献 ··（167）

《南戏——中国最早的戏曲形式》

················ ［新西兰］孙玫 著 林施望 译（176）

  摘要 ··（176）
  第一章 导论 ····································（177）
  第二章 南戏史概述 ······························（186）
  第三章 南戏剧作 ································（203）
  第四章 南戏的表演 ······························（219）
  第五章 南戏的剧作者与观众 ······················（237）
  第六章 总结 ····································（245）
  参考文献 ··（247）

《〈张协状元〉喜剧脚色及其演出研究》
.... ［美］雷伊娜 著 林施望 译（251）
 第一章 《张协状元》..（253）
 第二章 戏曲脚色及其发展....................................（269）
 第三章 喜剧脚色..（281）
 第四章 《张协状元》之表演要素...............................（319）
 结论..（338）
 参考文献..（342）

《中国戏曲史》（选译）............ ［英］杜为廉 著 林施望 译（349）
 第二章 宋金戏剧..（349）
 第五章 南戏、传奇及昆曲的开端.............................（372）

英语学界知名南戏学者学术论文选译
.... 林施望 译（401）
 20世纪前半叶中国古典诗词与戏曲的文学翻译
  ——以洪涛生（Vincenz Hundhausen，1878—1955）为例
 .... ［德］毕鲁直（401）
 论早期南戏所见之天罚、复仇及书生负心 .... ［美］雷伊娜（424）

学者简介 ....（444）

南戏研究英文论著索引..（446）

后记 ....（448）

英语世界的南戏研究
林施望 著

南戏是中国古代戏曲史上与"杂剧""传奇""花部"并列的四大古典戏曲形式之一,在这四种古典戏曲形式中,南戏形成最早,产生于南北宋之际。王国维的《宋元戏曲史》为南戏辟有专章,在使用新的研究方法,对南戏做了研究与评述后,南戏这一长期被忽视的戏曲形式引起了学术界的重视,南戏研究逐步成为戏曲史研究的一个重要组成部分。南戏作为中国最早成熟的戏曲形式,也受到域外汉学家们的关注。"英语在当今学界具有强势的话语地位,在一定程度上,海外英语学界即代表西方世界对南戏的认识与理解,因此值得重视。而海外英语学界的南戏研究者虽然基于语言、文化、术语概念体系的不同,相应的中文原始文献爬梳能力的客观限制,在某些方面确实难以赶上中国同行,但是并不妨碍其以西方人的眼光和内行人的功力进行学术研究。在跨文化戏剧现象与规律的比较与联系中,海外英语学界的南戏研究者亦有可能揭示南戏以至戏曲独特的本质属性,从而启发中国学者。"[①]

就目前所收集的材料来看,海外英语学界的南戏研究已呈现出由史的梳理到对具体作品的深入解读的流变过程。在极有可能为第一部专论早期南戏的著作的波兰汉学家日比科夫斯基的《南宋早期南戏研究》(1974)[②]中,日比科夫斯基概述了在其之前的戏曲研究,由于海外学者在很长一段时间内未能对重新发现的《永乐大典戏文三种》加以关注,因此在《南宋早期南戏研究》之前,少有海外学者提及南戏,更遑论对南戏的研究。因此,日比科夫斯基借鉴了大量中国学者的研究成果,又将南戏置于

---

① 曹广涛《英语世界的中国传统戏剧研究与翻译》第1—15页,广州:广东高等教育出版社,2009年版。

② Zbikowiki, Tadeusz, *Early Nan-hsi Plays of the Southern Sung Period*, Warszawa: Wydawnictwa Universytetu Warszawskiego, 1974.

世界戏剧之中,通过与其他国家的戏剧形式的对比,探讨了南戏之前的表演形式、南戏的起源与南戏的特点。在日比科夫斯基《南宋早期南戏研究》之后,英国汉学家杜为廉在其著作《中国戏曲史》(1976)中,通过对《永乐大典戏文三种》《琵琶记》等作品的解读,论述了南戏的特点以及南戏形成之前的表演形式,但其并不认为南戏是中国最早成熟的戏曲形式,而是将戏曲成熟的时间定在了"13世纪之后",而现存最早的南戏作品《张协状元》只是"温州杂剧",而"温州杂剧"只是"宋杂剧"的一种地方形式。① 在日比科夫斯基与杜为廉之后,美国汉学家莫丽根在其博士论文《〈琵琶记〉及其在传奇发展史上的作用》(1976)②及《琵琶记》英译本(1980)的序言中③,探讨了高明的个人经历、《琵琶记》的故事源流、高明创作《琵琶记》的原因及《琵琶记》的文学特色等问题。莫丽根的研究特色,在于借助对《琵琶记》的全剧翻译达到文本的细读,进而又借鉴中国学者的成果得出确实可靠的结论。在莫丽根提交博士论文、出版《琵琶记》英译本十多年之后,新西兰学者孙玫在美国夏威夷大学提交了博士论文《南戏——中国最早的戏曲形式》(1995)④,在这篇博士论文中,孙玫着力探讨了南戏与传奇的区别及二者之间的时间分界,并力图通过对现有文献、出土文物的考察,重现南戏在当时的传播的过程及南戏的剧作者、表演者、欣赏者的情况,但现有的材料实在难以支撑对南戏传播接受过程的研究。在孙玫之后不久,美国汉学家雷伊娜提交了博士论文《〈张协状元〉喜剧脚色及其演出研究(附全剧翻译)》(1998)⑤,与莫丽根相同的是,雷伊娜也通过对作品的全剧翻译来达到文本的细读。但雷伊娜的研究成果,又明显与莫丽根不同:第一,莫丽根除对《琵琶记》的解读外,还探讨了《琵琶记》在传奇这一戏曲形式发展过程中的作用,但雷伊娜主要研究的就是《张协状元》剧作本身,而且重

---

① Dolby, William(tr.), *Eight Chinese Plays, from the Thirteenth Century to the Present*, London: Paul Elek, 1978, pp.8-9.

② Mulligan, Jean M., *The P'i-p'a Chi and Its Role in the Development of the Ch'uan-ch'i Genre*, The University of Chicago, 1976.

③ Mulligan, Jean M.(tr.), *The Lute: Kao Ming's P'i-p'a Chi*, New York: Columbia University Press, 1980, pp.1-28.

④ Mei, Sun, *Nanxi: the Ealiest Form of Xiqu(Traditional Chinese Theatre)*, University of Hawaii at Manoa, 1995.

⑤ Llamas, Regina Sofia, *Comic Roles and Performance in the Play Zhang Xie Zhuang Yuan with a Complete Translation*, Harvard University, 1998.

点为在重建《张协状元》表演的基础上,探讨《张协状元》中的脚色①体制与舞台提示。第二,莫丽根对《琵琶记》的研究,以借鉴中国学者的成果为主,表现为对中国国内相关研究的延续,而雷伊娜的《张协状元》研究则在大量借鉴中国学者研究成果的基础之上,又吸收了西方戏剧理论、心理学理论、社会学理论来分析《张协状元》的脚色体制与舞台提示,表现出一种中西互动的意味。这之后,雷伊娜的论文《论早期南戏作品所见之天罚、复仇及书生负心》(2007)②及奚如谷的论文《空间的变换:〈宦门子弟错立身〉中的方言》(2008)③则表现为对早期南戏剧作的专门解读,二者的不同之处在于,雷伊娜的论文在于将《赵贞女蔡二郎》《王魁》《王焕》《李勉负心》《金钗记》等早期南戏剧作的思想内涵加以比较,并分析这类剧作的社会意义,而奚如谷则着重探讨剧作中的方言及脏话在表演中的意义以及在分析剧作来源过程中的意义。

  国内对域外戏曲研究的关注虽然逐渐增多,中国本土学者与域外学者对话的兴趣越来越浓,但就笔者目力所及,相关的成果大都仅具有目录学的性质,而且即使有少数成果涉及南戏的研究,也只是停留在"译介"的层次上,并不深入。笔者在撰写本文之前,已尽力收集海外英语学界的南戏研究成果,虽不敢称包揽无遗,但已基本囊括了海外英语学界从出现南戏研究到最近几年的主要成果,且对其中重要的成果加以中译。

  在研习、翻译的过程中,笔者发现海外英语学界的戏曲学者在翻译中国戏曲作品、借鉴中国戏曲研究著作,及中国本土学者在探讨海外英语学界的戏曲学者的研究成果时,都存在着混淆"戏曲"与"戏剧"这两个概念的问题。对于在英语中,如何翻译"戏曲"一词,笔者倾向于认同孙玫的观点,即"Opera""Drama""Theater""Play"等单词并不能对等于中文语境中

---

① 脚色,中国戏曲特有的表演体制,或作行当,史称脚色、部色。戏曲表演在创造人物形象时,既要求性格刻画得真实、鲜明,又要求从程式上进行提炼和规范,因而唱念做打各类程式无不带有性格的色彩,经过长期的艺术磨练,性格相近的艺术形象及其表演程式、表现手法和技巧逐渐积累、汇集而形成脚色。常见的脚色类型有"生""旦""净""末""丑"。

角色,中国戏曲西方戏剧中指代剧中人物。但在中国戏曲作品中,由于脚色体制的存在,不同的角色将按照性格、表演程式、表现手法和技巧的不同,由不同的脚色承担,因此,一种脚色可以扮演多位相近的角色。

② Llamas R., "Retribution, Revenge, and the Ungrateful Scholar in Early Chinese Southern Drama", *Asia Major*, 2007, 20(2): 75-101.

③ West S.H., "Shifting Spaces: Local Dialect in A Playboy from a Noble House Opts for the Wrong Career", 戏剧研究, 2008(1): 87.

的"戏曲"一词,因而,不如与使用"Kabuki"称呼日本歌舞伎一般,也使用"Xiqu"指代"戏曲",从而,使用"Nanxi"指代南戏。① 如此一来,似可避免因每个学者均使用不同的翻译方式而互相混淆的问题。而在中国学者借鉴海外英语学者的成果时,则存在更多的问题。众所周知,"戏曲"是中国独有的戏剧形式,因剧本形式与场上表演的不同而区别于世界上的其他戏剧形式,而且"戏曲"本身就带有"成熟的戏剧表演形式"的意义。因而,应将南戏、元杂剧、传奇、花部等称为"戏曲",而将南戏之前的表演形式称作"戏剧"。但是,正如上文已经述及的,海外英语学界的戏曲学者,虽然在使用相关的术语时,也注意其间的区别,但存在每位学者、每部著作均有所不同的问题。而中国本土学者在借鉴这些成果时,稍不注意,就会出现问题。如将南戏称为"最早的戏剧形式",如此一来,应如何定义南戏之前或同时的参军戏、宋杂剧、金院本等表演形式?当然,戏曲是归属于戏剧概念之中的,但在借鉴海外英语学界的戏曲学者的成果时,规范"戏曲"与"戏剧"二者的使用,确定二者的使用范围,或能避免一些低水平的错误,使自己或他人免于产生不必要的误解。

为使国内学者得窥海外英语学界南戏研究的一斑,笔者在对所收集到的材料选择其中较为重要的成果进行全文翻译,对其中仅部分提及南戏的研究成果进行细读的基础上,结合国内的研究成果,兼及西方戏剧理论等西方理论,试图从以下四个方面对海外英语学界的南戏研究成果进行介绍,即南戏起源研究、南戏体制研究、南戏传播研究、南戏剧作研究。

第一章　南戏起源研究

南戏是最早成熟的戏曲形式,是中国古代戏曲史的重要组成部分,在一定程度上,对当今的戏曲形式仍产生着积极的影响。但由于南戏起源于民间,历来受到封建正统文人的蔑视,导致相关史料大都失传,因此在很长时间内,中外学术界对南戏的起源问题,众说纷纭、莫衷一是,未能达成一致的认识。在发现《永乐大典戏文三种》之后,中外先后更新了对中国戏曲史的认识,恢复了南戏在戏曲史上应有的地位。此外,南戏作为域外汉

---

① Mei, Sun, *Nanxi: the Ealiest Form of Xiqu*(*Traditional Chinese Theatre*), University of Hawaii at Manoa, 1995, pp.2-3.

学研究以及世界戏剧的重要内容之一,得到了诸多海外英语学界学者的关注,而南戏形成的历史,又是南戏研究所必须探讨的问题。海外英语学界的戏曲学者对南戏起源的研究,有借鉴中国本土学者之处,又有不同于中国本土学者的观点。本章拟对海外英语学界学者的南戏起源研究加以论述。

第一节 南戏起源研究概述

1920年叶恭绰在伦敦旧书店发现的《永乐大典》一三九九一卷,即《永乐大典戏文三种》,对国内外戏曲研究、南戏研究均具有极其重大的意义。日比科夫斯基《南宋早期南戏研究》(1974)、孙玫《南戏——中国最早的戏曲形式》(1995)、雷伊娜《〈张协状元〉喜剧脚色及其演出研究》(1998)等英语论著均对《永乐大典》的成书经过及编撰特点进行了简略的介绍,并且对收录于《永乐大典》一三九九一卷的三种南戏,即《小孙屠》《宦门子弟错立身》《张协状元》,都做了或详细或简略的研究、探讨。

大体上可将戏曲研究依据《永乐大典戏文三种》的发现、刊行,将中外具有现代意义的戏曲研究划分为两个阶段。在前一个阶段中,除了个别著作,如王国维《宋元戏曲史》(1912)以扎实的文献材料推测南戏之存在且为南戏写作专章外,少见其他新式著作提及南戏。而在后一时期,基于《永乐大典戏文三种》的发现,中外戏曲学界均得以确知南戏这一戏曲体裁的存在,进而在王国维《宋元戏曲史》已有成果的基础上,对南戏展开了更进一步的研究。

在发现《永乐大典戏文三种》之前,国外戏曲学者对中国戏曲史的研究,可见日比科夫斯基在其著作《南宋早期南戏研究》中所列举的著作。① 其中,有早于王国维《宋元戏曲史》的,如大巴赞于1838年出版的《中国戏曲及戏曲精选》(*Théâtre Chinois Ou, Choix De Pièces De Théâtre*)是最早勾勒中国戏曲历史的著作。鲁道夫·冯·戈特沙尔于1887年出版的著作《中国剧场与戏曲》(*Das Theater und Drama der Chinesen*)在大巴赞著

---

① Zbikowiki, Tadeusz, *Early Nan-hsi Plays of the Southern Sung Period*, Warszawa: Wydawnictwa Universytetu Warszawaskiego, 1974, pp.13-16.

作基础上增加了《西厢记》与《琵琶记》。在20世纪初,英国汉学家翟理斯和德国汉学家葛禄博分别出版了各自的《中国文学史》,均有论述中国戏曲的章节。第二次世界大战后,英国汉学家施高德的《中国古典戏曲》(*The Classic Theater of China*)、美国汉学家威尔士的《中国古典戏曲》(*The Chinese Classical Drama*)、哈佛大学教授海陶玮的著作《中国文学议题》(*Topic in Chinese Literature*)之中均有关于中国戏曲史的论述。东欧国家的学者对中国戏曲史也颇为关注,出现了由捷克汉学汉学家高德华、西斯、沃尼什合作出版的著作《中国戏曲》(*Chinese Theater*),苏联的中国戏曲相关著作则有谢罗娃的《京剧》(*The Peking Musical Drama*)。

但以上著作,无论是否出版于1920年《永乐大典戏文三种》发现之后,均缺少有关于南戏的内容,而直到1960年《永乐大典戏文三种》被影印出版之后,才逐渐有盖伊达、日比科夫斯基等学者开始关注南戏,进而开始研究南戏。而中国本土学者,如赵景深、钱南扬、陆侃如、冯沅君等学者在重新发现《永乐大典戏文三种》之后不久,便致力于挖掘、汇集、考辨零散的南戏相关资料。日比科夫斯基在其著作《南宋早期南戏研究》中写道:"(在1960年以前)这个问题(南戏研究)在某种程度上仍然只由中国学者,如郑振铎、钱南扬、周贻白等进行研究,只有少部分西方汉学著作提到了相关的作品。"①不仅如此,日比科夫斯基本人对南戏的研究,所采用的最重要的资料,就是1960年由中华书局影印出版的《永乐大典》一三九一卷。细究其原因,或者可归因于当时的世界形势、通信水平、西方学者所能接触到的材料及中文爬梳能力的限制,也根源中西方学者研究取向的不同。

由上文可见,中国本土的南戏研究,可追溯至王国维的《宋元戏曲史》,远远早于目力所及的英语世界最早的南戏研究专著——日比科夫斯基的《南宋早期南戏研究》。但是日比科夫斯基之后,海外英语学界对南戏的研究,从中国已有的学术成果中吸收了大量的成果,虽然起步较中国学者晚,但提出了对中国本土南戏研究具有借鉴意义的观点,其有关戏曲起源、南戏起源的研究,即是一例。

中国戏曲源于民间口头叙事文学,而非远古宗教仪式,是日比科夫斯

---

① Zbikowiki, Tadeusz, *Early Nan-hsi Plays of the Southern Sung Period*, Warszawa: Wydawnictwa Uniwersytetu Warszawskiego, 1974, p.51.

基在著作《南宋早期南戏研究》中反复强调的观点。日比科夫斯基在综合徐渭、祝允明、王国维等人的观点后,将南戏的起源时间定在了12世纪的某一个时间点,在这一认识的基础上,日比科夫斯基对南戏形成之前的表演形式,如鼓子词、转达、诸宫调、大面、钵头、踏摇娘、参军戏等一一进行了梳理,借此说明民间表演形式为南戏的形成做好了铺垫。进而又将南戏置于世界戏剧史中,与明显源于古代宗教仪式的古希腊悲喜剧、印度梵剧、日本古剧进行了比较,突出说明南戏从形式、内容到精神均与这三者有不同之处,因而可证南戏并非直接源于古代宗教仪式。

稍后于日比科夫斯基,英国学者杜为廉在《中国戏曲史》(1976)表达的观点则与日比科夫斯基大不相同。首先,杜为廉似乎并不认为南戏是最早成熟的戏曲形式。在《中国戏曲史》第二章"宋金戏剧"(Song and Jin Plays)中,杜为廉虽然提及了《张协状元》,但以其为"温州杂剧",而又以"温州杂剧"与"宋杂剧"为一类。① 而在该书第四章"南戏、传奇及昆曲的开端"(Nanxi Drama, Chuanqi Drama, and the Beginning of Kunqu Drama),又以可能于元代创作的《小孙屠》《宦门子弟错立身》作为南戏作品加以探讨。② 杜为廉之所以有此理解,或因其认为中国最早的成熟戏曲形式产生于13世纪之后,又根据胡忌在《宋金杂剧考》中的观点"我以为把《张协状元》断为南宋晚期的产物也不算过分"③,杜为廉将《张协状元》理解为已融合了多种表演形式的"宋杂剧"。这一观点,杜为廉在《中国戏曲史》之后为马科林④主编的《中国戏曲——从其起源至当今》(Chinese Theater: Form Its Origin to the Present Day,1983)所撰写的第二章"元代戏曲"(Yuan Drama)之中,得到了完整的体现,即"形成于12世纪的南戏,只是宋杂剧的旁支,至13世纪仍未发展成为完善、复杂的戏曲形式"⑤。其次,杜为廉认为

---

① Dolby, William, *A History of Chinese Drama*, London: Paul Elek, 1976, p.27.
② Dolby, William, *A History of Chinese Drama*, London: Paul Elek, 1976, p.75.
③ 胡忌《宋金杂剧考》第61页,上海:古典文学出版社,1957年版。
④ 马科林(Mackerras Colin,1939—),澳大利亚学者,是澳大利亚格里菲斯大学亚洲研究系的创立者,在澳大利亚和国际中国研究领域享有盛誉。主要著作有《中国的变革 1900—1949》《中国少数民族与全球化》《新剑桥当代中国手册》《西方的中国形象》《中国少数民族文化:1912 年以来的发展和融合》《从恐惧到友谊:澳大利亚对华政策 1966—1982》《西方文献中的中国形象》《中国戏剧:历史的考察》等。
⑤ Colin, Mackerras, *Chinese Theatre: from Its Origins to the Present Day*, Honolulu: University of Hawaii Press, 1983, pp.32-59; Dolby, William(tr.), *Eight Chinese Plays, from the Thirteenth Century to the Present*, London: Paul Elek, 1978, pp.8-9.

中国戏曲起源的可能性是多样的,既有可能产生于上古时期的舞蹈表演,也有可能产生于西周时期的宗教性仪式、舞蹈及宫廷表演。而中国戏曲的成熟过程,则经历了周代优伶、秦汉百戏、唐参军戏、踏摇娘、樊哙排闼、宋杂剧、金院本、宋南戏的孕育,直接或间接地受到印度戏剧、唐传奇、俗讲变文、傀儡戏、影戏、说书、诸宫调等表演艺术的影响。

杜为廉与日比科夫斯基用于说明促使中国戏曲成熟的表演形式大略相同,并且与国内学者的观点也颇为一致。但二人的不同之处,代表了不同的戏曲史观。日比科夫斯基在《南宋早期南戏研究》中对南戏及相关的南戏研究分别进行了介绍及进一步的研究探讨,始终认为南戏是最早成熟的戏曲形式,且多有新见解。《南宋早期南戏研究》可算是首先向英语学界系统、全面地介绍南戏的著作。而杜为廉的《中国戏曲史》(1976)及其为《中国戏剧——从其起源至当今》(1983)撰写的专章均在日比科夫斯基出版该书之后,但均未对南戏这一重要的戏曲体裁加以应有的深入探讨,或正出于其并不认同南戏是最早成熟的戏曲形式这一观点。

因此,日比科夫斯基的《南宋早期南戏研究》在海外英语学界的南戏研究史上,具有尤其重大的意义。第一,日比科夫斯基在海外英语戏曲研究学界首先对《永乐大典戏文三种》进行了解读,这一成果突出表现在《南宋早期南戏研究》的第三章"南戏剧目"(The Repertoire of Nan-hsi Plays)之中。虽然日比科夫斯基这一成果,不免有错讹之处,但其对海外英语戏曲研究学界解读《永乐大典戏文三种》产生作用,却在钱南扬出版《永乐大典戏文三种校注》(首版于1979年)之前。第二,海外英语学界产生于日比科夫斯基之后的研究成果,如孙玫《南戏——中国最早的戏曲形式》(1995)、雷伊娜《〈张协状元〉喜剧脚色及其演出研究》(1998)、雷伊娜《论早期南戏作品所见之天罚、复仇及书生负心》(2007)、奚如谷《空间的变换:〈宦门子弟错立身〉中的方言》(2008),均以南戏为最早成熟的戏曲形式,虽然上述的这些学者也受到了中国本土学者的影响,但日比科夫斯基引介之功也有重要的作用。第三,日比科夫斯基著作中曾加以介绍的一些问题,如南戏之中的喜剧脚色与喜剧情节、南戏之中的方言、南戏常见的负心书生的情节,均在其之后的学者的论著中得到了进一步的探讨。因此,日比科夫斯基的重大意义在于为其之前的西方戏曲研究补上了南戏这一环,又为其后的英语世界的戏曲研究开拓了南戏研究这一新领域。

除日比科夫斯基与杜为廉对中国戏曲的起源进行了较为细致深入的

考察外,海外英语学界对这一问题的研究,仍可见其他成果。如马科林在《中国戏剧:历史的考察》(1990)第二章"12—19世纪戏曲在中国南方的发展历程"(The Development of Drama in South China, Twelfth-Nineteenth Centuries)中,认为从多种表演艺术中吸收养分、产生于12世纪的南戏是"是无可争议的第一种成熟的中国戏曲形式"。① 奚如谷在著作《金代戏剧面面观》②及与荷兰学者伊维德合著的《中国戏剧:1100—1450》(1983)③中,把戏曲的形成期界定于北宋时期,指出中国最早成熟的戏剧形式的出现,最少早于元杂剧100多年。龙彼得的《中国戏剧源于宗教仪式考》一文则认为中国戏剧不仅源于宗教仪式,而且"宗教仪式在任何时候都可能发展为戏剧……重要的问题是戏剧'如何'兴起,而非'何时'兴起"④,即重点探讨的是戏剧在社会中的功能。

第二节 南戏起源地之辨

南戏的产生,是各种表演形式各自经历长时间的发展,并不断融合之后的结果,而南戏起源地的研究,也是对南戏史考察不可回避的一个问题。国内本土学者普遍认为南戏源于温州地区,海外英语南戏学者,如日比科夫斯基、孙玫等均持此观点,且从多角度对这一观点进行了论证。雷伊娜虽然认为注明于《张协状元》中的"九山书会"的确切含义存有疑问,但并未从根本上反对南戏起源于温州的说法。而杜为廉在《中国戏曲史》中,则将"九山书会"中的"九山"二字理解为"安徽九山",这恐怕是出于彻底的误读。⑤

根据现存的史料,温州是南戏故乡的说法,是高度可信的,国内学者对此已进行了系统深入的研究。而海外英语学界的学者,对此问题也多有探讨。日比科夫斯基对这一问题的关注,主要表现为对王国维、郑振铎、周贻白、钱南扬等戏曲学者研究观点的介绍。孙玫则在参考国内学者研究成果

---

① Colin, Mackerras, *Chinese drama*: *A Historical Survey*, Beijing: New World Press, 1990, p.27.
② West, Stephen H., *Vaudeville and Narrative*: *Aspect of Chin Theater*, Wiesbaden: Steiner, 1977, p.2.
③ Idema, W. L., West, Stephen H., *Chinese Theater* 1100-1450: *A Source Book*, Wiesbaden: Steiner, 1983.
④ 王秋桂《中国文学论著译丛》第523—547页,台北:学生书局,1985年版。
⑤ Dolby, William, *A History of Chinese Drama*, London: Paul Elek, 1976, p.32.

的基础上,对刘念兹在《南戏新证》中所提出的观点——"南戏不仅起源于温州,同时也起源于福建"①——使用大量证据进行了深入细致的反驳,认为南戏的起源地只能是温州,而刘念兹用以支持其观点的资料反而可以说明南戏从温州传播至福建地区之后在当地的风行。

  那么南戏为什么会在温州产生呢?国内学者多从温州当时的社会、经济、文化条件入手说明这一问题。也有学者如郑振铎认为南戏源于印度,并在此基础上提出了"古希腊戏剧东传说",国内学者对此观点已多有讨论,而国外学者如日比科夫斯基对这一问题的看法,则又有不同之处。首先,日比科夫斯基对郑振铎提出的"南戏与梵剧的相似性"进行了分析与辩驳。其次,日比科夫斯基认为郑振铎"古希腊戏剧东传说"的一部分,即古希腊戏剧影响印度梵剧的理论,已被波兰印度学家安杰伊·加夫龙斯基在著作《印度戏剧起源及希腊影响问题》(1946)②中全面地论述和驳斥。总体上,日比科夫斯基对郑振铎的观点的态度与孙崇涛类似,即"关于中国南戏是受印度梵剧影响而产生的见解,从它罗列的各种依据来看,未免过多属于比附、臆测性质,缺少令人足信的实证材料,但能够做到从中外文化交流的宏观背景去审视中国戏曲发展历史现象,应不失为一种可取的途径"③。

第三节　南戏表演成分溯源

  上文已经论及,南戏的产生是鼓子词、转达、诸宫调、大面、钵头、踏摇娘、参军戏等表演形式充分发展,并互相借鉴、融合的结果。但是这些表演形式具体又是如何交融进而发展成为南戏的?日比科夫斯基对这一问题的考察,正体现在其对"中国戏曲源于民间口头叙事文学,而非远古宗教仪式"这一观点的阐述之中。而雷伊娜则从《张协状元》开场中的"诸宫调"讨论了诸宫调《张协状元传》与南戏《张协状元》,及诸宫调与南戏的关系。

  日比科夫斯基从以下五点,论述了其"中国戏曲源于民间口头叙事文学"的观点。第一,说唱文学作为中国传统口头叙事文学形式为戏曲的产

---

① 刘念兹《南戏新证》,北京:中华书局,1986年版。
② Gawroński A., *Początki dramatu indyjskiego a sprawa wpływów greckich*, Kraków, 1946.
③ 孙崇涛《中国南戏研究之检讨》,载《戏剧艺术》1987年第3期。

生准备了"口头叙事"的基础,致使具有相对简单、原始情节的表演形式产生。而中国戏曲之所以晚于古希腊悲喜剧、印度梵剧的原因,正在于中国直到唐宋时期才出现了与古希腊的《伊利亚特》及《奥赛德》、古印度的《玛哈帕腊达》及《罗摩衍那》类似的口头叙事文学作品。第二,早期南戏作品的篇幅,之所以远远大于短小的宋杂剧,正是因为借鉴了说书人的手法和规则。第三,早期南戏作品的"开场"揭示了说唱传统。第四,早期南戏作品说白、曲辞与说唱文学分布特点与作用相似,即说白是主要组成部分,而曲辞只有装饰性功能。第五,也是最重要的一点,从情节、角色类型、故事内容分析,中国戏曲不源于任何古代仪式性典礼或者宗教性聚会。因而,与确认起源于古代宗教祭祀仪式的古希腊、古印度、古代日本的戏剧作品完全不同,中国戏曲并非演变自古代仪式性、集体性歌舞,而是源自某些最初用文言创作随后又出于口头叙述需要而被改编为口头语形式的短篇故事和叙事歌谣。

诸宫调作为民间口头叙事文学重要形式之一,对于南戏的发展自然产生了影响。雷伊娜就诸宫调《张协状元传》与南戏《张协状元》之间的关系的思考,可以看作对日比科夫斯基观点的延续。

雷伊娜对诸宫调与南戏的关系研究,可做如下概括:第一,诸宫调《张协状元传》被改编入南戏《张协状元》的开场,又在极具悬念的地方停止,可证明诸宫调《张协状元传》存在于南戏《张协状元》之前。第二,诸宫调虽然与戏曲在形式上极其相似,但诸宫调并非戏曲的直接先驱,仅为戏曲所吸收的多种表演成分之一。因为戏曲使用间接呈现手法,故事由全知叙述者讲述,而诸宫调包含直接呈现手法,以角色的身份讲述故事。而且现存最早的南戏剧作《张协状元》中的曲辞与宾白均相当简单,使用方言,且语法、句法接近现代汉语,诸宫调的散体说白部分则常使用文言词汇,此外《张协状元》已融合了唱曲、舞蹈、歌谣、说话技艺及杂技等表演技艺。[①]

依据世界性惯例,中国戏曲应当也是首先源于上古宗教仪式,而后才得到了多种表演形式的滋养,发展为成熟的戏曲形式,但日比科夫斯基对戏曲与民间口头叙事文学之间关系的深入研究,揭示出了中国戏曲与民间

---

① Llamas, Regina Sofia, *Comic Roles and Performance in the Play Zhang Xie Zhuang Yuan with a Complete Translation*, Harvard University, 1998, pp.14-15.

口头叙事文学之间千丝万缕、难以割裂的联系,使二者之间的关系更为明朗。而雷伊娜对于诸宫调与南戏之间的关系的考察,或许可作为之前相关研究的补充。

综上所述,海外英语世界对于南戏史的研究,有其独特之处。第一,西方戏曲学界相当长一段时间内并未注目或难以接触重新发现的《永乐大典戏文三种》,导致了南戏这一环的缺位,因此对于南戏的研究远远晚于中国本土学者。第二,对于重新发现的《永乐大典戏文三种》首先要加以解读、翻译,才能进行进一步的研究,而这一成果占了日比科夫斯基《南宋早期南戏研究》不小的篇幅。第三,对于南戏起源地的探讨,中国本土学者多着眼于温州当地的风土人情、文化经济环境,而这明显是海外英语学界戏曲学者的弱项,但海外英语学界戏曲学者能从世界戏剧史的角度对这一问题加以分析,又是中国本土学者所缺乏的。

第二章　南戏体制研究

海外英语学界对南戏体制的研究,实际上主要以分析早期南戏剧本的体制结构如篇幅大小、场次划分等问题为主,而通过对篇幅与场次的考察,又可以对早期南戏的情节安排及与情节安排相关的戏剧元素进行分析。此外,脚色体制为戏曲所独有,与西方戏剧的演员系统差别较大,海外英语学界对南戏的研究,又以对南戏脚色体制的关注为突出。而现存最早的南戏剧本《张协状元》的场次,又明显地可区分为喜剧场次与正剧场次,而且由喜剧脚色表演喜剧场次,由正剧脚色表演正剧场次,几乎不重合。因而,本章主要对海外英语学界南戏学者针对上述两个方面内容的研究进行分析论述。

第一节　南戏剧本体制研究

对现存早期南戏作品的篇幅较大的成因进行解读,并且对其进行场次划分,进而对南戏的情节及与情节相关的戏剧元素进行分析,是海外英语学界南戏研究的特点之一,在这一过程中,海外英语学界的南戏学者除借鉴中国本土学者的研究成果外,又结合西方戏剧理论将南戏置于世界戏剧史中进行考察,因而其研究成果显得颇有独特之处。

一、对早期南戏场次划分的研究

保存于《永乐大典》之中的三种南戏作品,并未如元杂剧或明清传奇,及西方戏剧作品一般进行场次划分,但按情节又确实可以将其划分为不同的、具有内在联系的场次,但海外英语学界的南戏学者与中国本土学者对其进行划分所依照的标准存在一定的差别。日比科夫斯基在《南宋早期南戏研究》中,依据的是剧本舞台提示中"所有参与某场景演出的演员下场而新场景演员上场之处"①将《张协状元》划分为五十八出,将《宦门子弟错立身》划分为八出。而雷伊娜认为划分场次的标准虽应以脚色上下场为主要参考标准,但同时也应顾及故事情节的发展及音乐体制的限制。② 与雷伊娜仅提出确定场次划分所应依照标准的意见不同,日比科夫斯基在《南宋早期南戏研究》中,不仅对《宦门子弟错立身》《张协状元》的剧本进行了划分,而且一一介绍了每一出的大致内容。虽然日比科夫斯基对这两部作品进行划分所依照的标准与钱南扬类似,但由于墨守成规,而将原本具有紧密联系的两个场景划分为了两个场次,如将钱校本"客商遇盗"这一出中的"强盗出场"另划为一出,将钱校本"张协拒接丝鞭"一出划分为三出,将钱校本"谭节使回复张协"分别划分为"张协邀请谭节使""谭节使面见王德用""谭节使回复张协"三出,③因此比钱校本(五十三出)多出五出。虽然钱南扬的划分方式更为中外学者所接受,但并不能认为日比科夫斯基的成果就没有价值,毕竟日比科夫斯基《南宋早期南戏研究》(1974)的出版早于钱南扬《永乐大典戏文三种校注》(1979),且对于英语学界及西方学界而言,阅读《南宋早期南戏研究》的难度更小,而且,《南宋早期南戏研究》之中对包括《小孙屠》在内的《永乐大典戏文三种》的情节理解并没有明显的错讹之处。

南戏产生于南宋时期,其篇幅远远大于当时与其形式较为相似的宋杂剧。日比科夫斯基以孟元老《东京梦华录》中"自过七夕,便般'目连救母'

---

① Zbikowiki, Tadeusz, *Early Nan-hsi Plays of the Southern Sung Period*, Warszawa: Wydawnictwa Universytetu Warszawaskiego, 1974, pp.119-120.

② Llamas, Regina Sofia, *Comic Roles and Performance in the Play Zhang Xie Zhuang Yuan with a Complete Translation*, Harvard University, 1998, pp.14-15.

③ Zbikowiki, Tadeusz, *Early Nan-hsi Plays of the Southern Sung Period*, Warszawa: Wydawnictwa Universytetu Warszawaskiego, 1974, pp.99-114.

杂剧,直至十五日止"①的记载为据,并以《张协状元》为例,认为如果一天演出五个小时,完成《张协状元》的全部演出,也需要七天,并以此说明《张协状元》篇幅之大。但为何现存最早的南戏《张协状元》反而是《永乐大典戏文三种》之中篇幅最大的?日比科夫斯基将其归因于说书人传统影响了早期南戏的创作,即说书话本和南戏剧本的作者可以是同一群人,而且由于对同一故事主题进行反复的创作,与某一故事相关的内容会不断地累积,从而导致了南戏在较早的时候就有比较大的篇幅。

二、对早期南戏情节的研究

从世界戏剧史的角度对早期南戏的情节进行观照,是海外英语南戏研究学者最显著的特点。日比科夫斯基是较早使用这一方法对早期南戏的情节进行分析的学者,其相关成果可归纳为如下两个方面:

第一,日比科夫斯基认为早期南戏不直接源于古代宗教仪式,而得出这一结论的依据,正是将早期南戏的情节与古希腊悲喜剧、古印度梵剧、日本能剧的情节进行对比的结果。古希腊悲喜剧因纪念狄奥尼索斯而上演。古希腊悲剧的主角常为天神、神话英雄或古代帝后,意在于净化人们的心灵。古希腊喜剧中虽然没有天神的角色,也没有净化人心的作用,但具有讽喻功能,意在缓解人们的紧张情绪。印度梵剧起初与困陀罗(Indra)祭祀有关,神话是印度梵剧的基础,随后困陀罗被拉梅(Rame)或史诗《摩呵婆罗多》(Mahabharata)的男主角克利须那神(Krishna)所取代,但剧中主角的主要目标仍为斗争。日本能剧起源于15世纪中叶,情节相对简单,但与其他国家一致,能剧与神话、宗教信仰和对勇敢忠诚的战士的膜拜紧密联系。而相比之下,早期南戏的情节,不会煽动起不可调和的矛盾,"不会出现天神也不会出现他们在人间的后裔,也不会出现神秘的或者传奇的英雄人物。不以帝王与亲属之间的权力斗争,也不以后宫女人之中的竞争来作为故事情节","只是简单地讲述了那个时代会发生在任何人身上的事情"。②

第二,相比于古希腊悲喜剧或者元杂剧,南戏的情节均显得平铺直叙,

---

① 孟元老等《东京梦华录(外四种)》第9页,上海:古典文学出版社,1956年版。
② Zbikowiki, Tadeusz, *Early Nan-hsi Plays of the Southern Sung Period*, Warszawa: Wydawnictwa Uniwersytetu Warszawaskiego, 1974, p.124.

缺少剧烈的戏剧冲突,日比科夫斯基将南戏的这一特点总结为"像是借用报告文学的视角复述连续发生的一系列事件,既无激烈冲突,也无明显高潮",不像西方戏剧"结构非常精巧,呈现为剧情的阐释、发展、高潮、突变与结局"①,并且进而认为早期南戏具有波兰学者斯特凡·斯科瓦克辛斯卡(Stefania Skwarczyńska)所谓的史诗性,即相比于戏剧情节"所呈现的是根源于斗争的基本事件的发展,或者两种敌对力量之间的冲突",南戏所具有的史诗性使"情节所呈现的是事件在同一条直线上的演变,是不断变化的事实流,这些事实内在联系着,并接连发生"。②

除日比科夫斯基外,雷伊娜也对早期南戏的情节进行了分析。但与日比科夫斯基的方式不同,雷伊娜着重从早期情节的社会意义这一角度考察早期南戏的情节,而早期南戏的情节,包括完整保留或只片段保留了的剧作在内,表现出了"负心书生"这一主题的流行,雷伊娜正是以这一点展开对早期南戏的情节分析。

首先,早期南戏剧作常常以"书生"为男主角,且在离家考取功名后,常会"负心变节",如《赵贞女蔡二郎》《王魁》《王焕》《陈书文三负心》等均属此类,雷伊娜认为这类剧作表现出了当时社会尤其是底层社会对科举考试的态度。科举考试自然是进入社会上层的合理途径,但与以求学为提升精神境界的途径的传统儒家观念不同的是,这类剧作中的男主角,通常是为功名利禄而求学。然而实际上,这些书生又并非不明了社会对他们的期许,因而在他们身上也可见介于公心(知识与道德品质)与私欲(社会地位与家庭声誉)之间的对峙。但科考制度本身,除给予书生求取更大的物质利益的权力外,并不能选拔官场中的理想模范。此外,剧作又以坚贞之妻来反衬负心书生的道德败坏。

其次,在早期南戏剧本中,男性角色与女性角色所追求的目标的不同,反映出了性别不平衡所造成的矛盾。雷伊娜认为,在这类剧作中,女性注重的是家庭的完整,家族血脉的延续,因而更期望男性维持现状,承担起延续家族血统的责任,而男性注重的是社会地位的提升,为家庭带来荣誉与兴旺。但女性的愿望往往总是因书生考取功名后不再回家而落空。

---

① Zbikowiki, Tadeusz, *Early Nan-hsi Plays of the Southern Sung Period*, Warszawa: Wydawnictwa Universytetu Warszawaskiego, 1974, p.123.

② Skwarczyńska, Stefania, *O rozwoju tworzywa słownego i jego form podawczych w dramacie "Studia I szkice literackie"*. Warzawa: Wydawnictwa Universytetu Warszawaskiego, 1953, pp.123-150.

再次，早期南戏剧作，根据男主角所辜负的女性社会地位的不同，男主角所遭受的惩罚也不相同，大体上可以分为两类。第一类，如果男主角所辜负的是坚贞的原配，那么他将遭受来自上天的惩罚，如《赵贞女蔡二郎》。第二类，如果书生所背弃的是风尘女子，那么这类书生将遭受来自风尘女子死后所化成的厉鬼的惩处。在第一种情况下，女性因坚贞而被动，因此复仇只能求之于天，表现出在中国传统中"天道轮回，报应不爽"的既有观念。在第二种情况中，为满足观众对"诗意正义"的追求，只能借助死后的亡魂。

最后，早期南戏作品中的这类"负心书生"题材，在后世往往被改写，如《赵贞女蔡二郎》被改写为《琵琶记》，《王焕》被改写为《焚香记》，这样的改编，使原本显得粗糙但震撼人心的结局变成了大团圆，也许根源于元末之后文人地位的提高与朝廷政令的限制，但同时也削弱了早期南戏剧作对教育的批判及对因果报应观念的宣扬作用。

除关注早期南戏情节的特点、产生的原因及社会意义外，日比科夫斯基与雷伊娜二人也对南戏情节中的时间与地点元素投以关注。然而包括早期南戏剧作在内的绝大多数戏曲作品，其中的时间与地点元素并不具有实际的意义。日比科夫斯基认为"绝大部分戏剧故事的发生年代、地点与剧作实际表演的年代、地点不同。与古希腊不同，中国人彻底漠视时间与空间统一的传统"，并且将其原因归结为"与中国戏曲源自说唱文学有关，在说书文学中，时间与空间即不必统一"。① 并以《张协状元》为例，说明剧作中所提及的有关朝代的信息，并不能用以证明《张协状元》故事实际发生的年代。但在考察《张协状元》表演时间跨度时，日比科夫斯基的观点则比雷伊娜更具可信度，即张协在秋季离家，但因五鸡山遇匪受伤，不能参加第二年的科考，从而在第三年重新出发，而雷伊娜则认为时间跨度仅为一年。在将《张协状元》分为开场与剧作主体，并且分别考察二者的时间时，日比科夫斯基与雷伊娜的观点又一次不同。即雷伊娜认为可以通过《张协状元》的开场确定其首次创作的时间，然而并不能以此确定《张协状元》的主体部分是在何时表演、何时被记录的。而日比科夫斯基则认为在表演时《张协状元》的开场所占用的就是这一次表演的时间，而主体故事

---

① Zbikowiki, Tadeusz, *Early Nan-hsi Plays of the Southern Sung Period*. Warszawa: Wydawnictwa Universytetu Warszawaskiego, 1974, p.148.

所发生的实际时间,则难以确认。

第二节　南戏脚色体制研究

　　脚色体制的存在是戏曲与西方戏剧最主要的差别之一。对中外戏曲学者而言,对脚色体制进行研究是南戏研究乃至戏曲研究的内在组成部分。但就目力所及,中国本土学者针对脚色体制的专门研究,相较于戏曲研究的其他方面,成果较少。海外英语学界的南戏学者,如雷伊娜则试图对脚色体制的形成历史及中国本土对脚色体制的研究历史加以梳理。此外,海外英语学界的南戏学者站在西方戏剧的角度上对脚色体制进行研究的成果,在某种程度上可能是对脚色体制研究的补充。

一、对脚色体制研究史的梳理

　　海外英语学界南戏学者对脚色体制研究史的梳理,既是借鉴中国学者脚色体制研究的成果,并向西方戏曲学者介绍中国学者的相关研究的努力,又可依此考察戏曲脚色体制的起源、演变、发展过程,其作用与意义是不可以忽视的。

　　在海外英语学界南戏学者的研究论著中,对脚色体制研究史的梳理最为深入全面的成果,见于雷伊娜的博士论文《〈张协状元〉喜剧脚色及其演出研究》中,其相关成果,可简要归纳为如下五点:

　　第一,对南北脚色体制起源时间的研究。在《永乐大典戏文三种》发现之前,因《都城纪胜》与《辍耕录》均仅提及杂剧与院本表演,因此有学者认为脚色体制源于北方。而《永乐大典戏文三种》的重新发现,又使学者认为南戏与北方剧作同时存在脚色体制,或南戏更早于北方剧作存在脚色体制。[①]

　　第二,对脚色体制起源的研究。有关脚色名起源的说法均起于明代。产生于明代的相关理论,如胡应麟:"凡传奇以戏文为称也,亡往而非戏也,故其事欲谬悠而亡根也,其名欲颠倒而亡实也,反是而求其当焉,非戏也。故曲欲熟而命以生也,妇宜夜而命以旦也,开场始事而命以末也,涂污不洁

[①] Llamas, Regina Sofia., *Comic Roles and Performance in the Play Zhang Xie Zhuang Yuan with a Complete Translation*, Harvard University, 1998, pp.37-38.在不同的历史时期,"杂剧"一词的概念有所不同,雷伊娜在其博士论文第37页注54中,结合伊维德、奚如谷《中国戏剧:1100—1450》(1983),曾永义《参军戏与元杂剧》(1992)等著作的观点,对"杂剧"概念的历史演变进行梳理。

而命以净也,凡此,咸以颠倒其名也。"①周祈:"丑,狃也,《广韵》:'犬性骄'"。"净,狰也。《广韵》:'似豹,一角五尾',又云'似狐有翼'"。②祝允明:"生、净、旦、末等名,有谓反其事而称,又或托之唐庄宗,皆缪云也。此本金元阛阓谈吐,所谓鹘伶声嗽,今所谓市语也。生即男子,旦曰妆旦色,净曰净儿,末曰末尼,孤乃官人,即其土音,何义理之有。"③现代学界也有追溯脚色名起源的尝试,如,许地山就认为脚色名经丝绸之路来自波斯,然而,绝大部分在王国维之后的现代学者都认同祝允明的观点。脚色名的词源虽已晦暗不可知,但脚色所遗留的分类仍然是重要的考察对象。周贻白与曾永义依照王国维的观念,将脚色区分为三大类,即生(末)、旦、净,虽然这一大分类大体上符合现代人对脚色的理解,但并不能反映早期(明代之前)的脚色分类。

　　某些学者认为"色"就是"脚色"的简写。在宋代,"脚色"本为官员入朝为官时上交的生平自叙,即"宋时入仕,必具乡贯、户头、三代名衔、家口、年龄、出身履历。若注授转官,则又加举主有无过犯,谓之脚色"④。虽然在明代"脚色"已广泛地用以指代脚色体制,但到清代才真正地用以指代脚色的地位、性情品格及场上人物。在常被引用的几部古代著作中,《都城纪胜》附于脚色名后的用语"色",也用以指代不同的音乐与戏班种类。《张协状元》中的某些脚色名称,如"末泥"与"旦",也被《都城纪胜》《辍耕录》提及。在晚于《都城纪胜》《辍耕录》的《青楼集》中,"色"的用法常与《都城纪胜》相同,此外,"末泥""旦""花旦""软末泥"等用语不仅指代表演的形式,也代表脚色的不同性别。在小说《水浒传》中,"色"也附于描述皇宫内的表演所提及的五个脚色之后。《武林旧事》中艺人孙子贵的例子说明当时的表演有专门化的可能,但《武林旧事》未说明演员可在剧作间扮演不同人物,或在同一部剧作内扮演不同角色。因而,"色"在《都城纪胜》《辍耕录》《武林旧事》等早期文献资料中,指单独某位艺人、一组音乐表演艺人,也可指"色长",并不指脚色。⑤

---

① 胡应麟《少室山房笔丛(二)》第554—573页,上海书店出版社,2009年版。
② 周祈《名义考》第170页,台北:学生书局,1971年版。
③ 冯可宾《广百川学海(五)》第1354—1355页,北京:中国书店,2015年版。
④ 赵升《朝野类要》第121页,上海古籍出版社,1987年版。
⑤ 灌圃耐得翁《都城纪胜》,《东京梦华录(外四种)》第95—96页,上海:古典文学出版社,1956年版。

第三,"参军""参鹘"与后世喜剧脚色的关系研究。参照陶宗仪的看法,即"院本则五人:一曰副净,古谓之参军;一曰副末,古谓之苍鹘,鹘能击禽鸟,末可打副净,故云;一曰引戏;一曰末泥;一曰孤装。又谓之五花爨弄"①,学者们不断地将喜剧脚色的分类追溯至"参军"与"苍鹘"。但是"参军"的起源可证,"苍鹘"的起源却为谜。"副净"出现在南戏、北杂剧中,而"副末"仅出现在南戏中。在《张协状元》中,末脚与净脚间的喜剧规范极其明确,但常是末脚(苍鹘)受到净脚(参军)的殴打。脚色功能的这种转变或许表明喜剧类型未必与脚色谱系有关。但尚未见文献资料可证明宋代表演的喜剧脚色与《张协状元》的喜剧脚色间的直接关系。"参军""苍鹘"与后世的喜剧脚色的联系之一为"插科打诨"。"参军戏"的特征古老而具有世界性:它不仅仍在戏剧与相声表演中具有重要意义,也是全世界马戏小丑表演节目的一部分。

第四,宋杂剧的特点与其转变为可歌唱的剧作之过程的研究。对"参军""苍鹘"的重视,可以说明宋代戏剧的主要表演形式是喜剧。但《都城纪胜》所记载的宋杂剧的喜剧形式,与现存的元杂剧并不相同。因而就产生了一个体裁演变的问题,即"喜剧口述剧作是如何向更正式的演唱剧作转变的?如果元明杂剧并非演变自宋代的院本或杂剧,那么其内容何时起从喜剧转变为悲喜剧?现存有关院本(宋杂剧)的文献资料并未说明宋代的院本或杂剧为可歌唱的剧作,所以何时起将音乐综合进表演之中?"②此外,宋杂剧与中国现代剧作相比,更接近意大利文艺复兴时期的喜剧作品。在意大利文艺复兴时期的喜剧作品中,每一位演员都需要记住各自的表演情节,表演各自的对话、动作、笑话与杂技,演员被角色束缚,不会在剧作与剧作间发生变化。正如梅耶荷德所言,此类演员"以极其精练的技能为基础而建立即兴表演"。③

---

① 陶宗仪《南村辍耕录》第 306 页,北京:中华书局,1956 年版。
② Llamas, Regina Sofia, *Comic Roles and Performance in the Play Zhang Xie Zhuang Yuan with a Complete Translation*. Harvard University, 1998, p.45.在该页的注解中,雷伊娜进一步说明道,"散套《庄家不识勾栏》常被引用为早期北方戏剧表演资料,这一材料确实记载戏剧的开端表演,但并未提及戏剧的主体部分。另一 13 世纪末的散套为高安道的《淡行院》,曾提及戏剧表演的中心部分,且主脚为一歌唱的女脚色。《淡行院》虽然逐一提及演员的技艺(可能不是戏剧技艺),但仍不能证明那就是剧作的规范结构,且并未像提及歌唱一样提及戏剧的情节",由此可以说明,根据现有的记载,并不能说明早期宋杂剧是否已经是"可歌唱的戏剧"。
③ Meierkholid, "Farce" in Theater in The Twentieth Century, Robert W. Corrigan, New York: Grove Press, 1963, pp.192-206.

第五，南北戏曲脚色体制的关系研究。雷伊娜另外又考察了南北戏曲形式的脚色体制的联系。首先张庚在《中国戏曲通史》中认为南方剧作从北方剧作吸收了包括脚色"副末""副净"在内的脚色体制等诸多戏剧成分。对于这一观点，雷伊娜表示赞同，并且从当时的社会、经济角度加以论证。其次，元明杂剧与南戏共享了"旦""净""末"等脚色名，某些南戏特有的脚色，如"生""丑"也出现在元明杂剧之中。最后，在南北戏曲系统中喜剧脚色成对表演的插科打诨极其一致。但是第三点的出现，可能是明代后期的元代剧作校订本受到了南戏说白影响的缘故。

南北戏曲系统最大的不同就是主脚的不同。北杂剧中男主脚或者女主脚是唯一可以演唱的脚色，因此主脚类似南北戏曲中的喜剧脚色，可以扮演大量不同脚色。而南戏中，"生""旦"只能扮演固定角色。北杂剧中的主脚既可以是喜剧脚色，又可以是正剧脚色，而南戏的喜剧脚色却需要从属于主脚。因此南戏或也曾使其主脚可扮演多种角色，后来出于实际演出的需要，才将脚色功能限定于后来的"生""旦"。

二、戏曲脚色独有特征的研究

可以说戏曲的脚色体制与西方戏剧的演员体制完全不同，因此，对于戏曲脚色体制的考察，对于海外戏曲学者而言，就显得独具意义。不同于中国本土学者，海外学者在研究南戏脚色体制时，难免将之与西方戏剧的演员体制相比，通过这样的对比，使脚色体制的特点更为突出。

雷伊娜通过将戏曲的脚色体制与西方戏剧的演员体制的对比，突出了脚色的独特之处。此外，也关注到了脚色的细分，并对脚色细分的原因与特点进行了分析。其研究成果可做如下归纳：

在雷伊娜看来，戏曲脚色与西方戏剧演员有以下的差别：第一，表现目的不同。中国古典戏曲着重描绘的是人物的模范性、惩戒性，戏曲脚色具有绝对的道德与社会品质，是一类角色的突出特征的总和，代表着更大范围的人物。而西方悲剧中的人物，着重表现的是人物精神的复杂与深度，往往借人物焦虑的逐步解决而得以显现。第二，表现方式不同。与西方自然主义戏剧借演员尽可能重现所扮演人物的本性、试图在场上创造真实之感不同，戏曲表演的目的并非对现实生活的重现，中国戏曲与亚里士多德的现实生活模拟理论毫无关联。西方舞台上的模拟，借尽可能接近实际事物而达成，动作、语言及舞台道具，均促成这一全局效果；而在戏曲中，戏曲脚色清楚自己在舞台上的位置，从不掩饰这个事实，而且试图造成观众与舞台间的距离。

雷伊娜对脚色体制的成因与特点进行了探究。雷伊娜认为脚色体制的形成源于舞台的实际需求，同时，演员也希望表演具有更高的经济效益。在戏曲发展过程中，为适应更长的舞台表演时间，剧作需要增加角色，但戏班的演员人数有限，所以演员不得不扮演多个角色。演员为高效率地转换角色，就将表演技艺综合为成系统的标准与惯例，因而形成了脚色。这类标准与惯例的存在，可以简化在有限时间内扮演大量不同角色的艰巨任务。角色与演员间的关系由脚色缓解，演员的技巧与才华使戏曲艺术得以发展创新。脚色的目的是以最适宜的方式传达角色的特征，表演所需要的技艺又使脚色形式化。

雷伊娜进而分析了可扮演多角色的脚色与只能扮演一个角色的脚色之间的差别。在某部剧作中，扮演多角色的脚色往往比扮演同一角色的脚色更倾向于公式化，但与此同时，只能扮演一个角色的脚色，其脚色特征的发展受到了限制。例如，虽然生脚与旦脚在剧作之中一直扮演相同的角色，可以使角色深入发展，但脚色的特征则受到了限制，受限于其所扮演的角色。末脚、净脚、丑脚所扮演的角色都倾向于遵从脚色的地位与特征，脚色的特征远远胜过角色。所以，生脚、旦脚不如末脚、净脚、丑脚精致且具有发展性。

雷伊娜也对脚色细分进行了论述。脚色细分的出现，出于剧作家改变脚色特征的尝试，也出于为减轻某一脚色的负担或进行差别更细微的表演的需要。早期戏曲的脚色可扮演多个角色，具有一定程度上的多样性，脚色细分后，脚色可扮演的角色范围就更为狭小。因此脚色细分尽管产生大量的脚色类型，但仍然导致表演的形式化。当剧作家使用特定脚色扮演特定角色，如"关公"只能由净脚扮演，角色与脚色的联系也可以紧密到角色的定义完全取代脚色。

第三节　南戏喜剧场次与喜剧脚色研究

将早期南戏剧本区分为喜剧场次与正剧场次的做法，本身就是使用西方戏剧理论研究中国古典戏曲的尝试。海外英语学界的南戏研究学者，如日比科夫斯基、雷伊娜等，均对早期南戏剧本中的喜剧场次给予了关注，但侧重点并不相同,且观点也不一致。

日比科夫斯基认为喜剧具有普遍性,是衡量中国早期剧作起源于民间的重要标志,并且在引用前人的喜剧理论后,认为喜剧源于存在与主体所认可的标准或期待不一致或相对的客体。并依据这一理论,对《张协状元》中的喜剧场次进行了分析,如"判官与小鬼扮作庙门""小二在婚礼上扮作桌子""二位商人穿越五鸡山遇匪"等场景均可作为因"标准的偏差"而造成的喜剧。虽然认为早期南戏剧本中存在喜剧元素,且对此加以论述,但日比科夫斯基认为早期南戏不能被称作"喜剧",这类剧作的中心是严肃的社会问题。

日比科夫斯基与雷伊娜均认为,所插入的喜剧场景或多或少均与剧作主题无关,但雷伊娜更注重该剧作中的喜剧成分在戏剧结构上的意义。《张协状元》除开场外,叙事按时间顺序发展,并不断地被喜剧场景打断。正剧场景用以推进情节发展,营造剧作的悲剧气氛;喜剧场景则用以暂停情节的发展,化解悲情气氛。雷伊娜认为这取决于实际的表演需要。由正剧脚色主演、演唱的场景,被平均插入喜剧场景,以免使主演的精力耗竭,同时扮演喜剧脚色的演员因扮演多种角色需要时间更换装扮。此外,喜剧场次的存在也是为维持观众的兴趣。对此,雷伊娜引用了清代戏曲家李渔的观点:"插科打诨,填词之末技也,然欲雅俗同欢,智愚共赏,则当全在此处留神。文字佳,情节佳,而科诨不佳,非特俗人怕看,即雅人韵士,亦有瞌睡之时。"①由此也可说明,正剧场次与喜剧场次的交替出现,并非是出现于《张协状元》中的特有现象,而是一种戏曲表演、剧本创作的规律,只是目前最早可追溯至《张协状元》。

在肯定早期南戏剧本存在喜剧场景,且喜剧场景与喜剧脚色紧密相连的情况下,通过重建《张协状元》的实际表演,雷伊娜认为《张协状元》的喜剧场次的模式总体而言,分为末与净、末与丑、净与丑三种,而当末、净、丑三种脚色同时出现于场上时,净脚常承担主要喜剧表演,丑脚既可以是净脚的助手又可以是独立的脚色,末脚则置身事外扮演净脚与丑脚之间、演员与观众之间的调停者,使用双关语封堵净丑的闹剧,但其论述的重点,在于对末脚、净脚、丑脚三种喜剧脚色的渊源以及在表演中的特点的探讨,进

---

① 李渔《闲情偶寄》,《中国古典戏曲论著集成(七)》第61页,北京:中国戏曲出版社,1959年版。

而使用西方社会学、心理学理论对这三种脚色的表演特征进行了分析。

一、末脚的渊源与戏剧特点

雷伊娜首先分析了"末泥""副末"与"末脚"的关系。在中国戏剧的最早期,"末泥""副末"等诸多脚色均被置于末脚名下,对于三者之间的关系,学者有以下几种说法。第一,虽然诸多学者都认为"末泥"是北杂剧及后世剧作中的男主脚的前身,①但学术界对"末泥"如何转变为戏曲主脚的过程知之甚少。第二,有学者认为"副末"是介绍剧作的脚色,而"末"是剧作的领导者,末是净、丑的喜剧助手,而"副末"是"末"的细分。②在《都城纪胜》与《辍耕录》中,副末是表演喜剧的两种脚色之一,元代散曲家汤式的散曲《新建勾栏教坊求赞》中的内容"副末色说前朝,论后代。演长篇,歌短句。江河口,颊随机变"又说明副末还可以引用历史故事与诗词。③

在《张协状元》中,"(净白)噇,叫副末底过来。(末出)触来勿与竞,事过心清凉"④这一例子可以证明在场上"副末"与"末"可以对换,但在实际表演中常用的上场脚色是"末"而非"副末"。根据《水浒传》中的描写"第三个末色的,裹结络球头帽子,着鹾役迭胜罗衫,最先来提掇甚分明,念几段杂文真罕有"⑤,末脚是剧作的介绍者、叙述者,这近似已知的副末功能,又再次说明在不同的剧本中,末脚既可以是喜剧脚色,又可以是剧作的介绍者,而《张协状元》中的末(副末),与上述的描述正有相同之处,既是喜剧脚色,又可以介绍剧情。

雷伊娜认为《张协状元》中"末脚"具有如下功能:第一,突出正剧脚色特点;第二,扮演喜剧角色;第三,扮演观众与演员间的调停者;第四,揭露脚色的本质特征。

在正剧中,末脚常加强其他脚色的特征,突出正剧脚色的正面特点。

而扮演喜剧角色才是末脚最典型的功能。末脚的喜剧功能表现在如

---

① 徐渭《南词叙录》,《中国古典戏曲论著集成(三)》第246页,北京:中国戏曲出版社,1959年版;钱南扬《戏文概论》第217—220页,上海古籍出版社,1981年版;曾永义《中国古典戏剧脚色概论》,《说俗文学》第252页,台北:联经出版事业股份有限公司,1984年版。
② 钱南扬《戏文概论》第234—235页,上海古籍出版社,1981年版;曾永义《中国古典戏剧脚色概论》,《说俗文学》第252页,台北:联经出版事业股份有限公司,1984年版。
③ 隋树森《全元散曲》第1494—1496页,北京:中华书局,1964年版。
④ 钱南扬《永乐大典戏文三种校注》第104—106页,北京:中华书局,1979年版。
⑤ 施耐庵《水浒传》第1069页,北京:人民文学出版社,1997年版。

下几个方面:第一,末脚入场时常说的"又道",表明接下来的就是对方才所讲内容的打诨。① 第二,末脚常用简短的、封堵性的双关语。由净脚、丑脚单人或二人一起表演插科打诨,由末脚以简短、辛辣的讽刺做封堵性的总结,这种简练加强了讽刺的意义,突出了净脚或丑脚简单、粗俗的喜剧特征。而且这类双关语并非直接针对其他脚色,而是面对观众。双关语易于理解,所以尤其适合喜剧表演。《张协状元》中最常见的双关语类型是同音异义,中国语言尤其适宜同音异义的双关语。

末脚是观众与场上,更准确地说是观众与喜剧脚色之间的最重要的调停者。

第一,末脚是喜剧脚色间的调停者。作为调停者,末脚是全知性的脚色,与另外两种喜剧脚色间的距离使末脚可对喜剧脚色的滑稽语言与行为提出不同的看法,讽刺喜剧性的白痴行径与荒谬的闹剧,维持场上的秩序,束缚净脚、丑脚。当喜剧脚色在与正剧脚色的互动过于放肆时,也是末脚阻止喜剧脚色,修复喜剧脚色的破坏。调停者的功能,使末脚居于喜剧场景的边缘,赋予末脚对喜剧脚色的权威,这种权威贯穿全剧,没有其他脚色可以破坏。

第二,末脚可以是主脚间的调停者。如《张协状元》第二十出中,末脚上场解释了前因后果,使二位主脚归于平静:

(生打旦)(旦叫)李大公!叫李大公相救!(生)叫甚么李大公!(末出)读万卷书,知千古事。解元,你两人撕吵则甚?……(末)[同前]婆婆八年忺要头髻,才瞥见一地欢喜。银和酒是家里底,休闲争休得呕气。听启:你那个害了家计?②

第三,末脚作为观众与场上的调停者的功能在"开场"中,由其为观众介绍剧情概况时就已经建立。由此可见,雷伊娜所谓的末脚的"调停者"功能,类似于洛地所说的"副末——剧中干办",即副末在剧中有"帮衬、助事、串联、成剧、临场导演"的作用。③

---

① 钱南扬《永乐大典戏文三种校注》第29页,北京:中华书局,1979年版。
② 钱南扬《永乐大典戏文三种校注》第104—105页,北京:中华书局,1979年版。
③ 洛地《说"末"》,载《文史知识》2003年第5期。

雷伊娜认为由末脚"调停者"功能可见末脚具有"元戏剧"①与戏剧幻象的元素。脚色意识到自己正被观看,为给予剧作真实之感,需要揭露戏剧幻象。对所呈现剧作的自觉,显现于对脚色本质的幻象之中。末脚常揭露其他脚色的特征及装扮与性别,如在《张协状元》的最开始,末脚就揭露净脚的本质:"一出来便开放大口。"②这就是净脚放纵的语言及风格的幻象。由丑扮演的小二向父母抱怨贫女拒绝与其成婚,提及自己是白白净净的,这与丑脚本身的特点相矛盾,于是末脚便讽刺道,"只是嘴乌"③,这就是当时丑脚的脸谱的幻象。

另一种揭露脚色本质的方式由演员本身达成。由于男女演员均可扮演全部脚色,所以嘲弄常常基于演员的性别。在《张协状元》中,旦脚经常是受嘲弄的对象,这证明至少在此剧作首次表演时,旦脚是由男演员扮演的。但是,由于末脚不可以捉弄正剧脚色,对正剧脚色的嘲讽就只能留给净脚、丑脚,如在张协为官后,贫女到达张协的衙门,并向张协的二位门房打听消息:"(净)且是假夫人。(旦)闻及第状元在此安歇。(净)便是。如今呼作府尹。来作甚么?是讨珠钱?(末)待它自说。(旦)奴家特来见状元。(净)要见状元,便着紫衫,我便传名纸。(旦)奴家是妇人。(净)妇人如何不扎脚?"④而由净脚扮演的女性角色李大婆正适合此类嘲讽,如:"(净挈鞋出唱)[同前]先来是我脚儿小,步三寸莲。(末白)一尺三寸。"⑤

脚色名的使用也强调末脚作为演员与观众间的调停者的功能。用脚色名召唤某脚色("叫副末底过来"⑥)表明对"元戏剧"的使用毫无疑问是有意为之的。

二、净脚的渊源与戏剧特点

净脚的喜剧功能虽然常与丑脚重合,但与丑脚、末脚同时出现时,净脚常承担主要的喜剧情节。净丑的主要区别在于二者喜剧特征的不同,净脚

---

① 何成洲《贝克特的"元戏剧"研究》,载《当代外国文学》2004年第3期。"元戏剧"最早由莱昂内尔·阿贝尔(Lionel Abel)1963年在其著作《元戏剧:一种新的戏剧形式》提出,简单而言,"元戏剧"通常运用"戏中有戏"的手法,剧中的人物意识到自己是在演戏。
② 钱南扬《永乐大典戏文三种校注》第13页,北京:中华书局,1979年版。
③ 钱南扬《永乐大典戏文三种校注》第63页,北京:中华书局,1979年版。
④ 钱南扬《永乐大典戏文三种校注》第160页,北京:中华书局,1979年版。
⑤ 钱南扬《永乐大典戏文三种校注》第86页,北京:中华书局,1979年版。
⑥ 钱南扬《永乐大典戏文三种校注》第32页,北京:中华书局,1979年版。

注重更污秽、粗俗的一面,而丑脚着意于荒谬的一面。雷伊娜认为,净脚是一种年代久远的喜剧脚色,已经趋于稳定,所以缺少被实验的开放性,而丑脚产生的年代晚于净脚,所以更有被剧作家用以实验的可能。净脚具有更大的角色范围,而丑脚扮演的角色往往更引人注意。

  雷伊娜对"净脚"的源流进行了探讨。第一,《都城纪胜》指出副净表演"发乔"①。《辍耕录》将"副净"描述为末脚的搭档,后又将其描述为"焰段"的脚色,即"其(焰段)间副净有散说,有道念,有筋斗,有科泛"。② 副净作为喜剧与杂剧演员的功能,大体上与《张协状元》中的净脚相同。虽然《辍耕录》所记载的只是戏剧的早期形式,但是净脚的四种表演技艺,即唱曲、说白、动作与杂技,除唱曲外均已见于《辍耕录》的记载中。第二,元代散曲家汤舜民散曲《新建勾栏教坊求赞》中的内容"付净色腆嚣庞,张怪脸,发乔科,唗冷诨:立木形骸与世违"将副净描述为技艺高超的喜剧脚色,③到朱权的时代,净脚作为"献笑供诌者"已经在脸上涂上粉墨。④ 第三,《水浒传》曾提及"净"与"贴净",贴净可能与副净相同,⑤这里的"净"相当于"文丑",而"贴净"相当于"武丑"。根据"净"与"贴净"的区别似乎可以理解《张协状元》中净脚与丑脚的功能,如第二十四出中一位由丑脚扮演的考生因拖欠房钱而被由净脚扮演的店主婆追赶。⑥《水浒传》中的净脚又是可以唱曲的脚色,这在北宋院本中十分少见,可能是宫廷表演出现的例外。

  雷伊娜在对净脚的戏剧特征进行分析时,借助西方的戏剧理论专门对《张协状元》所具有"滑稽"的特征进行了分析。在西方,滑稽常被当作最低级的喜剧形式之一,滑稽中的身体技艺远远多于口头与文字技能,而且着重夸张,依靠演员的表情、姿势与动作。滑稽是喜剧的基本形式,也是最具破坏性的部分。滑稽的目的不在于纠正社会,只揭示社会病态,不进行批判。滑稽与其他喜剧形式的区别就是净脚、丑脚滑稽的、荒谬的表演与

---

① 灌圃耐得翁《都城纪胜》,《东京梦华录(外四种)》第96页,上海:古典文学出版社,1956年版。
② 陶宗仪《南村辍耕录》第306页,北京:中华书局,1980年版。
③ 隋树森《全元散曲》第1494—1496页,北京:中华书局,1964年版。
④ 朱权《太和正音谱》,《中国古典戏曲论著集成(三)》第53—54,北京:中国戏曲出版社,1959年版。
⑤ 施耐庵《水浒传》第1069—1070页,北京:人民文学出版社,1997年版。
⑥ 钱南扬《永乐大典戏文三种校注》第124页,北京:中华书局,1979年版。

末脚的辛辣讽刺的区别。净丑所表演的滑稽容易越出边际,需要末脚的讽刺将其置于界限之内,即有些脚色用以破坏道德标准与理性,而有些脚色则用以修复这些标准与理性。这就是滑稽与其他喜剧形式的本质区别所在:一种用以表达狂欢式的自由,另一种则具有规范社会的目的。滑稽的目的魅力正在于使人们从常年、普遍的禁忌中解脱出来。

继而,雷伊娜分别从脚色功能与脚色特征两个方面论述《张协状元》中的"净脚",指出净脚的脚色特征代表了人类的世俗情感,而脚色功能展现出净脚对诸多技艺的精通。

第一,在对净脚的多种技艺的论述中,雷伊娜专门提出净脚具有"攻击性",而滑稽中的攻击性不过是人类破坏本性的体现。净脚的攻击性与马戏小丑以某种不会受伤的方式跌倒一致,都需要特定的技艺,这位于滑稽中的技艺的核心。一般来说,攻击性会被末脚的讽刺封堵,从而使其轻描淡写。但也有末脚未消除净脚的攻击性,反而将其加强的例子,如"县君每常恁地"。①

而之所以说滑稽中的攻击性不过是人类破坏本性的体现,是因为正如弗洛伊德理论对滑稽的看法,攻击性的目的在于使观众从文明的压抑、维持社会秩序但也抑制人类本性的社会教条中解脱出来。与滑稽一致,攻击性片刻释放这类本性,释放人们的压力。攻击性受相同教化机构的支配,常被法律定罪。社会使用各种办法制定规则限制人类的暴力,人们必须寻求途径释放社会压迫所造成的压力。在滑稽中,这类规则均被暂时打破并向观众展示,而舞台为这种能量的释放提供保护,因为戏剧,尤其是其中的喜剧部分,清楚地展现幻象特征。

因滑稽中的攻击性,速度因而也是重要的因素。因为速度可以使重复一晃而过、消除攻击性、阻止滑稽更多地反映所呈现的事物。艾里克·本特利所指出的在滑稽中深思熟虑地提速"可允许某人发怒,又免除其后果"②正是滑稽通用的法则。

第二,炫耀、对酒食的贪婪、自夸与胆小、荒谬等又是净脚的脚色特征。净脚炫耀、自夸与胆小的特点表现在贩登科录者、张协的友人、柳永等角色

---

① 钱南扬《永乐大典戏文三种校注》第33页,北京:中华书局,1979年版。
② Bentley, Eric, *The Psychology of Farce: Let's Get a Divorce and Other Plays*, New York: Hill and Wang Inc., 1958, p.xiii.

身上。而李大婆作为中性角色具有更大的发展空间,她是贪吝的化身,又过于污秽,十分丑陋,又极其贪婪,是所有恶习的综合体。个性荒谬也是净脚重要的特征。①在《张协状元》中,净脚这一特征已被大量转移给丑脚,但在第五出中,净脚仍然表现出这一特点,即"(净白)孩儿你去,千万有好全带花,(生)全带花。(净)似门前樟树样大底,买一朵归来,与娘插在肩头上。(末)你好辛苦!……(净白)孩儿,有好掉蓝似扁担样大底,买一个归来,把与娘带。(末)怎地带?"②

第三,炫耀与技艺的联系非常紧密,很难区分到底是为了使炫耀合理而增添技艺,还是技艺被添入了早已存在的炫耀之中。雷伊娜认为早期南戏是为了将技艺综合进故事叙述,而将炫耀添入脚色之中。如《张协状元》第八出,为表现脚色的技艺,使用枪棒的技艺被融合进人物塑造之中。

三、丑脚的渊源与戏剧特点

雷伊娜认为丑脚相比中国戏曲的其他脚色得到了学者们更多的注意。丑脚可以扮演任何正面或反面的角色,但以滑稽脚色扮演反面人物更引人注意。即使丑脚扮演正面角色,正面角色也会显得滑稽。丑脚的重要性,及其对剧作家、演员和戏迷所展现的魅力,显得非常独特。由丑脚扮演的角色,倾向于违背社会普遍接受的行为标准,破坏举止得体的禁令,并以此满足观众的喜剧期待。丑脚也是所有脚色中最不类型化的,或许正因为这个原因,丑脚在场上具有高度的自由,也造成了现代剧作家试图将丑脚转变为正直、正面的人物时所遇到的困难。实际上,丑脚虽然在场上时地位最低,但在脚色体制与戏班之中,却具有极高的地位与极大的自由,陈志勇分析其原因有三:"戏曲艺人普遍存在唐明皇或后唐庄宗饰演丑脚的集体记忆;丑脚出于古优,而优为中国戏剧源头之一;对丑脚宽广的戏路和灵动的艺术修养的尊崇。"③

雷伊娜进而追溯丑脚的起源。第一,丑脚首先出现在《张协状元》之中,是南戏特有的脚色,而且已有了极大的发展。第二,首先提到丑脚的学

---

① 见《张协状元》,钱南扬《永乐大典戏文三种校注》(北京:中华书局,1979年版),第十九、第二十三、第三十出。
② 钱南扬《永乐大典戏文三种校注》第33—34页,北京:中华书局,1979年版。
③ 陈志勇《古剧脚色"丑"与民间戏神信仰》,载《戏剧艺术》2011年第3期。

者是明代的徐渭:"以墨粉涂面,其形甚醜。今省文作'丑'。"①随后,周祈尝试解释脚色名,强调了丑脚难驾驭的一面:"丑,狃也,《广韵》:'犬性骄,'又'狐狸等兽迹'。"②明代胡应麟已知丑脚属于南戏剧作,但认为丑脚演变自早期参军表演中副净③,这一观点被广泛认同。第三,在现代,王国维认为丑脚之名应简化自"醜"④。胡忌根据清代焦循的观点,即"杂扮,或名'杂旺',又名'钮元子',又名'拔和',乃杂剧之散段,多是借装为山东、河北村人以资笑……今之丑脚,盖'钮元子'之省文"⑤,声称脚色丑以及其脚色名均来自"杂扮"。时代更近的学者郭亮则认为丑脚来自于通俗的"二小戏"⑥。

在明代,丑脚已在北杂剧中扮演某些角色。虽然丑脚不见于现存的《元刊杂剧三十种》之中,但确实存在于其他编纂于明代的元代杂剧选本中。如在臧懋循的《元曲选》中,丑脚相当常见。丑脚在这类明代选本中的使用证明其早已经流行于舞台上,而且剧作家也需要将其吸收进北杂剧的剧本中。

雷伊娜认为丑脚发展的历史,就是对其脚色特征进行实验的历史。丑脚在很多方面都与净脚相似,尤其是对某些特征与恶习的夸大。而丑脚的这个特点,证实了徐渭的假设,即丑或省简自"醜"。在雷伊娜的观点之外,国内学者还有不同的观点,如康保成认为丑脚源自古代傩神方相氏。⑦

进而,雷伊娜又分析了丑脚的脚色特征。丑脚对于权威的不尊重,是丑脚最具观赏性的特征。这一特征又有两个层次,第一层,丑脚可以戏弄主脚。除丑脚与净脚外就无其他脚色可戏弄主脚或其他正剧脚色。小二戏弄贫女的例子,又可以说明两个问题:其一,雷伊娜引用翁敏华的观点认为,曲调[吴小四]的乐段的重叠,与早期戏曲形式采用的流行曲子有关。⑧ 其二,小二戏

---

① 徐渭《南词叙录》,《中国古典戏曲论著集成(三)》第245页,北京:中国戏曲出版社,1959年版。
② 周祈《名义考》第170页,台北:学生书局,1971年版。
③ 胡应麟《少室山房笔丛(二)》第554—573页,上海书店出版社,2009年版。
④ 王国维《古剧角色考》,《王国维戏曲论文集》第227—247页,北京:中国戏剧出版社,1957年版。
⑤ 焦循《剧说》,《中国古典戏曲论著集成(八)》第100页,北京:中国戏剧出版社,1959年版。
⑥ 郭亮《早期南戏表演探源——〈张协状元〉剖析》,载《戏剧艺术》1982年第4期。
⑦ 康保成《古剧脚色"丑"与傩神方相氏》,载《戏剧艺术》1999年第4期。
⑧ 翁敏华《"张协状元"和中国戏曲艺术形式初创》,载《上海师范大学学报》(哲学社会科学版)1983年第4期。

弄贫女的过程又具有元戏剧意味。如曲调[吴小四]确实是由文人所编写的,但在故事中,又必须相信它可能是小二编造的。

雷伊娜进而又论及了小二与贫女关系的成因。贫女对小二求婚的暴怒反应似乎符合现代读者的逻辑,但完全违背了旦脚原来的风格。雷伊娜引用翁敏华的观点将这一问题解释为,南戏本质上就是一种折中的表演,旦脚特征的突然转变正因为戏曲吸收了"二小戏"这一表演形式①。

第二层,丑脚及丑脚扮演的角色缺乏正式感。历史人物可能使剧作具有历史感,但在《张协状元》中,戏剧人物与历史人物完全相对。王德用与柳永均由丑脚扮演,他们的历史身份,尤其是王德用的历史身份,正用以增强角色的喜剧感。而且"王德用"被赋予了广泛的特权:他可以戏弄主脚,可以在舞台上自由地移动,可以毫无束缚地说白,也可以肆意违反禁忌。

对于《张协状元》中,使用丑脚扮演王德用等高层人物的做法,雷伊娜认为这是剧作家为创造喜剧效果而特意对某种脚色的地位的转变,从而,舞台所反映的社会标准与等级也转由脚色及该脚色所扮演的角色反映,剧作在转换喜剧传统时也转换了社会标准。由底层脚色扮演历史人物也并非意在政治讽刺、明确地直接针对当时的人物。因为脚色主导角色,所以该角色被赋予的极大权威根源于脚色。但不能将这种倾向看得过远,仅可以认为脚色与角色彼此互相补充,脚色模仿角色,角色模仿其所取材的社会环境。

丑脚还有语言的荒谬的特征。雷伊娜引用弗洛伊德的观点认为,荒谬的意义在于使心灵从理性思考的束缚与"理性批判的压力"中解脱出来,而且来自荒谬的愉悦"隐藏在生活之中直到尽头"②。荒谬之中蕴含着被理性、深思熟虑的逻辑及常识所限制的吸引力,对观众而言,荒谬背离了由调节文化的规矩所限制性地建立的沉闷。弗洛伊德认为,荒谬的功能之一即为呈现某些荒谬的事物,借呈现某些与该事物有关而且同样荒谬的事物而使其具有意义,在滑稽背后的观念之中,荒谬经常替代嘲弄与批判③。

模拟也是丑脚的显著功能。模拟常在荒谬语境内表演,在《张协状

---

① 翁敏华《"张协状元"和中国戏曲艺术形式初创》,载《上海师范大学学报》(哲学社会科学版)1983年第4期。

② Freud, Sigmund, *Jokes and their Relation to the Unconscious*, James Strachey(tr.), New York: W.W. Norton and Company, 1960, pp.154-155.

③ Freud, Sigmund, *Jokes and their Relation to the Unconscious*, James Strachey(tr.), New York: W.W. Norton and Company, 1960, p.127.

元》中,模拟的首要目的并不在于提供舞台道具,而是强调喜剧荒谬的一面。模拟使角色从"人"降落到物,正如弗洛伊德所说的,是"夸大但不明智"的哑剧动作。①

雷伊娜认为丑脚在剧作中的自由可联系至古老的、边缘的、倔强的流浪人传统,他们因对社会束缚的挣脱、提供了文明进程中的压力的解脱方式而为人所重视②。而剧作家及扮演丑脚的演员,有足够的自由将丑脚的荒谬推到极致,使丑脚几乎可与剧中任何角色交流。正是出于这种爆炸性的多功能性,雷伊娜断言丑脚不仅已经在《张协状元》内获得成功,也一定可以在后世的剧作内取得成功。

综上所述,海外英语南戏学界对南戏体制的研究,着重从南戏的剧本体制与脚色体制两个方面入手。相关学者对剧本体制的研究,源于对剧本的解读,而以对剧本的场次的划分与情节的认知为落脚点。对于脚色体制的分析,除借鉴了中国本土学者的研究成果外,又广泛地吸收了西方相关理论成果,从脚色特征与脚色的戏剧功能两个方面给予其全面的分析。由上文可见,由于文化背景与学术背景的不同,海外英语学界的南戏学者是将南戏这一特殊的戏剧形式首先置于世界戏剧史中,再逐步分析南戏的剧本体制与脚色体制,因而与国内学者的研究成果具有较大的不同。

第三章　南戏传播研究

从产生之日起,南戏就不断地向外传播,也是在传播的过程之中,南戏逐渐地从其他表演形式之中吸收养分,使自身趋于完善。研究南戏的传播,有助于理解其发展演变的轨迹。而南戏传播接受研究,自然会涉及南戏的演变、南戏的剧作者、南戏的演员与演出、南戏的观众等问题。因此,本章主要通过考察海外英语学界对南戏的演变、南戏的剧作者、南戏的演出以及南戏的观众的研究,论述海外英语学界对南戏传播接受的研究。

---

① Freud, Sigmund, *Jokes and their Relation to the Unconscious*, James Strachey(tr.), New York: W.W. Norton and Company, 1960, p.235.

② Llamas, Regina Sofia., *Comic Roles and Performance in the Play Zhang Xie Zhuang Yuan with a Complete Translation*, Harvard University, 1998, p.114.雷伊娜在该页追溯丑脚的源流道:"如《史记·滑稽列传》中的记载,《世说新语》第二十三章中有关竹林七贤的逸事的记载,还有唐代诗人李白的故事——李白对美酒的热爱与对帝王的不敬一直被钦慕。然而,此类人物具有纠正其古怪言行的才智,而丑脚的自由在滑稽之中,滑稽不纠正任何不良现象,但往往变得前后矛盾。"

第一节　南戏演变研究

南戏传播的过程,即南戏演变的过程,在传播的过程中,南戏吸收了所经之地的艺术养分,逐渐发展壮大。相比于元杂剧,南戏对后世戏曲的影响更为深刻,而南戏对后世戏曲的影响,主要是间接通过其直接演变形式——传奇而施加的。在发展、成熟、演变的过程中,南戏也从没有剧本到出现了经文人改编的剧本。南戏与传奇,既有相似之处又有不同之处,如何划分南戏与传奇的界限也是值得考量的问题。本节主要论述海外英语学者对南戏剧本的改编、南戏与传奇的区别与联系、南戏与传奇的分界等问题的研究。

一、南戏传播

南戏产生于温州之后,就一定开始了对外传播的过程,但其传播的方向与过程则是一个值得考察的问题。新西兰学者孙玫在其博士论文《南戏——中国最早的戏曲形式》就这一问题进行了较为充分的说明。根据文献材料与出土文物,孙玫认为在中国的版图内,南戏的传播路径至少最北到了北京、最西到了江西,南边到了福建与广东。其分析过程如下:

（一）宋元时期南戏在杭州的传播

第一,南宋杭州的南戏传播。在南宋定都后,杭州的城市经济得到了巨大的发展,人口急剧增加,出现了大量的观众,且杭州距离温州不远,南戏可通过陆路与水路交通到达杭州,因而依据"至戊辰（1268）己巳（1269）间,王焕戏文盛行于都下。始自太学,有黄可道者为之",①在南宋末年,南戏已经盛行于杭州。

第二,元代杭州的南戏传播。《录鬼簿》的作者钟嗣成,曾经在杭州定居多年,《录鬼簿》虽然记载的主要是元杂剧作家,但其中也提及参与杭州南戏创作的萧德祥与首次使用"南北合套"的沈和。《青楼集》的记载中,大部分都是元杂剧艺人,但其中也有三位南戏艺人,且三人之中还有一位来自婺州。元代南戏剧本《宦门子弟错立身》与《小孙屠》分别注明由杭州

---

① 胡忌《宋金杂剧考》第59页,上海:古典文学出版社,1957年版。

才人①与杭州书会②创作。在《宦门子弟错立身》中,女主角王金榜共列举了 29 部剧作,其中有 18 部为南戏,这 18 部剧作被列入《宦门子弟错立身》中,可见其在当时杭州的知名度。

(二)元末明初南戏在长江中下游地区的传播

根据明太祖朱元璋的出生地及其活动范围,及徐渭与徐复祚的记载,③可以推测朱元璋是在长江中下游地区得知《琵琶记》,即在 14 世纪末,元末明初,南戏已传播至长江中下游地区。

(三)明代中后期南戏在北京的传播

根据都穆《都公谈纂》的记载,以及《成化本白兔记》的刻印时间与地点,可以说明南戏在明代中后期的北京具有较大的市场。而且,南戏在吴地已经相当兴盛。

(四)南宋末年南戏在江西的传播

根据刘埙对家乡南丰的演出活动的记载,即"至咸淳(1265—1274),永嘉戏曲出……"④南戏在南宋末年就已传播到了江西。1973 年从一处建于 1252 年的墓葬中出土的 6 个陶俑与 1975 年从一处建于 1264 年的墓葬中出土的 21 个陶俑,虽然不能断定其表现的就是南戏艺人,但是一定与元杂剧无关。

(五)宋元时期南戏在福建的传播

福建地区的人口数量,从 12 世纪第二个十年的 2043032 人迅速地增加到了第四个十年的 2808851 人,⑤其中的上层人士习惯于欣赏娱乐活动,为福建地区多种娱乐形式的发展提供了必要条件。

此外,南戏曾传播至福建的证据还有如下几点:

第一,编写于南宋时期的《张协状元》之中,[福州歌]与[福清歌]这两个曲牌名与福建的地名有关。

第二,《中原音韵》的记载和南戏所使用的语言之中包含福建方言,可

---

① 钱南扬《永乐大典戏文三种校注》第 219 页,北京:中华书局,1979 年版。
② 《永乐大典戏文三种校注》第 257 页。该剧本的作者也可能为萧德祥,见钱南扬《永乐大典戏文三种校注》第 1—2 页,北京:中华书局,1979 年版。
③ 徐渭《南词叙录》,《中国古典戏曲论著集成(三)》第 240 页,北京:中国戏剧出版社,1959 年版;徐复祚《曲论》,《中国古典戏曲论著集成(四)》第 233 页,北京:中国戏剧出版社,1959 年版。
④ 刘埙《水云村稿》卷四《词人吴用章传》,《文渊阁四库全书》(第 1195 册)第 370 页,台湾商务印书馆,1986 年版。
⑤ 刘念兹《戏曲文物丛考》第 35 页,北京:中国戏剧出版社,1986 年版。

进一步证明南戏在福建的传播。

第三,根据刘念兹的调查,莆仙戏与梨园戏之中,仍有南戏曲牌与伴奏乐器的遗迹。

(六)15世纪40年代以前南戏在广东的传播

根据在广东省所出土的、分别抄写于1433年的《宣德本金钗记》和抄写于嘉靖年间(1522—1567)的《蔡伯喈》,可证至迟在15世纪40年代,南戏已传播到了广东地区。

二、南戏演变

南戏在传播、发展、演变的过程中,不断地吸收所经地区的口语与音乐等养分,这类养分促成了南戏本身的壮大、成熟,也为后世文人参与创作而演变为传奇奠定了基础。

根据现存的材料,推测南戏诞生之初的具体表演形式非常困难。根据徐渭在《南词叙录》中的看法"'永嘉杂剧'兴,则又即村坊小曲而为之,本无宫调,亦罕节奏,徒取其畸农、市女顺口可歌而已……",①孙玫、日比科夫斯基以及国内的学者均认为南戏最初的曲调是"词调与民间小曲的融合",其音乐体制"简单而直接"。

但根据孙崇涛对创作于南宋中期的《张协状元》的研究成果,即除词调与民间小曲外,《张协状元》还从诸宫调、曲破、佛曲、花词、木偶戏等其他多种艺术形式中吸收了曲调,②孙玫认为在12世纪末13世纪初,南戏的体制已趋于复杂。出现这种局面的原因,孙玫认为与当时杭州、温州出现了大量的移民,且移民之中有大量的表演艺人有关。人口的增加,观赏戏曲表演者人数的增加,既为南戏等表演活动提供了观众,又为南戏的发展成熟提供了从其他表演形式吸收养分的绝好时机。

到了元代,音乐体制中出现"南北合套"套数构建方式,是南戏在这一时期新的发展,究其原因,孙玫认为这是出于元朝统一南北方之后,南戏与元杂剧互相影响的结果。其例,即为《宦门子弟错立身》与《小孙屠》这两部创作于元代的剧本之中均使用了北方的曲调。而且根据钟嗣成《录鬼

---

① 徐渭《南词叙录》,《中国古典戏曲论著集成(三)》第240页,北京:中国戏剧出版社,1959年版。
② 孙崇涛《〈张协状元〉与"永嘉杂剧"》,载《文艺研究》1992年第6期。

簿》的记载,第一个使用"南北合套"的人是沈和,虽然真正将其使用于戏曲创作则要到明代。

除上述的音乐体制方面的新变外,孙玫认为南戏的整体形式也发生了变化。在《张协状元》中,较容易区分出从其他表演形式借鉴而来的成分,而在《宦门子弟错立身》《小孙屠》《琵琶记》等后世南戏剧作中,各种表演成分的组织则更加严密、统一。这类例子如在《张协状元》的开场之中,演员需对剧作加以介绍,再进行诸宫调表演,而后世的南戏剧作的开场,只有一两首诗词。又如,在《张协状元》第二出之中,生脚上台后,并不直接进入角色,而是先与后台的戏班成员交谈,再向场下的观众介绍戏班。日比科夫斯基也关注到了《张协状元》第一、二出之中的上述现象,并加以了详细的介绍,认为《张协状元》是这三部作品之中最早出现的,所以可以认为,《张协状元》所用的正是开始表演最早的方式,而这种方式则借鉴自说唱文学"。[1] 雷伊娜则认为,《张协状元》之中的诸宫调表演的形式与内容,或可以说明在剧本《张协状元》之前,存在诸宫调话本《状元张协传》,而《张协状元》开场之中的诸宫调表演,正是改编自《张协状元传》的。[2] 此外,雷伊娜还认为在《张协状元》中,贫女与小二之间的关系,不符合旦脚与丑脚各自的表演惯例,也不符合旦脚应有的性格特征,因此引用了翁敏华的观点,[3]认为借鉴自早期民间"二小戏",但并未进行深入融合的结果。[4]

孙玫认为文人参与南戏的创作是南戏从民间小戏演变为传奇这种上层艺术形式的重要推动力量。元代以前的南戏剧作大都不署名,而且进行南戏剧本创作的均非专业的剧作家。文人参与南戏的改编与创作,显著提高了南戏剧本的文学性,也使其更加符合精英阶层的审美趣味。但由文人创作的剧本,其文学性大于可表演性,有一些剧本甚至不能用于表演。

由高则诚根据《赵贞女蔡二郎》创作的剧本《琵琶记》,是第一部非匿名的作品,其在戏曲史上具有重要的影响和地位,由于其出现于南戏向传

---

[1] Zbikowiki, Tadeusz, *Early Nan-hsi Plays of the Southern Sung Period*, Warszawa: Wydawnictwa Universytetu Warszawaskiego, 1974, p.22.

[2] Llamas, Regina Sofia, *Comic Roles and Performance in the Play Zhang Xie Zhuang Yuan with a Complete Translation*, Harvard University, 1998, pp.120-121.

[3] 翁敏华《"张协状元"和中国戏曲艺术形式初创》,载《上海师范大学学报》(哲学社会科学版)1983年第4期。

[4] Llamas, Regina Sofia, *Comic Roles and Performance in the Play Zhang Xie Zhuang Yuan with a Complete Translation*, Harvard University, 1998, pp.10-11.

奇演变的时期,因此美国学者莫丽根的博士论文探讨的就是《琵琶记》本身及其对于传奇的意义。①

但对南戏与传奇进行历史划分的问题,学术界却有不同的看法。孙玫在其博士论文《南戏——中国最早的戏曲形式》及博士论文之后的著作《中国戏曲跨文化研究》中,对相关的观点进行了分类:①以元明两个朝代来划分南戏和传奇的历史;②以文人是否参与作为划分南戏和传奇的历史的标准;③以昆曲的兴起为界。孙玫认为,以第一种观点去考察南戏与传奇,会导致《琵琶记》《荆钗记》《白兔记》《拜月亭》《杀狗记》的剧作的归属不一致问题。第二种观点,又忽视了前述五部剧作之中存在的民间艺术成分,而且这五部剧作的创作年代仍存争议。第三种观点虽然避免了《琵琶记》《荆钗记》《白兔记》《拜月亭》《杀狗记》这五部剧作的归属问题,但昆曲仅为传奇的一个分支,这种划分方式将传奇的其他形式排除在外。因此,孙玫倾向于认为在南戏和传奇之间存在一个历史过渡期,在这个过渡期之中,南戏正在消失,而传奇逐渐兴起。

传奇虽然是南戏的直接演变形式,但作为新的戏曲形式,传奇与南戏也有不同之处,孙玫即将二者的不同之处总结为以下四点:

第一,南戏剧本不分出,传奇不仅分出且每出均有出目。但宣德本《金钗记》已分出无出目。

第二,相对比于南戏,传奇多了小生、老旦、小旦、中净以及杂②五种新脚色。

第三,传奇"南北合套"的使用更为普遍,曲调安排更为严谨。

第四,南戏的主题绝大多数均与爱情、婚姻或家庭故事有关,但传奇之中有许多剧作与政治或者军事斗争有关。

第二节　南戏剧作者与观众研究

南戏是一种起源于民间、流行于民间的戏曲形式,其剧作者最早也并非文人,因此海外英语学界的学者孙玫即主要从书会与才人这一角度考察

---

① Mulligan, Jean M., *The P'i-p'a Chi and its Role in the Development of the Ch'uan-ch'i Genre*, The university of Chicago, 1976.

② 《水浒记》,毛晋编《六十种曲(九)》,北京:中华书局,1958年版;王骥德《曲律》,《中国古典戏曲论著集成(四)》第143页,北京:中国戏曲出版社,1959年版。

南戏的剧作者,试图通过对一些片段、间接的材料,大致描绘出南戏在各个时期的作者、观众的数量与社会层次。

一、作为南戏剧作者的书会与才人

在最早的南戏剧本《张协状元》中,末脚在开场[满庭芳]曲中唱到"《状元张叶传》,前回曾演,汝辈搬成。这番书会,要夺魁名"①,生脚在第二出[烛影摇红]中唱到"九山书会,近目翻腾,别是风味"②,这表明《张协状元》的剧本是由"九山书会"改编且搬演的,而且在当时的温州不止存在一个书会。张大复《寒山堂新定九宫十三摄南曲谱》卷首《董秀英花月东墙记》下则注云:"吴门学究敬先书会柯丹邱著。"《永乐大典戏文三种》中的另外二个剧本,《宦门子弟错立身》注明为"古杭才人新编",《小孙屠》注明为"古杭书会新编"。明成化本《白兔记》"开场"中云:"搬演的是李三娘麻地捧印,刘知远衣锦还乡《白兔记》……亏了永嘉书会才人在此灯帘下,磨得墨浓,蘸得笔饱,编成此一本上等孝义故事"。由此可见,宋元时期的戏剧活动,与"书会""才人"有着密切的关系。

依据钱南扬在《戏文概论》和《永乐大典戏文三种校注》中的观点③和其他学者的观点,孙玫与雷伊娜均认为"书会"是表演剧本、手本创作者的行会,而"才人"则是"书会"的成员。④

在元代,书会的活动较为活跃,由《小孙屠》与《宦门子弟错立身》等剧作可证,孙玫认为其成因为元代传统进身之道被堵塞,文人不得不为戏曲编写剧本求生。明代几乎没有关于书会的记载,根据钱南扬先生的推测,这一时期严苛的律例迫使书会解散,而且科举制度的恢复也使文人重新获得了通过科考为官的机会。

二、南戏的观众

两宋时期温州城市经济大为繁荣,市民阶层兴起,而北宋南迁又使大

---

① 钱南扬《永乐大典戏文三种校注》第2页,北京:中华书局,1979年版。
② 钱南扬《永乐大典戏文三种校注》第13页,北京:中华书局,1979年版。
③ 钱南扬《戏文概论》第221页,上海古籍出版社,1981年版;钱南扬《永乐大典戏文三种校注》第6页,北京:中华书局,1979年版。
④ Llamas, Regina Sofia, *Comic Roles and Performance in the Play Zhang Xie Zhuang Yuan with a Complete Translation*, Harvard University, 1998, p.3; Mei, Sun, *Nanxi: the Ealiest Form of Xiqu(traditional Chinese theatre)*, University of Hawaii at Manoa, 1995, p.34.

量的移民迁入温州,移民之中不仅有上层贵族,也有为数不少的表演艺人,温州又远离大都市,文人的势力较弱,这些条件为南戏产生在温州奠定了基础。南戏的作者和演员都属于市民阶层,因此主要迎合的也是下层市民的观赏情趣,但更为爱好娱乐活动的上层贵族也参与到了欣赏南戏的活动之中。

根据刘一清《钱塘遗事》的记载,"至戊辰己巳间,王焕戏文盛行于都下。始自太学,有黄可道者为之。一仓官诸妾见之,至于群奔,遂以言去",①孙玫认为南戏剧作《王焕》在杭州极受欢迎,且女性也参与到了欣赏南戏表演的活动之中。而周密《癸辛杂识》中关于元代恶僧祖杰的记载,②可以说明元代温州地区大量观众参与观看公开演出的南戏表演。明太祖朱元璋对《琵琶记》的喜好,以及明英宗朱祁镇在观看了抓捕自苏州地区的演员的表演后,就将他们归入宫廷戏班中的记载,③则说明皇家成员也开始欣赏南戏的演出,而且皇家的号召提高了南戏的合法性与公众接受程度。而夏庭芝之所以能在《青楼集》中记载三位南戏女演员,徐渭出生于浙江且游走于广东、福建、江西之间,这都可以说明南戏的观众至少遍布于浙江、广东、福建、江西。

第三节　南戏演出研究

戏曲作为一种综合性的艺术形式,融合了文学、音乐、美术、舞蹈等多种艺术样式,但戏曲作为一种"表演艺术",表演是戏曲最基本的表现方式,只有通过表演才能真正显现戏曲的独特魅力。中国戏曲剧本由曲辞、念白、舞台提示④这三部分组成,但囿于材料的限制,对于南戏演出方式的研究,只能由曲辞、曲牌名推测曲调并考察南戏演唱的方式,通过对念白的

---

① 刘一清《钱塘遗事》第126页,上海古籍出版社,1985年版。
② 周密《癸辛杂识》第261—263页,北京:中华书局,1988年版。
③ 叶德均《戏曲小说丛考》第3页,北京:中华书局,1979年版。
④ 海外英语学界对于南戏舞台提示的研究,主要见于孙玫与雷伊娜二人的论著之中,但二人对"舞台提示"的定义不尽相同。孙玫将"曲牌名、行当名以及科介提示"一概纳入舞台提示之中,但雷伊娜对舞台提示的研究仅限于"科介提示"。若单论现场演出效果,当以雷伊娜的研究角度为是,但其余二者确也与南戏的表演有关。本节主要论述孙玫与雷伊娜二人对曲牌名(由曲牌名而及音乐体制)及科介提示(及由科介提示引出的舞台道具与装扮)等其他与南戏表演有关的内容,而将行当(脚色体制)归入第二章"南戏体制研究"之中论述。

研究在一定程度上确定南戏念白的结构与方式,结合剧本中所注明的舞台提示推测南戏做打的形式及脚色的装扮和舞台道具,并揭示其戏剧意义。

一、戏曲之唱、念

作为较早较全面使用英语论述南戏特点的学者,日比科夫斯基在著作《南宋早期南戏研究》之中,认为"曲调是决定剧作属于南戏或元杂剧的最重要因素"①,并结合徐渭等学者的观点,认为"词""曲""村坊小调"是南戏曲调的三种主要来源。② 并且通过将王国维在《宋元戏曲史》中提出的结论,即"总而计之,则南曲五百四十三章中,出于古曲者凡二百六十章,几当全数之半;而北曲之出于古曲者,不过能举其三分之一,可知南曲渊源之古也"③,应用于分析剧作《张协状元》的曲调来源,认为剧作《张协状元》"一共有178支曲子,其中有71支与唐宋诗词有密切联系","这在一定程度上证实了王国维的理论"。④ 而在这之前,也对"词""曲"这两种体裁的源流进行了详细的探讨。孙玫则从南戏发展壮大的角度对南戏曲调的起源进行了探讨。在肯定南戏曲调源自词调与民间小曲的同时,又引用了孙崇涛的研究成果,⑤认为《张协状元》也从诸宫调、曲破、佛曲、花词、木偶戏等其他多种艺术形式中吸收了曲调。⑥ 除孙玫外,大多数英语世界的南戏学者与中国本土学者的观点类似,也都将南戏曲调的起源归为词调与村坊小调。

日比科夫斯基试图通过南戏的曲辞与曲牌及南戏安排曲调的方式进一步研究早期南戏的音乐体制。例如,日比科夫斯基将曲牌名的来源分为

---

① Zbikowiki, Tadeusz, *Early Nan-hsi Plays of the Southern Sung Period*, Warszawa: Wydawnictwa Uniwersytetu Warszawaskiego, 1974, p.152.

② Zbikowiki, Tadeusz, *Early Nan-hsi Plays of the Southern Sung Period*, Warszawa: Wydawnictwa Uniwersytetu Warszawaskiego, 1974, p.152.

③ 王国维、马美信《宋元戏曲史疏证》第194页,上海:复旦大学出版社,2004年版。

④ Zbikowiki, Tadeusz., *Early Nan-hsi Plays of the Southern Sung Period*[M]. Warszawa: Wydawnictwa Uniwersytetu Warszawaskiego, 1974, pp.155-156.金宁芬《〈张协状元〉曲名考》(浙江艺术研究所编《艺术研究》第七辑,1997年版)对《张协状元》中的曲牌名逐一进行了考证。但是对《张协状元》中全部曲牌名的数量,二人的统计结果不一致,日比科夫斯基认为总数为178,金宁芬认为总数为164。

⑤ 孙崇涛《〈张协状元〉与"永嘉杂剧"》,载《文艺研究》1992年第6期。

⑥ Mei, Sun., *Nanxi: the ealiest form of xiqu(traditional Chinese theatre)*, University of Hawaii at Manoa, 1995, pp.47-48.

古代的诗词、地名、曲调的韵律及季节、人物、人物事迹、花名、鸟名、创作者的感受。在这一点上,日比科夫斯基认为南戏曲牌名与曲辞内容是存在一定关系的,如在《张协状元》中,由客商在穿过五鸡山时所演唱的[复襄阳]①曲,山神和判官所唱的[临江仙]②、[五方鬼]③曲,张协在渴望回家时所唱的[望吾乡]④曲等。就这一点而言,日比科夫斯基所列举的都只是《张协状元》之中这些曲调的使用特例。其中,如[临江仙]曲,除由山神演唱外,贫女、野芳也可演唱,⑤而在由后二者所演唱的曲辞中,就没有与"神、仙"有关的内容。因而,孙玫的观点更可信,也更具代表性,即"曲牌名在第一次被使用时与曲辞有关,但在后来的使用中,就与新的曲辞无关,其真正的作用为注明所使用的固定曲调与韵律格式"。⑥

对于曲辞与曲调之间的关系,日比科夫斯基也进行了详尽深入的探讨。在元杂剧作品中,曲辞严格受束缚于曲调,且多用衬字,而早期南戏作品则不用衬字,正是这一现象引起了日比科夫斯基的注意。通过详细对比四部备要本《词律》、剧作《张协状元》、万有文库本《曲谱》中同时出现的[卜算子]、[一枝花],日比科夫斯基认为,其中[卜算子]的格律几乎没有发生变化,而[一枝花]在各个时期所表现的特征均已不同,日比科夫斯基以此得出了"宋代剧作家在创作曲辞时,所选择的曲调只是表达情感的音乐性装饰,如果所选择的曲调不符合所创作的曲辞时,剧作家们直接忽略韵律规则"⑦的结论,且认为可以此解释南戏作品的曲调安排方式比元杂剧作品更为自由的成因。

此外,日比科夫斯基也论及了曲辞的戏剧作用。首先,曲辞具有一定程度上的特征描写作用,其剧作表现为以下三点:第一,有部分曲调用以角色的自我介绍;第二,曲调被用以表达角色的感受与想法;第三,曲调被用以描述情节发生的环境。其次,早期南戏作品的曲辞与对白之间的差别有

---

① 钱南扬《永乐大典戏文三种校注》第42—43页,北京:中华书局,1979年版。
② 钱南扬《永乐大典戏文三种校注》第51页,北京:中华书局,1979年版。
③ 钱南扬《永乐大典戏文三种校注》第54页,北京:中华书局,1979年版。
④ 钱南扬《永乐大典戏文三种校注》第122页,北京:中华书局,1979年版。
⑤ 钱南扬《永乐大典戏文三种校注》第105、183页。
⑥ Mei, Sun, *Nanxi*: *the Ealiest Form of Xiqu*(*traditional Chinese theatre*), University of Hawaii at Manoa, 1995: 112.
⑦ Zbikowiki, Tadeusz, *Early Nan-hsi Plays of the Southern Sung Period*, Warszawa: Wydawnictwa Universytetu Warszawskiego, 1974, pp.161-162.

时并不明显,其具体表现为以下两点:第一,部分格言、谚语可通过曲调演唱;第二,曲辞也可用以表现鲜活、通俗的对白。

雷伊娜也以曲为古典戏曲最重要的组成部分,但并未展开对曲调或曲文进行详细论述,其主要关注的是音乐体制在场次划分中的作用。但是,雷伊娜认为早期南戏的曲调,因为在明代才被记录,所以长时间内均以口头传播,"口头传播会引起体裁与韵律的变化,逐渐脱离原曲调"①。雷伊娜的这一观点,或可从另一角度作为日比科夫斯基所发现的《张协状元》内使用的[一枝花]曲格律发生变化的原因②。但是雷伊娜又进而追问道,现存《张协状元》剧本是在明代才被抄录的,在数百年的发展变化中,《张协状元》的曲调是否已经发生了变化,与第一次上演《张协状元》的曲调之间相差有多大,保存于《永乐大典戏文三种》的曲调是否能代表宋元南戏?③ 这似乎又增加了日比科夫斯基上述结论的不确定性,即难以确认现存《张协状元》所表现的曲辞特征是否为其首次表演或创作的形式。

日比科夫斯基等人还将《张协状元》中曲调的不同演唱方式进行了分类。日比科夫斯基将其分为以下五类:第一,由始至终均由一位角色演唱;第二,"连续二重唱",即由一位角色领唱,其他一位或多位角色跟唱;第三,两位或两位以上的角色合唱;第四,前述的接唱与合唱的结合是《张协状元》中最常见的演唱方式;第五,"合同前"所代表的特殊演唱分配方式,该术语即可解释为"以前文的方式合唱"又可解释为"以前文的内容合唱"。在日比科夫斯基之后,孙玫对南戏之中的"合唱"进行了更进一步的分析,即早期南戏剧本中的舞台提示"合"之前通常不会注明脚色体制,因此"'合'就有四种可能性:二重唱、帮腔、演员以唱帮腔以及二位演员相互以唱帮腔",并且以莫丽根《琵琶记》英译本为例分析了其中对"合"字的理解、翻译不确之处。④

念白也是南戏剧本的组成部分之一,在表演中也占有重要地位。日比科夫斯基认为元杂剧的念白简短,用以弥补念白与曲辞之间的差距,具有

---

① Llamas, Regina Sofia, *Comic Roles and Performance in the Play Zhang Xie Zhuang Yuan with a Complete Translation*, Harvard University, 1998, p.17.
② 雷伊娜在其博士论文《〈张协状元〉喜剧脚色及其演出研究》并未提及日比科夫斯基的相关研究,此处的比较乃笔者所做。
③ Llamas, Regina Sofia, *Comic Roles and Performance in the Play Zhang Xie Zhuang Yuan with a Complete Translation*, Harvard University, 1998, p.3.
④ Mei, Sun, *Nanxi: the ealiest form of xiqu (traditional Chinese theatre)*, University of Hawaii at Manoa, 1995, pp.119-121.

辅助性质，而曲调才是元杂剧的主体部分。而早期南戏作品与元杂剧不同，在其中，占主体地位的是念白，曲调只有装饰性功能。而且早期南戏剧作的念白除无韵脚外，与曲辞几乎没有差别，且二者所使用的均为宋代的口语，几乎不存在诗词。

与日比科夫斯基着重分析早期南戏作品中念白的特征不同，雷伊娜将南戏作品念白研究的深度向前推进了一大步。首先，雷伊娜以《张协状元》为例，认为南戏的曲辞与念白的戏剧功能与明代以后的古代戏曲学者所认为的有所不同。明代以后的古代戏曲学者认为，曲辞减缓剧情发展，用以传达描述性、情感性内容，而念白主要用以传达诉说性内容，因暴露事件而加快剧情发展，但在《张协状元》之中，情节通过曲辞讲述，曲辞加快戏剧情节的发展，而念白用于喜剧目的从而减缓剧情发展。其次，雷伊娜还注意到了喜剧脚色与正剧脚色所主导的曲辞与念白的不同。作为剧作的主要脚色，生脚与旦脚几乎不参与喜剧性念白，喜剧脚色则着重念白几乎不唱。

除论述早期南戏曲辞、说白的结构特点、戏剧作用外，日比科夫斯基、雷伊娜等学者也对二者所体现的语言风格进行了介绍，并试图解释早期南戏的语言风格较为"卑下"从而不受文人士大夫关注的原因。日比科夫斯基分析在数量不少的南戏剧本仍然存在的时候，文人士大夫仍未对其产生注意的原因时，写道"这其中的主要原因是这些剧本的故事主题和语言风格过于通俗卑下"①，之后并未继续展开。而雷伊娜先就不同学者对"本色"的不同理解进行论述，又引用徐渭"然有一高处：句句是本色语，无今人时文气"②来说明南戏语言风格的特点。但除徐渭等少数文人外，少有封建文人肯定早期南戏价值，这自然是出于早期南戏作品语言较为卑下的原因，而早期南戏所以会具有这一特点，自有其原因。雷伊娜就认为这是由于"南宋的无名剧作者们故意使剧作语言接近当时的口头语，是因为他们心中已清楚了解观众的需求"③，并且以此类剧作被收录《永乐大典》又可以作为其曾经流行的一个旁证。

---

① Zbikowiki, Tadeusz, *Early Nan-hsi Plays of the Southern Sung Period*, Warszawa: Wydawnictwa Universytetu Warszawaskiego, 1974, p.58.

② 徐复祚《曲论》，《中国古典戏曲论著集成（四）》第 45 页，北京：中国戏曲出版社，1959年版。

③ Llamas, Regina Sofia, *Comic Roles and Performance in the Play Zhang Xie Zhuang Yuan with a Complete Translation*, Harvard University, 1998, p.18.

器乐伴奏是戏曲表演非常重要的一个方面,日比科夫斯基与孙玫均对其进行了研究,但二人的论述都不详细,这与相关材料的缺乏有关。如日比科夫斯基根据王骥德"北力在弦,南力在板。北宜和歌,南宜独奏"①的观点推测,北杂剧的伴奏音乐与曲调的联系非常紧密,而在南戏剧作中伴奏音乐与角色演唱的曲子存在一定程度的独立。孙玫根据《张协状元》、宣德本《金钗记》、朱元璋要求乐官使《琵琶记》可用筝琶伴奏的记载,推测南戏至少早期已使用了锣与鼓等打击乐器、竹笛,从《琵琶记》开始又使用了筝琶等线索乐器。

二、南戏之做打、砌末与装扮

在传统戏曲欣赏或研究著作中戏曲作品由唱、白、科介三部分组成,而使用"舞台提示"(Stage Direction)指代戏曲作品中除曲辞、念白以外的内容,似乎是受到了西方戏剧理论的影响。实际上,科与介仅代表做打一类的戏曲程式动作,而戏曲文本除曲辞、念白、动作提示等内容外,还会有注明脚色更换装束妆容、变更表情情绪、摆放使用砌末等信息,而"舞台提示"一词则可以更加全面地将包括动作提示等内容在内的、除曲辞、念白之外的信息囊括在内。因此笔者认为在研究戏曲的做打、装扮、砌末时,使用"舞台提示"一词更为准确,在海外英语学界南戏实际研究中,相关学者谈及前述的内容时,所使用的也正是"舞台提示"一词。

就目力所及,中国本土戏曲学者针对南戏舞台提示研究的成果较少,因而海外英语学者,如雷伊娜、孙玫等人的研究成果或许可以算是为中国本土南戏乃至戏曲的舞台提示研究提供了一些有价值的参考。

雷伊娜对《张协状元》舞台提示的研究,根源于其认为《张协状元》是一部为表演而编写的剧本。一部为阅读而非表演创作的剧本,需要极高的语义统一性,而这种统一性在剧本中呈现为两个层次:其一,介于剧本对白中的对话者之间,介于围绕着对话者的戏剧成分与对话者之间;其二,介于剧作者与读者之间。而在《张协状元》中,前一层次的语义统一性的空缺尤其常见于喜剧场次中。而且,语言、杂技、嵌入于叙述中的直接的舞台提示或舞台描述、正剧部分与喜剧部分的重合、展现于剧作之中的舞台提示,

---

① 徐复祚《曲论》,《中国古典戏曲论著集成(四)》第57页,北京:中国戏曲出版社,1959年版。

也可以说明《张协状元》意在被表演而非仅被阅读。① 正因为《张协状元》成其自身为意在被表演的作品,所以可试图从中发现其如何被表演的信息,而这种信息主要存在以"科介"为主的舞台提示之中。

进而雷伊娜就使用西方相关戏剧理论对《张协状元》的舞台提示进行分析。首先引用罗曼·英伽登的理论将《张协状元》划分为正文与舞台提示两部分。正文指由所呈现的人物讲述的段落,而舞台提示则提供地点、时间、道具用法等信息。② 但雷伊娜并不认同英伽登"主要信息包括于正文中,舞台提示虽然不能被完全移除,但也不能构成剧作的框架"③的观点,认为"这两种文本都以呈现最终舞台事件为目标补充彼此:对白所表现的内容补充了舞台提示,而包括演员动作信息的舞台提示则补充了对白"。④

雷伊娜又进一步引用艾斯顿和萨瓦娜的理论将舞台提示区分为对白外舞台提示与对白内舞台提示。所谓的"对白外舞台提示"指的是存在于舞台提示中的舞台提示,而"对白内舞台提示"指的是存在于正文内的舞台提示。在写定的剧本中,读者可以清楚地看到舞台提示,而在演出中,对白外舞台提示只能通过演员的表达发现,对白内舞台提示则会嵌入于表演中。对白外舞台提示与对白内舞台提示的区别为:对白外舞台提示即使不总以语言形式(还可以它种符号)表示,但总是置于剧本之中,且一旦表演结束即消失;而对白内舞台提示总借实际表演——对白、演唱以及扮演——显现,但是不可用其他符号代替。在《张协状元》中,舞台提示具有重要的、双重的功能,即舞台提示在正文外时支撑对白,并且被用作"剧本效果的蓝图"⑤当舞台提示处于正文之内时,则往往具有描述、空间限定的功能。更重要的是,正如维楚斯基所指出的,舞台提示满足了对白语义

---

① Llamas, Regina Sofia, *Comic Roles and Performance in the Play Zhang Xie Zhuang Yuan with a Complete Translation*, Harvard University, 1998, pp.121-122.

② Ingarden, Roman, *The Literary Work of Art* George, G. Grabowicz (tr.), Northwestern University Studies in phenomenology and Existential Philosophy. Evanston: Northwestern University Press. 1973, pp.208-209.

③ Ingarden, Roman, *The Literary Work of Art* George G. Grabowicz(tr.), Northwestern University Studies in phenomenology and Existential Philosophy. Evanston: Northwestern University Press. 1973, p.209.

④ Llamas, Regina Sofia, *Comic Roles and Performance in the Play Zhang Xie Zhuang Yuan with a Complete Translation*. Harvard University, 1998, p.118.

⑤ Aston E., Savona G., *heatre as sign-system: a semiotics of text and performance*, Routledge, 1991, p.73.

统一性的最基本条件,因"既不是对白本身,也不是指明对白如何分配的戏剧成分,而是剧作者安排于每段对白前的说话者姓名,为演员提供如果缺少即无法领会对白线索的信息。"①

《张协状元》内的对白外舞台是不仅数量少且短小、简略、分散,而且大部分只提及殴打、摔倒或装成舞台道具,及旅行、饮酒等现象,雷伊娜认为这与《张协状元》的整体剧作结构有关。② 首先,舞台提示的短小表明表演的方式由惯例构成。在这一点上,以《张协状元》为代表的早期南戏类似于伊丽莎白时期的戏剧。但二者的不同之处在于,伊丽莎白戏剧几乎以每天一幕新剧的速度流转,演员面对着巨大的时间与记忆压力,因而使用惯例;而戏曲使用惯例的原因,则出于表演的程式化、专门化。其次,对于动作的描述在剧本中并无审美价值,但在表演时占据重要的位置,③关于动作的舞台提示在舞台上表演出来时才会具有被欣赏的价值。

上文已述,雷伊娜认为关于《张协状元》如何被表演的信息主要存在以"科介"为主的舞台提示之中,因此她又使用了较大的篇幅,专门论述了《张协状元》中"介"的特征。

雷伊娜将《张协状元》中的"介"分为三个层次。其一,最常见的嵌入故事最深层的"介",注明关门或打开门栓等信息。此类"介"具有哑剧特点,用以补充口头表演的现实感,使观众了解舞台的划分与舞台空间的使用。其二,则指示演员模仿屋门、椅子或桌子之类的舞台道具。与通过演员的语言和动作形成屋门的想象、划分虚幻的空间不同,这一层次的"介"要求演员装作屋门、切实地划分舞台空间,力图在舞台上呈现一种虽荒谬但真实的桌子、椅子、屋门的视觉感。④ 其三,则注明技艺,如"净使棒介"⑤。⑥

---

① Veltrusky, Jiri, *Drama as Literature*. The Peter de Ridder Press. 1977, p.41.
② Llamas, Regina Sofia, *Comic Roles and Performance in the Play Zhang Xie Zhuang Yuan with a Complete Translation*. Harvard University, 1998, p. 123.
③ Llamas, Regina Sofia, *Comic Roles and Performance in the Play Zhang Xie Zhuang Yuan with a Complete Translation*. Harvard University, 1998, p. 131.
④ Llamas, Regina Sofia, *Comic Roles and Performance in the Play Zhang Xie Zhuang Yuan with a Complete Translation*. Harvard University, 1998, p.138;孙崇涛、徐宏图《戏曲优伶史》第 161 页,北京:文化艺术出版社,1995 年版。雷伊娜认为,"介"的这两个层次的区别,即是孙崇涛、徐宏图所谓的"虚拟"与"实拟"的区别。
⑤ 钱南扬《永乐大典戏文三种校注》第 43 页,北京:中华书局,1979 年版。
⑥ Llamas, Regina Sofia, *Comic Roles and Performance in the Play Zhang Xie Zhuang Yuan with a Complete Translation*, Harvard University, 1998, p.136.

此外，雷伊娜对"介"做了更细致的研究。如雷伊娜通过列举《张协状元》剧中的例子，认为钱南扬认为"介"是对刚表演过的动作的重复的观点不确。如"有介"①或"丑有介"②就未融入故事背景或前置的刚刚发生的动作之中，而仅表明脚色做单独的动作。又如认为"打末着介"与"打末脑"③之间，及"净看、有介"④与"丑觑末白"⑤之间不存在差别，但"旦出科介"⑥与"旦出唱"⑦一定有区别，前者表示更精致的进场方式。

相对于对白外舞台提示，对白内舞台提示不得不从剧本中的对白、演唱以及扮演推断而出，而雷伊娜对对白内舞台提示的理解，或对白内舞台提示的意义，正是《张协状元》等早期南戏作品的念白、曲辞等在营造戏剧背景、构建人物特征上的作用。英伽登将舞台上的角色呈现区分为三种类型：其一，借演员的表演与舞台设定（包括道具在内），专门地以实物向观众呈现道具；其二，混合实物与语言呈现；其三，全以语言呈现。⑧ 而《张协状元》中仅有极少数由曲子提及的场景与道具真正地出现于场上，故该剧作的演唱部分几乎全属于上述第三种类型。以此为基础，雷伊娜详细了列举了《张协状元》中"全以语言呈现"的呈现角色与营造戏剧背景的手法。《张协状元》的正文可划分为曲辞与念白两部分，但主导念白的喜剧脚色可以演唱曲辞，主导曲辞的正剧脚色也可使用说白，从而表现角色特征，构建表演背景。二者的区别在于，带有诗词性质的曲辞，其作用往往显得更

---

① 钱南扬《永乐大典戏文三种校注》第 26 页，北京：中华书局，1979 年版。
② 钱南扬《永乐大典戏文三种校注》第 67 页，北京：中华书局，1979 年版；Llamas, Regina Sofia, *Comic Roles and Performance in the Play Zhang Xie Zhuang Yuan with a Complete Translation*, Harvard University, 1998, p. 135.此处的"丑"为钱南扬所加。见钱南扬《永乐大典戏文三种校注》第 71 页，注 19，中华书局，1979 年版。雷伊娜认为并不能确认此处的"有介"是"丑"还是"旦"的动作，因此有"未融入故事背景"的看法。在后文，雷伊娜又针对这个"介"提出了以下的问题："此处的'介'是由丑还是旦而做？如果是丑，那么是否可表明其羞涩？如果是旦，是否可表明不耐烦？或者只是为了娱乐观众、增加诙谐语言的情节的传统动作？"随后又认为"演员大概都受到表演惯例的约束，所以戏班成员均明了某'介'的含义"。
③ 钱南扬《永乐大典戏文三种校注》第 42 页，北京：中华书局，1979 年版。
④ 钱南扬《永乐大典戏文三种校注》第 178 页，北京：中华书局，1979 年版。
⑤ 钱南扬《永乐大典戏文三种校注》第 26 页，北京：中华书局，1979 年版。
⑥ 钱南扬《永乐大典戏文三种校注》第 106 页，北京：中华书局，1979 年版。
⑦ 钱南扬《永乐大典戏文三种校注》第 104 页，北京：中华书局，1979 年版。
⑧ Ingarden, Roman, *The Literary Work of Art*, George G. Grabowicz(tr.), Northwestern University Studies in phenomenology and Existential Philosophy. Evanston：Northwestern University Press.1973, p. 379.

为具体、形象。

在戏曲表演中,脚色难免更换着装,也必定存在一定的道具,但很少有直接与舞台布置、道具和角色服装有关的舞台提示。如《张协状元》中"外妆夫人出唱"①"生扮状元出唱"②"旦大庄上"③都表明脚色已更换着装,而脚色装扮成桌子、椅子与门,或模仿坐的动作,恰恰都说明舞台上道具的缺乏。而且一些小的道具可以通过角色间的对白表明,但大部分道具和舞台布置都只能靠观众的想象而得知。

因此对这一问题的研究,中外南戏学界不得不求助于出土的戏曲文物。如日比科夫斯基根据明应王殿壁画、董玘坚俫墓雕砖人物、河南墓葬雕砖等文物,推测南戏演员的穿着和北杂剧演员不会有很大的区别。而孙玫则"期待将来出现更多的考古遗迹,包括文字甚至是图像材料,为笔者所提出的假定和猜想做出更好的判断"。④

南戏作为中国古代戏曲的重要形式之一,是一种"场上艺术",意在被表演,因此从其产生之日起,就在不断地通过表演向外传播,并在传播的过程中吸收其他艺术成分,使自身不断发展壮大。海外英语学界对南戏传播接受的研究,除分析了南戏传播的范围,也分析了南戏的作者、观众,但限于材料的限制,这三个方面的内容,还停留于构建框架的层次。而对于南戏的演出的研究,则由于《张协状元》等早期南戏剧本的存在,得以从曲调、曲辞、念白、做打等等方面做不同层次的分析,相比之下则更为具体、深入。

第四章　南戏剧作研究

海外英语的学者,对南戏研究所做的贡献,除前文已经述及的,对南戏的起源问题、剧本体制问题、南戏传播问题进行探讨外,也对南戏的思想内容、文献版本等问题进行了面向海外学界的读者、学者的介绍,除此之外,作为研究的方式之一,海外南戏学者也对一些南戏剧本进行了全剧与节选

---

① 钱南扬《永乐大典戏文三种校注》第81页,北京:中华书局,1979年版。
② 钱南扬《永乐大典戏文三种校注》第134,北京:中华书局, 1979年版。
③ 钱南扬《永乐大典戏文三种校注》第215页,北京:中华书局,1979年版。
④ Mei, Sun, *Nanxi: the Ealiest Form of Xiqu (traditional Chinese theatre)*, University of Hawaii at Manoa, 1995, p.178.

翻译。因此，本章主要论述海外英语南戏学者对南戏具体剧本的研究。而对于《琵琶记》，因为其历史意义与文学意义，法、德、英等国家的学者均对其进行了翻译与研究，所以本章也将对欧美学界的《琵琶记》研究进行梳理。

第一节 《琵琶记》在欧美的译介与研究概述

《琵琶记》作为第一部真正由文人独立创作的南戏作品，其影响力不仅限于国内。欧美学界对《琵琶记》的研究，包括日比科夫斯基、孙玫等人的成果在内，诸多海外学者使用英语或他种语言发表、出版了相关的论著，其中莫丽根的《琵琶记》英译本是其中最早的全译本。① 本节将力图在对论著进行翻译、解读的基础上，以莫丽根《琵琶记》英译本为中心，对此作一梳理。

莫丽根的《琵琶记》英译本（1980）是美国哥伦比亚大学出版社《东方典籍译著》系列丛书第33本，根据张秋林的搜索："截至2016年10月，全球拥有莫译《琵琶记》英译本馆藏的图书馆达414所，其中美国336所，遍布美国47个州。官方语言为英语的如加拿大、英国、法国、澳大利亚等国有相当数量的图书馆收藏此书，而非英语国家拥有该书馆藏的有中国（香港、台湾）、新加坡，还有日本、德国、法国、丹麦、瑞士、瑞典、以色列、斯洛文尼亚、沙特阿拉伯、南非、埃及等国家。"②

而莫丽根为这部译著所撰写的序言，则可以分为两部分：其一，对《琵琶记》的题材、特点、思想内容的分析，这一部分实为莫丽根博士论文《〈琵琶记〉及其在传奇发展史上的作用》的内容大意③；其二，对《琵琶记》英译本所采用的底本与翻译方式的介绍。莫丽根在第二部分中，首先说明其所采用的翻译底本是钱南扬出版于1960年的《元本琵琶记校注》。其次，又

---

① 关于莫丽根的《琵琶记》英译本是否为英语世界最早，学界存在争论。笔者此处所据为莫丽根在其英译本序言中的说法（*The Lute: Kao Ming's P'i-p'a chi*, Columbia University Press, 1980, 第1页），及张秋林《南戏〈琵琶记〉的深度英译及其对中国戏曲"走出去"的启示》[载《温州大学学报》（社会科学版），2017年第4期]的观点。
② 张秋林《南戏〈琵琶记〉的深度英译及其对中国戏曲"走出去"的启示》，载《温州大学学报》（社会学科版）2017年第4期。
③ 曹广涛《英语世界的中国传统戏剧研究与翻译》第133页，广州：广东高等教育出版社，2009。

对见于《琵琶记》中的科介等舞台提示、念白、曲辞、曲牌名、脚色名的翻译方法进行了说明。① 相对其他南戏剧作英语译本,莫译《琵琶记》使用罗马拼音为曲牌名注音,如使用"P'u-sa man"代表[菩萨蛮],且在该曲牌名紧接着重复出现时注明"同前 same tune",当曲调仅被略微改编开头的乐段则注明"同前换头 same tune with modified opening"。这一做法,再结合莫丽根在译文中的"其他修饰"②,更加有助于英语世界的学者感知戏曲的独特形式。此外,为在保持戏曲的特征与避免英语学界的读者混淆之间寻求平衡,莫丽根另外采取了如下的方式。例如,在由某脚色扮演的角色第一次出现时,同时注明脚色名与角色名。又如,简化《琵琶记》中多种多样的称呼方式,其例如使用"先生 sir"来代表一系列不同的礼节性称呼。再如,对于剧作中常出现的一些谚语、格言,则采用直译并加以注释的方式。

放眼欧美学界,最早对《琵琶记》进行翻译的是法国汉学家大巴赞(Antonie Bazin,1799—1863),其《琵琶记》法语全译本出版于1841年。巴赞是法国东方语言学院的第一位汉语教授,毕生从未到过中国,但因师从儒莲而精通汉语。跟随其师开创的先例,巴赞除翻译《琵琶记》外,还对《㑇梅香》《合汗衫》《货郎担》《窦娥冤》四部元杂剧进行了翻译,并且撰写了《元朝的一个世纪》一书。③ 但是,海内外学者对巴赞《琵琶记》法译本的关注却不多,对于海外学者而言,这可能出于该译本年代久远,难以获取,如《琵琶记》编译本《琵琶歌》的编剧威尔·厄文辗转多次方才从汉学家祖克手中借阅到巴赞的《琵琶记》法译本。④ 而对于中国学者而言,除上述原因外,另有一道语言的难关。

在大巴赞之后的是德国学者洪涛生出版于1932年的《琵琶记》德语全译本,⑤此外,在《琵琶记》德文全译本出版前,洪涛生还在北平出版了三个小型的《琵琶记》德文节译本:《贞节的姑娘》(即《琵琶记》第3、6出)、

---

① 莫丽根对《琵琶记》的具体翻译策略,亦可参见《南戏〈琵琶记〉的深度英译及其对中国戏曲"走出去"的启示》(载《温州大学学报社会学科版》2017年第4期)中的相关内容。
② Mulligan, Jean M.(tr.), *The Lute:Kao Ming's P'i-p'a chi*, NewYork:Columbia University Press,1980,p.25.
③ 耿昇《法国汉学史论》第105页,北京:学苑出版社,2015年版。
④ 石峻山《"高尚且真诚的目标"——20世纪中叶美国改编版〈琵琶记〉(〈琵琶歌〉)之成形与剧评》,载《温州大学学报(社会科学版)》2015年第6期。
⑤ 洪涛生在翻译《琵琶记》的过程中曾得到冯至的协助,因此在该译著的扉页中写有"致冯至"的字样。

《通往荣誉的路》(不详)、《考试》(即《琵琶记》第7、9、10出),均于1929年由他创办的北平出版社出版。① 洪涛生(Vincenz Hundhausen, 1878—1955)生于北莱茵-普法尔茨的格雷文布罗伊希,在1923年到中国前,已经是颇为成功的律师,且已出版第一部译著《贺拉斯之颂歌》(*Odes of Horace*, 1916)②。但海内外对洪涛生及其《琵琶记》德语全译本的研究成果,就目力所及,仅有德国汉学家毕鲁直(Lutz Bieg)的《20世纪前半叶中国古典诗词与戏曲的文学翻译——以洪涛生为例》(*Literary translations of the classical lyric and drama of China in the first half of the 20th century——The "case" of Vincenz Hundhausen*, 1999)③ 及吴晓樵《洪涛生与中国古典戏曲的德译与搬演》两篇论文,但两篇论文均着重于对洪涛生的生平及洪涛生《琵琶记》《西厢记》等德语全译本的论述与介绍,缺少对《琵琶记》德语全译本的专门性研究,而且吴文大量借鉴了毕文的研究成果。虽然洪涛生的《琵琶记》德语全译本较易获得,但受限于语言和现有的研究成果,难以对其进行深入、全面的解读。

除对《琵琶记》进行全文翻译的成果外,海外英语学界也不乏对《琵琶记》进行介绍、解读其思想内涵与艺术成就的成果,而这类结果大多散见于南戏研究著作中。

日比科夫斯基在其著作《南宋早期南戏研究》(1974)中,以《赵贞女蔡二郎》为最早的南戏剧作之一,又以《琵琶记》为《赵贞女蔡二郎》的延续,并通过对《琵琶记》情节的介绍,说明"证明其(《琵琶记》)情节与其他早期南戏作品非常相似,而与希腊、印度和日本的早期戏剧作品没有任何共通之处",并且认为《琵琶记》是"一部非常流行的作品,它开启南戏发展的第二个阶段"。④

在日比科夫斯基之后,英国汉学家杜为廉在著作《中国戏曲史》(1976)中也对《琵琶记》进行了介绍,认为可能出于政治环境的变化,《琵琶记》已与具有"新鲜、热闹、插科打诨的粗俗与滑稽形式的自由等特征"

---

① 吴晓樵《洪涛生与中国古典戏曲的德译与搬演》,载《德国研究》2013年第1期。
② Hundhausen, Vincenz, *Die Oden des Horaz in deutscher Sprache*, Berlin, Borngräber, 1916.
③ Alleton V., Lackner M., *De l'un au multiple: Traductions du chinois vers les langues européennes*. Éditions de la MSH, Fondation Maison des sciences de l'homme, 1999, pp.61-84.
④ Zbikowiki, Tadeusz, *Early Nan-hsi Plays of the Southern Sung Period*, Warszawa: Wydawnictwa Universytetu Warszawskiego, 1974, p.85.

的早期南戏作品不同,并认为高明创作《琵琶记》的意图出于《赵贞女蔡二郎》中蔡伯喈所遭到的毁谤与不公正待遇,也以为虽然《琵琶记》因出于文人之手,更具文采,但仍然具有早期南戏的"自然属性"。① 此外,为说明"高明的意图,对话间错综复杂的联系,感情的微妙与波澜不惊的幽默"②,杜为廉节译了《琵琶记》的三十七出"张大公扫墓遇使"。在该节译中,杜为廉并未如莫丽根一般注明"曲牌名",而是在需要脚色演唱之处注明"唱"(Sings),也未说明是何种脚色扮演何种角色,与莫丽根相似之处在于,对一些格言、谚语,采用的也是直译加注释的方式。因此,杜为廉的译文在形式上,看起来更像是一部西方戏剧作品。

因为莫丽根为其《琵琶记》英译本所做的序(1980)就是其博士论文相关内容的总结,因此可从该序言一窥其博士论文的究竟。莫丽根的这篇序言,除对翻译方式的介绍外,又分从以下六个方面对《琵琶记》及作者高明进行论述:《琵琶记》及其体裁、《琵琶记》作者、《琵琶记》的源流、作为文学艺术的《琵琶记》、《琵琶记》的意蕴、高明的贡献。莫丽根的研究,从深度、广度、准确度上均超过了在她之前的学者。这种现象,可能在于莫丽根相对于之前的海外学者,能够接触到更多的中国学者对《琵琶记》的研究成果,也在于其通过对《琵琶记》进行全剧翻译之后,所达到的文本细读的精深。综观莫丽根这六个方面的研究,有以下几个观点尤为值得称道:第一,《琵琶记》虽然以获得朝廷嘉奖为结局,但潜藏着悲剧。第二,《琵琶记》中虽然存在着情节的矛盾,但高明已加以弥补。如为说明高明未能与距离京城并不远的陈留家中通信的合理性,高明以"位高权重如牛丞相也不能与身在陈留的爱女通信"为据加以证明。第三,在《琵琶记》中,高明实际上表达了对妇女冲破封建牢笼的精神的赞扬,对科考制度的失望,以及对传统的婚姻观念的批判。

以上所介绍的内容,仅是《琵琶记》在欧美的译介与传播中的一小部分。除此之外,《中国大百科全书·戏曲曲艺卷》中所列举的《琵琶记》的相关译本(此处不赘)③。但上述成果,仍然不能完全说明《琵琶记》在欧美世界的译介与研究的情况,而要改变这一现状,就必须寄希望于出现更多

---

① Dolby, William, *A History of Chinese Drama*, London: Paul Elek, 1976, pp.77-78.
② Dolby, William, *A History of Chinese Drama*, London: Paul Elek, 1976, pp.77-78.
③ 张庚《中国大百科全书·戏曲曲艺卷》第85页,北京:中国大百科全书出版社,1998年版。

精通一门或多门外语的戏曲研究者,通力合作,对这一问题进行深入、全面的梳理。

第二节 《张协状元》的译介与研究

《张协状元》是现存最早的南戏剧本,海内外学者均试图通过对其进行研究,从而揭示早期南戏的特征。在海外英语学界,即有对《张协状元》基本内容的介绍,如日比科夫斯基在其著作《南宋早期南戏研究》中的做法;也有对《张协状元》进行节译以彰显其部分特征,如杜为廉在著作《中国戏曲史》中对《张协状元》开场部分的英译;也有对《张协状元》进行全剧英译的,如雷伊娜博士论文《〈张协状元〉喜剧脚色及其演出研究》所附的《张协状元》全剧英译;更多见的是对《张协状元》的时代特色与思想内涵的分析。可见,海外英语学界对《张协状元》的研究形式多样,而且多有成果,有鉴于此,本节试图按时间顺序对海外英语学界《张协状元》的研究加以梳理。

在《永乐大典戏文三种》被重新发现之后,日比科夫斯基极有可能是欧美学界首先使用英语对其进行解读、介绍、分析的学者。而其中的《张协状元》是欧美学者用以分析早期南戏的主要材料,日比科夫斯基本人就在著作《南宋早期南戏研究》中坦言"《张协状元》是本研究的主要材料,因其为现存最早的戏曲作品"。① 前文已述及,日比科夫斯基出版于1974年的著作《南宋早期南戏研究》第三章之中,严格按照"所有参与某场景演出的演员下场而新场景演员上场之处"将《张协状元》全剧分为五十八出,并翻译了每一出的大意。除此之外,日比科夫斯基还对《张协状元》的思想内涵进行了分析。在日比科夫斯基看来,以《张协状元》的主角张协为代表的、早期南戏作品中的书生"为参加科举考试放弃了平常人的乐趣和娱乐活动,日夜苦读,从而保障自己和家庭的名望和财富","大多数家庭中的儿子,尤其是那些被要求致力于科举的儿子们,是父母欢乐和骄傲的源泉"②,因此,"除了不孝,书生们的很多不检点行为

---

① Zbikowiki, Tadeusz, *Early Nan-hsi Plays of the Southern Sung Period*, Warszawa: Wydawnictwa Universytetu Warszawaskiego, 1974, p.30.

② Zbikowiki, Tadeusz, *Early Nan-hsi Plays of the Southern Sung Period*, Warszawa: Wydawnictwa Universytetu Warszawaskiego, 1974, p. 114.

都可以被谅解"。① 而且,张协等一类角色,是"是老话'生死有命富贵在天'的拥护者",是"命运的屈从者"②,并且将其成因归结为儒家和道家经典的教化,因儒家迫使人们履行社会职责,道家则认为奋斗得越多所得越少,故而《张协状元》是一部告诫人们适可而止、耐心等待命运安排的剧作。

杜为廉在著作《中国戏曲史》中对《张协状元》进行了介绍,并节译了《张协状元》的开场。③ 杜为廉节译《张协状元》开场的目的,在于使读者明了"该剧作的活力与丰富多彩"④,而他翻译《张协状元》开场所采用的方式,与《琵琶记》第三十七出所采用的方式基本相同,但因为上场的"生"并未扮演剧中的角色,因此不得不使用罗马拼音注明,而且加以注释。杜为廉对《张协状元》的看法,除了前文已述及的,《张协状元》只是"温州杂剧"这一宋杂剧的特殊形式的作品外,另外还有两个观点:第一,认为将"它(《张协状元》)多少有些荒诞地允许书生存活的处理方式看作对朝廷禁令的挖苦十分具有挑逗性";第二,虽然《张协状元》的开场具有"活力"且"丰富多彩"⑤,但与《张协状元》同时的其他表演形式也并不逊色,即《张协状元》只能与当时的其他表演形式对等,而不能算是成熟的戏曲形式。

在日比科夫斯基与杜为廉二人之后,雷伊娜对《张协状元》的解读则更为有深度,且更具学理性,而且虽然同样都是通过翻译对作品进行了文本细读,但雷伊娜的研究方式也与莫丽根不同。

雷伊娜翻译《张协状元》采用钱南扬《永乐大典戏文三种校注》本《张协状元》为底本,并在博士论文《〈张协状元〉喜剧脚色及其演出研究》正文一开始就说明了其翻译《张协状元》全剧的方法:"译稿中,笔者以每行使用不同程度的缩进表示剧作的不同体裁,以使读者可能明了体裁之变化,领会早期戏曲的综合性。在曲辞部分,笔者试图借在一句曲辞后另起一行

---

① Zbikowiki, Tadeusz, *Early Nan-hsi Plays of the Southern Sung Period*, Warszawa: Wydawnictwa Universytetu Warszawaskiego, 1974, p. 128.

② Zbikowiki, Tadeusz, *Early Nan-hsi Plays of the Southern Sung Period*, Warszawa: Wydawnictwa Universytetu Warszawaskiego, 1974, p. 128.

③ Dolby, William, *A History of Chinese Drama*, London: Paul Elek, 1976, pp.28-33. 杜为廉所理解的《张协状元》开场直到"生"扮演"张协",并且进行自我介绍为止,与钱南扬《永乐大典戏文三种校注》不同。

④ Dolby, William, *A History of Chinese Drama*, London: Paul Elek, 1976, p.27.

⑤ Dolby, William, *A History of Chinese Drama*, London: Paul Elek, 1976, p.27

的方式表现其韵律。"①而从这部译著所实际呈现的形式而言,雷伊娜并未如莫丽根一般,对曲牌名进行翻译,而是直接使用"唱"(Sings)代替。对于脚色与角色之间的关系,雷伊娜把脚色所扮演的角色在译著前的《脚色与角色名》中全部列出,而在剧作中只出现角色名,这样或许可以使译稿更为简洁明了。对于文中出现的一些不明了之处、格言、谚语以及引自儒家典籍的句子,则采用直译加注释的方式,而其注释则大量借鉴了钱南扬的研究成果。此外,雷伊娜又在其博士论文前言之中,介绍了翻译《张协状元》的缘起与翻译过程中所获得的指导:第一位建议雷伊娜进行全剧翻译的学者是加利福尼亚大学伯克利分校的奚如谷教授;雷伊娜身处台湾时,台湾"清华大学"教授王秋桂等人耗费大量时间与精力审阅雷伊娜的译稿。②由此可见,钱南扬《永乐大典戏文三种校注》本《张协状元》的精审,雷伊娜等学者的共同努力,一道促成了这部《张协状元》全剧英译的高质量。

  由前文的论述可见,虽然莫丽根与雷伊娜都将研究成果建立在通过翻译进行文本细读的基础之上,但二人研究方式的区别在于,莫丽根在大量借鉴中国学者的成果基础上,试图在英语世界中延续中国学者对《琵琶记》的研究,但雷伊娜除借鉴中国学者的研究成果外,又大量地采用了西方的戏剧理论、社会理论、心理学理论来分析《张协状元》的脚色体制、戏剧特征与剧本结构,因而相对而言,其成果更具中西方戏曲、戏剧理论交融的特点。

  而雷伊娜对《张协状元》的时代意义与思想内涵的考察,相对于日比科夫斯基、杜为廉等早先学者的泛泛而言,显得更具有深度。雷伊娜认为早期南戏剧作之中的负心书生题材,具有揭露科举制度的不合理、因性别不同而造成的家庭矛盾,宣扬因果报应的作用,而《张协状元》却降低了本该具有的、极其有力地揭露社会现实、"报应"束缚人心的作用。详而言之,雷伊娜认为按照《王魁》《王焕》《赵贞女蔡二郎》的情节,张协原本应该也受到天谴或者复仇,但贫女在可以报复之处未报复,却最终以使相收养贫女,又与张协再次结婚为结。《张协状元》情节的矛盾之处极可能源于改编,而改编的原因在于社会希望贞洁之妻得到补偿,文人希望提高自身

---

① Llamas, Regina Sofia, *Comic Roles and Performance in the Play Zhang Xie Zhuang Yuan with a Complete Translation*, Harvard University, 1998, p.1.

② Llamas, Regina Sofia, *Comic Roles and Performance in the Play Zhang Xie Zhuang Yuan with a Complete Translation*, Harvard University, 1998, p.iv.

地位的愿望。但这样的改编,并非对书生错误行径的救赎,而仅仅是对女性的补偿,并不能展现"报应"的意义,不具有本该具有的对全体社会的作用。因此,在雷伊娜看来,《张协状元》体现的是在试图追求对剧中的女性加以补偿、为剧中的男主角洗脱罪名的过程中,对原已存在的剧作精心改编的过程。由此可见,在雷伊娜看来,张协这个人物并非如日比科夫斯基所言是命运的屈从者,其所代表的正是失败的科举制度与男女的不平等。但在被改编之后,又确实如日比科夫斯基所注意的,张协的行为被谅解。

第三节 其他南戏剧作的研究与译介

除《张协状元》《琵琶记》外,海外英语学界的南戏学者也对其他未完整保存至今的南戏剧作,如《王焕》《王魁》,先后出土的宣德本《金钗记》、成化本《白兔记》,以及保存于《永乐大典戏文三种》中的《宦门子弟错立身》等早期南戏剧作进行了研究,但除孙玫、奚如谷等少数学者曾对其中部分剧作的年代、版本做过分析外,大部分学者同样仅限于对剧作思想、时代意义的分析。

海外英语学界的南戏学者对早期南戏剧作的思想内涵及时代意义的研究,是建立在早期南戏的内容均与婚姻、爱情等家庭事件有关这一基本认识之上的。日比科夫斯基在分析《永乐大典戏文三种》的情节内容之前,结合现有的记载,对《赵贞女蔡二郎》《王焕》《王魁》等剧作的剧情进行了概述。上文已述,日比科夫斯基对《赵贞女蔡二郎》的内容所做的分析,直接参考了《琵琶记》。而其对《王焕》与《王魁》剧情的分析,则建立在钱南扬《宋元戏文辑佚》的成果之上。在对这几部作品进行分析后,日比科夫斯基认为早期南戏作品的题材非常相似,讲述的都是年轻书生渴望考取功名,而正面、善良的年轻女子尽心竭力给予书生帮助的故事,又认为王焕是其中"最负面的例子",并进而分析道"王魁的罪过在中国人看来是有讨论余地的,他并不是有意要违背他的誓言,是他的父亲强迫他另外娶了别家的女孩作为妻子",而且"中国人从骨子里确信,儿子对父母的孝道远比男人对女人的誓言重要"[①]。

---

① Zbikowiki, Tadeusz, *Early Nan-hsi Plays of the Southern Sung Period*, Warszawa: Wydawnictwa Uniwersytetu Warszawaskiego, 1974, pp. 91-92.

与日比科夫斯基相似的是，雷伊娜也对《王魁》《王焕》《赵贞女蔡二郎》等剧作的内容进行了分析，但其关注的剧作更多，将《李勉负心》《陈叔文三负心》《金钗记》等剧作也纳入了讨论的范围。相对于日比科夫斯基，雷伊娜的研究更具深度，其观点也与日比科夫斯基有不同之处。如日比科夫斯基倾向于儒、道的教化入手，解释男子负心却会被谅解的原因，但雷伊娜则认为，早期南戏剧作之中的负心书生并未被谅解，如《赵贞女蔡二郎》《王魁》中的主角均受到了天罚或复仇，书生之所以会被谅解则是出于改编的结果，这类改编在一定程度上消减了早期南戏剧作的社会批判力度与束缚人际关系的作用。

在英语学界的南戏研究成果之中，因为重现发现《永乐大典戏文三种》的剧作意义，绝大多数学者都对叶恭绰先生发现《永乐大典戏文三种》的过程进行了简单的描述，并进而介绍了《永乐大典》的编撰过程及其意义。日比科夫斯基对《永乐大典》的描述有几点明显的缺憾，但在之后的孙玫、雷伊娜等人的著作中，这一缺乏就已被弥补。除《永乐大典戏文三种》外，孙玫也论述了成化本《白兔记》、宣德本《金钗记》的发现过程与版本特征及学术意义，又介绍了《琵琶记》的版本情况与研究过程及国内学者对《风月锦囊》的研究。从而，孙玫认为包括《永乐大典戏文三种》在内，《成化本白兔记》《元本琵琶记》《宣德本金钗记》基本上未经明代文人的改编，可以作为南戏研究的主要材料。

至于保存在《永乐大典戏文三种》中的其他两部早期南戏，即《宦门子弟错立身》和《小孙屠》，日比科夫斯基同样以处理《张协状元》的方式，将二者分出，并且使用英语逐出介绍了大致的内容。杜为廉在出版于 1978 年的译著《中国古今八剧》(*Eight Chinese Plays*) 中对《宦门子弟错立身》进行了全剧英译，其翻译的方式与上述杜为廉在著作《中国戏曲史》中对《张协状元》开场与《琵琶记》第三十七出的翻译方式类似。与雷伊娜《张协状元》全剧英译和莫丽根《琵琶记》全剧英译不同的是，日比科夫斯基和杜为廉二人的翻译成果均在钱南扬出版《永乐大典戏文三种校注》之前，因此出数与钱校本有所不同，也未能参考钱校本的成果。杜为廉之所以选择翻译《宦门子弟错立身》全剧，原因前文已述及，即在于其认为"如今被称为南戏或戏文的戏曲形式，在 13 世纪末、14 世纪初才发展为复杂的戏曲形式"[①]，而《宦门子弟错立

[①] Dolby, William(tr.), *Eight Chinese Plays, from the Thirteenth Century to the Present*, London: Paul Elek, 1978, p. 9.

身》最早恰可以追溯至元代中期,而且将该剧作将故事设置为金代的情形解释为"巧妙地避免提及元代"。

就《永乐大典戏文三种》而言,中外对《张协状元》的研究,角度、方式多种多样,成果也较多,但《宦门子弟错立身》和《小孙屠》的研究成果单从数量来说就不能与《张协状元》相比。就笔者目力所及,海外英语学界对后二者的研究,取得较大成就的有奚如谷的论文《空间的变换:〈宦门子弟错立身〉中的方言》(*Shifting Spaces*: *Local Dialect in A Playboy from a Noble House Opts for the Wrong Career*,2008)。奚如谷的这篇论文意在"通过研究元代南戏剧作《宦门子弟错立身》的两个片段中的方言,从而说明方言在证明剧本中来自多方面的元素上的用处,并且挖掘另一种隐蔽的词汇——脏话,即和性与咒骂有关的语言"。① 此外,杜为廉在《中国戏曲史》中,为对比不同开场形式的不同,曾翻译了《小孙屠》的开场。②

由上文可知,海外英语学界对南戏剧作的译介,呈现出了从节译、选译、编译到全译的多种形式。虽然相对于元杂剧,南戏译作数量仍然不多,但南戏的翻译却胜在出现了不同学者的不同翻译。而国内学界对这一成果至今还缺少足够的关注。海外英语学界对南戏具体剧作的研究,则经历了从关注作品的思想内涵,到通过细读剧作,以剧本中内容进行考证的转变,如奚如谷的论文《空间的变换:〈宦门子弟错立身〉中的方言》就通过《宦门子弟错立身》中的脏话对该剧作的起源进行了考察。

第四节 结 语

南戏作为中国最早成熟的戏曲形式,在王国维《宋元戏曲史》对其设立专章,和《永乐大典戏文三种》被重现发现之后,获得了海内外学者的关注。但由于南戏源于民间,因其语言与故事情节而长期不受重视,使相关的历史材料消失在历史长河之中,因而材料的缺乏是从事南戏研究必须面对的问题。海外英语学界的南戏学者,相对于中国本土学者,不仅缺少材料,而且在相关文献阅读的能力上也明显处于劣势,但这并不影响相关学

---

① West S. H., *Shifting Spaces*: *Local Dialect in A Playboy from a Noble House Opts for the Wrong Career*,戲劇研究,2008(1):87.

② Dolby, William, *A History of Chinese Drama*, London: Paul Elek, 1976, pp.83-84.

者取得丰硕的成果,具体如:

第一,海外英语学界的南戏学者,如日比科夫斯基、杜为廉等人,在中国学者之前,对《永乐大典戏文三种》进行了全面的解读,并使用英语对包括《永乐大典戏文三种》在内的早期南戏剧作进行了大体内容的介绍。

第二,海外英语学界的南戏学者,由于自身文化背景与学术背景的特点,也出于不因袭中国本土学者研究成果的考虑,擅长将南戏置于世界戏剧史中,与其他戏剧形式进行对比分析,又擅长使用西方相关理论对南戏的剧本结构、脚色特点、舞台表演特点进行分析。

第三,海外英语学界的南戏学者,在从事南戏研究时,并非闭门造车,而是十分关注中国学者的研究成果,在分析综合相关成果的基础上,再加以吸收,又进一步综合了西方已有的成果。

第四,对于具体的问题,如郑振铎等人的"戏曲外来说",与中国本土学者不同,海外英语学界的南戏学者可以发挥自身的优势,引用印度学的成果加以分析辩驳。

第五,海外英语学界南戏学者,对南戏的研究以及南戏剧本的翻译,其本身就是促使中国文化走出去的重要步骤。而他们身为西方人,其研究成果与译著,更能为西方读者所接受,虽然可能存在着瑕疵。

由此可见,海外英语学界的南戏研究,是南戏研究不可缺少的一部分。而南戏研究,也应该是世界戏剧研究极重要的一环。在国内掀起"汉学热"的背景下,应加大对海外相关研究成果的关注,借鉴海外学界的可取之处,避免不必要的重复研究。

《南宋早期南戏研究》*

[波兰]日比科夫斯基 著 林施望 译

与中国其他历时悠久且具有旺盛生命力的文学形式相比,中国戏曲的发展相对较晚。虽然在封建社会时期,戏曲仅被作为直接沟通底层民众的媒介,但仍然在中国社会的各个阶层展现出了强大的影响力,戏曲所扮演的文化角色,与过去的书本及现今的广播、电视相似。戏曲不仅为不同社会层次的人们提供了表达观点的形式,同时也成为传播信息的直接方式。直到现在,中国的戏曲仍然保留着宣传由国家所设立的行为规范的重要功能。

中国戏曲与哲学思想和精美工艺品(尤其是陶瓷)一道,常使欧洲人着迷。对中国戏曲的这种着迷,可以非常容易地追溯到中国和欧洲之间早在18世纪的交流。第一部译为欧洲文字的中国戏曲是纪君祥的《赵氏孤儿》,这部作品由法国传教士马若瑟①节选翻译,并被包含在由杜赫德②编纂且于1735年出版的《中华帝国全志》中。马若瑟的译本为伏尔泰的《中国孤儿》(*L'Orphelin de la Chine*,1755)奠定了基础。同时,一些根据马若瑟译本的英译本也是最早一批在欧洲舞台上演出过的中国剧作。而《赵氏孤儿》的全译本则是在1834年由法国汉学家儒莲③翻译完成。

---

* 该书原书名为 *Early Nan-hsi Plays of the Southern Sung Period*,于1974年由华沙大学出版社(Wydawnictwa Uniwersytetu Warszawskiego)出版。

① 马若瑟(Joseph Mariade Premare,1666—1735)是法国耶稣会传教士。1698年来中国,先在江西传教25年。1724年退居广州,1733年迁居澳门。马若瑟精通汉文,著有《中国语文札记》等书。

② 杜赫德(Jean-Baptiste Du Halde,1674—1743)是法国神甫,著名汉学家。杜赫德的《中华帝国全志》影响尤为广大,该书全名是《中华帝国及其所属鞑靼地区的地理、历史、编年纪、政治及博物》(*Description geographique,historique, chronologique et, physique de L'Empire de La Chine et de la Tartarie Chinoise*),其中的语言观代表了当时入华耶稣会士对中国语言认识的整体水平。——译者注

③ 儒莲(Stanislas Aignan Julien,1797-1873),原名斯塔尼斯拉斯·朱利安,法国籍犹太汉学家、法兰西学院院士、法兰西学院汉学讲座第一任教授雷慕沙的得意门生。——译者注

在19世纪,更多的中国戏曲作品,尤其是元杂剧,被译介到欧洲。除上文提及的儒莲外,还有两位优秀的中国戏曲翻译者值得在此一提。二人分别为巴赞①与德庇时②。巴赞在其巨著《元剧选辑》(*Théâtre Chinois*, 1838)中,不仅简要地介绍了中国戏曲的历史,且节译了四部元杂剧③。德庇时则翻译了两部元杂剧,分别为马致远的《汉宫秋》与武汉臣的《老生儿》。

20世纪不仅出现了一些中国戏曲的新译本,也有了接触中国戏曲的新途径。这一新途径主要是中国交流表演团为西方人带去的大量现场表演,使得西方人被中国戏曲的舞台表演而不是剧本所吸引。中国戏曲表演艺术家(如梅兰芳)的高超技巧,给欧洲的剧作家和舞蹈导演留下了深刻的印象,其中包括戈登·克雷格④、梅耶荷德⑤、贝托尔特·布雷希特⑥、保罗·克洛岱尔⑦、安托万·阿尔托⑧、桑顿·魏尔德⑨。

20世纪50年代,兴起了中国古典戏曲的热潮,这一热潮主要源于对元代杰出戏曲家关汉卿的纪念,关汉卿一生创作了大约60种剧作。周年纪念的契机使关汉卿的一些剧作被译成多种文字,并且为元代戏曲研究开辟了新的领域。

---

① 巴赞(Antoine Bazin, 1799-1863),法国汉学家,师从阿贝尔·雷慕沙(Abel-Remusat, 1788-1832)、儒莲,1840年起任法国巴黎东方语言文化学院教授,曾翻译出版多种元杂剧。——译者注

② 德庇时(John Francis Davis, 1795-1890),英国汉学家,早年前往中国,曾经担任东印度公司驻广州的大班以及英国政府驻华商务总监。——译者注

③ 分别为《㑇梅香》《合汗衫》《货郎担》和《窦娥冤》。

④ 戈登·克雷格(Edward Gordon Craig, 1872-1966),英国舞台设计师、制片人、演员及作家,是英国现代主义戏剧开拓者。——译者注

⑤ 梅耶荷德(Vsevolod Emilievich Meyerhold, 1874-1940),俄国导演,演员,戏剧理论家。1913年他的论著《论戏剧》问世,提出了与写实主义戏剧分庭抗礼的假定性戏剧理论。——译者注

⑥ 贝托尔特·布雷希特(Bertoldt Brecht, 1898-1956),德国诗人、剧作家、戏剧导演。——译者注

⑦ 保罗·克洛岱尔(Paul Claudel, 1868-1955),法国著名的诗人、剧作家和外交官。保罗·克洛岱尔作为法国天主教文艺复兴时期的重要人物,大部分作品都带有浓厚的宗教色彩和神秘感,创作了许多诗剧、诗歌和宗教与文学的评论。——译者注

⑧ 安托南·阿尔托(Antonin Artaud, 1896-1948),法国戏剧家、诗人、散文家、演员、戏剧导演。——译者注

⑨ 桑顿·魏尔德(Thornton Wilder, 1897-1975),美国老派的乐观主义者和提供娱乐而毫不说教的作家,出生在威斯康星州,父亲曾任驻华领事,他本人在中国长大。1931—1936年在芝加哥大学执教,第二次世界大战期间在空军中任情报官员。他喜用东方和古典戏剧的传统手法以及欧洲神秘剧的技巧。曾获得过普利策奖。——译者注

在18世纪,即使异国元素已成为中国艺术和戏曲在西方风行的主要原因之一,但是尚不足以成为中国戏曲在西方世界大受欢迎的原因。在那时,西方观众迫切地想知道,在那块遥远的土地上,人们是如何生存的,他们渴望什么、讨厌什么。在20世纪的早些年,中国戏曲的某些元素勾起了西方人的兴致,这些元素就是中国人在戏曲舞台上所表现的生活方式。中国戏曲的结构在很多方面都与西方的戏剧作品不同。这之后,西方剧作家与舞蹈导演开始寻找一些新的、更合适的方式来表达他们的想法,进而出现了一些表现舞台人生悲剧的新奇手法,比如对人的死亡、爱与恨的传递、勇士与懦夫行为的表现。

中国戏曲的复杂性勾起了人们对其结构与传统的兴趣。对欧洲人而言,中国戏曲中的某些元素,或是全新的,或是长久以来被遗忘的。经典的中国传统戏曲艺术主要包含以下三种成分:念白、唱、科介。三者之中的任一种均具有更为细致的划分。例如,"念白"包括独白、对白、诗歌朗诵、直接面对观众的致辞;"唱"则包含各种各样的歌唱表演;而"科介"包括所有的哑剧表演、模仿动作、乐曲弹奏、声音模拟、奇特的杂技表演、变戏法表演。一位中国戏曲演员显然必须掌握多种技艺以供表演时选择。本研究的主体部分将详述南戏在宋朝时期对念白、唱、科介三者的具体运用,此处的简要描述仅为使读者对中国传统戏曲的复杂特征有初步的了解。

中国戏曲成分的多样性并非导致其复杂性的唯一原因。可以断言,中国各地区语言、生活习惯的根本不同,以及由此导致的在这个广大国家的不同地区所产生的不同艺术形式,也增强了中国戏曲的复杂性。几乎在中国的每一个省份都有根据各自的曲调和方言形成的戏曲形式。然而,在这种形式多样性之中,存在将中国戏曲从本质上划分为南北两派的分类方式。这两种戏曲大类最根本的区别可以容易地从舞台表演技艺上分辨。之所以要提出这一区别,是因为本研究的对象为中国最早的南方戏曲。中国北方戏曲的知名度更高,因为自18世纪以来,已有许多的作品被译为西方文字,且对其进行完整、深入、详细的研究的成果已于不久之前写成。

第一章　中国戏曲起源

中国戏曲起源尚未有确定性论证。中西方存在诸多中国戏曲起源理论,此处只重点讨论其中最重要的几个观点。

中国戏曲艺术研究的奠基人——王国维,他将中国戏曲的起源与古代"巫"相联系。在知名著作《宋元戏曲考》第一章中,王国维引用许多文献材料说明舞蹈艺人在帝王和封建宗主的庙堂之上的表演。有些舞蹈为取悦神灵,有些为驱除恶灵,有时魂灵会进入舞蹈者体内从而接受请求并做出预测。王国维认为这种仪式性舞蹈就是"后世戏曲萌芽"①。然而王国维并未提及任何与此类仪式性舞蹈者相关的材料,同时,他在著作中所引用的材料大部分均晚于公元前3世纪。

周贻白在著作《中国戏曲史》中,将中国戏曲的起源追溯到了早期由庙堂或民间风俗而起的宗教或世俗歌唱、舞蹈仪式。周贻白也发现舞蹈有可能伴随歌唱,这可从《诗经》中得到确证。《诗经》中的这类例子试图表现的是某一故事或某一行为,其例如《大武》所表现的正是武王(周王朝建立者)在公元前11世纪时击败了殷朝末代帝王的战争。这种理论似乎可作为确定中国戏曲更早起源时间的证据,但是此类表演并不能被称为戏曲,即使舞蹈者的动作和姿态中带有某些代言或夸张的成分。②

郑振铎的观点则颇为不同。作为中国俗文学的专家之一,在著作《插图本中国文学史》中,郑振铎认为王国维等学者的观点十分牵强,舞蹈中的模仿或讽喻与真正的戏曲并没有很大的相同点,而且也不能将其作为中国戏曲长远发展的基础。郑振铎提倡中国戏曲起源外来说,在他看来,中国的戏曲艺术是自印度而来的。中国与印度在陆路上有长达几个世纪的商业、宗教联系,但郑振铎认为戏曲定是于12世纪某一时间段通过海上商人由海路从印度传到中国来的,因为中国最早的戏曲表演起自温州,而温州恰恰是位于中国东南沿海的港口城市。③

虽然郑振铎的观点有许多现成的证据与独创性,但其关于中国戏曲起源的推测似乎还是难以使人信服。然而,他的观点恰好贴近本研究的主要议题,均着力考察宋朝时期的南戏,因而,对于郑振铎的观点,本研究将在后文进行详细探讨。

另一种有关中国戏曲起源问题的观点是由孙楷第提出的。在著作《傀儡戏考原》中,孙楷第认为中国戏曲只可能是由傀儡戏、皮影戏发展而来

---

① 王国维《宋元戏曲考》,《王国维戏曲论文集》第6页,北京:中国戏剧出版社,1957年版。
② 周贻白《中国戏剧史》第10—13页,上海:中华书局,1953年版。
③ 郑振铎《插图本中国文学史》第20页及其后,北京:人民文学出版社,1957年版。

的。① 这一理论较为可信,因为中国戏曲从音乐、曲调、向观众介绍演员的方式,以及化妆、服装甚至剧目等许多方面都与早期的傀儡戏相似。某些傀儡戏使剧中人物活动的方式较为独特,而只有其中最高级的形式——肉傀儡,即让真人扮演傀儡——才是中国戏曲的直接源头。然而,即使孙楷第的理论能够站得住脚,但是也不能完全取代之前由其他中国学者所提出的观点。

在此列举几种最重要的戏曲起源理论而不判断它们的正误是有意义的。回顾西方中国戏曲历史研究的理论和观点也具有指导性。某些西方研究甚至早于中国本土的研究,上文已提及,中国本土第一部涉及该领域的著作——王国维《宋元戏曲考》出版于 1912 年②。这并非意味中国人对戏曲不感兴趣或者不针对此研究写作任何文章。相反,相当一部分中国学者曾针对中国戏曲写作研究文章,但是此类文章的大部分或仅为针对个别戏曲作品的评论,或仅关注编剧或者导演的艺术技巧,至今为止尚未有人尝试对中国戏曲艺术或戏曲创作方法的历史做系统研究。

在西方文献资料中,最早尝试为中国戏曲历史绘出梗概的是巴赞于 1838 年出版的著作《中国戏曲及戏曲精选》(*Théâtre Chinois Ou*, *Choix Des Pièces De Théâtre*)③的导言,该导言写道:

> L'histoire de l'art dramatique chez les chinois peut se diviser, d'après le témoignage des écrivains les plus recommandables, en trois époques distinctes.
>
> Dans la première, on range ordinairement, les pièces de théâtre composées sous la dynastie des Thang, depuis l'an 720 de notre ère jusqu'à l'avénement de cinq petites dynasties, dites postérieures, vers l'an 905…
>
> On appelee les pièces des Thang TCHHOUEN-KHI.
>
> La secode époque comprend les piècesdethéâtrecomposées sous la dynastie de Song / 960 à 1119 de notre ère/ et appellees par les historiens

---

① 孙楷第《傀儡戏考原》第 76 页,上海:上杂出版社,1952 年版。
② 《宋元戏曲考》原成书于农历壬子岁末,即公历 1912—1913 年之交。书成后,1913 先在《东方杂志》连载,1915 由商务印书馆出单行本。——译者注
③ Bazin, M., *Théâtre Chinois, Ou Choix Des Pièces De Théâtre*, Paris, 1838.

HI-KHIO.

La troisième, embrasse toutes les pièces desthéâtre qui furent composées sous la dynastie des Kin et celle des Youen /1123 à 1341 de notre ère/ et qui sont actuellement connues sous les dénominations de YOUEN-PEN et TSA-KI.

该引文之后是关于中国古代舞蹈与音乐的长篇大论,及关于中国表演艺术的材料,但并未言及在接下来的五个世纪中,即14世纪到19世纪,中国戏曲的发展情况。虽然巴赞出版了该著作,但在当时的欧洲,除元代杂戏(更确切地说应为元杂剧)外,并不存在其他戏曲文本样式。

1887年,鲁道夫·冯·戈特沙尔①出版了著作《中国剧场与戏曲》(*Das Theater und Drama der Chinesen*)②,但该著作仅在巴赞著作的基础上增加了两部元末戏曲作品,即作为中国北杂剧代表作的王实甫《西厢记》与作为中国南戏代表作的高则诚《琵琶记》③。

在20世纪初,西方学界出现了两位研究中国戏曲史的学者。其中一位为英国汉学家翟理斯④,其著作为《中国文学史》(*A History of Chinese Literature*)⑤。另一位为德国汉学家葛禄博⑥,其著作为《中国文学史》(*Geschichte der Chinesischen Litteratur*)⑦。两部著作均专章论述中国戏曲,并且借鉴了早期的戏曲译本与研究成果。翟理斯的著作在介绍中国北杂剧作品时引用了一小段戏曲译文作为例子,然而实际上,翟理斯这么做是为了论证他"这种为了满足中国大众的需求、浅薄的、未经充分发展的文学艺

---

① 鲁道夫·冯·戈特沙尔(Rudolf von Gottschall,1823-1909),德国诗人、戏剧家、文学评论家和文学史学者。——译者注
② Von Gottschall, R., *Das Theater und Drama der Chinesen*, Breslau, 1887.
③ 《琵琶记》是否为明代剧作,学术界尚有争论。译者按,日比科夫斯基对《琵琶记》的成书年代的观点认知不一,此处将其归于元代,后文又认为其作于明代早期。而对于《琵琶记》是否为明代剧作,学术界尚有争论。如黄仕忠认为《琵琶记》作者高则诚卒于元至正十九年(1359),其创作《琵琶记》当在此之前。见黄仕忠《琵琶记研究》(广州:广东高等教育出版社,1996年版)。——译者注高则诚《琵琶记》,北京:文学古籍刊行社,1954年版。
④ 翟理斯(H.A. Giles,1845-1935),英国外交官、汉学家,曾于英国剑桥大学汉学系任教35年。——译者注
⑤ Giles, H.A., *A History of Chinese Literature*, London, 1901.
⑥ 葛禄博(Wilhelm Grube,1855-1908),德国汉学家,尤以通古斯语、女真语研究著作知名。——译者注
⑦ Grube, W., *Geschichte der Chinesischen Litteratur*, Leipzig, 1902.

术,其中的诗词正如英国打油诗"①的观点。葛禄博的著作则为读者提供了包括《西厢记》《琵琶记》及《赵氏孤儿》等译本在内的宽广选择,但这部作品仍然未说明在明清时期中国戏曲创作的新发展。

在20世纪上半叶,少数关于中国戏曲形式、体制等概况的专题研究出自一些生活并在欧洲从事研究工作的中国人。其中的两种研究成果分别为 Lee-you Yo-oui 的 Le Théâtre classique en Chine de en France d'aprèo la Chine et l'Orphelin de la Famille Tchao②,以及 Tsiang Un-kai 的 K'ouen K'iu, Le Théâtre Chinois Ancien③。后者的特殊贡献在于囊括了对昆曲,这一中国戏曲发展过程中非常重要的形式,的研究。

第二次世界大战后,中外对中国戏曲的兴趣均明显增强。对戏曲不同问题的研究出现在了多个国家。在西方,英国汉学家施高德④的《中国古典戏曲》(The Classic Theater of China)⑤和美国汉学家威尔斯⑥的《中国古典戏曲》(The Chinese Classical Drama)均为具有较高价值的著作,后者则作为《东方古典戏剧》(The Classical Drama of The Orient)⑦的专章出版。威尔斯的著作专注于少数中国戏曲作品的翻译。通过将中国戏曲作品与希腊、伊丽莎白一世戏剧作品进行对比,威尔斯的著作中包含了具有启发意义的、对于中国戏曲典型特点的研究。哈佛大学远东系教授海陶玮⑧的研究成果《中国文学议题》(Topic in Chinese Literature)⑨中关于戏曲的章节简短却有助益,这一章节实为对中国戏曲从13世纪末到19世纪的起源与形成过程的追溯。

---

① Giles, H.A., *A History of Chinese Literature*, London, 1901, p.263.
② Lee-you Yo-oui, *Le Théâtre classique en Chine de en France d'aprèo la Chine et l'Orphelin de la Famille Tchao*, Paris, 1937.
③ Tsiang Un-kai, *K'ouen K'iu, Le Théâtre Chinois Ancien*, Paris, 1932.
④ 施高德(Adolphe Clarence Scott,1909-1985),英国汉学家,为中国戏曲与日本戏剧研究的先行者,亦为威斯康星大学麦迪逊分校亚洲戏剧研究的奠基人。——译者注
⑤ Scott, A., *The Classic Theater of China*, London, 1957.
⑥ 威尔斯(Henry W. Wells,1895-1978),美国汉学家,曾与人合译出版王维部分诗作,主要研究方向为伊丽莎白一世戏剧。
⑦ Well, H.W., "The Chinese Classical Drama", *The Classical Drama of The Orient*, Bombay, 1965.
⑧ 海陶玮(James Robert Hightower, 1915-2006),美国汉学家、哈佛大学教授,中国文学作品翻译家。——译者注
⑨ Hightower, J.R., *Topic in Chinese Literature*, Cambridge, Mass, 1953.

东欧国家对中国戏曲的兴趣似乎仍大于西欧国家。诸多文章和研究近年来见于学术或通俗期刊中,此处只提及其中最重要的成果。由捷克汉学汉学家高德华①、西斯、沃尼什合作出版的《中国戏曲》(Chinese Theater)②为最早出版的著作之一。虽然该著作主要关注的是戏曲绘画,然而本书的导论部分在为读者简单介绍中国戏曲历史的同时,也探讨了当今戏曲表演的发展及其主要的特点。

至于苏联的研究和出版著作,其具体数量难以准确指明,其重要性亦被高估。唯一的遗憾是俄文尚未像英文和法文一样常用,因此相对而言,少有人可领略苏联汉学家的杰出发现与令人钦佩的博学。此处只提及两种苏联有关中国戏曲研究中的著作。谢罗娃③的《京剧》(Pekinskaja Muzykalnaja Drama)④是一本关于京剧的手册,书中简明地介绍了到19世纪40年代为止,中国最广为人知的古典戏曲形式——京剧的起源和发展,及其剧目与传统表演形式。盖伊达⑤的《戏曲——中国传统戏剧》(Hsi-ch'ü, the Chinese Traditional Theatre)⑥,是一部对了解中国古典戏曲史具有重大作用的著作,该著作对中国戏曲起源理论进行了概述,且附录了一份详尽的早期表演艺术实例的名录。在任何一部著作中,中国戏曲的表演形式与特征都被置于突出的位置,而这也确为不容忽略的问题。盖伊达的著作,涵盖了2000多年的历史,描述了从孔子之前先民歌舞仪式到公元16世纪的戏曲形式。

中国戏曲多半是从以下这两类彼此独立发展的艺术形式的结合之中演变而来的,即代言、装扮与说唱文学、民间说唱文学。

宋代(960—1279)大量涌现的口头叙事文学为戏曲文本的出现提供了可能。经典文学只能用文言来书写的传统是延缓戏曲成长的重要因素。

---

① 高德华(Dana Kalvodová, 1928-2003),女,捷克汉学家、翻译家、戏剧评论家。1947年考入查理大学东方系,在汉学家布鲁谢克教授的指导下学习和研究中国语言文学。1952年大学毕业,博士论文是《关于丁玲的生活和作品》。参见徐宗才《捷克汉学家(一)》(载《中国文化研究》1995年第3期)。——译者注

② Kalvodova, Sis, Vanis, *Chinese Theater*, London, 1957.

③ 谢罗娃(俄:C.A. Серова,英:S.A. Sierova),苏联汉学家,专注于中国戏曲研究。——译者注

④ Sierova, S.A., *Pekinskaja Muzykalnaja Drama*, Moskwa, 1970.

⑤ 盖伊达(俄:И.В. Гайда,英:I.V. Gaida),苏联汉学家,现为俄罗斯中国戏曲研究领军人物。——译者注

⑥ Gaida, I.V., *Kitajskij Tradicjonnyj tieatr hsi-chü*, Moskwa, 1971.

中国文学史上,在编写哲学、历史著作而形成散文这一体裁时,抒情诗为诗歌的主要形式,而口头叙事文学作品直到北宋时期(960—1126)才真正发展完备。

一些短篇叙事作品,例如"传奇",确实是出现于唐代(618—906)。如果唐传奇的故事情节不是构思得非常精巧从而使作者不能继续使用传统的文言,那么中国戏曲可能要晚几个世纪才能出现萌芽。

为了解促进戏曲萌生的动因与影响戏曲形式的技艺,必须简要地描述这类艺术形式的表演及形式,它们也在某种程度上直接或者间接地深刻影响了中国戏曲的发展。

首先是音乐。在唐初,中国音乐体制经历了变革,创立了二十八调,取代了之前的八十四调。另外,宫廷音乐被分为九个类别后又被分为十个类别,其中的大部分均依据来源地区的不同进行区分。因此,如下十个类型的音乐即被确立,依次为:①燕乐,②清商,③西凉,④扶南,⑤高丽,⑥龟兹,⑦安国,⑧疏勒,⑨康国,⑩高昌。这些音乐类型中最重要的应属第一种,即燕乐,它又被称为"筵席音乐"或者"节日音乐"。燕乐不仅是音乐,有时还包括歌舞,它在宫廷筵席或者宴会上演出,并且常用以娱乐来到都城的国外使节。因此,燕乐的作用就非常类似汉代(公元前206—公元220)的百戏表演,均可用以振奋宴会的组织者及客人。

燕乐的表演成员被分为两部分,即立部伎与坐部伎。坐部伎的成员更受重视与尊重。坐部伎成员有资格为宗教典礼演奏仪式音乐,而立部伎成员则负责通过舞蹈、杂技以及其他被统称为"杂戏"的表演活动为帝王及客人提供娱乐。宋代立部伎表演被认为是早期的戏曲成分,同时,它们被认为对中国北方和南方的戏曲的产生具有直接的影响。《旧唐书·音乐志》①中的记载使这一点更为明晰,即杂戏表演燕乐,并由立部伎成员表演。

唐初出现了大曲这一包含歌舞的新兴艺术形式。虽然在唐代早期音乐与曲子均源自宫廷,缺乏叙事元素,但是按照一定规则安排曲子顺序的大曲已经形成。大曲的这一规则导致其他艺术形式的产生,进而直接影响了中国戏曲的形成。这些新兴的艺术形式,在后世被略微调整后,成为被合并到宋代戏曲演出中的表演形式的代表。

---

① 刘昫《旧唐书》(第28卷)第9b页,百衲本,北京:中华书局,1958年版。

大曲本质上是由一系列曲子或乐章组成的组曲,有时也作为舞蹈表演的伴奏。在早期(唐代之前),大曲的结构虽然较短,但已至少由四支曲子组成。之后,大曲所包含的曲子数量大为增加,其中甚至存在需同时演奏的相同曲调。在宋代早期,"曲"被细致地分配到不同的宫调之中,因此,一部组曲只能由在实际演出中宫调相同的曲子组成。现存最长大曲由40多支曲子组成。笔者不准备就大曲的形制引述全部材料,读者可参阅王国维的著作《唐宋大曲考》①。

大曲,原封不动或稍作修改地被宫廷与民间的艺术形式吸收使用,在中国文学史上第一次出现时,就以组曲为核心,而这种组曲由依据统一的书面或音乐顺序而紧密联系的曲子组成。随后这一形式被以下几种艺术形式所借用:鼓子词、转达、诸宫调、元代早期的北方戏曲(元杂剧),之后又被同时期的南方戏曲所借用。本章将分别探讨其中的几种形式。

大曲对他种艺术形式的贡献在其他方面也显而易见,如大曲对中国诗律的独特影响。大曲形式使诗必然发展成为词。而宋元时期的曲正是由词演变而来,这种转变为中国的韵律文学开拓了新的纪元。词和南方的村坊小调是宋代南戏的基本曲调来源。鉴于从诗到词的演变是众所周知的,因此本章只说明最重要的事实。

大曲的曲文从诗的宝库中萃取而来。这些诗通常为五言或更常见的七言,即绝句或律诗。当这类规律整饬的诗被运用于不规则、有韵律且变化多端的曲子结构中进而用于表演时,常导致在曲子的结尾处音节或词语的不足或赘余。一开始,这类不足会被类似"贺贺贺"(或"何何何")等无意义的词语填充,而赘余的音节则会被转移至下一乐句中。之后,当这些曲文按照大曲的曲调被写定时,那些无意义的音节就被有意义的词语所替代,这就产生了一种新的韵律文学形式,也就是一种音节数不等的歌诗——曲。每一支新创制的曲子都被赋予了独立的名字,曲子名称的结构,可反映每一首新创制曲子的韵律、乐律结构,以及所有后世根据特定的曲子韵律而创作的曲文。正如即将被深入论证的,在宋代诸多曲子经过简单修改后即直接使用于南方戏曲中。而词可算作曲的先驱,成为宋元戏曲的基础。

---

① 王国维《唐宋大曲考》,《王国维戏曲论文集》第149—197页,北京:中国戏剧出版社,1957年版。

大曲,虽然在发展的初始阶段至发展完善的阶段,既不是叙事文学也不是通过口头俗语书写,但是它对民间叙事文学结构因素的影响还是值得肯定的。

口语叙事文学的源头最早可追叙至唐代,它们存在于唐代民间诗歌中,由敦煌石窟中发现的经卷可证。郑振铎在著作《中国俗文学史》①中准确地强调了这一点。而在用以讲唱的变文中同样可见叙事元素。

变文是用当时的口头语创作的。变文中的讲诵部分通常为四六韵文,即所谓的"四六文"。该体裁显然受到了"汉赋"这一描写性散文诗的韵律文体的影响。而其中唱的部分则常为统一的七音节韵诗。

变文的讲诵与唱的部分的组合方式有如下三种:①仅介绍部分为散文体,其他部分均为韵文体。参见《舜子至孝变文》②。②散文体部分与韵文体部分交替出现。作品借重复仅变更个别字词的散文体部分表现作品内容。参见《王昭君变文》③。③散文体段落与韵文体段落交替出现,以此表现故事情节。参见《伍子胥变文》④。

那些在发展演变过程中受变文影响的宋代艺术形式,其讲唱交替出现的独特风格,受上述②、③两种类型变文的影响最大。

变文的新奇之处在于将诗、曲及以口头语形式写定的散文体不可分割地联系在一起。这一融合的确已略微出现于汉代某些文体之中,且在之后的佛典汉译中使用得更为频繁。但直到变文出现,叙事元素与比较完整的故事情节才真正结合。散文与诗相互依存的形式可能已见于宋代小说之中,至少反映在中国传统戏曲中与唱(歌咏)相对的宾白(独白、对白)内。

周贻白试图证明这种讲唱结合的体制在变文出现以前即已存在于通俗文学中。僧人们为使信徒更容易地接受佛教教义而选择的特殊方式,在很长一段时间内都与变文相似⑤。这一假设非常有说服力,但周贻白并未找到当时的文献记录或者文人笔记来证实这一点,因而此观点仅为一种设想。虑及这一假设,我们或许可以认为,变文这一体裁,以及某种程度上的

---

① 郑振铎《中国俗文学史》第124—179页,北京:作家出版社,1954年版。
② 周绍良《敦煌变文汇录》第279—286页,上海出版公司,1954年版。
③ 周绍良《敦煌变文汇录》第383—396页,上海出版公司,1954年版。
④ 周绍良《敦煌变文汇录》第295—326页,上海出版公司,1954年版。
⑤ 周贻白《中国戏剧史长编》第44页,北京:人民文学出版社,1960年版。译者按,文中所引内容应来自中华书局1953年版周贻白《中国戏剧史》第44页。

佛典翻译,是最早将讲唱结合、口语体与诗体相融合的艺术形式。

显然变文对宋代通俗文学的影响不仅表现在形式或结构上,当时某些通俗文学作品的内容也取材于变文,《目连救母》即为此例。《东京梦华录》提及《目连救母》可在场上连续上演七天。该作品的内容应与唐代早期的《大目犍连冥间救母变文》[①]有大量的相同之处。元杂剧中有一部佚名作品《行孝道目连救母》,可惜这部剧作未留存至今。但在现存的传奇中仍留存有创作于明代初年的、主题相同的作品,即郑之珍《目连救母劝善戏文》[②],这是一部体制非常庞大的、由三部分组成的神话剧。从这部戏曲中选出的一些折子戏近年仍被改编为其他戏曲种类演出。赵景深曾对目连戏情节的形成与发展演变历史,及目连的虔诚行为做过深入细致的研究[③]。

伍子胥英勇事迹有关的故事同样见于宋代的通俗文学作品中,并且一直延续到了元代的南北方戏曲。至少有四部元杂剧与该题材有关:①高文秀《走樊城》[④];②郑庭玉《渔父辞剑》[⑤];③吴昌龄《抱石投江》;④李寿卿《伍员吹箫》。与这个题材相关的南戏作品则为佚名《浣纱女》[⑥]片段。

在五代(906—960)末及北宋时期,变文的体裁结构被新兴的艺术形式共同继承,其中最早的两种形式为鼓子词与转达。

鼓子词,正如上文已述,与变文在形式上有一些相同之处,将故事讲述与借击鼓伴奏的唱相结合。与变文主要在民间兴盛不同,鼓子词主要在官府中发展,因而成为官方的、传统的艺术形式。记录鼓子词的文字也是传统文言,因而被收录在"官方文学"经典著作中,对民间口头艺术形式的影响很小。然而,鼓子词与变文形式上的相似是如此明显以至于不能仅被作为巧合。

《元微之崔莺莺商调蝶恋花鼓子词》是现今保存最完整的鼓子词作品,由北宋时期的赵令畤取材于元稹《莺莺传》创作而成。这部作品被保存于《侯鲭录》中。在形式上,这部作品使用散文叙述有关崔莺莺的故事,

---

① 周绍良《敦煌变文汇录》第149—186页,上海出版公司,1954年版。
② 《古本戏曲丛刊初集》,北京:商务印书馆,1954—1957年版。
③ 赵景深《目连救母的演变》,《读曲小记》第77—90页,北京:中华书局,1960年版。
④ 傅惜华《元代杂剧全目》第126页,北京:作家出版社,1957年版。
⑤ 傅惜华《元代杂剧全目》第106页,北京:作家出版社,1957年版。
⑥ 钱南扬《宋元戏文辑佚》第121页,上海:古典文学出版社,1956年版。

并在适当的位置点缀[蝶恋花]曲。作品由三位演员讲述,使用十二首诗起始、结尾,营造故事不同阶段的氛围。从作者为这部鼓子词所撰写的序中可以推测出,表演这部作品至少需要三位演员:唱者、讲述者及一位弹奏弦索乐器或吹奏长笛的乐师。整个表演过程需要有鼓的参与,负责讲述的艺人需要打鼓。

另外一种出现于宋代早期、借讲唱而表演的艺术形式为转达,亦称缠达。因常用[调笑令]曲,转达又被称为"调笑"。转达最早用于宫廷演出,随后广泛流行于各地区的官员中。在后期,舞蹈与模仿被吸收到转达中。因而,转达的结构比鼓子词复杂得多。第一,舞蹈队被引入开场表演中,由他们朗诵对仗的勾队词或引子。之后,还有唱[调笑令]的表演与唱曲之后的诗歌朗诵。有时还有"放队"表演,即离场时韵文朗诵。转达的诗朗诵全部由第三位表演者负责,与鼓子词不同的是,这些诗并非仅与某故事相关,每一首诗均有独立的主题,通常表现的是对逝去的美好事物的缅怀。转达的诗与曲总是以某种特殊的方式联系。每一部分均由整饬的诗、一段叙述用的散文和根据[调笑令]所创作的曲文组成。这一结构的特殊性在于诗的末尾两字与紧随此诗的曲文的前二字完全相同。

捷克汉学家高德华的论文《中国传奇研究》(*On the Chinese ch'uan-ch'i Drama*)①中可见一些关于转达技艺的信息。文中论述道,在引导者与合唱队成员、舞者对答后,出现二位身着戏装的演员坐于事先放倒的桌子前,而合唱队则按照二人的无声表演歌唱。

专业说书技艺的发展是促进中国戏曲形式形成的重要但间接的因素。说书技艺萌芽在唐代,成熟在宋代。许多学者,如郑振铎②、普实克③均认为说书技艺的开端与僧人传教及传教时所采用的变文有关。而直到北宋末年,专业的说书艺人才活动于当时的主要城市中。

孟元老《东京梦华录》④记载了说书技艺在开封(北宋都城)的表演,而

---

① Kalvodova, D., *On the Chinese ch'uan-ch'i Drama*, Acta universitatis carolinae, Philosophica et Historica, 1969, pp.51-61.
② 郑振铎《中国俗文学史》第250页,北京:作家出版社,1954年版。译者按,文中所引内容应为该版本第181页。
③ Průšek, J., "Researchers into the Beginning of The Chinese Popular Novel", *Chinese History and Literature*, Pargue, 1970, pp.219, 398-401.译者按,普实克(Jaroslav Průšek,1906-1980)捷克汉学家,为汉学布拉格学派的创始人,也是最为杰出的汉学家之一。
④ 孟元老《东京梦华录(外四种)》,上海:古典文学出版社,1956年版。

耐得翁《都城纪胜》①、西湖老人《繁盛录》、吴自牧《梦粱录》②、周密《武林旧事》③记载了说唱艺术在杭州的表演情况。此类记录可能会使人认为说书技艺是一种典型的城市艺术，但其可能同样活动于农村地区。宋代说书技艺具有两个引人注意的基本特点：第一，它们风行于世；第二，主题的专业化超前于说书技艺本身。《都城纪胜》为说书技艺做了详尽的记载：

  说话有四家：一者小说，谓之银字儿，如烟粉、灵怪、传奇。说公案，皆是搏刀赶棒，乃发迹变泰之事。说铁骑儿，谓士马金鼓之事。说经，谓演说佛书。说参请，谓宾主参禅悟道等事。讲史书，讲说前代书史文传、兴废争战之事……④

  从上述引文可见，说书表演的主题起初已被严格区分为四大类，也正是这一叙事的多样性，对中国早期戏曲表演主题多样性产生了影响。
  在《武林旧事》⑤中至少提到了另外两种说唱艺术形式，即唱赚和诸宫调，二者对中国戏曲的产生有着特殊而重要的影响。
  《梦粱录》⑥确切地描述了唱赚的起源与结构：

  唱赚在京时，只有缠令、缠达。有引子、尾声为"缠令"。引子后只有两腔迎互循环，间有缠达。绍兴年间，有张五牛大夫因听动鼓板中有太平令或赚鼓板，即今拍板大筛抑扬处是也，遂撰为"赚"。赚者，误赚之之义也，正堪美听中，不觉已至尾声，是不宜为片序也。又有"覆赚"，其中变花前月下之情及铁骑之类。……（此处吴自牧列举了当时的唱赚艺人）……凡赚最难，兼慢曲、曲破、大曲、嘌唱、耍令、番曲、叫声，接诸家腔谱也。

---

① 耐得翁《都城纪胜》，《东京梦华录（外四种）》本，上海：古典文学出版社，1956年版。
② 吴自牧《梦粱录》，《东京梦华录（外四种）》本，上海：古典文学出版社，1956年版。
③ 周密《武林旧事》，《东京梦华录（外四种）》本，上海：古典文学出版社，1956年版。
④ 耐得翁《都城纪胜》，《东京梦华录（外四种）》第98页，上海：古典文学出版社，1956年版。
⑤ 周密《武林旧事》，《东京梦华录（外四种）》第454—460页，上海：古典文学出版社，1956年版。
⑥ 吴自牧《梦粱录》，《东京梦华录（外四种）》第310页，上海：古典文学出版社，1956年版。

刘永济在著作《宋代歌舞剧曲录要》①中提出假设，即缠达是转达的另一种音译，勾队词是表演的序幕，韵文放队则是表演的结尾。转达和缠达只是不同音译的推测似乎站不住脚，因为转达由传统的文言创作，而缠达在很大程度上受到了市井叫声、未开化的土语等口头习语的影响。上文《梦粱录》引文的最后一段在多个方面具有重大的意义，其认为，唱赚不仅包含了来自大曲与词的传统曲调，而且还囊括了许多民间小调，及南宋都城街头小贩的叫卖声。唱赚中出现的南方曲调证实了唱赚对南曲（即戏文，其正为本文研究的重点）兴起的影响。通过分析保存在《事林广记》中的唱赚《圆社市语》，可见南曲在曲调布局上与唱赚的共同性。钱南扬②通过对比唱赚与见于《十三调南曲音节谱》中的南曲曲调，发现除［好女儿］曲以外，其余的唱赚曲调均属《中吕调》，且此类曲调均源自南方。

唱赚具有南曲特征，也流行于中国北方。下文则论述诸宫调及其在北方戏曲形成中的作用。在诸宫调中也存在唱赚中特有的"缠令"。但诸宫调的"缠令"却由中国北方曲子组成。在中国北方戏曲，如在元代的北杂剧中，偶尔可见缠达结构，而且许多曲牌名含有词语"转"字，且尤其多见于套数的煞尾中。

诸宫调是说唱艺术的重要形式之一。王灼《碧鸡漫志》③及吴自牧《梦粱录》④均记载诸宫调由山西泽州孔三传首创，孔三传生活于熙宁至元丰时期（1068—1086）。《梦粱录》的记载最具全面性与权威性，书中云，第一部诸宫调作品由孔三传创作，且在《梦粱录》作者的年代，杭州诸宫调女艺人熊保保以其高超的说唱、打鼓技艺而独领风骚。将此记载与《武林旧事》中诸宫调艺人的名单做一比较，即可见当时的诸宫调艺人几乎全部为女性，尤其是在中国南方。没有文献记录表明北宋时期和金朝存在诸宫调表演传统，因而生活于此地的孔三传及其继承者董解元可能只是创作了诸宫调作品，而从未真正演过。

留存至今的诸宫调作品大约只有三四种，其中仅《西厢记诸宫调》保存完整。《西厢记诸宫调》由董解元创作于13世纪末。《刘知远诸宫调》

---

① 刘永济《宋代歌舞剧曲录要》第74页，上海：古典文学出版社，1957年版。
② 钱南扬《宋元南戏百一录》第8页，北平：哈佛燕京学社，1934年版。
③ 王灼《碧鸡漫志》，《中国古典戏曲论著集成》（第一册）第151页，北京：中国戏剧出版社，1959年版。译者按，文中所引内容应为该书第115页。
④ 吴自牧《梦粱录》，《东京梦华录（外四种）》第310页，上海：古典文学出版社，1956年版。

虽未被完整保存,但与其他三部诸宫调不同,它可能是唯一一部可追溯到金朝(1115—1234)的作品,但全本十二章中仅有开头两章、结尾一章、第三章及第十一章的一部分保存至今。出于普及与研究诸宫调的历史和结构的需要,《刘知远诸宫调》的残本已由汉学家米列娜①和柯润璞②译为英文③。此处引述二人关于诸宫调形式的介绍如下:

  诸宫调属于以散文和韵文交替为特点的说唱文学,但其韵文需要歌唱,而散文部分需要讲述。当诗出现于韵文和散文之间时,才会出现朗诵。诸宫调为由打击乐器或者弦索乐器伴奏的单人表演活动。长篇叙述和角色塑造是诸宫调最显著的特点,而在曲的篇幅扩展而散文部分变成装饰时,叙述部分就需要加以精练。故事由第三人讲述……诸宫调的曲调根据固定的音乐规则安排序列。每位说书艺人都会根据不同的曲文选择同一宫调的不同曲子集合成套数。《刘知远诸宫调》中大多数套数只有单一的曲调,却以总结性的曲调结尾。而《西厢记诸宫调》中常见的套数形式包含三种曲调和结尾曲调。诸宫调的定义就是多宫调,即由宫调甲组成的套数一般被宫调乙套数或者宫调丙套数跟随。音乐惯例不仅规定了曲调应归属于哪种宫调,还规定特定曲调在套数的位置。例如,曲子1只能排在套数中的第一个位置,而曲子2则被安排于除了第一以外的任何位置……这似乎是诸宫调对音乐惯例和曲文应用的自由化……诸宫调中"衬字"(下文将详细论述此术语)的运用并不像元曲那么广泛。元曲是一种严格遵守曲律的体裁。套数不仅是音乐体制单位,也是韵律的单位。在元曲中,同韵字被安排在所有规定的位置上,而且整个套数中所有规定的位置使用的都是同韵字。当宫调转换,新的套数开始时,字韵就需要转换

---

  ① 米列娜(Milena Dolezelova-Velingerova,1932-2012),捷克汉学家,曾先后任职于捷克科学院东方研究所、加拿大多伦多大学、布拉格查理大学、德国海德堡大学。主要著作有:*The Chinese Novel at the Turn of the Century*(中译本《从传统到现代:19 至 20 世纪转折时期的中国长篇小说》)、*The Appropriation of Cultura lCapital*:*China's May Fourth Project*,以及专题论文《鲁迅的"药"》《晚清小说的叙述模式》等。——译者注
  ② 柯润璞(James Irving Crump, Jr. 1921-2002)是美国汉学界杰出的翻译家和研究元杂剧的开山鼻祖。——译者注
  ③ *Ballad Of The Hidden Dragon*, transl. & introduction by M. Dolezelova-Velingerova and J.I. Crump, Oxford, 1971.

……学者通常认为诸宫调的音乐体制是元曲结构的重要先驱……作为音乐体制和韵律单位的套数被吸收到了元曲结构中,并且在元曲中展现出与诸宫调同样的基本结构功能。诸宫调套数与元曲套数的最大区别在于其所使用的曲调数量的不同,诸宫调套数所使用的曲调数量较少并且宫调转换比较频繁,而元曲一出戏就为一组套数,因为一出戏从开头到结尾使用的都是一个字韵。诸宫调与元曲的韵律体制是相似的,在同一个套数中都不能转韵,而相邻的两个套数通常又使用不同的字韵。①

上述引文可证诸宫调对元曲形式的影响。重大意义的是,由宋代佚名作家创作的早期南戏《张协状元》就以诸宫调作为开场。《张协状元》是本研究的主要材料,因其为现存最早的戏曲作品,早于现存的元代戏曲杰作。

在中国及其他国家的戏剧中,均存在一些形式与内容并非为舞台演出而存在的戏剧文本。从另一角度而说,剧本并非决定戏剧演出机会的唯一因素,其他诸如演员的表演技巧、戏剧表演的艺术结构等因素也具有影响。中国戏曲尤其如此,对于相当多的戏曲作品而言,剧本并不是最重要的因素,因而许多戏曲作品的作者不标姓名,且有不少作品是由舞台上的演员即兴表演的。在表演时,即兴的创作往往比写定的剧本更重要。有许多戏曲作品从未被写定,由演员们各自累积,师徒相传。中国第一部戏曲作品应该就是用文字记录舞台表演从而形成的。

与希腊、印度一样,中国最早的演出源自仪式歌曲和舞蹈。之后,仪式性逐渐消失,并被用以娱乐宫廷与人民大众。但是戏剧情节的形成还需要文学因素。希腊与印度均已经历漫长的口头叙事文学历程,如希腊的《伊利亚特》与《奥赛德》,印度的《玛哈帕腊达》与《罗摩衍那》,而中国直到唐宋时期才发展出类似的文学形式。

中国最早的演出出现于汉代,被称为百戏,由多种表演技艺组成,有力而鼓动人心,但缺乏戏剧情节。② 直到后世,口头叙事文学的发展才诱发具有相对简单、原始的情节的表演形式产生,如出现在唐代的演出大致分

---

① *Ballad Of The Hidden Dragon*, transl. & introduction by M. Dolezelova-Velingerova and J.I. Crump, Oxford, 1971, pp.3-5.

② Zbikowski.T., "On Early Chinese Theatrical Performance", *Rocznik Orientalistyczny*, No 26/1, W-wa, 1962.

为以下两类：①音乐、舞蹈、歌唱表演；②对话、滑稽表演。

显然，在某些情形中，以上两种表演类别的某些因素可以同时并存。

下文为记载于《旧唐书·音乐志》中的表演活动，可将其归入上文所述的第一种表演类别中：①大面，亦称代面。这种表演的全称为《兰陵王入阵曲》，据《旧唐书》的记载，表演借舞蹈和模仿讲述齐（北齐）王子兰陵王与周（北周）国军队战于金墉城下之事。据传说，兰陵王勇武善战而长相俊美秀气，因此，在投入战争前，兰陵王戴上凶恶的"假面"，以期吓退敌人。① 此表演涉及许多问题。首先，此类模仿舞蹈起初是由一人还是多人（至少两人）表演的？理论上说，兰陵王应该有代表周国士兵的对手。因此在表演时，应该存在除兰陵王外的其他多名舞者。这一事实更能证明《兰陵王入阵曲》属于角抵戏（摔跤活动），此类表演从汉代角抵发展而来。军队中的多种竞技活动形成了汉代的角抵，又成了宋代（当时经常有激动人心的场面与比赛）某些杂戏表演的源头。与汉代角抵戏相比，后世的表演有了创新，如，将音乐（很可能还有歌唱）作为动作的伴奏而引入表演中。记载宋元时期艺人事迹的文人笔记《教坊记》写道："……大面……亦入歌曲。"然而，问题是曲到底是由主演还是合唱队演唱，以及他们所演唱的曲子的内容是什么。②据《旧唐书》记载，另一种模仿舞蹈表演，名为钵头，亦称拨头，王国维②认为此名音译自西域某国名或某人名。舞蹈演绎的是一男子在深山中与将其父杀死并吞食的猛兽搏斗的故事。该模仿舞蹈也有可能演变自汉代的角抵戏，据推测，该故事结束于男子与猛兽搏斗之时。该表演同样包含音乐和曲子成分③，与《兰陵王入阵曲》相同的是，二者的故事情节均相当简略。③"踏摇娘"是此类表演的第三种形式，表演中有一位因被丈夫虐待而满腹牢骚的妇人。据《旧唐书》记载，该表演源自隋代（589—618）末年。妇人通过歌咏表现其不满，并在歌咏时，有笛子、弦乐器伴奏。表演由妇人与丈夫共同呈现，且以二人的激烈打斗结尾。

上述三类衍生自角抵戏的表演说明汉代的表演包含了打斗和摔跤的

---

① 刘昫《旧唐书》（第29卷）第8b页，百衲本，北京：中华书局，1958年版。
② 王国维《宋元戏曲考》，《王国维戏曲论文集》第10页，北京：中国戏剧出版社，1957年版。
③ 段安节《乐府杂录》，《中国古典戏曲论著集成》（第一册）第45页，北京：中国戏剧出版社，1959年版。

成分。戏剧面具从汉代动物面具到逐渐真实的脸谱的演变过程值得注意。那时的面具依然由木材雕刻而成,并且在脸部位置穿孔。现在直接涂抹于脸上而形成的脸谱,在那时并未被使用。

唐代还存在对白、动作表演生动而带有滑稽、讽刺特点的表演类型。该类型对于中国装扮技艺发展成为艺术的贡献尤为突出。详细描述这类表演的所有类型将会占据大量篇幅,因此,此处仅论述其中最典型的例子。

"参军戏"为这类表演中的主要类型。《乐府杂录》这部写作于唐代的中国早期表演信息宝典记载道:

开元中,黄幡绰、张野狐弄参军——始自后汉馆陶令石耽,耽有赃犯,和帝惜其才,免罪。每宴乐,即令衣白夹衫,命优伶戏弄辱之,经年乃放,后为参军。①

以下将简述此类表演的结构。该表演通常有两位演员,一位"参军",是另外一位(后被称为"苍鹘")的嘲弄对象。有学者认为,这类表演亦可由女性出演,且有时还包含演唱的成分,因而,这一表演的常见结构类型较为多样。

"参军戏"对中国戏曲形式形成的重要影响表现在多个方面。首先,"参军戏"引入了一些新的元素:①因为"参军戏"的表演目的在于使听众理解并获得娱乐,因此表演就必须使用日常口头语,正是这一点使其他戏剧形式也使用口头语。②首见于"参军戏"的对白形式,在戏曲中是不可或缺的。③"参军戏"建构了起点,而且"参军"与"苍鹘"的对立随后能被发展成为戏曲中的戏剧性斗争。"参军"和"苍鹘"为后世出现于宋杂剧和戏文中的重要脚色"副净"和"副末"的原型。此问题下文将继续讨论。

有时插入简短说白的戏弄表演,也源于唐代的"参军戏"表演。当时兴盛的戏弄对演技、面具的制作、装扮的传统都有极大的影响。诸如"弄假官""弄假妇"以及被禁演的"弄孔子"之类的戏弄在唐代均非常流行。此类表演对宋代和金代的类似演出具有重要影响,而"院本"这一将脚色分为不同类别的表演形式正出现在这一时期。因而这类戏弄对宋元时期的

---

① 段安节《乐府杂录》,《中国古典戏曲论著集成》(第一册)第49页,北京:中国戏剧出版社,1959年版。

表演方式的影响是值得关注的。虽然不能从现存的文献中找到相关的证据，但仍可间接证明二者之间的联系。

在经历了五代时期（906—960）的短暂战争与纷乱之后，中国迎来了一段相当长时间的和平稳定。经济、文化都在北宋统治时期得到了发展。戏剧领域出现了新的形式——杂剧。杂剧概念可按两种不同的方式理解，既可指某种包含其他多种表演的演出，又可理解为将其他表演元素（如朗诵、演唱、舞蹈、模仿、杂技等）混合的演出。

在宋初，杂剧主要流行于宫廷和贵族阶层。杂剧可能是唐代滑稽讽刺戏"参军戏"的延续。尽管简短的舞蹈或宫廷生活轶事穿插于杂剧表演中，杂剧的基础仍为朗诵和对白。那些被演员选中用于表演的轶事或材料，都用以取乐或讽刺。此时的杂剧，适宜的环境被选定，细致的情节被设计，对白常由演员即兴创作。当时的宫廷表演与音乐机构——教坊负责表演这类杂剧。下文为杂剧演出的一个例子。在这段引文中，当时的宰相蔡元长因建议铸造大钱而被讽刺：

> 崇宁二年铸大钱，蔡元长建议，俾为折十，民间不便。优人因内宴，为卖浆者，或投一大钱，饮一杯，而索偿其馀。卖浆者对以方出市，未有钱，可更饮浆，乃连饮至于五六。其人鼓腹曰："使相公改作折百钱奈何！"上为之动，法由是改。①

由该引文可知，此类表演已被用以干涉具体的事务且具有叙事情节。但此类表演仍非常简短且主要由演员即兴创作，因此其剧本未被记录。

北宋时期，中国经济经历了快速的发展，出现了许多商业和手工业中心，人们组织起了多种多样的行会。在宋朝统治时期，全国最大的经济生活中心自然是当时的都城汴梁（今河南开封）。为满足当时数量庞大并且逐渐富裕的手工艺者与商人的娱乐需求，每个较大的城市都建立起了特殊的娱乐中心，都城汴梁尤其如此。中国最早的固定舞台出现在本时期内，各种各样的表演和活动在其中进行演出。这类舞台被称为"看棚"。写于北宋末年的《东京梦华录》记载了当时在首都表演的各种演出。例如杂技

---

① 王国维《宋元戏曲考》，《王国维戏曲论文集》第20页，北京：中国戏剧出版社，1957年版。

技艺表演、与"百戏"相仿的各类技艺演出,以及街头说书艺人的"小说"。《东京梦华录》记载的表演技艺如下:小唱、嘌唱、类似于芭蕾舞表演而不能作为戏曲表演的杂剧、操纵方式各异的傀儡戏。在娱乐场所中,人们可以欣赏翻筋头、走高绳、筋骨上索杂手伎、毬仗踢弄、讲史、讲小说、诸宫调、谜语等表演,《东京梦华录》中还提到了一种简短的戏剧表演——杂班。① 对这些表演的详细探讨以及对《东京梦华录》这类重要细节的翻译已经由捷克汉学家普实克呈现在其著作《中国通俗小说起源研究》(*Researchers into the Beginning of The Chinese Popular Novel*)②中。

从这份不完整的名录中可见,有相当多的表演形式存在于北宋年间。其中有一些仅仅展示技艺与力量,对中国戏曲的起源并无太大的影响。而与中国戏曲最相关的表演类型要数"杂剧"和某些舞蹈活动。

在宋代,"杂剧"代指如下几种表演形式:

1. 杂剧包含所有带讽刺意味的演出。不仅包括唐代"参军戏"一类的对话表演,还包括打斗和打诨一类的动作表演,或为此二者的混合表演。《东京梦华录》记载此类表演如下:

> 复有一装田舍儿者入场,念诵言语讫,有一装村妇者入场,与村夫相值,各持棒杖互相击触,如相殴态。其村夫者以杖背村妇出场毕,后部乐作,诸军缴队杂剧一段,继而露台弟子杂剧一段。③

"杂剧"这个概念同样适用于在佛诞日上演的《目连救母》。尽管几乎没有文献资料提及《目连救母》如何在舞台上演出,但已知此剧耗时七天,由七月七至七月十五方能结束此故事。④ 正如本章已经述及的,此故事与变文在主题上有一定的关联性。

2. 在宋代,"杂剧"这个概念又可指代由唐代"大曲"发展而来的演出形式。此类演出在叙事情节的基础上包含唱曲与舞蹈表演。此证据源自一些大曲的标题。在唐代,大曲通篇只有曲子,因而大曲的标题由其所使

---

① 孟元老《东京梦华录(外四种)》第 29—30,43—44 页,上海:古典文学出版社,1956 年版。
② Průšek, J., *Researchers into the Beginning of The Chinese Popular Novel*, Chinese History and Literature, Pargue 1970.pp.219, 248-252.
③ 孟元老《东京梦华录(外四种)》第 43 页,上海:古典文学出版社,1956 年版。
④ 孟元老《东京梦华录(外四种)》第 49 页,上海:古典文学出版社,1956 年版。

用的曲子的标题组成。例如《六幺大曲》《新水调大曲》。而宋代,大曲的标题就不仅仅只是其所用演唱的曲子的标题,还包括指示故事情节的简要字眼,如《莺莺六幺》(此大曲按六幺曲调演唱,讲述的是中国文学作品中知名女性莺莺的故事)。

据《东京梦华录》记载,"杂剧"也被包含在以舞蹈和演唱为内容的宫廷表演中。但与此种"杂剧"相关的描述非常简略,因此很难深入论述此类表演。《东京梦华录》仅写道:"勾杂剧入场,一场两段。"①

对此类"杂剧"更详尽的描述要到之后出现的文献材料,即写于南宋末年的《梦粱录》,书中记载道:

  且谓杂剧中末泥为长,每一场四人或五人。先做寻常熟事一段,名曰"艳段"。次做正杂剧、通名两段。末泥色主张,引戏色分付,副净色发乔,副末色打诨。或添一人,名曰"装孤"。先吹曲,破断送,谓之"把色"。大抵全以故事,务在滑稽唱念,应对通遍。此本是鉴戒,又隐于谏诤,故从便跳露,谓之无过虫耳。若欲驾前承应,亦无责罚。一时取圣颜笑。凡有谏诤,或谏官陈事,上不从,则此辈妆做故事,隐其情而谏之,于上颜亦无怒也。又有杂扮,或曰"杂班",又名"经元子",又谓之"拔和",即杂剧之后散段也。顷在汴京时,村落野夫,罕得入城,遂撰此端。多是借装为山东、河北村叟,以资笑端。②

《梦粱录》中的这段文字准确地描述了宋杂剧的舞台表演形式。在当时,两种意义上的杂剧经常被混合演出,包含了讽刺、幽默、朗诵以及舞蹈和演唱等元素。唯一让人遗憾的是,《东京梦华录》和《梦粱录》都没有提到当时杂剧表演所使用曲子的结构形制。

3. 为对宋代"杂剧"概念有全面了解,还需须注意在当时一些傀儡戏也称为"杂剧"。为同"杂剧"相区别,人们称傀儡戏为"小杂剧"。"杂剧"也可指代由动作和舞蹈组成的表演,比如"哑杂剧"。正如《东京梦华录》在其名目中指明的,"杂剧"这个概念可以代指由杂技、杂耍等展现技术和力

---

① 孟元老《东京梦华录(外四种)》第54页,上海:古典文学出版社,1956年版。
② 吴自牧《梦粱录》,《东京梦华录(外四种)》第308—309页,上海:古典文学出版社,1956年版。

量的表演所组成的"百戏"表演。然而,它们对中国戏曲形成的影响较小。

12世纪20年代,新的战争破坏了当时的和平。女真部落(金国)先与北宋王朝结盟攻打辽国,打败辽国且占领辽国土地后,又攻破了北宋都城并俘虏了宋徽宗、宋钦宗。只有徽宗的第九子赵构逃离都城,到南方建立了以武林(今杭州)为都城的南宋王朝。中国的文化生活中心随之也转移到了新都城。实际上当时所有的艺人、演员、说书人都成了流浪者,在旧都城汴梁(开封)无所事事,而金朝的统治者又将原先的都城北迁至燕京,因而这类人便试图南迁至繁盛的新都城。与其他行业类似,演员们也组织起行会。在"教坊"中,杂剧表演被认定为"正色",这正表示在南宋时期杂剧相对于其他演出形式的重要性在逐渐增强。据描述当时日常生活的文献资料所提供的信息可以断定,南宋时期的宫廷杂剧表演自北宋时期以来并没有发生很大的变化,与之前相同,杂剧表演者仍然只是精挑细选一些故事为统治者演出。

绍兴年间的意义尤为重大,教坊于此时废除。① 那些因技艺高超而被宫廷雇佣的艺人也被解散了。出于观众群体的变化,杂剧的内容也发生了相当大的变化。这之前,杂剧在宫廷上演,表演者非常看重向皇帝揭露进谗者、揭发失职或压迫人民的官员以及传达民间诉求的作用。现在,为了争取来自全新观众们的共鸣,就必须转变艺人们的品位和追求。首都居民们渴望艺人们提供一方面类似街头叙事歌谣和演唱,一方面又能将这些街头技艺和场面结合的表演。后者与包括打斗、杂技、滑稽对白等表演在内的民间杂剧表演相似。因此,在中国的南方出现了以叙事情节为基础的戏曲表演。这当然不是偶然发生的,而是多种文学和表演形式长期变革和融合的结果。

在周密记载南宋都城生活的《武林旧事》的第十章中,保留了官本杂剧这种体裁的名目。② 保存于此名目中的表演可分为以下四类:

1.标题中含有该表演所使用的故事情节和曲调名的作品。例如《莺莺六幺》(此表演按六幺曲调演绎莺莺故事),以及《郑生与龙女薄媚》(此表演按薄媚曲调演绎郑生遇见龙女的故事)。

---

① 吴自牧《梦粱录》,《东京梦华录(外四种)》第308页,上海:古典文学出版社,1956年版。
② 周密《武林旧事》,《东京梦华录(外四种)》第454—460页,上海:古典文学出版社,1956年版。译者按,文中所引内容应为该书第508—512页。

2.标题中含词语"爨"的作品。例如《木兰花爨》(此表演以爨的形式演绎木兰花的故事)。

3.标题指明艺人在表演中扮演角色的作品。例如《四孤播》(字面意思为四位扮演"孤"的艺人播鼓),以及《双旦降黄龙》(字面意思为两位扮演旦的演员降服黄龙的故事。——此标题中的"降黄龙"亦为曲调名)。

4.标题中只含有故事情节的剧作。例如《李勉负心》,以及《四脱衮》(四次从陷阱中逃脱)。

遗憾的是,此类"杂剧"的剧本没有保留到现在,但是从这些表演的标题中我们还是可以推测出:

1.此类剧作都以发展得相当完备的故事情节为基础。例如莺莺故事,随后被王实甫借用以创作知名戏曲作品《西厢记》。

2.此类剧作都由曲调相同的多首曲子或者同一宫调的多首曲子组成,这一点可从标题中含有曲牌名的作品中推测而出。诸宫调的影响可以从标题中含有"诸宫调"字眼的表演中看出,例如《诸宫调霸王》(此表演大概演绎的是公元前3世纪汉高祖刘邦的对手项羽的人生经历)以及《诸宫调卦册儿》。

3.南宋时期的杂剧表演类型已经按不同演员的特性有所区分,这一点可以由标题中含有"孤""旦"等词语的表演证明,并且同一场表演中可以出现四个扮演相同脚色的艺人。

4.此类作品中所包含的打斗、摔跤等一类元素意味着汉代角抵戏在当时的延续,这一点可以从以下几种官本杂剧中看出来:《单打石州》(单枪匹马占领石州城——石州城又为曲调名),以及《双打毬》(二人一同打毬)。

金朝占领中国北方之后,有一些艺人,特别是民间艺人,未到达位于南方的杭州,只能停留在北方的新都城燕京继续表演。金朝统治者试图从宋朝传统中吸收养分改善文化生活,因此就在宫廷教坊中建立了杂剧班,延续了北宋宫廷杂剧表演的传统。与此同时,与百戏类似的民间杂剧在中国北方继续发展。在当时,中国北方和南方的戏剧表演方式存在着巨大的差别。南宋和金国的边境被严密守卫,这成了戏班试图北移或者南移几乎无法逾越的障碍,因而由传统表演形式发展而来的新戏曲形式就不得不在各自的表演版图中,遵照不同观众的需求而独立发展。由此,在中国北方发展的戏曲就从流行于北方民众中的表演中吸收营养,同时,南方戏曲也受到了南方表演传统的限制。两种不同地区戏曲形式的融合只有在蒙古人征服宋金、消除地理隔绝之后(建立元朝)才实现。

13世纪初,"院本"这种新的戏剧表演形式出现于中国北方。根据元代末年陶宗仪《辍耕录》①的记载,院本亦被称为杂剧。该书写道:"院本,杂剧,其实一也。国朝,院本、杂剧始厘而二之。"这段引文指出金代院本——亦称杂剧,乃是元代杂剧的直接先驱者。需要注意的是,元代杂剧通常称作"传奇",直到元代即将结束时人们才称之为"杂剧"。陶宗仪《辍耕录》还提道:"传奇犹宋戏曲之变。世传谓之杂剧。金章宗(1190—1208)时,董解元所编西厢记,世代未远,尚罕有人能解之者。"在这段引文中,又一次提到了董解元《西厢记诸宫调》与北曲(元代杂剧)形成的关系。

为理解元杂剧的表演形式和舞台艺术,必须就"院本"进行简要的论述。"院本"乃源自"行院",而"行院"又指当时被女歌伎、妓女、演员、歌者、乞丐和流浪者居住的院子。必须明确以上这些行业是可以变动的,某人某日是演员,一夜之间就可能变为乞丐;而许多女艺人则雇佣自风月场所。同样地,那些街头"说话人"在他们的"话本"(说话用的台词本)中称他们居住的地方为"行院",而他们演唱、说白、表演依据的也是这些"话本"。"院本"这一名称流行于13世纪。散曲作家杜善夫(1201—1283)在《庄家不识勾阑》(近年已由柯润璞译为英文)中使用了这一名称。元代早期的戏曲家,如关汉卿、王实甫等也使用这一名称。同样使用此词语的还有生活于14世纪的陶宗仪。

作为许多重要资料的来源,陶宗仪《辍耕录》清楚地阐明了"院本"的结构和舞台表演形式:

> 院本则五人。一曰副净,古谓之参军。一曰副末,古谓之苍鹘,鹘能击禽鸟,末可打副净,故云。一曰引戏,一曰末泥,一曰孤装,又谓之五花爨弄。或曰:宋徽宗见爨国人来朝,衣装鞋履巾裹,傅粉墨,举动如此,使优人效之以为戏。又有焰段,亦院本之意,但差简耳,取其如火焰,易明而易灭也。其间副净有散说,有道念,有筋斗,有科泛。②

---

① 陶宗仪《辍耕录》第366—405页,上海,1908年版。译者按,就目力所及,未发现1908年于上海刻印或出版的《辍耕录》,且以日比科夫斯基引用时所使用的说法,应为排印本,而最接近的版本为上海广益书局于1918年出版的《辍耕录》。

② 陶宗仪《辍耕录》第366页,上海,1908年版。同前译者按。

"院本"的重要资料来源也是一套散曲,即高安道创作的《嗓淡行院》。胡忌在著作《宋金杂剧考》中对这套散曲做了详尽的分析。① 通过分析,胡忌在书中总结道,行院有广义的和狭义的两层意思。广义的"行院"指的是所有在行院中或者由居住于行院中的艺人演出的表演,而狭义的"行院"又特指只有对白而无曲子的表演。胡忌认为有6种表演在行院中演出:①清唱;②舞蹈;③杂技;④院本——其狭义定义,指不带唱曲的短剧表演;⑤北曲杂剧——唱北曲的短剧表演;⑥打散——以滑稽对白为特色而广为人知的短剧表演。通常在整场表演结束时演出。

陶宗仪在《辍耕录》中以"院本名目"为题记录了当时行院中的表演形式。显然,陶宗仪对"院本"的定义接近胡忌认为的广义上的"院本"概念。这些院本又被安排在不同的名目之下。胡忌则认为那些被收录在诸如"上皇院本""题目院本""霸王院本"等名目下的院本可由单人通过讲述故事或逸事来实现。其他表演则包含在某一事物的多个名称中,或对著名人物的模仿中,且被收录于"大略拴搐"和"诸杂砌"名目下。然而对中国戏曲的发展具有重要影响的则是那些演绎叙事情节的表演,它们被收集归入"诸杂大小院本""诸杂院爨""院幺"和"冲撞引首"名目之下。

在此不对行院中的院本或被陶宗仪记录的所有院本做细致分析,文献记录的不足,也缺少对这类院本及其内容进行准确描述的基础,事实上仅有两套关于院本演出的散曲留存至今,即上文已提及的杜善夫《庄家不识勾栏》和高安道《嗓淡行院》。根据上述由院本名所组成的四类名目,可以推测相关院本的许多基本特征,例如"诸杂大小院本"和"冲撞引首"正为狭义上的"院本",即它们均由单人口头演出,而归入"院幺"和"诸杂院爨"的表演则包含唱,其唱的部分亦由单人表演,这一点正与诸宫调和元杂剧一人演唱到底的特点相关。而且,院本中的一些故事情节被元代戏曲家选用,这一点也证明了元杂剧和院本之间的密切关联。关汉卿将院本《蝴蝶梦》之名作为其所创作杂剧之名的例子可很好地证实这一点,相似的例子还有王实甫将院本《八仙会》和《红娘子》的情节移置元杂剧《西厢记》中。

至于戏剧面具的发展,就要提及由"院本"引入的"装扮",院本通过将面粉和煤烟涂抹于演员脸上而达到装扮的目的。这是对使用面具来遮盖

---

① 胡忌《宋金杂剧考》第311—326页,上海:古典文学出版社,1957年版。

面部之传统的背离。这种装扮方式在中国戏曲史上开始了全新的发展。

北曲的出现时间晚于本研究的重点——戏文，尽管北曲和戏文的源头相似，但是二者仍有许多的不同之处，而对北曲结构的了解有助于对二者进行更进一步的比较。

元杂剧最重要的几个特征如下文所示：

1.元杂剧为诗体戏曲，包括宾白、曲子、舞蹈以及闹剧插曲和插科打诨。

2.元杂剧传统上由四折一楔子组成。楔子可置于任意两折之间，亦可置于作品的开头。几乎没有一部作品中存在一个以上楔子。

3.每一折同时也是一个音乐单位。即每一折除附属性的宾白和戏剧工具外，所使用的曲子都属于同一宫调。

4.每一折的宫调均选自十个宫调。但《仙吕宫》仅使用于作品开头处的楔子中，当开头处没有楔子时，才用于第一折。也存在特定的宫调必须使用于特定的"折"的倾向。有些宫调在戏曲作品中则很少被使用。

5.在确定宫调中的曲子顺序之后，剧作者就要进入曲子系列的创作。元杂剧作品中的曲子顺序并不严格按照声律规定，但不同戏曲作品在使用同一个宫调时，其曲子的顺序却是一样的。可能因为每一宫调中固定的曲子顺序不是为戏曲创作而制定的，所以剧作者就制定出了符合需求的新规则。

6.所有的曲调都是现成的，因此没有创制新曲调的必要。剧作者所做的就是把曲文和情节填入这些曲调之中。

7.元杂剧的曲辞都是韵律诗。一折中的字韵，从一开始到结尾都必须一致，即使一折中可能会有二十首曲子。在下一折开头处才能够换韵。

8.一折，甚至整部作品都只由一种脚色负责演唱。显然这种惯例能减少二重唱、三重唱以及多人合唱的其他形式所导致的不确定性。即使负责演唱的脚色可能在不同的"折"中扮演不同的角色，但很可能还是由这一脚色演唱。

9.一个戏班的演员数量比较固定，通常不超过五个人。其中一位为主脚，通常由他来演唱，其他演员则通过宾白表演促进故事情节发展。

10.元杂剧的标题置于作品的结尾，由"题目"和"正名"两部分组成。"题目"和"正名"一般为两句或四句对仗的八句工整韵诗，同时二者又是简练的标题，"简名"通常由"正名"的最后三字或四字组成。

11.对元杂剧脚色类型的简要探讨能比较出南北曲的差别。元杂剧中有两个主要的脚色类型,即末——剧作的主要男角色,以及旦——末的女性搭档。根据二者谁为主要演员,即哪位演员负责演唱,可以将元杂剧区分为两种类型,即末本——主要角色为男性,及旦本——由女性角色演唱所有的曲子。这两种脚色有时又称为正末和正旦。其他脚色则通过在"末"和"旦"之前加上特定的前缀来定名,如冲末、外末、副末以及贴旦、小旦。还有一些角色则使用他们在剧中的本名。影响深远的是两个名字出现在许多作品之中,即张千——通常扮演男性门房,梅香——剧中女主角的侍女扮演者。

12.最后还需要提及的是,关汉卿(约1257—约1320)被认为是最早的元杂剧作家。他的戏曲作品主要创作于13世纪70年代,并且有多部由其创作的、堪称最早的元杂剧作品流传至今日。

正如上文已提及的,在本文之前,已有多种关于中国戏曲形式产生时间的假设。虽然表演可以不依靠任何剧本,但是戏剧的产生一定与剧本创作有关。

很显然,中国戏曲被大致分为两种主要类型,即北曲和南曲。直到不久之前,由于大量的早期剧本都为元杂剧作品,元杂剧被认为是中国最早的戏曲形式,而《琵琶记》①和其他一些在元末创作的南戏作品,则被认为是中国戏曲发展至后期的产物。

第二章 南 戏

南戏或早期南方戏曲,与金元时期的北曲及明代由戏曲家创作的南方戏曲——传奇均有所不同。明代学者极少关注宋元时期的南方戏曲作品,唯一重要的例外是《南词叙录》的作者徐渭。此著作所记载的早期南戏史料对重建早期戏曲作品大有助益。对南戏关注的普遍缺乏,导致在清代几乎无人知晓"南戏"或"戏文"。虽然在清代早期对戏曲的关注逐渐增多,然而即使是当时研究中国戏曲史的通才如姚燮,在其著作《今乐考证》中也未提及南戏,而是以《琵琶记》和其他四种创作于明代早期的作品作为南方戏曲的开端。

---

① 高则诚《琵琶记》,北京:文学古籍刊行社,1954年版。

王国维关于中国戏曲的研究堪称详尽而透彻,在《宋元戏曲考》中提供了大量关于南戏起源的材料,但因认为相关的戏曲文本已经遗失,故未能对其进行更深入的分析研究。王国维所做的工作只是从古代的曲选和大量的元明文人笔记、文章中整理收集出相关材料。王国维的观点,虽然不完整,但很少舛误,舛误的例子,如认为"南戏当出于南宋之戏文"①,"南戏"和"戏文"只是同一个概念的不同说法。另外一个不正确的观点为"最早的南戏作品出现于元明易代",这是由于王国维著此书时受南戏文献资料的限制,《永乐大典戏文三种》等南戏文献于20世纪20年代才被重新发现。

之后的若干年中,由于这些南戏剧本极少存世,仍然只有少部分戏曲学者曾提及早期南戏的存在及其对戏曲史的重要影响,这一情况一直延续到了1960年重新找回的《永乐大典》中与戏文相关的卷章与其他存世剧本被一起影印出版。这个问题在某种程度上仍然只由中国学者,如郑振铎、钱南扬、周贻白等进行研究,只有少部分西方汉学著作提到了相关的作品,如盖伊达的《戏曲——中国传统戏剧》(*Hsi-ch'ü, the Chinese Traditional Theater*)以及汉学家米列娜和柯润璞的《刘知远诸宫调》英译本导论部分。

直到20世纪初,可见的最早南方戏曲文本仍然是创作于元末的"传奇",其中最广为人知的是高则诚的《琵琶记》和可能为明代施君美创作的《拜月亭》②。王国维早在《宋元戏曲考》就确认"南戏之渊源于宋,殆无可疑。至何时进步至此,则无可考"③,其观点颇为准确,然而正是由于宋代戏曲文本资料的缺乏,使这一观点缺乏可信的证据。

直到编纂于明代早期的《永乐大典》部分卷章及记载于其中13991卷的三种创作于上述"传奇"之前的南戏作品全本被重新发现,才为南戏渊源于宋代提供了可靠的证据。

论述《永乐大典》的特征及其成书、散佚经过,能进一步了解重新发现这三种南戏作品的重大意义及其在中国戏曲史上的地位。

---

① 王国维《宋元戏曲考》,《王国维戏曲论文集》第123页,北京:中国戏剧出版社,1957年版。

② 王国维《宋元戏曲考》,《王国维戏曲论文集》第124页,北京:中国戏剧出版社,1957年版。

③ 王国维《宋元戏曲考》,《王国维戏曲论文集》第116页,北京:中国戏剧出版社,1957年版。

永乐元年（1403），明成祖朱棣召集翰林院学士着手编纂文献集成——"类书"。明成祖决心让此书成为杰出的成就，不仅收录所有儒学、史学、哲学等传统经典著作，而且收录天文、地理、医药、占卜、佛教、道教等其他方面的著作。

第二年，参与编纂的翰林院学士们即将该类书的第一个版本——《文献大成》呈交明成祖审阅。但明成祖认为此版本尚多未备，因而重新召集约3000位文士重新编纂。1408年《永乐大典》正式成书，全书由正文22877卷，凡例及目录60卷组成，共11095册。

收录此书的文献资料按《洪武正韵》中的明代语音顺序编排。每一条目均先标注该条目的读音和基本意义，而后则为按年代编排的与此条目相关的书籍全文或节选。因其编排文献资料的方式，此书经常被认为是"百科全书"，然而鉴于其收录的文献资料的特点，将此庞大的文献资料宝库作为"选集"似乎更恰当，这可以参看保存于782—907卷的"诗"、7378—7462卷的"湖"、7378—7462卷的"丧"等条目中的内容。与本研究关系最为密切的是13965—13991卷这27卷中所保存的内容，这27卷从属于条目"戏"，并且包含33种早期南戏作品。然而遗憾的是所有的卷章都散失了，直到近年才重新发现了其中的一卷，即13991卷，其中包含戏文3种。这3种戏文如今已经成为年代最早且篇幅最长的南戏作品。

在着手探讨重新找回的《永乐大典戏文三种》之前，必须对与此"选集"相关的历史信息，如《永乐大典》重修及散失的时代背景等做介绍。

正如上文已经提及的，《永乐大典》的编纂工作结束于1408年，并被藏于当时的皇宫藏书楼——北京文楼。此为本书的第一次编纂，并且只抄录了一部。嘉靖年间，皇宫发生火灾，但藏书楼幸免于难。世宗皇帝认为此书仅有一部，极易遭到破坏，因此又召集文士进行抄写，从而使《永乐大典》在永乐原本之外，又有了两个抄本，即正本和副本。世宗皇帝的担忧不无道理，《永乐大典》原本被毁于清朝初年，只有当时藏于乾清宫和翰林院的正本和副本安然无恙。乾隆皇帝（1736—1795）编修《四库全书》时，则从《永乐大典》中引述了一些当时已经散轶了的文献资料。嘉庆年间（1769—1820）乾清宫大火，《永乐大典》正本因此而被大火吞灭。在太平天国、鸦片战争、义和团运动、辛亥革命之后，则大约仅留存《永乐大典》副本 60 册。①

《永乐大典》的一些卷章被仿写过多次,而且大都珍藏于私人藏书家手中。直到 20 世纪 50 年代,所有散布在中国和世界各地的卷章才被重新收集组合,而直到现在,其总数也不过 741 卷,并于 1960 年由北京中华书局影印出版。

此次影印也包括了由叶恭绰于 20 世纪 20 年代从伦敦古董商人手中购得的 13991 卷。此卷被认定为仿抄本,三种早期南戏文本写于 60 张双面书写的书页上。此卷在此之前也曾经被中华人民共和国文化部下属的古本戏曲丛刊编刊委员会以《古本戏曲丛刊初集》这一收集古代中国戏曲作品的形式出版过。

三种南戏作品被保存于重新发现的《永乐大典》13991 卷中。根据此卷的原始顺序,排在首位的是《小孙屠》②,第二位的是《张协状元》③,第三位的是《宦门子弟错立身》④。显而易见的是这三部作品的篇幅长度并不相同。篇幅最长的是《张协状元》(41 页),而篇幅最短的则是排在末位的《换门子弟错立身》(仅 6 页),讲述的是一位年轻男子爱上一位女演员并与之成婚的故事。

作为众所周知的最早南戏作品,它们产生的年代并不相同。《张协状元》被认为是其中最早的作品,其创作年代可以追溯到南宋末年,而其他两部作品则被认为创作于元代。《张协状元》这部篇幅最长、年代最久远的作品将是本研究的主要对象。

《永乐大典戏文三种》中的作品毫无疑问都渊源自南方。与此相对的是,杂剧则发源于中国北方,周德清《中原音韵》这部研究声韵和语音的著作记载:"唱念呼吸,皆如约韵(约即沈约)。"⑤沈约生活于 450—513 年,为音韵著作《四声谱》的作者。中国南方语言发展相对较慢,因而保留了古

---

① 此处日比科夫斯基对《永乐大典》正副本的描述有误。《永乐大典》修成后,原藏在南京文渊阁,明成祖迁都北京后,便移至北京文昭阁。嘉靖四十一年(1562),为防止《永乐大典》的流失和损坏,明世宗命徐阶召集 108 位文士重录,副本的字体格式及装帧,全部仿照永乐抄本。后便称永乐本为"永乐正本"或"正本",嘉靖重录本为"嘉靖副本"或"副本"。——译者注
② 《永乐大典·一三九九一卷》第 1a—13b 页,北京:中华书局,1960 年版。
③ 《永乐大典·一三九九一卷》第 13b—54b 页,北京:中华书局,1960 年版。
④ 《永乐大典·一三九九一卷》第 54b—60a 页,北京:中华书局,1960 年版。
⑤ 周德清《中原音韵》,《中国古典戏曲论著集成》(第一册)第 219 页,北京:中国戏剧出版社,1959 年版。

代语言的某些音韵特征,例如对入声的使用和音节结尾"n"及"m"这两个辅音发音的不同。然而由于北方语言的快速变革,上述这些特点并不存在于北方方言之中。

这其中有两部作品确定是由来自杭州的作家创作的。在《小孙屠》的结尾处写道"古杭书会编纂"①,而《宦门子弟错立身》则标注为"古杭才人新编"②。虽然《张协状元》并没有提供任何类似上述两种作品的信息,但还是可以从"开场"中发现该作品由南方作家编写,且为南方大众上演。

正如上文已经提及的,保存于《永乐大典》中的这三种作品并非创作于同一时期,虽然可推断出《张协状元》的创作时间最早,但是无法确定其具体的创作时间。王国维仅在特定曲选中见到这类作品的剧名和几支曲调,且推论道:"疑皆元人所作南戏。"③南戏起源于元代的观点曾一度被广泛接受,因而其他学者就不再试图为这三部作品的创作时间做更准确地考证,但唯一的例外是胡忌,他在著作《宋金杂剧考》写道:"不如承认它(即《张协状元》)是南宋时期的产物。"④为证明这个观点,他在书中列举了以下证据:

1.《张协状元》的开场方式与其他两种方式不同。在《张协状元》中,"家门"这种特殊的开场方式还没有形成。

2. 在主体表演开始之前,《张协状元》先由男主脚"生"演唱几支曲子,这种做法类似于宋代的"正杂剧"表演,即在主体表演之前,先有一段开场式的"艳段"表演。

3. 在本作品的开场表演中,提到了一些宋代艺人组织的名称,如"绯绿社""九山书会"。这类团体大约在元代统一中国前已解散,因为元代无文献资料提及它们。

4.胡忌在书中还提及了存在于《张协状元》之中的口语表达方式来证明这部作品产生于宋代。他认为这些表达方式在元代显然就不再使用了。

5.《张协状元》中以特殊宫调松散地组织曲调的形式及不大遵守韵律规则的特点也证明这部作品是早期的舞台表演作品,明显比其他两种作品

---

① 《永乐大典·一三九九一卷·小孙屠》第 1a 页,北京:中华书局,1960 年版。
② 《永乐大典·一三九九一卷·小孙屠》第 54b 页,北京:中华书局,1960 年版。
③ 王国维《宋元戏曲考》,《王国维戏曲论文集》第 126 页,北京:中国戏剧出版社,1957 年版。
④ 胡忌《宋金杂剧考》第 60 页,上海:古典文学出版社,1957 年版。

来得早。

以上所列举的证据很好地证明胡忌的观点,《张协状元》这部作品正是创作于宋代。然而并没有更多的证据能对这三部作品的具体创作时间提供更准确的证明。在不知其具体作者的情况下更是如此。根据《小孙屠》《宦门子弟错立身》中的记载,确实可以认为这两部作品是由来自杭州的剧作家所创作的,但这一证据实际上只能证明这两部作品的创作地点而不能证明它们创作的具体时间。

此外,还存在一些关于《小孙屠》《宦门子弟错立身》作者的深层信息。《录鬼簿》这部大约于1330年由钟嗣成编撰的著作,记载了一些剧作家及其作品相关的资料。该书在"方今才人相知者,纪其姓名行实并所编"①的编撰思想指导下,收录萧德祥的资料如下:

> ……杭州人,以医为业,号复斋。凡古文俱隐括为南曲,街市盛行。又有南曲戏文,《四春园》《小孙屠》《王脩然杀狗劝夫》《四大王歌舞丽春园》《包待制三勘蝴蝶梦》。②

除非《录鬼簿》记录的剧名和保留在《永乐大典》中的剧本具有同一性,否则并不能确认它们指的是同一部作品,在中国戏曲史上一种故事题材常会被多位剧作家重新运用。这并非因为这种故事本身对观众具有多大的吸引力,而是在于剧作家和演员对这个故事重新演绎的效果。有大量的名称相同或相似而由不同的剧作家创作的作品可以证明这一点。从傅惜华《元代杂剧全目》中可以列举出几个这样的例子。如推断为李文蔚所做的《卢亭亭担水浇花旦》③和据说为关汉卿所做的《卢亭亭挑水浇花旦》④。类似的例子还有由王实甫⑤、高文秀⑥、庚天锡⑦分别创作的同名杂

---

① 钟嗣成《录鬼簿》,《中国古典戏曲论著集成》(第二册)第131—136页,北京:中国戏剧出版社,1959年版。
② 钟嗣成《录鬼簿》,《中国古典戏曲论著集成》(第二册)第134页,北京:中国戏剧出版社,1959年版。
③ 傅惜华《元代杂剧全目》第21页,北京:作家出版社,1957年版。
④ 傅惜华《元代杂剧全目》第43页,北京:作家出版社,1957年版。
⑤ 傅惜华《元代杂剧全目》第65页,北京:作家出版社,1957年版。
⑥ 傅惜华《元代杂剧全目》第122页,北京:作家出版社,1957年版。
⑦ 傅惜华《元代杂剧全目》第133页,北京:作家出版社,1957年版。

剧《丽园春》。由此,《永乐大典》中的《小孙屠》是否由萧德祥(据周德清的记载,萧德祥生活于14世纪前半叶)所作都是有可能的。

而《宦门子弟错立身》则存在更多的问题。《录鬼簿》记载同题作品的作者为李直夫①和赵文殷②。据记载,这两位作者都生活在《录鬼簿》作者之前,而且生活于北方,而生活于北方的事实似乎就能将他们是南戏作者的可能性排除。李直夫为女真人,而《宦门子弟错立身》的男主角也是女真人,这似乎可以确定其作者为李直夫。而另一方面,赵文殷是当时的教坊色长,因而非常了解演员的生活,并能将之详尽地表现在这部南戏作品中。尽管如此,这部保存于《永乐大典》的作品很可能既不是李直夫也不是赵文殷创作的,它很可能是在元代晚期取材于北杂剧并按照南戏的传统重新创作的。

没有任何文献资料提到了《张协状元》的作者,但这部作品被包含在了《宦门子弟错立身》的男主角所列举的戏曲名目中,这可以证明在《宦门子弟错立身》的年代,《张协状元》已经比较流行和知名了。也是因为这一点,可以证明在《永乐大典》戏文三种之中,《张协状元》是最早成型的作品。

直到20世纪20年代,仍然只能靠一些宋代文人笔记和都城生活的记载推断早期南戏的存在。王国维不能因未能对南戏做全面的分析而受到责难,毕竟在当时人们普遍认为相关的文献材料已经散轶。但令人困惑的是,为什么在明代和清代早期,这些剧本资料还幸存的时候,人们对其还是一无所知呢?这其中的主要原因是这些剧本的故事主题和语言风格过于通俗卑下。

何良俊在《四友斋丛说》中描述了其对中国早期戏曲的认知:

> 祖宗开国,尊崇儒术,士大夫耻留心词曲。杂剧与旧戏文本皆不传,世人不得尽见。虽教坊有能搬演者,然古调既不谐于俗耳。南人又不知北音,听者既不喜,则习者亦渐少。而《西厢》《琵琶记》传刻偶多,世皆快睹。故其所知者独此二家。余家所藏杂剧本几三百种,旧戏文虽无刻本,然每见于词家之书,乃知今元人之词,往往有出于二家

---

① 傅惜华《元代杂剧全目》第109页,北京:作家出版社,1957年版。
② 傅惜华《元代杂剧全目》第113页,北京:作家出版社,1957年版。

之上者。①

很少有学者像何良俊一样感叹世人对古曲兴趣的衰退,珍视中国早期戏曲作品的艺术价值。另外一些明代批评者则对起源于民间的早期戏曲作品不抱热情,甚至还对重视这些戏曲作品的审美价值的学者提出批评。明代戏曲专家王骥德在曲律著作《曲律》中就批评了当时爱好收集古剧残曲的学者沈璟的低俗品位:

> 曲以婉丽俏俊为上。词隐谱曲……至庸拙俚俗之曲,如《卧冰记》[古皂罗袍]"理合敬我哥哥"一曲,而曰"质古之极,可爱可爱"。《王焕》传奇[黄蔷薇]"三十哥央你不来"一引,而曰"大有元人遗意,可爱"。此皆打油之最者,而极口赞美……为后来之误甚矣,不得不为拈出。②

这种对产生于民间的戏曲作品的鄙夷态度导致了人们对其起源的误解。在上文已提到的王骥德的研究著作《曲律》中存在着一种完全无事实根据的南戏起源理论。根据这种理论,北杂剧"且多染胡语,其声近哓以杀,南人不习也。迨季世人我明,又变而为南曲,婉丽妩媚,一唱三叹"③。然而实际上,正如本文将深入探讨的,南戏或者南方戏曲与北杂剧的起源各自独立,甚至还要早于北杂剧的起源。

为表公正,此处也应该提及能正确评价早期南戏作品的特点的少数几位明代学者。其中一位正是指出南戏许多正面特点的学者徐渭。徐渭在小而翔实的南戏研究著作《南词叙录》中论述到,在这些南戏作品中,除小部分类似《琵琶记》《拜月记》的例子以外,"其余皆俚俗语也。然有一高处:句句是本色语,无今人时文气"④。

---

① 何良俊《四友斋丛说》第337页,北京:中华书局,1959年版。
② 王骥德《曲律》,《中国古典戏曲论著集成》(第四册)第160页,北京:中国戏剧出版社,1959年版。
③ 王骥德《曲律》,《中国古典戏曲论著集成》(第四册)第55页,北京:中国戏剧出版社,1959年版。
④ 徐渭《南词叙录》,《中国古典戏曲论著集成》(第三册)第243页,北京:中国戏剧出版社,1959年版。

即使有一小部分学者对早期南戏作品表示赞赏,但在明代,随着新戏曲形式的大获成功,在一小段时间内,人们几乎遗忘了早期南戏作品。这种忽视导致早期南戏作品的彻底消亡,除最终被发现保存于《永乐大典》13991卷中的戏文三种外。一些曲子被节选自原先的剧作并被保存于编撰于明代早期的曲选之中。如果这类资料未被保存至今,那么就很难对早期南戏的存在和它们的形式作出判断。在《永乐大典》相关卷章被发现之前,由于完整的戏曲文本的缺乏,致使人们对早期南戏作品的形式和起源产生误解。

在论述几种由古代与现代的中国学者不断推进的南戏起源理论之前,有必要先介绍指代早期南戏作品的几个名称。

最常用来指代起源于南方的早期戏曲形式的术语是"戏文"。它被广泛地使用于元明时期的相关著作之中。下文将简要地列举几个例子来展示"戏文"使用的语境。

周德清的《中原音韵》云:"南宋都杭,吴兴与切邻,故其戏文如《乐昌分镜》等类,唱念呼吸,皆如约韵。"①徐渭《南词叙录》曰:"……今戏文于科处皆作'介'。"②

"戏文"的扩展形式"南曲戏文"也较为常用。正如上文已引述的,《录鬼簿》就将此名称与萧德祥的著作联系在了一起,书中写道:"又有南曲戏文。"

"南戏"是另外一个常用来表示早期南戏作品的术语。由元代夏庭芝编撰的、记载演员和其他艺术家事迹的著作《青楼集》中使用了这一术语,且在描述两位女艺人"龙楼景"和"丹墀秀"的表演时使用了该术语,即"高金门之女也,俱有姿色,专工南戏"。另一个使用"南戏"的例子来自明代徐渭的《南词叙录》。在这部南戏研究专著中,徐渭一开始就写道:"惟南戏无人选集。"③在这之后,他又写道:"南戏始于宋光宗朝(1190—1195)。"

有关南戏的另外两个名称,"永嘉杂剧"和"温州杂剧",与当时南方商业中心永嘉和温州有关。在上文已提及的《南词叙录》中,徐渭写道:

---

① 周德清《中原音韵》,《中国古典戏曲论著集成》(第一册)第219页,北京:中国戏剧出版社,1959年版。
② 徐渭《南词叙录》,《中国古典戏曲论著集成》(第三册)第246页,北京:中国戏剧出版社,1959年版。
③ 徐渭《南词叙录》,《中国古典戏曲论著集成》(第三册)第239页,北京:中国戏剧出版社,1959年版。

"……其盛行则自南渡,号曰永嘉杂剧,又曰'鹘伶声嗽。'"①该引文中提到的"鹘伶声嗽",仅在相关戏曲文献中提到这一次,因而很可能只是南戏的别称而不是南戏的固定名称。

"传奇"这一术语不仅可以指代北杂剧也用来指代南戏。用"传奇"来指代南戏的例子甚至可以在《永乐大典》的戏文中发现。在《小孙屠》的"家门"中,"末"向演员们问道:"后行子弟,不知敷演甚传奇?"②另一个例子则来自《宦门子弟错立身》,在剧本中,完颜延寿马想要以最快的速度通过检验成为一位演员,因而他迫使女主角测试他:"闲话且休提,你把这时行的传奇,你从头与我再温习。"③可以看出,"传奇"这个术语是在宋元时期开始逐渐指代各种戏曲的。因此,《录鬼簿》之中才会有"前辈已死名公才人有所编传奇行于世者"④这样的分类。从这一点也可以看出,金元时期的"北曲杂剧"也称为"传奇"。而在明代早期,"北曲杂剧"专指北方一本四折、每折宫调不同的戏曲形式;"传奇"则指一本超过三十折的南方或者北方戏曲。从而可以看出,"杂剧"与"传奇"的区别已经不再是起源于北方或者南方,而在于它们的结构,特别是篇幅长度。

20世纪对早期南戏作品的研究具有开创之功的中国学者当属王国维。在《宋元戏曲考》中,王国维在关于南戏章节的开头处就提出了观点:"南戏之渊源于宋,殆无可疑。至何时进步至此,则无可考。吾辈所知,但元季既有此种南戏耳。然其渊源所自,或反古于元杂剧。"⑤

王国维是通过比较南戏和北杂剧的曲调来提出观点的,他发现,与北杂剧的曲调相比,南戏的曲调更多源自唐宋时代的诗词。他推测南戏一共有大约543种曲调,而其中几乎半数,即260种与古代的曲调有关,而与之相对的是,北杂剧中只有1/3的曲调能追溯到前代的古调。⑥

---

① 徐渭《南词叙录》,《中国古典戏曲论著集成》(第三册)第239页,北京:中国戏剧出版社,1959年版。
② 《永乐大典·一三九九一卷·小孙屠》第1a页,北京:中华书局,1960年版。
③ 《永乐大典·一三九九一卷·宦门子弟错立身》第56b页,北京:中华书局,1960年版。
④ 钟嗣成《录鬼簿》,《中国古典戏曲论著集成》(第二册)第104页,北京:中国戏剧出版社,1959年版。
⑤ 王国维《宋元戏曲考》,《王国维戏曲论文集》第116—117页,北京:中国戏剧出版社,1957年版。
⑥ 王国维《宋元戏曲考》,《王国维戏曲论文集》第121页,北京:中国戏剧出版社,1957年版。

通过研究南戏和杂剧的曲调安排方式,王国维证实南戏的起源更早,并且南戏起源于古调逐渐整合的基础之上,绝不可能是一种随意的作品。

在王国维的时代,存世最早的南戏作品即是被称为"传奇"的明代早期作品。因而在他所知的范围内,他认为以下五种作品乃是最早的南戏作品,即《荆钗记》《白兔记》《拜月记》《杀狗记》《琵琶记》。宋元时期南戏作品文献的缺乏,并没有阻挡王国维对这些作品进行初步研究的脚步。很显然,他确实利用了明代的一些曲选、回忆录及笔记来考察已经散轶了的古剧。大体上,王国维得出的结论不仅有新意而且可信,其中有一些还被《永乐大典》中的戏文所证实,但宋代戏曲文本等重要材料的缺失还是让他产生了一些误判。

在研读过当时所有的材料和文献之后,王国维颇为自信地总结道:"南戏始于何时,未有定说。"①随后,他根据明代一些学者的观点,将南戏的起源锁定在了宣和(1119—1126)之际的温州地区。王国维虽然认同南戏起源于温州地区,但他强烈反对当时南戏在12世纪初就已知名的观点。在他看来,"以余所考,则南戏当出于南宋之戏文",因而他将"南戏"的起源时间锁定于元代早期。当然,"戏文"和"南戏"只是同一种戏曲形式的不同说法,"戏文"这个说法很可能是简略自"南曲戏文"。然而,王国维在此仍然做出了一个惊人的推断:"戏文二字不见于宋人书中,然其源则出于宋季。"②

依据其他资料,戏文在南宋度宗年间已发展得非常兴盛。然而,这个时间节点并不能为确认南戏的准确起源时间提供任何有用的信息。因此,王国维就引用了一些文献资料来证明南戏曾经存在于元代,之后他认为"则南戏出于宋末之戏文,固昭昭矣"③。

因"戏文"与"南戏"指的都是同一种戏曲,而王国维认为后者由前者发展而来,所以可能会有人怀疑王国维在这种术语混用的情况下提出的关于南戏起源之观点的正确性。而且,王国维还将明代早期的"传奇"作品

---

① 王国维《宋元戏曲考》,《王国维戏曲论文集》第 123 页,北京:中国戏剧出版社,1957年版。

② 王国维《宋元戏曲考》,《王国维戏曲论文集》第 123 页,北京:中国戏剧出版社,1957年版。

③ 王国维《宋元戏曲考》,《王国维戏曲论文集》第 124 页,北京:中国戏剧出版社,1957年版。

当作南戏,与此同时,他又将宋代和元代早期的南戏作品统称作"古传奇"。但实际上,这些术语的误用并不妨碍王国维南戏起源观点的正确性。在《宋元戏曲考》相关章节的结尾处,王国维明确地声明:"沈氏《南九宫谱》所选古传奇,如《刘盼盼》《王焕》《韩寿》……《王魁》……等,其名各与宋杂剧段数、金院本名目、元人杂剧相同,复与明代传奇不类,疑皆元人所作南戏。"

王国维有关南戏起源的观点可以总结为如下几点:①南戏的起源比北杂剧早。②南戏起源于温州、永嘉、杭州地区。③在南宋末年(1270—1279)南戏大为风行,然而其起源年代仍不能追溯至12世纪初。④王国维从明代曲选中得知的最早南戏作品,其标题与宋元时期的杂剧、金代的院本类似,而与明代的"传奇"不同。⑤王国维不能就早期南戏的形式、内容和起源做出肯定的论断,但他很确定在戏曲表演所需要的固定形式出现之前,需要一段很长的时间来整合古曲。

按历史顺序,在王国维之后对中国通俗文学和戏曲研究做出巨大贡献的学者是郑振铎。郑振铎是多部中国戏曲戏剧艺术相关研究著作的作者,但是在此我们仅关注他在《插图本中国文学史》中有关南戏起源的论述。此书最早出版于1932年,此处使用该著作1957年的重印本。

在晚于印度5个世纪和晚于古希腊悲、喜剧15个世纪之后,中国戏曲才开始出现。根据郑振铎的观点,中国的戏曲之所以出现得比较晚,有如下三个原因:

1.在古代中国,无论是官方还是民间文学,几乎都由描述性散文和抒情性诗歌组成,而戏曲表演是以复杂的叙事情节为基础的,因此很难产生促进戏曲形成的推力。

2.无论是在宫廷还是民间,都严格尊崇儒家经典,所有的新颖和异端的文艺娱乐都被严厉禁止。只有传统的仪式歌曲和舞蹈被一直保留着,而仅存的、简单的模仿性和装扮性的表演活动也缺少叙事性情节。

3.外邦影响的难以渗入也被认为是导致中国戏曲较晚发展的原因。郑振铎坚定地认为中国戏曲艺术是从印度传入的。且以来自外邦的音乐、信仰和哲学(佛教)的影响为证据支持他的观点;而在他看来,中国之所以较晚才吸收外邦的戏剧,主要是因为外邦戏剧的复杂特性。此外,郑振铎还将中国对印度戏剧的吸收作为戏剧形式东传的进一步线索。他认为希腊悲、喜剧的东传应始于亚历山大大帝时期的十字军东征。

关于希腊对印度戏剧产生的影响已经由安杰伊·加夫龙斯基①在其著作《印度戏剧起源及希腊影响问题》(Początki dramatu indyjskiego a sprawa wpływów greckich)中进行了全面的论述和驳斥。此书在 1946 年已被出版②。

然而郑振铎对希腊和印度戏剧之间的相互关系的错误认识,并不代表其中国戏曲借鉴自印度这一观点也是错误的。郑振铎不仅指出中国与印度在音乐和宗教上的相似,另试图找出一些历史事实及印度戏剧与中国戏曲从结构到内容的相似性来证明他的观点。

郑振铎虽然承认无论是在官方还是佛教文献中都不存在中国戏曲形式借鉴自印度戏剧的相关记载,但郑振铎仍然声称并非佛教游僧将戏剧艺术带入了中国,而是那些沿着丝绸之路穿越广袤戈壁、沙漠、天山地区追求利润的商人们将其传入了中国。除这一陆路传播途径外,郑振铎认为另一条连接中国东南港口和印度贸易中心的海上传播途径,使中国与印度之间的交流更加便捷。这也就是为什么温州这座位于中国东南沿海的港口城市会成为起源比北杂剧更早的南戏的发源地。郑振铎还在书中提到了一部不久前被发现藏于天台山国清寺的梵文版印度知名戏剧《沙恭达罗》,这个地点离温州并不远。遗憾的是,郑振铎并未提到这部戏剧的具体年代,但似乎已经足以证明他的理论。

之后,郑振铎对印度戏剧和南戏的相似性和可类比性进行了描述。如下文所示:

1.印度戏剧和南戏都由三种主要的戏剧表演活动——歌曲、说白(独白、对白)、科段(包括演员在舞台上所有的表演活动,例如舞蹈、科介、模拟装扮等)组成。

如果这两个遥远的国度之间的戏剧艺术只有这样的相似性,那么这不能成为二者具有联系的证据。因为世界上存在多种多样包含这三种活动的戏剧形式,但没有学者会认为其中的某一种是借鉴自另外一种的。

2.二者之间的可类比性还在于,印度戏剧中也存在类似于中国南戏的五个主要角色。

---

① 安杰伊·加夫龙斯基(Andrzej Gawroński,1885-1927),波兰印度学家,1916 年起担任波兰雅盖隆大学教授,波兰第一部梵语教材作者。——译者注

② Gawroński, A., Początki dramatu indyjskiego a sprawa wpływów greckich, Krakow, 1946.

（1）印度戏剧中的角色"挈耶伽"(nayaka)与南戏中的"生"相关。他们是中印戏剧形式中的主要男演员。

（2）与上述角色相对的是在印度戏剧中被称为"挈依伽"(niyaka)，而在南戏种被称为"旦"的女主角。她们在中印戏剧形式中都是不可缺少的。

笔者尚不了解印度戏剧的情况如何，但是针对这一点，却可以从中国南戏作品中找出反例来，尤其是一些讲述男性故事的历史题材作品，例如取材自真实历史故事的《赵氏孤儿报冤记》。

（3）在郑振铎看来，印度戏剧的第三个特点是"毗都娑伽"(vidusaka)的存在。在剧中这个角色通常扮演"婆罗门"，即贪婪好色的酒鬼角色，负责表演一些逗乐和打斗场景。中国戏曲中与此角色相对应的是"丑"和"净"这两个脚色，他们通常扮演男主角的客人、谋士和随从。

事实上，这些角色的巨大社会地位差别让他们不具备被比较或对比的可能性。显而易见，中国戏曲中并不存在具有类似"婆罗门"一类角色的作品，虽然"丑"和"净"有时会扮演主人的随从和谋士，但有时也会扮演其他一些社会阶层的人物，如官员、将军，甚至妇女以及男主角的母亲或者岳母。

（4）印度戏剧中存在第四种脚色（郑文中未给出其具体术语），这种脚色扮演的是男主角的另外一位随从，他的社会地位低于"毗都娑伽"(vidusaka)，且通常为男主角命令的执行者。南戏中不存在与此相对应的脚色，郑振铎亦未提出其具体对应的脚色。

（5）印度戏剧中的第五种脚色是另外一位女性，扮演的是剧中女主角的侍女或者仆人，帮助传递书信给女主角的情人。郑振铎认为这个脚色正类似于南戏中的梅香或宫女。

实际上，除了《小孙屠》中有梅香这一角色外，保存于《永乐大典》中的另外两部早期南戏作品中并不存在梅香或宫女。

3.在正式表演开始前，印度戏剧会有一段"前文"，通常由戏班主登台向上天祈求恩赐，后向观众介绍表演的剧名和主题。这类介绍一般用对话体，由藏在幕后的演员负责帮腔。其后，便对戏剧情节或者主角的表演进行介绍，这部分表演通常使用韵文。在这一序幕表演之后，才能在舞台两侧听到主角的声音，而要在主角登场后，表演才真正开始。

这类印度戏剧元素已由多位学者进行了详细的论证，如上文已经提及的安杰伊·加夫龙斯基及其著作《印度戏剧起源及希腊影响问题》①,玛丽亚·克日什托夫·比尔斯基②对印度古代戏剧家跋娑(Bhasa)的作品《断股》(*The Shattering of Thighs*)的翻译及译著中所附的有关跋娑和印度戏剧的文章。郑振铎则在中国早期南戏中发现了与印度戏剧表演的序幕传统类似的表演。

除现存南戏文本中没有向上天祈求恩赐这一点以外,在开场这一点上印度戏剧和早期南戏确实非常相似。

4.印度戏剧和南戏都以被郑振铎称为"尾诗"的短诗结尾。印度戏剧的尾诗包含了对观众的警醒或对主角的焦虑和渴望的表现等内容。如果主角扮演的是一国之主,那么在尾诗中就会表达对风调雨顺和五谷丰登的渴望。印度戏剧的尾诗通常是由主角朗诵的。大体而言,南戏下场诗的内容有所不同。南戏下场诗通常以四句整齐的诗句来概括戏曲的主要内容。大部分中国戏曲都含有说教的意味,故而下场诗中通常也会包含一些道德说教内容。而且,中国戏曲的结尾是将重要的角色聚集到台上,以不同的演员各念一句下场诗来结束表演的。从这个方面来说,中国戏曲下场诗的内容和表演形式与印度戏剧尾诗都是不同的。

5.根据郑振铎的观察,印度戏剧和南戏的相同点还在于所使用的戏剧语言。在印度戏剧中主要有以下两种语言形式:"Sanscrit"(梵文),剧中社会地位较高、血统尊贵的角色,如帝王、祭司、爵士及贵妇使用语言形式;"prakrits"(帕拉克里语),主要由侍从、女仆这些社会地位较低的角色使用。郑振铎的正确性仅体现在指出了明代戏曲中由社会地位不同所引起的语言差别,他曾提及在明代戏曲中苏州话是由社会地位低下的角色所使用的。而在他看来,这并不能证明中国戏曲和印度戏剧有紧密联系的观点是错误的。早期剧作家之所以不用口头语或者方言将戏曲的部分内容记录下来,是因为他们想让作品不仅能在小范围内被使用某种方言的人们所理解,还希望在它们能被范围更大、地域更广的人们所接受。因而郑振铎提出了一种假设,即随着戏班到处漫游,演员们无论到了哪里都会试图用当地的习俗和语言习惯来表现作品的内容。虽然并不存在任何相关文献

---

① Gawroński, A., *Początki dramatu indyjskiego a sprawa wpływów greckich*, Krakow, 1946, p. 7ff.

② 玛丽亚·克日什托夫·比尔斯基(Maria Krzysztof Byrski, 1937-),波兰华沙大学东方学院印度学系教授,曾任波兰驻印大使(1993—1996)。——译者注

资料,但这种假设还是比较可信的。

上述的 5 个相同点,加上中国戏曲和印度戏剧都存在的以恋人相约、爱情为主题的作品,使郑振铎更加确信中国戏曲与印度戏剧具有紧密联系。虽然他的观点相当地广泛而细致,但这并不意味着可以毫无保留地接受。虽然如此,从上文的详细引述中,仍然可以看出郑振铎的观点是一种与其他中国戏曲起源理论不同的、新颖而重要的尝试。

周贻白和钱南扬两位学者延续并发展了王国维南戏起源自中国本土的观点,二人的著作构成了迄今为止最新且更具重要意义的南戏起源理论,所以对它们进行说明探讨将有助于理解南戏是如何在南方兴盛、发展的。

《中国戏剧史》是周贻白戏曲研究的奠基著作,该著作完成于1950年,并于 1953 年出版。周贻白在《中国戏剧史》一开头就论述道,绝大部分人都认为中国戏曲起源自宋元时期。在宋代,滑稽戏奠定了在元代发展得更深远、更完备的戏曲形式的基础,而北杂剧确实在元代达到了发展的高峰。他的这一观点被现存的戏曲文献所证实。正是因为北杂剧的高度发展和风行,致使南戏虽然在艺术成就上并不低于北杂剧且起源得更早,但仍被忽视甚至被完全遗忘了。[①]

针对王国维"南戏"是从"戏文"发展而来的错误观点,周贻白认为最早的南戏既不是"南戏"也不是"戏文",而应该是"杂剧",或更准确地说,是"温州杂剧"。之后,又通过引述宋代的文献资料证实 11 世纪初"杂剧"剧本的存在及其表演的方式。最初,杂剧是上演于宋朝皇家宴会上的滑稽戏。在南宋时期,杂剧发展得更加充分,包含了歌曲、舞蹈、音乐要素。在舞台艺术方面,当时的杂剧表演非常类似这之前的百戏表演。

最初南戏也被称为"杂剧",但与更早的"杂剧"表演有所不同。

周贻白引用三段材料确定南戏的具体起源时间。这三段材料不仅被王国维在著作中引述,也出现在了钱南扬(下文将述及其观点)的著作中。而这些文献资料所说的南戏起源时间各不相同。在此也引述这三种文献资料,并以此来说明考证南戏起源的困难之处:

明代学者祝允明在收集"委巷趣谈"的著作《猥谈》中描述南戏起源时间如下:

[①] 周贻白《中国戏剧史》第 168 页,北京:中华书局,1953 年版。

南戏出于宣和(1129—1125)之后,南渡(1127)之际,谓之温州杂剧。予见旧牒,其时有赵闳夫榜禁,颇述名目,如《赵贞女蔡二郎》等,亦不甚多。①

周贻白所引用的另一段论述来自研究早期南戏最重要的古代著作,即明代学者徐渭的《南词叙录》。在该著作中,可以看到如下这段关于早期南戏的论述:

南戏始于宋光宗朝(1190—1194),永嘉人所作赵贞女、王魁二种实首之,故刘后村有"死后是非谁管得,满村听唱蔡中郎"之句。或云:"宣和间已滥觞,其盛行则自南渡,号曰'永嘉杂剧',又曰'鹘伶声嗽'。"其曲,则宋人词而益以里巷歌谣,不叶宫调,故士夫罕有留意者。②

周贻白所引用的第三段材料来自刘一清的《钱塘遗事》:

贾似道少时,佻达尤甚。自入相(1258)后,犹微服闲行,或饮于伎家。至戊辰(1268)、己巳(1269)间,《王焕戏文》盛行于都下,始自太学生黄可道者为之。③

由以上这三则资料可以看出来,南戏曾在1120年、1190年、1260年这三个时间点上演,其中最早与最晚的时间相差一个半世纪。三段材料中所提及的南戏作品均未留存至今,因而也就不能确认它们之中到底哪一种属于真正的南戏(包括唱、说、介),哪一种是仅有两个、三个或者一个演员的滑稽戏。

在周贻白看来,那些在宣和(1119—1126)年间就广为人知并大为流行的戏剧作品不能算是温州杂剧,最多类似于《东京梦华录》中提到的神话

---

① 周贻白《中国戏剧史》第169页,北京:中华书局,1953年版。
② 周贻白《中国戏剧史》第169页,北京:中华书局,1953年版。
③ 周贻白《中国戏剧史》第170页,北京:中华书局,1953年版。

剧《目连救母》。但是南戏的起源必定与"杂剧"以某种方式从北方传播到南方有关。光宗皇帝于12世纪末共在位约5年时间。周贻白假设在那时,温州杂剧还只是一种初始的民间表演,虽然已具备戏曲雏形,但总体上尚未得到一般大众的注意。直到逐渐传播到了南宋都城杭州附近,并在此地逐渐融合其他表演技艺后,温州杂剧才开始获得大范围的知名度。但周贻白认为南戏的大发展就在宋朝都城从北方迁自南方之后几年的观点显然是过于夸大的。总而言之,周贻白认为南戏应起源于13世纪前半叶。

周贻白还进一步致力于追溯南戏结构的来源。他认为早期北方杂剧和温州杂剧在演绎叙事情节(使用对白来代替独白)这一点上一定存在非常紧密的联系。北宋时期的杂剧表演一定也影响了戏剧情节的结构。这时候的杂剧表演与南戏最重要的区别在于是否包含歌唱和舞蹈元素,歌唱和舞蹈成为南方戏曲的内在因素,早期的杂剧表演并不存在歌唱和舞蹈,或在当时二者的重要性不被认可因而未被记录于文字。周贻白提到了记载于《武林旧事》中的"官本杂剧"名目,并指明了其中一些表演所使用的曲调。从而,周贻白认为"官本杂剧"所记载的表演是南戏的直接先驱者。

所有演唱和朗诵的形式,如"唱赚""诸宫调",甚至是"词"都被整合进"温州杂剧"之中。徐渭在《南词叙录》中认为:"其曲(指温州杂剧之曲),则宋人词而益以里巷歌谣。"按周贻白的说法,这些形式都被整合到了温州杂剧的内部,即以"里巷歌谣"为基础,并以宋词调为补充。

而徐渭在《南词叙录》的另外一段论述,即"'永嘉杂剧',则又即村坊小曲而为之,本无宫调,亦罕节奏,徒取其畸农、市女顺口可歌而已",则被周贻白引用来证明"温州杂剧"一开始就是"里巷歌谣",而后以宋词为补充。

为了保持该南戏起源理论的完整性,必须对钱南扬在此方面的成就进行论述。钱南扬出生于浙江西部①,在年轻时就展现出了对戏曲的强烈兴趣,曾亲自尝试演唱曲子,因而后来将精力集中在了南戏研究。钱南扬的南戏相关研究有非常重要的成果,一篇撰写于其早期并发表于燕京学报的文章《宋元南戏考》;出版于1934年,功力深厚的《宋元南戏百一录》;以及出版于1956年的《宋元戏文辑佚》。

美中不足的是上述三种学术成果主要致力于收集和整理已经散佚的

---

① 钱南扬出生于浙江嘉兴平湖,南宋时属两浙西路。——译者注

戏曲作品的散见曲子,重新编排残曲的顺序,考证情节,追溯本事。在著作中,钱南扬很少论及南戏的起源问题,而与这一问题相关的少数几个初步论断则主要见于《宋元南戏百一录》①中。

钱南扬以相抵触的两段引文开始他对南戏起源问题的思考。这两段论述即分别引自《猥谈》南戏起源于宣和年间(1119—1126)的观点及引自《南词叙录》南戏起源于12世纪末宋光宗年间的观点。钱南扬认为早期南戏作品《赵贞女》在12世纪初一定已经存在,而直到12世纪末,即宋光宗年间,更完善的南戏作品才开始编写并上演。并且,他将南戏的起源与南宋迁都至杭州,使杭州成为当时的政治经济文化中心联系起来。钱南扬还认为,宣和年间的战乱导致传统音乐典籍的流失,因而一些非传统的音乐形式才能相对容易地在中国社会赢得认同和普及。因此,可以认为钱南扬将南戏的起源时间定在了大约12世纪初,这比王国维和周贻白确定的时间要早。

在论及致使南戏出现的艺术形式时,钱南扬紧随王国维的观点,并部分接受了徐渭的论述,即"则宋人词而益以里巷歌谣"。他以王国维对北曲和南曲曲调的统计结果和诸宫调(诸宫调出现于北宋早期,其时所使用的曲调并无南北之分)的发展为证据论证他的观点。南方曲调被有意识地引入了早期南戏作品中,并在之后不久影响了其他文艺形式。这可以由《张协状元》的开场②证明,该开场所使用的正是只由南方曲子组成的诸宫调。

因此,钱南扬认为构成早期南戏的某些曲调来自于宋词,而这些曲调在起初并没有北曲南曲的区别。随后不久(具体时间未知),词调对"里巷歌谣"的补充使一些词调开始有了南曲与北曲的区别。在这方面,钱南扬与周贻白的观点相反,周贻白认为,"里巷歌谣"是南戏曲调的根基而后才被词调所补充。

接下来,钱南扬就元代统治者征服和统一全中国时南戏的命运进行了研究。在此,他又引用了两种完全矛盾的观点。其中一个是由徐渭在《南词叙录》中提出的,即"元初,北方杂剧流入南徼,一时靡然向风,宋词遂绝,而南戏亦衰。顺帝朝,忽又亲南而疏北,作者猬兴,语多鄙下,不若北之

---

① 钱南扬《宋元南戏百一录》第8页及其后,北平:哈佛燕京学社,1934年版。
② 《永乐大典·一三九九一卷·张协状元》第13b-15a页,北京:中华书局,1960年版。

有名人题咏也。"①另一种观点则引自《草木子》:"其后,元朝南戏盛行,及当乱,北院本特盛,南戏遂绝。"②

钱南扬认为在元朝统一全国后,北杂剧对南方戏曲的渗透是不可避免的观点是正确的。他推测在某段时间内北杂剧和南戏流行于同一批南方观众之中。为支持这一观点,钱南扬提及了《宦门子弟错立身》中由男主角列举的北方院本和早期南戏作品。众所周知的是,在元朝统一南方后,文化中心从大都转移至杭州,大批剧作家和艺人也迁移到了杭州。南方民众只能观赏元朝统治者许可的戏曲作品,在从被外族侵略和占领的巨大打击之中清醒过来后,南方民众发现他们并不熟悉北杂剧的语言和曲调,从而开始按照当地的传统,开始创造一种全新的南戏形式——"传奇"。

以下以简要陈述笔者观点的方式总结上述几种有关南戏起源与起源时间的理论。必须首先声明的是,关于这个问题并没有其他更有影响的资料来源以重建一个特殊的理论。在通读上述所有论著之后,笔者发现中国学者提出的所有假设之中,有一些较有说服力,有一些则不然。通过阅读最早的三部南戏作品,可以推测出南戏是在12世纪的某个时间点出现的,而且形成于"里巷歌谣"和一些初步的表演形式,如滑稽剧、民谣说唱、说唱文学及其他盛行的朗诵和口头表演的基础之上。当蒙古人在1279年统一南方之后,元代统治者一定支持过南戏(特别是因对北杂剧有所借鉴,从而使元代统治者较为熟悉的南戏作品)的演出。也是这一点导致了在蒙古统治者衰落时,早期南戏的消亡,及其通过全新形式的重生。

第三章　南戏剧目

剧目和结构是决定南戏特征与社会功能的两个独立因素,也是剧目与结构形成了南戏存在的基础。而在某些情形中,南戏剧作的内容似乎更为重要,而追溯南戏结构来源又相对较容易,但毫无疑问,剧作内容与结构均对更好地理解特定戏曲形式在当时社会中所必须扮演的角色具有重要作用。对南戏结构的论述将在之后的章节中进行,本章先就其作品内容进行详细论述。

---

① 　钱南扬《宋元南戏百一录》第9页,北平:哈佛燕京学社,1934年版。
② 　钱南扬《宋元南戏百一录》第9页,北平:哈佛燕京学社,1934年版。

下文是对希腊、印度、日本等国的古代戏剧的剧目与剧作功能之间的关系的总体考察。

喜剧与悲剧是古希腊特有的两种戏剧形式。古希腊戏剧虽然最初以纪念狄奥尼索斯①的名义在节日庆典中演出，但已具有不同的戏剧情节、不同的角色设定、独特的服装和表演。悲剧的主角通常是天神、神话英雄或有神圣血统的古代帝后。这些主角需经历的悲剧通常出于命运的安排或来自天神的惩罚。这些悲剧的功能在于净化（catharsis）到场观众们的心灵。根据阿勒代斯·尼科尔②的说法，喜剧最早出现于公元前486年的一场酒神节庆典上，这仅比已知最早的悲剧表演（埃斯库罗斯《乞援人》）晚了四年。喜剧同样以庆祝狄奥尼索斯为名义而进行表演，但所展现的特征、功能和内容均与悲剧不同。喜剧中没有天神一类的角色。悲剧中那种振奋人心的主题和情绪被喜剧的动物装扮和滑稽剧所取代，喜剧的表演是普通民众运用敏捷才智和幽默感就能理解的。在这些喜剧中，通俗的恶作剧变得更富想象力，严肃的哲学和政治问题都被用最低级的方式进行嘲弄。喜剧从来都没有净化人心的倾向，并且常用来为经历过三场悲剧表演而情绪紧张的观众减压。后来喜剧逐渐拥有了以讽喻形式进行讽刺和苛评的社会功能，人们用这种形式来讽刺统治者的罪行，而剧作家则用这种方式寻找来自梦想世界乌托邦的庇护。虽然古希腊悲剧、喜剧在内容和形式上有许多差别，但它们的源头都可以追溯到古代酒神节的仪式和游行。

印度戏剧也源自与上述相似的因素，即戏剧表演与仪式献牲。根据玛丽亚·克日什托夫·比尔斯基的观点③，古代印度教祭司"以戏剧为供奉，以此为宇宙的本质，认为戏剧是整个三重世界的重要意义的再创造和呈现，并认为此意味着真实。因此，将戏剧舞台上升到了祭坛的地位"。起初，印度戏剧表演的内容与困陀罗④祭祀有关，所演绎的正是困陀罗战胜恶魔的故事。"古代印度教徒认为历史，或更宽泛而言，现实即是天神战胜恶魔的历史。因而，戏剧作为一种能反映这一现实意义的艺术，就被用以

---

① 古希腊神话中的酒神。——译者注

② Nicoll A., *World Drama*, London, 1957, pp. 25, 90.译者按，阿勒代斯·尼科尔（Allardyce Nicoll,1894-1976），英国文学家，教授，世界戏剧史专家，主要著作为六卷本《英国戏剧，1660—1990》。

③ Byrski M. K., *Teatre najantyczniejszy*, "Pamiętnik Teatralny", 1969, No 1-2, pp.12-13.

④ 古印度神话中印度教的主神，主管雷雨。——译者注

表现这类斗争。印度历史上第一部戏剧作品演绎的主题就是困陀罗战胜恶魔的故事,而且这之后的每部戏剧作品也都是这一斗争形式的表现的原因。"①

上述这些证据证明"神话"是印度古代戏剧作品的基础。这类表演表现了当时人们对宇宙现象和神秘事物的态度。若干年后,神话英雄的形象出现了变化:困陀罗(Indra)被拉罗婆那(Ravana)的征服者拉梅(Rame)或者史诗《摩呵婆罗多》(Mahabharata)②的男主角克利须那神(Krishna)所取代。天神与恶魔之间的斗争是印度古戏剧的重要主题,之后不久便扩展到了下一级的与帝后有关的宫廷故事中。但即使如此,剧中主角行动的主要目标仍然是斗争,有时则是为斗争而斗争。印度古戏剧通过所表现的内容展现仪式功能的作用是不证自明的。在追溯起源时,印度古戏剧的剧目也反映出宗教典礼(如舞蹈、歌曲及对所信仰真理的讲述等要素)的重要作用。

最后论述日本能剧的形式和剧目。能剧是日本现存最古老的戏剧形式。亚瑟·韦利③在一部能剧译本的导言部分认为能剧起源于15世纪中叶,并融合了诸如以按节奏拍打扇子为伴奏的朗诵表演、由吟唱伴奏的舞蹈、通俗舞蹈技艺"能"等诸多娱乐性表演形式。④"能剧在舞蹈表演开始前有一段对白表演。这段对白负责解释这段舞蹈的重要性或者介绍这段舞蹈所在的环境。舞者被称为'仕手''舞者'或者演员。负责解说的附属角色则称为'胁'、副手。'仕手'和'胁'可以有配角(つれ),即助手。然而,'仕手'负责主要的舞蹈;'胁'则如其名所示,'立于四周',在多数时候是一位安静的目击者。在'仕手'按照吟唱队的伴奏韵律翩翩起舞时,会有十或者十二个这样的'胁'分散静止地端坐于周围。"通过以上对能剧表演的描述,可以很容易地看出,能剧主要由吟唱队伴奏的单人模拟舞蹈和一段在主演和主演的副手之间的对话组成。因而,能剧的情节不可能非常复杂和详细。亚瑟·韦利在其著作中还提到了能剧表演节目的固定顺

---

① Byrski M.K., *Teatre najantyczniejszy*, "*Pamiętnik Teatralny*", 1969, No 1-2, pp.12-13.
② 一译《玛哈帕腊达》,与《罗摩衍那》并称为印度两大史诗。——译者注
③ 亚瑟·韦利(Arthur Waley, 1889-1966),英国东方学家、汉学家,以翻译中国和日本的诗歌而知名。
④ Waley, A., *The Nô Plays of Japan*, New York, G. Allen & Unwin LTd., 1921, pp. 16-17.

序。① 该顺序在 16 世纪开始流行，并且一直延续到了现在：

1. 与神有关的表演，或与祈祷者有关的表演。
2. 与战争有关的表演，在表演中会出现战士的灵魂。
3. "戴假发"的表演，表演中的主要角色是一位妇人。
4. 与恶魔有关的表演。
5. 灌输善行、公平、礼仪、明智等品德的表演。
6. 在一些重要场合，会演出一些"庆功剧"或者更书面地说，是"表达美好祝福的能剧"②。

日本古剧的剧目可区分为以上六种类型，而这六种类型与其他国家中的神话、宗教信仰和对勇敢、忠诚的战士（战士常会遭到恶魔的复仇）的膜拜的联系非常紧密。尽管可以从这些作品中发现一些民间元素，但它们最早肯定还是起源于诸侯高贵的宫廷环境和藩王执行的国家宗教祭祀。

正如前文已经论及的，中国现存的最早的戏曲文本可以追溯到 13 世纪，另外一些残存的戏曲片段可以追溯到 12 世纪。因而，可以认为中国戏曲产生于希腊、印度之后，而早于日本。尽管有学者试图找出这四个区域的戏剧戏曲间的紧密联系，但是中国戏曲所展现的主题的特殊性，也是这一点使我们可以就中国早期戏曲的起源与社会功能得出可信的论断。

有三部最早的南戏作品和数以百计的戏曲片段保存至今。在此不必全部呈现它们的情节，因为大部分作品也只能通过标题和部分片段加以了解，笔者仅对其中四部作品的大致情节进行描述，这四部作品或因残存的曲调而广为人知，或依据当时的日记、回忆录记载曾经风行于世。而将对另三部完整作品做具体的介绍，尤其是《张协状元》。

1.《赵贞女蔡二郎》

该故事曾被南戏多次改编，是广为人知的故事。在明代早期该故事又被用以构建著名的南戏《琵琶记》。该故事在早期的存在和普及程度至少被两部明代著作证明，这两部著作在前文已提及多次，此处又将引述这两部专著中的记载来证明《赵贞女蔡二郎》这一戏剧故事的普及程度。

《赵贞女蔡二郎》曾被祝允明的文集《猥谈》所提及：

---

① Waley, A., *The Nô Plays of Japan*, New York, G. Allen & Unwin LTd., 1921, pp. 16-28.
② 日文为"祝言しゅげん"。——译者注

南戏出于宣和(1129—1125)之后,南渡(1127)之际,谓之温州杂剧。予见旧牒,其时有赵闳夫榜禁,颇述名目,如《赵贞女蔡二郎》等,亦不甚多。

另一段关于此作品的流行程度的论述出自《南词叙录》。《南词叙录》是一部有关早期南戏的重要著作,由明代学者徐渭编写。书中写道:

南戏始于宋光宗朝,永嘉人所作《赵贞女》《王魁》二种实首之,故刘后村有"死后是非谁管得,满村听唱蔡中郎"之句。或云:"宣和间已滥觞,其盛行则自南渡……"

《赵贞女》的相关作品在当时一定颇为流行,因其为少数被明代南戏相关研究著作提及两次的作品之一。目前已很难确定《赵贞女蔡二郎》故事的第一个版本的情况,它的篇幅有多大,有多少个演员。我们能知道的就是它的故事情节,这个故事讲述的,就是年轻书生蔡二郎和两个妻子的故事,一个妻子来自贫困的赵家,而一个妻子来自富贵的牛家。遗憾的是这部作品并没有任何曲调流传至今。

2.《琵琶记》

作为早期《赵贞女》作品的延续,《琵琶记》对其进行了改编,并因此成为重要的作品。《琵琶记》创作于14世纪末。下文将对其内容梗概进行描述,以证明其情节与其他早期南戏作品非常相似,而与希腊、印度和日本的早期戏剧作品没有任何共通之处。

蔡邕在23岁时与赵五娘成婚(明代相关著作中提及的"二郎"与"贞女"具有非常深刻的含义,前者意为"年轻的男子",后者则为"有道德的姑娘")。在二人成婚两月之后,因当地长官的举荐,蔡邕须前往京城参加科考。因家境贫寒且双亲老弱,又顾忌离家时双亲无人照料,蔡邕并不愿意参加科举。幸好邻居张太公主动愿意帮助。又在父母的支持下,蔡邕离开了家,往京城而去。

在蔡邕跋涉千里抵达京城时,时光飞逝。在京城蔡邕顺利通过了科考,并高中状元。蔡邕参与了所有以为他庆祝为名义的庆典,完全将家中父母、妻子抛之脑后,也没有了时间感。在那时,丞相牛僧儒意图为女儿选择夫婿。某日,在皇宫接见期间,皇帝听说丞相女儿尚未成婚,便指定新科状元蔡邕做她的丈夫,并且立即派遣媒人要求蔡邕务必遵照皇帝旨意。蔡邕决定拒绝这一婚姻建议,为了不让决定像是对皇帝意愿的否定,他向皇帝请愿,请求离职回家照看老病的父母。皇帝以当时正为管理国家的多事之秋为由拒绝了蔡邕的请求。这时丞相又向蔡邕派去媒人,并呈上婚约。到此,蔡邕走投无路,只得身入丞相家,做了丞相的女婿。

与此同时,在蔡邕奔赴京城之后,原配赵五娘尽心尽力地照顾公公婆婆。之后是多个表现赵五娘对公公婆婆的美德和忠诚的场景。当双亲受冻挨饿时,赵五娘尝试用各种方法为他们寻找食物;她步行好几里才从县中义仓中领到粮食,但在回家途中,粮食又被抢走了。随后她只好卖掉了她成婚时的发簪等饰品来为公公婆婆买粮食。她让公公婆婆吃米饭,而自己则以米糠充饥,但即使如此,她还是不能逃脱婆婆的抱怨。最后,蔡邕的母亲死了,而在邻居张太公的帮助下她才得以安葬。

所有这些发生时,蔡邕正舒适地住在岳父的相府中,花了大量时间和新妻子在一起。即使过得非常奢华,他还是不能忘记父母和赵五娘。继室牛小姐发现使他如此伤悲的原因之后,建议蔡邕派人送信回家并询问亲戚。但是那位他们托付信件的商人却是个小人,并没有将信带回蔡家,反而假装做到了这件事,编造说蔡家每个人都很好,把蔡邕给的路费据为己有。因而蔡邕并不知道他家里的真实情况。

在那时,蔡邕的父亲已经卧床不起且很快就过世了。赵五娘剪断头发卖掉为她的公公买回棺材。她将棺材拖到下葬的地方,用围裙搬运泥土垒起坟堆。不久之后,她因太过劳累而晕厥。此时,当地的土地神帮她加高了坟堆,因此当张太公带人来帮忙时,坟堆已经垒成。张太公建议赵五娘既然已不再需要照顾公婆,且又没有其他亲戚可以依靠,不如去京城找寻蔡邕。赵五娘听从了邻居的建议,为公公婆婆画了肖像,穿了女道士的裙子,带上了肖像和琵琶,一路流浪乞讨朝京城而去。

在到达京城后,赵五娘在一座寺庙前悬挂出已死去的公婆的肖像,并弹奏琵琶乞讨施舍。恰巧蔡邕从此路过,从肖像上认出了父母,但赵五娘这时却不在。后来,赵五娘得知蔡邕已与牛丞相之女成婚,因此就到相府前乞讨。她也被牛小姐认出来,被安排住进牛小姐的房中,得到了原配妻子应有的尊敬。蔡邕很长时间都未找到赵五娘,而赵五娘这时已经身在他继室的房中。在重新相聚之后,蔡邕的两任妻子相处得非常融洽、友爱。老邻居张太公批评了蔡邕的不孝,但皇帝在知道他们的遭遇之后,授予蔡邕中郎将的称号,也赠予他的两位妻子荣誉。

上文为高则诚《琵琶记》的故事梗概。《琵琶记》由一位从杭州被下派至温州的人创作于14世纪后半叶。①《琵琶记》由四十二出组成。作为一部非常流行的作品,它开启南戏发展的第二个阶段。

在简要描述其他早期南戏的故事梗概之后,笔者将会在本章末尾处论述中国早期南戏与其他古代文化中心的戏剧的特殊差别。

3.《五魁负桂英》

正如上文已从徐渭的《南词叙录》中所引述的,《王魁》这部作品也是"永嘉人所作",并且"实首之"。从叶子奇的《草木子》中则看到另外一条关于此剧的信息,"俳优戏文,始于王魁,永嘉人作之"②。《南词叙录》记载了这部作品的全名,即《王魁负桂英》③。此剧大约有十八支曲子被保存在各种曲选之中。钱南扬在《宋元戏文辑佚》中重新编排了这些曲子的顺序④,在这个基础上,才能大体可以看出《王魁》的情节。

  一位年轻的学生王魁在莱州的市集中遇到了一位年轻的姑娘桂英。桂英为王魁倒酒,并要求王魁为她赋诗一首。当时王魁已落榜,桂英对他说:"君但为学,四时所须,吾为办之。"王魁接受了这个建议,并日夜苦读。一年之后,考生们又从全国各地出发聚集京城。在离开莱州之前,王魁和桂英一起到海神庙起誓道:"吾与桂英,誓不相负;若生离异,神当殛之!"之后,当王魁确实从科考夺取状元之名时,

---

① 高则诚似乎未曾被下放至温州。在浙东参与剿匪与主帅不合后不久,即隐居于宁波栎社。——译者注
② 王国维《宋元戏曲考》,《王国维戏曲论文集》第123页,北京:中国戏剧出版社,1957年版。
③ 徐渭《南词叙录》,《中国古典戏曲论著集成》(第三册)第250页,北京:中国戏剧出版社,1959年版。
④ 钱南扬《宋元南戏百一录》第36页,上海:古典文学出版社,1956年版。

父亲为择妻崔氏。桂英不知此事,当听说王魁被任命为徐州签判时,便派仆人给王魁送去书信,但王魁勃然大怒,拒绝收下书信。在得知此消息后,桂英决定以死报复王魁,使用刀将自己刺死。后来,王魁在查看文书时,有人从烛火中而出,此人就是桂英。她提起王魁当日在海神庙的誓言,并且不顾王魁焚烧纸钱和请僧诵经的许诺,取走了他的性命。第二天早晨,在书房中发现了王魁的尸体。

这个故事再次与书生对女子的负心有关,是女子在书生落魄时做了一切,从而使书生得以参加科考。因为《王魁》仅在曲谱和异闻录中留存十几支曲子和一段不长的逸事,所以故事梗概细节不多。

4.《王焕》

另一部流行于南宋末年的南戏作品是《王焕》。刘一清的《钱塘遗事》①曾提及这部作品:

> 贾似道少时,佻达尤甚。自入相(1258)后,犹微服闲行,或饮于伎家。至戊辰(1268)、己巳(1269)间,《王焕戏文》盛行于都下,始自太学生黄可道者为之。

这部作品又名《风流王焕贺怜怜》,著录于《永乐大典》13978 卷,可惜现已失传。《南词叙录》②提及的、名为《贺怜怜烟花怨》的作品,演绎的应该是同一个故事。此剧大约有二十支曲子留存至今,已由钱南扬重新调整顺序;另外还有现存的、剧名相近的元代杂剧作品《风流王焕百花亭》。由二者为基础,《王焕》的情节才得以重建:

> 王焕是来自汴梁的年轻人,在父亲死后,赴洛阳投奔其叔。他在很多领域都表现出了突出的才华,包括文学与军事。某日,王焕在陈家花园游玩时,与名妓贺怜怜相遇于百花亭。两位年轻人一见钟情。在商贩王小二的帮助下,他们在贺怜怜家中相见并约定婚姻。半年

---

① 王国维《宋元戏曲考》第 123 页,《王国维戏曲论文集》本,北京:中国戏剧出版社,1957 年版。

② 徐渭《南词叙录》,《中国古典戏曲论著集成》(第三册)第 251 页,北京:中国戏剧出版社,1959 年版。

后，王焕资财用尽，不能再与贺怜怜相处。恰好那时将军高邈从前线来到洛阳，高邈非常喜爱贺怜怜，并要求取她为妾。老鸨见财起意，赶走王焕并将贺怜怜卖给高邈。高邈将贺怜怜置于城外的寺庙中，准备在为军队购置军需品后就将其带往前线军营之中。贺怜怜想将这一不幸的消息告知王焕，但束手无策，因门上把守紧密。这时王小二恰好经过，贺怜怜通过他将信转交给了王焕。但王焕并未遵照贺怜怜信上的要求的要求。他装扮成小商贩，对天大哭，接近贺怜怜关押的地方。当高邈离开屋子时，贺怜怜将王焕带进房中。贺怜怜给了王焕路费，恳求王焕按她说的投奔西延，建功立业，只有如此才能从高邈手中将自己赎出。王焕接受了贺怜怜的意愿，投奔西延经略种师道。不久之后，王焕因军功而被提升为西凉节度使。种师道发觉高邈挪用购置军需品的公款买小妾之事后，将其缉拿受审。在罪行被确证后，高邈受到严厉惩处，贺怜怜重新回到王焕身边。

从上述三种早期南戏作品的情节中已经可以看出，其故事情节均建立于年轻书生渴望考取功名，而那些他们爱或者不爱的姑娘，都尽心竭力地帮助他们追寻仕宦生涯之上。所有的女主角，至少是这三部作品的女主角，都是正面的角色。但并不是所有的男主角都有这样的好品质。王魁是最负面的例子，被未婚妻的鬼魂惩罚。问题是，王魁的罪过在中国人看来是有讨论余地的，他并不是有意违背誓言，是父亲强迫他另娶别家女子为妻。中国人从骨子里确信，儿子对父母的孝道远比男人对女人的誓言重要，即使他曾经许诺永远不会抛弃她。

以下三部作品，因为保存于《永乐大典》之中的戏文不是脱节的曲子而是带有宾白的完整文本，剧中的角色系列和动作提示会被纳入研究之中，所以早期南戏结构的微妙、剧情的特征可以在分析这三部作品之后更好地被指明。

正如前文已强调的，保存于《永乐大典》之中的三种戏文的篇幅长度并不相同，而且创作于不同的年代。

1.《小孙屠》

位于《永乐大典》13991卷开头的是创作于元代的南戏作品《小孙屠》①。相比于另外两部，这部戏文的篇幅中等。剧本中，这部作品以"题

---

① 《永乐大典·一三九九一卷·小孙屠》第1a-13b页，北京：中华书局，1960年版。

目"开头,形式为每句八字的四句诗,简要地概述作品所演绎的内容:

> 李琼梅设计丽春园,
> 孙必贵相会成夫妇。
> 朱邦杰识法明犯法,
> 遭盆吊没兴小孙屠。

在表演的开头,末脚登场使用两支连续的[满庭芳]曲演唱即将上演的几件大事,并表达了青春的短暂、及寄寓于欢笑娱乐之中的教化意义。但此剧本的抄录者并不仔细,在这份副本中存在一些非常明显的错误。其中的一个错误就出现在"题目"的第二行,如果抄录者仔细阅读作品,就会发现是年长的孙必达而非孙必贵与李琼梅结为夫妻。

在开场两支曲子之后,正式的演出开始了:

> 在开封城中有兄弟二人,年长者为孙必达,是追求仕宦生涯的读书人;年幼者为孙必贵,以做屠夫为生,即小孙屠。二人的父亲已经过世,需要照料母亲。作品从孙必达和两位好友开始,三人在城中游荡,感叹年轻人所享受的美好景致和春天的天气。这时,他们遇到了寡廉鲜耻的妓女李琼梅。孙必达被李琼梅的美色冲昏了头脑,因此决定取她为妻。孙必达让好友张面前去贿赂当地的长官以求使李琼梅脱离官妓名籍。婚礼按照传统风俗习惯举行。在外出经商归来后,孙必贵得知了兄长的婚事。孙必贵非常担心此事,并警告兄长不要相信李琼梅所说的任何事情。不久之后发生的事情证明孙必贵是正确的。李琼梅继续与旧相识朱邦杰保持着不正当的风流关系。每次孙必达在外与朋友醉酒后回家大睡,李琼梅都会让朱邦杰到房里来。一次,二人被孙必贵撞破,孙必贵拿剑要杀了朱邦杰,但朱邦杰逃走了。第二天,孙必贵和母亲一起踏上东岳的朝圣之旅,孙必达将二人送到半路而回。在全家都离开的时候,李琼梅当着女仆梅香的面将朱邦杰邀至家中。受到惊吓的朱邦杰将梅香杀了,为掩盖罪行,他将梅香的头砍下并将尸体套上李琼梅的衣服。随后,李琼梅和朱邦杰一同逃走。孙必达回家时,将无头女尸认作被谋杀的妻子李琼梅,因此将此事告到当地官府,然而,孙必达自己却身陷囹圄。孙母突然死在去寺庙的路

上,孙必贵将母亲的遗体带回安葬后得知兄长的不幸遭遇。孙必贵在去给兄长送饭的路上,被朱邦杰发现了。因害怕罪行被揭发,朱邦杰又设计将孙必贵投入监狱并将他盆吊。这时,东岳神出现了,对孙必贵表示出怜悯之心,并让他重获新生。孙必达在那时已被无故释放,在听闻弟弟死讯后,想要埋葬孙必贵的尸体,后得知孙必贵未死,喜不自禁。李琼梅和朱邦杰在见到重获新生的孙必贵时,非常害怕,以至供认了所有的罪行,并接受了包拯的公正惩处。

《小孙屠》中有两个非常重要的成分:其一,表演开始前的开场。《小孙屠》的开场由两支在舞台上演并简要介绍故事内容的曲子组成。这种类型的开场也以更大的规模出现在《张协状元》中。后文将讨论这一点。其二,则与剧中的角色有关。《小孙屠》是仅存的几部竭力表现妇女之恶的作品之一。从未有出身于良好家庭的普通女子表现得如此之恶,但妓女除外。因此,这部作品可能意在提醒年轻男子注意女子的职业,不要与职业不良的女子交往,更不要娶她们为妻。这种说教的意味在剧中表现得非常明显。但这一点并不妨碍之前关于中国戏曲中很少有不良女角色的论断。这种论断并不仅出于对现存南戏作品的考察,也源于大部分北杂剧作品的内容。在元杂剧中还可以找出的例子有关汉卿《救风尘》,剧中的正面女角色就是一位妓女。认为妇女乃是万恶之源的观点深深地根植于儒家经典之中。造成对这种观点的背离的具体原因并不可考。它们极有可能源于其他宗教信仰和社会理念——道教和佛教的追随者。道教和佛教在社会底层民众之中具有极大的普及性,而远离接受儒家经典培养和教育的朝廷官员。另一个关于大部分剧作不认为妇女是作恶者的原因则在于大部分的演员都是女性,她们的才华、美貌以及被大众的喜爱都不能与某些她们在舞台上所扮演的角色的罪恶品质相匹配。这一点很有可能是有事实根据的。虽然以上所有的观点都只是假设,但事实是不管南戏还是北杂剧,着重表演妇女之恶的作品确实非常少。也是这一点让《小孙屠》显示非常特殊。

2.《宦门子弟错立身》

《宦门子弟错立身》①也是一部元代的作品。在保存于《永乐大典》的

---

① 《永乐大典·一三九九一卷·宦门子弟错立身》第 54b-60a 页,北京:中华书局,1960年版。

三种戏文中,《宦门子弟错立身》的篇幅是最小的。它的特殊在于将主题与流浪戏班的漂泊生涯相联系。

《宦门子弟错立身》开头也有"题目",此"题目"由每行七字的四行诗组成,简要地概述了作品的内容:

  冲州撞府妆旦色,
  走南投北俏郎君。
  戾家行院学踏爨,
  宦门子弟错立身。

在题目之后,是以一支[鹧鸪天]曲为载体的开场。该开场以几句曲文概述了即将在舞台上表演的内容,之后又提醒观众保持安静,观看表演。

  在这段简短的对话后,剧中男主角延寿马走上舞台,通过独白自我介绍。延寿马出生于官宦世家,正准备参加科考,以期获得更高的地位。其父为女真人,任河南府同知。延寿马看书疲倦后,就去找女演员王金榜。王金榜是漂泊至河南府演出的戏班的主演。延寿马以在生日宴上加入唱曲表演为由,要求家人将王金榜带到书房中来。家人试图阻止他,但徒劳无功。因为这位家人不愿做此事,延寿马就派狗儿都管去。而狗儿都管则在自我介绍中夸口自己是同知府上能做各种事情的人,且在撮合男女关系上具有特殊才能。虽然担心同知知道此事的后果,但狗儿都管仍然同意将王金榜带到延寿马的书房中。(场景1)

从此处开始,"场景"一词意为在某一固定场所发生的一系列行为。原剧本上并不注明场景,而只标注脚色的上下场提示。①

  延寿马的父亲,即河南府同知,在台上讲述了他的人生经历。他

---

① 日比科夫斯基对《小孙屠》《宦门子弟错立身》《张协状元》场次的划分,与钱南扬先生在《永乐大典戏文三种校注》中所做的划分不尽相同,二人所采用的场次划分标准也不相同,在本译稿中,译者采取尊重日比科夫斯基原著的方式对此加以翻译。——译者注

非常担心儿子的学习情况,因此决定离开衙门回家看看。(场景2)

场景重新切换,王金榜的戏班出现在台上。戏班的成员属于同一个家庭,王金榜的父母是表演的组织者。根据场景的布置可以发现一些有关中世纪中国流浪戏班生活的信息。

有关演出的一切准备都已就绪,但主演王金榜以身体不适为由,要求停止演出。在这时,狗儿都管出现了,他将王金榜叫到一旁,要求她到同知府上进行表演。因为演员不能不服从地方官的要求,因此他们取消了表演让王金榜去了同知府。(场景3)

延寿马在书房中等候王金榜,狗儿都管终于带着王金榜来了。王金榜同样爱着延寿马,但明知自己配不上他,试图劝阻他继续和女艺人来往。然而延寿马不听劝诫,决心要学表演,甚至离家加入王金榜的戏班,和她永不分离。之后,二人就一起翻看王金榜带来的掌记。

在四支连续的曲子中,王金榜共列举了二十九种擅长的剧目。虽然不能对由王金榜提及的全部剧目进行分析,但是其中几种值得注意。例如其中的《负心王魁》。《负心王魁》必定以《南词叙录》中提及的"实首之"的《王魁》为故事基础。"张琪《西厢记》"在某些方面一定也与元代王实甫《西厢记》有关。还有一种剧作,虽然不在王金榜提到的这二十九种剧目之中,但也值得注意。它名为《张协斩贫女》,这一定与《永乐大典》中最早且最长的南戏作品《张协状元》有关。①

当延寿马在翻看掌记,声称要成为王金榜的戏班成员时,完颜同知出现了,在准备检查延寿马的学习情况时,他发现延寿马正与一位女艺人发生关系。这让同知狂怒不已,无视延寿马和王金榜的解释。同知叫来王金榜的父母,要求戏班连夜离开,否则将遭到严厉惩处。在王金榜和同知离开书房之后,延寿马向狗儿都管抱怨命运的不公。延寿马因深爱王金榜而试图自杀,但被年老而多谋的狗儿都管劝服

---

① 根据《宦门子弟错立身》的相关内容,《张协斩贫女》实际上已包括在由王金榜提及的剧作中。——译者注

了。狗儿都管建议等同知平静以后再试图将王金榜接回。(场景 4)

同知讲述了自己的正直和廉洁,并抱怨自己的坏运气。他唯一的儿子,他的官场生涯继承者,竟然从家里逃走与女艺人在一起。这时,同知刚好被外派观察,因而要求管家查探延寿马的下落。(场景 5)

王金榜的戏班走遍全国,在演出时挨饿受冻,他们从表演中所获的收入不足以使他们吃饱穿暖。王金榜回忆起和延寿马在一起的点滴美好。(场景 6)

延寿马一上台就开始寻找王金榜。他歌唱痛苦遭遇。为寻找王金榜的戏班,他走遍全省,从家中带来的钱也花光了,衣服也破烂了,这时的他就像乞丐。他来到一家好客的茶馆,得知将会有戏班在此地演出。用身上仅存的钱,他要求戏班女艺人为他表演。这位女艺人就是王金榜,而延寿马经历过漫长的流浪后已经完全变了样,王金榜第一眼未认出延寿马。在王金榜父亲出现并声明王金榜只能嫁给表演艺人后,王金榜与身着破衣烂衫的延寿马之间的争论爆发了。延寿马说明自己会表演的剧目;而且他能给自己化妆,写剧本、唱曲、跳、扮鬼脸。因此这位老演员最后让延寿马成为自己的女婿,并让他加入了戏班。(场景 7)

此处应该穿插了一段三个人的即兴表演,但即兴表演的脚本并未附在剧本中。

延寿马已厌倦作为表演艺人需要经历的困苦和耻辱,甚至开始后悔和王金榜在一起,后悔加入流浪戏班。而正在四处观察的同知恰好到达了王金榜戏班停留的村子。他让随从召唤演员舒缓忧郁的情绪。

当演员进入屋子时,同知发现延寿马也在其中。出于重逢的激动之情,同知接受了延寿马与演员的婚姻,并将他们置于保护之下。(场景 8)

对中国戏曲刚定型时的表演艺人生活的关注是《宦门子弟错立身》最重要的特点。通过与元杂剧曲调等元素做对比,就能证明这是一部创作于元代的作品。因而,这部作品被用以展现演员的组织、生活和演出就不足为怪了。

3.《张协状元》

至于戏剧故事和戏剧结构,则能更好地被第三部保存于《永乐大典》中的作品说明。这部作品即《永乐大典》之中年代最早、篇幅最大的剧作——《张协状元》。

《张协状元》也由"题目"开始。此"题目"也由每行八个字的四行诗组成,简要地概述了作品的内容:

> 张秀才应举往长安,
> 王贫女古庙受饥寒。
> 呆小二村□调风月,
> 蛮强人大闹五鸡山。

《张协状元》以一支[水调歌头]和一小段独白作为开头。在这部分,末脚向观众感叹时光流逝,并介绍即将上演的剧作和演员的优越。之后则是较长的开场。该开场由五支起源于南方的曲子和与曲子交互的说白组成,并通过这一方式讲述了剧作情节的开始部分。这么做的目的可能是为吸引观众的兴趣,使迟到的观众有时间聚集。该开场以诸宫调的形式组织,且由演唱开头[水调歌头]曲的演员演唱,在开场表演后,该脚色在舞台上叫唤"生"扮演剧中的主角张协。在正式表演之前,"张协"演唱了两支赞美戏班才能和技艺的曲子,又和观众及幕后的演员交换对话。在要求观众保持安静,准备观看演出后,表演正式开始。

张协首先自我介绍,他是一位来自四川的年轻书生,花费多年时间准备参加科考。他在前一天晚上做了一个奇怪的梦,因而想要向好友询问这个梦的含义。这时,张协的两个好友出现了,他们互道问候,然后开始谈论各自的梦及学习成就。(场景1)

张协将前往京城参加科考的决定告诉了父母,也将梦境告诉了他们。父母为张协派遣仆人寻找圆梦先生解梦。(场景2)

王家贫女,父母双亡,住在一座破旧的山间古庙中。她以帮助邻村李大公、大婆干季节性的杂活如采茶、缝衣服为生。她在所唱的曲中,诉说了自己的悲剧命运,命运让她遭受了各种各样的艰难,使她遭受了饥饿、寒冷和孤独。(场景3)

舞台场景转换至圆梦先生的店中。圆梦先生夸耀自己解梦与看相的能耐，能通过骨骼的形态和结构预测未来。首先，张协的仆人出现在舞台上，声称是因年轻主人而来。算命先生通过观察仆人手部的骨骼揭穿了仆人的卑微出身。又将张协在山谷中被老虎所伤的梦解释为张协从西往北的路上会被猛兽攻击而严重受伤的预兆。但大体上，张协此行的目的会最终达成，所有的事情都会有一个美满的结局。（场景4）

张协父母相聚在厅堂中讨论儿子的决定。母亲不乐意让儿子离家，但父亲能理解张协追求功名的决心。他们给了张协路费，及在往京城而去的路途之中应当如何做的建议和警告。在挑选完出门离家的好日子后，张协在父母的目送中离开了家。（场景5）

场景又被转换为贫女居住的古庙。她因为艰难生活和从李大公、大婆处得来的帮助而歌唱。一位农夫出现在台上并告诉贫女李大公、大婆让她去田里帮忙。（场景6）

台上出现了背着包袱正往京城赶去的张协。他时而往回走几步。此时他正好到达了高大而危险的五鸡山，他必须穿过此山才能到达京城。（场景7）

一位强盗出现在台上，炫耀他的无情和从拦路抢劫中得来的财富。（场景8）

两位商人正在穿过五鸡山，讲述他们的勇气和对付胆敢抢劫的强盗的能力。当上一个场景中的强盗真正出现时，他们却只表现出懦弱。强盗不仅夺走了他们的货物，还用棍棒狠狠打了他们一顿。在强盗走后，两位商人战战兢兢地站起来，用滑稽对白商量决定回到山下。（场景9）

张协正在穿过地处荒郊野外的五鸡山。他也遇到了强盗。强盗对他的书本根本不感兴趣，把他的钱抢走了。之后，强盗也用棍棒狠狠地打了张协一顿，还拿走了他的衣服，把受伤而流血不止的他丢在了霜冻的土地上。在强盗走了之后，土地公出现了，他让张协恢复了神智。土地公帮助张协站起来之后，又为他指了一条去荒凉古庙的路。（场景10）

山神和判官同时出现在台上，讨论五鸡山中强盗作恶攻击过往行人的情形。山神抱怨他的荒庙被长久忽视无人供奉，而唯一料理祭坛的人就是贫女,因而他想要报答贫女的照料,引领张协到古庙中与贫女做伴。而古庙已非常破败以至于连门都不能合上,因此山神要求小鬼和判官装作两扇门。张协出现在台上,在寒风中寻找庇护所。一会儿之后,贫女也从李家回来。因为庙门被严严实实地关上了,所以她不能进庙。她用拳头击打由小鬼和判官装成的门板。最后在山神的指示下,庙门被打开了,此时贫女发现张协已在庙中。张协将自己的遭遇告诉了贫女,贫女被他的不幸所触动,因而开始照顾张协,用草药为他包扎伤口,给他拿了吃的和穿的。(场景11)

　　舞台场景转换为李大公、大婆家。李大公和李大婆见证了邻居们的起起落落。他们讲到了贫女的不幸,贫女一家曾一度非常富裕,而贫女如今却过着如此凄惨的生活。他们同情贫女的遭遇并夸赞贫女的勤劳。因为天气寒冷,所以李大公、大婆要求儿子小二给贫女送去大米、酒和豆腐。一开始小二拒绝将酒米送到古庙去,因为他在生贫女不愿嫁他为妻的气。在父母许诺会为他另外找一个妻子后,小二才将酒米送去给贫女。(场景12)

　　在贫女的悉心照料下,张协的身体慢慢恢复了。张协将自己的学业和在父母家中的生活场景告诉了贫女,而贫女将自己遭遇的不幸告诉了张协。他们之间的对话因小二的到来而停止了。小二正带着父母让他送给贫女的食物。小二嫉妒这位年轻书生,又试图挑逗贫女。当贫女说要将这一行为告诉他的父母时,小二就不敢多言,但仍然说道,贫女太穷不配嫁给自己。这时,因担忧小二晚归,李大公出现了。小二试图夸大他对贫女的不满,但是贫女向李大公解释了张协的不幸和他对张协的照顾。李大公一直尊敬读书多年想要求取功名的年轻人。因此,他向张协表达了得体的尊敬,又向他提供帮助。他也谴责了小二在读书人面前表现出来的不得体行为。张协非常感激李大公的好意,并向他表示了感谢。(场景13)

　　使相之女胜花出现在台上,并描述了在相府闺房中的生活。她掌握了所有的女红,也到了该婚嫁的年纪,表达了想嫁给一位能配得上她父亲地位的年轻有才华的书生。(场景14)

　　在贫女的悉心照料下,张协的身体已完全恢复。细想在古庙中的生活时,张协发觉贫女长得相当漂亮,因而要求贫女做他的妻子。这段对话被李大婆和李大公的到来打断了。他们很高兴张协已经完全

康复。在得知张协愿娶贫女为妻后，李大公、大婆一致同意，并开始准备结婚宴席。李大婆作为媒人。（场景15）

胜花的母亲，使相夫人正在为女儿寻觅合适的成婚对象。她一定要新科状元当她的女婿。她确信以她丈夫的地位，这段婚姻一定能成。（场景16）

山神得知他们在安排结婚宴席的时候，也非常高兴。已经有多年没有人为他上供了，而在这场婚宴中，一定会有人供奉他。李大公一家也确实都在忙着为婚宴做准备。小二被派去购置猪肉和酒，保护神也被邀请参加婚宴并对新人致以祝福。接下来则是几段非常有趣的对话和滑稽表演，由小二主演。小二完全不懂供奉山神的仪式，因为古庙中没有家具，小二被要求装作桌子。食物和酒杯放满他的后背，小二一次又一次地偷吃酒食，从而制造出非常滑稽的场面。（场景17）

在相府花园中，两位女子正在欣赏绽放的花朵，她们就是使相的女儿和夫人。春天已经来临，使相夫人认为确定女儿婚配人选的时机也到了。她允诺女儿一定会为她找到一位有才华且年轻的丈夫，他可能家境贫寒，但一定才华横溢大名鼎鼎。（场景18）

在荒村古庙好几个月后，张协开始觉得厌烦，开始重新筹划前往京城求取功名。他知道妻子没有钱也借不到钱充当前往京城的路费。贫女允诺通过典当衣服和向李大公、大婆借贷来筹措路费。她听说李大婆需要假发装饰秃头，因而决定剪下头发向李婶借钱供张协进京。（场景19）

李大公、大婆正在讨论春耕，贫女的到来出乎他们的意料，她请求李大公、大婆帮忙凑齐那笔必不可少的路费。李大婆开始时说没有钱，但为显示在家中的地位，又说自己有一个小金库，但除非是贫女把头发剪下给她做假发，不然她是不会拿钱出来的。贫女毫不犹豫地剪断了头发，拿到了供张协进京的路费。最后，交易达成，贫女顺利得到了这笔钱，兴高采烈地回到古庙。（场景20）

一场惊吓正在古庙中等着贫女。张协怀疑她离家这么久的原因，怀疑贫女在庙中有许多事情需打理时却出去喝酒。贫女向张协解释不在家的原因，但张协不顾她的解释，将她打了一顿。贫女叫喊李大公来帮忙，李大公恰在此时出现了。张协向李大公诉说妻子的不端行径，但是李大公却为贫女作证，因而张协不得不承认自己的错误。这时李大婆也出现了，他祝福张协获得成功，并让张协帮忙从京城买面镜子。贫女希望张协不要在夺取功名后忘了自己这个贫寒的妻子，是这个妻子为他做了所有能做的事情，在他重伤时照顾他，在他要进京赶考时为他筹措路费。（场景21）

使相正准备与妻子谈论女儿的婚事，发现厅堂中没有椅子，所以要求堂后官搬椅子来。堂后官说搬椅子来太远，使相就让堂后官弯腰后坐在堂后官背上。接下来在堂后官和使相之间就发生滑稽的对话。坐在堂后官背上的丞相问堂后官是否知道儒释道三种学说的要义，而堂后官明白地让使相知道他对此一无所知，他唯一的作用就是当作一张椅子。最后，使相与为自己而来的妻子和女儿谈论未来女婿。他们一致认为除即将开考的科举中的新科状元外没有人更合适，因此要求堂后官准备足够的钱邀请新科状元到相府中。（场景22）

张协正在进京的路上。演唱两支曲子描绘路边景色与对父母久不曾听闻儿子消息的担忧。（场景23）

贫女因孤独和能否再见到丈夫而陷入沉思。之前李大公、大婆送来的大米已吃完，因此她决定把冬衣典当，换大米和春天的衣服，顺道拜访老李家。李大公、大婆发现她的处境非常艰难，宽慰她张协马上就能衣锦还乡了。（场景24）

张协到达了京城，见到了另外两位来京城参加科考的年轻书生。他们邀请张协住在他们住的旅馆中。这两位书生无钱付给旅馆店主婆，早就欠下不少房钱，店主婆正准备把二人俩赶出去。两位穷书生和店主婆发生了争吵，张协扮演了调停人的角色。两位书生向店主婆介绍张协是一位非常富裕的书生并且会把所有的债务都还清，店主婆才又让张协和两位书生住在旅馆中，并且期盼张协真的能大方地还清房费。（场景25）

放榜前一天，使相妻女已做好了见新科状元的准备。新科状元及游行队伍走过京城的主要几条大街是传统的风俗。因而两位妇人要求仆人把阳台重新装饰一遍，在这里她们要从游行的队伍里见到新科状元（场景26）

贫女正在等她的丈夫归来。小二唱着曲子出现在台上，嘲笑负心的书生在夺取功名之后就抛弃了贫寒的妻子，这让贫女完全陷入了愁

绪中。在得知小二要去镇上卖东西后,她要求小二为她买一本登科记。(场景27)

　　胜花和母亲正等着状元和其他成功书生们的游行。堂后官告诉她们,新科状元是年轻俊秀的书生张协。母女二人认为使相已经安排好了一切,到时候胜花只需将绣球从窗下抛下,新科状元就一定会抓住绣球,选择胜花做妻子。(场景28)

　　盛大的游行开始了,由张协领头。胜花抛出了绣球,但张协并未抓住。他解释,他不想结婚,只想回去看望他的父母。失望的胜花在窗口上消失了。(场景29)

　　使相和堂后官邀请张协到相府。使相希望改变张协的意愿,同意与自己的女儿结婚,但是张协的意志非常坚定。使相不能理解为什么张协要拒绝漂亮而又出身名门的胜花。当胜花母女出现时,使相试图以为她找一个更好更英俊的丈夫为由宽慰胜花。(场景30)

　　小二到了城中,一男子在贩卖登科记。小二很少到城中,所以在买登科记时闹了许多笑话,但最后还是买到了。他被贩登科记的人骗去了一些钱财,但毫不介意,开心地带着登科记回家了。(场景31)

　　相府中,胜花因为抛出去的绣球未被新科状元热情地抓住而遭到他人的取笑而郁郁不乐。她日夜哭泣,而且悲伤难以消散。(场景32)

　　贫女得知张协的成功,李大公、大婆因此而祝贺她,所有人都非常高兴。李大婆开始期待张协答应为她在京城购买的镜子。从欢乐中清醒后,贫女怀疑张协可能已抛弃她,与京城中富贵人家的女儿结婚。李大公、大婆认为她的担忧有理,并建议她到京城中看看到底发生了什么。贫女接受了二人的意见,并在二人的帮助下开始了寻找丈夫之旅。(场景33)

　　张协派人告诉了父母自己的成功。他感激父母为他的学习和进京赶考所付出的,完全不顾及贫女的旧情。(场景34)

　　胜花沉浸在所遭遇的耻辱中无法自拔,病情也愈发地严重。她不吃不喝,变得越来越虚弱,没有药物能减轻她的忧郁。精神失常让她重复说着"被人笑嫁不得一状元"。胜花因病痛而倒下了,许多大夫均未能治愈她,她在绝望中死去。使相得知此消息后,在昏迷之中说了些毫无意义的话。在清醒后,他决定去做张协被委任的官府的上

司,以此来报复胜花的死。(场景35)

山神非常不安,在他的帮助下,贫女才和张协见面并嫁给张协。现在,贫女和李大婆一起向山神祈祷,请山神告诉她是否应该去京城寻找张协。山神认为贫女应该去找张协,但如果张协已不再认她,那她就不应再和张协在一起。(场景36)

张协坐于厅堂之中,尚未去新委任的梓州。这位状元让管家对门房说,除了因公事来拜访的官员,不准任何村妇进府。(场景37)

两位门房紧紧护着张协府衙的大门,严格遵守张协的命令,发誓即使是状元老爹来了也不让他进。贫女上台,询问两位门房新科状元的住址。她说明自己是张协的妻子,但门房还是严格执行不让任何妇女进府的命令。二位门房非常同情她的遭遇,建议她按照传统大声呼号以进衙门。贫女如此做了,但张协听出了她的声音,要求门房打走贫女。被拒的贫女回想起当日为张协所作的一切事情,悻悻然回家去了。(场景38)

张协回忆起在破庙中和贫女共同度过的时光,但现在他已贵为状元,因和贫女在一起感到羞辱。他去梓州赴任的路上需经过五鸡山,但决心远离贫女。(场景39)

在回五鸡山破庙的路上,贫女身无分文,因而只好拿起乞丐招风,到处求路人施舍。(场景40)

李大公、大婆一直在等待张协和贫女的归来,几乎已经确定贫女找到了张协,和他在一起了。当他们远远地看到贫女拿着乞丐招风时,第一眼还以为她拿着的是京城买来的镜子。(场景41)

贫女靠近了古庙,因被张协驱逐而感到羞耻,决定告诉李大公、大婆未找到张协。当她到了李家门前,李大公、大婆因为只看到贫女而没有看到张协而感到非常失望。他们始终相信张协不会如此负心,某一天,当张协把事情处理完一定会把贫女接走并把镜子带给李大婆。他们让贫女在家里休息一两天。贫女向山神还愿,感谢一路上保护。(场景42)

张协离开京城往任所去的日子已确定。管家雇佣脚夫帮张协抬轿搬行李。脚夫和管家因为旅途的问题发生争吵,最终他们出发了。张协和管家因脚夫的懒惰而在路上遇到不少困扰,但最终抵达了五鸡山。在这里,张协给每位脚夫二百文铜钱,让他们去喝酒,而自己则仗

剑鬼祟地靠近古庙要去杀了贫女。（场景43）

贫女在古庙中非常孤独，决定去报答李大公、大婆的好意，提出去梯田中采茶。李大婆让她先去，自己随后就到。当贫女在茶树丛中忙碌的时候，她见到专门停留在五鸡山要杀她的张协。此时贫女追忆了张协在受到强盗攻击而性命垂危时自己对他的照顾，而在去京城找他时，他又是怎样对待自己。张协因贫女去他的府衙闹事、破坏他的名声而怀恨在心。他推测四处无人，拿出剑将贫女砍倒，之后离开了这个地方。不久之后，李大婆来陪贫女一起劳作，但找不到贫女的踪迹。她大叫了几声贫女的名字，终于听到了贫女从茶树丛中传出的声音。李大婆把她从茶树丛中拉了出来，发现她浑身是血中。贫女说自己不小心被绊倒，伤到了手臂倒在了树丛中。这时李大公也来到了梯田中，和李大婆一起把受伤的贫女送回了古庙。（场景44）

使相正准备去张协被任命的梓州，他让堂后官找养娘照顾妻子。轿夫、马匹和仆人到齐后，从京城出发。使相夫人乘坐的轿子在前，随后是一列手推车。使相骑着马紧跟在夫人之后，一路上沉醉于美景之中。（场景45）

贫女慢慢从被张协用剑攻击所受的伤势中恢复。拜天意所赐，她没有被杀死，只是受了伤。贫女诉说丈夫的负心。（场景46）

使相、使相夫人及佣人一行陆续穿过五鸡山。每个人都因为攀爬狭窄危险的山路而疲惫，堂后官建议到一座荒凉的古庙中稍作休息，因附近没有旅店，使相接受了这个建议。（场景47）

轿子被停在古庙之前，使相夫人还在思念女儿。使相到轿子前解释附近没有更好的地方休养。夫人下轿之后与使相及随从一起欣赏美丽的景致。之后，一位女仆对使相说在黑暗的角落里发现了一个浑身是血、受伤刚复原的姑娘，而且这位姑娘像是使相已逝世的女儿的孪生姐妹。他们立刻给贫女的伤口上药，为贫女换上了新衣服，检查身上的伤口。使相与夫人决定收养她，但贫女想先询问李大公、大婆。使相马上派人去请李大公、大婆。李大公、大婆被如此高贵的场面惊呆了，二人自然非常赞同收养贫女的建议，而且李大婆自告奋勇地要陪贫女到梓州去，李大公则留下来照顾儿子。事情完毕后，他们继续往梓州进发。（场景48）

张协早就到了梓州任上，他因所取得的成就而得意洋洋。（场景

49)

　　使相夫人、仆人和李大婆为贫女穿上了全新的丝绸衣服。王使相对贫女解释道,他只是奉命监管梓州两年,这之后一定会为贫女找一位饱读诗书的读书人做丈夫。(场景50)

　　使相达到梓州。他坐在自己的官府中,让堂后官去查探张协的下落。一开始除当地文武官员外,谁都不想见。继而招待他们的柳屯田要来对使相表示尊敬。柳屯田是广为人知的词人,任员外郎。使相与柳屯田互道寒暄后,开始谈论诗词、书画、射箭和踢球,他们讨论踢球的片段包含了很多专业术语。柳屯田走了之后,武将谭节使又来拜访使相。在寒暄后,将军将在路上见到的二人打架的事情讲述给使相听,对这个事情交换看法后,将军离开了使相的住处。随后到访使相府邸的就是张协。使相并不想见他,但是堂后官不敢打发走一位朝廷官员。张协最终见到了使相,并得知他对使相女儿胜花的死负有责任。(场景51)

　　贫女穿着漂亮的衣服,由使相夫人、李大婆和女仆陪同在园中游玩。使相上场,告诉夫人张协如何想见他,他如何拒绝了张协。如果张协明天还来,就恐吓让他等一整天,使相夫人非常赞同使相的决定。只有和使相一起出现的堂后官还尝试为张协调停。(场景52)

　　在知道由自己引起的悲剧之后,张协终于明白了使相对他的态度的原因。他非常想找人替他向使相求情,最后他找到了谭节使。张协管家被派去邀请这位将军。(场景53)

　　管家来到了谭将军府。因为轿夫全部失踪了,所以谭节使只能步行前去张协处。(场景54)

　　张协在客厅中面见了谭节使,向他解释了使相发怒的原因,希望他能为自己居中调停。谭节使允诺一定说服使相。(场景55)

　　使相说道,虽然有不少的朋友,但是没有如谭节使贴心的。继而谭节使就来了,这让使相非常高兴。谭节使因有女眷在场而感到尴尬,使相让他把自己当作自家人。使相将夫人和贫女都介绍给谭节使。之后谭节使将话题转移到此行的主要目的,即使使相谅解张协。胜花之死所导致的悲剧又被重新忆起,使相决定原谅张协,但作为对鲁莽行为的代价,他必须娶使相的另一个女儿为妻。贫女知道了使相的决定,对他的关心和好意表示了感激。(场景56)

张协焦急地等待谭节使的消息。最后谭节使告诉他博取使相谅解的唯一途径是与他的另一个女儿成婚。张协为这个展现了使相的温厚和仁慈的机会而感激。（场景57）

在使相府中举办的婚礼正准备着。贫女与张协在婚礼上使用的幞头也因为这一重要的场合而重新装饰。一位仆人为展示如何穿戴幞头而跳了一支舞。一组乐队和演员也准备好了特殊的表演。张协上场后马上被使相接待，使相把另一个女儿介绍给他做妻子。戴着面纱的贫女被引入了房中。使相夫人揭开了贫女的面纱，贫女和张协互相认出了彼此。贫女谴责了张协所造下的孽，然而实际上她为重逢而高兴。张协还认出了照顾贫女的李大婆。剧本以每个人都在高兴地庆祝张协和贫女的重逢为结尾。（场景58）

上述对最早的几部南戏作品内容的概述说明在很多方面它们都有与希腊、印度戏剧不同的特点。中国戏曲的情节表现为事件的连续，不会煽动起不可调和的矛盾，也不会出现强烈的以剧中的一个或者多个角色的消亡为特征的感情冲突，没有宿命论色彩，也不像希腊悲剧那样存在预先决定的命运或者神的意志。中国戏曲也不像古印度戏剧那样致力于表现对与错、正义与邪恶的斗争。中国戏曲只是简单地讲述了那个时代会发生在任何人身上的事情。因此也可以说，中国的戏曲与其他古老文化中心的戏剧不同，不大可能源于，至少不是直接源于任何仪式性的典礼或者宗教性的聚会。

中国戏曲作品中出现的角色也代表了不同的社会阶层。但不会出现天神也不会出现天神在人间的后裔，也不会出现神秘的或者传奇的英雄人物。作品不以帝王与亲属之间的权力斗争，也不以后宫女人之中的竞争作为故事情节。

许多中国戏曲家都选择年轻书生作为主角。书生们为参加科考放弃了平常人的乐趣和娱乐活动，日夜苦读，从而保障自己和家庭的名望和财富。书生这个群体在当时的社会中是一个相当重要的组成部分，也享有来自普通人的尊重。是书生达成了许多普通人的梦想和愿望。他们是运气的宠儿，有机会掌握艰难的写作技艺。生活在书房的高墙之中的他们，如果没有机会被任命为朝廷官员，他们很难不对这样的不公做出反应，不得不激动表达对自己的抱怨和怨恨。而且，他们大多数为年轻人，也会引来从未经历过的来自同龄人的恶意。大多数家庭中的儿子,尤其是那些被要求致力于科举的儿子们,是父母欢乐和骄傲的源泉。因此,除了不孝,书生们的很多不检点行为都可以被谅解。

那些书生作为年轻人,长时间沉浸于学业之中,如果有也很少能接触异性。因而他们只要一脱离来自家庭的严酷约束或者父母的严格管教,就会立刻与女子发生牵连。不管他们是像延寿马一样在家中,还是在赶赴科举的路上。这些女子分属不同的社会阶层:《宦门子弟错立身》中的女艺人,《张协状元》中曾是富贵之女的贫困孤儿,《小孙屠》《王魁》《王焕》中的妓女和歌女,甚至是《张协状元》《琵琶记》之中的宰相之女。

除了《小孙屠》中的恶妇李琼梅以外,其他女主角都是好姑娘,竭尽所能地帮助她们的情侣实现重要目标:通过科举考试求取功名。而使相的女儿们之所以不需要帮助未来丈夫是因为她们认为父亲会把一切都处理好。在某些例子中,可以发现是使相强迫年轻书生娶他的女儿为妻才使年轻书生忽视、放弃原先的贫穷妻子而受到责难。《琵琶记》中的使相之女知道该如何得体表现,所以她接受了丈夫的前妻赵五娘并和她和谐相处,而《张协状元》中的胜花却因为不能嫁给状元而自杀。这可能是对社会上层某些人强迫已成婚的书生离开妻子的行为的含蓄批评。《琵琶记》中使相之女的适宜举动得到了皇帝嘉奖的河南郡夫人的荣誉头衔,因此可以认为她的行为是能被当时社会所接受的。

正如前文已经论及的,没有切实的证据能证明中国早期南戏的内容与希腊和印度的古剧一样起源于仪式典礼。而正如前文已经假设的,它的起源与说书和唱曲技艺有关。南戏最早的故事基础可能是创作于唐代的传奇。在中国文学史上,这种体裁最早叙述书生赴京赶考并爱上京城歌女的故事。更不用说白行简(9世纪)的《李娃传》了。这个故事讲述的是来自荥阳富贵之家的年轻人郑生倾心于长安(唐代首都)一位名叫李娃的歌女的故事。后因贫病交加,郑生被迫成了一位送葬人,但歌女李娃将他救出并鼓励他继续学业。最后郑生通过了科举考试,并被任命为成都府参军。当然,用文言书写的这种浪漫故事对宋代戏曲不会产生直接的影响。但是,在中国文学史上,这是对描写年轻书生进京赶考从而陷入与女妓或者别的女子的感情纠葛之中的故事的第一次尝试。自然,早期南戏情节设置方式的先驱是宋代用口头语演绎的短篇故事和叙事歌谣。这种叙事歌谣之中最知名的要属《西厢记诸宫调》。这正如吴自牧《梦粱录》[①]中所记载的说书人讲述的"烟粉（浪漫故事）"，当时一定还有与此种情节有关的"话本"。

总而言之，南戏的情节不是从古代仪式性、集体性的歌曲舞蹈中演变来的，而是演变自那些一开始由文言创作，随后又出于口头叙述的需要而被重新改编为口头语形式的短篇故事和叙事歌谣。

第四章 南戏主要结构问题

本章着重探讨有关早期南戏作品内容结构的相关问题，即分析早期南戏作品结构的不同层次。为避免纠缠于细枝末节，本章仅举例论证其中最重要的部分，暂进一步分析如下五个问题：

1. 剧作篇幅及场景划分。
2. 戏剧事件的结构及《张协状元》开场"诸宫调"内容分析。
3. 角色的图谱。
4. 幽默形式。
5. 戏剧结构中时间（年代）、地点的作用。

如前文所述，早期南戏作品篇幅并不相同。已散佚的南戏作品，宋元文人笔记中仅存有关其剧名的零星记载，其篇幅几不可知。孟元老《东京梦华录》中"自过七夕，便般'目连救母'杂剧，直至十五日止"[②]为有关表演篇幅的唯一记载。但是该记载却不大明确，因其既可理解为连续七天表演同一剧目，又可理解为在七天之内上演某些与该剧目相关的表演。中国学者[③]较赞同前一理解，因而可见"目连戏"的篇幅颇大。

虽然钱南扬[④]与其他中国学者曾重新整理、编排散轶宋代南戏作品的残存曲子，但是残曲数量太少不足以得出有关原剧作篇幅的可信论断。

因此，除"目连戏"可上演七天的记载，研究南戏篇幅的唯一材料，就是完整保存于《永乐大典》中的戏文三种，即《小孙屠》《宦门子弟错立身》《张协状元》。虽然笔者在上一章重建了其他三种早期南戏作品的情节，

---

① 吴自牧《梦粱录》第312页，《东京梦华录（外四种）》，上海：古典文学出版社，1956年版。
② 孟元老《东京梦华录（外四种）》第49页，上海：古典文学出版社，1956年版。
③ 赵景深《读曲小记·目连救母的演变》第74—90页，中华书局上海编辑所，1960年版。
④ 钱南扬《宋元戏文辑佚》，上海：古典文学出版社，1956年版。

但依据的是不连贯的曲子,不足以说明其篇幅。而《琵琶记》虽取材于宋代《赵贞女蔡二郎》故事,但其毕竟为明代剧作,与宋元时期的南戏作品有所不同。

值得一提的是元代早期的北方戏曲,即"北曲杂剧",其篇幅相当一致。北曲杂剧采用的是固定的"四折"音乐体制,偶尔可按照时间比例扩充开场曲或插入曲。与早期南戏剧作相似,明代的传奇篇幅较大,可分为二十出至四十出不等,但与早期南戏剧作不同,传奇剧本准确地注明出数。

永乐大典戏文三种展现出极大的表演时间跨度多样性。《张协状元》是三种剧作中篇幅最大的,共由五十八出组成。然而它不像北杂剧和后来的南戏作品一样在文本中注明场次。大概早期南戏一开始是不分为场次而一演到底的,只有《张协状元》和上文提及的《目连救母》这种篇幅比较长的才需要被分为几天来演出。但这种划分方式需要在此引入以便研究。笔者依据所有参与某场景演出的演员下场而新场景演员上场之处区分场次,因此被区分出来的场次的篇幅不会相同。某些场次较长,如《张协状元》第五出——张协离家,或第二十二出——使相与堂后官准备邀请张协来府。表演这些场次的时间可能会超过半个小时。其他如第七出——张协到达五鸡山,第八出——强盗之自述,则仅由一二支曲子与短对话组成,因而相对较短。表演这种短场景的时间可能不会超过十分钟。

一般来说,如果一天上演五个小时,那么《张协状元》能在舞台上持续上演一星期左右。这可以说明《张协状元》非常接近在北宋时期上演的也需要七天的神话剧《目连救母》,这可能也可以说明《张协状元》源自宋代,是保存于《永乐大典》的三种作品之中年代最早的。

而另外两种剧作则相对较短,《小孙屠》大概有二十场,《宦门子弟错立身》则仅有八场。这两部作品的起源就晚得多,可追溯至元代,而且包含了一些诸如某些连续的曲子同属一个宫调等北杂剧元素。篇幅同样可以说明它们产生的年代。可以设想在蒙古族征服南宋王朝之后,中国南北方的交流开始活跃,从而导致北方的戏剧形式传播到了南方,并对南方本土的戏剧形式发生了影响。正如上文已经提及的,北杂剧通常只有四折,一个晚上就能演完。这一点肯定影响了《小孙屠》的剧作者,从而使这部作品能在两天之内演完,而这一点也使《宦门子弟错立身》在一个晚上就演完。

因此,在笔者看来,早期南戏作品的篇幅长度是判断作品起源年代的重要因素。

那么是什么原因导致南戏的篇幅如此之长呢？对此可以提出唯一解释，但这一解释也只是其篇幅较长的起因。源自说唱文学的作品就是这个起因。学者普遍认为在当时"剧作家也创作短篇故事"①，反之亦然，写作短篇故事和小说的作家一定也会创作戏剧。部分作家擅长就一个题材进行多次创作，这就会导致同一主题的重复出现，聚合与同一主题相关的大量故事，使主题单一的短篇故事不断连续。中国早期的剧作家在创作长篇剧本时可能也遵循了说书人的传统，从而使这些作品一旦在舞台上开始上演就需要好几天才能结束。

上述对早期南戏剧本篇幅长度的解释仅仅只是一种假设，但它恰好符合宋代文学创作的规律，而且在这方面也找不到更好的解释。

所有早期南戏作品均以"开场"或者戏情概况介绍开始表演。有时开场比较短，只包含一二支曲子与独白，如《永乐大典戏文三种》中的两部元代剧作。有时开场则比较复杂，由曲子、穿插于曲子间的说白、台上演员与观众、幕后演员的对话组成，《张协状元》即为此例。因《张协状元》是这三部作品之中最早出现的，故可推测《张协状元》所采用的正是早期南戏开始表演的最早方式，此方式借鉴自说唱文学。说书人常在故事正文开始前，或讲述一段短篇逸事，或朗诵一首诗，或抒发生活感悟，目的应为使观众有时间聚集并吸引其注意力。这可能也是早期南戏在开始表演之前需要加一段开场的原因。

《张协状元》的"开场"以副末演唱按曲调[水调歌头]谱写，表达生命短暂、命运难测的曲子开始。随后副末又介绍自己与其他演员道："虽宦裔，总皆通。弹丝品竹，那堪咏月与嘲风。苦会插科使砌，何吝搽灰抹土。"②在此后的独白中，副末请求观众保持安静，又概述了戏班的高超技艺。其承认有关张协的故事已由其他戏班演绎，但即将上场的表演定可超过之前所有同类演出。之后副末便表演"诸宫调"，并请求观众保持安静观看演出。接下来即为由五支曲子组成并穿插说白的诸宫调表演，概述了到张协遇到强盗为止的作品第一部分的故事情节。最后，副末以如下说白结束"开场"："似恁唱说诸宫调，何如把此话文敷演。后行脚色，力齐鼓

---

① Průšek, J., *The Origin and the Authors of the Hua-Pen*, Prague, 1967.
② 《永乐大典·一三九九一卷·张协状元》第14b页,北京:中华书局,1960年版。

儿,饶个撺掇,末泥色饶个踏场。"①

此后,在剧中扮演张协的生脚上场。生脚向观众问好,又要求后台演奏序曲[烛影摇红],后台演奏的却是另一曲子,生脚于是就随之表演舞蹈,唱曲文描述其表演技艺。观众不满意这支曲子,要求生脚演唱[烛影摇红]。生脚便询问观众其可否扮演张协,在征得观众的同意后,后台才开始演奏真正的序曲[烛影摇红],伴随这支曲子,生脚介绍了戏班的才干与技艺,又告知观众所搬演的优异剧本由剧作家团体九山书会创作。

在曲子结束后,生脚立即扮演剧中的张协。首先,张协向观众简要介绍自己,言道,其名为张协,祖居西川多年,已为参加科考寒窗苦读多年。又言道,他在前晚曾做一梦,梦中疾病缠身,所以准备向同窗好友征询此事。场上立即出现了两个扮演张协朋友的演员。自此,戏曲情节正式全速向前。

戏剧事件结构及置于戏剧情节(依据情节所设置的一系列事件)发展中的插曲是戏剧作品结构的重要元素。古希腊悲剧中,剧作结构非常精巧,呈现为剧情的阐释、发展、高潮、突变与结局。北曲杂剧存在相似的剧情结构,四折结构依据戏剧情节设置做过统一。某些致力于表现主角所处精神或社会氛围的剧作则会将戏剧情节缩减至最少。也有一些剧作将戏剧情节处理成一连串平铺直叙的事件,既无激烈冲突,也无明显高潮。这种结构类似借报告文学的视角复述连续发生的一系列事件,这正是为早期南戏之结构。此结构继承自说唱文学,而说唱文学也影响了早期南戏的剧情设置。

《张协状元》的故事情节是单线发展的,讲述的正是主角张协寒窗苦读多年决定进京赶考时所经历的艰难困苦。考取功名不仅是张协的终极目标,也是所有年轻人读书的目的。张协可代表当时所有书生,其行为、思想、社会地位具有普适性意义。剧中其他演员及其活动均为辅助,存在的意义是帮助男主角实现最后目标,并使男主角的道德本质显现于与其他社会成员的价值观念冲突之中。剧中除大量辅助性、插曲性小人物外,贫女是另一个重要角色,是检验张协行为的试金石。

"张协""贫女"与其他剧中人物的不同在于,二者均由特定脚色扮演,张协只由生脚扮演,贫女只由旦脚扮演,生脚与旦脚均不于剧中扮演其他

---

① 《永乐大典·一三九九一卷·张协状元》第14b页,北京:中华书局,1960年版。

角色。《张协状元》的脚色行当将于后文详细论述,此处仅略提及生旦二脚以强调二者在戏剧结构中的作用。

《张协状元》以张协日常生活中所发生的连续事件作为戏剧情节而单线发展。但不能认为其情节单一,无任何插曲性场景。除贫女与其他少数角色外,多数剧中人物出现在一两场景中之后,就不会出现在情节发展至更深入时。此处仅部分列举此类角色,如张协的两位好友、算命先生、五鸡山的商人及强盗等。依据剧作者的安排,使相与李大公、大婆也是次要角色。角色特征的不同强化了主要角色与插曲性角色的差别。只有张协与贫女的言行严肃、贯穿全剧,其他演员的言辞中或多或少都均具有诙谐成分。

《张协状元》沿戏剧主线安排的插曲性场景较松散、不受控制,其分配亦毫无规律可循,但也存在与主要场景交互出现的倾向。可随机选取部分场景说明此倾向。如第一出为发生在张协与好友之间关于才能与梦境的讨论,其中不乏幽默内容。而随后的第二出,语气则相对严肃,表现张协向父母请求准许自己赴京赶考。第三出则极短,贫女演唱二支曲子介绍自己。这之后就是发生在算命先生店中的滑稽情节。算命先生竭力解读张协的梦境,同时猜测张协仆人的来历。类似的场景切换另有第四十出至第四十四出:贫女向路人乞讨施舍——李大公、大婆远远望见贫女靠近,等候来自京城的礼物——贫女到李大公、大婆家,谎称未找到丈夫——张协离京赴任,在路中因脚夫而闹笑话——贫女在梯田中采茶,为张协所伤。

就将场景划分为组而言,一个有趣的现象颇值得注意。此类场景并非均按时间循序排列。发生在离主角实际所在地极远的插曲性场景可将故事正文打断。但是,此类插曲性场景所表现的通常都是主角在长途跋涉之后即能达到的地点,或在很久之后即会遇到的人。例如,出现贫女的第三出与第六出比出现张协的第十一出要早。又如第十四出,使相之女胜花出现,演唱一支有关其相府生活的曲子,几个场次后张协即到达京城,成为状元,进而成为胜花的理想丈夫。这类插曲性场景出现于主体情节之前的现象并不常见,但仍可找出其原因。

有关此现象,存在两种推测。一种观点认为,这与上文已经强调的戏曲与说书文学的关系有关。早期剧作家的戏剧视野或受说书人构建情节的手法的影响。说书人不需要黏附于故事主线,可以自由地在时间与空间中跳动,讲述与正文同时而发生于遥远地点的故事,最后又将其与故事正文相联系。

另一种观点认为,与戏剧主线并不直接相关的场景的出现,纯粹由于戏剧的固有特征。此类不大相关的情节可使主角在长时间演出活动中稍事休息。这类场景也为演员提供了悠闲地等待回到台上继续表演的机会。

仍有一个与戏剧情节结构有关的问题需要在此论及,即结束表演的特殊方式。《张协状元》及几乎所有剧作都以大团圆结局。即使《小孙屠》这一以谴责与情夫联手导致二人死亡(女仆与小叔)的恶妇李琼梅为情节的犯罪故事中,仍以兄弟重逢,杀人犯得应有惩处为结局。剧作的结尾常为四句诗,不同角色吟诵不同诗句。该诗常为剧情的概述。《张协状元》以如下四句诗结尾:

(生旦白——张协贫女)古庙相逢结契姻。
(丑夫——王使相及其夫人)才登甲第没前程。
(净贴——李婶和仆人)梓州重合鸾凤偶。
(末合——所有演员)一段姻缘冠古今。①

产生于元代的南戏作品已经放弃了这种概述戏剧情节的结局形式,但剧作结局仍由不同演员轮流演唱,从而表达经历悲剧事件后人们对完满结局的狂喜,例如因《小孙屠》中对李琼梅及情夫受到公正处罚及《宦门子弟错立身》中延寿马之父的温厚而表现感谢之情。

戏剧情节类型在很大程度上取决于演员的演绎。在某些剧作中,演员与剧作主要矛盾的关系颇近,成为推进戏剧情节前进的动力。如剧作家在悲剧中构建卓越的个体表现人类命运的悲剧性。一些剧作则塑造主角为一个拥有完整心灵世界的"普通人",他被激情与欲望折磨,不得不与对立者发生利益冲突。还有一些剧作,通过传统、写意的方式引入角色代表不同社会层次、精神层面的人物,早期南戏作品即为此例。中国戏曲脚色行当的存在,突出强调了这一点。

在探讨中国戏曲的角色或脚色类型前,可先论述中国戏曲角色的常见特点。中国戏曲的角色虽然也与戏剧情节紧密联系,可采取富有意志力的行动,但总体上,他们的行为静态多于动态、趋从多于主动、期盼多于焦躁。

---

① 《永乐大典·一三九九一卷·张协状元》第54b页,北京:中华书局,1960年版。

中国戏曲的角色最终虽然也需要随意愿做决定、处理事务,但由于无戏剧冲突,所以有不抵抗甚至顺从命运的印象。中国的戏曲角色并非斗士,极少为目标而斗争,正是老话"生死有命富贵在天"的拥护者。这种生活态度源自持续数百年的儒家与道家经典的教化,儒家迫使民众合乎规矩地履行社会职责,道家则认为某事奋斗得越多所得反而越少。

张协在这方面尤为突出,他虽然是剧作的主角,也是贫女与胜花的悲剧制造者,但没有人认为他是恶人。除为逃避贫女而试图用剑将其杀害(按儒家的教化,这也是积极的行为)外,张协实为命运指令的屈从者。而且值得注意的是张协逃避贫女的目的并非与另一与其社会地位相当的女子结婚。事实上,使相之女即因张协拒绝与其婚配,郁郁而亡。而且他拒绝与使相之女结婚的原因并非因其已有妻子。张协的回复极其重要,即他想要先使家人感到高兴,后让家人决定其应与何人婚配。贫女在古庙中照顾、呵护受伤的张协并无过错,错误源于贫女上京城找寻张协,而使张协受到羞辱。贫女因其行为违背儒家的精神教化而受到惩罚。胜花也因未能克制欲嫁张协之心而亡。所以《张协状元》的精髓在于告诫人们适可而止、耐心地等待命运的安排。

戏剧角色的被动结构决定剧作的戏剧动作与整体情节。此处可引述斯特凡·斯科瓦克辛斯卡①的观点说明由角色的结构所决定的戏剧情节与史诗情节的不同:

> 我们知道史诗和戏剧非常相似,二者都以情节构建为基础。但是,史诗情节典型与戏剧情节典型之间还是存在着特殊差别。它们毫无疑问描写的都是相继发生在开端和结局之间的一连串的事件。那些决定主角的命运、将彼此联系在一起的事件不仅具有连续性,还具有内在的因果联系。就史诗的情节典型而言,大部分事件都发生于外在,发生于主角之外,而又能通过某种外在的方式圆满地塑造起主角的命运;而戏剧的情节典型却由主角通过意志力完成的事件来构建,从而考验他的行为。而且,史诗情节典型所呈现的是事件在同一条直线上的演变,是不断变化的事实流,这些事实内在联系着,并接连发

---

① 斯特凡·斯科瓦克辛斯卡(Stefania Skwarczyńska, 1902-1988),波兰文学史专家,戏剧学者,教授,罗兹大学荣誉博士。——译者注

生。而戏剧情节所呈现的则是根源于斗争的基本事件的发展,或者两种敌对力量之间的冲突。因此,对于史诗来说,讲明它是事件的发展就足够了;而对于戏剧来说,就需要说明它是一种根源于某种斗争的事件发展。①

对比上述理论与早期南戏的角色、情节结构,即可较为明显地发现早期南戏的史诗性,这也再次证明中国早期戏剧与平民文学的紧密联系。而平民文学则为说书人在街头讲述、使用口头语创作的叙事作品。

就目前所知,中国现存最早的戏剧作品,就已经存在决定戏剧角色结构的脚色行当。不同于现代剧团具有多位演员,总体上,古代戏班只有少数几位演员。一般的戏班均有五个脚色,有时也小幅度增减。脚色行当的成员可依据剧中角色的年龄、性别、社会地位,尤其是性情品格的不同而扮演不同角色。脚色行当的成员都有特殊服装与装扮,因而观众即使离舞台很远,也能就外形判断出其所扮演的角色。

《张协状元》共有七个行当,即生、旦、末、净、丑、外、贴(贴亦作"占""后""後")。生与旦是一个特殊的组合,二者所扮演的角色贯穿整部剧作。生扮演剧中男主角张协,旦扮演女主角贫女。在所有南戏作品中,"生"均扮演年轻男子,且多数时候都是准备参加科考的书生。总体而言,生均扮演剧作男主角。在《宦门子弟错立身》中,生扮演延寿马,在因漂亮女演员而误入歧途之前,他都在书房苦读。在《小孙屠》中,生所扮演的孙必达也是书生,一个被恶妇李琼梅所引诱的书生。

脚色"旦"所扮演的角色通常是与生所扮演的角色相配对的年轻女子,常为剧作女主角。《张协状元》中的贫女、《小孙屠》中的李琼梅、《宦门子弟错立身》中的王金榜均由旦扮演。相较于生,旦所扮演的角色的社会地位并不重要。旦的特征就是女性与年青。

"生""旦"在所有南戏剧作中均不可或缺。二者推动情节发展,因此其言行具有严肃性,由其表演的部分无惹人发笑的内容。

"末"通常扮演剧中居第二位的男性角色,大体上都是成年人,除了与男主角对话外,也表演滑稽内容,也在插曲式场景中与"净""丑"一同

---

① Stefania Skwarczyńska. *O rozwoju tworzywa słownego i jego form podawczych w dramacie "Studia I szkice literackie"*. *Warszawa*:1953, pp.123-150.

表演。

《张协状元》中由末扮演的角色如下：负责开场的演员、张协的朋友（第一出）、张协家仆人（第二出、第四出）、为李大公、大婆传信贫女的农民（第六出）、商人（第九出）、判官（第十一出）、李大公（第十二出及其后）、使相管家（第二十二出及其后）、京城中与旅店主人发生口角的书生（第二十五出）、在镇上购买登科录的农民（第三十一出）、张协的京城管家（第三十七出）、张协府衙的门房（第三十八出）、为张协挑运行李的脚夫（第四十三出）。①

可以推测，在绝大多数剧作中，脚色"末"不必更换装扮即可扮演多种角色。长篇如《张协状元》，在台上同时出现两个"末"的场景也仅有两处。一处为第三十八出，张协的管家（由末扮演）将张协的命令转达门房（其中有为末扮演者）；另一处为第四十三出，张协管家与脚夫商讨价格，脚夫中有末扮演者。如果不是这二出，脚色"末"既可参与此剧作全部十三个附属场景的演出，也参与多个滑稽场景的演出，故其言行并非始终严肃。上文所举之例说明，末可扮演不同社会层次、性情品格的人物。

脚色"净"常与"末"成对出现，二者源自唐代之滑稽对白表演——参军戏。净相当于参军（作为笑柄的皇家小丑），而末相当参军戏中的参鹘，用于使其对手变为笑柄。显而易见，脚色"净"从其起源始即最惹人发笑。

《张协状元》中由净扮演的角色如下：张协的朋友之一（第一出）、张协母亲（第五出）、商人之一（第九出）、山神（第十出及其后）、李大婆（第十二出及其后）、京城的女店主（第二十五出）、城中贩卖登科录者（第三十一出）、使相女儿的侍女（第三十五出）、张协府衙门房之一（第三十八出）、为张协运行李之脚夫之一（第四十三出）、柳屯田（第五十一出）、谭节使（第五十一出）。

由上文所列举《张协状元》中由"净"扮演的角色，可见净的两个特点。其一，"净"均出现于喜剧性、插曲式场景（第一、九、十一、三十一、四十三、五十一出）中，也常扮演病弱、滑稽的老太角色。因此，脚色"净"最醒目的特点就是滑稽。其二，"净"又可以扮演不同年纪（书生、商人、山神）、不同性别、不同社会地位（门房、脚夫、文官、武官）的角色。

---

① 本章所使用的"出数"均依据日比科夫斯基在《南宋早期南戏研究》第三章：南戏剧目中所划分的场次。——译者注

"丑"是逗乐的脚色。早期北方剧作即北曲杂剧中并无此脚色，所以丑一定起源于早期南方戏剧。就实际情形而言，这一脚色后来极其流行于南戏与北曲之中，且主要负责滑稽表演。直到今日，"丑"仍然是唯一的滑稽脚色。值得注意的是，"丑"最早出现在早期南戏作品之中时，滑稽的特点并不特别显著。现在，"丑"又区分为文丑、武丑、男丑、女丑。而宋代的"丑"并未被如此详细区分，可能只是滑稽脚色"净"的补充。

剧作《张协状元》中由丑扮演的角色如下：算命先生（第四出）；张协之妹（第五出）；五鸡山的强盗（第六出）；小鬼（第十一出）；小二——李大公夫妇之子（第十二出及其后）；使相（第二十二出及其后）；京城中与旅店主人发生口角的书生之一（第二十五出）；为张协搬运行李之脚夫之一（第四十三出）。

由上文所列举的角色表明，在部分场景中，丑所扮演的角色的对白较为滑稽，此类角色如算命先生、李大公夫妇之子、脚夫等。而丑所扮演的角色中，亦存在可引起观众惊慌、害怕而非欢喜的例子，如五鸡山的强盗与张协之妹等。张协之妹为由丑扮演的女性角色。

根据《张协状元》中丑所扮演的角色，可见在一"末"或一"净"不足以构建起场景的场合，可能才需要以脚色"丑"（实为另一"末"或另一"净"）填补空缺。此假设有其事实基础上，如于某些场景中，丑所扮演之角色似更严肃之末，如使相、强盗；但于另一些场景中，又似净所扮演之角色，如张协之妹、算命先生。

上述五种脚色构建起南戏剧作常用的"行当"。但在《张协状元》，仍需提及两种不常用的脚色，即外、贴。

"外"意为"外部""额外"，有学者以为"外"省略自"外末"（额外之末）或者"外旦"（额外之旦）。在《张协状元》中由脚色"外"所扮演的角色有一男一女二人。其一为张协的父亲（第二、第五出），其二为使相的夫人（第二十八出其后）。脚色"外"的使用须分情形，如某场次内已有末、净、丑，则需用"外"。如张协的父亲既然已与其妻（净）、其女（丑）、其仆（末）一同出现，那么他自己就只能由"外"扮演。又如使相夫人（外）与其夫（丑）、堂后官（末）、女儿的侍女（净）及李大婆（净）同时出场时。

《张协状元》中另有一额外的脚色，即扮演使相之女胜花，及在最后一出扮演使相夫人之侍女的"贴"。最早此脚色写作"后"[1]，意为"皇后"；或

---

[1]《永乐大典·一三九九一卷·张协状元》第 1a-13b 页，北京：中华书局，1960 年版。

"後",意为"后来";亦为"占",意为"占领"。有学者认为此脚色实际上应该是"贴旦",意即"附属之女角色",因抄写的讹误,故成字形相近的"后"与"占"。这一脚色出现的原因应与"外"相似,即出现在包括"旦"在内,所有脚色同时出现于场上之时。

脚色行当是决定早期南戏角色结构的极重要因素。但其仅表明戏剧人物的典型特征,如年龄、性别、社会地位与性情品格。下文将应用其他理论说明其个性特征之独特。

需要注意的是,剧本中指明演唱或讲述后续段落的指示为脚色名而非角色名。这样一来观众就不明了实际的剧中角色名,所以为使观众明了剧中角色,出场人物须自我介绍。但此做法也仅限于特定的剧本段落与具意义的角色。由此可见,富有深意的中国式角色名绝非毫无用处,所有中国式角色名实际上均有其意义。在中国戏曲中,角色之名均出于精心选择,故而,这也是决定戏剧人物个性特征的重要因素。①

剧作《张协状元》的角色名如下:

张协为剧名即点到的主角。其名"协"意为"协定、互助、协调、和谐一致",说明作为年轻人,其心灵性情与儒家教化和谐一致,且在首任妻子的贫困与使相女儿的富裕之间,张协选择了中间道路。

剧中未揭示女主角的原名,但总称其为"贫女",恰似"贫女"即为其原名。李大婆仅提起一次贫女过世父亲之名,即"王有钱",这可解释为"王,拥有财富"或"王,富人"。这种将贫女意为贫穷的名字与其父亲意为富裕的名字并置的做法相当富有深意,揭示出命运变幻的影响,而且即使如此,这一影响也未改变贫女的品行。

使相之名"王德用"意为"王,拥有儒家美德",这使其成为用儒家传统道德实现官场理想的坚定拥护者。其妻子之名未注明,其女之名"胜花"意为"胜过盛开的花朵"。

李大公夫妇之子名为"小二",这就是显现出不识字、未经教育的家庭的缺乏独创性,即使当时常人的寿命均有四十年上下,但二人只能为其子取一简单、较容易书写的名字,这个名字也表明"小二"是家中二子,而且年幼。

---

① 日比科夫斯基对剧中"角色名"的论述,有"望文生义"之嫌,此处谨按原文翻译,以求其观点之完整。——译者注

除上述提及的、使剧中人物形象结构模式化的方法外,另有两种方式须详述,其可定义为直接特征描写与间接特征描写。

无论自我介绍,或是对手的介绍,都是直接特征描写的手法。有学者认为这纯是浪费笔墨,这一观点或许适用于大部分戏剧形式,但对于早期南戏作品却并非如此,因为早期南戏作品的结构与众不同。当时,并无可让观众了解剧中角色安排的剧目单。而剧中不同的次要角色又经常由装扮相同的同一脚色扮演,所以容易使观众误以为是同一角色在场上进出。考虑到这一点,即可得出戏剧人物的直接特征描写对于观众了解剧作的剧情发展具有极其重要意义的结论。

在《张协状元》与其他南戏剧作中,所有可推动情节发展的重要角色均有自我介绍,不仅介绍其名,亦有描绘过去与当前生活的内容。张协的自我介绍如下:

> 祖来张协居西川,数年书卷鸡窗前。有意皇朝辅明主,风云未际何恢恢。一寸笔头烂今古,时复壁上飞云烟。功名富贵人之欲,信知万事由苍天。①

另一自我介绍的典型例子由使相王德用演绎:

> 下官王德用,官至枢密使相,黑王名字,谁人不知?别无儿男,只有一女,小字胜花。年方及笄,未曾嫁聘。今年是国家大比之年,意下欲招一个状元为东床。②

在使相王德用自我介绍前,管家先描述王德用的位高权重及其住所之宽敞明亮:

> 职迁一品,名号黑王。身居八位之尊,班立群僚之上。画堂静悄,华屋森严。绣帘垂隔春风,宝阶香远没人迹。公相升厅,着个祗候。③

---

① 《永乐大典·一三九九一卷·张协状元》第14a页,北京:中华书局,1960年版。
② 《永乐大典·一三九九一卷·张协状元》第33b页,北京:中华书局,1960年版。
③ 《永乐大典·一三九九一卷·张协状元》第33a页,北京:中华书局,1960年版。

以上都是对戏剧人物进行直接特征描写的例子。宋代的剧作家也不吝啬使用间接特征描写。前文已提及的使用"脚色行当"及含义深远的角色名即为其例,但并非间接特征描写的全部方法。就戏剧最本质的特征而论,主角所用的语言本身就是最有力的间接特征描写方法。戏剧对白的词汇、语音、句法形式皆可指明角色所处的历史、社会、地域环境,也可说明角色的职业、文化水平、性别、年龄及性情品格。

首先必须明确早期南戏剧本的表演方式并不统一。剧本的一部分为演唱用,另一部分则为讲述或朗诵用。与全部曲子均由某脚色一唱到底的北杂剧不同,南戏作品中,所有演员均可借演唱表达情感。而且南戏的演唱部分与讲述部分的语言风格并无明显不同。南戏中,语言风格的不同源于戏剧人物的不同角色特征,并非决定于剧本规定的表演方式。

早期南戏作品借不同语言风格而展现的间接特征描写的篇幅均颇大,故下文仅引用少数例子,以便读者大致了解中国剧作家在这一领域所取得的艺术成就。

南戏剧作所使用的语言虽然都是口语,但依据人物社会地位的不同,语言风格仍有所不同。如张协、张协的朋友、书生、使相、梓州员外郎等可识文断字的人物的语言即比脚夫、小二、商人、强盗、张协的门房等简单、未受教育的人物的语言精细、多样,更多文言句式。但也有虽然身处社会底层,仍然知道在官府应如何行事、如何说话的角色,如贫女、李大婆、堂后官等角色。

胜花的自我介绍即为此例:

> 自古道:荆人不贵玉,蛟人不贵珠。出乎富贵之家,皆不知此身之乐。奴家爹爹王德用,身为宰执,名号黑王。妈妈两国夫人刘氏。①

上文即用文言书写,但用来朗诵时,普通观众仍可理解。需要尤为注意的是这段文字中所使用的前置性副词"乎",限定性后缀"之",及词组"身为",都是中国文言文的典型特征。

另一个例子节选自强人的自我介绍:

---

① 《永乐大典·一三九九一卷·张协状元》第 19a 页,北京:中华书局,1960 年版。

有采时捉一两个大虫,且落得做袍搭脑。林浪里假装做猛兽,山径上潜等着客人。今日天寒,图个大帐。懦弱底与它几下刀背,顽猾底与它一顿铁查。①

此段文字的典型口语特征为:分类词"个",口语中表结果的后缀"得",动词"做",表位置的介词后缀"里",延续性动词后缀"着",代词"它",名词性后缀"底"。通过普实克②、高歌蒂③及佐格拉夫④等人的研究可证,此类词素在宋代口语之中极其典型。

南戏剧作间接性特征描写的使用不仅限于对传统文言与口语的差别使用。南戏剧作也使用其他特殊方式描写参与对白的角色间的关系,从而明确表明各自的职业、年纪、性别等信息。

中国语言文字中存在以特殊名词作代词的古老传统,由此而使代词具备更普遍的意义。大体而言,中国戏剧的角色较少使用第一与第二人称代词。下文将以相关例子阐明中国语言中以名词代替代词的情形。

张协在自我介绍中,就不使用人称代词:"祖来张协居西川,数年书卷……"⑤使相在自我介绍使用"下官(卑下之官)"代替人称代词"我"。五鸡山中的二位商人见面时所采取的省略人称代词则颇有意味。出于礼节,二人皆用"小客(小商人)"指代自己,而称对方为"客长(大商人)"⑥,如此即点名自己与对话者的职业。

类似方式也使用于父母介绍孩子,或介绍父母、兄弟、姐妹。夫妻之间、主人与管家、仆人之间的对白也完全相同。

中国戏曲尝以这种方法限制代词的使用,且合适的名词、敬词、自谦词常取代代词。但这并不等同于中国戏曲完全不使用代词,代词也可使用于

---

① 《永乐大典·一三九九一卷·张协状元》第19a 页,北京:中华书局,1960 年版。
② Průšek, J., *La Fonction de la Particule ti dans le Chinois Méiéval*, Archiv Orientalni 15, Praha, 1946, pp.303-340.
③ Kallgren, G., *Studies in Sung Time Colloquial Chinese as Revealed in Chu Hsi's Ts'uan-shu*, BMFEA NO.30, 1958. 译者按,高歌蒂(Gerty Kallgren, 1916-2011),瑞典汉学家。
④ Zograf, I.T., *Oczerk grammatiki srednekitajskogo jazyka*, Moskwa, 1962.译者按,佐格拉夫(Ирина Тиграновна Зограф, 1931-)语言学博士,1954 年毕业于列宁格勒国立大学东方研究学院中国文字学专业。
⑤ 《永乐大典·一三九九一卷·张协状元》第14a 页,北京:中华书局,1960 年版。
⑥ 《永乐大典·一三九九一卷·张协状元》第14a 页起,北京:中华书局,1960 年版。

剧作之中,但因其仅可指明说话人的关系,所以不具备间接特征描写的功能。

  南戏剧作所使用的人称代词为一由常见的"我""你""他(她、它)"①所组成的集合。有时也会为其添上后缀"每"或"们",但此后缀并不总表复数,多数时候表重复。常见第一人称单数代词添后缀"家",如李大婆②、强人③称"自家",贫女④、使相之女胜花⑤称"奴家"。而第一人称代词,则只见"吾"这一文言词,但是剧中只有山神⑥以此自称。

  只有"洒"这一特殊人称代词仍具间接特征描写的功能,用以指西部之人。但只有梓州武官谭节使借此人称代词表第一人称单数。如收到张协的书信后,谭节使对其仆人说:"你府金来请洒,洒不去不得。"⑦

  显然,角色名与人称代词的使用并未耗尽借语言形式进行特征描写的全部可能。大体而言,对白和独白的内容、表达的形式等也可显现角色的特殊结构。因此,使相决定邀请未来女婿来家,命令堂后官使用大量金银在装饰房屋、挑选媒人等事上,足以说明其乃富裕、有影响力之人。张协准备参加科考的朋友,也只能谈论各自的学业、字词押韵、儒家经典等。行旅商人则仅可谈论其经商的经历。商人中的好吹牛者,则只能吹嘘其勇猛,掌握拳脚功夫。张协的管家雇佣搬运行李也是一个经典场景。脚夫极其懒惰,但仍然想要多求报酬,故列明各项所需。脚夫依据工作、食物、酒、草鞋、额外的辛苦、翻山越岭等事项向管家索取金银。而于管家同意其要求时,仍不急于起身。⑧

  可以想象在剧作中,有多少人物类型,就有多少种不同的问题需争论、不同表达思想的方式。每一角色皆有问题需讨论,皆有向观众表现自己的方式。使相傲慢,故说话语调坚定而自信,唯一的问题是女儿的婚事。与使相不同,李大婆则较难相处,因此不停地责骂丈夫,只关心遮盖秃头的假

---

  ① 括号内的内容为日比科夫斯基对古文中的"他"的解释,因古文常以"他"代替"她"与"它"。——译者注
  ② 《永乐大典·一三九九一卷·张协状元》第44b页,北京:中华书局,1960年版。
  ③ 《永乐大典·一三九九一卷·张协状元》第19b页,北京:中华书局,1960年版。
  ④ 《永乐大典·一三九九一卷·张协状元》第18a页,北京:中华书局,1960年版。
  ⑤ 《永乐大典·一三九九一卷·张协状元》第26b页,北京:中华书局,1960年版。
  ⑥ 《永乐大典·一三九九一卷·张协状元》第21b、27b页,北京:中华书局,1960年版。
  ⑦ 《永乐大典·一三九九一卷·张协状元》第52a页,北京:中华书局,1960年版。
  ⑧ 《永乐大典·一三九九一卷·张协状元》第45b页,北京:中华书局,1960年版。

发,及张协允诺购置的镜子。

值得注意的是,粗俗、猥琐的语言也出现于早期南戏剧作中,且以此作为更独特的人物特征描写。《张协状元》没有这类明显的例子,而在《宦门子弟错立身》中年轻男主角的管家(即王金榜和延寿马之撮合者)的说白中即有此内容。管家劝诫延寿马不可与女演员厮混,否则其父知道后,会"打你娘个本。妇人剜了别,舍人割了卵",及"小姐若还不来后,你在床上弄寮儿"①。

这种猥琐的表达方式可更独特地对老管家进行特征描写。老管家自称撮合男女关系的专家,但只知直呼某些事物,不会委婉表达。

在中国早期戏剧中,诙谐元素也可服务于剧中人物的特征描写。前文已述及,并非全部戏曲角色皆有喜剧戏份。生(如张协),旦(如贫女)即无诙谐特征。喜剧戏份几乎全部均由净承担,丑和末有时也分担部分戏份。

笔者另一收录于《第二届东方文学理论问题讨论会材料汇编》(*Materials of the Second Symposium of the Theoretical Problems in Oriental Literatures*)的文章已对《张协状元》的喜剧特征进行论述,故而此处仅举例论述其核心特点。

喜剧,是衡量中国早期剧作起源于民间的重要标志。喜剧后也演变为其他戏剧形式,如古希腊喜剧、意大利即兴喜剧(commedia dell'arte)、英国伊丽莎白一世戏剧。印度、日本与其他亚洲国家的戏剧作品也可追溯喜剧成分的民间起源。

前人已论及喜剧的本质。如亚里士多德学派认为"喜剧"源于客体不健全,而使主体在欣赏喜剧时产生优越感,或使主体堕落。与此相对的观点,则认为"喜剧"源于客体与标准不一致或偏差。而使人惊奇的是,喜剧的另一个重要因素源于期待与标准之间的不停变化。这种期待可以是剧中角色为社会所接受的行为模式或夸大的自我介绍。

显而易见,"喜剧"既不源于纯粹客观现象,也不源于纯粹主观现象,而应该是客观因素与主观因素的融合。一定存在与主体所接受的标准不一致,或与主体的期待相对的客体,从而使这一客体显得荒谬或反常。如果想要整体分析宋代与"喜剧"有关的观念,则须先考察中世纪中国的社会及道德标准。

---

① 《永乐大典·一三九九一卷·张协状元》第 20b 页,北京:中华书局,1960 年版。

《张协状元》与"喜剧"有关的内容并不多。这部剧作既不是喜剧亦不是悲剧。正如前人曾将东方剧作与莎士比亚剧作相比,这部作品的中心也是严肃的社会问题,且某些所插入的喜剧场景或多或少均与此主题相关。虽然主角有时也与负责表演喜剧的角色同在一场景中,但主角不表演喜剧的确是中国戏曲的准则。

可以用《张协状元》的某些场景作为例子阐明"标准的偏离"。演员如果装扮成无生命的物体一定是引发笑声的有效手段。《张协状元》中至少有两个这类场景。在第十一出中,山神知悉张协的悲剧,且欲报答贫女对众神的照料,故将张协引至古庙,且使贫女与张协相见。山神想要使古庙的条件更好一些,所以命令仆从判官与小鬼装作古庙之扇门。张协到达古庙内时,贫女恰好回到古庙前,发现庙门紧锁。贫女用力拍打庙门,扮作庙门的判官与小鬼忍受着疼痛,交换滑稽对白,但无山神的允许,仍不可打开庙门。

另一个演员扮作无生命之物体的场景是第十七出。在这一出中,李大公夫妇为张协、贫女安排婚礼及供奉山神的祭品。因古庙中缺少桌子摆放贡品与宴席,李大公夫妇之子小二即扮作桌子。起初,小二仍为当一张桌子讨价还价,但随后,被许诺可得到酒食后,小二便弯下腰,李大公即将酒食摆放于其身上,而李大婆与贫女则于其身上置放杯子与酒壶。小二则从背上偷拿酒食。

此出之后就是有关婚姻与祭祀山神的大场。整出小二均扮作桌子,且出现了若干喜剧性情景:小二从背上偷吃山神的祭品,抱怨后背与脚开始发麻;有人找小二时,以为其躲在桌下。最终,小二实在不堪继续忍受扮作桌子,便站起来跑开。当李大婆问起桌子时,小二则让李大公告知李大婆桌子已被人借走。

当一个人试图模仿另一个人时,也可出现若干喜剧因素。其中甚至有专门的滑稽脚色。张协与朋友讨论各自的梦境时,出现如下场景。张协将梦告知其朋友:

夜来梦见两山之间,俄逢一虎。伤却左肱,又伤外股。似虎又如人,如人又似虎。

于是:

（净——朋友甲）惜乎尊兄正梦之间独自了。
（末——朋友乙）如何？
（净——朋友甲）若与子路同行，一拳一踢。（打末着介，末①——朋友乙）
（末——朋友乙）我却不是大虫，你也不是子路。②

由此可见，张协的一位朋友将自己想象成孔子的弟子子路，拥有子路勇武的特点，又将其朋友作为张协梦中之虎，所以将其又踢又打，好像张协的梦境发生在现实之中。

张协的朋友另有一个不大符合常识的梦，而这也会引观众发笑，即在此"净"的梦中，一只老鼠追赶着猫。

由"标准的偏差"所造成的喜剧形式多种多样，也是可使人发笑的最主要类型。这一"标准"既根源于生活常识，又根源于传统。"标准的偏差"可表现为某人言行不一，如将其言语当作自我声明的标准，则其行为即为此标准的偏离。《张协状元》自然存在此类"喜剧"。

张协见到朋友时，自然地开始谈论学业，二位朋友均宣称已经掌握了所有在科举中可能有用的知识：

（净——朋友甲）笑韵脚难押，胡乱便了。③
（末——朋友乙）杜工部后代。
（生——张协）尊兄高经？
（净——朋友甲）小子诗赋。
（末——朋友乙）默记得一部《韵略》
（净——朋友甲）《韵略》有甚难，一东，二冬。
（末——朋友乙）三和四？
（净——朋友甲）三文酱，四文葱。

---

① 此"末"字为日比科夫斯基为解释其所扮演之角色而单独说明。——译者注
② 《永乐大典·一三九九一卷·张协状元》第20b页，北京：中华书局，1960年版。
③ 《全元戏曲》与《永乐大典戏文三种校注》本均为"（净笑）韵脚难押"。见王季思《全元戏曲》第九卷，第10页，北京：人民文学出版社，1990年版；钱南扬《永乐大典戏文三种校注》第14页，北京：中华书局，1979年版。——译者注

(末——朋友乙)那得是市卖帐?①

可见,"净"虽宣称押韵极其简单,但并不清楚韵部名称,而押韵是科举考试诗赋科中极其重要的考试内容。

另一个自吹自擂最后却名不副实的例子,是一个也由净扮演、夸夸其谈的商人。这位商人声称已掌握若干兵器的技艺,可吓退任何胆敢来犯的强盗。然而,当遇到强盗时,他第一个放弃货物,请求饶命。

夸张为联系实际物体产生喜剧的最常用方式。例如,张协准备离家赴京时,母亲与妹妹要求其购置尺寸极其夸张的礼品。母亲要其带回"似门前樟树样大"②之花,一把"似扁担样大"③的梳子。妹妹也要一把大梳子,额外还需一张大膏药,好贴在背上让自己像个驼背。

最后,须为另两种重要之"喜剧"形式举例。其一为认识的荒谬,最恰当的例子是两位商人被五鸡山强盗打劫之后的对话:

末(商人甲)与净(商人乙)合:担儿把去,今夜两人在那里睡!
(中略)
(末白)下山转去休。
(净)上山去。
(末)上山做甚么?
(净)没担空手人最好上山。
(末)却来打诨。下山去。
(净)下山也好。
(末)如何?
(净)下山去借一条棒,更相打一合。④

其二,是源于口头语对语言标准的大量偏离所形成的喜剧。这种"偏离"通常是根据中国语言的独特语音与书写结构特点所表现的古语、不规范用语、俚语。

---

① 《永乐大典·一三九九一卷·张协状元》第15b页,北京:中华书局,1960年版。
② 见钱南扬《永乐大典戏文三种校注》第33页,北京:中华书局,1979年版。——译者注
③ 见钱南扬《永乐大典戏文三种校注》第34页,北京:中华书局,1979年版。——译者注
④ 《永乐大典·一三九九一卷·张协状元》第20b页,北京:中华书局,1960年版。

说明这种"喜剧"类型最恰当的例子是李大公夫妇之子小二在镇上购买登科记时所说的对白。小二与贩卖登科记的男子都不能将"登科记"三字准确读出,且将通过科考的人名与籍贯读错、理解错,将人名作为地名,又将地名作为人名;而且二人都不知该如何称呼这一名录,每次均少说一字。

另有与双关语、流行语、诙谐语、典故语相关的例子,但是由于当时所使用的标准语言与现今有所不同,所以现代人并不能理解所有这类例子。

呈现在戏剧作品情节中的时间(年代)与地点,是戏剧内容结构的决定因素。绝大部分戏剧故事的发生年代、地点与剧作实际表演的年代、地点不同。与古希腊不同,中国人彻底漠视时间与空间统一的传统。在笔者看来,这种漠视与中国戏曲源自说唱文学有关,在说书文学中,时间与空间不必统一。说唱艺人的目的并非使观众置身于所呈现的事件中,而是使观众体验已经发生的事件,中国戏曲也是如此,所以不必苛求诗性、戏剧性的时间与空间。

就《张协状元》的时间安排而言,这部剧作可分为开场与正文二部分。开场的时间就是表演的时间。在开场中,演员描述剧班的高超戏剧艺术能力,又与观众、幕后的演员交换对白,为观众概述即将上演的剧作的情节,并保证观众一定会尤其喜爱这部剧作。

《张协状元》的正文部分从未明确交代故事发生的年代。从情节发展大概推测,整个戏剧情节的发生大约经历四年时间。张协在秋季离家,原计划第二年春季到达京城,但因五鸡山的遭遇,到达京城的时间被延迟。张协自述道,"洛阳无限花如锦,待我来时不遇春"①,所以只能等待下一场科举考试,而科考每三年一次,而从其夺取状元至到达任所又至少再需一年时间。

虽然可大致推算《张协状元》整个戏剧情节发生的跨度,但仍然不能确定戏剧情节发生的具体年代。除上文所举的例子可说明当时的都城为洛阳外,情节中并无关于发生年代的明显说明。而依据开头处"题目正名"的内容,当时的都城应为长安②。无论如何,"洛阳"这一例子不足以解

---

① 《永乐大典·一三九九一卷·张协状元》第26a页,北京:中华书局,1960年版。
② 日比科夫斯基于此处似乎有将戏曲材料当历史文献的倾向,译者认为并不能以剧中的材料作为推断的依据。——译者注

决戏剧情节发生年代的问题。后汉(25—220)与北魏(386—534)均以洛阳为首都,但这两段时间内朝廷并无科考制度。在后世的历史上,也曾短时间以洛阳为当时的首都,可惜剧本中并无明确表明剧作所演绎的故事所发生的朝代。

虽然不能推测出剧作故事起源的具体年代,但仍有一些细节可判断稍小的时间单位,如季节。

如第六出,贫女在曲子中唱出了其贫困的处境:"今夜起朔风,苦也,如何忍冻"①,这就指明冬季刚开始。张协与两位商人也抱怨天寒地冻,描绘了雪花覆盖的五鸡山风景。贫女居住的古庙,也被寒风吹透,所以山神才命令属下装作古庙的大门以阻挡冷风。所有这类场景皆可使人感到这类事件发生在冬季。

另一个例子为第十四出,使相之女胜花在此出第一次出场。胜花在所演唱的曲子中提及"春去夏月芰荷"②。贫女在山间采茶的收获也能说明当时的季节。

剧作的事件均按时间顺序发展。而为着重表现另一个角色,某些场景需要被转移至另一个位置,实际上,维持时间顺序须以地点与情节的统一为暂时代价,而剧作家只是以这种手段试图讲述某些与主要情节同时且发生于其他地方的事件。如第三、六、八、十四、十六、十八出及其他例子的人物(如贫女、强人、胜花、使相及其妻)未与主要情节相关、且所在地点也与主要情节发生的地点相距甚远,但仍然出场描述处境。

前文虽已述及,中国戏剧无地点统一的概念,但仍可见戏剧情节发生的地点。在短篇剧作中,情节尝从此地转移至他地。因为中国戏台并无场景和道具,所以戏剧情节发生的地点须借助对白。如有必要,也可以由剧中角色直接描述场景。由此,观众即可分辨张协的川西老家、五鸡山中不知具体位置的古庙、主角前往的首都洛阳以及之后的任所梓州。这些地方在地图上是一个大区域,所以戏台上必须对这些地方做细致、精确的描述。

第四出是以宾白描述外部环境的例子,在这出中,张协的仆人到达算命先生店中后,评价其店道:"那张介元教请过员梦先生。兀底一间小屋,

---

① 《永乐大典·一三九九一卷·张协状元》第18b页,北京:中华书局,1960年版。
② 《永乐大典·一三九九一卷·张协状元》第26a页,北京:中华书局,1960年版。

四扇旧门。青布帘大写着'员梦如神',纸招子特书个'听声揣骨'。"①

另一个与此类描述相关的例子是张协在前往京城途中对大雪覆盖的五鸡山的描绘:

朔风四野云垂地,向长空六花飞坠。独上高山,全无力气,奔名奔利直如是。②

贫女、商人、山神均描述过大雪飘扬的五鸡山。此后,剧本中则有对古庙、相府等地点的描述。

地点的切换主要借助场次的切换实现。场次切换的过程中,一位演员或者一组演员下台,新演员上台,告知观众其所处的地点,或其出现的本身即意味着某个地点。但也有如下的例子,戏剧情节发生的地点在同一个场景中发生变换,就好像剧中角色在旅途之中从一地到达另一地。这种"旅行"常伴随有韵律五字朗诵,如"一步又一步"或"一步远一步"。行旅商人与为张协搬运行李之脚夫都曾重复朗诵这类五言句子。下文引自两个商人的行旅场景,恰好可形象地说明这一特点:

一步又一步,一步又一步。檐儿担不起,怎赶得程路?气力全无,汗出悄如雨。尚有三千里,怎生行路!(末白)挨也!我上又不得,下又不得。且歇一歇了,去坐地。(末唱)一步远一步,一步远一步。③

第五章　南戏形式

中国戏曲由唱、白、科三个部分组成。"唱"的结构是决定戏曲作品属于南戏或北杂剧的重要因素,因此南戏作品的这一部分尤其值得注意。

曲子规定使用的宫调既不是由剧作家也不是由作曲家创造的,它们早就存在于音乐和文学的传统之中,剧作家要做的只是把曲文填入这些广为人知的曲子之中。这些曲子的来源并不相同,通常有三种主要来源,即

---

① 《永乐大典·一三九九一卷·张协状元》第16b页,北京:中华书局,1960年版。
② 《永乐大典·一三九九一卷·张协状元》第20b页,北京:中华书局,1960年版。
③ 《永乐大典·一三九九一卷·张协状元》第19b页,北京:中华书局,1960年版。

"词""曲"和村坊小曲。这类曲子没有乐谱保存至今,所以对其宫调形式所知甚少。因而,这些曲子的书面形式就成了分析考察的首要对象。

南戏剧本中所记载的曲文都是长短不一的诗,大多曲文的韵律是不规则的,这反映出被演唱曲调的韵律的不规则性。虽然这些曲辞都是押韵的诗,但根据不同的宫调形式,所押韵脚的分布也不规则。每支曲子的开头处所注明的曲子名,同时也注明了这支曲子的韵律结构。通过这些曲子的名称可确定曲子的来源,确定它们是源自"词"还是"曲",是典型的南曲或北曲。

这类曲子名称为"牌名"。按照明代学者王骥德的说法①,曲牌名第一次出现于汉代(公元前2世纪—2世纪)。他举例说明了早期的曲调,又对这种文学形式在后代的发展演变做了描述,这种诗歌形式从乐府民歌发展为"词",又发展成为金元时期的"曲"。此外,王骥德认为"曲"源自中国北方。陶宗仪的《辍耕录》和朱权的《太和正音谱》记录了北曲的曲牌名和韵律结构。蒋惟忠则将南曲的曲调编纂为《南九宫十三调词谱》。虽然有时南曲和北曲的曲牌名完全相同,但南曲和北曲并不相同。

曲牌名的结构和起源非常有趣。最早的曲牌名取材于古代诗词,就此王骥德举出了一些例子。例如在《张协状元》中出现过的曲牌名[粉蝶儿]②大约取材自毛滂所作"粉蝶儿共花同活"。然而并非所有的曲牌名都取材于诗词的开头,有时也会节取自诗词的末尾或中间部分。但无论如何,作为曲牌名的都是诗词中最优美、最独特的部分。

也有曲牌名源自地名,例如[台州歌]③。有一些曲子以所用的韵律单位为名,例如[步步娇],然而这样的名称可能没有明显的意义。有学者(王骥德)认为[步步娇]是一首简短、快速的曲子,但是《张协状元》中这支曲子的曲文却有六行。类似的还有[字字双]曲,它由四行韵律、词汇对仗的曲文组成。

至于其他曲子,由于没有合适的诗词可以取材,所以艺人根据季节、人物、人物事迹、花名、鸟名来为曲子命名。有时候艺人也把真挚的感受放入曲牌名中,有时候又会把在不经意间吸引了他们注意的事物放入曲牌名

---

① 王骥德《曲律》,《中国古典戏曲论著集成》第四册,第57页,北京:中国戏剧出版社,1959年版。
② 《永乐大典·一三九九一卷·张协状元》第15b页,北京:中华书局,1960年版。
③ 《永乐大典·一三九九一卷·张协状元》第41b-42a页,北京:中华书局,1960年版。

中。不可能全面分析曲子复杂、多样的命名方式。曲牌名的意义往往和首先使用该曲子所要表达的内容或情感有关,这之后它们就作为一种特殊的韵律结构。在大量累计之后,就有曲子在结构上非常相似甚至完全相同。有时,知名的艺人对已经存在的曲子的结构进行修改,从而使流行的曲子出现了大量的变体。这样又转而使一个曲牌名代表了两种或三种不同的韵律结构。

曲子被安排进特定的宫调中,每一支曲子都只能在其从属的宫调中演唱。在后期传奇作品中,共有九种不同的、从基本曲调而来的宫调,称为九宫,此外,又有从其他由中国音阶组成的曲调而来的十三种宫调(称为调)①。一些特殊的曲子也会被安排进以宫调确定的严格顺序中。这与按照艺术规律而使曲子不按规则排列不同。在后期传奇作品中,曲子被进一步划分为两种主要类型:一种称为"引词"或"近词",另一种称为"过曲"或"慢词"。前一类型的曲子常用来引导场次且较短,后一类型的曲子则相对较长,且常用于场次中间,在短曲之后。

上述这些安排曲子的规则是在元明时期为北杂剧和明传奇所指定编纂的。因为戏文的形式与上述两种戏曲形式都有所不同,所以找出戏文安排曲子的规则、这个规则的起源及其是否对北杂剧和后来的传奇发生过影响是很有意义的。

第二章已提及,王国维曾对南方戏曲和北方戏曲中所使用的曲子进行对比,发现南方戏曲比北方戏曲包含了更多与唐宋诗词有关的曲子。这类曲子在南方戏曲中所占接近一半,而在北方戏曲中只占了三分之一。然而,由于当时早期南戏剧本尚未找回,所以王国维不能将这一统计结果用于南戏剧本中。因此,本研究将在本章运用这个结果来考察现存最早的南戏剧本《张协状元》。这部作品共有178支曲子,其中有71支与唐宋诗词有密切联系。这一联系仅出自对曲牌名的考察,因为无处可知它们的实际演出形式和它们曾经被如何修改。这一结果在一定程度上证实了王国维的结论。在剩下的107支曲子中,有87个曲牌名被元明时期的南曲谱收录。但《张协状元》中仍有20个曲牌名既不能证明其与先前诗词有关,亦

---

① 译者按:"九宫十三调"实为南田宫调诸调式的总称。正宫、中吕、南吕、黄钟、仙吕、越调、商调、双调、仙吕入双调为九宫,加上大石调、小石调、般涉调、羽调,合为九宫十三调。日比科夫斯基此处对"九宫十三调"的理解有误。

未被后世戏曲形式所继承,它们可能就是村坊小调,在离开了地方性戏班和演员曾经进行表演的地区后,就不再拥有普及性和传播性,例如[复襄阳][贺筵开][台州歌][太子游四方]等就是地方曲子。

学者通常认为在南戏作品中,曲调也是依据宫调安排的,但根据观察却并非如此,由《张协状元》选择曲子的随意性可证。依据宫调安排曲子的规律不存在于早期南戏作品而存在于早期北方戏曲作品中的情况来看,很明显应该归因于二者的不同起源。北杂剧的直接先导是诸宫调,而诸宫调已经具有根据宫调安排曲子的完善系统。而早期南戏是由短篇故事发展而来的,很少有曲子被插入在讲述主要故事情节的过程中。因此,早期南戏没有根据固定顺序安排曲子的传统。这也从另外一个角度证明了笔者早期南戏与说唱文学有直接联系的观点。

在宋代,词这一体裁,是根据已经存在的曲调创作的,而在元代北杂剧中,曲文内容与曲牌名的意义之间也没有密切的联系,因为是曲子有固定的顺序而不是曲文的内容,这一固定顺序也被认为是杂剧中最具审美价值的部分。南戏的传统与此颇为不同,在南戏作品中不存在安排曲子的固定规则。在《张协状元》中,许多曲牌名的意义和该曲子所填曲文的内容有关。这个特点在地方小曲中尤为明显。上文已经提及的[复襄阳]曲,是一位商人在穿过五鸡山时所演唱的;[哭梧桐]曲,是贫女被丈夫赶出家门重新回到古庙时所演唱的。还有其他在这部作品中演唱的曲子是通过这种方式选定的,即曲牌名与戏剧人物或与对情节片段的回应有关。例如山神和判官所唱的曲子有[临江仙]①[五方鬼]②。张协在离家赴京时所唱的曲子是[望远行]③,当他渴望回家时,所唱曲子的是[望吾乡]④。

对于如何依据特定的宫调所规定的固定韵律,将曲文填入曲子也应被论及。在北杂剧中,剧作家们通过发挥创造力将包含所要表达的情感的文字或符号尽可能多地填入曲子的韵律结构中。如果曲子的结构不能容纳所有要表达的情感,剧作家会使用"衬字",但"衬字"是不能演唱的,所以实际上每一个可以唱的音节都有它在曲子中对应的固定韵律单位。

---

① 《永乐大典·一三九九一卷·张协状元》第21a-21b 页,北京:中华书局,1960 年版。
② 《永乐大典·一三九九一卷·张协状元》第22a 页,北京:中华书局,1960 年版。
③ 《永乐大典·一三九九一卷·张协状元》第18b-19a 页,北京:中华书局,1960 年版。
④ 《永乐大典·一三九九一卷·张协状元》第35a 页,北京:中华书局,1960 年版。

南戏作品的曲子不存在衬字,但可以用其他方式处理字词的盈余,比如指派多个音节对应一个韵律单位。当文字的数量不足以填充所有的韵律单位时,就使用曲子中连续几个音调演唱一个音节。

王骥德在《曲律》中对比南曲和北曲后,得出结论:

> 北辞情少而声情多,南声情少而辞情多。①

换言之,即在北杂剧中,曲子的审美价值是最高的,曲文的价值则是第二位的,从属于曲子。在南戏中,曲文则是最重要的,曲子从属于曲文。这种区别也可说明,北杂剧源于诸宫调,因为二者都强调曲子的音乐性;而源于说唱文学的南戏,相对于音乐装饰,更重视剧本的曲辞。

在分析《张协状元》的曲子时,可以发现上述的结论是被充分证实的,因为这部作品缺少根据特定宫调安排曲子顺序的规则。就精确地根据曲调创作曲文而言,《张协状元》中可以找出保持韵律原则的例子,也可以找出不遵守这一原则的例子。

《张协状元》中两组曲子将在此引用,以论述这一创作曲文完全相对的方法。因为这两组曲子源自宋代已经存在的"词",所以要呈现它们在《词律》②中的形态。又因为这两对曲子在传奇中仍被用以创作曲文,所以它们在《曲谱》③中的形态也将被呈现,从而可见从宋代到明代,曲子形式的发展变化,也可见南戏作品在该过程中的地位。

第一组例子是根据[卜算子]创作的曲文。本文仅对唱段之中的音节数量和韵脚位置进行分析,而不讨论音阶问题,音阶至迟在北杂剧和南戏之中就已经不同。第一是《词律》中这个词调的标准韵律;第二是《张协状元》中由使相的夫人和女儿所演唱的曲子④;第三是张协所演唱的曲子⑤;第四是《曲谱》⑥中这支曲子的标准韵律。《曲谱》将该曲子划入引词,属于[仙吕宫]。

---

① 王骥德《曲律》,《中国古典戏曲论著集成》(第四册)第57页,北京:中国戏剧出版社,1959年版。
② 《词律》,《四库备要》本,上海。
③ 《曲谱》,《万有文库》本,上海:商务印书馆,1937年版。
④ 《永乐大典·一三九九一卷·张协状元》第38a页,北京:中华书局,1960年版。
⑤ 《永乐大典·一三九九一卷·张协状元》第38b页,北京:中华书局,1960年版。
⑥ 《曲谱》(卷五)第1页,《万有文库》,上海:商务印书馆,1937年版。

1. V V V V V(也有变体在该唱段后加韵脚)
   V V V V V(韵脚)
   V V V V V V
   V V V V V(韵脚)

2. (外)百 尺 彩 楼 高(韵脚)
   十 里 人 挨 闹(韵脚)
   (后)状 元 今 日 欲 游 街
   (合)一 段 风 光 好(韵脚)

3. 张 协 受 皇 恩
   乍 着 荷 衣 绿(韵脚)
   回 首 爹 娘 万 里 遥
   料 已 沾 天 禄(韵脚)

4. V V V V V(韵脚)(同源曲[番卜算]在该唱段没有韵脚)
   V V V V V(韵脚)
   V V V V V V
   V V V V V(韵脚)

从上述的对比中可见,《张协状元》的剧作者严格遵守宋词韵律规则,甚至未使用"衬字"将意思表达充分。然而,从下一组曲文例子就可见,在早期南戏作品中,这种韵律规则并非总被严格遵守。

接下来被分析的曲子为[一枝花]。首先,是呈现的是《词律》中的例子,其次,是,贫女被丈夫赶出家门后在从京城往回走的路上唱的曲子①;第三,是贫女、使相夫人、仆人在准备好贫女的婚礼时所演唱的曲子②;最后,则是选自《曲谱》的标准韵律③。《曲谱》将这支曲子划为引词,并且属于[南吕宫]。

1. a. V V V V V(韵脚)
   b. V V V V V(韵脚)
   c. V V V V V
   d. V V V(韵脚)
   e. V V V V V

---

① 《永乐大典·一三九九一卷·张协状元》第44a页,北京:中华书局,1960年版。
② 《永乐大典·一三九九一卷·张协状元》第51b页,北京:中华书局,1960年版。
③ 《曲谱》(卷八)第5—6页,《万有文库》,上海:商务印书馆,1937年版。

f.V V V V V̲(韵脚)

g.V V V V V̲(韵脚)

h.V V V V V V̲(韵脚)

i.V V V V V

j.V V V V̲(韵脚)　　　　　(尚有9行未录)

2.(旦提招子上唱)

a.奴 住 江 陵 府̲(韵脚)

b.家 内 多 豪 贵

c.幼 年 失 恃 怙̲(韵脚)

d.镇 孤 苦̲(韵脚)

e.因 往 皇 都̲(韵脚)

f.特 特 来 寻 亲 故̲(韵脚)

g.争 奈 相 辜 负̲(韵脚)

h.裹 足 全 无̲(韵脚)

i.怎 生 底

j.回 归 乡 里

3.(外唱)

a.孩 儿 过 来̲(韵脚)

b.试 出 幽 闺̲(韵脚?)

c.徐 步 花 街̲(韵脚?)

(旦)

d.喜 奴 今 日 会 开 怀̲(韵脚)

e.是 这 花 如 锦

f.柳 垂 带̲(韵脚)

(后净合)

g.穿 红 度 绿

h.折 朵 奇 葩 带̲(韵脚)

i.奇 葩 带̲(韵脚)

4.a.V V V V V̲(韵脚)

b.V V V V V̲(韵脚)

c.V V V V V

d.V V V̲(韵脚)

e.V V V V(韵脚)

f.V V V V V(韵脚)

g.V V V V V(韵脚)

h.V V V V(韵脚)

i.V V V V V(韵脚)

通过对《张协状元》中的两支[一枝花]曲与《词律》《曲谱》中的标准韵律加以粗略对比，即可明显发现，宋代剧作家并非总严格遵守韵律规则。在从宋代到明代的几个世纪中，即使是[一枝花]的标准韵律也经历了变化，但是，这两种韵律虽然相隔数百年，仍然存在许多相似之处。其差别不过部分唱段的韵脚位置的改变，乐段 e 缩短至四个音节，把只有三个和四个音节的唱段拉伸至六个音节。所引用的第一段曲文与两种标准韵律较为相似，唯一明显的不同就是末句唱段的结尾处，本该押韵，而非不和谐的"里"。另一方面，上文所引用的第二段[一枝花]曲文，虽然也选自《张协状元》，但是与之后或之前的韵律标准都没有相似之处，前三唱段（a、b、c 段）使用四个音节取代了五个音节。两种韵律标准和前一种曲辞都显示，f 唱段应为七字①，而非三字。因而，每段之中的音节数量和韵脚使用的不一致均增加了。除非是对曲牌名的误用，不然这显示出了剧作家的巨大自由性，他们在创作时不如诸宫调和北杂剧作者恪守音乐规则，而是着眼于选择合适的曲子表达思想，如果所选择的曲子不适合所创作的曲文，他们直接忽视韵律规则，因为最重要的不是曲子的韵律规则，而是曲子的曲文。

在北杂剧和早期南戏作品中，演唱和说白部分所占的比例也是不同的。在北曲杂剧中，曲子构成剧作的主体，且延续了诸宫调一人表演的传统，所有的曲子均由一种脚色（即主脚）演唱。说白部分比较短，具有补充作用，用以弥补说白与曲辞之间的差距，促进情节的发展。一种假设认为，元杂剧中的说白部分是由演员在表演时即兴创作的。这一问题不是本研究的重点，此处提及仅为凸显出演唱部分在北杂剧中的重要性，引述一种认为说白部分是由演员即兴创作的学者的观点。

明代学者臧晋叔在大型的元杂剧选集的序文中说道：

或谓元取士有填词科，若今帖括然。取给风檐寸晷之下，故一时

---

① 从前文来看，f 唱段应为五字，而非七字。——译者注

名士虽马致远乔孟符辈,至第四折往往强弩之末矣。或又谓主司所定题目外,止曲名及韵耳。其宾白则演剧时伶人自为之,故多鄙俚蹈袭之语。①

与曲子组成北杂剧的主要部分相对,说白是早期南戏的主要组成部分。所有的已知信息都说明南戏发源于说唱文学,而在说唱文学中,曲子只有装饰性功能。虽然《张协状元》中有178支曲子,但是其中有相当一部分仅有少数几段曲文,比如[川鲍老]②、[虞美人]、[上马踢]③、[窣地锦裆]④、[探春令]⑤以及[满江红]⑥,而[满江红]曲只有一句话:"望大贤周济我两文钱,归乡去。"

曲子在南戏作品中的分布相当不规律。有一些场景较长,但只有一两支曲子(如场景9、31、43);有一些场景不长,但被曲子填满(场景28、58)。

早期南戏作品中曲文和说白的分配可能具有典型特征描写的作用。在早期南戏作品中,可以辨别出5种典型特征描写方法。

1.有些曲子是角色自我介绍的一部分。这类曲子有:贫女演唱的[风马儿]、[借黄花]曲⑦,使相演唱的[斗黑麻]曲⑧,及张协演唱的[凉草虫]。其中,[凉草虫]的曲文开头为:"姓张名协,是川里居。本是读书辈,应着科举。"

2.剧中的主角或配角用一支曲子表达感受、想法也是比较自然的,这种内心独白的例子为数不少。如张协在恶梦之后与好友谈论时,通过演唱[粉蝶儿]表达想法:"徐步花衢,只得回家扣双亲,看如何底。"⑨使相之女胜花使用较长的[赏宫花序]曲全面地表达想法、感受。

3.有部分曲子则用以描述情节发生的环境。通过演唱曲子描述五鸡

---

① 臧晋叔《元曲选》第3页,北京:中华书局,1958年版。
② 《永乐大典·一三九九一卷·张协状元》第17a页,北京:中华书局,1960年版。
③ 《永乐大典·一三九九一卷·张协状元》第35a页,北京:中华书局,1960年版。
④ 《永乐大典·一三九九一卷·张协状元》第35b页,北京:中华书局,1960年版。
⑤ 《永乐大典·一三九九一卷·张协状元》第36b页,北京:中华书局,1960年版。
⑥ 《永乐大典·一三九九一卷·张协状元》第44b页,北京:中华书局,1960年版。
⑦ 《永乐大典·一三九九一卷·张协状元》第18b页,北京:中华书局,1960年版。
⑧ 《永乐大典·一三九九一卷·张协状元》第33a页,北京:中华书局,1960年版。
⑨ 《永乐大典·一三九九一卷·张协状元》第15b页,北京:中华书局,1960年版。

山风景的例子如张协的[望远行]曲①和[七娘子]曲②,一位商人的[生查子]曲③,贫女的[新水令]曲④。上文提及的由使相夫人演唱的[卜算子]曲则描述了为状元游街而准备的京城街道景象:"百尺彩楼高,十里人挨闹……"

4. 在《张协状元》中也有一些道德格言、谚语不通过说白,而通过插入曲子中由角色演唱。张协在[水调歌头]曲⑤中描述了考取功名的强烈信念,在结尾引用了谚语"正是雁飞不到处,人被利名牵"。

5. 南戏作品最显眼的特征正是忽略戏曲文本中曲文与说白的不同,并且将最生动的、通俗的对白写入曲文。在《张协状元》中存在大量包含对话性内容的曲子,为表明中国戏曲中的这一独特现象,下文将例举《张协状元》中的两个片段加以说明。

贫女在古庙中遇见张协同时,李大公夫妇让儿子小二为贫女送去一些酒食。小二在路上唱了一支[双劝酒]曲⑥,曲文内有:"阿爹阿娘,教我传语:些儿酒米,担来与你。要时你便留住,不要我便将去。"另一个例子则取自描写婚宴的场景,其中小二扮做桌子。在贫女领唱[红绣鞋]曲后,参与表演的脚色接唱道:"(贫女)小二在何处说话?(小二)在卓下。(李大婆)婆婆讨卓来看,甚希姹……"。

曲文中存在如此通俗的表达和对白的现象仅见于早期南戏作品之中。如果早期北杂剧不是只能由一种脚色一唱到底,那么可能也会出现用来唱的对话,但即使如此,北杂剧演唱部分的语言和说白部分的语言风格还是有所不同。周贻白注意到了这一点,即如果南戏不在曲文的开头注明曲牌名,那么很难区分演唱与说白部分。⑦

中国戏曲的两种主要类型的曲文部分的语言风格之所以会有不同,可能根源于二者起源和创作方式的不同。北杂剧起源于诸宫调,曲文的创作方式为简洁地将文字填入已经固定顺序的曲子之中。因此,与曲文相比,

---

① 《永乐大典·一三九九一卷·张协状元》第18b-19a 页,北京:中华书局,1960 年版。
② 《永乐大典·一三九九一卷·张协状元》第20a 页,北京:中华书局,1960 年版。
③ 《永乐大典·一三九九一卷·张协状元》第19b 页,北京:中华书局,1960 年版。
④ 《永乐大典·一三九九一卷·张协状元》第22b 页,北京:中华书局,1960 年版。
⑤ 《永乐大典·一三九九一卷·张协状元》第34b 页,北京:中华书局,1960 年版。
⑥ 《永乐大典·一三九九一卷·张协状元》第24b 页,北京:中华书局,1960 年版。
⑦ 周贻白《中国戏剧史长编》第162—163 页,北京:人民文学出版社,1960 年版。

观众更欣赏的是曲子。盛行于南戏的创作方式则颇为不同,这一方式源于说唱文学,在说唱文学中,文字占主导地位,而曲子则分散于整部作品中,使形式更为多样。

在南戏作品中,对白和曲文均可促进情节发展。周贻白发现,在北杂剧作品中,忽略说白部分直接阅读曲文即可了解作品的全部情节。这一过程则不能重复于南戏之中,因为遗漏任何说白或曲文都会导致对情节理解的片段性。①

前文已提及,南戏与元杂剧的不同之处为剧中几乎所有脚色均可演唱。演唱部分可按以下 5 种方式安排:

1.曲子从开始到结束均由一位演员演唱的例子是比较常见的。《张协状元》中有很多这样的例子,如使相用来表现张协拒绝与其女成婚的失望之情及女儿之死的绝望之情的[台州歌]曲,又如张协向山神祈祷,诉说在五鸡山上的不幸时所用的[菊花新]曲。每一支曲子的开头都会注明"唱"和曲牌名,此外还有演唱这支曲子的行当名。如果这支曲子紧接着重复出现,则会使用"丑唱同前"一类的提示代替标注同样的曲牌名。可能出于抄写者的疏忽,《张协状元》中有一支没有曲文的曲子,即[夜游湖]②,在标注"末唱"后并没有曲文。

2.另一种曲子演唱方式为"连续二重唱",即一支曲子由一种脚色开唱,继而由另外一种或多种脚色接唱。这一连续演唱的方式虽然出现次数不多,但仍较为常见,采用这一方式演唱之处会标注"接唱"或者"接",比如张协的父亲(外)与母亲(净)连续演唱的[行香子]曲。然而,术语"接"并不总出现于接唱之处。脚色演唱一支又一支曲子直至注明"白"之处,"白"代表以下的文字用以说白。[五方鬼]曲即为此类例子,该曲由山神(净)、判官(末)演唱,直至注明"白"之处,二人才停止演唱。在另二三个例子中,演员在演唱曲子的结尾部分时会被要求做"揍",这可能是某个结束动作,其中一例即为使相结束[江头送别]曲的方式。

3.两种及以上脚色同时合唱一支曲子的方式也见于南戏作品中。剧本中常以三种方式注明这一演唱方法。同时注明两个行当名从而使他们演唱随后的段落的方式是最常见的。张协的父亲(外)和母亲(净)同时演

---

① 周贻白《中国戏剧史长编》第 162 页,北京:人民文学出版社,1960 年版。
② 《永乐大典·一三九九一卷·张协状元》第 50b 页,北京:中华书局,1960 年版。

唱的[犯樱桃花]即为此例。《张协状元》的作者在某些例子中标注得更为仔细。由张协和贫女一起演唱的[终衮]①曲就在开头处注明"生旦合唱"。此外，还有在曲子前注明"末丑双唱"，使末丑合唱的例子，即使相(丑)和堂后官(末)一起演唱的[窣地锦裆]②。

4.《张协状元》中最常见的演唱方式是前述两种演唱方式，即接唱与合唱的结合。任意选择由张协(生)、贫女(旦)接唱的[狮子序]曲为例，该曲子，先由生演唱三句曲文，后由旦接唱另三句曲文，最后的曲文则注明"合"，即曲文需二人合唱。这支曲子整体重复三遍，每次的曲文均不相同，直至注明"旦白"处才停止。部分曲子也可设定为由两种以上脚色演唱。[醉太平]曲即由四位演员(贫女、张协、李大公、李大婆)演唱，每种脚色按照顺序唱一到两句，直至曲文最后一句四人合唱。《张协状元》结尾③由七种脚色合唱；依次成对表演结尾的前三句(第一句——张协和贫女，第二句——使相和夫人，第三句——李大婆和女仆)，最后则由包括使相管家在内的七人，共同合唱这支曲子和这部作品的最后一句。

5.曲子中可能存在类似于前述，但又有所不同的唱法分配。每位脚色根据同一曲子的不同曲文演唱，在剧本中以术语"合同前"(可解释为"如上文一般合唱")注明，但该术语之后并无曲文。这当然只是推测，因为这一术语又可解释为"根据上文内容合唱"。但必须注意，一方面，在某些例子中"合同前"之前的合唱，并不符合某脚色在表演时所对应的位置，另一方面，单独演唱的片段又或多或少地与合唱部分的韵律结构相似。这一情形见于山神和张协演唱的[油核桃]曲中。

南戏在深入发展的过程中，引入了曲子根据宫调排列的规则及"引词""过曲"的分别，也逐渐出现了某些曲子只由特定行当扮演的角色演唱的传统。因为由正面的男主脚(生)或女主脚(旦)演唱常由末、净、丑演唱的粗俗、不雅的曲子，会给人以低俗之感。《张协状元》证明在其创作年代，曲子的这一差别尚未形成，或被剧作家完全忽略了。钱南扬在收集重新发现的早期南戏作品片段的著作(《宋元戏文辑佚》)的序文中提供了相关例子。这些例子来自于《张协状元》场景27，在该场景中贫女通过[黄莺

---

① 《永乐大典·一三九九一卷·张协状元》第28b页，北京：中华书局，1960年版。
② 《永乐大典·一三九九一卷·张协状元》第35b页，北京：中华书局，1960年版。
③ 《永乐大典·一三九九一卷·张协状元》第54b页，北京：中华书局，1960年版。

儿]曲表达对离家的丈夫的思念之情。[黄莺儿]在后世被划分入"过曲",但出现于该场景开头处。之后,小二出现并戏弄贫女,对她唱[吴小四]曲,又暗示张协已经背信弃义。[吴小四]这支曲子按后世规定应由净和丑演唱,因而比较粗俗。而贫女又通过唱[吴小四]应答小二的暗示,这在后世看来就是对戏剧、审美规则的严重破坏。

总而言之,可以推测在早期南戏作品中,所有角色均可选择任何想要演唱的曲子,因为在现存的作品中未见这方面的严格规定。

中国戏曲的曲子在演唱时通常会有乐器伴奏。南戏和北杂剧中存在的乐器种类与乐器功能均不相同。王骥德在《曲律》中描述了这两种戏曲形式在音乐上的不同后说道:"北力在弦,南力在板。北宜和歌,南宜独奏。"根据该说法,可推测在北杂剧中音乐伴奏与曲子的联系非常紧密,而在南戏中这种关系则更为随意,南戏只需要注意板眼,而由乐师演奏的音乐或多或少独立于由演员演唱的曲子。

南戏作品中的说白部分,剧本中均注明"白",但除没有韵脚外,南戏作品的说白几乎与曲文没有差别。说白和曲文采用的语言均为宋代口头语,具有这种口头语的所有特征。相对于北杂剧,南戏作品中几乎找不到诗词。唯一有韵律而像是七言诗的例子是张协在五鸡山中唱完[七娘子]①之后的一段说白的片段。然而它只是像是诗,它的韵律结构更像是一段有韵律的散文。

戏曲表演的第三个要素是"科"或"介","介"几乎仅见于南戏作品中。周贻白认为"介"是"乔"的简写,在南方方言中指代手势和身体动作。②《马修斯汉英词典》(*Mathews' Chinese English Dictionary*)第101页甚至直接将它解释为"装扮为"。总之,"介"在南戏作品中指的就是动作提示。

舞台提示在早期剧本中非常少见,但是在它们出现时,构成的方式就有两种,一种包含"介",一种不包含。

首先,是关于第一种舞台提示类型的例子。在梓州文官柳屯田拜访使

---

① 《永乐大典·一三九九一卷·张协状元》第20b页,北京:中华书局,1960年版。
② 周贻白《中国戏剧史长编》第156页,北京:人民文学出版社,1960年版。译者按,原著该条注解有误,周贻白该观点实见于人民文学出版社于1960年出版的《中国戏剧史长编》第156页,而非钱南扬《宋元戏文辑佚》第156页。

相时①,因客厅中没有椅子,使相便要求他"虚坐",这时出现了舞台提示"有介"(意为"表演出来",如假装坐下)。另一例子来自《张协状元》场景38,在该场景中张协要求府衙门房"泓闭门介"(快速把门关上)②。在梓州众人为张协和使相女儿准备婚礼时③,使相被要求带着一把大伞跳舞,并演唱[斗双鸡]曲(舞伞介唱[斗双鸡])。

另外一种动作提示不使用术语"介",对脚色应如何做,仅使用简单提示。《张协状元》中也有这一类型的舞台提示。在张协用剑刺伤了贫女后,李大公和李大婆上场把贫女从山上带回古庙④,二人被要求走着且说着(末净白行),而谈论的内容并未写出,可以设想谈话内容是即兴的。另一此类例子来自《张协状元》场景35,在该场景中,使相之女胜花因未能嫁给张协而失去知觉,最后逝世。她被仆人带上台,并被要求僵硬地站着如精神失常之人(后作病人立),又用低声说话(后低声),放声大哭后晕倒(后叫倒)。⑤

演员不仅在台上表演说白,有时也在幕后说话或演唱。这一点也见于舞台提示中。当贫女到京城寻找丈夫时,被张协的门房拦住,她试图劝说他们让她进去。张协听到吵闹声后,被指示在幕后大叫(生在戏房喝):"甚么妇女直入厅门?门子当头何不止约!"

另一使用"幕后设备"的例子发生于夜间、李大公夫妇的农舍内。⑥ 李大婆在幕后模仿狗叫(净在戏房作犬吠),又学鸡长啼(作鸡叫)。

另一个由演员学动物叫的例子出现在梓州,谭节使到达张协的府衙时,作为一位武人,他被假设骑马而来,所以到的时候,就模仿马嘶(净作马嘶)。⑦

还有一些舞台提示与舞台布置和演员服装有关。在南戏剧本中有关舞台布置的信息非常少见。一些物件通过剧中人物的谈话而暗示出来。另外一些则只能靠观众的想象。

---

① 《永乐大典·一三九九一卷·张协状元》第50b页,北京:中华书局,1960年版。
② 《永乐大典·一三九九一卷·张协状元》第43b页,北京:中华书局,1960年版。
③ 《永乐大典·一三九九一卷·张协状元》第54a页,北京:中华书局,1960年版。
④ 《永乐大典·一三九九一卷·张协状元》第47a页,北京:中华书局,1960年版。
⑤ 《永乐大典·一三九九一卷·张协状元》第41a页,北京:中华书局,1960年版。
⑥ 《永乐大典·一三九九一卷·张协状元》第34b页,北京:中华书局,1960年版。
⑦ 《永乐大典·一三九九一卷·张协状元》第53b-54a页,北京:中华书局,1960年版。

张协在离家前往京城时用扁担挑着行李(生挑查裹出唱)。① 在五鸡山上,一位商人被要求担着东西(净使棒介)。② 除此以外,《张协状元》还明确地提到"盏""盘""瓶""鞋"、贫女从京城返回时携带的"招风"、出现剧末婚礼上的"伞"以及小二要为贫女购买的记载上榜考生姓名的"登科记"。

其他物件则只由使用它们的戏剧人物提及。例如五鸡山中的强盗夸耀他耍弄"铁查"的技艺。由此可以假设他在台上时手里握着一根铁查。类似的还有"丝鞭",使相的女儿通过挥舞丝鞭来吸引状元。虽然这丝鞭没有被明确指明,但是可以想象胜花肯定不是挥着空手。张协在前往梓州的路途中路过五鸡山时,决定摆脱贫女。他用剑伤了她,但只能通过张协的一句"看剑"③看出他手里拿着剑。

也有一些舞台布置只能靠观众的想象。戏班不能在舞台上显示出相府的奢华,五鸡山的莽荒,古庙摇晃的墙壁。这些只能由观众通过剧中人物的演唱和说白想象而出。

剧本中很少有关于脚色在舞台上的穿着的描述。因此只能假设脚色的装扮是符合所扮演人物的社会地位和职业的。剧本中只有某些额外的演员服装描述。如在去梓州的路上,一位被使相带来准备替使相夫人打下手的女人的穿着就像乡下女人(后假装野方)④。在梓州,张协准备结婚那天,戴着一顶头巾(生巾裹出唱)⑤。贫女在剧末出场时,也穿上了典礼用的成婚服装(旦大庄上)⑥。

上述这些有关演员穿着的信息都来自剧本。除这些信息外,一些演员的穿着也可以从剧本正文的某些片段中看出。如五鸡山强盗的自我介绍:"……有采时捉一两个大虫,且落得做袍搭脑。林浪里假装做猛兽,山径上潜等着客人。今日天寒,图个大帐……"⑦

对这个强盗更详细的外貌描述见于以诸宫调形式表演的开场中,对应

---

① 《永乐大典·一三九九一卷·张协状元》第18b页,北京:中华书局,1960年版。
② 《永乐大典·一三九九一卷·张协状元》第20a页,北京:中华书局,1960年版。
③ 《永乐大典·一三九九一卷·张协状元》第46b页,北京:中华书局,1960年版。
④ 《永乐大典·一三九九一卷·张协状元》第47b页,北京:中华书局,1960年版。
⑤ 《永乐大典·一三九九一卷·张协状元》第54a页,北京:中华书局,1960年版。
⑥ 《永乐大典·一三九九一卷·张协状元》第54a页,北京:中华书局,1960年版。
⑦ 《永乐大典·一三九九一卷·张协状元》第19a页,北京:中华书局,1960年版。

段落如下：

> 道犹未了，只见怪风渐渐，芦叶飘飘；野鸟惊呼，山猿争叫。只见一个猛兽，金睛闪闪，尤如两颗铜铃；锦体斑斓，好若半团霞绮。一副牙，如排利刃，十八爪，密布钢钩。……张协抬头一看，不是猛兽，是个人。如何打扮？虎皮磕脑，虎皮袍，两眼光辉，志气号。①

通过这些摘录，只能推测出某些与脚色穿着有关的片段信息。过去20年在中国发现的一些图像材料能对这些信息进行补充。至少有三种这类宋元时期的图像材料被刊登于中国戏剧、考古类学术杂志上。

一种为位于山西省赵城地区的明应王殿壁画。这幅壁画可以追溯至1324年，画上共有11人（包括演员、乐师、伎师），四女七男。刘念兹曾对这幅壁画做过详细的研究②，认为这幅壁画表现的是元代杂剧表演的演员。

另一种为成系列的人物雕砖，共代表五位演员。这些人物雕砖发现于山西省侯马市董玘坚墓中。根据墓壁上的题刻可以确定这座坟墓大约建造于1210年，当时这一地区正处于金朝统治之下。刘念兹也曾对这些人物雕砖做过详细的研究③。

第三种图像资料也是一组代表戏剧艺人的人物雕砖，发现于河南省的一座墓葬中。这些人物雕砖可追溯至北宋时期，塑造的是杂剧的演员。徐苹芳曾对这一材料进行过一定程度的讨论和描述。④

所有这些材料，虽然产生于相差超过两个世纪（1100—1324）的不同年代，但其所展示的演员穿着却比较相似。因此可以推测，南戏演员的穿着和北杂剧演员不会有很大的区别。

上述有关中国早期南方戏曲——宋代南戏的研究并不能穷尽所有复杂的戏剧、戏曲问题，这些问题需要更深入的研究。南戏的语言还待研究。

---

① 《永乐大典·一三九九一卷·张协状元》第14b页，北京：中华书局，1960年版。
② 《永乐大典·一三九九一卷·张协状元》第54a页，中华书局，1960年版。
③ 刘念兹《元杂剧演出形式的几点初步看法——明应王殿元代戏剧壁画调查札记》，载《戏曲研究》1957年第2期。
④ 刘念兹《中国戏曲舞台艺术在十三世纪初叶已经形成——金代侯马董墓舞台调查报告》，载《戏曲研究》1959年第2期。

迄今已经出版了两部关于宋代通俗汉语的研究,一种是高歌蒂(Gerty Kallgran)基于《朱子全书》①的语言研究,另一种是佐格拉夫基于短篇小说集《京本通俗小说》②的语言研究。二者都是功力深厚的大作。但是对早期南戏语言的研究却未见类似的著作。而且,早期南戏表演的戏剧性因素研究也还需要深入,尤其是对装扮、舞台结构、演员的社会地位及观众的信息的研究。

出于某些原因,本研究的范围不得不限定于被选定的问题上,如早期南戏的起源、早期南戏的结构、剧作所呈现的主题、表演的组织形式及这种戏剧形式的典型结构等。

南戏剧本是中国戏曲现存最早的样本。早期南戏剧本和元杂剧的差别相当大,与后世发达的明代传奇作品的差别也很大。而直到20世纪30年代,人们仍然认为北杂剧是最早的戏曲作品。本文对说唱文学与中国戏曲发展的直接联系给予了特殊的关注,说唱文学毫无疑问对南方戏曲作品的情节结构产生了影响。与世界上大部分戏剧源自宗教仪式与典礼不同,中国戏曲起源自具有世俗性质的民间叙事娱乐活动。

参考文献

早期南戏现存剧本

[1]《永乐大典·一三九九一卷·张协状元》,中华书局,1960年版。

[2]《永乐大典·一三九九一卷·小孙屠》,中华书局,1960年版。

[3]《永乐大典·一三九九一卷·宦门子弟错立身》,中华书局,1960年版。

中文材料与研究著作

[4]曹惆生《中国音乐舞蹈戏曲人名词典》,商务印书馆,1959年版。

[5]陈所闻《南北宫词纪》,中华书局,1959年版。

---

① Kallgren G., *Studies in Sung Time Colloquial Chinese as Revealed in Chu Hsi's Ts'uan-shu*, BMFEA NO.30, 1958.

② Zograf I.T., *Oczerk Grammatiki Srednekitajskogo Jazyka*, Moskwa, 1962.

[6]《词律》,《四库备要》本,中华书局。

[7]崔令钦《教坊记》,《中国古典戏曲论著集成》第一册,中国戏剧出版社,1959年版。

[8]杜善夫《庄家不识勾栏》,《朝野新声太平乐府》,中华书局,1958年版。

[9]段安节《乐府杂录》,《中国古典戏曲论著集成》第一册,中国戏剧出版社,1959年版。

[10]冯沅君《古剧说汇》,作家出版社,1956年版。

[11]傅惜华《古典戏曲声乐论著丛编》,人民音乐出版社,1957年版。

[12]傅惜华《元代杂剧全目》,作家出版社,1957年版。

[13]高则诚《琵琶记》,文学古籍刊行社,1954年版。

[14]《古本戏曲丛刊》,第1—3集,商务印书馆,1954—1957年版。

[15]何良俊《四友斋丛说》,中华书局,1959年版。

[16]胡忌《宋金杂剧考》,古典文学出版社,1957年版。

[17]季刊《戏剧论丛》,1957、1958年版。

[18]季刊《戏曲研究》,1957年版。

[19]季刊《戏曲研究》,1958、1959、1960年版。

[20]焦循《剧说》,《中国古典戏曲论著集成》第八册,中国戏剧出版社,1959年版。

[21]黎新《古典戏曲脸谱的初步研究》,《戏曲研究》1957年第1期。

[22]《梨园按试乐府新声》,中华书局,1958年版。

[23]李调元《剧话》,《中国古典戏曲论著集成》第八册,中国戏剧出版社,1959年版。

[24]李啸仓《宋元伎艺杂考》,上杂出版社,1953年版。

[25]刘大杰《中国文学发展史》,中华书局,1962年版。

[26]刘念兹《元杂剧演出形式的几点初步看法——明应王殿元代戏剧壁画调查札记》,《戏曲研究》1957年第2期。

[27]刘念兹《中国戏曲舞台艺术在十三世纪初叶已经形成——金代侯马董墓舞台调查报告》,《戏曲研究》1959年第2期。

[28]刘昫《旧唐书》,百衲本,商务印书馆,1958年版。

[29]刘义庆《世说新语》,文学古籍刊行社,1955年版。

[30]刘永济《宋代歌舞剧曲录要》,古典文学出版社,1957年版。

[31]《录鬼簿续编》,《中国古典戏曲论著集成》第二册,中国戏剧出版社,1959年版。

[32]罗烨《醉翁谈录》,中华书局,1957年版。

[33]毛晋《六十种曲》,文学古籍刊行社,1955年版。

[34]孟元老《东京梦华录(外四种)》,古典文学出版社,1956年版。

[35]耐得翁《都城纪胜》,《东京梦华录(外四种)》本,古典文学出版社,1956年版。

[36]钱南扬《宋元南戏百一录》,哈佛燕京学社,1934年版。

[37]钱南扬《宋元南戏考》,《燕京学报》第7期,1930年。

[38]钱南扬《宋元戏文辑佚》,古典文学出版社,1956年版。

[39]青木正儿《中国近世戏曲史》,王古鲁译,作家出版社,1958年版。

[40]《曲海总目提要》,人民文学出版社,1959年版。

[41]《曲谱》,《万有文库》,商务印书馆,1937年版。

[42]任半塘《唐戏弄》,作家出版社,1958年版。

[43]孙楷第《傀儡戏考原》,上杂出版社,1952年版。

[44]孙楷第《也是园古今杂剧考》,上杂出版社,1953年版。

[45]谭正璧《话本与古剧》,古典文学出版社,1956年版。

[46]陶宗仪《辍耕录》,上海,1908年版。

[47]脱脱《宋史》,百衲本,商务印书馆,1958年版。

[48](清)王德晖、徐沅澄《顾误录》,《中国古典戏曲论著集成》第九册,中国戏剧出版社,1959年版。

[49]王光祈《中国音乐史》,音乐出版社,1957年版。

[50]王国维《古剧脚色考》,《王国维戏曲论文集》,中国戏剧出版社,1957年版。

[51]王国维《录鬼簿》,《王国维戏曲论文集》,中国戏剧出版社,1957年版。

[52]王国维《录曲余谈》,《王国维戏曲论文集》,中国戏剧出版社,1957年版。

[53]王国维《宋元戏曲考》,《王国维戏曲论文集》,中国戏剧出版社,1957年版。

[54]王国维《唐宋大曲考》,《王国维戏曲论文集》,中国戏剧出版社,1957年版。

[55]王国维《戏曲考原》,《王国维戏曲论文集》,中国戏剧出版社,1957年版。

[56]王国维《戏曲散论》,《王国维戏曲论文集》,中国戏剧出版社,1957年版。

[57]王国维《优语录》,《王国维戏曲论文集》,中国戏剧出版社,1957年版。

[58]王骥德《曲律》,《中国古典戏曲论著集成》第四册,中国戏剧出版社,1959年版。

[59]王力《汉语诗律学》,新知识出版社,1958年版。

[60]王力《诗词格律十讲》,北京出版社,1962年版。

[61]王正祥《新定十二律昆腔谱》,古典文学出版社,1958年版。

[62]王灼《碧鸡漫志》,《中国古典戏曲论著集成》第一册,中国戏剧出版社,1959年版。

[63]魏良辅《曲律》,《中国古典戏曲论著集成》第五册,中国戏剧出版社,1959年版。

[64]吴藕汀《词名索引》,中华书局,1958年版。

[65]吴晓铃《印度戏剧的起源分类和角色》,《戏剧论丛》1957年第2期。

[66]吴自牧《梦粱录》,《东京梦华录(外四种)》本,古典文学出版社,1956年版。

[67]西湖老人《繁盛录》,《〈东京梦华录〉外四种》,古典文学出版社,1956年版。

[68]夏承焘、吴熊和《读词常识》,中华书局,1962年版。

[69]夏庭芝《青楼集》,《中国古典戏曲论著集成》第二册,中国戏剧出版社,1959年版。

[70]《新曲苑》,中华书局,1940年版。

[71]徐嘉瑞《金元戏曲方言考》,商务印书馆,1957年版。

[72]徐苹芳《白沙宋墓中的杂剧雕砖》,《考古》1960年第9期。

[73]徐苹芳《宋代的杂剧雕砖》,《文物》1960年第5期。

[74]徐渭《南词叙录》,《中国古典戏曲论著集成》第三册,中国戏剧出版社,1959年版。

[75]许之衡《中国音乐小史》,商务印书馆,1934年版。

[76]燕南芝庵《唱论》,《中国古典戏曲论著集成》第一册,中国戏剧出版社,1959年版。

[77]杨朝英《朝野新声太平乐府》,中华书局,1958年版。

[78]杨朝英《新校九卷本阳春白雪》,中华书局,1957年版。

[79]杨荫浏《中国音乐史纲》,万乐书店,1953年版。

[80]姚燮《今乐考证》,《中国古典戏曲论著集成》第五册,中国戏剧出版社,1959年版。

[81]叶德均《宋元明讲唱文学》,上杂出版社,1953年版。

[82]臧懋循《元曲选》,中华书局,1958年版。

[83]张禄《词林摘艳》,文学古籍刊印社,1955年版。

[84]张思岩《词林纪事》,古典文学出版社,1957年版。

[85]张相《诗词曲语辞汇释》,中华书局,1954年版。

[86]赵景深《〈宋金杂剧考〉评价》,《戏曲笔谈》,中华书局,1962年版。

[87]赵景深《北宋的杂剧雕砖》,《戏曲笔谈》,中华书局,1962年版。

[88]赵景深《明代的戏曲和散曲》,《戏曲笔谈》,中华书局,1962年版。

[89]赵景深《目连救母的演变》,《读曲小记》,中华书局,1960年版。

[90]赵景深《南曲联套述例》,《读曲小记》,中华书局,1960年版。

[91]赵景深《宋元戏文本事》,北新书局,1934年版。

[92]赵景深《元代南戏剧目和佚曲的新发现——介绍张大复的〈寒山堂曲谱〉》,《戏曲笔谈》,中华书局,1962年版。

[93]赵景深《元剧结构的成因》,《读曲小记》,中华书局,1960年版。

[94]赵景深《元明南戏考略》,作家出版社,1958年版。

[95]赵景深《元曲札记》,《读曲小记》,中华书局,1960年版。

[96]赵荫棠《中原音韵研究》,商务印书馆,1956年版。

[97]郑振铎《插图本中国文学史》,人民文学出版社,1957年版。

[98]郑振铎《中国俗文学史》,作家出版社,1954年版。

[99]郑振铎《中国文学研究》,作家出版社,1957年版。

[100]钟嗣成《录鬼簿》,《中国古典戏曲论著集成》第二册,中国戏剧出版社,1959年版。

[101]周德清《中原音韵》,《中国古典戏曲论著集成》第一册,中国戏

剧出版社,1959年版。

[102]周密《武林旧事》,《〈东京梦华录〉外四种》,古典文学出版社,1956年版。

[103]周绍良《敦煌变文汇录》,上海出版公司,1954年版。

[104]周贻白《戏曲演唱论著辑释》,中国戏剧出版社,1962年版。

[105]周贻白《中国戏剧史》,中华书局,1953年版。

[106]周贻白《中国戏剧史长编》,人民文学出版社,1960年版。

[107]周贻白《中国戏剧史讲座》,中国戏剧出版社,1958年版。

[108]周贻白《中国戏曲论集》,中国戏剧出版社,1960年版。

[109]朱居易《元剧俗语方言例释》,商务印书馆,1956年版。

[110]朱权《太和正音谱》,《中国古典戏曲论著集成》第三册,中国戏剧出版社,1959年版。

外文著作

[111] Alexeiev, Basil M., *Der Schauspieler als held in der Geschichte Chinas*, Asia Major, vol.X, Leipzig 1934.pp.33—58.

[112] *Ballad Of The Hidden Dragon*, transl. with introduction by M. Dolezelova-Velingerova and J.I.Crump, Oxford, 1971.

[113] Bazin, M., *Théatre Chinois ou choix de pieces de théàtre*, Paris, 1838.

[114] Bhasa, *Strzaskanie ud*, transl. M.K. Byrski, "Diaglog", 1969, No.2, pp.72—86.

[115] Byrski, M.K., *Bhasa i teatr indyjski*, "Diaglog", 1969, No.2, pp.72—86.pp.87—93.

[116] Byrski, M. K., *Teatr najantyczniejszy*, "Pamiętnik Teatralny", 1969, No.1—2, pp.72—86.pp.87—93.

[117] Byrski, M.K., *Indyjski teatr ludowy*, "Diaglog", 1971, No.4, pp.119—123.

[118] Ch'en Shou-i, *Chinese Literature*, New York, 1961.

[119] Crump, J.I., *The Convention and Craft of Yüan Drama*, JAOS, vol.91, No.1, 1971, pp.14—29.

[120] Crump, J.I., *The Element of Yüan Opera*, vol.17, No.3, 1958,

pp.417—434.

[121] Crump, J.I., *Yüan-pen, yüan drama's rowdy ancestor*, "Literature East and West", vol.14, No.4., 1970, pp.473—490.

[122] Delza S., *A Picture of the Art of Face Painting and Make-up in the Classical Chinese Theatre*, JAAC, vol.30, No.1, Detroit, 1971, pp.3—17.

[123] Dziemidok B., *O Komizmie*, Warszawa, 1971.

[124] Eidlin, L.Z., *Tradicja i nowatorstwo*, "Tieatre", Moskwa, 1962, No.1.

[125] Eidlin, L.Z., *Tieatre i aktiery*, "Tieatre", Moskwa, No.1, 1962.

[126] Gaida, I.V., *Kitajskij Tradicjonnyj tieatr hsi-chü*, Moskwa, 1971.

[127] Gawroński, A., *Początki dramatu indyjskiego a sprawa wpływów greckich*, Krakow, 1946.

[128] Gernet, J., *La vie quotidinne en Chine a la veille de l'invasion Mongole 1250—1276*, Paris, 1959.

[129] Giles, H.A., *A History of Chinese Literature*, London, 1901.

[130] Głowiński, M., Okopień-Sławińska, A., Sławiński, J., *Zarys Teorri Literatury*, Warszawa, 1972.

[131] Von Gottschall, R., *Das Theater und Drama der Chinesen*, Breslau, 1887.

[132] Grube, W., *Geschichte der Chinesischen Litteratur*, Leipzig, 1902.

[133] Hightower, J.R., *Topic in Chinese Literature*, Cambridge, Mass, 1953.

[134] *Index to the Imperial Register of the tz'u Prosody*, G.W.Baxter, Harvard, Cambridge, Mass, 1956.

[135] Kallgren, G., *Studies in Sung Time Colloquial Chinese as Revealed in Chu Hsi's Ts'uan-shu*, BMFEA NO.30, 1958.

[136] Kalvodova-Sis-Vanis, *Chinese Theater*, London, 1957.

[137] Kalvodova, D., *Contribution to the study of Categories of types in Chinese Theatre*, Acta Universitatis Carolinae, Prahand, pp.67—80.

[138] Kalvodova, D., *Lidove divadlo Činy*, Orientalisticki, Sbornik, Bratislava, 1963.

[139] Kalvodova, D., *On the Chinese ch'uan-ch'i Drama*, Praha nd.

[140] Lee-you Yo-oui, *Le Théâtre classique en Chine de en France d'aprèo la Chine et l'Orphelin de la Famille Tchao*, Paris, 1937.

[141] Litieratura Wostoka w sriednije wie ka, Moskwa, 1970.

[142] Lowe, H.Y., *Stories from Chinese Drama*, Peking 1942.

[143] Mic Constant, *Komedia dell'arte*, Wrocław, 1961.

[144] Nicoll, A., *World Drama*, London, 1957.

[145] The Performing Arts in Asia, UNESCO, Paris, 1971.

[146] Průšek, J., La Fonction de la Particule ti dans le Chinois Méiéval, Archiv Orientalni 15, Praha, 1946, pp.303—340.

[147] Průšek, J., *Les contes Chinois du moyen Age comme source de l'histoire economique et sociale sous les dynasties des Sung et des Yüan*, Mélanges Publiés par l'Institut de Hautes Etudes Chinoises, Paris, 1960, pp.113—140.

[148] Průšek, J., *The origin and the authors of the hua-pen*, Prague 1967.

[149] Průšek, J., *Researchers into the Beginning of The Chinese Popular Novel*, "Chinese History and Literature", Pargue, 1970.

[150] Riftin, B., *Tieorija kitajskoj dramy*, "Problemy tieorii litieratury i estietiki w stranach wostoka", Moskwa, 1964.

[151] Scott, A., The Classical Theatre of China, London, 1957.

[152] Siemanow, W.I., *O swojeobrazii dram Guan Han-cina*, "Problemy Wostokowiedienija", Moskwa, 1960, No.4.

[153] Sierova, S.A., *Istoki kanoniczeskogo żesta w kitajskom tieatre*, "Narody Azji i Afryki", 1970, No.5, pp.114—112.

[154] Sierova, S.A., *Pekinskaja Muzykalnaja Drama*, Moskwa, 1970.

[155] Skwarczyńska, St., O rozwoju tworzywa słownego i jego form podawczych w dramacie, "Studia i szkice literackie", Warszawa, 1953, pp. 123—150.

[156] Sorokin, W.F., *Juanskaja drama: gieroi i konflikty*, "Tieoreticzeskije problem wostocznych literatur", Moskwa, 1969.

[157] Sorokin, W.F., Traktat 'Rassuzdienie o pienii', "Istorikofilologiczeskijie issliedowanija", Moskwa, 1967.

[158] Sorokin, W.F., *Piesy 'daosskogo cikla'-zanrowaja raznowidnost'*

tsa-chü XII-XIV wieka, "Zanry i stily w litieraturach Kitaja i Korei", Moskwa, 1969.

[159] Szneerson, G., *Muzykalnaja Kultura kitaja*, Moskwa, 1952.

[160] Tsiang Un-kai, *K'ouen K'iu, Le Théâtre Chinois Ancien*, Paris, 1932.

[161] Waley, A., *The Nô Plays of Japan*, New York, nd.

[162] Waley, A., *Ballads and Stories from Tun-Huang*, London, 1960.

[163] Wang Kuo-wei, Das Chinesisches Theater von der T'ang-zeit, transl. E. Erkes, Asia Major, vol.10. Leipzig, 1935.

[164] Well, H.W., *The Chinese Classical Drama*, "The Classical Drama of The Orient", Bombay, 1965.

[165] Zograf, I. T., *Oczerk grammatiki srednekitajskogo jazyka*, Moskwa, 1962.

[166] Żbikowski, T., Geneza i rozwój teatre w Chinach, "Komunikaty z Sesji Jubileuszowej XXX-lecia Instytutu Orientalistycznego UW", Warszawa, 1964.

[167] Żbikowski, T., *On Earlier Chinese Theatrical Performances*, "Rocznik Orientalistyczny", No 26/1, W-wa 1962.

[168] Żbikowski, T., *Posłowie do przekładu dramatu Kuan Han-k'ing*, "Tou O, czyli śnieg w lecie, Dialog", W-wa 1962/6.

[169] Żbikowski, T., *System konwencji w klasyeznym teatrze chińskim*, "Przegląd Orientalistyczny", No. 1/29, W-wa 1959.

[170] Żbikowski, T., Some Allusions to Zeal in Study in the Ming Drama, "Rocznik Orientalistyczny", No 31/1, W-wa 1968.

《南戏——中国最早的戏曲形式》*

［新西兰］孙 玫 著 林施望 译

摘 要

戏曲是中国固有的、传统的戏剧形式,而南戏是戏曲最早的形式。南戏大约于12世纪30年代起源于中国的东南沿海,随后又传播于中国南部与东部。在传播过程中,南戏逐渐失去了民间性,在16世纪中叶演变为传奇。

最晚在13世纪早期,南戏就已经在表演中综合进了故事、曲子与舞蹈,而且这三者均已定型,因此南戏已具备了戏曲的特征。作为传奇的直接先驱,南戏对传奇有着深远的影响,借由传奇,南戏又进一步影响了其他后世的戏曲形式。然而,由于多种历史原因,南戏在很长一段时间内被鄙弃,未被任何文献材料记载。而且,许多南戏剧本消失在了历史长河之中,残存的则已被明代(1368—1644)文人肆意篡改。这些改编或重新写定的剧本偏离了原来的面貌,并且在很长一段时间内被作为传奇剧作。在16世纪之后、20世纪之前,仅有少数一些学者觉察曾经有一种戏曲形式名为南戏。

南戏剧本在20世纪被重新发现。自1920年以来,在中国与海外发现了一些南戏原剧本。按照规律,南戏的研究起始于20世纪30年代。源于中国学者的不懈努力,对于南戏文本与文学性的研究已经取得了重大的进展。

本论文是学术界第一个使用英语综合研究南戏的成果,也是第一个任何语种均未见的、从整体戏剧演出研究南戏的成果。本论文也分析了一些前人的研究中尚有争议的问题。本论文的主要资料来源包括13世纪至17世纪的文人记载,以及南戏原剧本所提供的信息。在相关问题上,也采用

---

* 该文原名为 Nanxi: the Ealiest Form of Xiqu (Traditional Chinese Theatre),是孙玫(Sun Mei)1995年申请夏威夷大学戏剧学博士学位的学位论文。

数据分析。

第一章 导 论

本论文是英语学术界第一个系统的介绍南戏①这一最早戏曲形式的研究成果。本论文从其起源至消亡,从剧本到表演,以及从其作者到观众,广泛地考察了南戏这种戏剧艺术,从而使本论文成为任何语种中第一个从戏剧演出这一角度对南戏进行研究的成果。

戏曲是中国固有的戏剧形式,使用脚色体制,在表演中综合进了故事、曲子与舞蹈,并且这三者已经形式化、类型化。在当今的中国学术界,"戏曲"是一种类别概念,包含许多在不同地区与历史阶段出现的戏剧形式(剧种),由宾白或曲调的不同而区分。大部分戏曲形式都存留到了今日,但其中也有一些甚至在几个世纪以前就在舞台上消失了。南戏作为最早的戏曲形式,在400多年前就已消失。随着南戏的重新发现,戏曲研究也随之更新。

在英语中,"戏曲"一词常被翻译为"Chinese opera"或者"traditional Chinese theater"。但是,这类翻译容易造成对中国戏曲研究的误解。首先,"opera"一词容易使人将"戏曲"与"歌剧"②混淆,其他的中国戏剧形式也常被翻译为"opera"。其次,"traditional"一次也不恰当。在当代中国戏曲中,既有传统戏(traditional plays)③,又有现代戏(modern plays)④。因此"traditional Chinese theater""traditional plays of traditional Chinese theater""modern plays of traditional Chinese theater"等翻译并不适用于中国戏曲的研究。

为清晰起见,笔者认为使用中文"xiqu"一词指代中国戏曲这一戏剧类型是最恰当的,因而笔者也使用"nanxi""chuanqi""kunqu"指代"南戏""传奇""昆曲"等戏曲形式,这正如我们使用日语"noh"与"kabuki"指代日

---

① 本论文所提及的中国戏曲、音乐及相关术语的中文写法可参见附录B:拼音中文术语对照表。

② 歌剧出现于20世纪,融合了中国与西方的戏剧形式。首先,歌剧反映当代生活;其次,歌剧表现神话、传奇以及历史故事等等传统主题。

③ 在某些观点看来,绝大部分存在于中华人民共和国成立前的戏曲均为传统戏。这些剧作常表现神话、传奇以及历史故事。

④ 现代戏具有当代情节、人物与习俗,且创作于20世纪50年代之后。

本的戏剧形式"能"与"歌舞伎"。为统一起见,笔者将在本论文中使用中文拼音指代全部与中国戏曲有关的术语。

第一节 现存最早剧本中的戏曲形式

在很长一段时间内,学者都认为《辍耕录》(1366)所记载的就是最早的戏曲形式。但是根据最近发现的刘埙(1240—1319)《水云村稿》,"永嘉戏曲"一词在当时已经用以指代后世被称为南戏的戏剧形式①。"永嘉"是温州的古名,温州位于浙江省,中国的东南角,被学界认为是南戏的故乡。在中国,戏曲形式常以其产生地点命名。刘埙的记载表明戏曲形式至少在13世纪与14世纪交替之际就已经出现。

毫无疑问,"戏曲"一词定不会与戏曲活动同时出现。正如许多古代事物的名称均在后世给定,戏曲的实践活动定比其被命名时间早。大体而言,学者均认为戏曲的起源可追溯至几千年以前,但真正成熟的、包含曲子与舞蹈的戏曲形式还需等到南戏与杂剧②这类完备的戏曲形式出现。

在《宋元戏曲考》(1912)中,现代戏曲研究的奠基者王国维(1877—1927),第一次将曲子与舞蹈的起源追溯至远古时代的"巫"。之后,王氏又探讨了周代(公元前1046—公元前256)"优"与汉代(公元前206—公元220)的"百戏"③表演,并论述道:

> 古之俳优,但以歌舞及戏谑为事。自汉以后,(于百戏中)则间演故事;而合歌舞以演一事者,实始于北齐(550—577)。顾其事至简,(吾意)与其谓之戏,不若谓之舞之为当也。然后世戏剧之源,实自

---

① 见李昌集《中国古代散曲史》第69页,上海:华东师范大学出版社,1991年版;亦见洛地《戏曲与浙江》第15—16页,杭州:浙江人民出版社,1991年版。

② 在历史上,诸多戏剧艺术形式均称为"杂剧"。为区别此类不同的形式,常在"杂剧"一词前增加历史阶段或地点等限定词。"元杂剧"这种戏曲形式出现于金代(1115—1234)与元代(1206—1368)交替之时,后在元代中国北部地区风行一时。"元杂剧"一般由四折组成,每折之中均有一位演员专门负责演唱。

③ "百戏"包括诸多技艺表演,如高絙、蹴秋千、寻橦、吞刀、吐火、筋斗、飞丸、鱼龙曼延、角抵。

此始。①

在进一步分析了唐代(618—907)与宋代(960—1279)的戏剧表演后,王国维总结道:

> 至宋、金二代而始有纯粹演故事之剧。故虽谓真正之戏剧,起于宋代,无不可也……而其本则无一存。故当日已有代言体②之戏曲否,已不可知。而论真正之戏曲,不能不从元杂剧始也。③

显而易见,王国维认为独立的元素如唱曲、舞蹈与说唱技艺经历了数百年的融合,才形成了复杂的戏剧形式——戏曲。而且,王氏以现存的剧本作为判断某种戏剧艺术是否为真正戏曲的重要标准。由于元杂剧在表演中融合了曲子与舞蹈,又有早期剧本保存至今,因此王氏认为元杂剧是最早的真正戏曲形式。

王国维高度重视剧本的遗留是可以理解的。不像绘画与雕塑等视觉艺术可以历经岁月,严格地说,戏剧是一种即时的艺术。换言之,场上演出是短暂的。遗留的剧本几乎是可以说明剧本中的曲辞与宾白是否由不同的演员演绎的唯一证据,从而说明这种戏剧形式是否为"真正的"戏曲形式。

虽然王国维依据历史材料,已经推测南戏可能比元杂剧出现得更早④,但不难理解王国维没有将南戏作为最早的真正戏曲形式的原因。在王国维撰写《宋元戏曲考》时,早期南戏的剧本尚未发现。因此,在王国维的时代,遗留的元杂剧剧本是最早的。

王国维的学术研究深远地影响了后世的中国学者。根据王氏的学术方向,学者如周贻白(1900—1977)、张庚(1911—)研究了远古时代的歌曲

---

① 王国维《宋元戏曲考》第8页,北京:中国戏剧出版社,1984年版。本论文中所有中文材料的英译,除注明外,均出自笔者。
② "代言体"与"叙事体"是现代中国戏曲学术界的一对概念。"代言体"指的是剧本中的曲辞与宾白由不同的演员演绎,具有这一特征才是真正的戏剧。与此相对,"叙事体"意为故事的内容由说唱艺人叙述,如诸宫调等说唱艺术形式。
③ 王国维《宋元戏曲考》第55页,北京:中国戏剧出版社,1984年版。
④ 王国维《宋元戏曲考》第93页,北京:中国戏剧出版社,1984年版。

与舞蹈、古优表演、百戏、舞剧以及滑稽戏,以求探索戏曲的起源及其演变过程。① 与王国维相似,这些学者也相信直到成熟的戏曲形式出现才代表了戏曲的成熟。

但是,在何种戏剧表演可以算是最早的成熟戏曲形式等实际问题上,这些学者与王国维有不同的观点。根据新发现的南戏剧本②,学者们找出了南戏曾经存在的切实证据,因此可以修正王国维的理论,澄清先驱者们在他们那个时代的疑惑。现在绝大部分中国学者都认为南戏早于元杂剧③,因而根据现存的剧本,南戏是最早的戏曲形式④。换言之,这些学者认为最早成熟的戏曲形式应为南戏,而非元杂剧⑤。

当然也有学者不认同上述的观点,并且将戏曲产生的年代前溯至更早的朝代。不同于王国维的观点,任半塘(1897—1991)认为成熟的戏曲于唐代就已存在⑥。但是任半塘并不能提供任何源于唐代的现存剧本。虽然任半塘收集了相当数量的唐代歌舞戏材料,但在此类戏剧演出中,只有极少部分具有故事叙述成分,而且这类故事又非常短小。

另一方面,有一些学者在传统观点的影响下,还是认为戏曲直到元代才真正成熟,甚至错误地宣称元杂剧是所有中国戏剧形式的先驱。如白之就论述道:"元代戏曲是中国戏曲史上第一次全盛时期,元代是戏曲的黄金时代,元代戏曲是所有中国戏剧的先驱。"⑦这一观点忽略了一个历史事实:南戏比杂剧更早出现,且与元杂剧相比,南戏以更直接的方式影响了后世的其他戏曲形式。元杂剧自然在中国文学史与戏剧史上具有重要地位,但这并不代表元杂剧就是所有后世戏曲的先驱。

言而总之,根据现存的历史材料,南戏是中国最早的戏曲形式。现存的最早的也是南戏剧本。因此,可以称南戏为"最早的戏曲形式",除非发

---

① 周贻白《中国戏剧发展史》第9—167页,台南:偶勉出版社,1975年版;张庚等《中国戏曲通史》第一册,第3—78页,北京:中国戏剧出版社,1980—1981年版。
② 详见本章"前人南戏研究概述"这一节,以及第三章中的"南戏剧作的现存剧本"这一节。
③ 周贻白《中国戏剧发展史》第168页,台南:偶勉出版社,1975年版。
④ 张庚《戏曲艺术论》第37页,北京:中国戏剧出版社,1980年版。
⑤ 叶德均《戏曲小说丛考》(上册)第1页,北京:中华书局,1979年版;亦见赵景深《曲论初探》第1页,上海文艺出版社,1980年版。
⑥ 任半塘《唐戏弄》,北京:作家出版社,1958年版。
⑦ 白之为时钟雯(Chung-wen shih)《中国戏曲之黄金时代:元杂剧》(*The Golden Age of Chinese Drama: Yuan Tsa-chu*)所作的序,普林斯顿:普林斯顿大学出版社,1976年版。

现比南戏更早的剧本或历史记载。

第二节 与南戏有关的多个名称

南戏在历史上曾经有许多名称。因为本论文将会引用许多历史材料并对这些历史材料进行解读,为避免混淆误解,有必要对南戏这种戏曲形式的不同名称进行论述。

正如前一节所提及的,在刘埙写于宋元(元朝:1206—1368)交替时期的笔记中,南戏曾被称作"永嘉戏曲"①。在元明(明朝:1368—1644)文人著作中南戏也被称作"戏文"②。偶尔南戏也被称为南曲戏文及南戏文③。可能人们在"戏文"前增加"南"或"南曲"是为了区分南方剧作与北方剧作。④ 后来,这些名词又省简为南戏——南戏(文)或南(曲)戏(文)⑤。逻辑上,省简词"南戏"的出现应该晚于全称"南曲戏文"或者"南戏文"。而最早使用"南戏"一词的历史材料是编写于元朝末年的《青楼集》⑥。

除上述这些名称外,在明代文人的记载中,南戏也曾被称为"温州杂剧"⑦及"永嘉杂剧"⑧。显然,这两个名字源自南戏的故乡温州(亦称为永嘉)。

南戏在《宦门子弟错立身》(*Grandee's Son Take the Wrong Career*)⑨、

---

① 见李昌集《中国古代散曲史》第69页,上海:华东师范大学出版社,1991年版;亦见洛地《戏曲与浙江》第15—16页,杭州:浙江人民出版社,1991年版。

② 见周德清《中原音韵》,《中国古典戏曲论著集成》(第一册)第219页,北京:中国戏剧出版社,1959年版;亦见于《青楼集志》,《中国古典戏曲论著集成》(第二册)第7页,北京:中国戏剧出版社,1959年版;徐渭《南词叙录》,《中国古典戏曲论著集成》(第三册)第239页,北京:中国戏剧出版社,1959年版。

③ 钟嗣成《录鬼簿》,《中国古典戏曲论著集成》(第二册)第134页,北京:中国戏剧出版社,1959年版。

④ 在蒙古人统治中国南方后,元杂剧这一北方戏剧形式传播到了南方。随后,南戏也传播到了北方。本论文第二章将论及此问题。

⑤ 钱南扬《戏文概论》第3页,上海古籍出版社,1981年版。

⑥ 夏庭芝《青楼集》,《中国古典戏曲论著集成》(第二册)第32页,北京:中国戏剧出版社,1959年版。

⑦ 见祝允明《猥谈》,亦为胡忌《宋金杂剧考》所引用,见胡忌《宋金杂剧考》第60页,北京:中华书局,1959年版。

⑧ 徐渭《南词叙录》,《中国古典戏曲论著集成》(第三册)第239页,北京:中国戏剧出版社,1959年版。

⑨ 此剧本的英文翻译选自杜为廉的《中国古今八剧》。

《小孙屠》《白兔记》等早期剧本中也被称为"传奇"①。在中国文化史上，"传奇"是一个非常常用的概念，不断地用以指代唐宋时期的文言短篇小说，宋金时期的诸宫调，又用以指代南戏、元杂剧及明清（清：1616—1911）时期的南戏后继者。

使用同一名称指代不同的形式，本质上是因为人们只关注其内容的相似性，即内容的神妙与奇特，而忽略了其形式的不同。这一现象有其历史原因。在中国文化的最初阶段，叙事文学常融合了历史故事。随后，又与历史故事相对，叙事艺术又通过对传奇或虚构的故事的演绎，表现出了对历史真实的偏离。因为此类艺术形式给人们留下的深刻印象，使人们忽略了形式的不同，而统一称其为"传奇（传事之奇）"。对那时的人们而言，"传奇"作为一种类别概念并无不妥。但是，对现代学者而言，就必须限制"传奇"一词的定义；否则，该词在学术研究中就没有任何意义。在现代学术界，"传奇"的概念已被限制为唐宋时期的短篇文言小说（唐宋传奇），以及上文曾提及的明清时期的戏曲形式（明清传奇）。在本论文下文中，"传奇"一词仅用以指代明清传奇②，即南戏在明清时期的后继者。

历史上的文人著作与笔记并不与现代的学术作品使用相同的标准。传统文人在描述戏剧形式时，常根据风俗民情，并不使用成系统的定义。因此，南戏在不同的地区与历史时期都有不同的名称，每一个名称都稍微有些不同。因此，为清晰与一致起见，除直接引用的材料外，在本论文中笔者只使用"南戏"一词指代所研究的戏曲形式。

第三节　前人南戏研究概述

南戏在戏剧主题、剧本结构、脚色体制等多个方面都对后世的其他戏曲形式具有深远影响。但由于多彩的语言、粗糙的韵律以及民间性的创作方式，南戏曾被文人蔑视，尤其是早期南戏。只有少数有关南戏的信息被记载。而且，绝大部分明代以前的南戏剧本或者在战争中遗失，或者消失在历史长河之中。还有一部分，正如第三章即将论述的，已经被明代的文

---

① 见钱南扬《永乐大典戏文三种校注》第231页及257页，北京：中华书局，1979年版。亦见《新编刘知远还乡白兔记》第2页，《明成化说唱词话丛刊》第12册，北京：文物出版社，1979年版。
② 原注：详见本论文第二章，注131。译者按，见本译稿第二章第三节"传奇"注

人篡改,因此偏离了原来的面貌。在 16 世纪中叶以后、17 世纪中叶以前,几乎无人知晓南戏起源自何地,早期南戏为何物。

相对之下,元杂剧因其诗意价值而被看重。一些有关元杂剧的历史材料被保存了下来,而且 100 多部元杂剧剧本也被保存至今。所有这些优势都使元杂剧具有了极高的地位,被作为与唐诗①、宋词②相媲美的重要文学体裁。

元杂剧的著名掩盖了不知名的南戏,作为命运巨大不同的结果,明代中叶之后产生了对这两种戏曲形式的不恰当看法。例如,学者与评论者沈德符(约 1618③)声称戏文由元杂剧演变而来。④ 实际上,正如上文已经指出的,戏文的存在时间早于元杂剧。戏曲家与评论者吕天成(1580—1618)认为"金元创名杂剧,国初沿作传奇"⑤。但正如本论文第二章即将论述的,传奇直接发展自南戏,虽然传奇也融合了一些元杂剧的艺术成分。

在 20 世纪,由于南戏剧本的重新发现,南戏这一被长期遗忘的戏曲形式,逐渐获得了应得的关注。在 1920 年,记录三种南戏剧本的《永乐大典》一三九九一卷在伦敦被重新发现,并被带回了中国。这三部剧本为《张协状元》《宦门子弟错立身》与《小孙屠》。发现这三部剧本后,另外又发现了其他三种南戏文献。在 1951 年,《风月锦囊》这一摘录戏曲⑥与散曲⑦的合集被发现收藏于西班牙圣洛伦索(San Lorenzo)皇家图书馆,从而引起了学者们的关注。在 1967 年,成书于明代成化年间(1465—1488)的《刘知远还乡白兔记》⑧出土于上海地区。在 1975 年,明代宣德年间(1426—1436)的手抄剧本《新编全相南北插科忠孝正字刘希必金钗记》⑨出土于广东省潮

---

① 诗,一种诗歌体裁,兴盛于唐代(618—907)。
② 词,"诗"的同类体裁,兴盛于宋代(960—1279)。
③ 沈德符于 1618 年通过乡试。见《中国古典戏曲论著集成》(第四册)第 195 页,北京:中国戏剧出版社,1959 年版。
④ 沈德符《顾曲杂言》,《中国古典戏曲论著集成》(第四册)第 215 页,北京:中国戏剧出版社,1959 年版。
⑤ 吕天成《曲品》,《中国古典戏曲论著集成》(第六册)第 209 页,北京:中国戏剧出版社,1959 年版。
⑥ 其中绝大部分均为南戏剧作。
⑦ 散曲:散曲为流行于元代的诗体及乐体形式。
⑧ 此版本在后文中简称为《成化本白兔记》。
⑨ 此版本在后文中简称为《宣德本金钗记》。

安县的一座明墓中①。

这些南戏文本的重新发现,促进、提升了南戏的研究。在发现《永乐大典戏文三种》之后不久,一些中国学者便开始从各种历史文献中收集散轶的南戏剧本材料,从1934年至1936年,出现了赵景深的《宋元戏文本事》、钱南扬(1899—1987)的《宋元南戏百一录》、陆侃如(1903—1978)和冯沅君(1900—1974)的《南戏拾遗》等著作。1956年,在先前著作的基础上,钱南扬出版了《宋元戏文辑佚》,这是最全面收集南戏散轶材料的著作。钱氏也在1979年出版了《永乐大典戏文三种校注》和《元本琵琶记校注》。上述的文献研究工作为进一步的南戏研究提供了必需、可靠的资料。

1981年,钱南扬出版的《戏文概论》对南戏剧作进行了初步的研究,也涉及了南戏的历史发展与表演等方面。1986年,刘念兹(1921—)②出版的《南戏新证》对中国南部地区南戏的遗留戏曲形式进行了考察。金宁芬(1933—)在1992年出版的《南戏研究变迁》中总结了南戏的研究历史。除这类专著外,出现了大批的南戏研究论文。作为例证,金宁芬就从100多万字的论文中编选了《南戏论文选》③。但是总体而言,迄今为止南戏研究中成就最大的仍然是关于文献与文学性的研究,极少有学者专门探讨南戏的表演。

迄今为止,在英语学界并未见对南戏的全面研究。直到今日,也仅见少数一些有关南戏的英语论文。而且,也只有像日比科夫斯基的《早期南戏研究》、K.C.Leung 的《评论者徐渭:〈南词叙录〉英文译注》等少数论著曾正式出版。④

第四节 本研究的目的与途径

本文旨在使用英语系统地对南戏的起源、历史发展、剧本、音乐体制、脚色体制、舞台演出及观众进行探讨,为中国学界与英语学界构建沟通的桥梁。中国学界对南戏的研究有诸多争论,笔者将会严格地考察此类争论,并在细致论证的基础上提出自己的观点。

---

① 本段中所提及的剧本,详见第三章"现存的南戏剧本"一节。
② 刘念兹实出生于1933年。——译者注
③ 由于经费的缺乏,本书尚未出版。
④ 《南词叙录》是徐渭(1521—1593)撰写的专著,追溯了南戏的起源、音乐体制与剧作。

本论文也会加强对南戏表演的研究。正如前文已经论及的,前期的南戏研究虽然也涉及了南戏的表演,但几乎关注的都是南戏剧本的注释与文学性。本论文将南戏作为一种戏剧形式,而非剧本。实际上,在并不与南戏的演出直接相关的章节,笔者依然从戏剧演出的角度讨论了诸如"剧本结构""语言风格"等主题。

为将具历史性的研究建立在牢固的基础上,笔者将考察宋元明清各个时期的文人著作、笔记、杂录以及南戏剧中的历史材料。笔者将会研究14部南戏剧本,其中有6部未曾经明代文人改编,而《风月锦囊》又包括了34部南戏剧本。

在讨论南戏的表演时,最基本的材料是早期剧本中的舞台提示,这类舞台提示包含了比明代文人的记载更加可靠的信息。除文献材料外,笔者也研究宋代以来的陶俑,此类陶俑为戏剧演出提供了无比重要的、可信的证据。

以简要地概述某种戏曲形式出现以前的演变过程开始研究该戏曲是常用的途径。根据这种方法,本论文也会简述南戏之前的戏剧形式的演变及这类戏剧形式间的关系。但是,戏曲起源材料的严重缺乏形成了诸多有争议的理论。有关南戏形成之前的戏曲演变过程的理论问题至今尚有争论。

除本论文已提及的有关戏曲起源的主流理论外,学术界仍有其他的理论。例如,郑振铎(1898—1958)认为最早的戏曲形式——戏文是在12世纪由海上商人从印度引进的[①]。更进一步,郑振铎设想,在戏文之后,由第三个人复杂叙述的唱曲与舞蹈的杂剧成长为了代言体的戏剧。[②] 在郑振铎看来,戏文与杂剧这两种早期戏曲形式均起源自印度。

孙楷第(1898—1986)认为戏曲起源自木偶戏。孙氏认为南戏和元杂剧,以及后世的戏曲形式,均演变自"肉傀儡"这一由真人表演的木偶戏与"大影戏"[③]。

---

① 郑振铎观点的第一个证据是,一份用梵文书写的《沙恭达罗》残卷在天台山被发现,而天台上离戏文的故乡温州并不远。其次,通过比较戏文与梵剧,郑振铎指出了这两种戏剧形式在形式和内容上都有诸多相同之处。见郑振铎《插图本中国文学史》(第三卷)第563—573页,北京:人民文学出版社,1957年版。

② 见郑振铎《插图本中国文学史》(第三册)第633页,北京:人民文学出版社,1957年版。

③ 孙楷第《傀儡戏考原》,上海:上杂出版社,1952年版。

由于戏曲的诸多起源均消失于历史长河之中,现代学者不得不使用自己的观点构建起已经消失的历史联系。这些理论融合了历史证据与主观的理解①。只有新的证据才能暂时和全部澄清围绕这些理论的疑惑,笔者无力创造这类证据。

正由于对于南戏之前的戏曲演变史的理论必须存在大量的推论与猜测,笔者只好省略对这一问题的介绍,进而直接进入南戏的探讨本身。笔者只在必要时提及具有相对确定证据的、对南戏有影响的戏剧形式。

第二章 南戏史概述

虽然中国有编纂历史的传统,但绝大部分有关戏曲的资料却从未被记录。中国传统社会对不同的文学与艺术样式的态度差别非常巨大。诗歌与散文被尊崇,而戏剧与小说却被蔑视。这正是官方的历史著作不记载戏曲资料的原因。由于戏曲首先流行于民间,而非文人阶层或宫廷,而南戏更被官方历史记录的书写者忽视。

幸而仍有少数爱好戏曲的文人的著作、回忆录与杂录记载了有关南戏的资料。重新发现的剧本自身也为南戏这种戏曲形式提供了相关的证据。而且,有限的一些考古遗迹也为宋代戏曲表演提供了有价值的线索。根据来源于上述材料的资料可以概述出南戏的发展历史。即使如此,材料的不足仍然导致南戏历史细节的缺乏。

而且,文人所撰写的材料中有关南戏的信息,均简略、零散、间接,而且在某些时候还互相矛盾。因此,常有如何鉴别这些材料的可信度,以及如何使用它们的问题。正因如此,笔者在本章中也会对前期学者的解读进行考察,在某些时候也会通过分析或者对比不同的学术观点建立笔者的看法。

第一节 南戏的起源

明代有两种材料指出南戏出现于12世纪。祝允明(1460—1526)对南

---

① 例如在传说由孔子编纂的《书经》中,有一句"予击石拊石,百兽率舞"。张庚就将这句神妙的记录理解为,一群先民把自己装扮成动物。见张庚等《中国戏曲通史》(第一册)第3页,北京:中国戏剧出版社,1980—1981年版。

戏出现的描述如下：

> 南戏出于宣和（1119—1125）之后，南渡之际。谓之温州杂剧。予见旧牒，其时有赵闳夫榜禁，颇著名目。如《赵贞女蔡二郎》等，亦不甚多。①

但是，徐渭（1521—1593）在《南词叙录》中给出了两种自相矛盾的、有关南戏起源时间的说法：

> 南戏始于宋光宗朝（1190—1194），永嘉人所作《赵贞女》《王魁》②二种实首之……或云："宣和间已滥觞，其盛行则自南渡，号曰'永嘉杂剧'，又曰'鹘伶声嗽'③。"其曲，则宋人词④而益以里巷歌谣，不叶宫调，故士夫罕有留意者⑤。

通过比较这两种材料，即可发现在祝允明和徐渭关于南戏起源时间的观点之间，存在大约70年的差距。祝允明和徐渭所引用的材料都认为南戏出现于12世纪30年代，徐渭本人却将南戏出现的时间置于12世纪的最后一个十年。

钱南扬不赞同徐渭的观点。根据祝允明的记载，钱南扬推测既然赵闳夫已禁演南戏，那么南戏在赵闳夫的时代一定已经兴盛；如果南戏还只是萌芽于农村之中，高层官员就不可能知晓。钱南扬的判断是正确的。根据上文所引徐渭本人的观点，在南戏刚出现时，无论是底层文人还是高官都未留意这种民间创作的存在。

---

① 见祝允明《猥谈》，亦为胡忌《宋金杂剧考》所引用，见胡忌《宋金杂剧考》第60页，北京：中华书局，1959年版。

② 虽然《王魁》现仍存18支残曲，但这两部剧作已经散轶。也不能判断这些曲子是原曲还是曾被修改。

③ 根据钱南扬的研究，"鹘伶声嗽"是宋金市语，意指"伶俐声腔"。但郑西村认为这一短语意为"打诨使砌"，见郑西村《"鹘伶声嗽"新释》，福建戏曲研究所编《南戏论集》第448页，北京：中国戏剧出版社，1988年版。

④ 词，"诗"的同类体裁，兴盛于宋代（960—1279）。此外，在宋代，"词"不仅是一种诗歌体裁，也是一种音乐体裁。

⑤ 徐渭《南词叙录》，《中国古典戏曲论著集成》（第三册）第239页，北京：中国戏剧出版社，1959年版。

通过研究《宋史》——官修的宋代历史,钱南扬声称赵闳夫是宋代的皇室成员,推测赵闳夫可能于光宗皇帝年间做官①。随后,金宁芬证实了钱南扬的这一推测。金氏发现赵闳夫在光宗皇帝登基的第一年(1190)通过了科举考试②。因此,赵闳夫公开禁止了一些南戏剧作的证据,表明在光宗时期,南戏已经知名于城市之中,而非如徐渭所描述的还处于形成阶段。这也就是说,南戏至少在12世纪30年代就已经出现。

虽然祝允明与徐渭对南戏出现时间的看法不同,但他们一直认为,南戏产生于温州或永嘉这一位于中国东南沿海的城市。而且,生活于元明交替时期的叶子奇也有类似的观点:"俳优戏文始于《王魁》,永嘉人作之。"③

在很长一段时间里,学者们接受了温州是南戏唯一的摇篮的看法。但在20世纪80年代,刘念兹和一些来自福建省的学者挑战了这一传统观念,声称南戏不仅起源于温州,同时也起源于福建省的某些地点。资深学者赵景深支持这一观点④。刘念兹列举了以下证据支持其观点。

第一,历史记录表明,从12世纪最后一个十年到13世纪第三个十年,福建地区的戏剧演出活动非常多。⑤

第二,根据《中原音韵》,戏文同时使用了福建与浙江地区的语音。⑥

第三,福建地区两种古老的戏曲形式与南戏联系紧密。最早的重要南戏著作《南词叙录》由徐渭于1559年在福建写成。依据刘念兹在福建地区的田野调查,《南词叙录》中所列举的剧作,都保留于莆(莆田)仙(仙游)戏和梨园戏这两种福建地区的古老戏曲形式之中;而且,其中的一些剧作在其他的地方戏曲形式中非常少见,有一种只存在于梨园戏之中⑦。除此之外,筚篥这种使用于南戏中的中国簧乐器仅见于莆仙戏之中⑧,而不见于其他戏曲形式⑨。

---

① 钱南扬《戏文概论》第22—23页,上海古籍出版社,1981年版。
② 金宁芬《南戏研究变迁》第12页,天津教育出版社,1992年版。
③ 见叶子奇《草木子》,亦为王国维《宋元戏曲考》引用,见王国维《宋元戏曲考》第99页,北京:中国戏剧出版社,1984年版。
④ 见赵景深所作之序,刘念兹《南戏新证》第6—7页,北京:中华书局,1986年版。
⑤ 见刘念兹《南戏新证》第21—22页及23—24页,北京:中华书局,1986年版。
⑥ 见刘念兹《南戏新证》第23—24页,北京:中华书局,1986年版。
⑦ 见刘念兹《南戏新证》第24—29页,北京:中华书局,1986年版。
⑧ 实际上,虽然名称已经改变,筚篥仍然使用于中国民间音乐形式之中。见周瑞康"管",吕骥等编撰《中国大百科全书·音乐舞蹈卷》第237页,北京:中国大百科出版社,1989年版。
⑨ 见刘念兹《南戏新证》第299—301页,北京:中华书局,1986年版。

刘念兹的著作为南戏研究提供了不少资料来源,但其结论并不可信。刘氏所提的第一个证据并不能说明任何福建地区的戏剧演出活动与南戏的必要联系——此类表演活动可能与南戏无关。即使这些戏剧演出活动与南戏有关,这类出现于1190—1230年的戏剧活动也远远晚于南戏产生的时间。只有假设南戏直到12世纪最后一个十年才出现(即徐渭不正确的观点),这些材料才有可能用作南戏起源于福建的证据。

根据刘氏所给出的第二个与第三个证据,可以说明南戏在14世纪早期已经流行于福建地区,而且对莆仙戏和梨园戏产生了深远的影响,而非刘氏的结论。而且,不管南戏曾经在福建地区有多么风行,这都不能说明福建也是南戏的起源地。事实上,某些戏曲形式在邻近地区会比其在产生地更加流行。例如产生于湖北黄梅县的黄梅戏,后来成为邻近湖北的安徽的主要地方戏曲形式。①

根据仅有的历史记载,可以得出南戏至迟于12世纪第三个十年产生于浙江温州的结论。

第二节 南戏的传播

产生于温州之后,南戏开始逐渐往北、西、南三个方向传播,很快就到达了南宋(1127—1279)的都城杭州。在一种文人笔记之中,有如下一段话:

> 至戊辰(1268)己巳(1269)间,王焕戏文盛行于都下。始自太学,有黄可道者为之②。

这表明,在南宋末年,南戏已经流行于京城杭州。

杭州位于中国东南海岸线附近,距离温州大约300千米。在宋代,这个地区相对富庶、人口密集、稳定,不像中国北部兵连祸结。因为金朝在1127年侵略宋朝而且俘虏了当时的皇帝,宋朝重新组织了政府,转移到了

---

① 见文年"黄梅戏",《中国大百科全书·戏曲曲艺卷》第132—133页,北京:中国大百科全书出版社,1983年版。
② 刘一清《钱塘遗事》,亦为胡忌《宋金杂剧考》引用,见胡忌《宋金杂剧考》第59页,北京:中华书局,1959年版。

中国南部，最后在1130年定都于杭州①。这个新成立的宋朝朝廷被称为南宋，此之前的宋代时期被称为北宋（960—1127）。因为大量人口迁入，当时杭州的人口超过100万。都市贸易的繁华为各种娱乐形式的发展提供了必要的条件。在这些条件下，南戏通过便利的陆路与水路交通，顺利地达到了杭州，而且吸引了大量的观众。

虽然没有元代关于南戏演出活动的专门著作，但是从有关元杂剧的著作中可以找出一些蛛丝马迹。在元朝于1279年统治中国南部之后，元杂剧的表演中心从北方的大都②转移至了杭州。因为看重元杂剧，文人编写了一些关于元杂剧的著作，其中也会偶尔提及南戏。

在杭州居住过多年的钟嗣成（约1279—约1360）在戏剧圈内有许多朋友，包括杭州本地人与定居杭州的外来人③。钟嗣成曾编写《录鬼簿》记录元杂剧作家。在这本书中也提及了两位与南戏有关的杭州本地人。其中一人为萧德祥，其曾参与南戏剧本创作④。另外一位为沈和，是"南北合套"的首次使用者⑤。后世广泛地使用"南北合套"这一新方法构建南戏的音乐结构。

杰出著作《青楼集》，简要地介绍了117位女艺人及35位男艺人，其中也有一些艺人的传记，其中大部分都是元杂剧演员，但也有三位南戏艺人。在这三位艺人中，其中一位艺人的原籍被提及，她来自婺州⑥，婺州介于杭州与温州之间⑦。

也可从早期南戏剧本中追溯元代杭州的南戏演出活动。例如，《宦门子弟错立身》为元代杭州才人所撰⑧。与之相似的《小孙屠》则由杭州书会

---

① 见吴泰"宋高宗赵构"，《中国大百科全书·中国历史卷》（第二册）第1013—1014页，中国大百科全书出版社，1992年版。
② 大都位于现北京附近。
③ 见《录鬼簿提要》，《中国古典戏曲论著集成》（第二册）第87页，中国戏剧出版社，1959年版。
④ 钟嗣成《录鬼簿》，《中国古典戏曲论著集成》（第二册）第120页，中国戏剧出版社，1959年版。
⑤ 钟嗣成《录鬼簿》，《中国古典戏曲论著集成》（第二册）第134页，北京：中国戏剧出版社，1959年版。详见本章下一节。
⑥ 婺州即今金华。
⑦ 《青楼集志》，《中国古典戏曲论著集成》（第二册）第32页，北京：中国戏剧出版社，1959年版；亦见孙崇涛、徐宏图《青楼集校注》第181—183页，北京：中国戏剧出版社，1990年版。
⑧ 钱南扬《永乐大典戏文三种校注》第219页，北京：中华书局，1979年版。

创作①。"才人"是加入书会的、社会地位较低的文人,为许多艺人创作剧本、话本及诸宫调脚本②。书会的出现表明剧本的需求上升——当时的杭州可能存在大量的南戏戏班。

描述官宦子弟与女艺人的爱情故事的《宦门子弟错立身》中还有更进一步的证据。在此剧第十五出中,男主角与这位女艺人一道检阅了流行的剧作。女艺人王金榜,一共列出了 29 种剧作③,其中 18 种是南戏④。这 18 种南戏在当时的杭州应已广为人知,因此被杭州的才人列入《宦门子弟错立身》之中。这 18 种南戏显然只是当时流行于杭州的南戏剧作的一部分。例如,由杭州当地人创作的《拜月亭》⑤,是当时知名的南戏剧作,但并未列入其中。

在元明交替时期,南戏至少已经传播到了长江中下游地区。徐渭在《南词叙录》中写道:

> 时有以《琵琶记》进呈者,高皇⑥笑曰:"五经⑦、四书⑧,布、帛、菽、粟也,家家皆有;高明《琵琶记》,如山珍、海错,贵富家不可无。"……由是日令优人进演。⑨

剧作家、诗人、学者徐复祚(1560—约1630),也提及明太祖朱元璋还

---

① 钱南扬《永乐大典戏文三种校注》第 257 页,北京:中华书局,1979 年版。但钱南扬怀疑此剧作的作者是萧德祥,见钱南扬《永乐大典戏文三种校注》第 1—2 页,北京:中华书局,1979 年版。
② 详见本文第五章:南戏的剧作者与观众。
③ 钱南扬《永乐大典戏文三种校注》第 231 页,北京:中华书局,1979 年版。
④ 学者对此 29 种剧作的分类的看法不同。钱南扬认为所有 29 种剧作均为南戏,见钱南扬《永乐大典戏文三种校注》(北京:中华书局,1979)第 234 页。谭正璧在其专门针对这 29 种剧作的研究中,与钱南扬的看法相同,见谭正璧《话本与古剧》(上海:古典文学出版社,1956)第 205—220 页。但是,根据廖奔可信的看法,这 29 种剧作中,只有 18 种是南戏,见廖奔《南戏〈宦门子弟错立身〉源出北杂剧推考》(载《文学遗产》1987 年第 2 期)。亦见伊维德、奚如谷《中国戏剧:1100—1450》(*Chinese Theater 1100-1450*) 第 209—210 页,Franz Steiner Verlag Gmbh Wiesbaden, 1982。
⑤ 见俞为民《〈拜月亭〉的作者和版本考略》,载《文献》1986 年第 1 期。
⑥ 即朱元璋,明朝的第一个皇帝,1368—1398 年在位。
⑦ 五经为《诗经》《书经》《易经》《礼经》《春秋》。
⑧ 四书为《大学》《中庸》《论语》《孟子》。
⑨ 徐渭《南词叙录》,《中国古典戏曲论著集成》(第三册)第 240 页,北京:中国戏剧出版社,1959 年版。

是平民时就因《琵琶记》而大为惊奇。① 朱元璋的出生地为安徽凤阳,而朱元璋登上皇位前的活动范围为长江流域。② 在建立明朝时,朱元璋以南京为首都。因此,朱元璋一定是在长江中下游得知南戏杰作《琵琶记》。换言之,在 14 世纪末,南戏已传播至这一包括南京在内的地区。

在 15 世纪中期,南戏又进一步传播到了北京③——明代中后期的首都④:

> 吴⑤优有为南戏于京师者,锦衣门达奏其以男装女,惑乱风俗。英宗(1436—1450,1457—1465 在位)亲逮问之。优具陈劝化风俗状,上令解缚,面令演之。一优前云"国正天心顺,官清民自安"云云。上大悦曰:"此格言也,奈何罪之?"遂籍群优于教坊。群优耻之,上崩,遁归于吴。⑥

这段记录除提供了南戏在北京的情形外,也揭示出南戏在苏州地区的信息。考虑到"吴地"是这些演员的本籍,事后他们又潜回吴地,在当时的苏州地区一定有相当大的观众群体。

《成化本白兔记》的发现提供了类似的信息。这部剧作于成化年间(1465—1487)在北京刻印,但在现在的上海嘉定县被作为陪葬品放入墓穴之中。⑦ 这表明在明代成化年间的北京,有不少人对南戏有兴趣;因为没有市场,这部剧作就不会被刻印。而且,这部剧作被带回吴地,作为陪葬品

---

① 徐复祚《曲论》,《中国古典戏曲论著集成》(第四册)第 233 页,北京:中国戏剧出版社,1959 年版。
② 见万明"明太祖朱元璋",《中国大百科全书·中国历史卷》(第二册)第 699—700 页,北京:中国大百科全书出版社,1992 年版。
③ 钱南扬认为南戏在元代就已在北京演出,其证据为由张大复在清朝初年选编的《南曲谱》的《总目》中有材料说明一种戏文剧本曾在元代的北京刻印。见钱南扬《戏文概论》(上海古籍出版社,1981 年版),第 29 页。但钱氏的观点并不可信。南戏剧本曾在北京刻印的事实并不能说明南戏也曾在北京演出。
④ 明朝首都在 1421 年由南京迁往北京。见李广廉"永乐迁都",《中国大百科全书·中国历史卷》(第三册)第 1413 页,北京:中国大百科全书出版社,1992 年版。
⑤ 即现在的苏州地区。
⑥ 见都穆《都公谈纂》,亦为叶德均《戏曲小说丛考》所引,见叶德均《戏曲小说丛考》(上册)第 3 页,北京:中华书局,1979 年版。
⑦ 见彭飞《略论成化本〈白兔记〉》,载《文学遗产》1983 年第 3 期。

放入墓穴之中的事实说明墓主人生前喜爱南戏表演。按照中国的习俗,随葬的物品通常都是墓主生前喜爱之物。这个事实也说明吴地之人可能大都喜爱南戏。

在南宋时期,南戏演出活动也已扩展至东邻浙江省的江西省。正如第一章"现存最早剧本中的戏曲形式"一节已经提及的,处于宋元交替时期的学者刘埙在其记录中提到了南戏:"至咸淳(1265—1274),永嘉戏曲出……"①这一记录又与对刘埙家乡南丰的娱乐活动描述融合在了一起。南丰位于江西省东部,邻近福建省与江西省的交界。在南宋末年,南戏显然已经传播到了江西省。

江西省的两处考古挖掘证明了该地区的戏剧演出,且可能与南戏有关。1973年,在景德镇一处1252年的墓穴中出土了六个艺人陶俑②。景德镇是著名的陶瓷器产地。1975年,二十一个艺人陶俑在鄱阳一处建造于1264年的墓穴中被发现,鄱阳邻近景德镇③。这些陶俑的外形表明它们所表现的是戏剧人物,而非舞者、艺人。这些人物的着装与当时人们的日常着装相似,不便于舞蹈动作;它们的动作幅度相应地也小于舞蹈表演中的动作。

但是很难确定这些陶俑表现的是否为南戏艺人。第一,并无有关这些陶俑的文字记载。第二,不能通过这些陶俑之间的关系推测它们属于何种戏曲形式。在出土的过程中,其中一些陶俑遭到了破坏,其起源也因而被破坏了。

在13世纪中叶左右,中国有三种戏剧艺术:宋杂剧④、南戏、元杂剧。这些陶俑可能与南戏或宋杂剧有关,但与元杂剧无关。因为这些陶俑都遗存于建立于南宋末年之前的墓葬之中。在当时,中国南北部正处于交战之中;元杂剧这一来自敌方的戏曲形式,不可能被带到中国南部。

南戏在传播至杭州的同时,也扩展到了福建。在创作于南宋时期的

---

① 原注:见第一章。译者按,即李昌集《中国古代散曲史》第69页,上海:华东师范大学出版社,1991年版;亦见洛地《戏曲与浙江》第15—16页,杭州:浙江人民出版社,1991年版。
② 见刘念兹《戏曲文物丛考》第28—29页,北京:中国戏剧出版社,1986年版。
③ 见唐山《江西鄱阳发现宋代戏剧俑》,载《文物》1979年第4期。亦见刘念兹《戏曲文物丛考》第27—28页,北京:中国戏剧出版社,1986年版。唐山与刘念兹明确地认为这些陶俑表现的是戏剧人物,而非日常生活。
④ 宋杂剧指的是宋代的戏剧表演,包括舞蹈、诨砌等戏剧形式。宋杂剧的一些表演成分被南戏和元杂剧所采用。

《张协状元》之中有两个曲牌①名与福建的地名有关。[福州歌]②字面意思为福州之歌,福州是福建省的省会。与此相似,[福清歌]③的字面意思为福清之歌,福清是福建东南沿海城市。因为中国的民间小曲经常以起源地命名,因此有可能这两首曲子是起源于福州与福清的民间小曲,随后被融合进南戏之中。

福建方言的使用,是南戏在福建传播更进一步的证据。正如本章最后一节即将提到的,刘念兹分析了《中原音韵》(1324)中的记载,并且发现戏文的语言采用的是一种由沈约编定的、包括福建与浙江的语音在内的独特音韵体系。

借助在福建的田野调查,刘念兹发现了,莆仙戏与梨园戏的曲牌与伴奏乐器之中存在着许多南戏的遗迹。这些发现都表明,南戏曾经兴盛于福建地区。

南戏在福建地区的兴盛有其历史原因。因为北方移民的涌入,福建地区的人口数量在12世纪第二个和第四个十年之间迅速地从2043032增加到了2808851。④ 移民之中,相当一部分来自上层社会的人习惯于欣赏杂耍,追求精致的娱乐。这种类型的人口增长是福建地区多种娱乐形式的发展的必要条件。

至迟在15世纪40年代,南戏传播到了位于福建省南部的广东省。1975年,在广东省潮安县的一座墓葬之中,发现了演出本《宣德本金钗记》的手抄副本;按照所给的信息,其抄写时间为宣德七年(1433)⑤。与此类似,抄写于嘉靖年间(1522—1566)的手抄本《蔡伯喈》(《琵琶记》)于1958年⑥出土于广东省揭阳县。

总而言之,南戏最北传播到了北京、最西到了江西,南边到了福建与广东。由于此结论只是建立于有限的文字记载与考古挖掘之上,因此南戏实际的传播范围应该更广,南戏传播至北京和其他城市的时间可能比本节所描述的更早。

---

① 详见第四章第一节:音乐体制。
② 钱南扬《永乐大典戏文三种校注》第44页,北京:中华书局,1979年版。
③ 钱南扬《永乐大典戏文三种校注》第119页,北京:中华书局,1979年版。
④ 刘念兹《戏曲文物丛考》第35页,北京:中国戏剧出版社,1986年版。
⑤ 见杨越等《明本潮州戏文五种》第826页,广州:广东人民出版社,1985年版。
⑥ 见杨越等《明本潮州戏文五种》第826—827页,广州:广东人民出版社,1985年版。

第三节　南戏之演变

随着时间的流逝,南戏从其起源地传播到了很远的地方,但在这些地方,南戏不再被称为"温州杂剧"或"永嘉杂剧"。戏曲形式在其发展的过程中会吸收所经之地的口语用法与地方音乐体制。另外,文人参与创作也会对这类戏曲艺术的思想内涵与艺术形式产生影响。简而言之,南戏在其传播过程中逐渐演变。南戏扩张的过程,就是其形式本身演变的过程。

没有人知道在诞生之初南戏的确切艺术形式。早期南戏剧作如《赵贞女蔡二郎》和《王魁》的情节至少在后世的戏曲形式中被二者的后继者所吸收。但还是几乎没有办法考察其最初的艺术形式。根据本章开头就已提及的徐渭的记载,部分可以确定的信息是南戏最初的曲调是词调与民间小曲的融合。①

在《南词叙录》中,徐渭又进一步对南戏的音乐体制进行了如下描述:

"永嘉杂剧"兴,则又即村坊小曲而为之,本无宫调,亦罕节奏,徒取其畸农、市女顺口可歌而已……②

这表明,作为一种"民间小戏",永嘉杂剧的音乐体制简单而直接。

但是,在12世纪与13世纪交替时,南戏的音乐体制变得相当复杂。孙崇涛(1939—)分析了创作于南宋中叶(1200年左右)的《张协状元》的音乐体制的来源③。孙氏发现,除词调与民间小曲外,《张协状元》也从诸宫调、曲破、佛曲、花词、木偶戏等其他多种艺术形式中吸收了曲调④。在这个时期,促进南戏发展的重要因素是中国东南沿海城市中表演的兴盛。在移民中,有大量如说唱艺人、喜剧演员以及木偶艺人等演艺人员。伴随着人口与商业活动的迅速增加,诸多娱乐活动兴盛于杭州、温州

---

① 徐渭《南词叙录》,《中国古典戏曲论著集成》(第三册)第239页,北京:中国戏剧出版社,1959年版。
② 徐渭《南词叙录》,中国古典戏曲论著集成》(第三册)第240页,北京:中国戏剧出版社,1959年版。
③ 见孙崇涛《〈张协状元〉与"永嘉杂剧"》,载《文艺研究》1992年第6期。
④ 见孙崇涛《〈张协状元〉与"永嘉杂剧"》,载《文艺研究》1992年第6期。

等城市。① 因此,一方面南戏有了从其他表演形式吸收艺术成分的绝好机会;另一方面,在与其他表演形式的竞争之中,南戏又不得不不断地丰富自身,不然就有可能在商业竞争之中流失观众。

在元代,"南北合套"这一构建套数的新方法的创造与应用是南戏音乐体制的重要发展。起初,南戏的曲调均来自于南方音乐,而元杂剧的曲调则来自北方音乐。② 在元朝统治中国南方后,南戏与元杂剧开始互相影响。因此,南戏开始从元杂剧中吸收北方曲调。根据钟嗣成的记载,是沈和首先开始使用"南北合套",但他只是使用这一新方法创作散曲③,而不是戏曲④。

通过研究编写于元代的《宦门子弟错立身》与《小孙屠》⑤,可以发现这两部剧作偶尔使用了北方曲调。例如在《宦门子弟错立身》的第十二出中,由五支南方曲调组成的小套数被置于一个由北方曲调组成的大套数之中⑥。而且,在该剧的第十五出及《小孙屠》的第十四出中,南北曲调被融合进了一个套数之中⑦。这种组织方式,在明代被应用于南戏与传奇之中。

不仅是音乐体制,南戏的整体形式也在演变之中。在创作于南宋的《张协状元》之中,可以容易地区别出借鉴自其他表演形式的成分;此类表演成分之所以突出,是因为它们还未被自然地融入南戏这一戏剧艺术之中。在后世的南戏剧作中,这种现象就消失不见了。换言之,后世南戏剧作的组成部分更加统一,其形式也比早期更加内在一致。

例如,在《张协状元》的开场之中,末或者副末首先朗诵了两首词用以

---

① 见伊维德、奚如谷《中国戏剧:1100—1450》(*Chinese Theater 1100-1450*)第 56—83 页,Franz Steiner Verlag Gmbh Wiesbaden,1982。

② 简而言之,南北曲调主要在两个方面有差别:其一,南方音乐使用五音阶,而北方音乐使用七音阶。其二,南方音乐使用花腔,节奏缓慢,而北方分音节,节奏紧凑。因此总体而言,南方音乐柔和、悦耳,北方音乐强劲、有力。

③ 原注:见第一章。译者按:参见本译稿第一章"散曲"注,即"散曲为流行于元代的诗体及乐体形式"。

④ 钟嗣成《录鬼簿》,《中国古典戏曲论著集成》(第二册)第 134 页,北京:中国戏剧出版社,1959 年版。

⑤ 详见本文第三章第一节"南戏现存剧本"。

⑥ 钱南扬《永乐大典戏文三种校注》第 219 页,北京:中华书局,1979 年版。曲调及其南北方起源的信息,可见该书第 105—106 页。

⑦ 钱南扬《永乐大典戏文三种校注》第 36 页,北京:中华书局,1979 年版。

表现人生,又介绍了该剧作的信息;随后表演了一段诸宫调,以第三人的身份叙述了该剧作的概要。当末表演诸宫调时,他本质上是一位说唱人——是局外人,而非剧中人物——他的表演实际上也是说唱而非人物扮演。在创作于元代的南戏剧作中,已不见这种用法。《宦门子弟错立身》《小孙屠》《琵琶记》的开场只有一两首词。根据这一传统,后世的南戏剧作的开场通常只有两首词:一首用以声明创作该剧本的目的,一首用以描述该剧本的概要。

与此相似,另一个演员作为说唱艺人的例子见于《张协状元》的第二出之中。生脚①进场后首先与后台的伴奏艺人交谈,随后向观众介绍了戏班的信息。生脚直到完成这一观众关系活动后才真正开始扮演主角张协。在《张协状元》之后的剧作之中,只要男主脚在第二出中一上台,就以第一人称说白或演唱。换言之,即在一开始,生脚就已经是剧中人物,而非说唱人。

宋杂剧的成分也同样遗存于《张协状元》之中②。例如,当末或者副末、净③都出现在台上时,他们通常会戏弄彼此,插科打诨。这种喜剧表演形式源自于宋杂剧,宋杂剧中的副末与副净是一对喜剧脚色,其功能正为打诨④。这种喜剧形式是宋杂剧的喜剧核心,而且被不断地使用于早期南戏剧作之中,置于剧情发展之先。

在《张协状元》中,某些末与净的诨砌确实扰乱了情节的流动。例如,在通过科考夺得状元后,张协不仅不认其妻——曾帮助过他的贫女,甚至还试图用剑将其刺死。幸运的是,贫女没有死,相反地,邻居救了她的命。在这个紧要的关头,末与净插科打诨如下:

(旦⑤)婆婆相救! (净)你在那里? (旦)奴家跌在深坑里。(净

---

① 即男主脚,详见第四章。
② 一些学者认为南戏直接源自宋杂剧,见周贻白《中国戏剧发展史》第170—171页,台南:僶勉出版社,1975年版。但其他学者则认为南戏演变自民间小调与舞蹈表演,在其演变过程中吸收了宋杂剧的影响,见张庚等《中国戏曲通史》(第一册)第108—113页,北京:中国戏剧出版社,1980—1981年版。虽然这两种观点有其不同之处,但都注意到了宋杂剧对南戏的影响。
③ 南戏中的净脚是喜剧脚色。但在传奇和其他后世戏曲形式中,净脚主要扮演直白、开明、粗犷或者狡猾、危险的人物。
④ 见胡忌《宋金杂剧考》第109—120页,北京:中华书局,1959年版。亦见廖奔《宋元戏曲文物与民俗》第276—282页,北京:文化艺术出版社,1989年版。
⑤ 在《张协状元》中扮演张协之妻的女主脚。旦脚的详细信息见本章第四节。

看、有介)苦！苦！我老人怎奈何得你？公公快来！喂！(末出)……婆婆,你则甚底？(净)亚公,张小娘子跌在深坑里。(末)甚么坑里？(净)在都坑里。(末)好惹一场臭！我与你扶它起来。(末净唱)[打球场]论娘行,见茶便折,缘何到翻了吃跌？莫是有人来阴害你,浑身尽都是鲜血。①

很明显,在这出戏将观众置于对贫女的不幸的同情与对张协的负心、无情的行为的憎恨之中时,上文所引的末与净的诨砌扰乱了因贫女的不幸而产生的同情。

这种独特的诨砌不见于《宦门子弟错立身》与《小孙屠》之中。通过与《张协状元》的对比,在这两部创作于元代的剧作之中,喜剧脚色的活动范围小了很多。在《张协状元》中,第十一、二十八出等场次是专门为喜剧脚色创作的;《宦门子弟错立身》与《小孙屠》之中没有这样的场次。取而代之的是,净与丑的诨砌有时点缀于男女主脚的表演之中,诨砌出现的频率也因此降低。而且,末在《宦门子弟错立身》与《小孙屠》已不再是喜剧脚色。总之,相比于《张协状元》,《宦门子弟错立身》与《小孙屠》的内在统一性更强,更像是后期的南戏作品以及创作于南戏演变为传奇时期的作品。

从元末起,越来越多的文人参与了南戏的创作。这一趋势促进了南戏从民间小戏演变为上层艺术形式的过程。元代以前的南戏剧作大部分都不署名。例如,上文讨论的三部剧作,不是由书会即是由才人创作,而不是专业的剧作家。匿名剧作者进一步表明了南戏在这个时期的民间性。专门创作的南戏剧作直到文人开始改编南戏剧作时才出现。第一部非匿名的剧作就是高明创作于元末的《琵琶记》。

高明改编的根据是最早的南戏剧作《赵贞女蔡二郎》②,但《琵琶记》的文学价值相比于《赵贞女蔡二郎》,达到了更高的水准。《琵琶记》戏剧冲突的设置非常成功。例如,高明将两种故事线索交织在一起,对比了赵五娘——蔡伯喈的原配——的悲惨经历与蔡伯喈及其第二任妻子——宰相的女儿——的舒适生活。通过对比与对立,有关赵五娘的场次显得尤为动

---

① 钱南扬《永乐大典戏文三种校注》第178页,北京:中华书局,1979年版。
② 详见本文第三章第一节"南戏现存剧本"。

人。而且,《琵琶记》的语言不仅优雅,而且自然、个性化。由于高明的成就,南戏的曲辞第一次可与元杂剧相比。

其他被元明交替时期的文人改编过的现存剧作还有《荆钗记》《白兔记》《拜月亭》以及《杀狗记》。这些剧作部分保留了早期南戏剧作的优点,总体上都有较强的可表演性。而且,虽然此类剧作的文学性不同,但相比于早期南戏剧作,其结构更完整,多用文言,韵律的系统性也更强。

明代早期,许多文人开始独创南戏剧本,而不是改编旧有的剧本。这些专由文人创作的剧作呈现的是受过教育的精英的审美趣味。大体而言,文人倾向于将戏曲作为诗歌的一种,通过戏曲文人可以展现其创作才华。而且,某些文人甚至在戏曲中展示他们关于中国传统经典的学问。

《香囊记》就是堆砌华丽辞藻的典型例子。正如徐渭指出的:

《香囊》乃宜兴老生员邵文明作,习《诗经》,专学杜①诗,遂以二书语句匀入曲中,宾白亦是文语,又好用故事作对子,最为害事。②

邵文明的做法明显破坏了剧作的戏剧性。读者可以揣度传统诗词的含义从而理解潜藏的意蕴;但在演出中,南戏的观众只有一次机会理解曲辞与宾白。因此,在戏曲中过多地引用传统诗词会让观众觉得晦涩、困惑,妨碍他们欣赏戏曲作品。

总体而言,不像创作于明代以前的南戏剧作,这一时期由文人创作的剧本,其文学性大于可表演性,有一些剧本甚至不能用于表演。例如,大量选自《荆钗记》《白兔记》《拜月亭》的场次不断地在后世的戏曲形式中被呈现,但只有少部分选自《香囊记》的场次还被保留于场上。这一事实表明,这一时期由文人创作的剧本并不总是可以持续表演的剧作。

可以理解的是,过去的书会才人熟悉艺人、戏班、舞台,因此他们在编写剧本时已明了表演的条件与需求。但文人剧作家大量着意于修辞、辞藻及韵律,忽略了剧作的可表演性。

总之,文人参与南戏剧作的编写对南戏的演变具有相对立的两种影

---

① 杜甫(712—770)是中国最伟大的诗人之一。
② 徐渭《南词叙录》,《中国古典戏曲论著集成》(第三册)第243页,北京:中国戏剧出版社,1959年版。

响。在明中期,南戏结束其演变的过程,成为传奇。传奇①作为南戏的新形式传遍了中国的大江南北,而元杂剧开始衰微;最终,传奇取代了元杂剧在舞台上的地位。

第四节 南戏与传奇的区分

正如前文已经论及的,南戏是传奇的直接先驱者。但区分南戏与传奇的历史却极为困难。学术界关于这一难题,有一些不同的观点。

解决上述问题的常见方法是在元代与明代之间做一个区分。学者经常在南戏与传奇之前增加某个朝代名,相应地称之为宋元南戏(戏文),以及明清传奇。例如,傅惜华(1907—1970)的《中国古典戏曲总目》就将第二卷专用于宋元戏文,第五与第七卷专用于明清传奇。② 最近的权威戏曲著作——《中国大百科全书·戏曲曲艺卷》采用的也是同样的方法,列出"宋元南戏"与"明清杂剧和传奇"这两个条目。③

上述的方法本质上以朝代的更替为据区分南戏与传奇的历史。然而,南戏与传奇的历史并不与朝代同步发展。因此,这种简单的方法难免在处理《琵琶记》《荆钗记》《白兔记》《拜月亭》《杀狗记》等创作于元明更替时期的剧作时,出现不一致。

例如,周贻白认为上述五种剧作是创作于元末的南戏。④ 然而讽刺的是,他将专论这五种南戏的章节命名为"明代传奇",反驳自己的结论。⑤

---

① 传奇:在中国学术界,"传奇"一词被用以指代南戏的新形式,包括诸如弋阳腔(原注:见注139。译者按,参见本译稿第二章"弋阳腔"注)、昆曲(昆山腔,原注:见注137,译者按,参见本译稿第二章"昆山腔"注)等分类。见上海艺术研究所、中国戏剧家协会上海分会《中国戏曲曲艺词典·词条"传奇"》第39页,上海辞书出版社,1981年版。但也有一些学者遵从传统的看法,只使用"传奇"一词指代新一代的南戏的剧本,见俞林"传奇",载《中国大百科全书·戏曲曲艺卷》第46页,北京:中国大百科全书出版社,1989年版;并将弋阳腔等同类概念定义为音乐形式;见余从"弋阳腔",《中国大百科全书·戏曲曲艺卷》第542—543页,北京:中国大百科全书出版社,1989年版。这表明这类学者只将"传奇"作为一种戏剧文学形式,可被诸多不同的音乐形式表演。笔者个人赞同第一种观念,并且认为传奇是一种完备的剧种,包括戏剧文学与表演艺术在内。然而,在此处讨论此问题会超出本文的主要研究领域南戏。
② 见傅惜华《明代传奇全目》第1页,北京:人民文学出版社,1959年版。
③ 见张庚等《中国大百科全书·戏曲曲艺卷》第255、366页,北京:中国大百科全书出版社,1983年版。
④ 见周贻白《戏曲发展史纲要》第29页,上海古籍出版社,1979年版。
⑤ 见周贻白《戏曲发展史纲要》第213页,上海古籍出版社,1979年版。

张敬认为这五种南戏剧作是早期的"传奇"。① 张敬认为,与南戏不同,传奇由文人创作,而文人早已参与到这五部剧作的创作之中。然而,正如前文已经论及的,虽然这五部剧作曾经被文人改编,但它们仍然保留了一些在元末以前就已被创造的、南戏剧作的特点。笔者认为这五部作品不能被排除在南戏之外。

与上述学者不同,钱南扬认为南戏与传奇的区分应以昆曲②的出现为界。③ 这一方法避免了在处理《琵琶记》《荆钗记》《白兔记》《拜月亭》《杀狗记》的问题,但也产生了新的问题。毫无疑问,南戏与昆曲在剧本、音乐结构与脚色体制等方面都有不同;二者为不同的戏曲形式。然而,昆曲只是传奇的一个分支,而非传奇本身。除昆曲外,南戏还有其他诸如弋阳腔④之类的分支。钱南扬的区分方法也会忽略传奇的其他类别。

有关上述学术问题的多种理论或曰理论混乱表明了相关历史事实的复杂性。⑤ 正如在上一节中所描述的,南戏的演变是一个逐渐的过程;在这个过程的最后阶段——从元末至大约明朝中期——是南戏转变为传奇的时期,其中由于文人不间断地参与南戏剧本的创作,南戏变得更加精致或者更加符合上层社会的品位。虽然正如见于弋阳腔之中的,民间艺术家也不断地影响传奇,但是文人总体上对传奇的影响更大。在这个转变过程中,南戏经历了在音乐体制、剧本、写本形式、表演上的一系列显著的变化。

---

① 见张敬《明清传奇导论》第11页,北京:东方书店,1961年版。
② 昆山腔:昆曲或昆山腔出现于16世纪中叶,且于17世纪至19世纪主导中国戏剧舞台。
③ 钱南扬《戏文概论》第56—57页,上海古籍出版社,1981年版。
④ 弋阳腔:弋阳腔传统上只是被作为一种音乐类别,而昆山腔或昆曲则被认为是一种完整的戏曲形式。这一观点或多或少都受到了文人重视戏曲文学而轻视戏剧表演的倾向的影响。因大量文人的参与,昆山腔毫无疑问在剧本创作上取得了巨大的成就。相比之下,弋阳腔有时只能从昆山腔借用剧作。但为了满足表演的需要,借用来的剧本又常常需要被改编或部分改编。除此之外,弋阳腔也有自己的剧目与表演方式。因此,将弋阳腔与昆山腔一样都作为一种戏曲形式是比较恰当的。
⑤ 这种理论的困惑还源于不同学者相应地受到了来自古代文人文字资料中不同定义或者用词的影响。然而,根据现代学术标准,古代文人的定义或用词常常不大准确。例如,古代文人混用"南戏"与"传奇"二词。正如在第一章"与南戏有关的多个名称"一节中所提及的,南戏在元代曾被称为传奇。另一方面,在明末,南戏已经演变为传奇之后,这种戏曲形式仍被称为传奇。例如,王骥德(?—1623),戏曲研究的知名学者,在其写作于1610年、随后又被不断修改的重要著作《曲律》中,仍然使用"南戏"一词指代当时的传奇,见王骥德《曲律》,载《中国古典戏曲论著集成》(第四册)第143页,北京:中国戏剧出版社,1959年版。为避免使用古代文人的定义或用词,笔者只使用由原剧本所提供的信息来支持笔者的观点。

没有任何一种变化单独地使南戏变为传奇,但随着时间的流逝,这些累计的变化改变了南戏的审美特征。

在转变的过程中,这种戏曲形式——正在消失的南戏或者新生的传奇——自然处于融合的状态,正如见于《琵琶记》《荆钗记》《白兔记》《拜月亭》《杀狗记》这五种由文人改编的南戏剧作中的,民间戏曲的特征还没有消失,但文人剧作的特征正在兴起。这也是之前的学者难以对这五种改编于元明交替时期的剧作进行分类,也难以为南戏与传奇的历史在这个时期找到一个合适的区分点的原因。

由于没有人可以在南戏的消失与传奇的出现之间设立一个准确的区分点,因此似乎最好是将这一转变过程看作一个整体——一个包括南戏的消失与传奇的出现的重叠时期,而不是通过设定一个勉强或者轻率的节点将其人为地区分为两个阶段。

由于历史的连续性,南戏与传奇在某些方面比较相似,但在另外一些方面又有所不同。通过比较明代早期以前的南戏剧作与明代中期以后的传奇剧作①,可见二者之间存在以下四个方面的不同:

第一,依据剧本,南戏剧作不分出,而传奇则注明场次,且每一出均有出目。有趣的是,某些出现于转变时期的剧作,如《宣德本金钗记》,已经分出但没有出目。② 除此之外,南戏有"题目",这是一首四句的、用以介绍剧作故事梗概,且曾被用作剧作广告的诗。③ 这首诗在南戏中被置于剧作开场之前,而在传奇中,这首诗被置于第一出的结尾处,用作末脚的下场诗。

第二,与脚色体制有关,以《张协状元》为例,在南戏中,共有七种脚色,即生、旦、净、丑、末、外④以及后或者贴。⑤ 但在传奇中,除了这七种脚色外,另外又出现了五种新脚色,即小生、老旦、小旦、中净以及杂。⑥

第三,与音乐体制有关,虽然南戏在元代开始使用"南北合套",但主

---

① 此处笔者避免使用处于转变期的剧作,因为这些剧作通常同时具有南戏和传奇的特征。
② 见杨越等《明本潮州戏文五种》第3—163页,广州:广东人民出版社,1985年版。
③ 钱南扬《永乐大典戏文三种校注》第4页,北京:中华书局,1979年版。
④ 外脚通常扮演男性角色,但在《张协状元》中,外脚主要扮演女配角。详见第四章第二节:脚色体制。
⑤ 钱南扬《永乐大典戏文三种校注》第1—217页,北京:中华书局,1979年版。
⑥ 见许自昌《水浒记》,毛晋编《六十种曲》第九册,北京:中华书局;亦见王骥德(？—1623)《曲律》第143页,《中国古典戏曲论著集成》第四册,北京:中国戏剧出版社,1959年版。

要使用的是南方曲调。与南戏不同,传奇更普遍地使用"南北合套",而且在少数几出中只使用北方曲调。除此之外,在南戏中,曲调的安排方式较为灵活;例如,一出之中经常包括几个短套数①。但在传奇之中,曲调的安排非常严格;例如一出之中经常只有一个长套数。

第四,与剧作主题有关,绝大部分南戏都是爱情、婚姻或家庭故事。要而言之,本论文到目前为止所提及的南戏剧作都只与上述主题有关。但在传奇中,有许多剧作与政治或者军事斗争有关,例如《鸣凤记》与《水浒记》。

总而言之,由于相关资料的缺乏,所以难以准确地描述南戏的历史发展过程。但是,通过出现于不同历史时期的南戏剧作,如南宋时期的《张协状元》、元代的《小孙屠》以及南戏转变为传奇时期的《琵琶记》,可以辨别出这些剧作的不同特征。而且,通过对不同历史阶段的南戏特征的比较,可以发现南戏从民间小戏转变为传奇这一文人艺术的历史路径。

第三章 南戏剧作

正如上文已提及的,在20世纪初,仅有少数学者意识到几个世纪以前曾存在过一种名为南戏的戏曲形式。在将近一个多世纪的研究之后,现在学者们得到了很多关于已经消失的南戏的信息,其中绝大部分都与其剧作有关。

借助《永乐大典》的目录②、徐渭的《南词叙录》以及其他历史文献所提供的信息,学者们共收集了300多种南戏。钱南扬认为有238种南戏剧作写定于宋元时期,③有63种写定于明代。④ 但也有学者认为钱南扬错把一些元杂剧和一部散曲⑤归入其南戏目录之中。根据这些二中选一的记载,只能确认有213种南戏出现于宋元时期。⑥ 另一位学者,刘念兹,列出了

---

① 详见第四章第一节:音乐体制。
② 详见本章第一节。
③ 钱南扬《戏文概论》第73—82页,上海古籍出版社,1981年版。
④ 钱南扬《戏文概论》第111—120页,上海古籍出版社,1981年版。
⑤ 原注:见第一章。译者按:参见本译稿第一章"散曲",即"散曲为流行于元代的诗体及乐体形式"。
⑥ 见黄菊盛、彭飞、朱建明《关于宋元南戏剧目的整理和辑佚》第53—58页,《曲苑》第二辑,南京:江苏古籍出版社,1986年版。

244种写定于宋元时期、125种写定于明代的南戏剧作。①

不难理解不同学者对南戏剧目数量理解不同的原因。学者们用以收集剧目的材料均为只遗留剧名的剧作。很难仅通过剧名来判断某部剧作是否为南戏。南戏、元杂剧及其他戏曲形式的故事情节常常相同。因此，通过相同的剧名，不同学者自然可以做出不同的理解和判断。

即使学者们无法确定某些剧作是否为南戏，上述的这些目录也并非只提供南戏剧作的数量这一个信息。通过这些目录，也可见南戏剧作的主题。虽然目录中的绝大部分剧作都已经丢失，遗留的剧目还是可以表明它们是否与其他如元杂剧或小说等作品的剧情相同。通过查阅其他形式的现存作品，可以考察某些已经丢失的南戏剧作的剧情。

通过明代的曲选，以及明清时期的韵书或乐谱②，学者们已收集到了曾经属于100多部南戏剧作的散轶片段。钱南扬出版于1956年的《宋元戏文辑佚》是此类研究成果中最全面的。由于绝大部分南戏剧本已经丢失，这些由学者们收集的散轶片段弥足珍贵。通过这些材料，可以发现许多关于已经丢失的南戏的蛛丝马迹。

当然，最重要的材料是现存的南戏剧本。这些剧本将在下文被讨论。

第一节　南戏现存剧本

绝大部分现存的南戏剧本都刻印或手抄于明代中期之后。这些剧本曾被明代文人改编，所以出现于明代晚期的南戏剧本已经丢失了原本的特征，看起来像是传奇的剧本。与传奇相同，这些出现于晚明的南戏剧本也被分出，且有出目。在南戏被重新发现之前，这些剧本被误认为是传奇。正如上文已提及的，直到20世纪初，仍然只有少部分人意识到南戏这种戏曲形式曾经存在过。

在重新发现南戏后，学者们区别出了一些曾被明代文人改编、长时间被误认为是传奇剧作的南戏剧本。这些剧本包括《金印记》《赵氏孤儿》《牧羊记》《寻亲记》以及《跃鲤记》。

---

① 见刘念兹《南戏新证》第59—87页，北京：中华书局，1986年版。

② 在明清时期的韵书或乐谱中，编撰者为了使读者明了标准的南戏曲辞韵律，从大量南戏剧作中广泛地选择了曲调。在曲调被编撰之后，这些曾被引用的南戏剧作绝大部分都丢失了。

但是,对于这类剧本的数量与创作年代,学者们的意见不同。在钱南扬看来,有 18 种剧作确定创作于宋元时期①,有 16 种剧作可能创作于宋元时期②,有 12 种剧作创作于明代③。但在刘念兹看来,只有 15 种剧作创作于宋元时期④,而有 32 种剧作创作于明代⑤。而且,通过对比钱南扬与刘念兹的目录,可以发现钱南扬列出了 8 种刘念兹未列出的剧作,而刘念兹列出了 10 种钱南扬未列出的明代剧作。

合理地区分这些剧本的类别、追溯它们的年代,尤其是对于出现于明代的剧作而言,非常困难。有时,难以判定某剧作是由文人改编的南戏剧作,还是专门由文人创作的传奇剧作。正如上文已经论及的,由于明代文人的改编,晚明的绝大多数南戏剧作丧失了原来的文字特点,因而看起来类似传奇。另一方面,某些传奇剧作从南戏中借用故事情节,由此这类传奇剧作会被误认为是南戏的改编本。但是,文本研究并非本论文的研究目的,所以笔者不会再纠缠于这些有争议的剧本的分类问题。⑥

在所有现存的南戏剧本中,如下六种剧本未被明代文人改编,因而能为南戏研究提供可靠的材料:《张协状元》《宦门子弟错立身》《小孙屠》、成化本《白兔记》《元本琵琶记》、宣德本《金钗记》。

《张协状元》《宦门子弟错立身》以及《小孙屠》的剧本被保存于《永乐大典》⑦13991 卷中。《永乐大典》所遗留的目录表明,从 13965 至 13991 卷这二十七卷之中,共抄录了三十三种南戏剧本。除 13991 卷中的三种由叶

---

① 钱南扬《戏文概论》第 83—95 页,上海古籍出版社,1981 年版。
② 钱南扬《戏文概论》第 95—96 页,上海古籍出版社,1981 年版。
③ 钱南扬《戏文概论》第 111—120 页,上海古籍出版社,1981 年版。
④ 刘念兹《南戏新证》第 59—78 页,北京:中华书局,1986 年版。
⑤ 刘念兹《南戏新证》第 78—87 页,北京:中华书局,1986 年版。
⑥ 对这些有争议的剧本的讨论,见金宁芬《南戏研究变迁》第 84—106 页,天津教育出版社,1992 年版。
⑦ 《永乐大典》是遵照明朝第三个皇帝明成祖(1403—1425 年在位)的要求编纂的类书,因而以明成祖的年号"永乐"为名。这部类书共有 22937 卷(含目录与该书的用法说明 60 册),分为 11095 册装订。这部类书于 1408 年完成时,只有一套手抄本,因为这部书太大而无法刻印。随后,世宗皇帝(1522—1566 年在位)由于担心孤本容易遭到损坏,因此他要求另外手抄一套。《永乐大典》原本被毁于明朝灭亡时。第二套《永乐大典》的部分卷章在清末以前就已遗失。1900 年,第二套《永乐大典》的绝大部分都毁于八国联军——由美国、奥地利、不列颠、法国、德国、意大利、日本和沙俄派往中国的军队——所放的大火之中。绝大部分残留的卷章也被八国联军带出了中国。见王其榘《永乐大典》,《中国大百科全书·中国历史卷》(第三册)第 1412 页,北京:中国大百科全书出版社,1992 年版。

恭绰于 1920 年于伦敦的一个古董店偶然发现外,其他的南戏剧本都不幸丢失了。叶恭绰将 13991 卷带回了中国①。

通过对这三种南戏剧本的仔细分析,学者们发现了确切的文本内部证据用以确认《张协状元》创作于南宋时期②,《宦门子弟错立身》与《小孙屠》均创作于元代③。

编撰《永乐大典》的规则之一是,所有收入的书籍均不得修改。④ 正因为此,虽然《永乐大典》成书于明代,仍可相信上述三种南戏剧本保留了明代以前的南戏的特征。实际上,正是通过这三部剧本,学者才发现了南戏区别于传奇的特征。与传奇剧作不同之处,如这三部剧作都有"题目"——一首四行的诗,而且均不分出。除此之外,这三部南戏的篇幅也不同,《张协状元》比《宦门子弟错立身》长了 3 倍,又比《小孙屠》长了两倍半。而传奇的篇幅,大都比较规整,一般介于三十至五十出之间。

与《永乐大典戏文三种》相似,成化本《白兔记》也险些被遗失。1967 年,这部剧作与十一册说唱词话一起由农民从上海嘉定的一座明墓中挖掘而出,后来被其中一位农民保存于家中。1972 年,当上海古书店到当地收购古籍时,这位农民将这些书籍带到城中出售。一开始,一位缺乏经验的工作人员未意识到这些书籍的价值,因而只愿意购买其中的两册,并说剩下的书籍(包括成化本《白兔记》在内)已经被尸液严重破坏,应该烧了。但是,一位书店的管理人员意识到了这两册书的价值,立刻要求这位雇员到乡村中寻找那位农民,购买剩下的书籍。⑤ 经过专家极其细致的处理,这部剧作最后终于可以阅读。

这一复原的《白兔记》本,刻印于成化年间(1465—1488),是这部剧作

---

① 见钱南扬《永乐大典戏文三种校注》第 1 页,北京:中华书局,1979 年版。
② 见孙崇涛《〈张协状元〉与"永嘉杂剧"》,载《文艺研究》1992 年第 6 期。
③ 对于《宦门子弟错立身》年代的探讨,见朱恒夫《戏文〈宦门子弟错立身〉产生于元代》,载《文学遗产》1984 年第 4 期;亦见廖奔《南戏〈宦门子弟错立身〉源出北杂剧推考》,载《文学遗产》1987 年第 2 期。对于《小孙屠》年代的探讨,见钱南扬《永乐大典戏文三种校注》第 1—2 页,北京:中华书局,1979 年年版。
④ 见王其榘《永乐大典》,《中国大百科全书·中国历史卷》(第三册)第 1412 页,中国大百科全书出版社,1992 年版。
⑤ 见韩振刚《关于明成化本说唱词话》,《烂书复原成珍宝:明成化本说唱词话线装特藏本出版》第 1 页,香港三联书店,1979 年版。亦见 Anne E.McLarent《15 世纪中国说唱词话的发现:对其潜在观众的再研究》(The Discovery of Chinese Chantefable Narratives from The Fifth Century: A Reassessment of Their Likely Audien),载《明代研究》(Ming Study)1990 年第 1 期。

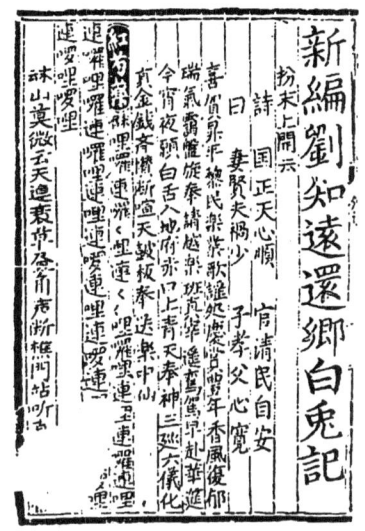

来源:《新编刘知远还乡白兔记》,《明成化本说唱词话丛刊》(第十二册)第2页,北京文物出版社,1979年版。

所有现存版本之中年代最早的,其中的一些蛛丝马迹表明这部《白兔记》可能创作于明成化年间以前。例如,在成化本《白兔记》的开场之中,末脚提及这部剧作是由"永嘉书会才人"所编写的。① 由于在明代所有的书会都解散了②,因此编写《白兔记》的这一"永嘉书会"有可能存在于明代以前。除此之外,剧中的一句宾白提及1500文可以换三五杯酒③。在成化六年,由于物价飞涨,同样数量的钱币只值一块馒头④,这一事实也证明该剧作的创作年代早于成化时期。

成化本《白兔记》也不像曾被明代文人改编。第一,与《永乐大典戏文三种》相同,这部剧本也未分出。第二,这部剧本含有大量的错别字与不合乎语法规则的曲辞对白。如果文人曾对此进行改编,它们肯定会对这些别字与语法错误进行修改。文人甚至也会使该剧作的语言更加文言,正如他们在该剧作的其他版本之中所做的。幸运的是,《成化本白兔记》在明代中期以前就被放入了墓葬之中,因此它避免了后世文人的修改,保留了原有的特征。

下一部应该提及的剧本是元本《琵琶记》。因为在明清时期被热爱、广泛接受,高明的《琵琶记》以诸多不同版本重新刻印过多次。到目前为止,共有40种刻印和手抄的《琵琶记》版本留存至今。⑤ 其中绝大部分已被明代文人修改;评论者或修改者的姓名均表明这一点,而且其版本形式

---

① 《新编刘知远还乡白兔记》,《明成化本说唱词话丛刊》(第十二册)第2页,北京文物出版社,1979年版。
② 详见第五章第一节:书会。
③ 《新编刘知远还乡白兔记》,《明成化本说唱词话丛刊》(第十二册)第2页,北京文物出版社,1979年版。
④ 见汪庆正《记文学、戏曲和版画史上的一次重要发现》,载《文物》1973年第11期。
⑤ 见金宁芬《南戏研究变迁》第158—162页,天津教育出版社,1992年版。

也像是传奇。但不同于这些被修改过的版本,《元本琵琶记》与《永乐大典戏文三种》的版本形式相同,在剧本的开头有一首四行小诗,剧本也未分出。因此,推测这个版本的剧本未被明代文人大幅度地改变是合理的。

这部剧本的年代仍然成谜。根据传统的看法,钱南扬在校注时将这个版本定名为《元本琵琶记》。但也有学者通过文本研究,认为这个版本为明代本而非元代本。无论如何,所有学者都赞同这个版本是现存的所有《琵琶记》版本之中年代最早的①。

另一个具有重要价值的剧本为宣德本《金钗记》,该剧本于1975年出土于广东省潮安县的一座明墓之中。通过历史考察与文献分析,刘念兹已确认该剧作是已丢失的元代南戏剧作《刘文龙》的明代改编本。② 这部剧作在南戏转变为传奇的时期还保留一些南戏的特征。例如,其剧本形式已分出,但与传奇不同的是,并没有出目。

该剧本中的内部证据表明这份手写本是演出本,其中含有大量的舞台提示。在剧本的结尾处,有一句表明该剧本归属的句子。③ 打击乐器的乐谱也附在该剧本之后。④ 除此之外,大量的文字错误也表明这部剧作未经文人修改。

除上述的六种现存剧本外,保存于西班牙圣洛伦索(San Lorenzo)皇家图书馆的《风月锦囊》也是南戏研究的珍贵文献资料。⑤ 这部选集含有选自34部南戏剧作的场次,其中有14种剧作之前被认为已丢失。《风月锦囊》可能首次刻印于1420年,后来又被加以补充。⑥ 保存于西班牙圣洛伦索(San Lorenzo)皇家图书馆的这个版本重印于1553年。在20世纪50年代,罗锦堂与刘若愚(James J.Y.Liu)各自出版了研究《风月锦囊》的著作⑦。近来,

---

① 见刘念兹《南戏新证》第360页,中华书局,1986年版;孙崇涛《锦本〈伯皆〉述识——西班牙藏本〈风月(全家)锦囊〉考释之三》,载《中华戏曲》1991年第10期。亦见黄文实《〈琵琶记〉版本小考》,载《文学遗产》1987年第1期。

② 刘念兹《南戏新证》第360页,北京:中华书局,1986年版。

③ 见杨越等《明本潮州戏文五种》第148页,广州:广东人民出版社,1985年版。

④ 见杨越等《明本潮州戏文五种》第159—160页,广州:广东人民出版社,1985年版。

⑤ 笔者曾于香港大学冯坪山图书馆阅读过《风月锦囊》的全部微缩胶片。

⑥ 见孙崇涛《流徙海外的珍贵戏曲文献——西班牙藏本〈风月(全家)锦囊〉考释之一》,载《中国戏曲》1991年第8期。

⑦ 见罗锦堂《锦堂论曲》第239—269、270—309、321—337、338—348、663页,台北:联经出版事业股份公司,1977年版;亦见 James J.Y.Liu, The Feng-Yveh Chin-nang: A Ming Collection of Yuan and Ming Plays and Lyrics Preserved in the Royal Library of San Lorenzo, Escorial, Spain(《风月锦囊——现藏于西班牙埃斯科里亚尔圣洛伦索皇家图书馆的元明戏曲与词话的明代选本》); Journal of Oriental Studies(《东方学刊》), 1-2(1957-8), pp.79-102.

孙崇涛等学者对这部选集投入了更多的关注,取得了更有深度的研究。

总而言之,到目前为止所发现的现存南戏剧本之中,《永乐大典戏文三种》是年代最早且手抄的版本;《成化本白兔记》是最早的刻印本;《宣德本金钗记》是一部真正的演出本。这五种剧本,在很久以前就已保存于宫廷之中,或者被埋存于墓穴之内,因此未被明代文人改编。

在下文中,笔者将专门借助这些原剧本以探讨南戏的艺术形式。只有在讨论南戏的主题时,笔者才会使用已被文人改编过的剧作,因为即使已改编的剧作也仍然含有真正的南戏剧作的故事。

第二节 南戏主题

正如本章开头处所介绍的,南戏剧作的主题范围可以从现存的剧目之中得出。对这些剧目的研究表明大部分南戏剧作都与爱情、婚姻或者其他家庭状况有关。例如,《永乐大典》的目录含有 33 种南戏剧目。其中有三种剧作的主题难以确定,另外 30 种中的 24 种都与爱情、婚姻或者其他家庭状况有关。另外一个可以说明这些主题在南戏中流行的例子是《南词叙录》,其中列举了 65 种宋元时期的南戏剧作。这 65 种中有 10 种剧作的主题不可知;另外 55 种中的 44 种均与爱情、婚姻或者其他家庭状况有关。

在接下来的讨论中,南戏剧作的类型将会被灵活处理。严格地说,有时很难将某部南戏剧作置于诸如"爱情剧""婚姻剧""家庭剧"等特定的类别之中,因为南戏剧作的主题并不会仅限于某一种类型。例如,《宦门子弟错立身》与《拜月亭》这类描写爱情的剧作,在男女主角结婚后,使用了大量的篇幅描写他们婚后的生活。与此相似,与婚姻有关的剧作,如《琵琶记》与《金钗记》经常卷入男女主角与家庭中其他人物之间的矛盾之中,这种矛盾是家庭问题,而非婚姻问题。

大体而言,南戏的爱情剧作通常遵循如下的类型化故事模型:年轻有才华的书生与美丽的女子一见钟情;随之,二人未征得父母同意就决定结婚。在遭遇了许多挫折后,男主角考中了状元,因而可与女主角重聚、团圆。这种情节在今日看来有些陈旧,但这种爱情故事偏离了当时中国传统的意识形态,是一种勇敢、具有反抗性的行为。在古代中国,年轻一代的婚姻应由父母与媒人决定。某些南戏剧作以积极、乐观的口吻描写男女主角之间的热情,实际上这些剧作也可以被看作对当时非常少见的恋爱自由的激励。

在南戏的爱情剧作之中,《宦门子弟错立身》比较杰出。这部剧作描绘了宦门子弟对一位女艺人纯粹、真挚的爱情,一种挑战了当时的社会偏见的爱情。高官之子完颜延寿马,爱上了女艺人王金榜。完颜延寿马之父发现此事时,非常愤怒地将王金榜的家庭戏班赶出了其所管辖的地区,将儿子置于监禁之中。从家中逃出之后,完颜延寿马与王金榜结婚,成为艺人。在最后,懊悔的父亲偶然与儿子相见,进而原谅了儿子,承认了其子与女艺人之间的婚姻。

在这部剧作中,剧作者对艺人以及科考的态度冲击了中国古代传统意识形态的主流。几百年间,艺人们都被置于整个中国社会之外,但是完颜延寿马为了一位女艺人却放弃了舒适的生活、丧失了光明的前程。虽然剧作者将剧目定为"宦门子弟错立身"。但他实际上仍同情完颜延寿马的行为。其次,通过科考、做官是中国古代读书人最重要的目标。正如上文已提及的,在绝大多数南戏爱情剧作中,男主角成为状元是大团圆的决定性前提。但是《宦门子弟错立身》却与这些剧作不同。在这部剧作中,是男女主角之间的爱情与父子之情而非通过科举考试,促成了大团圆的结局。

《宦门子弟错立身》中对主流思想意识的违背可能由于以下的这些历史原因。该剧作的主角是女真人而不是汉人,女真人相比于汉人较少受到儒家的影响。而且,这部剧作创作于元代,元代官方抵制儒家,而且文人的社会地位几乎和艺人一样低。①《宦门子弟错立身》所显现的对思想意识的抵制,因此可能正反映了特殊历史时期的价值观念的变化。

另外一种南戏剧作则被称为"婚姻不幸剧"或"男子负心剧",通过科举考试也是影响男女主角前程的决定性因素或条件。但在这种类型的剧作中,男主角夺得状元并没有带来男女主角的团圆;相反,这致使男主角背叛了女主角。例如,作为最早的南戏剧作之一的《王魁》就是这种类型。王魁在科举失利后遇到了妓女桂英。桂英鼓励王魁专注于学业,并将自己所有的时间和金钱都贡献给了他。第二年,在参加科考之前,王魁与桂英一道去庙中,王魁发誓永远不抛弃桂英,否则就死于天谴。在成为状元后,王魁违背了誓言。

---

① 在元代,社会等级被划分为十个层次。据《郑所南集》,从第七等至最末等依次为"猎""民""儒""丐";据《叠山集》则为"匠""娼""儒""丐"。这两种记载都表明文人的社会地位仅高于乞丐。见张庚等《中国戏曲通史》(第一册)第99页,北京:中国戏剧出版社,1980—1981年版。

桂英决定通过自杀来报复王魁。桂英的幽魂到了王魁的处所，索取了他的性命，王魁因此而死亡。与《王魁》类似的《赵贞女》，讲述的也是一位负心丈夫的故事。蔡二郎抛弃了妻子赵贞女以及年老的父母。当赵贞女到都城寻找丈夫时，蔡二郎骑马踏死了她。最后，蔡二郎受雷电击打而死。

南戏中出现"婚姻不幸剧"或"男子负心剧"有其历史与社会原因。隋朝（581—618）首创的科举制度，逐渐改变了社会阶层的凝固性。越来越多清贫的文人，尤其是在宋代，得到了进入朝廷的机会。其中的一些文人在做官后，抛弃了为他们牺牲了一切的妻子，而重新与年轻、漂亮的女子或者权贵之女结婚。由于人们同情被抛弃的女子，谴责负心的男子，被弃女子的不幸对观众而言具有巨大的吸引力。许多这种类型的故事出现于词话与戏曲等通俗艺术之中。

早期南戏中的"婚姻不幸剧"或"男子负心剧"常以超自然的力量惩罚负心男子，反映出对社会正义的某种理解。在家长制的社会中，这些不忠的男子只能在故事中或舞台上被惩罚。在现实生活中，完全没有对他们的行为进行补救的措施。

当"婚姻不幸剧"或"男子负心剧"试图解决不忠的男子与被弃的女子之间的冲突时，往往只是粗糙地使夫妻二人在结局重聚。《张协状元》可为此例，以下为该剧作的故事梗概：在赶赴京城参加科考的路上，张协被强人打劫，且为其所伤。贫女照料张协，并且嫁给了他。在参加科考并成为状元后，张协抛弃了贫女。同时，张协又拒绝与使相之女胜花结婚。张协的行为使胜花感觉受到了极大的羞辱，并使她重病而亡。最后，使相收养了贫女，并且强迫张协与贫女重聚。

《张协状元》中有一处明显的矛盾：张协首先抛弃了贫女，并且试图杀害她，但在最后又出人意料地与贫女再次结婚。张协态度的转变不能解释为出于贫女社会地位的提升。贫女成为使相的养女，但张协之前曾拒绝与使相的生女结婚，所以为什么张协现在又同意与一个养女结婚？

根据《张协状元》开场中末脚的介绍，该剧作是《张协状元传》的改编本。① 由此，可以推测，《张协状元传》中的男主角应该也是与王魁和蔡二郎一样，最后没有承认他的妻子。《张协状元》的剧作者改变了这部分，因此安排使相之女死去，粗糙地使使相收养张协的原配，从而嫁接进一个圆

---

① 钱南扬《永乐大典戏文三种校注》第 2 页，北京：中华书局，1979 年版。

满的结局。

与《张协状元》的剧作者相似,高明也修改了《赵贞女》中的部分剧情,尤其是剧作的结局。在《赵贞女》中,蔡二郎是不孝之子、负心丈夫,最后被上天惩罚而死。但在《琵琶记》中,蔡二郎是一位正面人物,与两个女子都成了婚,而且在结局中得到了朝廷的嘉奖。《琵琶记》中的修改远比《张协状元》中的修改使人信服。《琵琶记》中的蔡二郎想要在家照看年老的双亲,而不是去做官。但蔡父却强迫他去参加科考,为家庭带来荣耀。根据孝道这一儒家思想在家庭关系中的具体体现,儿子必须遵从父亲的要求。在成为状元之后,蔡二郎拒绝与宰相之女成亲,因此未背负原配。但皇帝要求蔡二郎接受婚约。由于皇家权力与儒家规矩,蔡二郎不得不接受皇帝的指令,对皇帝的忠诚也是儒家文人最重要的品质。

正如在本节开头已经提及的,一些婚姻剧会涉及夫妻及其家庭成员之间的冲突。与此相似,家庭剧作中的冲突也常常起始于主角的婚姻。例如,在《小孙屠》之中,孙必达与妓女李琼梅成亲。不久之后,李琼梅与朱令史发生了不正当的男女关系。在谋杀了李琼梅的侍女后,李琼梅与朱令史砍下侍女的头,并将其装扮为李琼梅。孙必贵(小孙屠)——孙必达之弟,代替孙必达遭受牢狱之灾。小孙屠被朱令史杀害,但被神灵救活。随后,孙氏兄弟无意中发现了李琼梅,进而状告了李琼梅与朱令史。最后,包公纠正了这件冤假错案。

郑振铎等中国学者将《小孙屠》归为"公案剧[①]"。[②] 但似乎更应当将《小孙屠》作为家庭剧。虽然这部剧作包含被包公纠正的冤假错案,但首先描述的是一系列的家庭冲突。出于兄弟之情,小孙屠反对其兄长与妓女成亲;在孙必达成亲之后,李琼梅埋怨其丈夫沉迷于饮酒,常使其独自一人在家;小孙屠试图找出其嫂子存在不正当男女关系的证据,随后整个家庭陷于争吵之中;最后小孙屠甚至为其兄长送命。这部剧作很明显表现的是家庭场景,赞扬爱,以及对兄长之"悌"这一儒家在家庭中的重要品质。

《白兔记》也以主角的婚姻开始。后汉的开国皇帝刘知远在得到命运的垂青之前,非常穷困。李大公招其为婿。在李大公死后,李大公的儿子

[①] "公案剧"是元杂剧中一种重要的类别;这类剧作通常描绘一位正直、严明的官员反转不公平的裁定。南戏之中也有一些"公案剧",但其中大多数均以散轶。

[②] 金宁芬《南戏研究变迁》第143—144页,天津教育出版社,1992年版。

与媳妇虐待刘知远,刘知远不得不离家参军。刘知远的妻子——三娘——留在家中,遭受到了各种虐待。三娘甚至在磨麦时产下胎儿。为了保护儿子免受其兄嫂的虐待,三娘将儿子托人送去给刘知远,刘知远此时已与岳节使之女成亲。在16年后的某一天,三娘之子,一位年轻的将军,外出打猎。在追猎一只白兔时,偶然遇到了生母,其将这一消息告知了刘知远。最后,刘知远率领军队归来与三娘团聚。

虽然《白兔记》与一位帝王的经历有关,但仍为家庭剧,而非历史或政治剧。这部剧作的情节来源于民间传奇,而不是正史记录。而且,这部剧作主要描述的是居住在一起的两个独立家庭之间的冲突。

正如在本节开头所指出的,大部分南戏剧作的主题都与爱情、婚姻或者其他家庭状况有关。这种现象多少表现出民间小戏的特征。一方面,这揭露出南戏剧作的内容与观众的日常的生活的紧密联系。另一方面,南戏主题的范围也表现出南戏剧作的限制。南戏剧作着意于有限的几个方面,而不是扩展到社会人生的所有层面。

少部分剧作也确实与其他故事类型有关。例如,一部分剧作描述了政治或军事斗争。《东窗记》讲述的是南宋时期奸诈的宰相与叛国者秦桧的故事,秦桧构陷并杀害了抵抗金朝侵略的伟大将领岳飞。这部剧作谴责背叛,赞扬忠诚。《赵氏孤儿》通过使用历史故事来表达当代主题。在这部剧作中,赵盾这位正直的执政被狡诈的司寇屠岸贾构陷。赵氏被灭族,只有一个遗腹子为程婴所救。随之,为保住赵氏孤儿的性命,程婴及其朋友做出了许多重大牺牲。后来,程婴将赵氏孤儿抚养成人,并告知其真正的出身。在剧作的最后,赵氏孤儿为全族人报了仇。理解此剧作的关键是赵氏孤儿的姓氏,也是宋朝皇帝的姓氏。在由蒙古人统治的元朝,赞扬延续赵氏血脉的正直人物具有特殊的意义。这实际上纪念了元朝之前的宋代——汉族人的政权。当南戏剧作描绘政治或军事斗争时,经常出现的、有关忠诚的主旨,实际上反应的就是汉族人的思想品质,汉族人后来便反抗了蒙古人的统治。

总而言之,即使部分南戏剧作存在不同的主题,大部分南戏剧目都是爱情剧、婚姻不幸剧等家庭剧。南戏剧作经常对剧中人物的道德品质进行评判。在南戏剧作中,善人有善报,作恶者有恶报;有时表彰善人、惩罚恶人的任务由超自然能力达成。绝大多数南戏都有个大圆满的结局。南戏剧作所有的这些特征均遗留于后世的戏曲形式之中,其中有些甚至仍然保存于当代戏曲形式的传统剧作之中。

第三节 南戏剧作结构

南戏剧作的基本单位是出,在每一出中,一位或多位演员表现剧作的一系列关目。短的剧作如《宦门子弟错立身》只有不到二十出,而长的剧作如《金钗记》则有六十多出。一出戏以第一位演员进场开始,而常以所有演员下场为结。在几乎每一出中,在结束之前,一位或几位演员会朗诵一首两行的,或更常见的,四行的下场诗。在一出结束后,下一出就开始,并以相同的方式结束。在每两出之间有一个短暂的停顿。

正如前文已经提及的,早期的南戏剧本并不分出。尽管如此,还是可以根据其间所有演员均下场的停顿将这些剧本划分为许多不同的部分;在这些部分的结尾处,会有一个注明演员下场的舞台提示。由此,在早期南戏剧本中依然可以辨别出不同的"出"。主要根据这样的上下场[①],钱南扬将《张协状元》划分为53出,将《宦门子弟错立身》划分为14出,将《小孙屠》划分为21出,将《元本琵琶记》划分为42出。

按照惯例,南戏剧作的第一出是"开场",在开场中,末或者副末以第三者的身份介绍剧作的主旨和大致情节。[②] 除《张协状元》与《成化本白兔记》外,开场常含两首词,有时又是一首或三首词[③],这些词句常由末或者副末朗诵,而不是演唱[④]。正如在第二章"南戏史概述"一节中所描述的,《张协状元》的开场含两首词,及词之后的诸宫调。诸宫调又由演唱、说白和装扮组成。与此相似,在《成化本白兔记》中,也有一个含有曲调与长朗诵段落的、长篇的、复杂的开场。而且,《张协状元》与《成化本白兔记》的开场都介绍了各自的剧作者的信息。由于《张协状元》是现存最早的南戏

[①] 有时,钱南扬也根据剧情发展的阶段而不是脚色的上下场来划分"出"。例如,在《张协状元》中,有一个与强人打劫行旅商人有关的情节,含有以下两个部分。在第一部分,强人进场,向观众自我介绍,然后下场。在第二部分,两位行旅商人进场,以插科打诨互相嘲弄,后被重新进场的强人打劫。钱南扬为了避免打断情节的联系,忽视了强人退场、行旅商人进场之间的停顿——舞台是空的,将这两个部分划分为同一出——第八出。见钱南扬《永乐大典戏文三种校注》,第41—45页,中华书局,1979年版。钱南扬《永乐大典戏文三种校注》第151至153页另有类似的例子。

[②] 《风月锦囊》中的两张插图可以表明末在开场中的表演。

[③] 原注:见第一章和第二章。译者按,即"词","诗"的同类体裁,兴盛于宋代(960—1279)。此外,在宋代,"词"不仅是一种诗歌体裁,也是一种音乐体裁。"

[④] 《宦门子弟错立身》的开场只含一首词,而《宣德本金钗记》则含有三首词。

剧本，而且这种长篇、复杂的开场又不见于除《成化本白兔记》外等其他后世南戏剧本中，因此可以推测这种形式的开场存在于早期南戏之中，但在后世被简化了。

在开场之后，就是标准的南戏表演，男主脚在第二出进场。在剧情结构中，南戏剧作通常关注男主角、女主角或其他重要人物的经历，如《小孙屠》中的小孙屠①，即使这时而会导致插入的事件会超出主要情节的范围。在一些剧作，如在《小孙屠》中，情节按单线发展；而在其他剧作，如在《琵琶记》中，故事以两条对立的线索发展。南戏剧作的戏剧事件常以事件顺序发展。

南戏剧作的戏剧情节通常跨越几个月甚至几年。例如，《白兔记》的故事以男女主角的婚礼为起，而以二人之子已16岁时为结。与此相似，《金钗记》以男女主角二十多年的经历有关。南戏剧中所表现的时间当然会远远长于实际用于表演的时间。

南戏剧作中常使用人物的叙述来提及戏剧情节中的时间流逝。例如，在《成化本白兔记》的第十八出中②，刘知远的儿子还是一个被长途跋涉送去给其父的婴儿。下一出与三娘——婴儿的母亲有关，但完全没有提及这个婴儿。但是，在紧接着的第二十出中，这个婴儿已经长大成人成为年轻将领；通过独白，这位人物向观众说明了这16年中他的生活。在南戏中，许多这样的后续事件都是通过叙述呈现而不是直接表现在舞台上。通过以这种方式压缩情节的时间，南戏剧作可以从头到尾讲述时间跨度非常大的故事。也是因为这种方式，南戏的叙事结构或曰时间结构与其他中国叙事艺术形式颇为相似。

南戏与其他叙事艺术形式都是按时间顺序叙事的作品。正如前文已经论及的，宋元时期的大部分南戏剧作者都是"书会才人"，这些"书会才人"不仅创作剧本，也为说唱艺人创作话本。对于这些"书会才人"而言，戏剧形式与叙事艺术形式之间没有太大的区别；一旦叙述者的语言转为多个人物的语言与动作时，叙述也就变成了戏剧。《张协状元》为这种观点提供了证据。在这部剧作的开场中，末脚以表演一段诸宫调的形式概述该

---

① 在《小孙屠》中，虽然小孙屠是剧名角色，但是由南戏之中的主脚——生扮演的却是孙必达。
② 《成化本白兔记》并未注明出数，笔者根据人物的上下场，将其划分为二十四出。

剧作的部分情节，随后末脚说道：

> 似恁唱说诸宫调，何如把此话文敷演。后行脚色，力齐鼓儿，饶个撺掇，末泥色饶个踏场。①

在这段话中，末脚直截了当地告诉观众，他所表演的这段诸宫调是"话文"，但他的戏班将要将这部话文的情节使用于戏剧形式之中。这表明，话文可以很容易变为戏文。② 由于南戏与叙事艺术形式的关系如此之近，因此容易理解为什么南戏剧作经常使用叙事手法来表现戏剧情节。

由于采用了叙事结构或曰时间结构，南戏剧作获得了脱离其表演时间限制的自由，而且因为戏剧情节的时间限制较小，所以南戏剧作也能够广泛地联系其他故事。出于这一原因，南戏剧作也获得了脱离其表演空间的限制，因此能够在小舞台上展现广阔的天地。

在南戏剧作中，地点经常变动，《小孙屠》可为此例。《小孙屠》中的地点如下：

> 第一出，末脚表演的舞台。
> 第二出，开封城西郊。
> 第三出，李琼梅所在的妓院。
> 第四出，孙家。
> 第五出，孙必达的学业
> 第六出，开封府衙。
> 第七出，路途中。
> 第八出，孙家。
> 第九出，朱令史的办事处或家中，孙家
> 第十出，孙家。
> 第十一出，开封府衙。
> 第十二出，路途中。
> 第十三出，朱令史家中

---

① 见钱南扬《永乐大典戏文三种校注》第4页，北京：中华书局，1979年版。
② "戏文"是早期指代南戏的几个名词之一。详见导论第二节：与南戏有关的多个名称。

第十四出,路上,具德寺,孙家。

第十五出,监狱中

第十六出,孙家,开封府衙。

第十七出,朱令史家中

第十八出,地狱

第十九出,从天堂到人间,野外。

第二十出,朱令史家中

第二十一出,开封府衙。

以上所有的地点都由剧中人物的语言与动作表现,而不是通过舞台提示。这意味着南戏剧作的环境与剧中人物直接相关。换言之,南戏中空间参照是由剧中人物表现的;某一出中地点直到该出的人物上场后才会出现;当这一出中所有的人物都下场,这一出的地点也随之消失。场上没有人物时,比如在幕间休息时,舞台就只是一个空白或者抽象的空间,不代表任何特点的地点。

由于南戏剧作中的空间参照是由剧中人物表现的,所以地点可以随幕间休息而变换,或者如上述《小孙屠》第九、第十四、第十六和第十九出那样不需要幕间休息也可以转换。在这类场次中,借助演员的动作,地点可以随意转换。另外的例子可见于《祝英台》之中,在某一出之中,梁山伯为祝英台送别。换装成年轻男子的祝英台,在与梁山伯一起求学三年后,爱上了梁山伯,但梁山伯并未意识到祝英台是一位女子。在梁山伯为祝英台送行的路上,通过诸多比喻,祝英台一直暗示梁山伯自己是一位女子,已经爱上了他。由于这一出与送别有关,所以地点不停地依次以墙边、井口、树林、河边顺序转变。这些转变都是仅以演员的宾白与动作实现的。[1] 这种说明地点的方法也使用于说书之中。

由于空间处理的灵活性,南戏剧作可以表现数千倍于舞台空间的时间。天堂、人间或者地狱,都可以出现在舞台之上。正如一位来自戏曲艺人所说的——"唱戏人的腿,说书人的嘴"[2]。

总而言之,通过以叙事结构或曰时间结构来构建戏剧情节,南戏剧作

---

[1] 《祝英台》,徐文昭编《风月锦囊》第379—382页,台湾学生书局,1987年版。

[2] 笔者在戏曲界曾多次听到这句话。

可以使自己从表现的现实性限制与舞台的空间限制中解脱出来。这一传统源自南戏,不断地在南戏之后的戏曲形式中发展,已经成为戏曲美学不可分割的一部分。①

第四节 南戏的语言

南戏剧作的语言主要由三部分组成:曲文、说白以及科介提示。本节主要讨论的是南戏剧作中的人物语言,包括曲文与说白两部分。绝大多数有关科介的信息将在第四章"科介"一节中进行介绍与分析。

南戏剧作中的曲文,是为已经存在的韵律格式曲牌所编写的曲辞。每一种曲牌都有固定的行数,但每行的字数却不尽相同。在不改变基本韵律格式的情况下,可能会在行之中加上衬字。每一个曲牌都有独立的名字,曲牌名都会置于根据曲牌韵律所编写的曲辞之前。虽然这些曲调已经不可知,但每一个曲牌名还是能表明其起源——南方或北方曲调,以及韵律格式。换言之,南戏的曲文是根据已经存在的韵律曲调所写定的曲辞。

正如在"南戏之演变"一节(第二章第三节)中已经指出的,南戏的曲子,包括曲调以及韵律格式在内,均源自词调、民间小曲、诸宫调以及来源于其他艺术形式的曲子。在南戏的早期阶段,曲文用口语创作,并且格律灵活。但在其后期,由文人创作的曲文就用优雅的语言创作,格律严谨。

由于南戏的曲调与词的关系非常紧密,所以延续了中国诗歌的抒情传统,南戏的曲调具有强烈的、用以表现剧中人物感情的细微差别的抒情特征。在南戏中,曲子常用以表露人物的内心世界,表达人物的感情,有时也用以促进情节的发展。与此相对,南戏剧作中的说白则主要用以促进情节发展。

南戏剧作的说白由独白与对白两部分组成,而且二者都与曲文交织。与曲文音乐体裁不同,虽然少数诗词也会混入其中,但说白总体上都是散体的。说白中的诗词,大部分具有固定的节拍。例如,下场诗常有四行,每一行都有七个字或者七个音节②。许多节拍固定的、老套的诗句常会被不

---

① 见孙玫《管窥中国戏曲的形成》,《曲苑》(第二册)第 133—134 页,南京:江苏古籍出版社,1986 年版。

② 在中国古典诗词所使用的文言词汇中,大部分都是单音节词。

同的剧作使用于相似的情形中。例如,在《宦门子弟错立身》《成化本白兔记》以及《宣德本金钗记》之中,仆人上场时常会朗诵相同的对句:

有福之人人服侍,无福之人服侍人。①

有时,说白之中的少数诗词又是韵律不规则的韵文,如末脚在开场中所引用的"词"。

南戏剧作中的说白,可以用非常多样的形式创作,从口语到半文言,甚至极端文雅。南戏剧作的语言形式在不同时期、不同作者手中,都有所不同。但在某种程度上,绝大部分南戏剧作所使用的语言还是有相同之处。例如,主脚生、旦的语言就相对严肃、具有诗意,而喜剧脚色净、丑的语言就轻浮、滑稽,有时甚至下流。为活跃气氛,双关语、俏皮话、歇后语等常见于喜剧脚色的说白之中。方言表达也见于说白之中,尤其多见于喜剧脚色的说白之中。例如,《张协状元》中就含有许多来自于温州地区的方言词组。② 很难在英文翻译中再创造出中文语言的微妙之处。

总而言之,在南戏剧作中,曲文比说白更具有抒情性,而后者比前者更口语化。大体而言,说白常以口语表达。这能帮助观众了解剧作情节的发展。

第四章 南戏的表演

虽然对南戏剧作已经有了总体的了解,但对于南戏剧作是如何进行表演的,却知之甚少。对于这一问题,文字记载极其缺乏,当然也没有关于12—16世纪的戏曲形式的影像资料。世代演员的现场表演也消失在了历史长河之中。

用以探索南戏表演的主要资料来源就是南戏剧本,其中包含了大量的舞台提示。通过细致地分析这些舞台提示,可以得到一些关于南戏表演的信息,这一信息甚至比相关时期文人所记载的更加可靠。

---

① 见钱南扬《永乐大典戏文三种校注》第 233 页,北京:中华书局,1979 年版;《新编刘知远还乡白兔记》,《明成化本说唱词话丛刊》(第十二册)第 15 页,北京文物出版社,1979 年版;杨越等《明本潮州戏文五种》第 8 页,广州:广东人民出版社,1985 年版。

② 见孙崇涛《〈张协状元〉与"永嘉杂剧"》,载《文艺研究》1992 年第 6 期。

可见的舞台提示包括三个主要部分：曲牌名、行当名以及科介提示。曲牌名揭示南戏音乐体制的线索；行当名表明南戏的脚色体制；科介提示含有南戏现场表演的信息。大多数舞台提示可能都是由剧作者写定的。但在某些演出本中，大量的舞台提示可能是由演员通过经验而增加的，这些经验意在提高演出的质量。

由于信息的缺乏，本章也会借助与其他早于或晚于南戏的戏曲的对比来表明南戏的独特性。

第一节　音乐体制

音乐研究常需分析曲谱，但不幸的是这种方法不能使用于本文之中，因为没有南戏曲谱遗存至今。在某些南戏剧本与曲选之中，也会注明曲子的韵律与韵脚。但是，并没有南戏曲子的乐谱曾被记载下来。南戏的乐谱都由演员记在心里，由师傅向徒弟口耳相传①。

虽然中国的音符至迟在唐代就已经出现②，但其在戏曲中的运用却非常晚。现存最早的戏曲音符是清代昆曲的音符③。作为南戏的后继者之一，昆曲从南戏继承了大量的音乐成分；但是，昆曲也在很大程度上修改了这一传统。不能期望从在南戏消失二百年以后才写定的昆曲音符中认知南戏的音乐。因此在这一节，笔者将使用文字材料来讨论南戏的音乐体制、演唱方式及伴奏乐器。

每一部南戏剧作都有大量的曲子；这些曲子是创造人物形象、促进情节发展的重要媒介。作为最早的戏曲形式，南戏为戏曲的体裁做出了贡献；正如这种体裁的名称所暗示的，"戏曲"是一种音乐剧，其中通过口头演唱的音乐具有中心地位。

正如在第二章"南戏之演变"一节（第三节）中所提及的，南戏曲子的曲调起初是借用自宋词、民间小曲、诸宫调以及其他说唱形式。这些预先

---

①　郑西村《南戏曲牌"定律""定腔"构成的"规范化"》，浙江省温州艺术研究所编《南戏探讨集》（第6/7辑合刊）第25页，1992年版。

②　这种音符在宋代得到了提升，成熟于明清时期。明清时期的音符由中国汉字呈现。由于"工"与"尺"是这种文字之一，所以这种音符成了工尺谱。见朱舟"工尺谱"，《中国大百科全书·音乐舞蹈卷》第218页，北京：中国大百科全书出版社，1989年版。

③　见武俊达"戏曲唱腔乐谱"，《中国大百科全书·戏曲曲艺卷》第441页，北京：中国大百科出版社，1983年版。

存在的曲调被称为曲牌,在曲牌中"韵脚与基本的旋律音程都已经被基本确定"①。每一个曲牌都有特定的名称,该名称是这一口头演唱的曲子的原名。在第一次使用时,曲牌名与曲辞有关。但在后来的使用中,曲牌名就与新的曲辞无关。因此,曲牌名的真正作用是用以注明所使用的固定曲调与韵律格式。

在创作南戏剧本时,剧作者选择预先存在的曲牌,在撰写曲辞的过程中,根据曲牌的韵律格式确定乐句的数量、文字的数量②以及每一个词的音节。由于演员都非常熟悉这些预先存在的曲牌,他们可以很容易地根据旧有的曲调唱出新编写的曲辞。③ 这意味着在南戏中,有大量乐谱是重复使用的。重复是民间艺术的特征——在南戏中,重复还是南戏具有民间小戏的特征的进一步证据。

依照音乐逻辑,单独的曲牌会被安排进套数。正如徐渭所指出的:

> 然曲之次第……不可乱也。如[黄莺儿]则继之以[簇御林]④,[画眉序]则继之以[滴溜子]之类,自有一定之序。⑤

为了理解曲的结构,必须注意宫调。不同的曲牌属于不同的宫调。同一宫调的曲牌按一定的顺序组织;如果相合,不同宫调的曲子可以相应地组织在一起。⑥

南戏使用宫调的组合。虽然一些韵书列出了十三种宫调(这十三种宫调省简自唐代的二十八调),但其中常用的只有九种⑦。这九种宫调是:正

---

① 魏莉莎(Elizabeth Wichmann)《听戏——京剧的听觉维度》(*Listening to Theater: The Aural Dimension of Beijing Opera*)第249页,火奴鲁鲁:夏威夷大学出版社,1991年版。

② 有时也会增加一些衬字。见第三章第四节:南戏的语言。

③ 有时,尤其是在南戏的后期,演奏者与表演者需要调整这些预先存在的曲调,或者甚至大幅度改编乐谱以使其能准确地适用曲辞。在某些方面,这种作品会被认为是音乐作品。

④ 在本文中,曲牌名不译为英文。正如在前文已经指出的,曲牌名称的字面意思与其曲辞无关,曲牌名称的功能只是用以注明固定的曲调与韵律格式。根据曲牌名的字面意思所做的英译没有任何意义。

⑤ 徐渭《南词叙录》第243页,《中国古典戏曲论著集成》第三册,北京:中国戏剧出版社,1959年版。

⑥ 何为"宫调",《中国大百科全书·戏曲曲艺卷》第90页,北京:中国大百科全书出版社,1983年版。

⑦ 钱南扬《永乐大典戏文三种校注》第179页,北京:中华书局,1979年版。

宫、中吕宫、南吕宫、仙吕宫、黄钟宫、大石调、双调、商调、越调。遗憾的是，现在已经不能确定这些宫调的特点。①

前文已提及，曲牌的顺序，不同宫调之中的曲子顺序可以连续拼接，只要其宫调足够相关。在南戏中，一出可以含有几个宫调。例如，《张协状元》第十出依次就有三个宫调：黄钟宫、仙吕宫以及双调。《宦门子弟错立身》的第二出也含有三个宫调：中吕宫、仙吕宫以及越调。②

曲牌的结构也包括板式的运用。在套数中，第一支曲子常为"引子"，接下来的是包括多支曲子的过曲，最后一支曲子为尾声。③ 有时，套数也可以省略引子或尾声，或者二者都省去，只有过曲——套数的主体部分。④ 引子和尾声的曲律较自由。与二者相对，过曲则曲律严谨。在过曲中，连续曲子的韵律逐渐地加快。总之，一般情况下，套数以曲律自由的曲子开始，然后从慢板变为快板，又以另外一支曲律自由的曲子结尾。⑤ 这种韵律规则常见于中国表演艺术之中。这种应用形式可追溯至 8 世纪的"大曲"⑥，而且仍见于当代的京剧之中。⑦

前文所描述的、南戏之中所采用的音乐体制，被现代学者称为"联套体"。在明末以前，联套体是唯一的戏曲音乐体制。⑧ 这一音乐体制不仅

---

① 何为"宫调"，《中国大百科全书·戏曲曲艺卷》第 90 页，北京：中国大百科全书出版社，1983 年版。

② 与元杂剧不同，南戏剧本不注明宫调。此处对使用宫调的描述依据的是钱南扬的研究。见钱南扬《戏文概论》第 73—82 页，上海古籍出版社，1981 年版。

③ 钱南扬《戏文概论》第 187—202 页，上海古籍出版社，1981 年版。

④ 钱南扬《戏文概论》第 207 页，上海古籍出版社，1981 年版。

⑤ 见武俊达"曲牌联套体"，《中国大百科全书·戏曲曲艺卷》第 302 页，北京：中国大百科全书出版社，1983 年版。

⑥ "大曲"出现于汉代（公元前 206—公元 220），兴盛于唐代，并且是唐代宫廷重要的音乐舞蹈形式。唐代大曲由三部分组成。第一部分为散曲，是一段没有歌舞的器乐表演。第二部分为"歌"，由器乐伴奏，有时也有伴舞的一组歌唱表演。第三部分为"破"，是在结尾处的系列舞蹈表演，由器乐伴奏，但没有唱。在"破"中，舞蹈的节奏逐渐加快。见何为"大曲"，《中国大百科全书·戏曲曲艺卷》第 52—53 页，北京：中国大百科全书出版社，1983 年版，亦见吴钊"大曲"，《中国大百科全书·音乐舞蹈卷》第 103 页，北京：中国大百科全书出版社，1989 年版。

⑦ 在京剧中，复杂、大型的曲子常以曲律自由的片段开始，虽有采用逐渐加快、曲律严谨的片段，最后又以曲律自由的片段而"破"。详见魏莉莎《听戏——京剧的听觉维度》(Listening to Theater: The Aural Dimension of Beijing Opera)第 292 页，火奴鲁鲁：夏威夷大学出版社，1991 年版。

⑧ 在明末，一种新的戏曲结构形式"板腔体"出现了。英文语境中的板腔体与联套体的区分与讨论，详见魏莉莎《听戏——京剧的听觉维度》(Listening to Theater: The Aural Dimension of Beijing Opera)第 292 页，火奴鲁鲁：夏威夷大学出版社，1991 年版。

使用于南戏之中,也使用于南戏的竞争对手——元杂剧之中。即使如此,南戏之中的联套体还是比元杂剧来得灵活。前文已论及,在南戏同一"出"戏之中可以使用几种不同的宫调。但在元杂剧中,每一折只能使用一种宫调。而且,在元杂剧中,有一些宫调的使用还有限定。例如,第一折常使用仙吕宫,最后一折常采用双调。①

南戏在"唱"上的灵活,也与元杂剧的凝固相对。南戏中的七种脚色——生、旦、末、外、贴、净、丑,其中的任何一种脚色都可以唱。② 与此相对,在元杂剧中,可以唱的脚色被严格地限制为男女主脚,而且每一折中的曲子都只能由男女主脚其中一人演唱。南戏"唱"的灵活性被传奇所遗留,随后又对许多其他后世戏曲形式产生了进一步的影响。在这些后世戏曲形式中,所有的脚色都可以唱,与南戏一致。

南戏之中的大部分唱段(aria③)都是独唱。有时,一位演员演唱多支连续的曲子;有时,又由两位或两位以上的演员交替演唱不同的曲子。例如在《小孙屠》第十三出中,先由李琼梅演唱一个唱段,随后,她和朱令史又交替演唱了四个唱段。④ 两位或两位以上的演员又可以交替演唱同一唱段的不同乐句,例如在《张协状元》第十六出之中,七个唱段分由丑、末、净三种脚色连续演唱。⑤

汉字"合"或者"合唱"常会被置于唱段或乐句之前。如在《张协状元》的唱段之前,"合"字出现了上百次。根据"合"字的字面意思,可以推测"合"字之后的部分是合唱,而不是独唱。也有一些合唱指定了演唱唱段的脚色。《张协状元》第十一出中的四个唱段可为此例。在这些唱段之前,"末""净"二词注明于"合唱"之前,即"末净"合唱。⑥ 可以推测这些唱段是设定为由末、净二脚色的二重唱。

但在绝大多数情况下,"合"或者"合唱"前不会注明脚色名。但不能

---

① 见武俊达"曲牌联套体",《中国大百科全书·戏曲曲艺卷》第302页,北京:中国大百科全书出版社,1983年版。
② 有关其中脚色详细信息,请参见本章下一节。
③ 英语单词aria指的是音乐剧中的独奏曲,在本论文中,笔者借此单词用以指代中文"唱段"一词。但是在南戏中,唱段有时又由多人演唱,因此此处又用这一英文单词指代由一人或多人演唱的唱段。
④ 钱南扬《永乐大典戏文三种校注》第305—306页,北京:中华书局,1979年版。
⑤ 钱南扬《永乐大典戏文三种校注》第85页,北京:中华书局,1979年版。
⑥ 钱南扬《永乐大典戏文三种校注》第85页,北京:中华书局,1979年版。

通过"合"或者"合唱"来判断合唱是"二重唱""三重唱""台上合唱"还是"台后合唱"。例如，当台上有两位演员时，"合"就有四种可能性：二重唱、帮腔、演员以唱帮腔，以及二位演员相互以唱帮腔。为了确认"合"所真正指代的，必须首先审阅曲文。

由于"合"的模糊性，所以很容易将原指后台帮腔的"合"误解为像场上合唱一样的演唱。例如，《琵琶记》的第十七出，在台上有两位演员：媒人与蔡伯喈。媒人要求蔡伯喈参加他与宰相女儿的婚礼。之后，蔡伯喈唱到①：

名缰利锁，先自将人摧挫。况鸾拘凤束，甚日得到家？我也休怨他咱，这其间，只是我，不合来，长安看花。闷杀我爹娘也，珠泪窄暗堕②。

（合③）这段姻缘，只是我无如之奈何④。

莫丽根将该引文中的"合"意为"They sing the chorus together（他们一起合唱）"。They（他们）——这句译文中的主语，很容易让人理解为使台上的两位人物——蔡伯喈与媒人。但根据这一出的上下文，这里的合唱实际上不可能是蔡伯喈与媒人间的二重唱。媒人在这种不具有喜剧性的场次中演唱"这段姻缘，只是我无如之奈何"是完全没有意义的。引文中的合唱只能是蔡伯喈由其他人帮腔的演唱。通过增加帮腔，剧作者突出了蔡伯喈的失落。

相同的例子也可见于该剧作的第十二出的开头。蔡伯喈的妻子赵五

---

① 除已注明的两处外，以下译文均选自莫丽根（Jean Mulligan）的英译本《琵琶记》（The Lute）第 145 页，纽约：哥伦比亚大学出版社，1980 年版。

② 在中文原剧本中，未注明这句话的主语（这在中文中是一个非常常见的现象）。莫丽根将这句话译为"Their Tears in Silence Flow（他们的眼泪无声地流下）"，但根据这个唱段的上下文，这句话应译为"My Tears in Silence Flow（我的眼泪无声地流下）"。蔡伯喈担忧他的父母，但出于对皇帝与宰相的专制权力的担忧，只能是他自己因无声的悲痛而哽咽。而且除此之外，根据这部剧作的描述，在期盼儿子归来时，蔡伯喈的父母经常争吵，所以他们应该是号啕大哭而不是无声泪流。

③ 在中文原剧本中，这里的舞台提示只有一个字"合"。莫丽根将其翻译为"They sing the chorus together（他们一起合唱）"。

④ 中文剧本见钱南扬《元本琵琶记校注》第 110 页，上海古籍出版社，1980 年版。

娘,独自恸哭。"合"注明于她所演唱的第一支曲子之前。① 莫丽根将这个"合"译为"She sings the chorus(她合唱到)"②。这一翻译可能会导致观众的误解。如果莫丽根用"chorus"指代主副曲结构,那么这一概念并不适用于南戏之中。如果莫丽根指代台上合唱,那么一个脚色又怎么合唱呢? 很明显,这里的"合"是女主角与后台演员的合唱,因为这时只有女主角在台上。

通过使用后台帮腔,南戏的剧作者增强了场次的气氛,从而也增强了其剧作的艺术表现力。但是,由于南戏戏班通常比较小,而且又没有很多乐器,南戏的整体音乐效果可能还比较弱。③ 这种简单但有效的媒介后来被弋阳腔所继承,弋阳腔是南戏的后继者之一,而且仍然存留于诸如当代川剧、湘剧等戏曲形式之中。

总而言之,独唱、二重唱、台上合唱以及后台帮腔都使用于南戏的"唱"之中。两位或两位以上演员的"唱",虽然剧本中未注明,但也可能会有后台演员帮助;这种类型的"合"可能会在今日被误解为二重唱或台上合唱。因此,在使用"二重唱""台上合唱"等词语描述南戏的"唱"时,必须提高警觉。而且,也须注意南戏所有的合唱都是齐唱而不是和声。一般而言,和声直到20世纪初才出现于中国音乐之中。④

很难发现有关南戏伴奏的信息。在《张协状元》第二出的开头处,有两个舞台提示注明生脚的动作有乐器伴奏:

(生上白)訛未。(众喏)(生)劳得谢送道呵!(众)相烦那子弟!(生)后行子弟,饶个[烛影摇红]⑤断送。(众动乐器)(生踏场数调)⑥

遗憾的是这些舞台提示未注明在这个表演中采用的是何种乐器。

---

① 钱南扬《元本琵琶记校注》第120页,上海古籍出版社,1980年版。
② 莫丽根的英译本《琵琶记》(*The Lute*)第156页,纽约:哥伦比亚大学出版社,1980年版。
③ 详见第五章第二节:表演与戏班。
④ 桑桐"和声",《中国大百科全书·音乐舞蹈卷》第263页,北京:中国大百科全书出版社,1989年版。
⑤ 一种曲牌。
⑥ 钱南扬《永乐大典戏文三种校注》第13页,北京:中华书局,1979年版。

在该剧的开场中,末脚的独白提到了一些南戏中所使用的乐器的线索。在第一首词中,末脚提到:

虽宦裔,总皆通,弹丝品竹。①

通过弹丝、品竹这两个短语,可以推测弦索乐器和竹笛均使用于南戏中,但还是不能确定到底是何种乐器。例如,竹笛即可以是横着的笛子,又可以是竖着的箫,虽然根据笔者的印象,笛子在中国的使用更广泛。

在独白的之后一部分中,末脚又说道:

厮罗响,贤门雅静,仔细说教听。②
后行脚色,力齐鼓儿,饶个撺掇。③

上述引文清楚地表明,鼓和锣使用于《张协状元》的表演之中。在之前的章节已提及,宣德本《金钗记》后附两种打击乐器的乐谱。④ 因此,有理由相信打击乐器被广泛地使用于南戏之中。

有一份明代关于南戏所使用的线索乐器的记载。在本论文第二章已提及,明太祖为《琵琶记》感到惊喜,因此要求演员在宫里每日表演该剧。

寻患其不可入弦索,命教坊奉銮史忠计之。色长刘杲者,遂撰腔以献,南曲北调,可于筝琶被之。⑤

这段话表明,在明代早期,线索乐器并未广泛地使用于南戏之中。根据这一记载,《琵琶记》剧本第一次表演时,并未使用弦索乐器伴奏;后来,筝与琵琶这两种中国弦索乐器被使用于其中。但是,这并不意味着在《琵琶记》之后,筝与琵琶就经常使用于南戏之中。民间戏班通常没有宫廷戏

---

① 钱南扬《永乐大典戏文三种校注》第 1 页,北京:中华书局,1979 年版。
② 钱南扬《永乐大典戏文三种校注》第 2 页,北京:中华书局,1979 年版。
③ 钱南扬《永乐大典戏文三种校注》第 4 页,北京:中华书局,1979 年版。
④ 见杨越等《明本潮州戏文五种》第 159—160 页,广州:广东人民出版社,1985 年版。
⑤ 徐渭《南词叙录》第 240 页,《中国古典戏曲论著集成》第三册,北京:中国戏剧出版社,1959 年版。

班所具有的奢华条件。

由于材料的缺乏,只能做如下总结:南戏的音乐伴奏确定包括锣与鼓等打击乐器,竹笛以及弦索乐器。南戏可能并未使用很多伴奏乐器。这大概可以帮助理解为何后台帮腔在南戏中扮演了如此重要的角色。

第二节 脚色体制

正如引自《张协状元》的两个片段所表明的①,行当而不是角色,注明于人物的曲文或说白之前。在这部现存最早的南戏剧本中,"生""旦""末""丑""外""后②"这七个术语被用以扮演不同的角色。③ 这七个术语也见于其他南戏剧作中,如《成化本白兔记》以及《元本琵琶记》。而且一些剧作也以常见的名字——既不是脚色名也不是人物名——用作某些行当。例如,在《宦门子弟错立身》中,王金榜的母亲赵茜梅即由"虔"扮演;在《小孙屠》中,李琼梅的侍女名为"梅",省简自传统戏曲中常扮演侍女的"梅香"。

根据字面意思来解读大部分脚色的名称没有太大的意义。也有文人试图通过词源解释南戏脚色术语,但这种解读并不可信,而其解释也较为勉强。④ 例如,其中一种观点认为南戏脚色的指定源于"反训"的使用,"反训"是用于中国传统语言中研究的方法。一位可以流利地演唱曲子的脚色,相反地称之为"生","生"有"不熟悉"这一字面意思(其他还有"生活""未加工的""先生"等意)。女子行动于夜晚,所以名其为"旦",旦有"白天"或"黎明"的意思。在南戏剧作中,"末"是最早进场的,所以被倒转成为"末","末"有"最后的"这一字面意思(也有"结尾""细节""粉末"的意

---

① 见第二章第三节:南戏之演变及第四章第一节:音乐体制。
② 在《张协状元》中,这一脚色常被写为"后",但有时也写为"贴"。在其他南戏剧作中,这一脚色则被写为"贴"。钱南扬认为这一脚色应为"贴",在抄写过程中,"贴"字被误写成了"后"。他解释了这两个汉字被混淆的原因与方式。见钱南扬《永乐大典戏文三种校注》第74页,北京:中华书局,1979年版。
③ 人物的名字通过人物的语言向观众展示。重要人物的名字常通过"自报家门"而向观众说明,而小人物的名字则显露于彼此的对话之中。
④ 徐渭《南词叙录》,《中国古典戏曲论著集成》(第三册)第245—246页,北京:中国戏剧出版社,1959年版;王骥德《曲律》,《中国古典戏曲论著集成》(第四册)第142页,北京:中国戏剧出版社,1959年版。

思）。喜剧脚色"净"是喧闹的,但其被称为"净","净"有与其他事物相比而"安静"的意思。① 笔者并不觉得通过"反训"的方式解读南戏脚色所使用的名称具有可信性,也不觉得通过文人采用的其他解读方式能够使人信服。

但是南戏脚色的根源与特征可见于中国传统戏剧实践中。例如,在宋杂剧中有五种脚色:引戏、副净、副末、装孤以及末泥。② 其中,成对的喜剧脚色副净与副末发展自唐代参军戏③中的"参军"与"参鹘",又演变为南戏之中的净与末。④ 实际上,净与末这两个术语就有可能省简自副净与副末。⑤

《张协状元》中有两处例子可表明末与副末是同一种脚色。该剧作的第五出中,张协的母亲由净脚扮演,她叫唤一位由末或副末扮演的仆人:

（净白）噢,叫副末底过来。（末出）触来勿与兢,事过心清凉。未做得事,先自"噢"将来,只莫管它便了。⑥

与此相似,在该剧作的第二出中,张协的父亲也将同一个仆人称为"副末"⑦。

但并不是所有南戏脚色都演变自早期戏剧形式。例如,生与丑就很有可能是最先出现于南戏之中。

在南戏中,生常扮演男主角,旦常扮演女主角;而末、净、丑、外以及后（贴）可以扮演其他诸多人物。以《张协状元》为例,这七种脚色各自扮演

---

① 王骥德《曲律》,《中国古典戏曲论著集成》（第四册）第 142 页,北京:中国戏剧出版社,1959 年版。

② 这五种脚色的分工如下:引戏——主角,有时也扮演女性角色;副净——装疯卖傻之人;副末——插科打诨之人;装孤——扮演官员之人;末泥——计划全场表演之人。见廖奔《宋元戏曲文物与民俗》第 270—287 页,北京:文化艺术出版社,1989 年版。

③ 参军戏是一种流行于唐代的滑稽短剧。英语语境中对这一问题的进一步探讨,见杜为廉（William Dolby）《中国戏曲史》（*A History of Chinese Drama*）第 7—9 页,Barnes and Noble, 1976 年版。

④ 见第二章第三节:南戏之演变。

⑤ 有学者认为"末"即省简自"末泥"。见廖奔《宋元戏曲文物与民俗》第 285 页,北京:文化艺术出版社,1989 年版。

⑥ 钱南扬《永乐大典戏文三种校注》第 32 页,北京:中华书局,1979 年版。

⑦ 钱南扬《永乐大典戏文三种校注》第 15 页,北京:中华书局,1979 年版。

如下人物：

生：张协——一位年轻的书生。

旦：贫女——一位嫁给张协的贫家女。

末：第二出中张协的朋友之一，第十四出张协的仆人，第八出中的商人之一，第十出中的判官，第十一出中的李大公以及其他小人物。

净：第二出中张协的朋友之一，第五出中张协的母亲，第八出中的商人之一，第十出中的尊神，第十一出中的李大婆，以及其他小人物。

丑：第四出中的算命先生，第五出中的张协之妹，第八出中的强盗，第十一出中的小二，第二十一出中的宰相，以及其他小人物。

外：第五出中张协的父亲，以及从第十七出直到剧作结束的使相夫人。

后（贴）：使相之女，以及使相之女死后的侍女。

上述的总结表明在《张协状元》中，两种主脚是根据人物的性别、年龄与个性而设定的。生脚扮演年轻的书生，而旦脚则与生脚对戏。上述的总结也暗示，五种支持性的脚色的功能并不如生、旦这两个主脚详细。其中每一种脚色均在同一部剧作中扮演颇为不同的角色。例如，丑脚既可以扮演农民小二，又可以扮演使相。农民与使相显然具有不同的个人经历与社会地位，二者必定会影响他们的个性。

其次，在这部剧作中，外脚扮演了不同性别的人物：张协的父亲与使相的夫人。这非常普遍。但在所有之后的南戏剧作（创作于《张协状元》之后的剧作）中，外脚只扮演男性人物。

但在南戏中，另外一种脚色更常扮演不同性别的人物。在《张协状元》与《琵琶记》中，净脚扮演老妇人；而在《成化本白兔记》中，净脚扮演三娘的嫂子。这更加合情理。当男性脚色扮演女性人物时，相对容易获得喜剧效果。

在后来的传奇之中，净脚逐渐失去了喜剧色彩。最终，净脚成了严肃的或非喜剧性的脚色，扮演直率、心胸开阔但粗犷的，或者狡诈危险的人物。与此同时，一种新的脚色——老旦被创作出来用以扮演老妇人。

从南戏到传奇的脚色发展也见于年轻男性脚色"小生"的出现与演变

之中。在宋元南戏剧作中,绝大多数由生脚扮演的剧名角色①都是年轻书生,而在传奇之中,这些年轻书生由小生扮演。在早期,生脚含有出现于后期的、小生的功能与职责。

在后世戏曲中,作为一种细分,小生由生而来。刻印于明代的南戏剧本之中也可以见"小生"②。但是,当这种脚色第一次出现时,在不同的剧作中的功能并不一致。例如,在《成化本白兔记》中,刘知远的儿子名为"小外"③,在《姜诗》(亦为男主角名)④与《杜甫游春》中,一些年轻的男性人物都被归入省简的术语"小"⑤。在后世的戏曲形式中,"小外"与"小"这两个术语都消失了,取而代之的是"小生"。而且,这种年轻男性脚色又进一步细分了。例如,在昆曲中,小生即包括官生、巾生、鞋皮生、雉尾生。⑥

与南戏相比,后世戏曲中的行当体制更加明确、严谨。在这类后世戏曲中,净脚、丑脚变得与生脚、旦脚一样重要。尽管如此,南戏仍然是后世戏曲形式中盛行的脚色体制繁盛的起因。四种基本脚色名,即"生""旦""净""丑"都来自南戏。脚色分类的原则也继承自南戏。当然,这些原则得到了进一步发展:在后世戏曲中,上述四种基本脚色均依据性别、年龄与个性做了进一步的划分。

脚色体制提升了每一种细分脚色的表演技艺。正如魏莉莎所准确指出的:

> 每一种脚色的表演者都擅长于表现一种选定的表演技艺。而且,每一种脚色的表演都因特定的身体的与口头的惯例,以及针对于表演的风格化范式而具有特点。⑦

---

① "剧名角色"指的是指其角色名出现于剧作名称之中的角色。——译者注
② 例见《五伦全》,徐文昭编《风月锦囊》第369页,台湾学生书局,1987年版;《商辂》,徐文昭编《风月锦囊》第409页,台湾学生书局,1987年版。
③ 《新编刘知远还乡白兔记》,《明成化本说唱词话丛刊》(第十二册)第39页,,北京文物出版社,1979年版。
④ 《姜诗》,徐文昭编《风月锦囊》第367页,台湾学生书局,1987年版。
⑤ 《杜甫游春》,徐文昭编《风月锦囊》第523页,台湾学生书局,1987年版。
⑥ 每一个脚色均根据其着装的一个明显的不同之处而被指定。
⑦ 魏莉莎《听戏——京剧的听觉维度》(*Listening to Theater*: *The Aural Dimension of Beijing Opera*)第7页,夏威夷大学出版社,1991年版。当然,魏莉莎指的是京剧的脚色体制,京剧是当代戏曲的象征性代表,但她的评价也同样使用于其他当代戏曲形式中的脚色体制。

由于表演技艺的专业化,所以表演者能够完整地满足其脚色的表演需要。这使才华横溢的表演者丰富了其脚色的标准,使戏曲表演的内涵更加充实。

第三节 科 介

总体上说,现在已不可见实践于南戏中的科介技艺与惯例。其中可能有一些遗迹还残留于幸存的昆曲、莆仙戏、梨园戏等戏曲形式之中。① 然而,这些科介技艺与惯例,也已经被修改,与新一代演员的创造相结合,所以,它们也已经不是在南戏中的形式了。因此,南戏的科介在目前只能通过研究科介提示,以及考察人物的说白与曲文而得知。

南戏原剧本中的科介提示非常简略,通常只含有几个字和短语,如"把酒介"②,"拜介"③以及"吃介"④。

在南戏剧作中,共有三种类型的科介提示:一种指定身体动作,一种暗示面部表情,一种列明口头声效。第一种科介提示常用以注明姿势、手势以及手臂动作与驱赶动作。以下是典型例子:

(丑做媒婆挑鞋秤等物上唱)⑤
(黄门捧圣旨上唱)⑥
(末踏开门。净走下。末行杀介)⑦

第二种科介提示描述诸如笑⑧、皱眉⑨以及哭⑩等面部表情。当然,在真实的表演中,表演者可能会使表情结合诸如手部动作一类的身体动作。

---

① 莆仙戏与梨园戏详见第二章第一节:南戏的起源。
② 钱南扬《元本琵琶记校注》第62页,上海古籍出版社,1980年版。
③ 《孤儿》,徐文昭编《风月锦囊》第291页,台湾学生书局,1987年版。
④ 钱南扬《元本琵琶记校注》第62页,上海古籍出版社,1980年版。
⑤ 钱南扬《元本琵琶记校注》第75页,上海古籍出版社,1980年版。
⑥ 钱南扬《元本琵琶记校注》第93页,上海古籍出版社,1980年版。
⑦ 钱南扬《永乐大典戏文三种校注》第287页,北京:中华书局,1979年版。
⑧ 钱南扬《永乐大典戏文三种校注》第83页,北京:中华书局,1979年版。
⑨ 钱南扬《元本琵琶记校注》第84页,上海古籍出版社,1980年版。
⑩ 《刘知远》,徐文昭编《风月锦囊》第318页,台湾学生书局,1987年版。

第三种科介提示非常有趣,但只出现于少数情况中。《张协状元》第二十三出中的一个例子可以说明这些口头声效是怎么被使用的:

  (净在戏房作犬吠)(净出白)小二,去洋头看,怕有人来偷鸡!(作鸡叫)小二短命都不见。①

此处,净脚通过人声制造音效。与此相似,在该剧的第十出中,丑脚通过人声模拟敲打屋门的声音。② 这两个例子都来自喜剧脚色所承担的情节,所以有可能在表演中获得喜剧效果。

南戏会使用惯例动作。上文已提及,南戏的科介提示非常简略,有时只有一个汉字——"介"。例如,《宦门子弟错立身》中,在延寿马加入王家戏班后,有如下这段话:

  (生上旦)在家牙坠子,出路路岐人。(介)③

剧作者似乎不必为这个"介"给出任何详细的描述,因为演员会根据早已熟知的惯例表演。另一种可能,是剧作者曾经详细描写了该"介",但被后来的演员省略了,因为他们知道如何表演这种类型的惯例。

另外一个选自《琵琶记》的例子更容易理解。科举考试的获胜者参加庆祝活动。每一位都被要求作一首诗。状元蔡伯喈首先写道:

  (生白)小子措思。(介)诗有了。(净丑白)请教。(生白)……④

由于如此之多的南戏剧作讲述的都是年轻书生的故事,作诗又是当时的文人必不可少的活动,因此有理由相信剧作已建立了某种作诗的惯例,并且经常在舞台上被运用。

可以在剧本中发现更多有关惯例动作使用于南戏之中的蛛丝马迹。例如,在《白兔记》表现男女主角团圆的这出戏的开头,上下文即表明刘知

---

① 钱南扬《永乐大典戏文三种校注》第 120 页,北京:中华书局,1979 年版。
② 钱南扬《永乐大典戏文三种校注》第 56 页,北京:中华书局,1979 年版。
③ 钱南扬《永乐大典戏文三种校注》第 252 页,北京:中华书局,1979 年版。
④ 钱南扬《元本琵琶记校注》第 61 页,上海古籍出版社,1980 年版。

远正在磨坊之外,而李三娘正在磨坊内磨麦。随后刘知远就试图进入被锁的磨坊,看一看被兄嫂虐待了十七年的原配妻子。

　　(旦)刘郎,委的哥嫂带去钥匙。(生)你站开去,待我踢破进来。(打开介)①

　　显然,在刘知远进入磨坊前,二位人物之间一定有一道隐形的门和一扇隐形的窗;而踢开房门的动作就是惯例动作。

　　另外一个踢开屋门的例子已经在上文提及。在《小孙屠》中,扮演剧名角色的末脚试图发现嫂子有不正当男女关系的证据:

　　(末踏开门。净走下。末行杀介)②

　　这里踢开房门的动作,可能也是惯例动作。

　　在《林招得黄莺记》中,扮演剧名角色的年轻男子试图捉到一只黄莺;他跳过了一座美丽的花园的院墙,爬上了一颗枝叶繁茂的树。③ 跳墙爬树的动作一定也是惯例动作,因为南戏并不使用真实的布景。

　　遗憾的是,不能从文字记载中确定这些惯例动作的表现形式,也不能确定这些惯例动作是否与诸如昆曲、京剧等现存的戏曲形式都是舞蹈性惯例表演类似。在这类现存戏曲形式中,才华横溢的表演者有时会使用华丽的舞蹈性惯例向观众形象地呈现舞台上并不存在的、人物所身处的环境。《三岔口》是京剧中使用华丽舞蹈性惯例的杰出例子。该剧作在某场次中表现了一位将军与一个小兵在夜晚的一个旅店房间中打斗的场景。在灯火通明的舞台上,武生与武丑模拟在黑暗中非常认真地寻找对方的情景。在二人华丽的舞蹈性惯例动作中,观众可以联想到黑暗,以及本不存在的桌子或墙壁。

　　南戏确定使用舞蹈。在《张协状元》的结尾处,末脚(带着伞)、丑脚(拖着新娘的花幞头)、净脚(拿着灯笼)在男女主角再次结婚的典礼上一

---

① 《刘知远》,徐文昭编《风月锦囊》第318页,台湾学生书局,1987年版。
② 钱南扬《永乐大典戏文三种校注》第287页,北京:中华书局,1979年版。
③ 《林招得黄莺记》,徐文昭编《风月锦囊》第553页,台湾学生书局,1987年版。

道舞蹈。① 在《琵琶记》的第三出中,由净脚扮演的老妇人,由丑脚扮演的侍女,一起为取乐而舞蹈。② 在《宣德本金钗记》的第四十出中,一群蛮夷之人在蛮王的宴会上舞蹈。③ 这三个舞蹈段落被插入剧作作为插曲,且与唱交织。这显然与用以表现人物所处环境的无伴奏舞蹈不同。

除《张协状元》中那句提供了有关净脚声音的信息的话外,也有少数证据可以说明南戏中不同脚色有专门的表演技艺。在《张协状元》中,当末脚与净脚首次出场时,末脚以演员而非人物的声音调戏净脚:

(末净噪呾出)(净有介白)拜揖!(末)一出来便开放大口。④

末脚的说白暗示净脚的声音高亢而尖利。在昆曲与京剧等现存戏曲形式中,净脚常会以胸腔与鼻腔共鸣提高声音的音量。这种响亮的声音或许有助于想象南戏中净脚的声音。

南戏表演技艺专门化资料的稀缺,有两方面的原因。第一,中国学者认为南戏中每种脚色的表演技艺不如在后世戏曲形式中发达。⑤ 第二,有关南戏表演技艺的信息未被完整地记录。

南戏中另外的惯例是扮演喜剧脚色的演员有时会直接地向观众表明他们的演员身份。《琵琶记》第十六出中丑脚的独白即为此例:

我做都官……把我千样凌持,把我万般督并……若还把我拖番,便叫高抬明镜。小人也不是都官,小人也不是里正,休得错打了平民。猜你是谁?我是搬戏的副净。⑥

与此相似,《张协状元》中,净脚即两次向观众说明他是一位演

---

① 钱南扬《永乐大典戏文三种校注》第213—214页,北京:中华书局,1979年版。
② 钱南扬《元本琵琶记校注》第15—16页,上海古籍出版社,1980年版。
③ 见杨越等《明本潮州戏文五种》第74—76页,广州:广东人民出版社,1985年版。
④ 钱南扬《元本琵琶记校注》第13页,上海古籍出版社,1980年版。
⑤ 见张庚等《中国戏曲通史》(第一册)第430页,北京:中国戏剧出版社,1980—1981年版。亦见黄克保"角色行当",《中国大百科全书·戏曲曲艺卷》第170页,北京:中国大百科全书出版社,1983年版。
⑥ 钱南扬《元本琵琶记校注》第99页,上海古籍出版社,1980年版。

员。① 这种惯例的使用必定会产生喜剧效果。这种惯例显然也从未被"生脚""末脚"等非喜剧脚色使用。

总而言之,由于影像材料与文字材料的缺乏,不可能详细地说明已经消失的、南戏中的科介。尽管如此,通过诸多的科介提示与人物的语言,南戏的科介至少已具有部分的常见性。

第四节　装扮与舞台道具

就遗存至后世的图像证据而言,南戏不如元杂剧幸运。一堵从元代遗留至今的墙壁上描绘的元杂剧表演的场景,为当代学者提供了研究元杂剧演员的着装与装扮的图像材料。② 至今尚未发现关于南戏演员装扮的类似材料,即使是文字材料也极其罕有。

绝大多数有关南戏演员装扮的信息都保存于《张协状元》中。在该剧的第二出中生脚描述戏班的表演时用到词组"抹土搽灰"③。这说明南戏至少在演员的装扮中使用黑白二色。

该剧作第十一出中有一段话描述了丑脚的外表。这段话也有助于理解词组"抹土搽灰":

(丑)我一番见它在庙前立地,我便问它:贫女姐姐,你又恁地孤孤单单,我怎地白白净净底……(末)只是嘴乌。(丑)你不然胡乱嫁与我。④

这表明丑脚的面部为白色,而嘴唇为黑色。第二十七出中丑脚的一句说白又进一步说白丑脚的嘴唇是黑色的:

(丑)……愿我捉得一盏粉,一铤墨。把墨来画乌嘴,把粉去门上

---

① 钱南扬《永乐大典戏文三种校注》第 157 页及 171 页,北京:中华书局,1979 年版。
② 见《中国大百科全书·戏曲曲艺卷》第 8 页,插图 13"山西洪洞明应王殿元杂剧壁画",北京:中国大百科全书出版社,1983 年版。
③ 钱南扬《永乐大典戏文三种校注》第 13 页,北京:中华书局,1979 年版。
④ 钱南扬《永乐大典戏文三种校注》第 63 页,北京:中华书局,1979 年版。

画个白鹿。①

与此相似,该剧作中净脚的说白也揭露了有关其装扮的信息:当净脚扮演女性角色时,他假装自己是女子。在张协赴京赶考前,贫女向李大公、大婆乞求资助:

（旦）河狭水紧,人急计生。张解元是读书人,既得婆婆周全,望所赐周全。求人须求大丈夫。（末）济人须济急时无。（净笑）你问一切人:我擦胭抹粉,着裙系衫,我是大丈夫?……②

净脚的说白表明,他是装扮为妇人的,而且也穿着女性的衣物。

除少数的例子外,传统戏曲不在舞台上使用道具。③ 这是传统戏曲中演员创造华丽的舞蹈性惯例可以使观众明了人物所处的环境的主要原因。这也对应于戏曲剧作的叙事或时间结构,戏曲中的地点可随意地从一地转换至另一地。

在最早的戏曲形式南戏之中,不使用任何实际布景。在《张协状元》的喜剧场次中,演员实际上就被当成了道具——在如下这个例子中,演员被当作了古庙的门:

（净）纸炉里又腌臜,它来供床下睡。小神思量:外面门破弗好看,叫小鬼来,你两个权化作两片门。（末）判官如何做门?（净）且叫小鬼来商量……（丑做小鬼出唱）……（丑）独自只作得一片门,那一片教谁做?（净）判官在左汝在右,各家缚了一只手……（末丑做门）。④

根据相同的手法,丑脚在十六出中也装作桌子;⑤末脚在二十一出装

---

① 钱南扬《永乐大典戏文三种校注》第136页,北京:中华书局,1979年版。
② 钱南扬《永乐大典戏文三种校注》第99页,北京:中华书局,1979年版。
③ 在明末,私人戏曲演出开始使用布景。见张岱《陶庵梦忆》第67—68页,杭州:西湖书社,1982年版。
④ 钱南扬《永乐大典戏文三种校注》第55页,北京:中华书局,1979年版。
⑤ 钱南扬《永乐大典戏文三种校注》第87页,北京:中华书局,1979年版。

作使相的椅子。① 但是在已知的、所有晚于《张协状元》的剧作中，这一惯例已不再被使用。

南戏虽然不会在台上使用大物件作为布景，但是会广泛地在表演中使用小物件作为道具。例如，见于《张协状元》中的酒瓶与酒杯②、秤③、圣旨④、碗⑤以及古筝⑥使用于《琵琶记》之中。这些道具都比较小，所以容易在台上获得与使用。道具的使用支持了南戏中的科介。

总而言之，由于材料来源的缺乏，有关于南戏的整体视觉形式的理解非常有限，所知的也仅比南戏在表演中使用简单、普通的视觉语言多一些。

第五章　南戏的剧作者与观众

正如已知的，南戏最早是一种流行于民间的戏曲形式；南戏的剧作者也主要是非文人。毫无疑问，在南戏的历史进程中，高明的贡献不应被忽视。⑦ 尽管如此，笔者在本文中也不会专门讨论高明的贡献。这么做会导致也讨论其他文人的活动，从而使本文作为非文人艺术形式研究与文人艺术形式的研究混杂。相反，笔者将会专注于南戏这种主要是民间基础的艺术形式的佚名作者的活动，包括书会才人与南戏的表演者。

第一节　书　　会

书会是表演艺术写作者的行会⑧。书会的成员称为"才人"。

不清楚书会起于何时，但"书会"一词至迟出现于南宋时期。周密

---

① 钱南扬《永乐大典戏文三种校注》第112页，北京：中华书局，1979年版。
② 钱南扬《永乐大典戏文三种校注》第87页，北京：中华书局，1979年版。
③ 钱南扬《元本琵琶记校注》第75页，上海古籍出版社，1980年版。
④ 钱南扬《元本琵琶记校注》第93页，上海古籍出版社，1980年版。
⑤ 钱南扬《元本琵琶记校注》第121页，上海古籍出版社，1980年版。
⑥ 钱南扬《元本琵琶记校注》第127页，上海古籍出版社，1980年版。
⑦ 高明（？—1359）是南戏剧作者，也是诗人。在元末，高明曾短期为官。致仕后，高明据《赵贞女》创作了《琵琶记》。通常认为在《琵琶记》出现后，南戏的戏剧文学性就可与元杂剧的文学价值相媲美。见颜长珂"高明"，《中国大百科全书·戏曲曲艺卷》第83—86页，北京：中国大百科全书出版社，1983年版。
⑧ 钱南扬认为书会也是表演戏班。见钱南扬《戏文概论》第221页，上海古籍出版社，1981年版。亦见钱南扬《永乐大典戏文三种校注》第6页，北京：中华书局，1979年版。

(1232—1298)在《武林旧事》中列出了南宋时期大量在杭州的艺人的姓名。在名目"书会"下,周密列出了六个人名,其中三位创作说唱话本,但其他三位的创作重点却未说明。①

在《张协状元》中,末脚的曲文表明在南宋时期的温州——南戏的起源地——有不止一个书会:"《状元张叶传》,前回曾演,汝辈搬成。这番书会,要夺魁名。"②

该剧作第二出中,生脚的曲文表明这部剧作由九山书会所编写。在生脚介绍有关这部剧作的信息时,唱道:"真个梨园③院体,论诙谐除师怎比?九山书会,近目翻腾,别是风味。"④"九山"是温州古名之一。⑤

在元代,书会可能更加活跃。太宗九年(1237)至仁宗三年(1314),科举考试停止。⑥ 文人传统的进身之道被堵塞,只能过常人的生活。其中很多人都以为戏曲编写剧本、为其他表演艺术编写话本以求生。

本论文第二章已论及,杭州在元代是南戏表演的重要中心。在《录鬼簿》⑦中,贾仲明(1343—?)的诗提到了"武林书会"⑧。"武林"是杭州古称之一。在该书中,贾仲明也提及了"玉京书会"⑨与"元贞书会"⑩。但是这两个书会都在大都,且只与元杂剧的剧作者有关。

《宦门子弟错立身》与《小孙屠》这两部剧作的作者身份分别被置于"古杭书会才人"与"古杭书会"名下。"古"一词之所以会被置于"杭州"之前可能由于这两部剧作创作于元朝之前的南宋,而杭州为南宋的都城。

《成化本白兔记》未在剧名之后注明剧作者,而是在开场中介绍,这与《张协状元》一致。在该剧作的开场中,末脚说道:

---

① 周密《武林旧事》,《东京梦华录外四种》第130页,北京:中国商业出版社,1982年版。
② 钱南扬《永乐大典戏文三种校注》第2页,北京:中华书局,1979年版。
③ 梨园是由唐玄宗(亦称唐明皇,712—756在位)所设立的皇家表演机构。
④ 钱南扬《永乐大典戏文三种校注》第13页,北京:中华书局,1979年版。
⑤ 见孙崇涛《〈张协状元〉与"永嘉杂剧"》,载《文艺研究》1992年第6期。
⑥ 宋濂等《元史》(第四册)第2017—2018页,北京:中华书局,1976年版。
⑦ 详见第二章第二节:南戏的传播。
⑧ 钟嗣成《录鬼簿》,《中国古典戏曲论著集成》(第二册)第252页,北京:中国戏剧出版社,1959年版。
⑨ 见《录鬼簿提要》,《中国古典戏曲论著集成》(第二册)第97页,北京:中国戏剧出版社,1959年版。
⑩ 钟嗣成《录鬼簿》,《中国古典戏曲论著集成》(第二册)第204页,北京:中国戏剧出版社,1959年版。

……那本传奇①,何家故事?搬的是"李三娘麻地捧印,刘知远衣锦还乡"《白兔记》。好本传奇!这本传奇亏了谁?亏了永嘉书会才人。在此灯窗之下,磨得墨浓,斩(蘸)得笔饱,编成此一本上等孝义故事。②

前文已提及,"永嘉"是温州的另一个古称。

与此详细,在《兰花记》的开场中,末脚也说道:"此本兰花传记,才人灯下新编。"③可惜末脚未指明该"才人"所属的书会。

除此之外,清代早期的剧作家与评论者张大复记载《荆钗记》"吴④门学究敬仙(先)书会"⑤。

由于书会几乎完全消失于明代的文字记载中,所以明代可能已经没有书会了。钱南扬推测书会在明初因严苛的律条而解散。在当时,只有专门的表演者⑥才能表演戏剧作品。军人如果学唱曲,会被割舌头。普通民众如果唱歌跳舞,会被头朝地悬挂三天至死。另一方面,当时文人的社会地位也远远高于在元代时。文人自然希望通过科考为官,而非将其才华用于书会之中。⑦

明代的统治者也专门为吸引精英阶层而强化了科举考试体制,从而迫使文人们顺服地为朝廷尽忠。这种受限制、凝固的形式,限制文人表达他们原来的思想。八股文直接影响了明代的文风(包括南戏在内⑧),而且明代科考制度也深远地影响了明代文人的精神世界。

当然,在明初仍有一些文人编写南戏剧本,但已经没有书会才人了。

---

① 此处的"传奇"指的就是南戏。详见第一章"与南戏有关的多个名称"一节。
② 《新编刘知远还乡白兔记》,《明成化说唱词话丛刊》(第十二册)第2页,北京:文物出版社,1979年版。
③ 《兰花记》,徐文昭编《风月锦囊》第391页,台湾学生书局,1987年版。
④ 位于今苏州一带。
⑤ 张大复《南曲谱总目》,亦为金宁芬《南戏研究变迁》所引,见《南戏研究变迁》第217页,天津教育出版社,1992年版。
⑥ 这一"专门"与明初的妓女有关。见徐复祚《曲论》,《中国古典戏曲论著集成》(第四册)第243页,北京:中国戏剧出版社,1959年版。
⑦ 参见钱南扬《戏文概论》第44页,上海古籍出版社,1981年版。
⑧ 徐渭批评《香囊记》时即说道:"以时文为南曲,元末、国初未有也;其弊起于《香囊记》。"见徐渭《南词叙录》《中国古典戏曲论著集成》(第三册)第243页,北京:中国戏剧出版社,1959年版。

对于此类文人剧作家而言,创作是一种独立的活动,总是区分于戏剧实践。这些文人不需要卖剧本为生,也不希望使剧本与表演融合。

但在宋元时期的中国南北方,书会明显都是主要的创作机构。书会的成员才人,为南戏、元杂剧创作剧本,也为其他多种说唱形式创作话本。南戏剧本有时会提及书会的名称。到目前为止,共发现了五种直接与南戏创作有关的书会:古杭或杭州、九山、永嘉、武林以及敬先。

第二节 演员与戏班

世世代代的演员为戏曲创造了丰富的表演艺术,吸引了无数的观众。但是,这些演员的绝大多数活动未被记录,因为在中国历史的大部分时期,社会均蔑视演员。

与元杂剧和传奇相比,有关南戏演员的记载更加罕有。在元代,最早有关戏曲表演者的著作《青楼集》,简要地介绍了一百多位元杂剧表演者。在明代,少数文人如潘之恒(约1556—1622)在著作中记载了传奇演员的表演。然而,除发现于《青楼集》中的材料外,没有关于南戏演员的著作。因此,不可能为南戏的演员与戏班构建起一幅整体、详尽的图景。这一节,也只能简要地概述有关南戏表演可推测的信息。

有证据表明在南戏中存在女性模仿。《张协状元》中的旦,是明显由男性扮演的女性脚色。在张协考取状元后,贫女到京城寻找他。在张协的府衙外,贫女与张协的管家和门房有如下对话:

> (末)娘子有甚事,但说不妨。(旦)新及第状元何处安歇?(末)兀底便是行衙里。问那门子便知端的。(旦)万福!(净)且是假夫人……。(旦)奴家特来见状元。(净)要见状元,便着紫衫,我便传名纸。(旦)奴家是妇人。(净)妇人如何不扎脚?①

净脚的说白表明在该剧作中,旦脚是由男演员扮演的。

在明初,南戏之中也有女性模仿。第二章已经提及,锦衣卫门达在吴地逮捕了几个扮演女角色的演员。但与吴地不同,女性模仿在当时的首都

---

① 钱南扬《永乐大典戏文三种校注》第160页,北京:中华书局,1979年版。

北京似乎非常罕见。

《青楼集》中的记载表明女性也在南戏中表演。在下述的引文中共介绍了三位南戏女演员：

>　　龙楼景①、丹墀秀，皆金门高之女也，俱有姿色，专工南戏……后有芙蓉秀者，婺州②人。戏曲、小令不在二美之下。③

可惜这份材料未说明这三位女演员扮演的是何种脚色。因此也无法判断女演员是否也像元杂剧般可在南戏中扮演男性人物。

没有关于南戏戏班结构的材料留存至今。但是根据南戏剧本的相关信息，可以判断南戏戏班的大小。

在前一章已指出，南戏中的支持性脚色，如末、净、贴，常在剧中扮演不同的人物。有趣的是，由同一种脚色扮演的不同人物不会同时出现在一出之中。这就可以推测大部分南戏戏班一位演员只对应一种脚色。

在《成化本白兔记》中，李三娘的父亲与李三公均由外脚扮演。即使有时确实需要，但这两位人物在整个剧情中从未相见。例如，李三公为刘知远与李三娘的媒人④，但李三公未参加二人由李三娘之父主办的婚礼。这表明这两位人物是由同一位演员扮演的，所以不能同时在舞台上出现。

与此相似，《张协状元》中，使相之女胜花与侍女野方均由后（贴）扮演。侍女野方直到胜花去世之后才出现。但是该剧作的上下文却表明，野方并不是新来的侍女，而且在胜花去世以前就已服侍胜花。⑤

也是在《张协状元》中，净脚同时扮演尊神与李大婆。在贫女离家前往京城寻找丈夫之前，李大公到贫女所居住的古庙来与贫女告别。李大公通常与李大婆同时出现，但此时李大婆并未出现，可能由于净脚已经在台上扮演尊神。当贫女与李大公在尊神前祈祷时，贫女说道："乍别公公将

---

① 这三位女演员应均以艺名称呼。
② 婺州位于今金华一带。
③ 《青楼集志》(《中国古典戏曲论著集成》(第二册)第32页，北京：中国戏剧出版社，1959年版。
④ 这一情节是由李三娘之父通过独白表现的。见《新编刘知远还乡白兔记》，《明成化说唱词话丛刊》(第十二册)第12页，北京：文物出版社，1979年版。
⑤ 钱南扬《永乐大典戏文三种校注》第189页，北京：中华书局，1979年版。

息!奴家拜辞婆婆已毕。"净脚便打诨道:"不须去,我便是亚婆。"①这句说白就直接告诉观众,尊神与李大婆是由同一个净脚扮演的。

另一个演员可扮演多个角色的例子见于《宦门子弟错立身》第十一出。延寿马之父发现其子已爱上女演员,便气愤地要求其仆人(由末脚扮演)将女演员的父亲(也由末脚扮演)带进府衙。在仆人下场,女演员之父上场之间,有一个舞台提示:"末改扮上。"②这一舞台提示表明,在这部剧作的演出中,只有一个末脚;否则,末脚不需要匆忙地从一个角色换装为另一个角色。

与此相似,在《元本琵琶记》的十六出中,丑脚不停地扮演里正、乞丐以及贫民。③ 在乞丐下场、贫民上场之前,有一个舞台提示:"丑换扮上唱。"④

如果南戏戏班中一种脚色只有一个演员的观点是站得住脚的,那就可以进一步推测南戏戏班最多有十个人。在前一章已说明,明代以前,南戏中共有七种脚色,在南戏传奇交替时期又增加了少数脚色。也可以推测,因为经济原因,演员在戏班中可能也需要弹奏伴奏乐器,唱帮腔。

宫廷南戏戏班的情况当然不同。在明初,宫廷戏班有成千上万的演员,其中就有表演南戏的。⑤ 非宫廷戏班,明显就没有这般奢华的条件。

在元明时期,演员被认为不入流。元代的律法禁止演员与普通人结婚。⑥ 在明初,演员必须日常特殊着装,而且不准行走于道路正中,只能行走于道路两旁;女演员被禁止佩戴金色或银色的饰物,也不能穿着丝绸。⑦ 元明时期的南戏演员也必须遵守这些规定,过着受限制的生活。

《宦门子弟错立身》展现了12—13世纪演员生活的图景。虽然这部剧

---

① 钱南扬《永乐大典戏文三种校注》第157页,北京:中华书局,1979年版。
② 钱南扬《永乐大典戏文三种校注》第233页,北京:中华书局,1979年版。
③ 因莫丽根错译了这个场景,所以里正(莫丽根译为"Village Head")不断地将自己装扮成乞丐、贫民。见莫丽根英译本《琵琶记》(*The Lute*)第128—133页,纽约:哥伦比亚大学出版社,1980年版。
④ 钱南扬《元本琵琶记校注》第100—101页,上海古籍出版社,1980年版。
⑤ 沈广仁《明代戏剧表演》(*Theater Performance in the Ming Dynasty*)第41—43页,夏威夷大学博士论文,火奴鲁鲁:夏威夷大学出版社,1994年版。
⑥ 例见孙崇涛、徐宏图《青楼集校注》第13页,北京:中国戏剧出版社,1990年版。
⑦ 见徐复祚《曲论》,《中国古典戏曲论著集成》(第四册)第243页,北京:中国戏剧出版社,1959年版。

作未直接描写南戏剧班①,但多少都与南戏演员有关。在改编这部剧作的过程中②,由于与演员关系紧密,杭州的才人可能会在剧中增加对演员(包括南戏演员)的认识。因此可以将该剧作用作考察当时的演员生活的一瞥,只要不把它作为有关南戏的历史记录。③

在《宦门子弟错立身》中,王家戏班到处流浪演出以求生。即使在女主脚王金榜生病时,还是需要演出以求养活家人。在当地的权贵要求她在府衙提供私人表演时,戏班就必须放弃公开演出,且立即完成这个任务;否则,戏班就会被惩处。女演员与年轻官宦子弟的爱情是被禁止的,也导致了戏班被驱逐。简而言之,虽然演员们的技艺高超,但他们常在生活中被虐待。

第三节 观 众

片段、间接的材料说明南戏曾经拥有大量的观众,包括各阶层的人。

第二章"南戏的传播"一节(第二节)曾指出,《王焕》这一有关剧名主角与一位妓女的爱情的剧作,曾在1268年至1269年之间在杭州得到了极大的欢迎:

> ……王焕戏文盛行于都下,……一仓官诸妾见之,至于群奔,遂以言去。④

这一记载说明在南宋末,女性也观看南戏表演。但是从这一记载,又不能说明这些女性是在公开还是私人场合观看的流行南戏剧作。

---

① 《宦门子弟错立身》是南戏剧作,但该剧作中所描绘的却不是南戏演员。这部剧作展现的是金国的一个戏班。在当时,金国与南宋正处于交战时期,南戏不可能从南方传播到北方。

② 这部剧作改编自元杂剧,但原本已经丢失。见廖奔《南戏〈宦门子弟错立身〉源出北杂剧推考》,载《文学遗产》1987年第2期。

③ 在讨论南戏的伴奏乐器时,有一些学者将《宦门子弟错立身》的人物所提及的乐器也算在内。见钱南扬《戏文概论》第253页,上海古籍出版社,1981年版。张庚等《中国戏曲通史》(第一册)第422页,北京:中国戏剧出版社,1980—1981年版。笔者认为这个结论是有问题的,因为这些乐器有可能属于元杂剧而非南戏。上文也已提及,这部剧作并未直接描绘南戏戏班。

④ 刘一清《钱塘遗事》,亦为胡忌《宋金杂剧考》引用,见胡忌《宋金杂剧考》第59页,北京:中华书局,1959年版。

另外一则来自元代的记录讲述了当时的一个事件如何被写入南戏,并且在观众中引起了强烈的反响。温州一位有势力、贪婪的僧人祖杰,私藏美妇人于庙中。不久,该妇人有了身孕。为免于丑闻,祖杰要求其弟子最大的儿子俞生与该妇人成婚。但祖杰仍然与该妇人来往。俞生不堪邻人嘲诮,故携妻逃避。祖杰诬告俞生。被折磨后,俞生向上级官府告状,但因祖杰的贿赂,俞生遭到了更多的毒打。俞生遂决定往京城告状以求沉冤得雪。祖杰要求仆人抓捕并淹死俞家全口。因官府收受贿赂,故很长一段时间未惩罚祖杰:

> 旁观不平,惟恐其漏网也,乃撰为戏文,以广其事。后众言难掩,遂毙之于狱,越五日而赦至。①

当然,周密在作上述记载时,关注的是该事件本身,而不是有关此事件的南戏剧作。虽然如此,周密的记载还是提供了大量观众曾观看过此剧作的信息。这表明元代温州地区大量观众参与观看公开演出的南戏表演。

明初,南戏剧作表演于宫廷之中,开始获得皇家观众。在南京,明太祖朱元璋经常要求演员上演《琵琶记》②,也要求教坊司的官员革新南戏的音乐③。在北京,明英宗朱祁镇在观赏了抓捕自苏州地区的演员的表演后,就将他们归入宫廷戏班中。④ 虽然皇家观众只是少数一群人,但这些特别的观众提高了南戏的合法性与公众接受程度。

那些喜爱戏曲的文人又形成了南戏的另外一种特殊观众,这是必须被提及的。夏庭芝一定在杭州观看过许多戏曲表演,所以可以撰写《青楼集》,介绍包括三位南戏女演员在内的一百多位演员。徐渭出生于浙江,但常在广东、福建、江西之间游走,这些地区也为南戏传播所及。徐渭有机会观看大量的南戏剧作,所以撰写现存最早的重要南戏专著《南词叙录》。在南戏、传奇交替时期,改编南戏剧作的倾向也表明很多文人一定也经常观看南戏表演,最后投入于对南戏的改编之中。

观众在观看南戏剧作表演的过程中,很可能也可以随意进出,类似在

---

① 周密《癸辛杂识》第 261—263 页,北京:中华书局,1988 年版。
② 详见第二章第二节:南戏的传播。
③ 详见第四章第一节:音乐体制。
④ 详见第二章第二节:南戏的传播。

清代观众观看京剧。绝大多数南戏剧作的长度表明完成表演可能需要几天时间。少数观众可以持续观看如此之久。在南戏中，经常使用前情回顾。此类前情回顾似乎就是为了告知迟到的观众故事的背景与进展；否则此类前情回顾就会显得重复、唠叨。

第六章 总　　结

　　前文已经论及，最早的戏曲形式至迟在12世纪第三个十年间就已起源于浙江温州地区。南戏主要传播于浙江、福建、广东、江苏、江西以及其他中国东南部省份；南戏也渡过长江，传播到了位于北方的北京。300多年中，南戏吸引了各个社会阶层的人士，从普通民众到文人，再到帝王。起初，南戏是一种民间小曲。至迟在13世纪早期，即《张协状元》出现时，南戏才将故事与约定俗成的音乐、舞蹈表演综合。换言之，在南宋中期，南戏已经具有了戏曲的类别特征。

　　在南戏的音乐中，声乐扮演了重要的角色。南戏使用了曲牌联套体，其中有大量预先存在的曲牌通过套数被安排进剧作之中。一开始，南戏的曲牌来自于南方音乐；在元代南北统一后，南戏开始借鉴来自元杂剧的曲牌。南戏的伴奏较简单，后台演员的帮腔常用以支持场上人物的唱。

　　在南戏中，所有的人物主要通过性别、年龄、个性被划入不同的脚色之中。在南戏的早期共有七种脚色，后来一些新的脚色又增入其中。每一种脚色表演技艺的专门化可能已出现于原始的舞台上。在南戏这种传统戏剧形式中，存在对女性的模拟；喜剧脚色有时会脱离戏剧角色告知观众，甚至直接告知观众他们作为演员的身份。除了简单、朴素的视觉语言外，南戏也使用装扮、着装以及道具，虽然并不使用舞台布景。世世代代的演员为南戏创作了表演艺术，但他们的活动与名字已消失在了历史长河之中。只有三个南戏女角色的名字通过当时非官方的、简要的记载，留存至今。

　　大多数南戏剧作讲述的都是关于爱情、婚姻等有关家庭状况的故事，即使在后期也有一些南戏剧作与政治和军事斗争有关。南戏以叙事或时间结构构建戏剧情节，使剧作获得了超越表演的时间局限与舞台的空间局限的自由。在南戏中，人物的语言包括曲辞与说白。前者常用以表达人物的感情，即使曲辞有时也用以促进情节的发展；与此相对，说白则主要用以促进情节发展。由于南戏是起源于民间传统的戏曲形式，所以绝大多数元代以前的剧作者均佚名,其中一些剧作则被归为书会所作。第一部非佚名南戏剧作为高明的《琵琶记》,创作于元末。

自元末始,文人逐渐开始参与南戏的创作,这加快了南戏民间性的逐步丧失,进而最终在明代中期演变为了传奇。由于非常流行,南戏的后继者将传奇扩展到了中国大江南北。

在扩张的过程中,传奇吸收了所经地区的不同方言用法与地方音乐形式,进而产生了许多新剧种,如弋阳腔,以及昆山腔或昆曲。这两种来自传奇的主要新剧种,又进一步对晚于它们而出现的戏曲形式产生了影响。南戏对后世戏曲形式的影响可见于诸多方面。一些南戏曲牌名仍存在于莆仙戏、梨园戏与昆曲之中。后台帮腔仍用于川剧和湘剧中。南戏的脚色行当被传奇所继承,又通过传奇进一步影响了后世戏曲形式。作为南戏的代表剧作,《琵琶记》《荆钗记》《白兔记》《拜月亭》的故事在多种地方戏曲形式中演出。南戏的一些手法或原则,如营造对人物的道德判断、通过惯例表现时间与空间、类型化等均成为戏曲美学的内在组成部分。

出于各种历史原因,南戏在很长一段时间内都被蔑视,不被容纳于正史或其他官方记载中。而且绝大多数南戏剧本均毁于战火或消失于历史长河之中;其中一些又被明代文人肆意篡改。这些被改编的剧本偏离了原剧本,又在很长一段时间内被误认为是传奇剧本。在16世纪中叶以后、17世纪之前,少数学者意识到曾有一种戏曲形式名为传奇。在很长的历史时期中,传统观点都误认为元杂剧是传奇以及其他后世戏曲形式的先驱。

《永乐大典》一三九九一卷在1920年的重新发现对戏曲研究具有开天辟地的作用。《永乐大典戏文三种》的发现为南戏的存在提供了有力的证据。《张协状元》尤其证实了南戏传统的久远。作为独立学科,南戏研究始于20世纪30年代。随后,一系列其他剧本的发现大大促进了对南戏的研究。中国学者如钱南扬等在南戏的文献与文学研究上取得了巨大的成就。他们的著作为该学科的进一步研究提供了可靠的、必需的材料。

本研究在最大限度上使用了前人文献研究的成果,但将南戏作为一种戏剧形式,而非仅仅是剧本。另外,笔者从戏曲史的角度观照南戏,而不是仅将其视为一种戏曲形式。虽然如此,限于文字与图像材料的缺乏,本文只能草就南戏的轮廓,而不能描绘南戏更丰富的图景。笔者期待将来出现更多的考古遗迹,包括文字甚至是图像材料,为笔者在本文中所提出的假定和猜想做出更好的判断。

参考文献

[1] Dolby, William, *A History of Chinese Drama*, New York: Barnes and Noble, 1976.

[2] Dolby, William, *Eight Chinese Plays*, New York: Columbia University Press, 1978.

[3] 傅惜华《明代传奇全目》,人民文学出版社,1959 年版。

[4] 韩振刚《关于明成化本说唱词话》,《烂书复原成珍宝:明成化本说唱词话线装特藏本出版》,香港三联书店,1979 年版。

[5] 侯外庐等《中国大百科全书·中国历史卷》,中国大百科全书出版社,1992 年版。

[6] 胡忌《宋金杂剧考》,中华书局,1959 年版。

[7] 黄菊盛、彭飞、朱建明《关于宋元南戏剧目的整理和辑佚》,《曲苑》,江苏古籍出版社,1986 年版。

[8] 黄文实《〈琵琶记〉版本小考》,载《文学遗产》1987 年第 1 期。

[9] Idema, Wilt, and Stephen H. West, *Chinese Theater 1100—1450*, Franz Steiner Verlag Gmbh Wiesbaden, 1982.

[10] 金宁芬《南戏研究变迁》,天津教育出版社,1992 年版。

[11] Leung, R.C., *Hsu Wei as Drama Critic: An Annotated Translation of the Nan-tz'u Hsu-lu*. Diss. U of Oregon, 1988.

[12] 李昌集《中国古代散曲史》,华东师范大学出版社,1991 年版。

[13] 廖奔《南戏〈宦门子弟错立身〉源出北杂剧推考》,载《文学遗产》1987 年第 2 期。

[14] 廖奔《宋元戏曲文物与民俗》,文化艺术出版社,1989 年版。

[15] Liu, James J. Y., "The Feng-ytieh Chin-nang: A Ming Collection of Yuan and Ming Plays and Lyrics Preserved in the RoyalLibrary of San Lorenzo, Escorial, Spain". *Journal of Oriental Studies*, 1—2(1957—8): 79—107.

[16] 刘念兹《南戏新证》,中华书局,1986 年版。

[17] 刘念兹《戏曲文物丛考》,中国戏剧出版社,1986 年版。

[18] 刘念兹《宣德写本金钗记》,《明本潮州戏文五种》,广东人民出版社,1985 年版。

[19]罗锦堂《锦堂论曲》,联经出版事业公司,1977年版。

[20]陆侃如、冯沅君《南戏拾遗》,哈佛燕京学社,1936年版。

[21]洛地《戏曲与浙江》,浙江人民出版社,1991年版。

[22]吕骥等《中国大百科全书·音乐舞蹈卷》,中国大百科全书全书出版社,1983年版。

[23]吕天成《曲品》,《中国古典戏曲论著集成》第六册,中国戏剧出版社,1959年版。

[24]Mackerras, Colin, ed. *Chinese Theater*. Honolulu: University of Hawaii Press, 1983.

[25]毛晋《六十种曲》,中华书局,1958年版。

[26]McLarent, Anne E., "The Discovery of Chinese Chantefable Narratives from the Fifteenth Century: A Reassessment of Their Likely Audience." *Ming Studies*, 1(1990): 1—29.

[27]《新编刘知远还乡白兔记》,《明成化本说唱词话丛刊》第十二册,北京文物出版社,1979年版。

[28]Mulligan, Jean, trans. *The Lute. By Gao Ming*. New York: Columbia University Press, 1980.

[29]彭飞《略论成化本〈白兔记〉》,载《文学遗产》1983年第3期。

[30]钱南扬《戏文概论》,上海古籍出版社,1981年版。

[31]钱南扬《宋元戏文辑佚》,古典文学出版社,1956年版。

[32]钱南扬《永乐大典戏文三种校注》,中华书局,1979年版。

[33]钱南扬《元本琵琶记校注》,上海古籍出版社,1980年版。

[34]青木正儿《中国近世戏曲史》,王古鲁译,作家出版社,1958年版。

[35]任半塘《唐戏弄》,作家出版社,1958年版。

[36]上海艺术研究所、中国戏剧家协会上海分会《中国戏曲曲艺词典》,上海辞书出版社,1981年版。

[37]沈德符《顾曲杂言》,《中国古典戏曲论著集成》第四册,中国戏剧出版社,1959年版。

[38]Shen Guangren, *Theatre Performance in the Ming Dynasty*. Diss. U of Hawaii, 1994. Honolulu: University of Hawaii, 1994.

[39]Shih, Chung-wen. *The Golden Age of Chinese Drama: Yuan Tsachua*, Princeton: Princeton University Press, 1976.

[40]宋濂等《元史》,中华书局,1976年版。

[41]孙崇涛《流徙海外的珍贵戏曲文献——西班牙藏本〈风月(全家)锦囊〉考释之一》,载《中国戏曲》1991年第8期。

[42]孙崇涛《锦本〈伯皆〉述识——西班牙藏本〈风月(全家)锦囊〉考释之三》,载《中华戏曲》1991年第10期。

[43]孙崇涛《〈张协状元〉与"永嘉杂剧"》,载《文艺研究》1992年第6期。

[44]孙崇涛、徐宏图《青楼集校注》,中国戏剧出版社,1990年版。

[45]孙楷第《傀儡戏考原》,上杂出版社,1952年版。

[46]孙玫《管窥中国戏曲的形成》,《曲苑》第二册,江苏古籍出版社,1986年版。

[47]谭正璧《话本与古剧》,上海古典文学出版社,1956年版。

[48]唐山《江西鄱阳发现宋代戏剧俑》,载《文物》1979年第4期。

[49]王骥德《曲律》,《中国古典戏曲论著集成》第四册,中国戏剧出版社,1959年版。

[50]汪庆正《记文学、戏曲和版画史上的一次重要发现》,载《文物》1973年第11期。

[51]王国维《宋元戏曲考》,中国戏剧出版社,1984年版。

[52] Wichmann, Elizabeth., *Listening to Theatre: The Aural Dimension of Beijing Opera*. Honolulu: University of Hawaii Press, 1991.

[53]夏庭芝《青楼集》,《中国古典戏曲论著集成》第二册,中国戏剧出版社,1959年版。

[54]徐复祚《曲论》,《中国古典戏曲论著集成》第四册,中国戏剧出版社,1959年版。

[55]徐渭《南词叙录》,《中国古典戏曲论著集成》第三册,中国戏剧出版社,1959年版。

[56]徐文昭编《风月锦囊》,台湾学生书局,1987年版;

[57]杨越等《明本潮州戏文五种》,广东人民出版社,1985年版。

[58]叶德均《戏曲小说丛考》,中华书局,1979年版。

[59]俞为民《〈拜月亭〉的作者和版本考略》,载《文献》1986年第1期。

[60] Zbikowski, Tadeusz. Period. Diss. *Early Nan-hsi Plays of the*

Southern Sung, Warszawa：Wydawnictwa Uniwersytetu warszawskiego, 1974.

［61］张岱《陶庵梦忆》，西湖书社，1982年版。

［62］张庚《戏曲艺术论》，中国戏剧出版社，1980年版。

［63］张庚等《中国大百科全书·戏曲曲艺卷》，中国大百科全书出版社，1983年版。

［64］张庚等《中国戏曲通史》，中国戏剧出版社，1980—1981年版。

［65］张敬《明清传奇导论》，东方书店，1961年版。

［66］赵景深《宋元戏文本事》，北新书局，1934年版。

［67］赵景深《曲论初探》，上海文艺出版社，1980年版。

［68］郑西村《"鹘伶声嗽"新释》，福建戏曲研究所编《南戏论集》，中国戏剧出版社，1988年版。

［69］郑西村《南戏曲牌"定律""定腔"构成的"规范化"》，浙江省温州艺术研究所编《南戏探讨集》，第6/7辑合刊，1992年版。

［70］郑振铎《插图本中国文学史》，人民文学出版社，1957年版。

［71］钟嗣成《录鬼簿》，《中国古典戏曲论著集成》第二册，中国戏剧出版社，1959年版。

［72］周德清《中原音韵》，《中国古典戏曲论著集成》第一册，中国戏剧出版社，1959年版。

［73］周密《癸辛杂识》，中华书局，1988年版。

［74］周密《武林旧事》，《东京梦华录》（外四种），中国商业出版社，1982年版。

［75］周贻白《中国戏剧发展史》，台湾偑勉出版社，1975年版。

［76］周贻白《中国戏曲发展史纲要》，上海古籍出版社，1979年版。

［77］朱恒夫《戏文〈宦门子弟错立身〉产生于元代》，载《文学遗产》1984年第4期。

《〈张协状元〉喜剧脚色及其演出研究》*

[美]雷伊娜 著 林施望 译

1920年,叶恭绰先生于伦敦一家旧书店发现残存明《永乐大典》中的一卷。《永乐大典》由皇家机构编纂于1407年,全文收录全国从古代到当时的文献资料,为一部皇皇巨著。《永乐大典》不仅首创这种全文收录古今文献的体裁,而且远远大于前朝的著录。因《永乐大典》过于庞大,故当时仅有一正一副两种,副本存于北京,正本存于明朝原都南京。明朝灭亡,南京存本即失落。大火、战争及单本的丢失,使存本逐渐散轶、丢失。叶恭绰将在伦敦所购得的《永乐大典》残卷带回中国后,即复写多份,且将原件寄存于天津一银行内。然而,此卷亦非《永乐大典》之原本,应为世宗年间(1522—1567)为复原丢失部分而重写的版本。叶恭绰所购之本,现已失落,幸其复写之本仍留存于世。此卷可见著录于《永乐大典》之三十三种戏文的其中三种。在这三种现存剧本中,《张协状元》或为最早,且真正代表南戏的传统。另外两种则改编自北杂剧。因这三种剧作均极有可能形成于元代或元代以前,故三者均为中国现存最早的戏曲文本。

发现这一《永乐大典》残卷前,学界普遍认为中国戏曲起源于北杂剧,且完整的戏曲表演最早开始于元代。但此残卷,尤其是《张协状元》的重现,迫使学者重新评价中国早期戏曲的历史。现今,绝大部分学者均认为由《张协状元》所代表、充分发展的南戏剧作,早于北杂剧,且对中国后世剧种的形成具有深远影响。

有关南宋时期戏曲或南戏传统的资料较为罕见。明清时,仍有大量早期剧作存留于世。以追溯南戏之起源与剧中故事的主题为证,明清学者已知南戏的存在,也曾描述早期南戏的传统,但是大体上仅关注最知名的

---

* 该文原名为 Comic Roles and Performance in the Play Zhang Xie Zhuang Yuan,文后附有《张协状元》全剧英译,是雷伊娜(Regina Sofia Llamas)1998年申请哈佛大学博士学位的学位论文。

剧作《琵琶记》，无人提及《张协状元》。

因中国戏曲为"音乐剧"，而且其主要文学形式为曲辞，故学者几乎仅关注剧作的音乐体制与曲辞，忽视戏曲是高度程式化、形式化的艺术，及喜剧与脚色体制实为戏曲结构之关键的事实。早期阶段的中国戏曲，其结构与演出均依赖于脚色的分配与专门化，其角色类型亦配合脚色而创造。参军与参鹘这一二人组合是最早的脚色类型之一，其表演的丑角性成为后世戏曲的显著特征。然而，迄今为止仍无对脚色体制，及脚色体制与中国戏曲总体结构的关联的系统研究，故而忽略了多数中国戏曲建立的框架。

中国戏曲文学全都不是悲剧，最多是悲喜剧。本博士论文研究《张协状元》的主要喜剧脚色，即"末""净""丑"，及三者的体制如何指示早期南戏剧作的结构，并了解三者如何在戏曲的喜剧部分中遵循一定规则。中国戏曲不可缺少喜剧，且中国戏曲的典型结构常借喜剧场景与悲剧场景的交替，维持二者之平衡。但是，由喜剧脚色表演的喜剧场景却主导《张协状元》的演出。语言与行为之重复出现可证明《张协状元》的喜剧场景主要用于表演而非阅读。而且，本文在此之外还探讨脚色的体制，亦借文本细读发现喜剧如何表演的线索。

文后所附的《张协状元》英译本，以钱南扬校注本为基础。钱南扬又以古今小说书籍印行会本为校注底本，此版本则影印自叶恭绰购自伦敦、现已遗失的原本。笔者对《张协状元》的英译与分析，借鉴钱南扬之处甚多。于校注本中，钱南扬除为《张协状元》添加标点外，亦注释诸多疑难之处。钱南扬将《张协状元》划分为不同场次，并确定场次标题。钱南扬于曲调重复时，则仅标注其是否为"换头"或换韵的曲子。其亦于剧本舞台指示错失处，补正诸如脚色之上下场、说、唱、科等指示内容，并适当修正文本，而修正则建立于广泛收集宋代、元代及明代早期文献资料中的同类词的基础上。本译文几乎全以此次修正为准，于少数不同之处则加以注释。

剧本翻译实为本文最难之处。第一位做此建议之人乃加利福尼亚大学伯克利分校的奚如谷教授。笔者于1995年夏身处该校时，深蒙与奚如谷教授探讨之恩惠，但愧对奚如谷教授的殷切期待。中国学中心的奖学金，使笔者有幸前往台湾，并结识台湾清华大学教授王秋桂，王教授亦鼓励笔者完成此翻译，且提供帮助。王教授为审阅译稿耗去大量时间精力，正如其所言——"一日两行"，笔者必须就此致以谢意。台湾艺术研究院陈芳英教授曾于六个月中花费无数时间指出译稿之含糊或不甚明朗之处，对笔者之助益尤为巨大。于撰写博士论文全过程中,韩南教授一再告诫不可松懈资料收集与理性思维。因韩南教授与宇文所安教授之故,笔者得以获得博士学位。或许,直到笔者申请博士学位时,二位才知悉已遭受徒劳无获的谴责。

身处美国这些年,许多好心人均给予笔者无尽的鼓励。尤其感谢 Xu Di,其深知笔者之秉性,且给予许多关于如何更具耐心之建议。Jack Armijo、Hsu Ping-yu、Paola Zamperini、Hilde de Weerdt、Li Jin-yun、Huang Ming-chong、Katherine Cabral、Ho Chien、Jeanette Ryan 等人的支持与慷慨伴随笔者度过了在哈佛、伯克利及台湾的岁月。亦感谢 Frankie Hoff 协助笔者梳理文稿,赶上截止日期。最后,感谢 John 及我的家人,在论文撰写的过程中,他们不断鼓励笔者,且给予安宁。

第一章 《张协状元》[①]

第一节 剧本之背景

《张协状元》为现存最早的南戏作品,也是保存于明《永乐大典》[②]戏文三种中的剧作之一。《永乐大典》由永乐皇帝(1403—1424 年在位)主持,编纂于 1403 年至 1407 年之间。《张协状元》在南戏作品残卷中居第二,介于《宦门子弟错立身》与《小孙屠》之间。这三种剧作均列于相同韵类之下,或因纸张大小限制,三种剧作之间无空隙区分。

《永乐大典》的范围与综合性超越之前所有类书。类书为全文收录或节录经典书籍,以了解书写传统概况的汇集。其编纂目的之一为保存、传

[①] 文中所引之译文,除已标注出处外,均为笔者所译。笔者以钱南扬之《永乐大典戏文三种校注》中的《张协状元》校注本为翻译底本。见《永乐大典戏文三种校注》第 1—217 页,台北:华正书局,1985 年版。译稿中,笔者以每行使用不同程度的缩进表示剧作的不同体裁,以使读者可能明白体裁之变化,领会早期戏曲的综合性。在曲辞部分,笔者试图借在一句曲辞后另起一行的方式表现其韵律。

[②] 《永乐大典》的首个版本完成于 1404 年,但永乐皇帝对此并不满意,故要求重新编撰更综合、完整的版本。第二个版本于 1407 年完成、呈送永乐皇帝审阅,并获得认可。永乐皇帝为此书定名,或曾为此书作序。南戏剧作收录于《永乐大典》13991 卷。直接负责监督、抄写与断句的六位官员的姓名均会书写于卷末,然而保存此三种南戏剧作的残卷却无此信息。参见郭伯恭《永乐大典考》,台湾商务印书馆,1938 年版;顾力仁《永乐大典及其辑佚书研究》,台北:文史哲出版社,1985 年版;Wolfgang Bauer, *The Encyclopedia in China* Cahiers, d'histoire mondial. 9(1966), pp.665-691.

播古代的典籍,展现当代具有历史文化代表意义的著作。①《永乐大典》也是唯一全文收录剧本全文的类书。

《永乐大典》的剧本未区分场次。晚明剧作家为区分演唱部分(大字)与对白部分(小字)所使用的大小不同的字体亦未使用于《永乐大典》中。晚明剧作的舞台指示的字体更小,且于文字之间留空指示。现代学者钱南扬已将《张协状元》划分为五十三出,且已对其进行校注、阐释诸多双关语与玩笑语、阐明喜剧部分的文义等工作。

钱南扬等中国戏曲史学者认为《张协状元》的产生年代可追溯至南宋,但也有学者坚持认为其最早仅能追溯至元代。② 现存副本所影印的版本,是在《永乐大典》编纂完成一百多年之后另由皇家机构抄写的;故而,无法确知剧作在用于表演或于明代抄录时所经历的改编。而且,也无法判断碰巧被作为文化标志收录《永乐大典》的剧作是否抄录自实际剧本,或在多大程度上接近实际演出。简言之,任何考察此剧本起源的尝试,都出于假设。剧本内部之证据可证明其为南宋之剧作。《张协状元》题为"九山书会"③所作,九山书会为编剧团体,以永嘉(即今温州)命名,且当时及后世的记载均认为永嘉(温州)乃南戏之摇篮。于《张协状元》的开场,扮演"末"的演员也是九山书会的成员,且声称此剧堪与绯绿社(杭州的业余

---

① 挑选"最好"与"最具代表意义"(假使最好即最具代表意义)的著作的过程,就是在同类著作中鉴别与分离此著作的过程,正如对文本自身而言,编辑过程或多或少即为重建过程。

② 参见钱南扬《宋元南戏百一录》,北平:哈佛燕京学社,1934年版;任半塘《唐戏弄》第805页,上海古籍出版社,1984年版;彭飞《略论成化本白兔记》,载《文学遗产》1983年第3期;彭飞同意钱南扬的说法,并将《张协状元》的产生时间追溯至南宋中期。张敬在著作《明清传奇导论》(台北:华正书局,1986年)第6页将此三种南戏作品的产生年代确定为宋末元初。伊维德(Wilt L. Idema)亦同意钱南扬之观点,且以绯绿社这一于13世纪时从事业余演出的知名团体为注脚证明《张协状元》产生于南宋时期。但是,绯绿社或于14世纪首十年方名声大噪。伊维德《诸宫调起源时间考——冲突意见之重新评价》("Date on the Chu-Kung-Tiao: A Reassessment of Conflicting Opinion"),载《通报》(T'oung Pao),LXXIX(1993),第95-98页。亦见曾永义《中国古典戏剧的认识与欣赏》,《中国古典戏剧的发展》第81页,台北:中正书局,1991年版。

③ 九山书会本质上是地区性业余组织,聚集当地才人创作诸如南戏、杂剧、谜语及歌曲等口头文学作品。其中亦有来自各行各业、时而组织戏班之人。此类书会成员称为"才子","才子"原用于指代少数通过第一级科考之人,随后渐渐扩展至地方才人。官府庆典亦列此类书会为一独立表演种类,与喜剧、皮影戏、乡农之模仿等娱乐形式同为南宋统治阶级的娱乐活动。详见伊维德、奚如谷《中国戏剧:1100—1450》,威斯巴登(Wiesbaden):弗朗茨·石泰出版社(Franz Steiner Verlag),1982年,第65,130页;钱南扬《戏文概论》第217—220页,台北:木铎出版社,1988年版;及W. H. Nienhauser编《印地安那中国传统文学手册》(The Indiana Companion to Traditional Chinese Literature,Bloomington:Indiana University Press,1986),第708-110页。

演员团体,知名于南宋 1127—1179 年间,擅长表演滑稽短剧与长剧)①一较高下,即:

> 教坊格范,绯绿可仝声。酬酢词源诨砌,听谈论四座皆惊。②

这就将此开场置于南宋期间。另一方面,《张协状元》的故事核心却被置于北宋期间,而北宋又是南宋、元、明时代的小说、戏剧创作者最中意的时代。剧中曾提及著名军事家王德用(980—1058)及著名词人柳永(约985—1053)可为此证。此开场或可追溯至南宋中期,且由前文所述的九山书会创作、表演于南宋中期的杭州,可与杭州最著名的本地剧班绯绿社一决高下。但是,无法证实"九山书会"是居住于杭州的温州人组织,或者是地方戏演员为表明其戏班性质而确定的名字。

为提高知名度、吸引观众,戏班必须创新演唱与表演的方式,也必须吸收喜剧成分满足当地观众的需求。对表演多样性的需求即见于《张协状元》的开场中,末脚进场即宣称:

> 虽宦裔,总皆通。弹丝品竹,那堪咏月与嘲风。③ 苦会插科使砌,何吝搽灰抹土,歌笑满堂中。一似长江千尺浪,别是一家风。④

由此可见,所有剧作的舞台演出均受到演技、地点、观众、当地方言等因素的限制,且所有戏班、所有剧作的演出均处于不断提升技艺的过程中,从而宣称可呈现更新颖、更出色的表演。末脚即尝试突出其戏班的演出于竞争者之上,即:

> 浑不比,乍生后学,谩自逞虚名。《状元张叶传》,前回曾演,汝辈

---

① 两种描述南宋都城杭州的文献资料均提及"绯绿社"。《都城纪胜》(约 1235 年)有如下记载:豪贵绯绿,清乐社,此社风流最胜。《武林旧事》(约 1280 年)则提及绯绿社最擅长"杂剧"。此处所用之南宋"杂剧"指百戏中之主要表演。见孟元老《东京梦华录(外四种)》(台北:大立出版社,1980 年版)第 98、377 页的灌圃耐得翁《都城纪胜》、周密《武林旧事》。
② 《永乐大典戏文三种校注》第 1—2 页,台北:华正书局,1985 年版。
③ 即演唱浪漫故事与嘲讽。
④ 《永乐大典戏文三种校注》第 1—2 页,台北:华正书局,1985 年版。

搬成。这番书会,要夺魁名。①

对竞争的强调或因其与绯绿社大概同时上演。然而,小说式时间设定是任何文学创作的惯例。事实上,开场与剧作主体时间的不同设定或为早期南戏的审美惯例。不论此开场的真实性如何,《张协状元》在后世重新呈现时,通过演绎此开场,做与此剧产生时所作相同的、关于创新与原创的声明,长久地使此剧在重新呈现时,展现其为南宋期间所作。例如假使此剧于明代仍上演,其对创新之宣称即为其创作于南宋期间的证据。

然而,与知名或具传奇性且优异的绯绿社与教坊作对比的目的,实为吸引已熟悉其他戏班所呈现的《张协状元》的观众。② 正如末为剧班所做的介绍,开场主要关注创新,而非故事本身,而大众对此故事的了解就使比较成为可能。戏班的演技面临巨大压力,新颖、时髦的音乐,技艺高超的业余演员及巧妙的戏谑、笑话均为吸引大众的重要内容。末脚承诺表演的每一方面,如曲辞、音乐、诙谐短剧、动作及服装,均有提升,此开场之目的确为宣告戏班的自我提升,及将剧作改编为时兴版本的能力,也是因为此而将其音乐与教坊联系,其喜剧表演与绯绿社联系。

依据开场的说法,音乐与喜剧是剧作的两种主要表演因素,且须分别评判。而曲子联套的体制由教坊建立,喜剧与幽默则须借鉴知名杭州戏班绯绿社。由此可见,曲辞、喜剧是早期戏曲形式的发展中所关注的两种主导性审美重点。喜剧尤为如此,长久处于时间、地点的限制之下,为适应当地条件而改变,不断地改进喜剧性妙答。③ 然而,《张协状元》依然努力综合剧作的这两个特点,以求在剧作呈现时获得明显提升。开场的创新目的关注《张协状元》的独特表演方式,并非此剧或其主题的总体结构。

---

① 《永乐大典戏文三种校注》第1—2页,台北:华正书局,1985年版。
② 宫廷教坊建立于1127—1130年,后于1144年恢复,但由于教坊成员一年仅为皇室成员诞辰时表演两次,故最后仍于1164年在杭州解散。之后,因需求上升,音乐艺人即供职于专门行会。见 Ch'en Li-li, *Some Background Information on the Development of the Chu-kung-tiao*(《有关诸宫调发展的一些背景资料》), *Harvard Journal of Asiatic Studies*(《哈佛大学东亚研究》), 33(1973), p. 211, n.11.
③ 剧中某些小角色时而会以戏班表演所在地的方言说白。故而,其幽默具普遍化倾向,换言之,就是使闹剧尽可能具有普遍性,使所有观众均能领会。

第二节 结 构

既然本章探讨中国古典戏曲最早的剧本,那么就须明了绝大部分建立南戏的结构与审美标准的戏曲批评均写于明代及其后。明代出现了大量戏曲批评著作,戏曲标准(如韵律、音乐体制、脚色体制等)、审美准则得以建立。现代学者对戏曲的认知大部分借鉴自明代文人及剧作家有关戏曲的文章;经由其对戏曲构成、版本、校订及对当时的戏曲形式的再创造的认识,现代学者有关中国早期戏曲的认识得以形成。① 毫无疑问,这根源于明代对通俗艺术形式的兴趣的增长,也因为明代学者可接触大量现已遗失的文献材料。但与南戏对于现代学者相似,明代学者也见不到极早期剧本的实际演出,由于未阅读原始记录,明代学者仅借当时的剧本与表演,建立对南戏的认识。

早期南戏常被认作是北杂剧传统的阻碍,学者们忽视了随时间流逝,二者传统形式的不同。明代文人剧作家所建立的南戏标准与价值,仅以其认为是最具代表性的剧本为基础,此剧本也被作为南戏传统的象征。但是,早期南戏剧作,如《张协状元》则与后期剧作大不相同,而风行的剧作,如《琵琶记》,将注意力集中到了将南戏作为理想形式的观念的极限。明代的批评者未分辨聚集至特定戏曲发展阶段的不同要素,如从根源于诸宫调的戏剧(此或真正流行)而转变结构为按照诗经(约公元前600年)之序宣称的"诗者,志之所之也"的传统,吸收诗词传统的戏曲。如果将明清时期剧作家关于曲子、对白的用法与功能、维持喜剧与正剧部分的平衡、角色的适当性的文章与《张协状元》的脚色做一对比,即可发现批评家所建立的戏曲标准与上述要素在《张协状元》中实际显现方式间的巨大差别。例如,明代及其后的评论者常认为曲辞与宾白的功能有所不同,即曲辞主要用于传达描述性、情感性内容,而宾白主要用于传达诉说性内容;且曲子可减缓剧情发展,而宾白则常揭露事件且加快其发展。但《张协状元》恰好相反,即情节通过曲辞讲述,加快戏剧情节发展,而宾白则用于喜剧目的且实际减缓剧情的发展。②

场景次序的平衡安排是已经存在于早期剧作《张协状元》中,且在后

---

① 此处仅针对北杂剧与南戏而论,不涉及当时存在的诸多地方戏曲。

② 此处仅就《张协状元》而论。实际上,语言,说比唱要快,但在说白部分,剧情并非总向前推进,而是插入一些与剧情关联不大的闹剧。

世成为剧作结构的重要方面的特征。早期南戏的结构交替正剧场次与喜剧场次,二者大体上并置而非综合为具有幽默性质的抒情。而正剧场次的作用是推进情节发展,并营造剧作的悲怆气氛,喜剧场次则倾向于暂停情节的发展,且化解悲情的延续。时间的推进与暂停、感情的激起与疏散之间的冲突,居于中国早期戏曲观念的最中心。剧作被设定为辩证形式:常具积极精神价值的正剧元素,不断地质问由喜剧元素造成的距离与对峙。正剧与喜剧之间的辩证,反映了剧作的结构与剧作的说教意义的各个层次。正剧场次跟随两位主要角色的发展,与主题关联;喜剧场次常不与故事主题相关,且相互之间也无联系。除开场外,叙事按时间顺序发展,且剧作中的事件大体都是如此。然而,时间的直线演变不断地被喜剧场次打断。每一正剧情景后必定有一喜剧情景;正剧角色的意见被喜剧角色的闹剧重复破坏,这也与剧作的说教意图相矛盾。虽然此类干扰意图延缓情节的发展,或限制正剧角色塑造角色特征的空间,但也有益于生动的表演。①

而明代及其后的剧作,常突出喜剧场次使其不成比例,为满足剧作的要求而使喜剧场次放任于剧作内的现象,而为维持戏剧性冲突,剧作又着力寻求悲剧与喜剧场次间之平衡。清代戏曲家李渔(1611—1680)就详细探讨了《张协状元》的开场所追求的平衡,即"插科打诨,填词之末技也,然欲雅俗同欢,智愚共赏,则当全在此处留神。文字佳,情节佳,而科诨不佳,非特俗人怕看,即雅人韵士,亦有瞌睡之时"②。喜剧场景的功能之一就是平衡表演,维持观众对剧作的兴趣。《张协状元》中,喜剧成分所显现的高度自由尤为突出。而且,故事主线、喜剧场次及剧中角色的综合性的缺乏,使学者认为《张协状元》首创戏剧的长篇演出形式。翁敏华指出,由旦脚与丑脚表演的《张协状元》第十二、二十六出中的"旦",羞辱甚至殴打丑脚,这相当不符合旦脚的个性。翁敏华认为旦、丑对立的场景早就以通俗、独立的表演形式存在,而后融入长篇戏剧性演出中,亦为剧作增添了包括"丑"在内的新脚色。③ 场次综合性的缺乏,与《张协状元》角色与脚色之间

---

① 以《张协状元》第十六出为例,其为介于两个陈述性场景之间的喜剧性场景。或于十二出中,张协离家,小二与贫女进场表演过渡闹剧。但此定义不包括出现新角色的场次。
② 李渔《闲情偶寄》,《中国古典戏曲论著集成》第七册,北京:中国戏剧出版社,1959年版。
③ 翁敏华《张协状元和中国戏曲艺术形式初创》,载《上海师范大学学报》1983年第4期。翁敏华也提及于《张协状元》第十出中,末、净、丑成功地展示其喜剧表演。翁敏华将净、末喜剧追溯至北宋百戏,也认为丑脚被引入南戏后,仅与喜剧脚色净、末相联系。

已存在的前后一致,形成鲜明对比。脚色已确定其可扮演的角色,角色通常也以明确显现角色对脚色的从属关系的惯例而被扮演。这种模式的重复出现说明,在《永乐大典》本《张协状元》被抄录时,无论脚色体制或脚色概念本身均已被确定。

场次的结构与组织形式均已被晚近学者如王国维、徐扶明、张敬及曾永义深入探讨过。① 一般而言,场次划分受故事的发展、音乐体制及脚色体制的限制。虽然大部分学者均认为,既然明清早期剧作的场次结构已确立,其划分方式应可部分地应用于《张协状元》中。例如,明传奇典型的男女主角进场方式(第二、四出由生表演,第三出则引出旦脚),已见于《张协状元》。但后世的传奇的"大场"以故事主体为根据,而《张协状元》,绝大部分出现主角的场次则相当短小。与此相对,部分喜剧场次(如第十六出)则以其完整、精雕细琢的结构而突显。

场次通过将剧本划分为时间持续的基本单元,而确定戏剧情节的内容、规范脚色的上下场,组织剧作的结构,而场次的内部结构则受制于脚色体制。《张协状元》共有七种脚色,与明代评论家徐渭(1521—1593)有关其时之南戏的文章所提及的一致。徐渭共辨别出七种脚色,即两种主要脚色:"旦"与"生";三种喜剧脚色:"末""净""丑";两种额外脚色:"贴"与"外"。《张协状元》中,可通过特定的角色类型辨别脚色。两种主要脚色分别扮演才华横溢的书生与其坚贞的妻子,这两种角色类型在后世之明清传奇中也由"生"与"旦"扮演。且与其他脚色不同,"生"与"旦"被严格限定于扮演主角,不可扮演其他角色。② 除"生"与"旦"外,所有脚色均可扮

---

① 按照张敬的观点,场次的结构可划分为两种独立类型。如按故事划分,则场次类型为四种,即"大场""主场""短场""过场"。按呈现形式划分,则场次类型为六种,即"文场""武场""文武全场""哑场""同场""群戏"。"大场"为剧情、曲辞、宾白、脚色及角色的最优异者。"主场"是对剧情的发展,主角、次角均为重要者。"短场"置于"主场"与"过场"之间,"短场"的事件须既不尤为重要,亦不具重大意义,而脚色可合唱。"过场"具连接功能,又可区分为二,即"一般过渡",使用两到三支曲子,或全为宾白;"半过渡",用以"填充"扩展的总趋势的空白;"大场",则包含许多角色。见张敬《明清传奇导论》第109—131页,台北:华正书局,1986年版;曾永义《中国古典戏曲》第176—179页。周贻白则认为,场次的划分应严格以脚色之上下场为准。脚色进场,场次开始;脚色下场,场次结束。笔者认为,虽然脚色对场景划分具有重要意义,然而,音乐因素对剧作的场景结构应更具意义。见周贻白《中国戏曲论集》第193—203页,北京:中国戏剧出版社,1960年版。

② 亦有戏曲家有意背离戏曲传统的例子。如李渔《奈何天》即以丑脚为主角,于剧作之结尾方将主角换为生。

演多个角色,最多可扮演十四个不同角色。另一方面,扮演脚色的演员与所扮演的脚色或角色类型无关,可男可女,且男演员可扮演女角色,女演员可扮演男角色。张协与贫女由男脚色"生"与女脚色"旦"扮演,而"净"则可扮演李大婆、山神、店主婆、张协的友人、张协之母等。或因此,分演多个角色类型的脚色,即使已明析其舞台功能,也与只演一角色类型的脚色不同。例如,净脚在舞场上的喜剧功能较丑脚更具意义,但是,由净脚与丑脚扮演的角色,如侍从与门房,又常常重叠。某一脚色扮演多种角色类型源于演员对特定角色的专业化。脚色有其自身的艺术特长,以此决定其唱、念、做、打的表演方式。每一脚色均有特定的语言,其据此而说、唱,且展现一系列相关价值。脚色的多样性在剧作的结构中具有重要意义,且脚色的交替也必须统一、平衡。脚色与角色类型需形貌相匹,行为与语言也是如此。旦脚的语言即平实少形容词,正与贴脚之华丽、绘声绘色的语言不同。

  总而言之,脚色的区分与场次两分为喜剧场景与正剧场景紧密联系,即正剧脚色表演正剧场景,喜剧脚色扮演喜剧场景。脚色虽各有分工,然演员的负担依然巨大,故由主脚主演、演唱的场景,须平均插入喜剧场景,以免使主演的精力耗竭。与之相同,扮演喜剧脚色的演员,因扮演多种角色之故,亦需时间更换装扮。

第三节 曲与语言

  音乐体制对建立完整场次结构具有重要意义,且在场次划分中,音乐体制的重要性常胜过脚色的上下场。① 曲是中国古典戏曲结构中研究较深入、讨论较广泛的一方面。最早的戏曲专著即已几乎全面涉及曲的音乐、韵律与诗词结构。② 其原因可见于中国文学史的发展与文学体裁的变更之中。曲是六朝与唐朝之诗及宋朝之词的直接演变形式,诗与词可作为

---

① 曲组成套数。套数由一系列韵律不同的曲调组成,大体可分为"引子"、一支或多支"过曲""煞尾"。不同套数的宫调不同,其中一些须居剧中规定位置。如仙吕宫常使用于第一出。组成套数的曲子属同一宫调,但如果情调不同,曲子的宫调亦可变更。曲调的宫调由戏剧情节的发展决定,故一定的宫调常配合一定的情调。说白部分大体区分为对白、独白、带白(曲子中之插白)、滚白(脚色一句或半句交替说白)。韵白与散白亦有明显区别。韵白常用于喜剧脚色"丑"与"净",其作用类似"曲"。参见曾永义《中国古典戏曲》第 242—247 页。
② 周德清《中原音韵》,收录于《中国古典戏曲论著集成》第一册,北京:中国戏剧出版社,1959 年版。

情感表达的中介,或其他形式的交流方式。因感情的抒发是中国戏曲的最重要表演目的,而感情经由曲表达则为最佳的传统方式,所以曲是戏曲表达的主要途径,也是剧作最重要的方面。① 但是,从早期开始,批评者如王骥德(约逝于1623年)、李渔已将说白、喜剧部分加入其戏曲专著中。因曲似乎为戏曲的主要成分,学者们不断地试图找出与此艺术形式相关的戏曲形式的起源。其最成功的尝试即为建立曲与诸宫调的联系。

有学者认为诸宫调为戏曲的直接先驱,并以诸宫调的综合性为基础判断二者的联系,即诸宫调由长篇散白、曲子、诗、词组成,且使用了与戏曲极相似的音乐体制,即使用套数且变换宫调。这两种通俗表演形式,同时存在,且形成于北宋与南宋的大型表演中心"瓦子"内。诸宫调与早期戏曲虽极其相似,但二者最相似之处为对诗词的使用。如《张协状元》内,在诸宫调形式的表演中,诗词作为故事的媒介,先行于故事。而且,诸宫调的曲调顺序特征仍见于《张协状元》的场次之中。② 虽然戏曲的音乐体制部分吸收自诸宫调,但戏曲使用间接呈现手法,故事由全知叙述者讲述,而诸宫调包含直接呈现手法,以角色的身份讲述故事。③ 显而易见,《张协状元》是融合唱曲、舞蹈、歌谣、说话技艺及杂技等通俗表演技艺的尝试,但是"诸宫调"仅是组成中国早期戏曲的多种艺术来源之一。

---

① 虽然此定义对《张协状元》之正剧脚色确实如此,但在喜剧场景占压倒性多数时,时而也分配至次一级的脚色。

② 见钱南扬《戏文概论》第206页,台北:木铎出版社,1988年版。钱南扬指的是《张协状元》第三十一、三十四出。亦见翁敏华《张协状元和中国戏曲艺术形式初创》,《上海师范大学学报》1983年第4期。

③ 诸宫调为歌谣体,应起源于12世纪下半叶之汴梁。其由依据音乐体制的系列曲子或不同曲调集合组成。每一集合有特定的宫调,从而组合成一套数。不同诸宫调之套数的长度各不相同,故其可有曲、尾或曲、尾的集合。这一表演形式使诸宫调流行至13世纪。《张协状元》中的诸宫调属南曲,遵从南戏的韵律与音乐。但该诸宫调并未明确每支曲子之宫调,将曲子区分为不同类型,亦未安排曲调入不同套数,且无"煞尾"。而且韵脚亦使《张协状元》中的诸宫调的平声韵与平声韵押韵,仄声韵与仄声韵押韵,而北方形式之诸宫调,不同声韵的字则押韵随意。《张协状元》的语言与北方诸宫调相比更具韵律(少散体),且不使用衬词。见杜为廉《中国戏剧史》(*A history of Chinese Drama*)第34—35页,London,1978。见 Ch'en Li-li,"Some Background Information on the Development of the Chu-kung-tiao"(《有关诸宫调发展的一些背景资料》),*Harvard Journal of Asiatic Studies*(《哈佛大学东亚研究》),33(1973),pp. 224-237。伊维德,"Performance and Construction of the Chu-Kung-Diao"(《诸宫调之表演与构建》),*Journal of Asiatic Studies*,33(1973),1&2,pp.63-78。及最近之研究成果,伊维德《诸宫调起源时间考——冲突意见之重新评价》("Date on the Chu-Kung-Tiao: A Reassessment of Conflicting Opinion"),载《通报》(*T'oung Pao*),LXXIX(1993),第95—112页。

《张协状元》的曲辞相当简单,使用方言①,且语法、句法接近现代汉语。说白部分的语言比曲辞更"散体化",而诸宫调的散体说白部分常使用文言。南戏剧作中,所有脚色均可演唱,但由于音乐体制的严格限定,正剧脚色与喜剧脚色各有其演唱的曲子。作为剧作的主要脚色,生与旦可演唱大量曲子,喜剧脚色则着重说白。喜剧脚色的演唱常为合唱。唱与主脚非常接近,故当其与喜剧脚色对白时,主脚常用唱。第九出即为此例,生全部用唱,而扮演强盗的丑,则主要说白。② 此处的曲用以回答强盗的提问,也与传统一致,用以描绘景色、抒发感情状态。这就确定语言韵律的类型,也强调正面脚色与反面脚色的不同,唱是更精致的表达方式。喜剧脚色首次登台时,介绍自己所唱的曲无乐器伴奏,仅依拍板节奏。这种做法的节奏通常较快,且可以说代唱。喜剧脚色更常使用四句诗、引子或过曲,而在表演中,常只使用一个乐句。③

虽然脚色可出现于任何场次中,但正剧脚色与喜剧脚色的直接联系却奇怪地缺失;正剧脚色几乎不参与喜剧性说白,停留在喜剧的入口。喜剧之核心为说白,而说白部分则由喜剧脚色主导。但明清剧作则更关注说白与唱的综合与平衡,以此平均脚色之负担,而《张协状元》的喜剧脚色几乎不唱。

现已难考证明朝的剧作家是否知晓宋元早期南戏剧作的音乐,南戏剧作当时是否仍上演,以及此表演的音乐是否与早期戏曲的音乐相同。南曲或南戏之曲自有其起源,正如徐渭所言,乃源自"村坊";"此曲",徐渭继而写道,"徒取其畸农、市女顺口可歌而已"。④ 因曲谱很长时间之后才被写定,故曲子为口头传播。口头传播自然会引起许多体裁与韵律的变化,且曲子也逐渐脱离原曲调。然而,关于何种宫调适合特定情调、语言与音乐的和谐效果及试图使用曲调引起观众感情回应的看法,是明代剧作家与批评家的批评论述的中心。徐渭即写道:"南曲则纤徐绵眇,流丽婉转,使人

---

① 温州当地方言语素。
② 钱南扬《永乐大典戏文三种校注》第49—54页,台北:华正书局,1985年版。
③ 见刘致中、侯镜昶《读曲常识》第76页,上海古籍出版社,1985年版。
④ 徐渭《南词叙录》,《中国古典戏曲论著集成》(第三册)第240页,北京:中国戏剧出版社,1959年版。K.C Leung译《戏曲评论家徐渭——〈南词叙录〉之注译》(*Hsu Wei as Drama Critic: An Annotated Translation of The Nan-tzu Hsü-lü*)第65页,Oregon:University of Oregon,东亚研究项目,No.7,1987年版。

飘飘然丧其所守而不自觉,信南方之柔媚也,所谓'亡国之音哀以思'是已。"①

语言的简明,是曲的真实性的重要一面,也是评定曲的价值的特征。假设早期剧本如《张协状元》,其语言的简明或源于将剧情传达给不识字的观众的需要,那么后世剧作则将"简明"作为一种价值。明代批评者认为,戏曲语言必须具"本色"属性,即曲子的原始风格。曲子必须简单直接,但不可低俗;曲子的传达必须成功地接近口语而又不失雕琢之感。曲子的语言,须具"自然"特征,反映曲子产生的社会背景,即半文盲的社会底层与歌楼舞馆。但"本色"又常自相矛盾,一方面,在对仗的诗句内大量使用文言,堆砌大量典故;而另一方面,又是用极其放荡、粗鲁的语言。②

徐渭是第一位使用"南戏"这一术语的戏曲评论者、作曲家,他认为南戏的感染力,即为其语言的本色特征,即"然有一高处:句句是本色语,无今人时文气"。③ 但徐渭只是一个特例,明清的戏曲学者常因南戏的过于粗俗而鄙薄之。清代戏曲学者梁廷枏(1796—1861)曾对南戏做过被广泛认同的评论,即"荆、刘、拜、杀,曲文俚俗不堪。《杀狗记》尤恶劣之甚"。④ 梁廷枏并不追求语言的隐晦与复杂,但他也不接受南戏剧作形式的过分通俗化与语言的口头语化。在当代,青木正儿亦持类似意见,即"科白多,冗慢使人生倦"。⑤ 然而这是"读者"的观点,并不是观众的观点,由于说白与喜剧部分意在以娱乐转移故事情节,实际上加快了故事节奏。南宋的无名剧作者们故意使剧作语言接近当时的口头语,是因为他们心中已清楚了解观众的需求,而几百年后,这种语言风格却被认为过于低下。明末与清代的评论家虽然已确定剧作创作标准的组成规范,但此规范并不适用《张协状元》(除少数例子外)的通俗表演。明清时期的"本色"论乃是确定的标准,

---

① 徐渭《南词叙录》,《中国古典戏曲论著集成》(第三册)第49—50页,北京:中国戏剧出版社,1959年版。徐渭所谓的"正音"或指周朝(公元前1046—前256)的仪式音乐,或《诗经》已遗失的音乐。

② 南戏之代表剧作为高明之《琵琶记》。与此相对,常被引用,认为其具全部因过分修饰形式而产生之缺点之剧作,即《香囊记》。

③ 徐渭《南词叙录》,《中国古典戏曲论著集成》(第三册)第45页,北京:中国戏剧出版社,1959年版。

④ 梁廷枏《曲话·卷二》。此类著作未知作者,常称为"四大南戏",其产生于元末明初,但现存抄本产生于16—17世纪。

⑤ 见青木正儿著、王古鲁译《中国近世戏曲史》第93页,台北:商务印书馆,1988年版。金宁芬《南戏研究变迁》第131页,天津教育出版社,1992年版。

且为传统标准。但其又是无明确定义的标准,只是选择相关曲辞例子说明,并且排除了那些过于文言或过于平淡的曲辞。

除徐渭的《南词叙录》外,就无其他广泛探讨南戏各个方面的论著,但仍有部分论著关注南戏的起源、历史、音乐类型,也有关于早期剧作的评论。而且在明代评论者因语言形式的平衡或低俗而赞扬或批判南戏剧作时,他们常提及四种明代早期南戏剧作,及最知名的《琵琶记》,但未提及宋元的早期南戏剧作。即使徐渭已发觉早期南戏的语言低俗,且维护之,认为其仅次于《琵琶记》,但徐渭还是在文章的开头写道,"顺帝朝,忽又亲南而疏北,作者猥兴,语多鄙下,不若北之有名人题咏也",并将《琵琶记》认作文人南戏之开端,且认为高明建立了正确的标准:"……用清丽之词,一洗作者之陋。"①笔者倾向于认为,对于早期剧作的鉴赏家而言,《张协状元》与类似剧作可能过于平淡。在徐渭撰写有关戏曲的文章时,早期南戏剧作或已不存、不再上演,但被收录于《永乐大典》足以证明此类剧作于早先之流行。

第四节 情 节

在《张协状元》的开场中,末脚进场,试图吸引观众的注意力。末脚通过说唱交替表演诸宫调,并向观众介绍即将上演的剧作及其道德意义,即:

(唱)[凤时春]张叶(张协)诗书遍历,困故乡功名未遂。欲占春闱②登科举,暂别爹娘,独自离乡里。

(白)看的,世上万般俱下品,思量惟有读书高。若论张叶,家住西川成都府,兀谁不识此人,兀谁不敬重此人。真个此人朝经暮史,昼览夜习,口不绝吟,手不停披。正是:炼药炉中无宿火,读书窗下有残灯。忽一日,堂前启覆爹妈:"今年大比之年,你儿欲待上朝应举。觅些盘费之资,前路支用。"爹娘不听这句话,万事俱休;才听此一句话,

---

① 徐渭《南词叙录》,《中国古典戏曲论著集成》(第三册)第239页,北京:中国戏剧出版社,1959年版。K.C Leung译《戏曲评论家徐渭——〈南词叙录〉之注译》(*Hsu Wei as Drama Critic: An Annotated Translation of The Nan-tzu Hsü-lü*)第62页,Oregon:University of Oregon,东亚研究项目,No.7,1987。

② 即科举考试院。

托地两行泪下。孩儿道："十载学成文武艺,今年货与帝王家。欲改换门闾,报答双亲,何须下泪!"①

在诸宫调的结尾,剧作主脚"生"应邀而至,开始正剧表演。生在进入角色前,用末脚的方式,直接向观众陈述,并且以商业承诺、生命无常的比喻、享受片刻欢愉的召唤,引诱观众观看剧作。生以第三者的雄心总结了开场的第二部分,略微复述了末先前的说白,即:

(白)祖来张协居西川,数年书卷鸡窗前。有意皇朝辅明主,风云未际何恢恢。一寸笔头烂今古,时复壁上飞云烟。功名富贵人之欲,信知万事由苍天。张协夜来一梦不祥,试寻几个朋友扣它则个。②

张协渴望通过唯一被认可的社会上升途径——科举考试,改变自己及家人的社会地位,故高度重视学业。主导《张协状元》的主题即是张协对社会成就的追求。然而,当张协最后达到其目标时,介于道德与知识间的矛盾上升,引出借学业所获得的知识可否改变人类的道德本质,或知识是否应从属于个人成果的问题。但是,即使张协的孝道无可质问,那么其道德操守却无法遵从浸润于经典传统中的书生的理想标准。开场继而叙及张协之梦,及其穿越五鸡山之旅。

剧情适时地以生脚张协进场,欲赴京赶考开始。张协与父母、两位友人谈论此决定,并告知他们一个具有预示意义的梦。两位友人寻找圆梦人,圆梦人上场,准确解读张协的梦。张协离家远行,但在穿越五鸡山时,遭强盗袭击。强盗夺走其财物,阻止张协,扒光张协之衣物后逃离。张协昏倒于路中。此时,五鸡山的山神发现张协,同情其遭遇,将张协唤醒后,引导他下山至一破庙寻求庇护。在破庙内,张协遇到贫女,贫女是剧作的女主角,本来自富贵之家,遭遇重重磨难后,成了贫困的孤儿。这时,当地的神灵为庙宇的残破而羞愧,故因张协的到来而以身体作为庙门。以在村中纺纱、织麻为生的贫女,在张协到达破庙时尚未归来。不久后,贫女归来,见到张协后,贫女便开始照顾张协至他恢复康复。张协因片刻的感激

---

① 钱南扬《永乐大典戏文三种校注》第 2 页,台北:华正书局,1985 年版。
② 钱南扬《永乐大典戏文三种校注》第 13—14 页,台北:华正书局,1985 年版。

而与贫女结婚,后又继续赶往京城,并许诺科考结束后就尽快赶回。贫女留在村中,受李大婆与李大公的保护,继续织麻、看管破庙。张协以状元之名通过科考,此后枢密使王德用即试图说服张协迎娶其女胜花。① 但张协拒绝了王德用的建议,其女胜花因羞愧与悲痛而死。同时,贫女得知张协的成功后,经历千难万阻到达京城,但被张协拒之门外。贫女沿路乞讨而归,不愿与李氏夫妇中任何一人说起外出的经历,便悄悄回到古庙。后来,张协在赴任途中路经古村,试图在贫女采茶时将贫女杀害。张协用剑击倒贫女,任其流血而死,但李大婆发现贫女重伤,并将其带回破庙修养。枢密使王德用发誓报女儿胜花之仇,故上书要求被派往张协赴任之地梓州。在穿越五鸡山时,枢密使王德用、其妻及二人的随从均到达破庙,众人在此发现了穿着血污衣的贫女。震惊于贫女与已死的胜花的相像(即使贫女并不如胜花美丽),使相夫妇决定收贫女为养女。张协在问候新到任的使相时,意外发觉他是决心报复女儿之死的王德用。而作为惩罚,王德用要求张协迎娶已经被其收养的贫女为妻。此时,贫女登台,控诉张协对她的虐待、对婚姻誓言的背叛。张协承认其卑鄙的行为,表达了悔意,从而使故事以贫女获得公正而结局。

作为剧中两大主角之一,女主角较不复杂。由旦脚扮演的贫女,在第三出中首次介绍自己。贫女一登场,即立刻用一段悲叹表达不幸,建立起人物特征的中心——忧郁与孤独,即:

[大圣乐]村落无人要厮笑,这愁闷有谁知道。闲来徐步,桑麻径里,独自烦恼。②

在接下来的曲子中,贫女又描述自己的道德品质为"孝顺""正直""勤奋"及"坚韧"。她美丽、举止端庄但穷困潦倒,即:

(又唱)[叨叨令]③贫则虽贫,每恁地娇,这两眉儿扫。有时暗忆

---

① 王德用之女胜花首次在第十三出介绍其父为宰执。宰执具有丞相与行政官之职能。其后,王德用由末脚扮演的左右执事介绍王德用为"身居八位之尊,班立群僚之上"。此后,王德用又自称"官至枢密使相"。
② 钱南扬《永乐大典戏文三种校注》第24—25页,台北:华正书局,1985年版。
③ [叨叨令]是一支插入南曲套数中的北曲。

妾爹娘,珠泪堕润湿芳容,甚人知道?妾又无人要。兼自执卓做人,除非是苦怀抱。妾又无倚靠。付分缘与人缉麻,夜间独自,宿在古庙。

〔同前〕几番焦躁,命直不好,埋冤知是几宵。受千般愁闷,万种寂寥,虚度奴年少。每甘分粗衣布裙,寻思另般格调。若要奴家好,遇得一个意中人,共作结发,夫妻偕老。

(白)古庙荒芜怕见归,几番独自泪双垂。黄河尚有澄清日,岂可人无得运时。(下)①

道德价值与贫困间的关系是构建角色特征的前提,但是贞洁与美貌——这两种品质通常在相互交替这一点上具有关联——之间的关系,根据这段引文的暗示,并非脚色特征的观念的中心。② 美貌是后世剧作中的女主角的常见特征,对美貌的重视在此处则与社会地位及地位的物质呈现(由额外的女性脚色扮演的胜花呈现)相联系,而不是将某角色的内在品质表达出来。③ 贫女将自己表现为一个贫困、无助的孤女,受命运的不公平对待,她唯一的希望就是找到一位伴侣助她脱离现状。更准确地说,就是通过嫁给某人而改变自己的社会地位。张协,作为改变自身社会地位的激进分子,原为观众的期望,而贫女又需要观众们的同情。张协是可以借助科举考试到达社会上层的年轻、有才华的书生群体的一员。但他并非仅为社会底层希望的标志,因为他是浸染于经典传统教条的人,所以他也被期望正确地行使社会行为模式。而实际上,张协是贫女及张协的父母提升社会地位的途径。正如剧中男主脚的转变,其本为正直、有才华的书生,这种人物并不悭吝、无情,但是冷漠,且受环境摆布。在这一点上,由生脚扮演的张协,曾谋划杀死贫女,从而使自己逃脱婚姻的枷锁,使自己免于遭受伴随此不幸婚姻带来的问题,可见一斑。后世的生脚少见有意犯错,他们被设定为永不违反的社会礼仪的保护者。如《琵琶记》的男主角被迫违背意志而与宰相之女结婚,而不敢违背宰相的意志,则说明其行为的不正

---

① 钱南扬《永乐大典戏文三种校注》第24—25页,台北:华正书局,1985年版。
② 贫女出生于当地的一个富裕家庭,虽然遭遇不幸,但这可以暗示她也拥有一定的社会地位与教育水平。这是故事中的人物特征与脚色之间的平衡的必要条件。
③ 见钱南扬《永乐大典戏文三种校注》第十三出,台北:华正书局,1985年版。在这一出中,贴脚扮演的胜花介绍过自己。随后,当使相王德用和随从经过古庙时,又收养了贫女。虽然一行人赞扬了贫女的美貌,但使相还是觉得贫女的长相不如胜花好看。这似乎也可以理解为丑脚经常使用的辛辣讽刺。

确。但是,男主脚性格的软弱,也可由此说明。

在"贫女"与"张协"的角色呈现之间,也存在不同的说教意义。因观众感同身受贫女的不幸命运,所以给予贫女同情;即人们将以公众名义确立,且易为观众觉察的社会、道德价值赋予这个角色。然而,与张协一心只为求取功名相比,贫女确实是不幸环境与命运的受害者。张协被刻画成随心所欲、极少受外在生存环境影响(除上文已述及的遇强盗外)的角色,而贫女的角色主要呈现她如何面对与克服命运的磨难。每一次登台、每一场胜利,都使贫女品德倍增。① 依据文学作品说教的作用,张协被定义为一个道德缺乏的人物。他被描述成一个拥有朝廷制度给予命运的角色。同样的政府制度,原本是保持与传播适当社会行为模式的途径。但是,张协的随心所欲,使自己成为已建立的恰当社会行为与道德规则的反抗者。当张协因其自身的行为而使通过教育促成价值的观念出现问题时,贫女是他天然的对比;贫女被描述成一个天生正直的模范,她具有先天美德的内在美。总体而言,在后世的剧作中,角色的特征已变更,即对生脚的唐突与邪恶本性的谴责,被更"浪漫"、知书达理、为社会接受的角色所取代,而旦脚则被刻画成稍少贞洁,但身处社会高层的角色。在此类后世剧作内,内在美、外在美与财富常相匹配。

另一方面,常由三个喜剧脚色"末""净""丑"扮演的喜剧角色,大体上旨在质问与消减正剧脚色呈现的道德或道德缺失。他们被置于与正剧脚色相对的位置。他们的功能是消减正剧脚色传达的感情压力,动摇正剧脚色的绝对价值。他们并非通过直接指出问题所在或创造对立的例子,而是通过不直接关联的讽刺来实现这一点目的。喜剧脚色创造一个迫使叙述者片刻远离压力的情景,即使在极其严肃的情景中也提供喜剧减压,此类严肃的情景如胜花之死,张协在赶往梓州途中欲杀害贫女,或王德用在梓州时拒绝张协参拜自己。喜剧脚色着重于文字游戏、韵文、双关语、低俗笑话,察觉出了剧作的造作,又借杂技表演增强其表演效果。他们承担剧作的绝大部分表演,且意在振奋观众,引其发笑。

---

① 此于后世戏曲中较为少见,后世的旦脚一旦被固定设定为贞洁烈妇,则其通常呈现为知书达理、美貌的城里人。

第二章　戏曲脚色及其发展①

第一节　角色与脚色

　　与描述人物的复杂精神深度相比,中国古典戏曲更注重描绘行为的模范惩戒性。此类模范是一类个体(即角色)的突出特征的总和,这些特征被全部贯注于某一个体,使其具有绝对的道德、社会品质,故此个体角色必定代表更大范围的人物。换言之,善良与邪恶的标准,及是否合乎社会所欲,均以绝对积极或消极的形式描述,从而对其全部接受或否定。角色大体取材自不同的社会人物,如有才华的书生及美丽的少女;或取材自神话人物,如判官及当地的不同神灵。书生是剧中常见的社会人物,按照惯例,这类书生均年轻、帅气、有才华,具有符合标准的全部正面品质,且预备参加科举考试,将要位列高官。② 他沉浸于经典与诗词中,信心满满且刻苦努力,具有浪漫天性,虽远离现实生活,但依然知晓社会礼仪的准则。中国戏曲的角色有意被塑造为人类行为的惩戒模范,缺点与美德的精神代表。这并非如悲剧中的人物的内心深处可借人物焦虑的逐步解决而得以评判,而是通过重复人物投射于现实生活中的被社会认可的价值而实现。这种重复成为精神呈现的标准模式。

　　在明代,南曲的脚色已颇为完善,但是无法确知其缘何进展至此。是因为脚色数受限于戏班的演员人数,所以每一个演员均专注于一种脚色?或者是因为脚色的发展受限于早期戏曲形式中的角色数量?通过评判《张协状元》中的脚色功能,脚色似乎源于舞台的需求,尤其出于演员希望表演具有经济效益、劳有所得的缘故。由于剧作需适应更长的舞台叙述,所以需要增加角色数量,戏班必须应对这种变化。而戏班的演员数量有限(五至十人),又需要扮演若干不同角色,故演员不得不扮演多个角色。因此演员开始标准化、完善表演技艺,将所有角色的动作、语言及妆容设计综合成

---

　　① 此章节名为译者根据本章具体内容所加。——译者注
　　② 此处笔者参考明代中后期的传奇剧作。早期剧作的书生,尤其张协,与后世剧作中的书生形象相差巨大。

一个象征性的形式。由演员将表演技艺综合为一系列的标准与惯例,就构成脚色。因此,以末脚为例,末脚仍然可任由男女演员扮演,可扮演一系列角色,但为高效率地转换角色,演员就指定表演的标准,从而使其可综合、组织表演技艺。这类标准只是简化、控制在有限时间内准备扮演大量不同角色所面对的艰巨任务的途径。在《张协状元》内,这一点在净脚上尤其明显,净脚共扮演十四个角色。由脚色扮演的角色数量越多,同质化与类型化的任务就越重要。

单一或多重角色(脚色),或扮演一角色的脚色与扮演多角色的脚色,二者的不同就是脚色概念化的重要差别,因为多重角色(脚色)的舞台演出方式更倾向于公式化。大体而言,只有"生""旦"两种主导脚色在剧作内一直扮演相同角色,使角色可更深入发展。例如,剧作的女主脚即可表现一类具有固定社会地位、形体举止及精神立场的女性人物。扮演此类角色的脚色即被期望补足这种角色的特征。因此,《张协状元》的旦脚就依据悲情、端庄、贞洁的形象表现其角色。如果使用喜剧性旦脚为女主脚,也须保持整部剧作的喜剧性。这是在主脚中,脚色优先于角色的唯一例子。从这个例子可以看出,即使单一角色脚色可深度发展,人物特征依然受限。因此,如果主脚是喜剧性的,那么其扮演的角色亦具贯穿全剧的喜剧性。理所当然,如果脚色连续扮演同一个角色,角色的特征则将更精致;反之,一脚色扮演的角色越多,那么为某角色的特征发展所预留的空间就会越少。但贯穿全剧、扮演一角色的脚色,不如扮演多角色的脚色具有发展性,所以最精致的脚色就是可匹配多角色的脚色。配脚通常可匹配多个角色,最多可以超过十个。《张协状元》中,可扮演角色尤其多样的脚色是"末""净""丑"。这三者所扮演的角色,重要性各各不同,但三者所扮演的角色都倾向于遵从脚色的社会地位与特征;若非如此,那就是角色主导脚色。角色类型可依据社会地位(从尊贵到卑微)、外貌(从美丽到丑陋)、道德状态(从忠诚到无信)及情绪(从严肃到放松)进行区分。[①] 喜剧脚色通常扮演门房、侍从等底层角色,如果喜剧脚色扮演高官,其表演也遵从由脚色所建立的标准,即此官员会表现出喜剧特征。当一脚色扮演多角色时,脚色的强度远胜于角色。但当生脚或旦脚于全剧均扮演同一角色时,角色的细

---

① 见张敬《论净与丑在我国戏曲中的重要》,《清徽学术论文集》第 125—131 页,台北:华正书局,1993 年版。

微差别主导脚色。换言之,主导脚色生与旦在剧作间变换角色特征,而非剧作内。其特征受限于其所扮演的角色,即扮演书生,就必须是年轻男子;扮演美丽女子,就必须是年轻女子。唯独此类脚色不可改变其年龄与性别。在戏曲的早期阶段,角色与脚色间的矛盾并不明显,且常消失在脚色扮演极其微不足道的角色时。① 若由脚色所扮演的角色极其微不足道时,脚色即变为角色与类型人物。信使与侍从常为此例,其他如《张协状元》中的门房亦为此例。

  脚色在舞台上的时间越长,对其所扮演的角色的解读也就越灵活。而当脚色变得固定,且开始细分时,剧作家便区分扮演特定角色的特定脚色。因而,脚色开始具有书面意义,剧作家也开始更紧密地联系特定角色与特定脚色。例如,除了仅可由二种主脚所扮演的男女主角外,特定历史人物,如"关公"只能由绘精细脸谱的净脚扮演。当一角色与脚色的联系如此紧密时,脚色与角色间的矛盾便急剧上升,甚至可到角色的定义有时可以完全取代脚色的地步。《桃花扇》的由丑脚扮演的柳敬亭即为此例。

  一般而言,仅在某脚色已确立,且由其所扮演的角色也已经固定的情形中,剧作家才开始试验。例如,转置某脚色的地位以创造喜剧效果,必须以该脚色的地位与特征的主导性认识为基础。当原本微小,常扮演底层喜剧人物的脚色,足够灵活到可以扮演使相,而社会地位高贵的角色常被某中性的"额外"脚色扮演,即可见原先的特征史已被转置用以创造喜剧效果。而且,舞台所反映的社会标准与等级也转而由脚色及由此类脚色所扮演的角色反映。因此,当剧作转换喜剧传统时,也转换了社会标准。

  由于剧作家试图改变脚色的特征,脚色开始细分。脚色的细分,或曰子分类,部分表现为减轻场上某单一脚色的负担,可能相当于演员直接扮演脚色,及出于剧作更细微区分的需要。例如,女主脚仅可扮演某一类型的女性角色。一般而言,此角色类别为正剧女脚色旦保留,且其他脚色均不可扮演此主导女性角色。然而,当需要喜剧性或风骚的"旦"时,便创造"搽旦"以扮演此人物。随剧作的发展,脚色也越分越细,依据年龄、表演的特征(喜剧或正剧)、正面或负面品质(好或不好)而进行区分。在14世纪早期,即有"旦脚"的专门细分,即"装旦""花旦""风流旦""温柔旦"及

---

  ① 于明清传奇中,脚色与角色间的矛盾因角色需由不同脚色匹配的特征变得复杂与精细。对于"末"与"丑"尤其如此,二者被戏曲家作为脚色体制实验的手段。

"贴旦"。① 脚色的细分尽管产生大量的脚色类型,但仍然导致表演的形式化。早期戏曲的脚色可扮演多个角色,具有一定程度上的多样性,但脚色细分后,脚色可扮演的角色范围就更为狭小。但是,细分间的区别并非总是极其严格,偶尔无法区分表演中的脚色细分。例如,除舞台体制内的演员或剧本注明的外,"净"与"副净"的区别常被遗漏,而对普通观众而言,更是如此。

人物的描写是作曲家的关注点,脚色是表演的模板,且由不同的表演规则确定。脚色的目的是以最适宜的方式传达角色的特征,一定程度上的表演所需要的技艺使脚色形式化,所以男脚色可由女演员扮演,反之亦然。

角色类型与演员间的关系由脚色缓解。演员的技巧使脚色可扮演角色。不可将演员排除在外,因为是演员的技巧及才华使戏曲艺术得以发展创新。不论演员的技艺习得水平或其熟练程度如何,绝无某个演员可精确复制前人的表演,如演出"贵妃醉酒"时,每位演员均会增添不同程度的个人演绎。②

场上的脚色,清楚地意识到他们在观众前的位置,而且从不试图掩饰这个事实。与此相对,隐含在脚色之中关于演员性别的玩笑(如女脚色由男演员扮演),或扮演不同角色的脚色的前后不一(其他脚色关于净所扮演的角色的暗示)均司空见惯。不同于借演员尽可能重现所扮演人物的自然本性,以及试图在场上创造真实生活之感的西方自然主义戏剧,中国戏曲反复证明对现实生活的重现并非其目的。即使同情由深嵌于曲子之中的现实之感所激发——特定角色的感情以曲辞形式抒发,并非经由感情的再现或表演的全部——中国戏曲与亚里士多德式的现实生活模拟理论毫无关联。一般而言,西方舞台上的模仿,借试图尽可能接近实际事物而达成。而且,动作与语言的自然呈现,及舞台道具的使用,均促成这一全局效果。而在中国戏曲中,场上脚色(演员)则试图造成观众与舞台间的距离。脚色扮演者的技艺又进一步巩固这一效果,此类技艺也就是呈现角色的手段,如独特的声音使用、一系列形式化动作、独特的面具。而且,脚色也缓

---

① 见夏庭芝《青楼集》《中国古典戏曲论著集成》(第二册)第1—40页,北京:中国戏剧出版社,1959年版。
② 此处之"演绎"(interpretation)具有多重意义,如演员于特定段落增添更合适的动作,变更眼睛的神态,增添特定情感在声调中,或甚至于在脸谱上增添线条。当然,演员的认识必然具有特定内容。

解所扮演的角色与观众间的矛盾。所有此类因素均构成，或意在于，营造观众与舞台间的距离。

第二节　戏曲发展过程中的脚色

有关脚色名起源的四种说法，均起于明代。胡应麟（1551—1602）认为脚色之名正与其实际意义颠倒，即女性角色，常在夜晚呈现，故名其曰"旦"，意为黎明或光亮。与此相似，第一位上场的脚色为"末"，其名则意为"最后"。① 另一学者周祈在著作《名义考》内，将脚色之名追溯到早期晦涩典籍中的神话动物。例如"丑，狃也，《广韵》：'犬性骄'"，又如"净，狰也。《广韵》：'似豹，一角五尾'，又云'似狐有翼'"。② 而更严谨的认识见于祝允明的《猥谈》，在这部著作中，祝允明认为，由于脚色名起源于民间，或难知其词源。现代学界，也有追溯脚色名起源的尝试，如许地山就认为脚色名经丝绸之路来自波斯。然而，绝大部分在王国维之后的现代学者都认同祝允明的观点，因脚色名的词源确已失传。祝允明认为：

  生、净、旦、末等名，有谓反其事而称，又或托之唐庄宗，皆缪云也。此本金元阛阓谈吐，所谓鹘伶声嗽，今所谓市语也。生即男子，旦曰妆旦色，净曰净儿，末曰末尼，孤乃官人，即其土音，何义理之有。③

脚色名的词源虽已晦暗不可知，但脚色所遗留的分类仍然是重要的考察对象。周贻白与曾永义追随王国维，将脚色区分为三大类，即生（末）、

---

① 胡应麟《庄岳委谈》，《少室山房笔丛》（第二卷）第554—573页，台北：世界书局，1963年版。其文曰："凡传奇以戏文为称也，往往而非戏也，故其事欲谬悠而亡根也，其名欲颠倒而亡实也，反是而求其当焉，非戏也。故曲欲熟而命以生也，妇宜夜而命以旦也，开场始事而命以末也，涂污不洁而命以净也，凡此，咸以颠倒而其名也。"

② 周祈《名义考》第170页，台湾学生书局，1971年版。脚色与奇异神话动物的联系，或源于场上早已形成的脚色特征与脚色装扮。从汉代起，即有文献资料提及特定舞蹈对动物面具的使用。此或导致戏曲脸谱的使用。见郑黛琼《中国戏曲的净脚研究》第208—209页，台北：学海出版社，1996年版。

③ 祝允明《猥谈·土语》，收录于明代学者冯可宾所编撰之丛书《广百川学海》（第五卷）第1354—1355页。

旦、净（即男性主脚色、女性主脚色、喜剧脚色），此分类通用于北杂剧与南戏中。虽然这一分类大体上符合现代人对脚色的理解，但并不能反应早期（明代之前）的分类。

现存两种有关早期戏剧结构的重要文献。《都城纪胜》（约成书于1235年）是二者中较早的著作，是最先提及公开表演艺人的著作之一，而且也是确定早期剧作功能的主要资料来源。居第二的是陶宗仪（1316—1403）的《辍耕录》（序于1366年），书中记载了与《都城纪胜》从事相同剧作表演的相同艺人种类，这类信息或抄录自《都城纪胜》。《辍耕录》的记载有助于后世建立起脚色的谱系。①

两部著作均提及从事杂剧与院本②表演的艺人。因杂剧与院本都是北方的表演形式，故学者认为脚色体制源于北方剧作。但是，20世纪初《永乐大典》戏文三种的发现，使学者认为南戏与北方剧作同时存在脚色体制，或南戏更早于北方剧作存在脚色体制。明、清及现当代学者均对此类文献材料投以大量的关注，以期找出某种联系，从而得出有关南北剧作脚色体制的清晰结论。

《都城纪胜》是记载南宋都城杭州城市生活的著作，书中提及的杂剧表演，牵涉五位演员，每位都具有专门的演出名称及特定功能，即：

> 杂剧中，末泥为长，每四人或五人为一场，先做寻常熟事一段，名曰艳段；次做正杂剧，通名为两段。末泥色主张，引戏色分付，副净色

---

① 陶宗仪《南村辍耕录》第306页，北京：中华书局，1980年版。
② 诸多学者已对"杂剧"进行深入探讨。"杂剧"具有多种含义，且关系于包括北杂剧与南戏在内的诸多表演。早期大约780年，"杂剧"意为"百戏"。从汉代早期（约206）至六朝（约550），亦用于指代包括歌、舞在内的"前戏曲"形式表演。于宋代，"杂剧"则用于指代由四个片段组成的特定表演形式，这个四个片段分别为"乐序""艳段""正杂剧""断送"。宋时，"杂剧"亦用于"温州杂剧"，因其出现于温州地区，故用以指代南方剧作表演。温州，今属浙江省。于金（1115—1234）、元时期，"杂剧"又与"院本"互用，在13世纪中叶，"院本"被用作组曲，或为喜剧性闹剧，用以吸引观众注意。不到14世纪，"杂剧"即已特指北杂剧。明代，杂剧又用以指代北杂剧、使用南曲的"杂剧"与一出的短杂剧。见伊维德、奚如谷《中国戏剧1100—1450》（*Chinese Theater 1100-1450*, Wiesbaden: Steiner, 1982），第187—189页。曾永义《参军戏与元杂剧》第56页，台北：联经出版事业股份有限公司，1992年版。亦见奚如谷为《印地安那中国传统文学手册》（*The Indiana Companion to Traditional Chinese Literature*, Bloomington: Indiana University Press, 1986）所作之序。

发乔,副末色打诨,又或添一人装孤。其吹曲破断送者,谓之把色。①

此处附于脚色名后的术语"色",也使用于该著作的同一章节中,用以指代不同的音乐与表演戏班种类。② 随后的《青楼集》记载妓女与女艺人的事迹,成书于14世纪(约1320年),其中术语"色"的用法也常常与《都城纪胜》相同。③ 其例如"米里哈,回回旦色"④。在14世纪(或之后)的小说《水浒传》中⑤,术语"色"亦附于描述皇宫内的表演所提及的五个脚色之后。⑥《水浒传》虽然将故事设定于宋代,但是水浒故事却经历了漫长、复杂的发展历史。其故事结构或许取材自真实历史事件,但此事件已经在多种口头与书面形式的不断复述之中发生变革、扩展。水浒故事的早期起源及其复杂的变革,使故事所描绘的脚色,既有可能是宋代表演的实地观察,也有可能是后世作者以历史事实为依据对宋代场上表演的尝试描写。

有学者相信,术语"色"就是"脚色"的简写,而"角色"本为宋代官员入

---

① 灌圃耐得翁《都城纪胜》,《东京梦华录(外四种)》第96页,台北:大立出版社,1980年版。稍后的著作《梦粱录》(约成书于1275年)包含与此部分几乎相同的记载,《梦粱录》或抄录自较早的《都城纪胜》。另一资料来源,《武林旧事》提及杭州几个知名演员剧团。每一剧团均有四位演员,即"戏头",或为戏班领头、"引戏"或演出领头;一"副末",次一级末脚;一"次净",次一级净脚或副净之别名。其中只有一个戏班有"装旦"。无法确知《武林旧事》所提及脚色的功能。王国维同意《武林旧事》所提及的"戏头"的功能等同于《都城纪胜》中的"末泥"。但另一方面,胡忌则认为戏头应为名出现于剧团名称中的演员。见胡忌《宋元杂剧考》第117页,上海:古典文学出版社,1957年版。吴自牧《梦粱录》,《东京梦华录(外四种)》第308页,台北:大立出版社,1980年版;周密《武林旧事》,《东京梦华录(外四种)》第404页,台北:大立出版社,1980年版。

② 即"旧教坊有筚篥部、大鼓部、杖鼓部、拍板色、笛色、琵琶色、筝色、方响色、笙色、舞旋色、歌板色、杂剧色、参军色。色有色长,部有部头"。见灌圃耐得翁《都城纪胜》,《东京梦华录(外四种)》第95—96页,大力出版社,1980年版。其英译见伊维德、奚如谷《中国戏剧1100—1450》(Chinese Theater 1100-1450),第67页,Wiesbaden: Steiner,1982年版。"部"与"色"的区别或为无音乐伴奏的班团(以打击乐器为主)与包括歌、舞的音乐班团。

③ 见夏庭芝《青楼集》,《中国古典戏曲论著集成》第二册,第22、24页,北京:中国戏剧出版社,1959年版。

④ "回回"乃生活于新疆的周边地区的少数民族。此处或指某种由旦从事的表演,或为回回民族即色目人的演员,专攻旦脚表演。见夏庭芝《青楼集》,《中国古典戏曲论著集成》第二册,第34页,北京:中国戏剧出版社,1959年版;孙崇涛、徐宏图《青楼集校注》第192页,北京:中国戏剧出版社,1990年版。

⑤ 《水浒传》,《中国古典小说新刊》第二卷,87回,第1078—1079页,台北:联经出版事业股份有限公司,1987年版。

⑥ 包括装外、戏色、末色、净色与贴净。

朝为官时常用的简短自叙式的梗概介绍。① 在这种类似简历的形式中,官员需要注明其出生地、三代之祖、现居地等信息。在明代,虽然作曲家早已广泛地使用"脚色"指代脚色体制,但直到清代(1644—1911),"脚色"才真正用以指代脚色的社会地位与精神境界及场上所呈现的人物。② 术语"色"在此类早期文献资料内,可宽泛地指代单独某位艺人、一组从事音乐表演的艺人,甚至也可指"色长"。所以,此术语应当指演员,或更进一步,指乐团或杂剧(院本)艺人,并非指脚色。

另一方面,某些见于《张协状元》的脚色类别名称,如"末泥"与"旦",均被上述的早期文献资料提及。在《青楼集》内,则依据技艺与专长描述女艺人。某些女艺人专门扮演特定的脚色,如末泥、旦,或二者兼备,而某些女艺人又擅长扮演花旦或软末泥。据记载,其中一些女艺人也嫁给知名的末泥扮演者。此类术语不仅指代表演的形式,如末泥杂剧与花旦杂剧,也可以代表脚色的不同性别。末泥杂剧的主脚是一位男性人物,而旦杂剧之主脚则是一位女性人物。③ 但是,依据《青楼集》的记载,男女演员均可扮演男性脚色末泥,如女艺人朱锦绣即旦末双全④,女艺人小玉梅则嫁末泥安太平⑤——这一类角色正暗示表演的专门类型。

在年代较早的著作《武林旧事》的描述中,艺人也不止擅长一种表演技艺。《武林旧事》曾提及不同戏班,且给出每一位戏班艺人的姓名。某些艺人的姓名出现在多个戏班中,且脚色功能不同。如艺人孙子贵,在一个戏班内担任装旦,又在另一个戏班内担任戏班主,且还在一个戏班内担任引戏,并于一个戏班内担任戏班主(即其名出现在戏班名之内的艺

---

① 见曾永义《说俗文学》第 233—234 页,台北:联经出版事业股份有限公司,1984 年版。译者按,"角色"一词虽源于"脚色",然此处似应为"脚色"。如范仲淹的尺牍《与韩魏公》中:"其子得殿侍左班⋯⋯曾申脚色状,今上呈,如有指示安排处,乞留意。"

② 《青楼集》中仅有一处使用术语"脚"的例子,即"外脚供过"。孙崇涛与徐宏图认为,这指杂剧表演中与两位主要演员相对的脚色。

③ 见《青楼集》的第三篇序《青楼集志》(暂定作于 1360 年)。孙崇涛指出旦、末剧本的存在,即"杂剧则有旦、末。旦本女人为之,名妆旦色;末本男子为之,名末泥。"孙崇涛、徐宏图《青楼集校注》第 43 页,北京:中国戏剧出版社,1990 年版。

④ 夏庭芝《青楼集》,《中国古典戏曲论著集成》(第二册)第 29 页,北京:中国戏剧出版社,1959 年版。

⑤ 夏庭芝《青楼集》,《中国古典戏曲论著集成》(第二册)第 30 页,北京:中国戏剧出版社,1959 年版。

人）。① 功能的转变，或许因为这些功能均为可掌握的专门表演形式。但是，即使有专业化的可能，《武林旧事》未指明演员可在剧作间改变人物，或可在同一部剧作内扮演不同角色。健全的脚色，囊括模式化的表演及匹配不同角色的能力，但这两者均未见于《武林旧事》内。

陶宗仪在《辍耕录》内，提及了与《都城纪胜》相同的脚色类型，但未在脚色名后附术语"色"②，即：

> 院本则五人。一曰副净，古谓之参军。一曰副末，古谓之苍鹘，能击禽鸟，末可打副净，故云：一曰引戏，一曰末泥，一曰孤装。又谓之五花爨③弄。或曰：宋徽宗见爨国人来朝，衣装鞋履巾裹，傅粉墨，举动如此，使优人效之以为戏。④

陶宗仪虽然提及了"院本"，但他认为一直到他所生活的时代，院本与杂剧实际上是同一种戏剧形式，而直到元末才分化为两种独立的戏曲形式。即：

> 唐有传奇，宋有戏文、唱诨、词说，金有院本、杂剧、诸公调。院本，杂剧，其实一也。国朝，院本、杂剧、始厘而二之。⑤

---

① 周密《武林旧事》，《东京梦华录(外四种)》第404页，台北：大立出版社，1980年版。

② 同样的内容也出现于《青楼集》的一篇序中。孙崇涛推测这篇序可能作于陶宗仪之后，见孙崇涛、徐宏图《青楼集校注》第45页，中国戏剧出版社，1990年版。

③ 在《辍耕录》的结尾处，陶宗仪列出了大约700种院本名目。其中有一百多种被称为"爨"。胡忌解释"爨"可能为宋金杂剧在城市或宫廷之中的简短、独立的喜剧表演。"爨"不仅以歌舞为基本表演元素，页包括假扮与模拟。"爨"也是院本的别名。见陶宗仪《南村辍耕录》（北京：中华书局，1980）与胡忌《宋金杂剧考》（上海：古典文学出版社，1957），第225—242页。胡忌做出这一推测的依据是杜仁杰的《庄家不识勾栏》，见隋树森《全元散曲》第一册，第20—32页，台南：平平出版社，1973年版。《庄家不识勾栏》的翻译见伊维德、奚如谷《中国戏剧 1100—1450》（Chinese Theater 1100-1450）第187—189页，Wiesbaden：Steiner，1982年版。

④ 陶宗仪《南村辍耕录》第307页，北京：中华书局，1980年版。装扮为官员在此处被称为"装孤"。

⑤ 陶宗仪《南村辍耕录》第307页，北京：中华书局，1980年版。明朱权将"院本"解释为"行院之本"的省简。见朱权《太和正音谱》，《古典戏曲论著集成》（第三册）第53页，北京：中国戏剧出版社，1959年版。另有其他关于院本起源的理论。王国维认为院本是演员的话本；郑振铎认为院本指的是中州一代的流浪艺人，而年代最近的胡忌则认为院本包括妓女、艺人、乐人等所有古代表演技艺的手本在内。见曾永义《参军戏与元杂剧》第56页，台北：联经出版事业股份有限公司，1992年版。译者按，引文中的"戏文"，据中华书局1959年版《南村辍耕录》应为"戏曲"。

陶宗仪的记载说明此表演者均为真实演员：为呈现其他人物，而将自己装扮成夔国之人的优人。陶宗仪首次确定了副净与副末的谱系，将二者追溯至唐代的参军戏。① 参军戏本是对一贪污、玩忽职守的官员的惩罚。此官员被控告收受贿赂，但皇帝赞赏他的才能而且看重他的服侍，所以免于严厉的惩罚。作为代价，皇帝要求优人公开戏弄此官员。若干年后，皇帝原谅了这位官员，并且授予他参军之职，所以这一表演形式即被称为"参军戏"。由这位官员扮演参军，而戏弄此官员的演员就是苍鹘。在参军戏中，正直的人与愚笨的人之间一定会有某些滑稽对白，且以打斗结束。② 参照陶宗仪的看法，学者们不断地将喜剧脚色的分类追溯至"参军"与"苍鹘"，但"参军"的起源可证，"苍鹘"的起源却为迷。"副净"出现在南戏、北杂剧中，而"副末"仅出现在南戏中，一般是舞台管理者，负责介绍剧作。但是，并没有文献资料可证明宋代表演中的喜剧脚色与《张协状元》的喜剧脚色间的直接关系。严格地说，陶宗仪的记载，仅可说明参军戏是一种戏弄官员的滑稽表演，其中的二位演员，"苍鹘"常殴打"参军"。

假定"参军""苍鹘"与后世的喜剧脚色有联系的原因之一可能是相关的讽刺剧。脚色"苍鹘"较为聪明，常戏弄愚蠢的"参军"，而且还会使用"槛瓜"将"参军"推下场。这种戏剧形式古老而具有世界性：它不仅仍在戏剧与相声表演中具有重要意义，也是全世界马戏小丑表演节目的一部分。③《张协状元》中，末脚与净脚间的喜剧路线极其明确，但常是末脚（苍鹘）受到净脚（参军）的殴打。或许脚色功能的这种转变表明喜剧类型未

---

① 见曾永义《参军戏与元杂剧》第 1—123 页，台北：联经出版事业股份有限公司，1992 年版；郑黛琼《中国戏曲的净脚研究》第 13—129 页，台北：学海出版社，1996 年版。此表演形式首先由唐代段安节（约 830—约 900）于其著作《乐府杂录》（序于 894 年）提及，后，宋代《太平御览》（成书于 982 年，见其卷五六九）亦提及。此两种著作引用有关此表演的故事相似。

② 王国维与周贻白均认为参军戏并非完备戏剧形式，仅为组成百戏之一的滑稽剧。任半塘认为参军戏是具有动作、对白的完整、独立戏剧形式，且注重政治讽刺。见任半塘《唐戏弄》第 323—416 页，上海古籍出版社，1984 年版。另一方面，曾永义认为参军戏确为滑稽剧，本质为讽刺，或已综合音乐与舞蹈。曾永义相信，在唐代之前，参军戏着重戏弄一官员，但由于贵族子裔表演戏剧作品的增多，剧作的主题变为"对某官员之模仿"，且男女皆可表演。这一后出的参军戏称为"参军桩"。女性可扮演此官员的事实定有其滑稽内容，也表明特定的表演形式已经实行。见曾永义《参军戏与元杂剧》第 1—123 页，台北：联经出版事业股份有限公司，1992 年版。

③ 相声就是一种由一位主要喜剧演员负责打趣，而另一演员附和的表演形式，尤其流行于中国北部。

必与脚色谱系有关。

但是,对"参军""苍鹘"的重视,可以说明宋代戏剧的主要表演形式是喜剧。《都城纪胜》指出杂剧是一种完备的故事,以滑稽为脉络,分开端、发展、结局,讲述连续的事件,即:

> 大抵全以故事世务为滑稽,本是鉴戒,或隐为谏诤也,故从便跣露,谓之无过虫。①

宋代的演员常被称为"无过虫","虫"是一种正面称呼,指某人像是"小家伙"。因为故事乃逐渐演变而成,其规劝意义也可用影射的方式传达,所以演员即被文雅地称为"无过虫"。有资料可证明宋杂剧是具有社会规劝内容的喜剧故事。宋杂剧由五位固定演员组成,其中二人为喜剧脚色。虽然滑稽剧对南北喜剧表演均具重要意义,但《都城纪胜》所记载的杂剧的喜剧内容,与现存的元杂剧并不相同,元杂剧主要靠歌唱,而且故事完备,少有极其滑稽的内容。

存留于戏剧发展史之中的重要跨越之一是喜剧性口述剧作如何向更正式的演唱剧作转变。如果元明杂剧并非演变自宋代的院本或杂剧,那么其内容何时起自喜剧转变为悲喜剧?现存有关院本(杂剧)的文献资料并未说明其为可歌唱的剧作,所以杂剧何时起开始将音乐综合进表演?② 上述的文献资料都记载宋代的戏剧表演包括五位演员,而且表演具有诙谐性的事实,证明与中国现代剧作相比,宋杂剧更接近意大利文艺复兴时期的喜剧作品。或许,在意大利文艺复兴时期的喜剧作品中,每一位演员都需要记住各自的故事情节,表演各自的对话、动作、笑话与杂技节目,演员被他们所扮演的角色束缚,不会在剧作与剧作间发生变化。毋庸讳言,正如

---

① 灌圃耐得翁《都城纪胜》,《东京梦华录(外四种)》第 96 页,台北:大立出版社,1980 年版。

② 散套《庄家不识勾栏》常被引用为早期北方戏剧表演资料,这一材料确实记载戏剧的开端表演,但并未提及戏剧的主体部分。另一 13 世纪末的散套为高安道的《淡行院》,曾提及戏剧表演的中心部分,且其主角为一歌唱的女脚色。这一散套虽逐一提及演员的技艺(可能并未具有戏剧技艺),但其仍不能证明此乃正式剧作的规范结构,且并未像提及歌唱一样提及戏剧的情节。见《全元散曲》第 86—187 页及第 1109—1113 页,台南:平平出版社,1973 年版。《庄家不识勾栏》的翻译见伊维德、奚如谷《中国戏剧 1100—1450》(*Chinese Theater 1100-1450*, Wiesbaden: Steiner, 1982)第 187—189 页。

梅耶荷德所言,此类演员"以极其精练的技能为基础而建立即兴表演。"①在意大利喜剧中,类似这五种专门的脚色行当的演员可能一直扮演同一人物。

上述文献所提及的五种脚色,均见于北方剧作表演。南北方剧作的脚色体制有何联系？张庚曾在《中国戏曲通史》内表达了广受中国学者赞同的观点,即在所有南方剧作从北方剧作所吸收的成分内,就有脚色体制,尤其是早在宋代即对南方剧作极其重要的两种戏剧脚色"副净"与"副末"。② 有一些历史证据支持该观点。首先,许多戏班为求生,游走于城市与乡村之间,大多数是在当地节日时表演。他们也在城市的大型游乐区演出。在旅途中,他们必然会与其他表演形式不同的戏班发生联系,从而吸收新意。其次,随着北宋于1126年为金朝所灭,南宋将首都自开封转移至杭州。人口大量迁移至南方,导致南方游乐区掀起北方专业艺人的潮流,其中也有来自教坊艺人的表演。他们各自携带不同风格的表演与技艺而来,对南方游乐中心的发展、多种表演形式的传播,助益甚大。但是,包括五位固定脚色的宋杂剧表演,在多大程度上对南方剧作表演产生了影响？元明杂剧与南戏剧本内的脚色体制的确不同,但二者全部或部分地共享了同样的脚色名。例如,在南北戏曲形式内,女主脚均称"旦","净"在这两种形式内都是喜剧脚色,而"末"的功能却各不相同。同时,某些南戏特有的脚色,也出现在元明杂剧内,且有其表演。例如,喜剧脚色"丑"就出现在明代体制改革后的杂剧内,但它明显是早期脚色的替代;"生"则成为诸多明杂剧的主脚。南戏体制对杂剧体制的影响,仅发生于明代,且南戏脚色进入北杂剧时,杂剧的形式与结构已经经历了巨大的变化。

一些脚色则被迫符合合理的脚色发展,如脚色"末泥",学者相信末泥为北杂剧男主脚的前身。《张协状元》中一个例子,使学者认为"生脚"实际上与北宋时期的表演中的末泥相同。此例即在《张协状元》诸宫调的结尾,末扮演的戏头,叫唤男主脚"末泥色",但进场的脚色却是"生"。至少在场上,有证据可证明存在对不同脚色体制的理解,尤其对末泥色作为主脚而言。一个多世纪后的戏曲学者徐渭,坚持此观点,指出南北戏曲形式

---

① 梅耶荷德(Vesevold Meyerhold)《20世纪剧作之"闹剧"》("*Farce*" in Theater in The Twentieth Century, Robert W. Corrigan), New York: Grove Press, 1963年版。译者按,梅耶荷德(1874—1940),俄国知名导演、演员、戏剧理论家。

② 张庚《中国戏曲通史》第430页,台北:丹青图书有限公司,1985年版。

脚色的不同，即"北剧不然：生曰末泥，亦曰正末"①。但是，在徐渭的时代，虽然脚色体制已经完备，但是其发展历程依然未明。南北戏曲形式主脚功能的不同，暗示生脚或许已独立存在于北杂剧中。

或许南北戏曲系统的最大区别，就是主脚的不同。北杂剧内，主脚类似喜剧脚色，也可以扮演大量的不同角色；南戏内，"生"与"旦"仅能扮演固定的脚色。这一点或许可以部分地归因于北杂剧的约束性。北杂剧内，无论主脚（男性或女性）的年龄、性别、社会层次，他都是唯一的可以演唱的角色。主脚可扮演英雄或反派人物。此类角色可为男主脚扮演的多情的帝王、机智的掌柜、或女主脚扮演的皇妃、烈妇。北杂剧的主脚可以是喜剧角色，也可以是正剧角色，而南戏的喜剧脚色则颇受限制，且依照主题需从属于主脚。另一方面，南戏喜剧脚色的功能，又与北杂剧主脚的功能相同。正如北杂剧的"正末"与"正旦"，南戏的喜剧脚色也可扮演诸多角色。是否南戏也曾使其主脚可扮演多种角色，但出于公开演出的需要，又不得不缩小主脚的扮演范围为后来的"生"与"旦"？

南北戏曲系统中喜剧脚色成对表演的滑稽剧则极其一致。例如，虽然南戏剧作的喜剧脚色更加精致，但末、净二脚色的滑稽表演仍然都呈现于南北戏曲形式之中。鉴于一部分现存的元代剧本未包括说白部分，所以明代后期的元代剧作的修订本（含诸多说白），可能已经受到南戏说白的影响，从而导致南北戏曲剧本说白部分的结构相似。

根据散轶、零散的资料，尝试建立早期南北剧作的脚色体制，难免需要假设。如果明代以前的脚色发展确实出于假设，但是明代之后的有关戏曲脚色发展的讨论则大体上可反映当时场上的真实表演。明代学者所提供的脚色功能的记录，为与《张协状元》脚色的比较提供了基础。所以在《张协状元》中，可在完整的剧本内考察脚色，也可以对比在稍后的场上出现的脚色的功能。

第三章 喜剧脚色

《张协状元》的喜剧场次大体上由两种脚色的表演规范所建立。当三种喜剧脚色均出现于场上时，净脚常承担主要喜剧表演，丑脚常是净脚的

---

① 徐渭《南词叙录》，《中国古典戏曲论著集成》（第三册）第233—256页，北京：中国戏剧出版社，1959年。

助手,但丑脚也可以是独立的脚色,末脚则置身事外,扮演净丑间、观众与演员间的调停者。

完备的喜剧脚色关系大体包括末、净,末、丑及净、丑这三种对手戏。末、净表演二人喜剧的标准规范,常稍加改变后,由末、丑重演。喜剧性宾白常由净、丑维持,而末常向观众讲笑话,并且使用双关语封堵净、丑。当三种喜剧脚色均出现于场上时,末脚常为其他喜剧脚色与观众间的调停者。这就是标准的脚色关系,当某脚色背离此关系(或扮演不适宜的角色)时,必然会造成以喜剧结局的某种矛盾。

第一节 末 脚

在中国戏剧的最早期,诸多脚色均被置于末脚名下。其中最早的是"末泥",因"末泥"对南北戏曲形式的影响,诸多学者常以其为北杂剧及后世剧作中的男主脚的前身。① 然而,除知其负责剧作的"主张"外,学术界对末泥的脚色功能所知甚少。《都城纪胜》曾提及末泥负责"主张",而《辍耕录》中的剧作"主张"却名为"引戏",末泥是另外的独立脚色。元代散曲家汤式的散曲揭示末泥是可以演唱的脚色,即"末泥色歌唹,撒一串珍珠"。② 至明代早期,朱权则声称末泥是杂剧表演的主脚。末泥转变为戏曲的主脚(如北杂剧的正末、南戏的生)的过程确实成迷,但末脚起源于早期的末泥却被广泛认同。

可能在早期戏剧中,末脚最显著的功能是首先上场,向观众介绍剧作。在这种例子中的"末"常被称为"副末",但即使功能与副末完全相同,也有诸多剧本将首先上场的脚色称为末。这种脚色一般以几句诗词概括剧作的主要事件,但是,《张协状元》却以诸宫调形式开场。某些学者称副末为介绍剧作的脚色,末是剧作的领导者,可以扮演其他喜剧脚色的助手,且认为副末是末的子分类。③ 绝大部分剧作均照例以副末介绍剧情、向观众推

---

① 如徐渭《南词叙录》,《中国古典戏曲论著集成》(第三册)第246页,北京:中国戏剧出版社,1959年版;钱南扬《戏文概论》第217—220页,台北:木铎出版社,1988年版;曾永义《中国古典戏剧脚色概论》,《说俗文学》第252页,台南:联经出版事业股份有限公司,1984年版。

② 见汤式《新建勾栏教坊求赞》,隋树森《全元散曲》第1494—1496页,台南:平平出版社,1973年版。

③ 钱南扬《戏文概论》第234—235页,台北:木铎出版社,1988年版;曾永义《中国古典戏剧脚色概论》,《说俗文学》第252页及其他,台北:联经出版事业股份有限公司,1984年版。

荐剧作而开场。表演一旦开始,末脚或末脚的其他子分类是常用的脚色,但未包括副末。但是,这一惯例也有例外,在《张协状元》内,副末除负责开场外,也出现在之后的少数场次中。但即使在这类场次中,召唤的是副末,进场的却是末。这似乎可以证明,在场上,副末与末可以相互置换。如《张协状元》第五出:

(净白)噉,叫副末底过来。(末出)①

在早期记载中,副末除介绍剧情外,也是表演闹剧的两种脚色之一。《都城纪胜》与《辍耕录》常将副末描述为净脚的喜剧性助手,也是殴打副净的脚色。后世的朱权与徐渭则描述副末手持"槛瓜",这可能用于殴打净脚,推净脚下场。②"副末"这种定义的例外,可参考稍早前的元代散曲家汤式的散曲,文中注明副末可引用历史故事与诗词典故,即:"副末色说前朝,论后代。演长篇,歌短句。江河口,颇随机变。"③

但并不能依此确定副末所叙述的历史故事是否具有滑稽内涵,或此脚色是否需承担额外的正式地叙述历史事件的职责。可能这一散曲仅指历史剧中的副末。也有可能是副末在不同的场合表演中,改变了表演风格。由于汤舜民的散曲是为一新建成的教坊所作,此场合正要求使用正式的故事作为主题。

小说《水浒传》就将末脚描述成剧作的介绍者、叙述者:

第三个末色的,裹结络球头帽子,着蒝役迭胜罗衫,最先来提掇甚分明,念几段杂文真罕有。④

---

① 见《张协状元》,钱南扬《永乐大典戏文三种校注》第32页,台北:华正书局,1985年版。
② 如朱权即描述副末如下:"古谓'苍鹘',故可以扑'靓'者。'靓'谓狐也;如鹘之可以击狐,故'付末'执槛瓜以扑'靓'是也。见《太和正音谱》,《中国古典戏曲论著集成》(第三册)第53—54页,北京:中国戏剧出版社,1959年版。
③ 见汤舜民《新建勾栏教坊求赞》,隋树森《全元散曲》第1494—1496页,台南:平平出版社,1973年版。
④ 《水浒传》,《中国古典小说新刊》(第二卷,第八十二回)第1078—1079页,台北:联经出版事业股份有限公司,1987年版。本段翻译见伊维德、奚如谷《中国戏剧 1100—1450》(*Chinese Theater 1100-1450*)第135—136页,Wiesbaden:Steiner,1982年版。

《水浒传》中的末脚,相对比末泥,更接近于已知的对副末的描述。这再次说明,在不同的剧本中,末既可作为主要的喜剧脚色,又可以是剧作的介绍者。①

呈现在《张协状元》中的末(副末),与上述描述中的脚色,颇有相同之处。《张协状元》中的末(副末)可以是喜剧脚色,但并不持"槛瓜";其介绍剧情,但并不修饰故事的基本情节;而且经常扮演中年或老年角色,不扮演年轻角色。

更具体地说,末脚可以扮演极其多样的角色,从侍从至使者(张协母亲的侍从,李大公的使者),从管家(张协与王德用二人的管家)至神鬼(判官与五鸡山神)。末脚既可以扮演独立的角色(王德用的管家、参加科举的学生或张协的友人),又可以与其他脚色配合演出(李大公与李大婆)。末脚次于正剧脚色,并且以支援主要喜剧脚色"净"与"丑"为功能。

虽然末脚既可以与正剧脚色,又可以与喜剧脚色合作演出,但是或许最好将其定义为中性脚色;但为便利起见,笔者将遵守末脚正剧功能与喜剧功能的不同。末脚的表演公式化而且经常重复,在正剧功能方面,末脚常加强其他脚色的特征,突出正剧脚色的正面特点,而且在过渡场次内扮演过渡角色。例如,在下文所引的例子中,由末扮演的,一位来自村里、是李大公朋友的老人被派来叫唤贫女:

> (末出唱)[同前]荒村景寂寥,地僻人行少。公公教唤你门(们),特来古庙。(旦)万福!君来则甚?想必是来路杳。(末)东畔李大公,有少事欲厮央靠。特遣我门来,你明日须早到。(旦白)谢荷大公!奴还不得大公厮提携,如何过得一个时辰。奴家知了:不是装绵,便是织绢。明早奴家自来。(末)娘子,懒惰为人只见贫,勤苦强□去求人。②

这是末脚正剧功能的一个例子。末脚典型地以将情景融入背景的唱

---

① 徐渭虽未提及副末,但其与《辍耕录》的记载一致,建立副末与苍鹘的谱系,可见,徐渭亦曾参考"副末"的相关记载。徐渭《南词叙录》,《中国古典戏曲论著集成》(第三册)第245页,北京:中国戏剧出版社,1959年版。
② 见《张协状元》,钱南扬《永乐大典戏文三种校注》第39—40页,台北:华正书局,1985年版。

词入场,又以民间谚语下场。在这个场景中,末脚的用法从属于对女主脚或主角的描绘。末脚在此所呈现的人物渺小而且不重要,证据就是这位由末脚扮演的角色竟然没有姓名。

然而,更典型的是末脚经常扮演喜剧角色。末脚入场时常说的"又道",可以解释为"这件事可说成""有人可能会说"或"那就是说",表明接下来要说的,就是有关方才所讲内容的滑稽讽刺。这种模式的重复出现表明末脚具有指派意义的功能。末脚的喜剧规范常使末脚与净丑一同表演,但在之后的场次中,也有使用同一喜剧规范使末脚与外脚同时演出的尝试。这种尝试之所以失败,是因为外脚并非喜剧脚色,而末脚也无喜剧性的支撑。① 在喜剧场次中,语言模式决定三种喜剧脚色间的互动。末脚的说白或演唱部分都不长。按照惯例,末脚的演唱部分由四句介绍性的曲辞组成,声明部分常为谚语,而说白部分则多用封堵式的双关语。一般,由净和(或)丑表演闹剧,而末则常以简短的、辛辣的讽刺或俏皮话作封堵性的总结;这种简练有助于加强先前的讽刺意义。由末所作的讽刺强调净或丑的简单、粗俗的喜剧特征。这类俏皮话并非直接针对其他脚色,而面对观众;由此可见,末与喜剧脚色间的互动仅存在于二者保持一定距离之时。末的讽刺快速建立起事物的现实性之间的联系,常常是对理想状况的积极渴望的当头一棒。因为对异想天开心知肚明,所以末脚常一针见血地指出事物的真实状况。这正与净丑的滑稽相对,本质上近似净丑的荒谬与末脚尖刻、才子式的幽默的对立。俏皮话也按照相似的规范组合,而且常用暗讽,而不是直接嘲讽其所嘲弄的对象。

在第四出中,末与丑的对话,是说明末的幽默的精练、辛辣的绝好例子。在这一出中,由末扮演的张协友人,进场寻找解梦之人:

(末上白)南人不梦驼,北人不梦象。若论夜间底梦,皆从自己心生。那张介元教请过员梦先生。兀底一间小屋,四扇旧门。青布帘大写着"员梦如神",纸招子特书个"听声揣骨"。且待男女叫一声:先生在?(丑在内应)谁谁?(末)有少事相烦歇子。(丑)惭愧!二十四个月日,没一人上门。(末)又道千家货。(丑出)僧见佛住,把火烧香。

---

① 《永乐大典》本《张协状元》内,外脚由净脚所代替,此乃颇有意味之处。钱南扬依据剧情的逻辑发展,将外脚替换回净脚。但这一抄写错误正可说明喜剧路线如何被感知。

(末)先生拜揖!(丑)无礼!君子还是合婚、选日、揣骨、听声、打瓦、钻龟、发课、算命?(末)又道不曾学得本事。那张介元特遣男女请先生员一梦。(丑)成都府自家唤做每对手。(末)怎地了不去争交?①

作为一个喜剧场景,末进场时就吟诵关于常识的言语,即,象是南方动物,故为南方人所梦,而骆驼用于北方,故为北方人所梦。人们重视已经知晓的,往往忽视不知晓的。由于按中国戏曲的惯例,场上不存在道具,所以末脚继而简练地介绍其所到达的场景。末脚召唤一位圆梦人,圆梦人由丑扮演,在后台答复末脚。末脚的第一次讽刺就是对丑的说白的回复,而且直接面向观众。这种幽默,正是标准的末脚表演,建立在观众与末均心照不宣地知晓丑是喜剧脚色的基础上。当丑上场时,这两种喜剧脚色就按两者间的规范开始表演了:丑说明自己近来的状况,而末则用单句式的说白讽刺丑的说白。末脚的讽刺总发自与当前事件状况相反的理想状况。例如,当丑进场时,声称自己缺少客人,末却发现丑脚颇受青睐。这类言辞带有对相反的真实性的判断。紧接着又是一个这样的例子,末的言辞,正与实际情况相反,暗示丑所扮演的角色具备诸多技艺。末的全部言辞功能均与此相同,用以扰乱对话的正常流动。

末脚宾白的直接结论应该是圆梦人的技艺不佳,但奇怪的是,这位圆梦人最后却正确地解读张协的梦境。虽然,仍有其他解读这段文字的方式,如将其理解为对人民群众的迷信的批判,但笔者仍相信前一种意思就是这段文字想要传达的。读者可以发现不同层次的意义,但在口头表演中,观众仅能捕捉表面的意思。任何由读者所体会,介于假设圆梦人没有真实本领与能准确解读梦境之间的矛盾,都与此无关。显而易见,虽然故事的叙述方向要求丑脚准确地解读梦境,但是丑脚作为喜剧脚色的地位及丑脚与末脚间的关系,又要求末将丑的技艺置于疑问之中;也就是说,即使丑脚准确地解读了梦境,但在观众看来,丑脚仍然是江湖术士。正因为末,这一场景才如此生动。按照惯例,常由末以笑话结尾,在此例中,末就对短语"每对手"使用双关语,即建议丑找人摔跤。

语言的模糊性、人物形象的形成及韵脚的结构,常为喜剧场次的主体。双关语与其他文字游戏是贯穿全剧的闹剧类型。双关语尤其适合喜剧表

---

① 见《张协状元》,钱南扬《永乐大典戏文三种校注》第 26 页,台北:华正书局,1985 年版。

演，因其易于理解，也因为表面联系的意义只能在表面层次上有效（即使双关语还有更深层的意思），源自双关语的自发性，因宾白的速度与语言的浅显而增强。双关语之所以能成为闹剧的一种，就在于它的效果可被观众立即理解、反馈；如果须耗费时间理解，双关语的自发性就消失了，从而这一双关语也就被忽略了。正如双关语通过使用意思多变的词汇扰乱了交流，它们也增强了喜剧场次意在产生的混乱感。

《张协状元》中最常见的双关语类型是同音异义，中国语言尤其适宜同音异义的双关语，中国剧作家也对其格外重视，常追求到极致。绝大多数双关语与文字游戏由末表演，而由净与丑构建其前提。高超的文字游戏与中国书面文字形式常常——即使不是全部——主要由末表演。诸多成功的同音异义的双关语中的一个例子出现在第二十出中，由丑扮演的李小二前往江陵交税，想要购置一本记载科考结果的小册子：

（净）买登科记？（丑）买登科记，忘了个"登"。（末）借条蜡烛来。（丑）买登记。（末）登科记。（丑笑）又忘个"科"。（末）失路狗儿。①

此处的双关语与"登科记"有关。丑脚先忘说"登"，"登"与"灯"同音；后又忘说"科"，"科"又与犬所居的洞穴"窠"同音。"失路狗儿"无狗窝，故末有此一说。第一个双关语，"灯"已直接说明。而更常见如第二个双关语的形式，"窠"具有暗示性，需要观众自己找寻联系。在另一个例子中，末对丑扮演的角色名字"华禄子"使用双关语。生脚刚达到京城，询问丑脚的姓名：

（丑）子禄因前番不第，改作禄子。（末）甚年得你两角峥嵘？②

禄子是这个角色的名字，而且又与"鹿子"同音。末的讽刺只有在将角与鹿联系时，才能被理解。

书面文字的结构也是文字游戏的一种重要形式。正如上述的例子所

---

① 见《张协状元》，钱南扬《永乐大典戏文三种校注》第144页，台北：华正书局，1985年版。
② 见《张协状元》，钱南扬《永乐大典戏文三种校注》第123页，台北：华正书局，1985年版。

示,合适的名字是进行嘲讽的绝好目标。当张协到达京城,准备安定下来,参加科考时,遇见了另外二位学生,分别由净与末扮演,二人询问张协之名道:

　　(丑)拜揖!尊兄高姓?(生)小子姓张。(丑)是弓旁长?是立下早?(生)却是弓旁长。(丑)弓旁长,尉迟敬德器械。(末)单雄信见你胆寒。①

此处所引用的是唐代二位将军尉迟恭(585—658)与单雄信(?—620)的故事,这个故事在当时应颇为流行。② 此故事发生在李世民攻打王世充时。在战斗中,王世充命令将军单雄信杀死李世民,尉迟恭见单雄信一动,为救李世民,故放低双鞭,策马狂奔,撞倒单雄信之马后将单雄信杀死。"弓边长"字面为"弓字边的张字",但与"恭鞭长"(意为"使鞭松弛")同音。一般而言,末脚不会对两种主脚使用双关语或笑话。但是,这个例子中,末脚却以标准的、辛辣的讽刺对生脚使用双关语。还有相关的,因净脚不能熟记韵脚,及由此而来的"胡说八道"的滑稽类型。这种喜剧类型笔者将于下文讨论。

　　然而,末脚最重要功能是观众与场上,更准确地说,是观众与喜剧脚色间的调停者。作为调停者,末与其他喜剧脚色都是喜剧规范的组成部分,但在这之中,末脚与另外两种喜剧脚色间的距离使末脚可对喜剧脚色的滑稽语言与行为提出不同的看法;末脚经常讽刺喜剧性的白痴行径与荒谬的闹剧。末脚是全知性的脚色,与其他脚色保持距离,维持场上的秩序,束缚其他脚色的喜剧性闹剧,尤其在他们无法无天到不受控制时更是如此。如在第四十八出中,使相的一位老友,由净扮演,前来拜访使相。在简单地交谈年轻时踢气毬的情形后,二人就开始在场上踢气毬:

　　(净丑相踢倒介)(末)相公尊重。(净丑)说话忘怀。(末)忒忘怀。(净丑踢、有介)③

---

① 见《张协状元》,钱南扬《永乐大典戏文三种校注》第123页,台北:华正书局,1985年版。
② 相同的暗示也出现在前之第八出内,强人上场,阻挡两个商人前进时。
③ 见《张协状元》,钱南扬《永乐大典戏文三种校注》第198页,台北:华正书局,1985年版。

与此相似,诸如"你也忒减"①"说话一似当门犬"②"从来不度己"③则与其他脚色的特征、语言有特定的联系;它们揭示出末脚的评判,及末脚使其他脚色处于道德边界之内的功能。④

末脚也可以扮演仪式的司仪。例如在第十六出中,由末扮演的李大公主持婚礼,喝止净丑的贪嘴,使生旦完成婚礼仪式。事实上,此处如果没有末脚的仲裁作用,整出戏都会被喜剧脚色占据,使生旦二脚没有表演的空间,也不能使剧情向前发展。当喜剧脚色在与正剧脚色进行互动而过于放肆时,也是末脚阻止喜剧脚色,修护喜剧脚色的破坏,处理此类情形。在由丑脚扮演的李小二遵照父母的要求,送食物给身处破庙的贫女的情节中,小二在到达破庙后,立即向贫女求婚。贫女因丑脚的过分冒犯而愤愤不平,严厉地斥责丑脚的行为,这时由末扮演的李大公上场,向贫女进行解释:

[朱奴儿]奴感谢公婆恁地,大雪下托物来相惠。又感哥哥冒雪至,出言语话忒无知。你只道,没这样儿。怎敢要与奴为夫壻(婿)!(末)小娘子:[同前]适来它不担那酒米,我婆遂撩拨它说与,改日娘行与你娶贫女。它欢喜冒雪担至。你莫道,没这样儿。苦欺它道没张志!⑤

最后,末也是主脚间的调停者。在第二十出中,贫女恳求李大婆施舍钱财供张协进京赶考,而且用头发作为交换。李大婆为振奋贫女的情绪,请她喝了一杯酒。当贫女回到破庙时,生脚已因等待而焦虑、愤怒,又见贫女面色潮红,问她去了何处,并且威胁要殴打贫女。在贫女详细说明经过后,生脚依然不相信,最终殴打了贫女。此时,末脚上场,解释前因后果,使

---

① 见《张协状元》第四出,钱南扬《永乐大典戏文三种校注》第26页,北京:中华书局,1979。——译者按
② 见《张协状元》第五出,钱南扬《永乐大典戏文三种校注》第33页,北京:中华书局,1979。——译者按
③ 见《张协状元》第二十一出,钱南扬《永乐大典戏文三种校注》第113页,北京:中华书局,1979年版。——译者按
④ 见《张协状元》,钱南扬《永乐大典戏文三种校注》第33—133页,台北:华正书局,1985年版。
⑤ 见《张协状元》,钱南扬《永乐大典戏文三种校注》第68页,台北:华正书局,1985年版。

二位主脚归于平静:

> （生打旦）（旦叫）李大公！叫李大公相救！（生）叫甚么李大公！（末出）读万卷书,知千古事。解元,你两人撕吵则甚？……（末）[同前]婆婆八年忺要头髻,才瞥见一地欢喜。银和酒是家里底,休闲争休得呕气。听启:你那个害了家计？①

调停者的功能,使末脚居于喜剧场景的边缘,赋予末脚对喜剧脚色的权威,这种权威贯穿全剧,并且没有其他脚色可以破坏。末脚的单句式辛辣评判与双关语式智慧,是该脚色的内在组成部分,揭示出末脚与喜剧性白痴行径和净丑的荒谬的间接联系。

末脚作为观众与场上的调停者的功能在"开场"中,由其为观众介绍剧情概况时就已经建立。但也有诸多末脚的讽刺直接为观众所发的例子,即使其并未在剧本中注明"旁白"二字。例如,当由净扮演的行旅商人,在马上进入五鸡山时,吹嘘自己使用棒、枪的高超技艺,并宣称会在山中险路上保护他们二人,末脚则回复道:"只怕你说得一大丈。"而后,由丑扮演的强人上场,声称自己可独自处理任何情形,末脚意识到丑的吹嘘,评价净丑道:"都说得一合。"②此种介于末与观众间的特殊关系,在如下场景中尤为明显,在这一场景中,末上场后概述先前所发生的事件:

> （末出）看底,莫道水性从来无定准,这头方了那头圆,那胜花娘子一意要嫁状元,那张状元心下好不活落。赫王相公是当朝宰相,娘子有些不周,你道如何？怕你贪观天上中秋月,失却盘中照殿珠。③

末脚展现出元戏剧与戏剧幻象的元素。对所呈现剧作的自觉,显现于对脚色本质的幻象之中。脚色意识到自己正被观看,而且即使是模仿元素也需要用以给予故事真实之感,对模仿幻象做定期地揭露也同样重要。末

---

① 见《张协状元》,钱南扬《永乐大典戏文三种校注》第104—105页,台北:华正书局,1985年版。
② 见《张协状元》,钱南扬《永乐大典戏文三种校注》第43—44页,台北:华正书局,1985年版。
③ 见《张协状元》,钱南扬《永乐大典戏文三种校注》第152页,台北:华正书局,1985年版。

脚尤其以揭露其他脚色的特征及装扮与性别为乐。在《张协状元》的最开始,末脚就揭露净脚的本质:"一出来便开放大口。"这就是净脚放纵的语言及风格的幻象。① 在随后的例子中,由丑扮演的小二抱怨贫女拒绝嫁与其为妻。当小二向父母描述全过程时,提及自己是白白净净之人,这与丑脚本身的特点相矛盾,于是,末脚便讽刺道:"只是嘴乌。"这就是对当时丑脚的脸谱的幻象。②

在婚宴期间,扮演山神的净脚准备离开时,末讽刺道:

(末)大王回云也。(净)我去讨那夫人。(末)则甚底?(净)各自排个筵席。(末)又要吃。(净)三献,三献,酒肉不曾见面。③

对酒食的喜爱,更准确地说,对酒食的贪婪是净丑的共同特征,剧作者使用夸张手法将此特征描绘到极致。在这个例子中,山神离开以便由净扮演的另一个角色李大婆上场参加婚宴。正如其一贯所为,末脚又强调了丑脚的贪吃本性。

另一种揭露脚色本质的常用方式由演员本身达成。由于男女演员均可扮演全部脚色,所以嘲弄常常基于演员的性别。在《张协状元》中,旦脚经常是嘲弄的对象,这证明,至少在此剧作首次表演时,旦脚是由男演员扮演的。但是,由于末脚不可以捉弄正剧脚色,对正剧脚色的嘲讽就只能留给另外二种喜剧脚色。④ 而且,由净脚扮演的女性角色李大婆也十分适合此类喜剧性闹剧。在第十六出中,当婚礼一结束,由净脚扮演的山神便要离开,以便换装成李大婆,使李大婆参与婚宴。李大婆上场,手上持鞋:

---

① 见《张协状元》,钱南扬《永乐大典戏文三种校注》第13页,台北:华正书局,1985年版。
② 在后世,丑脚的乌嘴造型消失,但在眼鼻间画一白点的造型却保留为丑脚的主要特征。
③ 见《张协状元》,钱南扬《永乐大典戏文三种校注》第85页,台北:华正书局,1985年版。
④ 如,在张协为官后,贫女到达张协的衙门,并向张协的二位门房打听消息:"(净)且是假夫人。(旦)闻及第状元在此安歇。(净)便是。如今呼作名金。来作甚么?是讨珠钱?(末)待它自说。(旦)奴家特来见状元。(净)要见状元,便着紫衫,我便传名纸。(旦)奴家是妇人。(净)妇人如何不扎脚?"见《张协状元》,钱南扬《永乐大典戏文三种校注》第160页,台北:华正书局,1985年版。当旦脚首次拜见净脚时,净脚即暴露其为"假夫人",其后又解释,是因为旦脚不裹脚的缘故。更有可能,虽然此评论乃为戏弄旦脚而发,但为观众与净脚分受。

(净挈鞋出唱)[同前]先来是我脚儿小,步三寸莲。(末白)一尺三寸。①

末脚的讽刺直接针对净脚未裹过的大脚,这显示净脚实为男演员所扮演。由于有禁止女性参与戏曲演出的限令,所以女脚色也常由男演员扮演。在这个例子中,这一讽刺或向观众解释演员的性别,但更有可能,末脚只是针对这一脚色的性别及其粗俗的特征。

脚色名也强调末脚作为演员与观众间的调停者的功能。《张协状元》中有一次,净脚召唤副末。除介绍剧情的脚色外,"副末"极其少见,但在这个例子中,副末明显指剧作中的末脚。副末与末之间的连续性,因末脚不断地面向观众说话而清晰。在净将副末当作末的两个例子中,净脚均处于攻击性的顶端,而由"副末"告知观众。在第五出中,张协准备离家,净召唤侍从:

(净白)嗷,叫副末底过来。(末出)触来勿与兢,事过心清凉。未做得事,先自"嗷"将来,只莫管它便了。(末背净立)(净)嗷,莫管它,莫管它,(扯末耳)。②

副末下场,又在一会儿之后于张协准备离家时被叫回:

(净)叫副末底过来。(末拖雨伞上)五里单牌,十里双堠,只凭这些子。(净)叫轻放,怕跌折了!(末)说话一似当门犬。③

在这里,雨伞被作为行旅的象征,"牌""堠"则是距离的标识。净脚的言论可能与副末正欲离去,行色匆匆有关,而且因副末讽刺其粗俗的本性,净的宾白一定是以极大声喊出。用脚色名召唤某脚色("叫副末底过来"),实际上反映了更大的戏剧结构。当演员入场时,最先注明的,是脚色名,而不是角色名。当然,脚色名仅出现于舞台提示内;脚色一旦入场,

---

① 见《张协状元》,钱南扬《永乐大典戏文三种校注》第86页,台北:华正书局,1985年版。
② 见《张协状元》,钱南扬《永乐大典戏文三种校注》第32页,台北:华正书局,1985年版。
③ 见《张协状元》,钱南扬《永乐大典戏文三种校注》第32页,台北:华正书局,1985年版。

就需要向观众简单介绍自己。当场上以脚色名而非角色名召唤某脚色时，对戏剧幻象的引用，则毫无疑问是有意为之的。

　　末脚语言使用的公式化及脚色功能，促成该脚色的连续性，否则其便为不完整的脚色。与其他角色的长期关系也保持该脚色的本质的完整性。在《张协状元》中，李大婆夫妻可能是最突出的净、末组合。由丑扮演的使相王德用与其由末扮演的管家，以相似的规范表演，但二者的互动所期望产生的效果却不大相同。虽然净、末或丑、末组合均不改变标准的表演规范，在全部的实例中，均由喜剧脚色建立闹剧，由末脚封堵，他们贯穿全剧的关系长度使角色（李大婆夫妻、使相王德用与其管家）的位置提前决定于脚色（净、末或丑、末）的关系。这一特点在使相与管家的关系中最为明显，在二人之中，使相的位高权重并不影响两种脚色之间的互动，因而，仍然还是由末脚（管家）不停地戏弄丑（使相）。

　　末脚明显是一种独立、居支配地位的脚色。其独立性源于与生旦脚及喜剧性脚色间所保持的距离。换言之，末脚可使自身从故事及闹剧中分离。末脚在场上及喜剧性附属场次中的功能是维持秩序。在场上，末脚通过在场次中直接面对观众——可能由于观众会随时离场——及解决主脚与配脚间的争论而维持秩序。在面向观众的宾白中，末脚常常介绍剧情，但多数时候则是告知观众道德标准，当身处喜剧性场次中时，末脚又使闹剧置于可允许的范围内，结束喜剧动作，使剧情向前发展。总而言之，末脚使观众清楚戏剧的幻象，通过提醒观众剧作是一种幻象，告诫观众故事的虚构性，意在保证剧作的道德水准。

第二节　净　　脚

　　《张协状元》是不同表演类型的综合。① 在这部剧作中所见的表演类型有武术、说书、唱曲——包括原组成大曲的部分曲子——及诸宫调的片段。这类表演，每一种都需要特定技艺形式，也是这些技艺促进了脚色的专业化。喜剧性夸张与诸如舞蹈、踢气球、猜谜、拟声（如口技）及模仿的表演几乎全部限于喜剧性场次中。这类表演形式虽然丰富，但与剧情并不

------

① 翁敏华《张协状元和中国戏曲艺术形式初创》，载《上海师范大学学报》1983年第4期。郭亮《早期南戏表演探源：〈张协状元〉剖析》，载《戏剧艺术》1982年第2期。

直接相关。翁敏华指出,此类早期戏剧形式,其重点主要为展示技艺,并非叙述故事(历史故事或其他故事)、呈现社会或塑造人物。① 换言之,即早期南戏剧作重视技艺展示。《张协状元》本身也在开头处即做此声明,生说道:"谙诨砌,酬酢仗歌谣。"②虽然故事叙述成分在使剧作完整、传达道德教义上——如上文已述及,这两种目标由末脚实现——具有重要意义,而喜剧部分则大多数着意在朴素、即时的娱乐。

净脚是《张协状元》的主要喜剧脚色,也是末脚与丑脚的喜剧助手。丑脚的喜剧功能虽常常与净脚的喜剧功能重合,但当净脚与丑脚处于同一个场景中时,二者之间有明显的等级关系。当净脚与其他喜剧性脚色同时出现时,净脚常承担主要的喜剧动作。这可能正如学者徐渭所宣称的,在明代演员中净脚是"优中最尊"③的原因。

《都城纪胜》与《辍耕录》将副净描述为喜剧性滑稽演员的一种。《都城纪胜》指出副净表演"发乔"。胡忌解释"发乔"之意为表演"滑稽虚伪"。④《辍耕录》中,副净首先被描述为末脚的搭档,但随后又立即将其作为"焰段"的脚色而加以详细描述,陶宗仪指出"焰段"与"院本"相似,但更短小。⑤

> 其(焰段)间副净有散说,有道念,有筋斗,有科泛。⑥

可惜已无法确知"院本"与"焰段"表演的相似程度如何,以及院本与焰段中副净的表演方式是否相同。然而,暂置这一区别不论,副净作为喜剧与杂剧演员的功能,大体上与《张协状元》中的净脚相同。净脚的表演技艺已经被划分为四部分,即唱曲、说白、动作与杂技。在表演中对某种特定技艺的重视程度,决定于剧中环境与脚色所扮演的角色的特征,亦决定

---

① 翁敏华《张协状元和中国戏曲艺术形式初创》,载《上海师范大学学报》1983年第4期。
② 见《张协状元》,钱南扬《永乐大典戏文三种校注》第13页,台北:华正书局,1985年版。
③ 徐渭《南词叙录》,《中国古典戏曲论著集成》(第三册)第245—246页,北京:中国戏剧出版社,1959年版。
④ 灌圃耐得翁《都城纪胜》,《东京梦华录(外四种)》第96页,台北:大立出版社,1980年版;胡忌《宋金杂剧考》第296—298页,上海:古典文学出版社,1957年版。
⑤ 陶宗仪指出,院本与杂剧本为一,至其生活之时代方分为二。然而,其并未解释,院本与焰段间之相似之处,及焰段是否为院本或更早戏剧形式的当时表演形式。
⑥ 陶宗仪《南村辍耕录》第306页,北京:中华书局,1980年版。

于表演的环境。虽然这一类技艺互相协调发展,但通过对比,仍然可以发现它们的区别。四种技艺中的三种,除唱曲外,已见于陶宗仪的描述中。但陶宗仪做这一描述时,表演大体上仍然只是早期的闹剧。所以这里还有一个戏剧形式的问题。南北戏曲的脚色体制的接近程度如何?可以假设净脚在南北脚色体制中以相似的方式发展吗?净脚首先出现在哪种脚色体制内?

在元代,散曲家汤舜民以夸张的手法描述副净是技艺高超的喜剧脚色:

> 付净色腆嚻庞,张怪脸,发乔科,喏冷诨:立木形骸与世违。①

到朱权的时代,"献笑供谄者"净脚已经在脸上涂上粉墨。② 如果还有疑问,那么《水浒传》中对宫廷内的表演的描写可能是最完整的描述。在这一段描述中,曾两次提及净脚,一次是"净",另一次是"贴净"。"贴"字用于指代次一级的"净","贴净"可能与"副净"相同。《水浒传》中对净与贴净的描述颇为不同。

> 第四个净色的,语言动众,颜色繁过,依院本填腔调曲,按格范打浑发科;
> 第五个贴净的,忙中九伯,眼目张狂,队额角涂一道明戗,劈面门抹两色蛤粉。裹一顶油油腻腻旧头巾,穿一领邋邋遢遢泼戏袄。吃六棒朾板不嫌疼,打两杖麻鞭浑似耍。③

这两段引文所描述的,是北宋时期的宫廷表演,是"杂剧"表演之后的院本表演。与早期对喜剧二人组的描述不同,这里所描述的脚色同属于脚

---

① 见汤舜民《新建勾栏教坊求赞》,隋树森《全元散曲》第1494—1496页,台南:平平出版社,1973年版。本段翻译见伊维德、奚如谷《中国戏剧1100—1450》(*Chinese Theater* 1100-1450)第112—113页,Wiesbaden: Steiner, 1982年版。

② 《太和正音谱》,《中国古典戏曲论著集成》(第三册)第53—54页,北京:中国戏剧出版社,1959年版。朱权亦试图区分"净"与"靓",其认为"净"脚(具"洁净"特征)乃古时对涂脸之"靓"脚的称呼,而二者均指代同一脚色。

③ 《水浒传》,《中国古典小说新刊》(第二卷,第八十二回)第1078—1079页,台北:联经出版事业股份有限公司,1987年版。

色"净"。虽然无法确知愚弄与被愚弄的喜剧二人组的永恒性,但从《水浒传》中对两种净脚描写的不同,仍可以看出净脚最开始的细分,类似于讲笑话的"文丑"与在舞台上跳动的"武丑"。可以根据这一点理解出现在《张协状元》中的净脚与丑脚的功能。例如,在第二十四出内,一位由丑扮演的科举考生,因拖欠由净扮演的店主婆房钱,所以被店主婆追着在场上疯狂跑动:

(净作店婆出)好也!好也!店主人奈何你不得,也须有店主婆。少我房钱不还!(擒丑)我奈何你不得!(打丑、有介)(丑)饶我!店主婆!大娘子!(末)有许多称呼。(净)少我三十个房钱。(丑)只二十九个。(净丑争)①

净脚在场上追逐丑脚,而丑脚则试图逃离。这里的丑脚十分符合《水浒传》中对"贴净"的描述。《水浒传》对喜剧性净脚的描述与《张协状元》中对怒气勃发的净脚的描述并不相同。《水浒传》中的"净脚",除具有也曾被陶宗仪述及的三种技艺外,另外还有第四种技艺,即是一种可以唱曲的脚色。净脚的表演剧目的这个特点,对北宋院本表演而言非常少见,除非这是为宫廷表演。而且,虽然在《水浒传》对表演的描述中已提及"末",但并未提及任何可以与其合作演出的脚色。涂面的贴净也很少见。虽然早就有脚色涂面的传统,但并不能确知这种做法起源于何时,②它的复杂程度如何。《张协状元》中,除末脚提供的分散信息以外,对脚色装扮的描述非常少见;而由末所提供的信息则如丑脚的乌嘴与旦脚的头饰。上文所提及的贴净的涂面风格几乎与现代任何一种丑脚的涂面风格相同。但是,净与丑的区别,并未被《张协状元》或上述的引文证实。有许多例子可证明净丑二脚色可互相置换。

《张协状元》中,净脚扮演包括男女配角在内的诸多角色。③ 也有某些倾向于重复由净脚扮演的角色,如山神与李大婆。净脚可以和末脚或丑脚组合,而且二种组合中的任何一种,其表演规范均多种多样。当净脚与丑

---

① 见《张协状元》,钱南扬《永乐大典戏文三种校注》第124页,台北:华正书局,1985年版。
② 笔者于此处已区分涂面与面具。
③ 由净脚所扮演之人物:张协之友人其一、张协之母、一行旅商人、山神、李大婆、女旅店主、贩登科录之人、贫女为王德用收养时之女仆人、一书生、词人柳永及谭节使。

脚组合时,净脚占上风。这种等级关系不仅存在于脚色之中,也存在于所扮演的人物之中,在喜剧性场景中,丑脚往往扮演地位较低的角色,如小鬼或李大婆夫妇之子小二。如在第十六出中,净脚不仅是主要喜剧脚色,也是这个场次的领导者,承担主要的动作表演。与这一出中,由丑扮演的小鬼不仅在脚色上也在角色上听命于净脚。

净脚共扮演十四个角色——对同一个脚色而言净脚所扮演的喜剧人物的范围相当广泛。但是,某种劳力的区分开始证明其自身。这种初始的区分在后世的戏曲形式中发展为脚色细分,体现在净脚的二重功能:一种为口头表演,为末使用双关语而设定说白,也扮演滑稽小丑,另一种净脚则表演高超的杂技技艺娱乐观众。并非所有净脚的滑稽动作都可以通过最简单的文字从而被定义为喜剧,如有意或无意地煽动幽默、引起笑声;净脚的大部分表演均依靠身体技能,从而给人印象、使人高兴。在前一种功能中,净脚所扮演的角色尤其能代表人类的世俗感情,而在后一种功能中,净脚则展现对诸多技艺的精通。这两种技艺,在净脚内取得高度综合,而且也在真正的闹剧中,逐渐发展为净脚的文、武两方面。

在净脚基本的身体技能中,有口技、打斗、踢气球及使用枪棒等。翁敏华认为净脚的口头模仿技能是说书人叙事表演的遗留。① 如犬吠与鸡鸣均意在给出真实之感:

(净在戏房作犬吠)(净出白)小二,去洋头看,怕有人来偷鸡!(作鸡叫)②

或马之嘶鸣:(净在戏房作马嘶)(净出)③

踢气球是净脚与丑脚共享的技艺。在第四十八出,由丑脚扮演的使相,刚抵达梓州,当地官员即立即求见。其中有使相的两位老友,都是真实的历史人物:词人柳永与谭节使。二人均由净扮演;这一点较为奇特,因为通常一个场次内只出现一次某类型的脚色。但是,在这两场闹剧间,有时间使一位净脚离场,让下一位净脚入场,所以也有两位净脚均由同一演员

---

① 翁敏华《张协状元和中国戏曲艺术形式初创》,载《上海师范大学学报》1983年第4期。
② 见《张协状元》,钱南扬《永乐大典戏文三种校注》第120页,台北:华正书局,1985年版。
③ 见《张协状元》,钱南扬《永乐大典戏文三种校注》第211页,台北:华正书局,1985年版。

扮演的可能。柳永，宋代著名词人，以代女性发声，创作闺房作品而知名，在剧中由净扮演。柳永进场后，浮浪的名声使他成为一个有趣的喜剧人物。与此相对，谭节使是一位将军，故较为正式。以喜剧脚色扮演重要人物的用法毫无疑问会在观众中产生喜剧倾向，从喜剧角度展现社会文化。在如下引文中，词人柳永正拜访新被任命为梓州长官的王德用。二人回忆起已经过去的年轻岁月：

（净）相公踢得流星随步转，明月逐人来。记得耆卿踢个左帘，相公踢个右帘。耆卿踢个左拐。（丑）当职踢个右拐。（净丑相踢倒介）（末）相公尊重。（净丑）说话忘怀。（末）戒忘怀。（净丑踢、有介）（净）耆卿告退。（丑）容送。（净）纳步。（下）①

一会儿后，使相的侍从领谭节使进场。谭节使上场后，便与使相表演起有关城市景色的闹剧：

（净）有问即对，无问不答。此间在都一路，梓州诸行，百万户锦绣珠玑，数十里层楼华屋。只一件，榜示若饮酒是严禁厮打紧白。前日两个小人，一个道欠钱，一个道不欠钱，十八般武艺都不会，只会白厮打。这个打一拳，这个也打一拳。这个踢一脚。（丑）这个也踢一脚。（净丑相踢倒介）（末）不尚庄身打扮。喝汤。（净应）（末）你又来。（净）洒家告退。（丑）容送。（净）纳步。（下）②

这部分与前一部分相似，同样由净丑表演滑稽闹剧，后被末脚的冷静介入打断，这种模式重复了两次。但重复是喜剧的常见现象，而且极其公式化。由此可见公式化不仅存于滑稽闹剧中，在修辞学层次上，也见于末脚的一句式辛辣讽刺，及特定曲调的重复。例如，在第二十四出的滑稽曲调[麻郎]中，四种脚色，即三种喜剧脚色与生脚，通过使用这支曲的四个

---

① 见《张协状元》，钱南扬《永乐大典戏文三种校注》第 197—203 页，台北：华正书局，1985年版。

② 见《张协状元》，钱南扬《永乐大典戏文三种校注》第 197—203 页，台北：华正书局，1985年版。

乐段,将喜剧性对话交互地演唱而出,从而通过唱曲扩展了交谈的内容。① 与语言模式的闹剧相同,技艺闹剧也倾向于重复,有时这两种表演之间甚至没有间隙。但是,语言的重复表现为促进即兴表演、以记忆工具辅助演员的内在戏剧结构,而闹剧表演的重复,尤其是技艺闹剧的重复,表现为不同表演形式在戏剧中的并列。这类表演序列,几乎由同一脚色所扮演的不同角色重复,似乎完全为增加剧作的多样性而增设,多样性具有压倒性的娱乐价值。如果动作早已被见于嘲弄之中,重复只会增加嘲弄,而且,连篇累牍的重复,可使观众的注意力集中。所以,喜剧性闹剧愈来愈多地出现在场上,愈来愈多的注意力集中于娱乐之上。

敌意冲突常见于净脚。打斗肯定是另一种形式的表演,类似马戏小丑表演,在这种表演中,受愚弄的对象会被无赖甩下舞台。但并不能确知这种表演是否需要专门的技艺。但正如马戏小丑表演,以某种不觉疼痛的方式摔倒确实须特定身体技能。例如,净脚两次以场上之名"副末"召唤末脚。末脚上台后抱怨手边之事受到打扰,愤怒地背对着净脚。这一姿势激怒了净脚,净脚便拉起末脚的耳朵。

(末背净立)(净)啖莫管它,莫管它,(扯末耳)你说谁?(末)不曾说甚底。(净有介)(外)妈妈,为何恁地发怒?②

舞台指示中注明的动作,可能与净脚更激烈的行为有关,所以外脚才有此一问。净脚这种激进的行为并不常见,此处也没有给出这一动作的明显原因和辩护理由。一般来说,某种激烈的冲突会被其他脚色的闹剧封堵,从而使其轻描淡写。这通常是末脚的任务,但在这个场景中,末脚只是简单地说道,"县君每常恁地",这一做法,不仅未消除净脚的敌意,反而将其加重。③ 敌意的表现位于闹剧中的身体技能的核心。虽然即使按照惯例,闹剧中的动作并不需要辩护理由,但在《张协状元》中,其仍被证明正当。当闹剧如所引上文并未证明正当时,就有可能被一晃而过。另一个相似的例子是包括女旅店主与一位书生在内、净脚对丑脚的追逐。④ 虽然无

---

① 见《张协状元》,钱南扬《永乐大典戏文三种校注》第 124 页,台北:华正书局,1985 年版。
② 见《张协状元》,钱南扬《永乐大典戏文三种校注》第 32 页,台北:华正书局,1985 年版。
③ 见《张协状元》,钱南扬《永乐大典戏文三种校注》第 32 页,台北:华正书局,1985 年版。
④ 见《张协状元》第二十四出。

法确知这类行为的夸张程度,但如果与当今仍在舞台上演出的,以净、丑为中心的折子戏①作比较,就可以看出打斗、揪耳朵、踢气球等行为确实非常夸张。速度毫无疑问也在闹剧表演扮演重要角色。速度也是基本的要素,使重复一晃而过、消除敌意冲突、阻止闹剧更多地反映所呈现的事物。当艾里克·本特利指出在闹剧中深思熟虑地提速"可允许某人发怒,又免除其后果"②时,似乎已指出闹剧通用的法则。闹剧的敌意冲突不过是人类破坏本性的体现,这种本性常被隐藏。闹剧破坏文明的表象,但又借速度(也包括夸张、不协调等其他元素)不允许观众细想。

毫无疑问,正如弗洛伊德理论对滑稽的看法,敌意冲突的目的在于使观众从文明的压抑,维持社会秩序但也抑制人类本性的社会教条中解脱出来。与滑稽一致,敌意冲突也片刻释放这类本性,放松人们的压力。敌意冲突受相同教化机构的支配,常被法律定罪。例如,因害怕被逮捕,人们不敢在公众场合斗殴或羞辱某人。社会使用各种办法制定规则限制人类的暴力,人们必须寻求途径释放社会压迫所造成的压力。在闹剧中,这类规则均被暂时打破,并向观众展示,舞台为这种能量的释放提供保护,因为戏剧(尤其是其中的喜剧部分)清楚地展现其幻象特征。戏剧幻象被人物复活的恢复力,及被其他脚色殴打而未受伤所突出。这种不切实际或不可信的元素,颇似动画片中所发生的事,动画片中的角色,不断地被另一种角色殴打,但从未受伤,只是受到惊吓。舞台表现出同样的功能,制造场景真实与观众间的距离。这种距离因增加滑稽闹剧的喜剧特征而成为安全阀门。在《张协状元》中,末脚就是更激进脚色的社会破坏倾向的查核者。

在《张协状元》第八出中,净脚对枪棒的使用是身体技能编织入喜剧表演的极好例子。虽然脚色的杂技技艺是表演的重要成分,但这种技艺如果没有所表现人物的角色特征的帮助,就很少出现。自然而然,演员所扮演的脚色必须允许脚色表现全部的身体技能与喜剧技艺。角色刻画与身体技艺的综合可以被第八出中对棍棒的使用表现。分别由净脚与末脚扮

---

① 折子戏选择不同戏曲形式之场次,将其一同表演。在戏曲表演中,当全剧表演成为注意之中心时,脚色则屈居第二位。故而,将一出以"丑脚"为中心的场次挑选出来,单独表演,那么在这一出中,丑脚之闹剧表演即成为中心。

② 艾里克·本特利(Eric Bentley,1916-),美国知名评论家、剧作家、歌手、编辑与翻译家,出生于英国。此处引自其著作 The Psychology of Farce: Let's Get a Divorce and Other Plays(《闹剧心理学——剧作〈让我们离婚吧〉及其他》), New York: Hill and Wang Inc., 1958, p.xiii.

演的两位客商,正准备穿越五鸡山。当更慎重的末脚担心遇到强盗时,净脚夸耀自己使用枪棒的技艺,并且开始展示技艺,而且为所表演的多种带枪棒的打斗形式命名。然而当由丑所扮演的强人进场时,净脚的勇气消失无踪。炫耀,如同对酒食的贪婪,是净脚与丑脚的本质特征,而且常伴随杂技表演。

(净白)我物事到强人来劫去,你自放心!我使几路棒与你看。(末)愿闻。(净使棒介)这个山上棒,这个山下棒,这个船上棒,这个水底棒。这个你吃底。(末)甚棒?(净)地,地头棒。(末)甚罪过!(净)棒来与它使棒,枪来与他刺枪。有路上枪,马上枪,海船上枪。如何使棒?有南棒,南北棒,有大开门,有小开门。贼若来时,我便关了门。(末)且是稳当。(净)棒,更有山东棒,有草棒。我是徽州婺源县祠山广德军枪棒部署,四山五岳刺枪使棒有名人。①

杂技表演被如此紧密地综合进脚色的特征之中,所以很难区分到底是为使夸耀合理而增添技艺的展示,还是技艺被添入了早已存在的夸耀理念之中。笔者认为前者更具说服力,因此,为了将技艺综合进故事叙述,夸耀也被添入脚色之中。

显然,与丑脚一致,净脚的主要喜剧功能也是闹剧表演。在西方,闹剧常被负面地当作最低级的喜剧形式之一,因为与其他戏剧形式不同,闹剧中身体技能远远多于口头与文字技能。正如《张协状元》所展现的,事实确实如此。闹剧紧密联系演员的艺术创造性,而且因着重夸张,所以闹剧更多地依靠演员的表情、姿势与动作。净脚的闹剧元素大量地依靠身体技能中激进的类型。但语言也是重要的。闹剧的诸多鲁莽、非礼、荒谬均建立于语言。评论者抱怨早期南戏作品的语言不堪忍受的卑劣正暗示这一点。但评论者恰好也批判了闹剧达成目标的途径。因为闹剧意在推翻有关亲昵行为(性、鲁莽、攻击性行为)与说理(胡说八道、无法无天)的禁忌,并且在自由的表演中放纵这些行为,所以闹剧抵制这些负面的评价。将某种试图破坏说理的规则的表演贬为不合理的意图何在?为何将某种通过精致的、无意义的表演准确达到其目的的表演批判为荒谬?

---

① 见《张协状元》,钱南扬《永乐大典戏文三种校注》第43页,台北:华正书局,1985年版。

闹剧是喜剧的基本形式,也是最具破坏性的成分。而且,与其他戏剧形式不同,闹剧的目的不在于纠正社会。虽然反语与讽刺可通过嘲笑社会的偏差,指出社会的病态,又将闹剧本身带回大众可接受的范围内,但闹剧缺乏直接的意义(闹剧只揭示病态,但不进行批判),只是简单地表达人类最基本的努力。

闹剧与其他喜剧形式的区别可清楚地见于末脚的辛辣讽刺——末脚可以限制不自觉的闹剧脚色爆炸性的滑稽表演——与净脚、丑脚的滑稽表演与荒谬表演中。净丑所表演的闹剧是喜剧的一种形式,闹剧容易越出边际而且容易过度,需要由另外一种喜剧将闹剧限制于界限之内,即扮演社会纠正者的末脚的讽刺。有些脚色用以破坏道德标准与理性,而有些脚色则用以修护这些标准与理性。由末脚所说的、关于净脚的滑稽表演的每一句讽刺,将这一脚色的道德品质置于问题之中。毫无疑问,广义的喜剧对剧作全局性的成功具重要意义。喜剧意在娱乐,也用以缓解由剧作的感情色彩与严肃的说理所造成的紧张情绪。但是,如果这就是喜剧场景的目标,那么管理性脚色在此处的作用是什么? 这可能就是闹剧与其他戏剧形式的本质区别所在:一种用以表达狂欢式的自由,另一种则具有规范社会的目的。闹剧在《张协状元》中是至关重要的要素,也是大部分喜剧剧作表演至关重要的要素。如果闹剧真如梅耶荷德所言"是永恒"的①,那也是因为闹剧使人们从常年、普遍的禁忌中解脱出来。

如果闹剧的一面是身体技能与激进情绪,另一面则与净脚扮演的角色所展现的人类感情紧密联系。净脚主要表现负面人物——滑稽、粗俗、全身恶习——但也可以扮演中性,甚至是如胜花的女仆这样的正面的角色。后世净脚的一种特征较少见于戏曲早期阶段,但到明代中叶,正直、无畏的角色如猛汉李逵或刚正不阿的包青天均被认为由净扮演最佳。在《张协状元》中,由净脚扮演的角色,大部分都恶习满身但又不是罪恶的典型,这体现出某些特定世俗的感情是净脚的内在组成部分。任何由净脚或丑脚扮演的角色均以世俗感情作为角色特征的中心,而且这种情感就是他们的幽默感。通过对卑微的世俗感情的表现(及夸大),人物的角色特征也随之发展。

---

① Vesevold Meyerhold(梅耶荷德),"*Farce*" in Theater in The Twentieth Century(《20 世纪剧作之"闹剧"》), Robert W.Corrigan, New York: Grove Press, 1963, pp.192-206.

贪婪的山神对酒食的贪求是由净脚夸大感情的实例之一。在第十六出中,净脚在婚礼上扮演破庙中的山神。净脚进场,向观众介绍自己,抱怨当地人提供的供品寒酸。末脚进场,确认所有的婚宴用品都已经齐备:

(末出唱)[大影戏]今日设个几案,(喏)些儿事要相干。(净白)相干,莫是空口来问我?(末)且听下文:(唱)靠歇子有个猪头至。(净笑指末白)饿老雅喜欢!(唱)斟些酒食须教满。①

山神作为促成婚姻的神灵,毫无疑问,必须首先为其提供供品。净脚的贪婪保持在整个场次中:山神首先要求供上酒,后又将酒偷喝,最后为寻找也由净扮演的李大婆而下场。因为山神必须出现于婚礼中,李大婆无法在场;因此,当婚礼结束后,扮演山神的净脚,需要离开并换装为李大婆。净脚本身的特征为他提供了以另外角色重新进场的完美托辞。同一脚色在同一个场景中出现两次的情况非常特殊,即使这种情况在全剧中出现了两次——一次纯粹为娱乐观众,上述的例子又是出于剧本所需。第十六出可作为全剧最出色的喜剧场次被单独挑出,也因为这出戏完整地将曲子与对话序列融合,有效地综合了仪式的庄严与喜剧脚色净与丑的感情。后面的这个特点为分析角色与脚色间的不同提供了完美的背景。末脚满怀崇敬地为由净扮演的山神呈献贡品,但山神因由贪婪引起的焦躁与不安不断地打断婚礼进程,强迫试图使婚礼继续进行的末脚不断地满足其要求。脚色(末、净、丑)的表演规范将脚色本身插入故事之中。首先,净脚对酒的渴求欲增强:

(净)尊神等候许多时,如何恁生□?(末白)你好急性!请解元和娘子出来。(净)斟酒!(末)且未好。②

神灵世界与人类世界的交流并不少见,尤其是在戏剧中,鬼魂可在场上四处飘荡,死尸可复生,但此处末与净的交流,全出于净脚的脚色本性的

---

① 见《张协状元》,钱南扬《永乐大典戏文三种校注》第 83 页,台北:华正书局,1985 年版。
② 见《张协状元》,钱南扬《永乐大典戏文三种校注》第 83—84 页,台北:华正书局,1985 年版。

强迫。扮演李大公的末脚,正准备开始贫女与张协间的婚礼,与山神(净)沟通之人并非李大公,而是扮演李大公的末。这一点可由生与旦进场,婚礼一开始时说明。李大公责备小二不斟酒,并未意识到由净扮演的山神正高兴地喝着酒。最后,当小二告知李大公是山神偷了酒时,末脚为山神的力量感到惊讶:

(净偷酒)(末捉唱)见得神灵异,两头都是。①

由末扮演的角色(李大公)并未见到山神,也不能对神灵力量有反应,直到由丑扮演的小二,因曾与山神交流,从而为李大公将山神指出。事实上,净与末二脚色的交流,及与此同时由角色到脚色的运动,均被细致、有效地从这一场次最开始,即末上场要求山神合作,声明将会供上好酒好菜作为报答时,编织在了一起。随后,当山神要求上酒时,末脚又将其特征从虔诚的李大公滑到世故、冷嘲的末脚,评判山神的焦躁。还有一个例子,当末召唤山神时,末脚迅速地从角色转变为脚色:

(末)我个神道灵。(净)可知道灵!(末)庙祝甚年会肥?(净偷酒肉、有介)(末)请解元祷祝。②

这里的第一句,是末脚向山神祈愿时所说的话。而山神却以打趣自己偷酒的神验作为回复,据此,末脚便以其"脚色"(并非以其"角色")回应以对山神的神验的字面理解为基础的诙谐讽刺。末脚说的是,如果山神确实有效力,这个地区将会更富裕,供品也会更丰富,所以供品的最终所有者庙祝,也会发胖。在最后一句中,"末脚"又回到角色与仪式中,召唤生脚说他的祈祷词。在某种程度上,是山神或净脚放肆的贪欲迫使末脚不断地走出其角色,使表演规范向前。这种模式实际上重复了两次,一次有生,一次有旦。在这个两个例子中,净脚的关注点都是酒食。

整个场次中,净脚,当然还有净脚永恒的同伴丑脚,除吃喝外,并没有其他的关注点。净脚要求斟上酒,"胡乱早泻酒"。净脚偷走酒食:"净偷

---

① 见《张协状元》,钱南扬《永乐大典戏文三种校注》第85页,台北:华正书局,1985年版。
② 见《张协状元》,钱南扬《永乐大典戏文三种校注》第84页,台北:华正书局,1985年版。

酒肉、有介。"随后,"丑泻酒,净又偷吃",而且净还抱怨"没肉"。同时,丑也偷拿为净准备的供品:

(净)盏中欠块肉。(丑)偷吃一半。①

只有借助末脚的介入,才能满足净脚的需求,限制丑脚的闹剧,完成生旦的婚礼。

净脚另一个同样重要的特点是自夸与胆小。例如,两位客商在将要攀登危险的五鸡山时,相遇于山脚。其中一位,由净脚扮演,向末脚夸耀他使用枪棒御敌的能力,且鼓舞末脚道:"你命快,撞着我一道行。"②随后净脚又自夸道:"我物事到强盗来劫去,你自放心!我使几路棒与你看。"③不需多言,当强盗出现时,净脚使用不了任何他所列举的技能,不得不恳求饶命。同样惹人发笑的是贩登科录者的傻气,作为一位习惯说谎的人,他甚至抵触自己的利益。愚昧已被展示于张协的友人的作诗能力,以及词人柳永之中。④ 可能因李大婆是一种中性角色,所以有更大的发展空间,是所有恶习的综合体。李大婆是吝啬财物的化身,表现于当贫女向她恳请施舍钱财供张协赴京赶考时;她又过于污秽,详细描述她的疥疮;她又十分丑陋,这正与其沉迷于镜子相对;而且又极其贪婪。

荒谬的个性也是净脚重要的特点。⑤ 虽然正如笔者将在下文论述的,在《张协状元》中,净脚最后的这一特征被大量转移给丑脚,但在第五出中,净脚仍然表现出这一点。当生脚进场,说明其不得不离开时,扮演张协母亲的净脚,要求生脚从京城带一些东西来。

(净白)孩儿你去,千万有好全带花,(生)全带花。(净)似门前樟树样大底,买一朵归来,与娘插在肩头上。(末)你好辛苦!……(净

---

① 见《张协状元》,钱南扬《永乐大典戏文三种校注》第84页,台北:华正书局,1985年版。
② 见《张协状元》,钱南扬《永乐大典戏文三种校注》第83页,台北:华正书局,1985年版。
③ 见《张协状元》,钱南扬《永乐大典戏文三种校注》第34页,台北:华正书局,1985年版。
④ 见《张协状元》,钱南扬《永乐大典戏文三种校注》(台北:华正书局,1985年版)第二、第八、第二十六、第四十七出相应之处。
⑤ 见《张协状元》,钱南扬《永乐大典戏文三种校注》(台北:华正书局,1985年版)第十九、第二十三、第三十出。

白)孩儿,有好掉蓖似扁担样大底,买一个归来,把与娘带。(生)①怎地带?②

不管是花朵还是梳子的尺寸,在张协之母的头上均无意义。此类荒谬的要求除突出净脚的荒谬特征外,并无其他含义,此正如末脚指出的,"你好没巴臂"。③

但净脚也有具有常识或善意的片段,如当由净扮演的山神表达对贫女的贞洁的担忧时,或当李大婆决定给贫女送去一些食物时。④

净脚与丑脚均具喜剧功能,而且二者之间的区别并非总是明显,因为有一宽阔的未定义空间被二者重合。有时,净丑间的主要区别在于二者所表演的喜剧特征的不同,净脚注重更污秽、粗俗的一面,而丑脚着意于荒谬的一面。某些学者已尝试证明净脚与丑脚代表着两种不同的喜剧传统,一种是演变自"纽元子"的纯粹的闹剧,另一种是演变至唐代参军戏的讽刺性或通过模仿而讽刺的喜剧。⑤ 然而,实际上,净所扮演的角色范围大于丑,而且二者确实有场上地位的不同,净脚拥有比丑脚更高的位置,丑脚常常是净脚的嘲弄对象即可证明这一点。强人是一个明显的例外,他攻击由净脚与末脚所扮演的二位客商,但他的对手仍然是净脚。虽然净脚具有更大的角色范围,丑脚的角色范围则更引人注意。事实上,除了李大婆或尊神外,其他所有使人难忘的喜剧人物均由丑脚扮演。在剧作中,圆梦先生、强盗、王德用及李小二,都比由净所表演的脚色重要。可能因为净脚是一种年代久远的喜剧脚色,已经趋于稳定,所有缺少被实验的开放性,而丑,其产生的年代或许没有净脚那么长远,所以更有被剧作家用以实验的可能。无论如何,在《张协状元》的时代,脚色的谱系已经完备,因此脚色中地位最低的丑脚,为剧作家提供了对其进行实验的机会。

---

① 译者按,此处似应为"末"。见《张协状元》,钱南扬《永乐大典戏文三种校注》第34页,北京:中华书局,1979年版。

② 见《张协状元》,钱南扬《永乐大典戏文三种校注》第33—34页,台北:华正书局,1985年版。

③ 见《张协状元》,钱南扬《永乐大典戏文三种校注》第34页,台北:华正书局,1985年版。

④ 见《张协状元》,钱南扬《永乐大典戏文三种校注》(台北:华正书局,1985年版)第十、第十一出。

⑤ 曾永义《中国古典戏剧脚色概论》,《说俗文学》第12—13页,台北:联经出版事业股份有限公司,1984年版。

第三节 丑 脚

相比中国戏曲的其他脚色,丑脚获得了学者们更多的注意。50年代在中国举行的一次集中反映丑脚对社会的投射作用与戏曲作品中丑脚的用法的专门会议可证明这一点。在20世纪50年代,丑脚为文学研究者提供了一些微妙的问题。通过抹白的鼻子与涂黑的面颊,丑脚可以扮演任何正面或反面的角色,但以滑稽脚色演反面人物更引人注意,而且由丑所扮演的人物,大多来自平民阶层——渔夫、旅店主、樵夫等——并不符合戏剧应来源于社会、反映社会的要求(即毛泽东美学思想)。即使丑脚扮演正面角色,因丑脚的负面内涵已被广泛认知,所以正面角色也会显得滑稽。上述会议决定丑脚不应再继续扮演平民、勇士、英雄人物。在60年代,类似的做法扩展到电影中。① 这类讨论反映出对丑脚的矛盾情绪,讽刺喜剧是光明的来源,而社会讽刺,又变成黑暗的源头。丑脚的重要性,及其对几代剧作家、演员和戏迷所展现的魅力,显得非常独特。丑脚也是所有脚色中最不类型化的,或许正因为这个原因,丑脚在场上具有高度的自由,也造成了现代剧作家试图将丑脚转变为正直、正面的人物时所遇到的困难。

在现存的剧本中,丑脚首先出现在《张协状元》之中,是南戏特有的脚色,而且有了极大的发展。丑脚的起源问题,已经被从明代到当今的学者广泛讨论过。首先提到丑脚的学者是明代的徐渭:"以墨粉涂面,其形甚丑。今省文作'丑'。"②随后,周祈尝试解释脚色名,强调了丑脚难驾驭的一面:"丑,狃也,《广韵》:'犬性骄'",又'狐狸等兽迹'。"③胡应麟(1551—1602)已知丑脚属于南戏剧作,但声称丑脚演变自早期参军表演中的副净。④ 胡应麟的观点被广泛认同。明代批评家们的文章虽然只晚于《张协状元》被抄录大约一个世纪,但文章中的描述有可能已经受到当时

---

① 戴平《论丑脚之美》,盖叫天、张庚选编《戏曲美学论文集》第301—322页,台北:丹青图书有限公司,1984年版。
② 徐渭《南词叙录》,《中国古典戏曲论著集成》(第三册)第245页,北京:中国戏剧出版社,1959年版。
③ 周祈《名义考》第170页,台湾学生书局,1971年版。
④ 胡应麟《庄岳委谈》,《少室山房笔丛》(第二卷)第554—573页,台北:世界书局,1963年版。

舞台上脚色的实际表演的影响。丑脚的丑陋(包括涂面)及任性清晰地显露在该脚色的特征中,而丑脚的粗俗又是这个脚色的荒谬、愚蠢与冒失的综合。

在现代,王国维认为丑脚之名应简化自"爨"。① 胡忌解释"爨"可能是短小、独立的闹剧表演,歌唱舞蹈为其表演的基本成分,而且也包括角色扮演与模仿。更有意思的是,胡忌根据清代批评家焦循(1763—1820)的观点,将《都城纪胜》所提及的一种表演与丑脚本身的粗糙、粗俗联系在了一起。焦循写道:

> 杂扮,或名"杂旺",又名"钮元子",又名"拔和",乃杂剧之散段,多是借装为山东、河北村人以资笑……今之丑脚,盖"钮元子"之省文。②

胡忌猜测杂扮可能出现于北宋末年,而且可能由一群以夸张、做作的方式扭动腰部的演员组成。杂扮的表演内容是对乡下人的拙劣模仿,且意在以粗俗、粗糙的方式表现刚到京城的农村人。与焦循一致,胡忌声称脚色丑以及其脚色名均来自此表演形式,丑简省自"钮"。③

时代更近的学者郭亮,在一篇剖析《张协状元》的论文中,认为丑脚来自于通俗的"二小戏",这是包括小丑与悍妇在内的表演形式,流行于温州地区。郭亮声称这种表演形式流行于当时,因而被综合进戏曲之中。但这无法解释《张协状元》中丑脚的高度发达。根据郭亮的观点,丑脚的目的并非扮演滑稽角色,而是为了使剧作具有通俗意蕴。④ 这一点可清楚地见于后世的剧作中丑脚对当地方言使用上。在《张协状元》中,丑脚没有使用方言说白,但这可能出于剧作是使用官话被抄录的原因。

在明代,丑脚已经在北杂剧中扮演某些角色。虽然丑脚不见于现存的

---

① 王国维《古剧角色考》,《王国维戏曲论著》第227—247页,台北:纯真出版社,1982年版;及胡忌《宋金杂剧考》第225—242页,上海:古典文学出版社,1957年版。
② 焦循《剧说》,《中国古典戏曲论著集成》(第八册)第100页,北京:中国戏剧出版社,1959年版。
③ 《都城纪胜》中的记载稍有不同:"在京师时,村人罕得入城,遂撰此端,多是借装为山东河北村人,以资笑。"灌圃耐得翁《都城纪胜》,《东京梦华录(外四种)》第97页,台北:大立出版社,1980年版。胡忌《宋金杂剧考》第299—302页,上海:古典文学出版社,1957年版。
④ 郭亮《早期南戏表演探源:〈张协状元〉剖析》,载《戏剧艺术》1982年第4期。

元刊杂剧三十种之中，但确实存在于其他编纂于明代的元代杂剧选本中。此类选本被戏曲鉴赏家作为前代的遗产而编纂保存。其中部分可确定为演出本。① 另一方面，在臧懋循(1550—1620)的《元曲选》(《元曲选》收集百种杂剧作品，意在公开传阅)中，丑脚则相当常见。② 臧懋循的版本经过大量的修改，此类修改足以产生大量的文学意义。同时代的学者严厉批评了臧懋循的修改，因其严重偏离了原剧作。虽然大部分批评均直接针对剧作的扩充和大量的语言修改，但臧懋循仍然做了大量的修改，如广泛地扩充内容，当发现角色不合理时，便进行调整或替换。无论在商业演出选本还是在臧懋循的《元曲选》中，大部分由丑脚扮演的角色，均出身低微，例如旅店主、侍从、僧侣、初出茅庐者及媒人等。丑脚主要被净脚所替换，但也被外脚、末脚及张千、梅香等脚色取代。③ 丑脚在这类明代选本中的使用证明其早已经流行于舞台上，而且剧作家也需要将其吸收进北杂剧的剧本中。

丑脚保存在整个中国戏曲史中，本质上是底层的喜剧脚色与净脚的助手。丑脚发展的历史，就是对其脚色特征进行实验的历史。丑脚扮演新角色或被赋予不同寻常的特征时，更多的独创特点便由此生成。《张协状元》中的丑脚，不仅是广泛的角色类型集合——体现出丑脚已经高度发达——而且，剧作家对丑脚的潜力的认识也被清晰地呈现出来。

丑脚可扮演的角色类型，从张协丑陋的妹妹到重要人物使相王德用，又包括小鬼等神鬼、强盗、李大婆夫妻之已成人的儿子及圆梦人等小人物。在王德用与李小二的例子中，可见丑脚啰唆的角色特征，而在强盗与圆梦人的身上，又可见其简短而又使人记忆深刻的特征。丑脚也扮演书生，因书生们常以读书多而自傲，所以成了嘲讽的首要对象。无所成就的书生的

---

① 有九种元杂剧选本留存至今，这九种选本均编纂于明代，其中有八种编纂于万历年间(1573—1619)，另外一种由孟称舜(约 1600—1650)编纂于崇祯年间。在编纂于万历年间的选本中，有六种为商业演出本及明代教坊司的手本，第七种为臧懋循的《元曲选》。另外一种保存三十种可追溯至元代的戏曲的选本为《新校元刊杂剧三十种》。详见郑骞《元明抄刻本元人杂剧九种提要》，载《清华学报》1969 年第 7 期。李慧绵《戏曲要籍解题》，台北：正中书局，1991 年版；及徐沁君校点《新校元刊杂剧三十种》，北京：中华书局，1980 年版。

② 臧懋循《元曲选》第 4 卷，北京：中华书局，1989 年版。在这百种杂剧作品中，有 94 种为元剧，其余 6 种为明杂剧。臧懋循的另外一些编辑性修改，包括将剧作按场次区分，从宾白中区分出曲辞，为舞台指示加上括号等。

③ 张千与梅香常见于许多以爱情为主题的北杂剧中，二者几乎从不被脚色扮演。

迂腐，似乎已经成为清代剧作家们嘲讽的共同目标。但是在《张协状元》中，书生还是被表现为游手好闲者而非腐儒，直到后世，书生的角色才被丰富为误引儒家经典，给出无必要的建议的腐儒。①

圆梦人与强盗，虽然只出现在两三个场次中，但比由净脚扮演的同类角色更引人注意。原因之一是，二人已出现在由副末介绍的开场中，因此观众期待二人出现。虽然二人的戏份不比由净扮演的张协之母对故事的顺利发展更具重要意义。强盗首次出现在两个客商准备攀登五鸡山时，其行为已在开场与张协的梦境中被提及，随后又被圆梦人道出；虽然观众都已经知悉此事件，但其艺术性在于对人物与细节发展的重新表现。强盗的自我介绍就是丑脚特有的：

（丑做强盗出白）但自家不务农桑，不忺砍伐。嫌杀拽犁使耙，懒能负重担轻。又要赌钱，专欣吃酒。别无运智，风高时放火烧山；欲逞难容，月黑夜偷牛过水。贩私盐，卖私茶，是我时常道业；剥人牛，杀人犬，是我日逐营生。一条扁担，敌得塞幕里官兵；一柄朴刀，敢杀当巡底弓手。假使官程担仗，结队火劫了均分；纵饶挑贩客家，独自个担来做已有。没道路放七五只猎犬，生擒底是麋鹿猱獐；有采时捉一两个大虫，且落得做袍搭脑。林浪里假装做猛兽，山径上潜等着客人。今日天寒，图个大帐。懦弱底与它几下刀背，顽猾底与它一顿铁查。十头罗刹不相饶，八臂哪吒浑不怕。教你会使天上无穷计，难免目前眼下忧。（丑下）②

强盗进场后，以标准的修辞介绍自己，否定了儒家经典与文明秩序原则。强盗通过结合两种相对的事物介绍自己，如厌恶生计，却展现自己对赌博和酗酒的沉迷，又如夸耀自己犯罪能力的高超与生产能力的缺乏。强盗的宾白是多种人类恶习的紧密结合，它们以如此极端的方式叠加，以致于强盗号称自己不怕人不怕野兽也不怕神灵。郑振铎指出，强盗这类角色，孔武有力且品德败坏，在后世剧作中被认为更适合由净脚扮演。③ 或

---

① 汤显祖《牡丹亭》中的陈秀才即为此例。
② 见《张协状元》，钱南扬《永乐大典戏文三种校注》第 41 页，台北：华正书局，1985 年版。
③ 见郑振铎《净与丑》，《中国文学研究》第 559—577 页，北京：作家出版社，1957 年版。

许确实如此,尤其在所有地方戏曲中,丑脚所扮演的往往是重要的造反将军或朝廷要员,而不是强盗、旅店主等底层角色。丑脚在清代逐渐取代了当时的低水平的脚色,使用方言词汇或直接使用方言说白,逐渐变得类型化且被作为文化标志,代表着更大、更流行的传统。① 但是,由丑脚扮演的恶毒人物,即使获得胜利,也是被嘲弄的对象。强盗并不例外。张协受到攻击前的大部分情节,都与强盗的放肆有关,而且都是对强盗的嘲讽,如在两位客商准备穿越五鸡山时所见的宾白:"(净)……一个来我不怕你!(丑)两个来我也不怕你!……"在这段宾白的最后,舞台指示注明:"净丑呆立。"这就补充说明了二人都是吹牛者。

　　丑脚在很多方面都与净脚相似,尤其是对某些特征与恶习的夸大。如,李大婆沉迷于镜子,而且她的丑陋可以和张协之妹并列。又如,与净脚类似,张协的妹妹,极其重视自己的外貌,要求张协从京城为她带回彩带、梳子和一些高档的膏药。当张协询问需要膏药的原因时,其妹答道:"与你妹妹贴个龟脑驼背。"②但是,丑脚的特殊性似乎在于其极端性之中,如当张协驼背的妹妹被描述为奇异的人物时,李大婆仅仅只是因她自己想象的美貌而被打趣。丑脚的这个特点,证实了徐渭的假设,即丑或省简自"醜"。净脚之贪婪亦见于其对手小鬼之中,如小鬼被由净扮演的山神召唤,进入大厅时,身上散发着最近一顿饭遗留的恶臭,迫使净脚说道:"满殿里个个都是口臭。"而末脚更注重这两个角色间的关系,说道"告你莫说自家丑"。③ 小二更紧跟净、丑的传统,在第十六出中,与贪婪的山神竞争。与李大婆一致,小二展现了恶习的综合,增添了贪婪、好色,与成年人的懒惰、幼稚与愚昧等特征。第十二出中,李大婆要求小二为贫女送去一些酒食,但小二因曾想要和贫女结婚,但遭到决绝,所以拒绝前往。李大婆收买小二,告诉他某一天贫女会嫁给他,小二最后才同意了。当小二到达破庙时,他向贫女重复李大婆的意思:

　　　　(丑)我有……(笑)(旦笑)且说。(丑有介)(旦)有甚事,如何不说?(丑笑)我要说,又怕你打我。(旦)我不打你,你自说。(丑)

---

① 如《桃花扇》中的故事讲述者柳敬亭。
② 见《张协状元》,钱南扬《永乐大典戏文三种校注》第34页,台北:华正书局,1985年版。
③ 见《张协状元》,钱南扬《永乐大典戏文三种校注》第55页,台北:华正书局,1985年版。

我便说。(旦)你说。(丑)我爹和娘要教你与我做老婆。(旦)教你来与我……?(丑)教你来与我做老婆。(旦唾)打脊!不晓事底呆子,来伤触人。打个贫胎!(打丑)(丑叫)好也!保甲,打老公!老婆打老公!(旦)作怪!我嫁你!看牛骨自不中,三分像人,七分像鬼。(丑)我像鬼!鬼头发须红。(旦)口边乳腥未断,头上胎发犹存,到来出言道语。(丑唾)丫头儿胎发恁地长,你没我屋中,自饿杀了你!(旦)我去说与你爹娘。(丑扯旦)莫去说,饶我!老婆。(旦)你却又惊。①

小二,一位中年、一无是处的男子,被贫女和李大婆都当作是幼稚、愚蠢的人物。小二的幼稚,尤其使他成为一个奇怪的人物。由丑脚扮演的角色,倾向于违背社会普遍接受的行为标准,破坏举止得体的禁令,并以此满足观众的喜剧期待。他们也是缺少此类价值的滑稽模仿。破坏此类价值是为解脱,而缺乏价值则导致愚蠢言行的不断出现。小二通过荒谬地向贫女求婚而使自己显得愚昧,贫女则报以一系列的羞辱。然而,正如丑脚滑稽的一面无攻击性,贫女的责骂也没有情绪变化,唯一的原因可能是此场景着力表现的是小二与贫女的关系之中滑稽与荒唐的特点。无论是从故事情节还是脚色谱系而言,旦脚、丑脚之间都不可能发生关系。坚贞的女性"旦"与滑稽脚色"丑"之间的婚姻会十分荒唐,因为戏剧惯例要求旦脚与生脚对戏,不论生脚有多么软弱或邪恶。对这一惯例的偏离,不仅会违背此戏剧惯例,也会冒犯观众。② 与大部分由丑脚扮演的角色一样,小二的行为完全出于自身利益。丑脚的这种个性特征经常导致其成为自身恶作剧的受害者。

在故事的语境中,贫女对小二求婚的暴怒反应似乎符合现代读者的逻辑,但完全违背了旦脚的风格,因为旦脚是典型的温柔脚色。翁敏华认为,这部分表明在戏曲表演刚开始时,戏曲融合进许多当时也在表演的形式。翁敏华声称,旦脚特征的突然转变,正因为戏曲吸收了其他表演形式:一种由丑脚和旦脚表演的载歌载舞的喜剧演出,其中旦脚扮演一位悍妇,而丑

---

① 见《张协状元》,钱南扬《永乐大典戏文三种校注》第 67 页,台北:华正书局,1985 年版。
② 在清代,李渔在其剧作《奈何天》中违背了此惯例,剧中三位女性角色——其中一位由旦脚扮演,嫁给丑脚。最后,丑脚才借花仙之力变为生脚。

脚扮演一位村居呆子。① 南戏本质上就是一种折中的表演，所以，其他通俗形式或表演的影响或许可以解释旦脚的突然转变。然而，这一转变明显是对明代建立的标准的极端偏离，因为明代的角色必须被限制在合理的范围内。另外，如何解释由生脚扮演的张协从坚贞的书生到无情的丈夫再到悔改的官员的突然转变？《张协状元》显示出靠近明代传奇中的角色一致性的倾向。这似乎显示出将重点放在喜剧的多功能性与绝对的娱乐上的宋代戏曲作品，如何成长、调整至完备的明代早期舞台伦理与结构的过程。即使脚色已经高度发展，但似乎仍未如其将要成为的那样始终如一或被清晰界定。

常见于丑脚的对权威的不敬，是丑脚最具观赏性的一面。除丑脚与净脚外就没有其他脚色可戏弄主脚或其他正剧脚色。在第二十六出中，有一个现实与戏剧幻象间的互动交流。丑脚上场，演唱了一首有关贫女的命运的曲子：

（丑作小二出唱）[吴小四]一个大贫胎，称秀才。教我阿娘来做媒，一去京城更不回。算它老婆真是呆，指望平地一声雷。（旦白）小二哥。（丑呆应）（旦）小二哥，你唱甚底？（丑）我弗会唱。（旦）我门道有耳朵，你更唱与我听。（丑）你（笑）也有耳朵，我唱。你莫道是我做。别人做十段，我只记得两段。（旦）你唱我听（丑唱）[吴小四]一个大贫胎，称秀才。（旦白）这句便说张解元。（丑连唱）教我阿娘来做媒，（旦白）分明你做了。（丑连唱）一去京城更不回。算它老婆真是呆。（白）道你等它是呆。（唱）指望平地一声雷。（笑）②

翁敏华认为，曲调[吴小四]乐段的重叠，与早期戏曲形式所采用的流行曲子有关。虽然小二对贫女的态度与前一部分相同，贫女却已转变回其坚贞的旦脚角色。这首将贫女故事戏剧化的曲子，是小二对贫女的情感报复的最后尝试，他嘲笑贫女的感情，而且轻视了整个情形。通过小二所演唱的，贫女知道小二正在演唱她与张协的故事，并且意识到这曲子肯定是

---

① 翁敏华《张协状元和中国戏曲艺术形式初创》，载《上海师范大学学报》1983年第4期。
② 见《张协状元》，钱南扬《永乐大典戏文三种校注》第131—132页，台北：华正书局，1985年版。

小二编造的,但小二则声称是由书院中的双老哥所编写的。这就具有元戏剧意味:这首曲子确实是由文化人所编写的,但在故事中,又必须相信它可能是小二编造的。

丑脚对权威的态度的另一个反应是丑脚及其所扮演的角色的缺乏敬意。尤其有意味的是由丑脚扮演的王德用。宋代官员王德用(980—1058)与词人柳永,是唯一取材于现实的两个人物。① 在《宋史》②有关王德用生平的记载中,他被描述成一位来自武将世家的勇武之人。他具有策略意识,而且熟识军务的方方面面。他面部黝黑,但从脖子以下又变白,故人称"黑王"。历史人物可能使剧作具有历史感,但《张协状元》又没有任何准确性。至少在《张协状元》中,戏剧人物与历史人物完全相对。王德用与柳永均由喜剧脚色扮演,他们的历史身份,尤其是王德用的历史身份,或用以增强角色的喜剧感。"王德用"之所以是喜剧角色,在很大程度上是因为该脚色完全没有该历史人物简朴、令人敬佩的影像。

王德用因其角色特征中自由的表演而成为丑脚所扮演的角色中最出彩的一个。作为角色,他被赋予了广泛的特权:他可以戏弄主脚,可以在舞台上自由地移动,可以毫无束缚地说白,也可以肆意违反禁忌。作为一个具有较高社会地位的角色,他可以戏弄任何人,尤其是家人、下属等与他有关系的人。如他误将妻子认作香料贩子:

(丑)与我请夫人出来。(末)兀底夫人在此。(丑)我不道是夫人,只道是卖香药底婆婆。③

又抱怨女儿杀了跳蚤,造了孽:

(贴)④告爹爹,孩儿没罪过。(丑)你没罪过?前日把亚爹袄子上许多饿虱都烫杀了。⑤

他又将堂后官当作椅子:

---

① 王德用之女胜花首次于第十三出介绍其父为宰执,但其实际首先出现于第二十一出。其后,王德用又由末脚扮演的堂后官介绍为"身居八位之尊,班立群僚之上"。此后,王德用在介绍自己时,又自称"官至枢密使相",此则接近其真实经历。
② 《宋史》(卷二百七十八),第 9466 页,北京:中华书局,1977 年版。
③ 见《张协状元》,钱南扬《永乐大典戏文三种校注》第 182 页,台北:华正书局,1985 年版。
④ 中华书局本作"后"。见《张协状元》,钱南扬《永乐大典戏文三种校注》第 113 页,北京:中华书局,1979 年版。——译者注
⑤ 见《张协状元》,钱南扬《永乐大典戏文三种校注》第 113 页,台北:华正书局,1985 年版。

（拽末倒）没交椅，且把你做交椅。（丑坐末背、末叫）①

他收养贫女，故而贫女将要照顾王德用夫妇的起居。虽然贫女贫穷而卑微，但旦脚却有特定品质：

（丑）夫人，生得好时，讨来早辰间侍奉我门汤药，黄昏侍奉我门上东司。②

处理角色关系时，产生于一个角色——往往是高位角色——抱怨其他角色时。但是，丑的每一段说白后，都会有来自末脚的讽刺性动作或评论，意在倒转情形，使丑的目的变得可笑。王德用在剧中的地位，本需要戏剧性与道德性的礼仪惯例，使其至少大体上或者表面上与该历史人物相近。这一角色对丑脚的精妙用法，当然不允许其适宜地表演，从而成为对一位社会人物（一位高位使相）的滑稽模仿。用底层脚色扮演高层人物，明显是借舞台脚色体制违背社会等级。这种违背是荒唐的，正意在成为喜剧；它也是有效的，因为角色的社会等级与丑脚的内在喜剧属性间的差别使对比更加突出。如果该角色被赋予极大的权威，这种违背则根源于脚色，因为脚色主导角色，但是如果将这种倾向看得过远，只注重丑脚超过角色的一面，就失去了丑脚的特征与该角色的特征间的微妙关系。或许可以认为脚色与角色彼此互相补充，脚色模仿角色，角色模仿自身所取材的社会环境。

脚色对角色的主导性也见于由末脚扮演的堂后官，及丑脚扮演的王德用本身之中。末脚处于较低的社会地位中，依然保证其脚色为完整的"文明的小丑"。例如，生脚张协在通过科举考试之后，丑脚王德用就要求招他为女婿，张协进府拜访王德用，末脚向使相介绍张协道：

（丑）请状元卸了幞头，只带个羞帽。（末）错了！卸了羞帽，只裹幞头。③

---

① 见《张协状元》，钱南扬《永乐大典戏文三种校注》第112页，台北：华正书局，1985年版。
② 见《张协状元》，钱南扬《永乐大典戏文三种校注》第189页，台北：华正书局，1985年版。
③ 见《张协状元》，钱南扬《永乐大典戏文三种校注》第135页，台北：华正书局，1985年版。

由低层脚色扮演历史人物,似乎可以是一种滑稽模仿的力量,但并非意在政治讽刺、明确地直接针对当时的人物(虽然不能完全消除这种可能)。丑脚的重要闹剧成分中,还有语言的荒谬的特征。弗洛伊德认为,荒谬的意义在于使心灵从理性思考的束缚与"理性批判的压力"中解脱出来,并且指出来自荒谬的愉悦"隐藏在生活之中直到尽头"。① 可以在荒谬之中发现被理性、深思熟虑的逻辑及常识所限制的吸引力。荒谬对观众的意义在于,荒谬背离了由调节文化的规矩所限制性地建立的沉闷。弗洛伊德认为,荒谬的功能之一即为呈现某些荒谬的事物,又借呈现某些与该事物有关而且同样荒谬的事物而使其具有意义。闹剧通过两种荒谬的对比而变得明显。有时,这是末脚与丑脚间的喜剧性交换,但更常见的是,末脚的评价意在讽刺、富有深意,并且暗中破坏其他脚色的说白。但是,荒谬也因自身的原因而存在,并且基本上被角色用以发展自身的滑稽模仿。末脚常揭露丑脚的无义的、戏谑的荒谬特征。例如,在张协通过科举考试后,他被邀请拜访使相。生脚进场,问候使相道:

(生)即日共惟……(丑)即日恭惟,愿我捉得一片牛皮。一半鞔鼓,一半做鞋儿。(末)做鞋儿则甚底?(丑)两文扑一緉。(末)只做一文道路。②(生)即日共惟,先生公相……(丑)先生公相,愿我捉得一个和尚。下截把来洗麸,上一截把来擂酱。(末)相公尊重。(生)即日共惟,先生公相,钧候万福!(丑)钧候万福,愿我捉得一盏粉,一铤墨。把墨来画乌嘴,把粉去门上画个白鹿。③(末)好不尊重!(末揖)擦!(丑应)④

当张协试图表达合适的问候时,王德用不断地在句子中途打断,截取生脚说白的最后几个字,且对此加以完全脱离语境的引申。在第一个实例中,末脚跟随闹剧,促成了闹剧的荒谬,但在另外两个实例中,末脚只是简

---

① 西格蒙德·弗洛伊德(Sigmund Freud)著,James Strachey 译《诙谐及其与无意识的关系》(*Jokes and their Relation to the Unconscious*)第154—155页,New York:W.W. Norton and Company,1960年版。译者按,此书已有中译本,即常宏、徐伟译《诙谐及其与无意识的关系》,北京:国际文化出版公司,2007年版。
② 因其仅值一两银子。
③ 作为脚色的一部分,丑亦须将嘴涂黑。
④ 见《张协状元》,钱南扬《永乐大典戏文三种校注》第135页,台北:华正书局,1985年版。

单地不时打断、责备丑脚的言行。这些句子并没有意义，它们并不意在表达任何深层意思，也不是对主体的模仿，至少在丑脚的第一句与最后一句话中即是如此，且它们的语序也全无逻辑可言。它们意在只被作为表面价值、绝对的荒谬或因荒谬而荒谬从而被全部接受。它们注重丑脚的荒谬，赞美无理性，而且模仿闹剧中荒谬的代表脚色丑脚。

弗洛伊德同样指出："在闹剧背后的观念之中，荒谬经常替代嘲弄与批判。"① 换言之，荒谬以这种方式推翻了闹剧的初始动机，反映出说话人的贫乏。例如，丑脚的顽固由其试图使一个荒谬的场景押韵而体现出来。当王德用的扈从到达贫女居住的破庙时，侍女检查破庙后，惊恐地跑出来，声称她见到了一个非常像胜花的女子，王德用惊叫道"你莫眼见觜"，末脚纠正道"见鬼"，然而丑脚王德用坚持为"见觜"。除表现荒谬、突出丑脚的顽固外，此段对话毫无意义。② 一个与此类似但更长的例子出现在第二十一出中，丑脚王德用为堂后官出谋划策。王德用坐在堂后官的背上，将他当作椅子，询问他（末脚）是否需要帮助，给了他五到十吊钱。之后，他又开始讨论所有堂后官可能从事的行业，但又全部以荒谬的形式否决：

（丑）儒释道三教中都有周全。你做秀才，便教你做官人，算起来你做不得。（末）如何？（丑）秀才家须看读书，识之乎者也，裹高桶头巾，着皮靴，劈劈朴朴。你不会，却做不得。（末）是做不得。（丑）你做道士，便做知宫，算起来你做不得。（末）如何做不得？（丑）道士家须寻真访道，飞符走箓。（末）是做不得。（丑）你做和尚，便做长老，住持大禅刹。算来你也做不得长老，你只做得常僧。（末）如何比得常僧？（丑）不是常僧，如何在这里学礼拜？（末）你教我怎地。（末起身、丑撅）③

这段对话，表面好像有逻辑思考，但正如其所展开的，每一个问题都与前一问题无关，而且整段对话也与故事主体及喜剧部分无关。它们突如其

---

① 《诙谐及其与无意识的关系》第127页。见《张协状元》第四十五出，及后附《张协状元》英文全译脚注477。
② 或此处亦使用双关语，但现在已经无法理解。
③ 见《张协状元》，钱南扬《永乐大典戏文三种校注》第112页，台北：华正书局，1985年版。

来又忽然消失,除荒谬与愚蠢可笑外,未留下任何痕迹。

　　模仿,也是丑脚的显著功能,常在荒谬语境内表演。模仿须与姿态(介)区别。姿态常注明于舞台指示中,并且指示某些物体或事件,如开门或跨过门槛,而模仿在《张协状元》中,常由脚色装扮成舞台上的某件道具而体现。模仿着重将角色转变为物体,这非常符合几乎空白的舞台。模仿技艺可能由大型剧作借鉴自不同形式的表演,但并无确实证据能将早期剧作与独立的模仿表演联系在一起。但是,在《张协状元》中,模仿的首要目的并不在于提供舞台道具,而是强调喜剧荒谬的一面。模仿品位初级形式的降级,使角色从"人"降落到物的级别上。正如王德用因无椅子而坐在堂后官的背上,或小二在婚礼上装作桌子。① 模仿还有其他更为稍微精妙的特点,如装成庙门或在没有椅子时虚坐②,正如弗洛伊德所说的,是"夸大但不明智"的哑剧动作。③ 然而,这类实例中的喜剧条件是荒谬的:动作是如此明显的不真实与荒谬从而不可信。如果将丑脚或者末脚当作桌子或椅子来用是为了转换位置,那么小神装作庙门则不仅是模仿表演,还要揭示出门本身的特征。而扮作庙门的演员可说话、可抱怨,这就不是庙门本身。

　　丑脚的自由,可联系起边缘的、倔强的流浪人的古老传统,他们因对社会束缚的挣脱、提供了文明化进程中的压力的解脱方式而为人所重视。④ 丑脚可扮演与人物的本来面目完全不协调的角色。剧作家,更不用说扮演丑脚的演员,有足够的自由将丑脚的荒谬推到极致,使丑脚几乎可与剧中任何角色交流。正是出于这种爆炸式的多功能性,笔者认为,丑脚不仅已经在《张协状元》内获得成功,也一定可以在后世的剧作内取得成功。

---

① 见《张协状元》第二十一出与第十六出。
② 见《张协状元》第十与第四十八出。
③ 《诙谐及其与无意识的关系》第 235 页。
④ 如《史记·滑稽列传》中的记载,《世说新语》第二十三章中有关竹林七贤的逸事的记载,以至于唐代诗人李白,其对美酒的热爱与对帝王的不敬一直被钦慕。然而,此类人物的中心问题,是纠正其古怪言行的才智。丑脚之自由在闹剧之中,其不纠正任何违背,但变得抵触本身。

第四章 《张协状元》之表演要素①

第一节 《张协状元》之表演要素

在本论文的前几章中,探讨的焦点为《张协状元》文本的背景信息与喜剧脚色的功能,忽略了场上的表演。对文本的细读提供了许多该剧作如何表演的线索。《张协状元》明显是一部为表演而创作的剧本。毫无疑问,这一点显而易见,虽然大部分戏曲剧作都是为表演而创作的,但只有到真正演出时,其戏剧目的才能被完整地觉察。为阅读而非表演创作的剧本,需要极其高超的语义统一性。这种语义统一性在剧本中显现为两个层次:其一,介于剧本对白中的对话者之间,介于围绕着对话者的成分与对白者之间;其二,介于剧作者与读者之间。在《张协状元》中,前一层次的语义统一性经常空缺。这种情况尤其常见于喜剧场次中,因为闹剧之间并没有语义联系。身体技能是组成《张协状元》表演的多种要素之一。正如笔者已经提及的,身体技能与喜剧场次的发展相伴。如果剧本的语义统一性——在场次之间或之中——并不明显,那么闹剧与身体技能表演的综合程度通常就会非常高。但是,这种联系并不会产生统一的、线性的语义语境,反而较小的意义单位在表演时会更加有效,因此,通过动作与对白的速度,意义单位间的分裂即能被抹去。语言与身体动作(如杂技技艺)的联系使《张协状元》的表演要素胜过其写定的剧本。除身体技能与模仿等在前文已被论及与脚色有关外,嵌入于叙述中的直接的舞台提示或描述的形式,也对理解剧作如何在场上演出具有重要意义。了解全部这类要素,有助于更深入地洞悉《张协状元》是如何表演的。

在前文中,笔者已区分出《张协状元》中两种交替的文本形式:正剧:主要由曲子组成,由主脚生旦引导故事发展,且承担剧作的说教意义;喜剧:主要为说白,拖延二种主角的故事叙述,将剧作的说教作用置于问题之中。在这两种文本中,喜剧部分尤其活跃,而正剧部分则紧密地与剧作的音乐部分相联系。这也就意味着,两种文本之间并没有严格的界限,而且,

---

① 该章节标题为译者根据本章内容所加。——译者注

表演的活跃与音乐因素均见于正剧与喜剧部分中。《张协状元》内这两种成分的重合,及有助于展现剧作包括喜剧在内的多种表演元素的舞台提示,被共同编织进了表演之中。

罗曼·英伽登①曾为剧本中的正文与舞台提示做过有指导意义的区分。正文指由所呈现的人物讲述的段落,而舞台提示则指提供地点、时间、道具用法等信息的内容。② 英伽登认为主要信息包括于正文中,而舞台提示,虽然不能被完全移除,但也不能构组成剧作的框架。③ 但是,这两种文本都以呈现最终舞台事件为目标补充彼此:对白所表现的内容补充了舞台提示,而包括演员动作信息的舞台提示则补充了对白。但舞台提示信息并不是仅存在于舞台提示中,有时也需要从正文内发现;因此,舞台提示信息有直接存在于舞台提示中的,也有嵌入于正文之中的。根据艾斯顿和萨瓦娜的用语,笔者将称前者为对白外舞台提示,称后者为对白内舞台提示。④ 在一个写定的剧本中,读者可以清楚地看到舞台提示的种类,但在演出中对白外舞台提示就消失,观众只能依靠演员的表达发现,对白内舞台提示则会嵌入于正文中。事实上,作为文学作品的剧作与作为舞台呈现的剧作的最主要区别之一,就是用其他记号代替对白外舞台提示。这一替换,是使用一种符号系统替代另一种符号系统的过程,其内容则由剧作者给定的舞台提示的数量所决定。舞台提示越多,其对故事进展的干涉就越多;舞台提示越少,其语义的流动性就越强。《张协状元》内,舞台提示具有双重功能,在正文外时支撑对白,并且被用作"剧本效果的蓝图"。⑤ 当舞台提示处于正文之外时,则往往具有描述、空间限定的功能。更重要的是,正如维楚斯基所指出的,舞台提示满足了对白语义统一性的最基本条件,因"既不是对白本身,也不是指明对白如何分配的成分,而是剧作者安

---

① 罗曼·英伽登(Roman Ingarden, 1893-1970),波兰哲学家,从事现象学、本体论、美学研究。——译者注

② 罗曼·英伽登著,George G. Grabowicz 译《文学的艺术作品》(*The Literary Work of Art*) 第 208—209 页, Northwestern University Studies in phenomenology and Existential Philosophy, Evanston: Northwestern University Press, 1973.

③ 《文学的艺术作品》第 209 页。

④ 见艾斯顿(Elaine Aston),萨瓦娜(George Savona)《戏剧作为符号系统:文本与表演的符号学》(*Theater as Sign-System: A Semiotics of Text and Performance*) 第 71—94 页, London: Routlege, 1991 年版。译者按,艾斯顿与萨瓦娜,均为英国兰卡斯特大学现代艺术教师。

⑤ 《戏剧作为符号系统:文本与表演的符号学》第 73 页。

排于每段对白前的说话者姓名,为演员提供如果缺少即无法领会对白线索的信息"。① 维楚斯基增加道,剧作者的注解(维楚斯基对舞台提示的说法)并非仅仅是对剧作的边缘性评论,它可以根本性地破坏文学作品的完整性,而在英伽登看来,舞台提示是艺术结构的有机成分。② 而实际上,《张协状元》内的对白外舞台提示非常稀少,而且大部分或者关于击打、跌倒或装扮为舞蹈道具等,或者关于与旅行或喝酒。但是,大部分舞台提示还是被嵌入于正文中,而且可以从动作的整体中推测而出。然而,可被推测而出的结论与对剧作整体印象间的界限,还是一个模糊、大部分需假设的领域,需要借助观众的想象。但是,还是有必要尝试说明《张协状元》的表演要素。

虽然对白外舞台提示可见于《张协状元》全剧之中,但是二分后的正文却以另外的方式展现嵌入于其中的舞台提示。《张协状元》内的特定舞台提示主要见于喜剧场次内,而少见于正剧部分。但是,《张协状元》的开场,因其与剧本内容的关系,戏剧提示则较有意味。《张协状元》的开场可以分为两部分:将两首词的朗诵作为以介绍戏班与剧作为内容的推广途径的开头部分;设定为以唱和说为主的口头文学形式诸宫调的第二部分。《张协状元》内的介绍性诸宫调,记录或改编自现成的表演,或者就是为满足剧作需要的表演而创作;所有这些可能性都不能被完全摒弃。证据是压倒性的,因为这一诸宫调,即使不是独立的作品,那么至少也是大量改编之前的作品的结果。正如在舞台提示中注明的,当第一出内,完备的戏曲脚色末进场时,舞台提示"末上白"③,从一开始就建立了剧作演出特有的脚色系统。与此相似,接近"诸宫调"末尾处,传统的剧作提示指明"末介"④,这就是场上特有的注释系统的使用,并不见于之前的诸宫调表演中。《张协状元》开头处,经改编的诸宫调表演,迫使戏曲脚色末突破"舞台管理",或突破剧作在观众中的推广者的作用,临时以特异诗体部分承担叙事者的角色,在一个口头表演形式与其他更传统的表演形式的过渡中迂回前进。

---

① 吉里·维楚斯基(Jiri Veltrusky)《戏剧作为文学》(*Drama as Literature*)第 41 页, Liss:The Peter de Ridder Press,1977 年版。译者按,吉里·维楚斯基(Jiri Veltrusky),捷克著名符号学家。
② 吉里·维楚斯基《戏剧作为文学》(*Drama as Literature*)第 42 页, Liss:The Peter de Ridder Press,1977 年版。
③ 见《张协状元》,钱南扬《永乐大典戏文三种校注》第 1 页,台北:华正书局,1985 年版。
④ 见《张协状元》,钱南扬《永乐大典戏文三种校注》第 3 页,台北:华正书局,1985 年版。

除介绍舞台提示之外,在组成诸宫调的两段自我宣传中,清楚地表明了即将要上演的故事绝非说书人的传说,却是一种包括唱曲、滑稽闹剧、玩笑、音乐和装扮的更复杂、更完整的表演。另一方面,对相同故事的表演的创新与提示的强调,暗示这个故事起源于诸宫调,而且在早期也以诸宫调形式演唱。然而,诸宫调是流行于 11 世纪至 13 世纪的口头表演形式。如果《张协状元》曾被呈现于宋代的舞台上,是否诸宫调并不与此剧作同时,而且不那么具备对当时文化的代表性?在戏曲中常见从其他口头表演形式或文学体裁中改编故事的情形。如,《永乐大典》戏文三种之《宦门子弟错立身》,即改编自北杂剧《宦门子弟错立身》。① 与此相似的,还有《西厢记》故事,现存有唐传奇与诸宫调体裁,也被改编为明代早期杂剧作品。改编通常通过对故事的种类与主题进行小范围的重新演绎,使其符合新的思维模式、新的观众与新的风尚。因而,绝大部分故事重写(或重述)均可见一定的重新演绎、创新与增添。《张协状元》的"诸宫调"极其准确地描述与铺垫了故事中的事件,且恰当地在具有极大悬念的地方将故事暂定。这一点可以说明,如果《张协状元》的故事最初是改编自诸宫调的,那么开场中诸宫调是随后才被改编,从而符合《张协状元》故事的要求。但是,问题依然存在:如果诸宫调形式早已被改编为该故事,那么它为何被放置在剧作表演的开头处?

在《张协状元》中,由于难以确定剧作产生的时间,剧作的表演形式加倍地难以确定。学者将《张协状元》归于南宋,现存的文本则可追溯至明代,且有可能是剧作仍于场上表演时被抄录。而且,开场描述《张协状元》表演有多种呈现方式、多个版本,这表明此剧作曾于舞台上经历过逐渐演变的过程。如此,即有如下问题:现存剧本是否可以代表南宋时候的舞台表演;在被抄录时,它是否已经演变,而且已经为明代早期的舞台表演实际情况而改变;开场中对更新与创新的强调,以及对脚色体制的使用,暗示表演的专门化,表明《张协状元》的表演反映了明代早期的舞台情况,进一步说,如果《张协状元》的脚色体制已经遵守明代学者的描述,是否曲调、喜剧、道具、装扮与姿势也已经为明代舞台的情况而演变、改造。当末脚召唤

---

① 此剧似乎有两种早期的北杂剧版本,但无一幸存至今。与此剧主题相同的,有《紫云亭》。见伊维德、奚如谷《中国戏剧 1100—1450》(*Chinese Theater 1100-1450*)第 206 页,Wiesbaden:Steiner, 1982 年版。

"末泥"或"生"上场、开始表演从而离场后,剧作的主脚"生"上场,但实际上表演并未马上开始,随之出现的是一段奇特的过程:一段为剧作表演而准备的戏剧性描写。按照惯例,第一个上台的脚色是"末"或"副末",他进场后简要地介绍剧情;在他离场后,男主脚进场,表演开始。但是,在《张协状元》中,当末脚离场后,男主脚并非以剧中角色上场,而是以准备扮演角色的生脚的扮演者的身份。这位演员,尚未扮演其角色,有礼貌地询问戏班中的乐器演奏者的演奏者是否已准备恰当"(生上白)讹末。(众喏)"①,随后,生脚建议他们表演一段舞蹈:

(生)后行子弟,饶个[烛影摇红]断送。(众动乐器)(生踏场数调)②

以开场的方式开始舞蹈表演,并非开始剧作表演的常见方式。生朗诵一段诗词,将故事推荐给观众,而且在对戏班说话前又重复了末脚的台词"适来听得一派乐声,不知谁家调弄?"③戏班回以曲调之名,此后生脚才开始扮作人物张协。

诸宫调与剧作表演开始前的戏剧化描写均未再见于中国剧作中。将这两者加入剧作的原因虽不可知,但很可能它们是被后来加入的。但是,仍可确定诸宫调与生脚为剧作而准备的表演,以及生脚的舞蹈表演均已被作为通俗表演形式而被看重,且对于剧作家而言具有内在的美学意义。

《张协状元》的对白外舞台提示均短小、简明、分散。形成此特点的原因之一与剧作的整体结构有关。正如在伊丽莎白戏剧中,表演方式由戏剧惯例构成,领导角色并不重要。现代剧作的不同之处在于,领导角色开始获得突出地位,舞台提示——可能因剧作者主张的力量而遍布于剧本之上——的重要性也自相矛盾地提高了。但是,因为伊丽莎白戏剧极快的剧目流转速度——几乎每天一幕新剧——所以只有少量时间用以排演新剧,故而造成了演员的时间与记忆的压力,而在中国戏曲中,专门化而不是时

---

① 见《张协状元》,钱南扬《永乐大典戏文三种校注》第13页,台北:华正书局,1985年版。
② 见《张协状元》,钱南扬《永乐大典戏文三种校注》第13页,台北:华正书局,1985年版。
③ 见《张协状元》,钱南扬《永乐大典戏文三种校注》第13页,台北:华正书局,1985年版。

间束缚促成了演员的演技。① 诸如姿势与说话腔调之类的演技,均不能忽略于伊丽莎白戏剧或中国戏曲中,这些演技绝大部分在剧院中通过行会学习、练习。② 在中国戏曲中,专门化从很早起就已经存在,这正是后世剧作中的场上表演的惯例。然而,并没有很多有关明代以前的表演实践的材料,也没有很多关于 12 世纪以前的演员训练的材料留存至今。③ 一些散见的、关于演员训练的材料,绝大部分又是明代及其后的记载。但是,人们普遍都知道演员的技能是经由艺人行会学习的,在明代,仍有许多私人戏班的所有者借特殊方式训练演员的实例。可惜,有关它们的描述并不详细,不足以使后人明白具体的方式。但还是可以确知表演是专门化且相当地传统的,而戏班的所有者也是以已广为人知的技艺教导演员的。地区性的表演方式也从一开始就存在,旅行戏班一定受到了不同表演与歌唱方式的传播与交流的影响。在明代,私人戏班的演员在地方戏曲的发展中扮演了非常重要的角色。当官员们调任时,会带着他们的戏班一道,戏班内的演员根据新环境而形成新的表演与演唱方式,而且,也有可能受到了当地戏曲的影响。在 20 世纪,培训演员的学校已非常常见,而且培训也已更加系统化,因而如梅兰芳对自己的受训经历的描述一类的个人报告,或会对中国早期戏曲舞蹈的理解产生误导。

与有关戏剧训练的资料的缺乏相反,现在仍可见从宋元直至戏曲非常流行的明代的某些关于道具与装扮的材料。④ 考古学证据与特定的剧本表明,戏服、妆面与包括物品在内的舞台道具,在宋元戏曲的公开表演中具有重要意义。可能从很早的时候起,演员就已经为表演而穿着戏服、在脸上涂粉。在《东京梦华录》中,孟元老就已提及冗长的表演的丰富多彩及

---

① 不能确定中国戏曲的戏班多久更换一次剧目,但根据现存的戏曲选集,可能不比伊丽莎白戏剧频繁。

② 虽然记忆重要,但演员依然需要促进者。见 Andrew Gurr《莎士比亚作品的舞台》(*The Shakespearean Stage 1574-1642*) 第 208—211 页, Cambridge: Cambridge University Press,1992 年版。

③ 最详细且经常被提起的,有关演员的技艺训练的著作是以扮演女性角色而知名的著名表演艺术家梅兰芳所撰写的关于其早年当学徒时的报告。见梅兰芳《舞台生活四十年》,香港侨光印务有限公司,1953 年版。

④ 在明代,私人戏班的所有者,通常都是剧作家,他们在训练演员与设定表演标准方面具有重要意义。但是,虽然这些剧作家对表演的任何一个方面都有话可说,但他们不能像现代导演一样自由地理解剧作。见王安祈《明代传奇之剧场及其艺术》第 107—108 页,台湾学生书局,1986 年版。

其与戏服的关系。① 而且,宋代也有关于演员在戏外的穿着的严厉规定。也有早期剧作注明脚色进场时的穿戴。金元时期的一些表现演员与舞台的小雕像与壁画,表明穿戴戏服在当时已经常见。例如,洪洞水神庙元代壁画,表明其中有两位演员画着浓妆,而其他演员只是涂了胭脂。② 然而,戏服、妆面与舞台道具的使用,常决定于戏班的种类,及其富裕与受欢迎程度。特定的场合与表演的形式一定也影响了舞台设定,而且在庙宇或宫殿中的表演一定与大城市或农村环境中的表演不相同。根据水神庙壁画与董氏墓砖俑中"孤"的形象,廖奔认为,穿着一定反映了当时的时代与社会环境。但是,王安祈表示,虽然穿着可反映它们起源的那个年代,但它们处于不断的改进、精细化与间歇改变,从而符合当时的穿着风格的过程中。③ 从明以后,穿戴与舞台道具在舞台表演的全局设定中已经具有重要意义。元杂剧的一些明代版本已非常详细地注明了穿戴、妆面、面具以及其他角色需用到的物品。④ 从明代对元杂剧的校注本中可见,脚色的穿戴是根据其所扮演的角色的身份、特征与性别而设计的。另一方面,明传奇剧本及手本又无此类对穿着的详细描述,角色的部分信息只能从舞台提示及脚色自身对穿着和妆面的暗示中看出。但是,当一个脚色需要扮演多种角色时,其穿着可能并不会改变。

《张协状元》中的每一位角色一定都有特定的装扮。如,在第十五出中,当外脚上场时,舞台提示即注明其以使相夫人的装扮上场,"外妆夫人出唱"⑤。

---

① 见孟元老《东京梦华录》,《东京梦华录(外四种)》第 43 页,台北:大立出版社,1980 年版。曾永义《说俗文学》第 362 页,台北:联经出版事业股份有限公司,1984 年版。杜为廉《中国早期表演与戏剧》*Early Chinese Plays and Theater*,收录于马科林《中国戏曲:从起源到今日》(*Chinese Theater: From its Origins to the Present Day*)第 7—31 页,火奴鲁鲁:夏威夷大学出版社,1983 年版。

② 见廖奔《宋元戏曲文物与民俗》第 292—293 页,北京:文化艺术出版社,1989 年版;周贻白《侯马董氏墓中五个砖俑的研究》及《元代壁画中的元剧演出形式》,《中国戏曲论集》,北京:中国戏剧出版社,1960 年版。山西侯马董氏墓中的五个砖俑可追溯至金朝(约 1210)。一些学者认为他们是舞者,但周贻白相信他们代表被宋代都城的记载提及的五种脚色。明应王庙(亦称水神庙)中的壁画,亦在山西省境内,但可被追溯至元代。这幅壁画清晰地展现出了一个由穿戴戏服、面上涂粉的演员组成的大型戏班。

③ 对董氏墓砖俑与水神庙壁画中的人物的妆面与穿戴的完整描述,可参见王安祈《明代传奇之剧场及其艺术》第 245—247 页、第 258 页,台湾学生书局,1986 年版。

④ 见冯沅君《古剧说汇》第 66—67 页,上海书店,1990 年版;及王安祈《明代传奇之剧场及其艺术》第 245—272 页、第 319—357 页,台湾学生书局,1986 年版。

⑤ 见《张协状元》,钱南扬《永乐大典戏文三种校注》第 81 页,台北:华正书局,1985 年版。

在第二十七出中,也提及生脚的装扮,"生扮状元出唱"①。从正文中可判断,生脚应是穿绿衣戴官帽。随后,当贴脚扮演其他人物时,通过装扮即可突显出已经扮演不同人物,"贴②假装野方出唱"③。《张协状元》的旦脚则至少更换过一次或两次装扮。这可通过旦脚最后出场时的舞台提示表明,此时旦脚装扮为新娘,"旦大庄上"④。但是,此前当王德用及其妻子在破庙中找到"旦脚",且收为养女时,旦脚的穿着一定需要从破衣烂衫换为锦衣华服。⑤ 也是在这一出中,贫女表达了对新衣服的尴尬:

(外)今朝梳裹胜儿曹。(合)夜合花,斜插带。金为凤,翠为翘,莫道胜花娇。也罗。(旦)[同前]乍然梳洗殢人羞。⑥

还有一些分散于《张协状元》全剧内的、暗示脚色的穿着与妆面的信息。此类暗示常与双关语、嘲弄语相联系,比如在张协拜访使相时,把正式的帽子换成了非正式的帽子,又如门房对旦脚的头饰所作的嘲弄,⑦又如在剧作末尾,婚帽被作为庆祝的道具。⑧ 已无法得知此类暗示是从一开始就有还是后来被添加的。一些诸如在丑脚的鼻子上画白点的例子,被使用于明代以前的剧作中,作为喜剧的标志,并且延续至今。

少有明代以前有关场上的道具与物品的信息。在早期戏剧表现中,演员主要借助扇子、棍子或乐器来表演。舞台道具,是《张协状元》的表演中的重要成分。演员装扮成桌子、椅子与门,或模仿坐的动作,恰恰都说明舞

---

① 见《张协状元》,钱南扬《永乐大典戏文三种校注》第 134 页,北京:中华书局,1979 年版。——译者注

② 中华书局本作"后"。见《张协状元》,钱南扬《永乐大典戏文三种校注》第 183 页,北京:中华书局,1979 年版。——译者注

③ 见《张协状元》,钱南扬《永乐大典戏文三种校注》第 183 页,台北:华正书局,1985 年版。一般而言,当脚色更换所扮演的角色时,舞台提示只会简单地注明某某脚色扮演某某演员进场、唱或者说。此处所举"外"与"贴"的例子,对换装的强调,或表明当脚色更换所扮演的演员时,他们一般没有更换装扮。注明"贴"换装的例子尤为重要,因其为只扮演单一角色的脚色。

④ 译者按,见《张协状元》,钱南扬《永乐大典戏文三种校注》第 215 页,北京:中华书局,1979 年版。

⑤ 当然,此变化决定于"旦脚"一开始是如何着装的,她应该穿着便衣。然而,一位门房对她的头饰所做的嘲弄,可能暗示她的着装有所不同。

⑥ 见《张协状元》,钱南扬《永乐大典戏文三种校注》第 195 页,台北:华正书局,1985 年版。

⑦ 见《张协状元》,钱南扬《永乐大典戏文三种校注》第 135、161 页,台北:华正书局,1985 年版。

⑧ 见《张协状元》,钱南扬《永乐大典戏文三种校注》第 214 页,台北:华正书局,1985 年版。

台上道具的缺乏。① 在绝大多数情况下,中国戏曲的舞台都是空的,而且很可能从一开始就是如此,这正如卡雷尔·布鲁塞克(Karel Brusak)所说:"演员表演规范的很大一部分都是为了形成信号,其主要功能是成为场次的一部分。演员的表演路线必须传达所有此类动作,因为场景不提供任何合适的实物。"②

一、对白外舞台提示

对白外舞台提示贯穿全剧,统一地分散于喜剧和悲剧场次内。它们一致地被放置在脚色上下场之处,且常注明该脚色所扮演的角色。如"旦上唱"③或者"净做神出唱"。④ 在引入不同的角色时,通过上下文,观众(或读者)即可判断该脚色所扮演的角色,因此同一场次内就不需要再提及此角色。舞台提示一致地注明对白与曲辞,且说明哪一个脚色需要演唱,或者两个或两个以上的脚色同时演唱。此外,舞台提示还会注明说话声调的变化,如"贴⑤低声"⑥,以及给出角色的情绪状况。存在舞台提示说明角色的情绪,而不是从语境判断的例子,如在生继续在舞台上表现情绪前注明"生出发怒白"⑦,或者因贫女独自从京城回来,"净呆"。⑧ 舞台提示也注明角色的身体状况,如贴因婚事被拒绝而香消玉殒——"贴⑨做病人立"⑩——又如丑试图购买登科录时,净要求其再付一次钱,发怒而且开始互相殴打"净丑相唾、有介"⑪。从后台发出的声音也会被记录在剧本中。

---

① 在第三十一出中,使相要求堂后官扮演一张椅子给他。舞台提示注明让丑坐下,但随后不久就从"椅子"上摔了下来。
② Karel Brusak《中国戏曲之信号》(Signs in the Chinese Theater),收录于 Ladislav Matejka 及 Irwin R.Titunik 编《艺术语言学》(Semiotics of Art) 第 68 页,Prague School Contributors, Ambridge. Mass:MIT Press,1986 年版。
③ 见《张协状元》,钱南扬《永乐大典戏文三种校注》第 24 页,台北:华正书局,1985 年版。
④ 见《张协状元》,钱南扬《永乐大典戏文三种校注》第 83 页,台北:华正书局,1985 年版。
⑤ 中华书局本作"后"。见《张协状元》,钱南扬《永乐大典戏文三种校注》第 152 页,北京:中华书局,1979 年版。——译者注
⑥ 见《张协状元》,钱南扬《永乐大典戏文三种校注》第 152 页,台北:华正书局,1985 年版。
⑦ 见《张协状元》,钱南扬《永乐大典戏文三种校注》第 104 页,台北:华正书局,1985 年版。
⑧ 见《张协状元》,钱南扬《永乐大典戏文三种校注》第 170 页,台北:华正书局,1985 年版。
⑨ 中华书局本作"后"。见《张协状元》,钱南扬《永乐大典戏文三种校注》第 151 页,北京:中华书局,1979 年版。——译者注
⑩ 见《张协状元》,钱南扬《永乐大典戏文三种校注》第 151 页,台北:华正书局,1985 年版。
⑪ 见《张协状元》,钱南扬《永乐大典戏文三种校注》第 144 页,台北:华正书局,1985 年版。

如模仿动物的鸣叫声,"净在戏房作犬吠"①,这在现代剧作中则被认作技术元素。但是,在中国古典戏曲内,这种技艺是演员技能的一部分。② 其他舞台提示则注明带进场上的物品。绝大部分指明舞台道具的对白外提示均用以说明由脚色带进场上的物品,如"末拖雨伞上"③或者"生挑查裹出唱"④,表明角色马上就要离开,赴上长途旅程。在此类实例中,物品预示将要发生的情节。如在结婚这出戏中,结婚所用的杯子出现于正文内,但未由舞台提示注明,直到比较久以后的婚宴期间,舞台提示才注明杯子和盘子均被放置于丑的背上,"安盘在丑背上、净执杯、旦执瓶、丑偷吃、有介"。即使剧作者未在本场戏的开头处注明该物品,但可以相信它们已经在需要使用时被带入场上。⑤

剧本并非总是清晰地注明舞台提示。有时,某舞台动作一旦给出,它的延续就是理所当然的。如在第九出中,被强盗殴打后的舞台提示为"生倒"。⑥ 土地上台,并唤醒生脚。生脚苏醒,并演唱一支曲子,最后这出戏以土地消失,生脚走下山去为结。并无专门的舞台提示说明生是如何起身,或土地是如何突然消失的。这类情节都是从正文中推测而出或只是根据表演的发展逻辑所作的猜测。其他借姿势动作表现的情节,一般也会在对白外舞台提示中注明,如殴打、跑步上下台、打诨、摔跌、晕厥、吃喝、偷拿事物等。

舞台提示可引入新的或意想不到的动作补充剧本,或仅仅是重复对白已经传达的信息。⑦《张协状元》的舞台提示所指明的动作通常较为简单,一时只注明一两个动作。这与其他剧本差别较为明显,如《小孙屠》与后世剧本中,舞台提示对情节的描述则比较详细。如在《小孙屠》中有一些

---

① 见《张协状元》,钱南扬《永乐大典戏文三种校注》第120页,台北:华正书局,1985年版。
② 直到12世纪,技术元素才逐渐被引入中国古典戏曲中,但其绝大部分仅包括舞台设置、特殊的道具及灯光。演员演唱或表演的技能,仍然是判定剧作水平高低最重要的要素。
③ 见《张协状元》,钱南扬《永乐大典戏文三种校注》第33页,台北:华正书局,1985年版。
④ 见《张协状元》,钱南扬《永乐大典戏文三种校注》第39页,台北:华正书局,1985年版。译者按,疑为第40页。
⑤ 见第十六出。在中国当代戏曲(京剧或者昆曲)中,无论饮酒何时结束,一纸质或塑料酒壶和几个杯子会被拿出,并放置于桌上。但是,在《张协状元》中,并未有任何预先注明舞台道具放置地点的提示。很可能结婚使用的杯子与酒壶已经在台上,因此丑才能倒酒,净才能做出偷肉的姿势。
⑥ 见《张协状元》,钱南扬《永乐大典戏文三种校注》第50页,台北:华正书局,1985年版。
⑦ 只有假定正文对白中所讲述的内容也会在舞台上表演,才可认为此类舞台提示是多余的。由于无法确知中国舞台上的动作公式化程度已达到多高的程度,所以可能许多被认为属于动作的元素,或许只是存在于对白中。

相当复杂的舞台提示,"外扶生上叫开门介",而下一出中,又有"净杀梅香。扮梅香作旦死尸科。除梅香头介"。① 在第一个例子中,舞台被划分为两个空间,分别在旦脚的屋内与屋外,这通过一系列的动作表现出来。而在第二个例子的详细描述中,则借一些重要的动作来表现一个细微——但动人心魄——的故事。对于模拟动作的描述在剧本中并无审美价值,但在将其表演出来时,则占据重要的位置。然而,从上述的例子中可清晰看出,中国戏曲虽然没有对舞台本身的描述,但是演员仍需借助一系列与情节相随的动作和曲辞(或对白)描绘场景。开关门、骑马下马或在海上航行的动作,是环境设计的有效且有艺术感的组成部分。

《张协状元》内的"介"常提示模拟动作,或者一些在表演时仿佛是真实的动作。它们都直接取材自日常生活,而装扮与妆面则是日常生活的提升与复杂化。它们常由术语"介"表示,且借简单或复杂的方式表现。② 有一些则被作为情节的内在部分,如"(净脚)打末着介"③;有一些则被作为情节的后续部分,如"打丑、有介"④或者"净偷酒肉、有介"⑤;有一些则完全独立,如"有介"⑥或"丑有介"⑦。虽然并不能确知最后的"介"的意义,但是到明代时,它们已经类型化,建立动作与特定意义的联系,且与其在舞台上所占据的位置相关。一般而言,当动作一被注明,就会融入故事背景之中,因此即使并未给出舞台提示,演员也可以经由各种可能推断出该段

---

① 见《小孙屠》,钱南扬《永乐大典戏文三种校注》第285、297页,台北:华正书局,1985年版。将小孙屠的舞台提示与现存的三十种元杂剧的舞台提示做比较颇有意味。在后者中,舞台提示比较丰富,但只说明演员、对白与情节,表明舞台上的大多数表演都是戏曲惯例的一部分,而且早已经被观众知悉。徐沁君校点《新校元刊杂剧三十种》(第一卷)第29—56页,北京:中华书局,1980年版。

② 在《张协状元》,用以表示动作的术语是"介",但是在《永乐大典戏文三种》其他两部剧本中,则是"介"与"科"交替使用。钱南扬认为"介"与"科"同义,但是"介"一般用于北杂剧中。见钱南扬《永乐大典戏文三种校注》第11页,注54,台北:华正书局,1985年版。"科"也见于《张协状元》开头处使用的短语"插科打诨"中。曾永义注明"科"省简自"科泛",用以指明某脚色做某动作。但是,陶宗仪在对院本的描述中,曾注明净脚的任务之一即为制造闹剧。见曾永义《说俗文学》第370—371页,台北:联经出版事业股份有限公司,1984年版及上文第73页,注113。

③ 见《张协状元》,钱南扬《永乐大典戏文三种校注》第14页,北京:中华书局,1979年版。此处未注明脚色,钱注已增加。——译者注

④ 见《张协状元》,钱南扬《永乐大典戏文三种校注》第124页,台北:华正书局,1985年版。但并不清楚此处仅指一种脚色,还是同时指代两种脚色。

⑤ 见《张协状元》,钱南扬《永乐大典戏文三种校注》第84页,台北:华正书局,1985年版。

⑥ 见《张协状元》,钱南扬《永乐大典戏文三种校注》第26页,台北:华正书局,1985年版。

⑦ 见《张协状元》,钱南扬《永乐大典戏文三种校注》第67页,台北:华正书局,1985年版。

落所需要的动作。在这样的例子中,语境提供了本应出现于舞台提示中的动作线索。在下文的例子中,丑殴打末时所采取的动作展现出了模仿孔子门人子路的胆量的尝试:

(净)若与子路同行,一拳一踢。(打末着介)(末)我却不是大虫,你也不是子路。①

演员可能尝试表现子路对老虎的拳打脚踢。换言之,当某动作被标注为某情节的一部分时,就可以将动作提示当作剧本阅读。但经常有某动作被注明,且跟随注明脚色做"介"的例子。如在舞台提示"打末着介"中,此"介"或许因为与后续的动作有关而做,即净殴打丑,表现出这一动作的高潮,但也有与前一情节完全无关的例子。在下文的例子中,丑正吹嘘其不可信的功绩,夸耀自己未付房钱且未引起店主的憎恶时:

(净作店婆出)好也!好也!店主人奈何你不得,也须有店主婆。少我房钱不还!(擒丑)我奈何你不得!(打丑、有介)(丑)饶我!店主婆!大娘子!②

此引文后跟随着一段对白,在对白中,店主婆追着丑满场跑。虽然某些舞台提示出现于某些指明角色互相斗殴例子中,但上述例子似乎充斥着动作,并且丑被净脚满场追逐。钱南扬相信术语"有介"表示对刚刚表演过的动作的重复。③正如上述例子所示,"介"前有对某动作的描述,故或许正如钱氏所言。但是,"介"也可以不与动作一道,单独使用,仅表明某脚色做某单独动作。如"有介"④或"丑有介"⑤就未融入故事背景,或前置

---

① 见《张协状元》,钱南扬《永乐大典戏文三种校注》第14页,台北:华正书局,1985年版。
② 见《张协状元》,钱南扬《永乐大典戏文三种校注》第124页,台北:华正书局,1985年版。
③ 见《张协状元》,钱南扬《永乐大典戏文三种校注》第20页,注36,台北:华正书局,1985年版。钱南扬注:"'有'与'又'通,此处的'有介'在《张协状元》中原作'有个'。"
④ 见《张协状元》,钱南扬《永乐大典戏文三种校注》第26页,台北:华正书局,1985年版。
⑤ 见《张协状元》,钱南扬《永乐大典戏文三种校注》第27页,台北:华正书局,1985年版。原文中未注明"丑"。这一点让此动作的主语更加模糊。此处也有可能是旦脚在对话间做动作。许多未注明主语的舞台提示与此类似。见《张协状元》,钱南扬《永乐大典戏文三种校注》第71页,注19,台北:华正书局,1985年版。

的刚刚发生的动作。此类独立的例子表明,做"介"并非一定是对某动作的重复。而且,有时甚至不能从注明"介"的位置的上下文中推断其内容。"丑有介"(假设其真为丑所做之"介")的上下文即如下所示:

(丑)我有些好事向你说。(笑)(旦)小二哥,有甚事?(丑)我有……(笑)(旦笑)且说。(丑有介)(旦)有甚事,如何不说。①

这一段引文构建起了一个动作,即羞涩、中年、外表与内在都不吸引人的小二对贫穷但美丽的贫女的求婚。当然,这一场景意在滑稽,但在戏曲惯例中,无论角色(滑稽的小二与贞洁的贫女)还是脚色(诙谐的丑与严肃的旦)都是不可以匹配的。此处的"介"是由丑还是旦来做?如果是丑,那么是否可表明其羞涩?如果是旦,是否可表明不耐烦?或者只是为了娱乐观众、增加诙谐语言的情节的传统动作?演员大概都受到表演惯例的约束,所以戏班成员均知道且明白某"介"的含义。

另外还有一种介于注明术语"介"与只是说明动作的舞台提示间的区别。如"打末着介"与"打末脑"②之间,或"净看、有介"③与"丑觑末白"④之间有何区别?它们可能没有本质区别。但可能表演的类型化惯例形式需要术语"介",而不注明"介"的舞台提示则表示简单、直接的闹剧。但是,常见的动作"旦出唱"⑤,表示一种上场方式;而"旦出科介"⑥,表示另一种比前一种或更细致的进场方式,这两者之间一定有区别。换言之,当描述某动作,且将之置于需脚色做额外的动作的提示之后时,此类动作或许有可能与先前的动作有关或是该动作的重复,它们或许是需要某些表演的、细致的动作。

可从该剧本中推断出"介"的三个不同层次:第一层为最常用且嵌入故事最深层的"介",如关门与打开门栓。此类"介"具备哑剧要素,用以给观众一种现实感,补充正文口头表演的现实感。在舞台提示较为复杂且其

---

① 见《张协状元》,钱南扬《永乐大典戏文三种校注》第67页,台北:华正书局,1985年版。
② 见《张协状元》,钱南扬《永乐大典戏文三种校注》第42页,台北:华正书局,1985年版。
③ 见《张协状元》,钱南扬《永乐大典戏文三种校注》第178页,台北:华正书局,1985年版。
④ 见《张协状元》,钱南扬《永乐大典戏文三种校注》第26页,北京:中华书局,1979年版。
⑤ 见《张协状元》,钱南扬《永乐大典戏文三种校注》第104页,台北:华正书局,1985年版。
⑥ 见《张协状元》,钱南扬《永乐大典戏文三种校注》第106页,台北:华正书局,1985年版。

内部及本身均如《小孙屠》般为小型故事时,更是如此。其中的"介"与场景的联系极其紧密。除曲辞性与口头性的描述外,"介"还可使观众了解舞台的划分与空间的使用。舞台有限的空间要求高组织程度与高度合乎规矩的动作。"介"的重要性,可见于明代剧作汤显祖《牡丹亭》的旁注之中。如在朱墨本《牡丹亭》中,即于描写梦境的场次旁批注此出戏乃"全以介取胜"。

"介"的第二个层次,则为模仿诸如屋门、椅子或桌子之类的舞台道具。将"介"用以代替舞台道具,并非全为故事叙述而采用的权宜之计,也包括以演员所作的一系列象征性动作模仿、代替某物品。通过语言与动作创造屋门的想象、划分虚幻的空间是一回事,但装作屋门,而且实际上划分舞台空间又是另一回事。脚色需扮作物品,此后,在虚幻与现实的相互影响中,或者在舞台意图给出的对现实幻象的模仿中,此类曾扮演物品的脚色又一次扮演脚色。舞台提示内容的综合、说白部分与音效都在第十六出中取得极大的成功,此出中,末与丑在净的监督下扮演庙门。此场景或许可能是某场景内的哑剧场景,且由净担任哑剧动作的"领导"。旦一到达破庙,就因为发现破庙门(末、丑扮演)关着而惊慌不已:

(白)作事不取知,必定没前程。甚人来擅开我庙门?今日不是牙盘日,里头都挂了。(叫)开门!(打丑背)(丑)蓬,蓬,蓬!(末)恰好打着二更。(旦叫)开门!(重打丑背)(丑叫)换手打那一边也得!(末)合口!①

介于由旦脚上场时的曲辞所建立的感情与三种喜剧脚色的动作之间的对比,导致对旦脚的更悲伤的感情的滑稽模仿。在这之前,旦已经在上场时通过演唱一支曲子,设定了一个寒冷、孤寂的场景。当回到破庙,发现门被关上,旦不顾一切地奋力敲打庙门,试图躲避寒冷。装作屋门之丑,背部被旦猛击,模仿敲门的声音而且抱怨旦脚打击背部的力气过猛。该喜剧的效果,在于喜剧脚色对旦脚的悲惨情景的占用。当然,只有当观众或读者愉快地越过了旦脚与扮作舞台道具的喜剧脚色间的藩篱时,才能达成此效果。

---

① 见《张协状元》,钱南扬《永乐大典戏文三种校注》第56页,台北:华正书局,1985年版。

在一个喜剧场次中,由于没有椅子,净、丑就"虚坐",揭示出对大众审美而言,这种出于想象的现实感,是如何在舞台上发挥作用的,也表明高水平动作的使用与身体技能是如何通过巧妙的办法相互影响的。① 例如,模仿舞台道具与打开屋门的区别就是动作与真实物品的近似程度。模仿仅意图给出某种视觉感,剩下的则留给观众想象,而真正地扮作舞台道具则是在舞台上呈现一种虽荒谬但真实的桌子、椅子、屋门的视觉感。②

"介"的第三个层次,则注明技艺,并非模仿动作,而是注明技艺本身,如"净使棒"③。挥舞枪棒,类似踢气球,都是舞台提示与剧本中注明的动作,如在净将其所演示的动作进行分类时。毫无疑问,这种动作需要某些专门的专业技艺。翁敏华认为,在早期南戏剧作中,故事的地位次于技艺,且故事是为联结不同技艺而创作的。表演的内容,就是所表演的技艺的内容。因此,内容不构成技艺,相反,是技艺构建了一部剧作的内容。虽然《张协状元》已经不属于南戏剧作的这种早期阶段,但追溯早期剧作,尤其赘述有关技艺这一方面的内容,依然是有意义的。

动作与物品间的关系不仅与技艺有关:与此相反,动作与技艺在不同层次上均紧密联系。这种联系是双重的:一方面,它帮助演员执行动作,为演员的动作带来完整感;另一方面,它又有助于对场次的整体理解。与模仿性的、综合的"介"相同,舞台上的道具也需要象征性的地位。就技艺而言,道具确实有助于表演,没有道具,演出就无法继续。例如,没有棍棒,净脚就无法演示其所夸耀的多种枪棍工夫;没有"球",净、丑的表演也无法继续。其他道具则以提喻法联系舞台,即某道具的一部分可替代其全部。例如,如果某脚色带着桨进场,则表示他在船上;又如观众被告知某人在场上骑马,一般而言观众所能见到的只是表示马匹的鞭子。④ 到明代,不同于直接与脚色的动作与姿势有关且方便携带上下场的道具,一张桌子两张

---

① 见《张协状元》,钱南扬《永乐大典戏文三种校注》第 197—202 页,台北:华正书局,1985年版。

② 孙崇涛与徐宏图在有关舞台空间的演变与使用舞台空间的复杂性的讨论中,对"实拟"与"虚拟"做了分别。前者指代真实地扮作屋门或模仿坐在椅子上的动作,而后者则指表示或模仿舞台上存在某物的动作姿势,如穿过门廊、入睡等等。见孙崇涛、徐宏图《戏曲优伶史》第 161 页,北京:文化艺术出版社,1995 年版。

③ 原文为"净使棒介"。见《张协状元》,钱南扬《永乐大典戏文三种校注》第 143 页,台北:华正书局,1985 年版。

④ 见《张协状元》,钱南扬《永乐大典戏文三种校注》第 187 页,台北:华正书局,1985 年版。

椅子的用法已相当常见,现代中国古典戏曲的表演也是如此。此类道具一般具有特定的文化功能(人们坐在椅子上,在桌子上读书或饮食),当它们被放置在中国戏台上时,并不具有意义,桌子与椅子的意义只来自于剧作的内容以及演员对它们的使用。例如,一张椅子可表示一张床,一张桌子可表示一口枯井,这都取决于剧本的需要。因为此类道具不具备符合习俗的意义,故识别它们不在于外形相似,而在于演员赋予、观众接受的奇特想象。① 虽然这类道具的用法一般都依据其传统功用——如即使一张椅子表示床,但脚色还是可以坐——但是演员还可以站在它上面或躲在下面。毫无疑问,到明代中叶,戏曲已经到达了非常高的精致程度,这种程度一直被维持、精致化到当今。

二、对白内舞台提示

对白内舞台提示不得不从剧本中推断而出。有时此类提示由对白外舞台提示证实,但更多的时候,其直接地注明本身。绝大多数情况下,正文为舞台创造虚构的场景。这对中国戏台而言尤为重要,虽然偶尔也会使用一些道具来帮助设定环境,但是中国戏台一般没有背景。即使绝大多数剧作需要观众的想象力——这也包括对白外舞台提示中所注明的诸如穿过本不存在的门廊,或者骑上不存在的马等的提示"介"——但在对白内舞台提示中所精心安排的,介于想象与真实之间的差别仍然相当明显。实物层面,即让如杯子、酒壶等实物出现于戏台上;抽象或戏剧性地通过模拟而表现不存在的物品,并向观众揭示,这两个层面都突出了这一差别。

英伽登对舞台上所呈现的角色进行了有指导意义的区分,并区分出三种类型的呈现方式:第一种,借演员的表演与舞台设定(包括道具在内),专门地以实物向观众呈现道具;第二种,混合实物与语言呈现;第三种,全以语言呈现。② 因为《张协状元》中只有极少数由曲子提及的场景与道具真正地出现于场上,且总被想象代替,故此剧作的演唱部分几乎全属于上述第三种类型。虽然喜剧部分在很大程度上以语言作为主要的呈现方式,

---

① 见沈璟《博笑记》,《全明传奇》卷 a,11b 及卷 b,27b;及王安祈《明代传奇之剧场及其艺术》第 344 页,台湾学生书局,1986 年版。

② 罗曼·英伽登《文学的艺术作品》(The Literary Work of Art)中的章节《戏剧中的语言功能》(The Function of Language in the Theater), George G. Grabowicz 译, Northwestern University Studies in phenomenology and Existential Philosophy(Evanston;Northwestern University Press.1973),第 379 页。

但与演唱部分相比,喜剧部分在更大程度上,发展于身体方面(闹剧、技艺)、剧本的碎片化(插科打诨),以及对作为虚构表现途径的舞台的揭露。另一方面,模仿是对语言呈现方式的放弃,但是又"维持艺术与实物的完整"。①

虽然对白外舞台提示,即使不总以语言形式(还可以他种符号)表示,但总是置于剧本之中,且一旦表演结束即消失;而对白内舞台提示虽然总借实体道具表演——对白、演唱,或许还有假扮——但是,不可用其他符号代替。

《张协状元》内,在写定的剧本中可鉴别出诗词的与口头语的两种层次。虽然所有角色均参与这两种层次,但是诗词层次主要由生旦这两种主脚以及贴与外这两种配脚承担;而口头语部分则主要由喜剧脚色(末、净、丑)承担。诗词通常具描述性,指定人物的背景、职业、主要特征、社会地位等。如第三出贫女出场时,即指定人物特征,确定其情绪状态("……村落无人要厮笑,这愁闷有谁知道……独自烦恼"),其品行("妾又无人要。兼自执卓做人……"),其渴望("遇得一个意中人……"),其社会地位("贫则虽贫……"),其年龄("虚度奴年少"),其职业("付分缘与人缉麻")。又确定了人物的外部特征,虽然其非常贫穷,但还是"娇""执卓",且有能耐("除非是苦怀抱……"),也通过曲子在描绘人物特征的同时,绘画般、有艺术氛围地设定了场景:某个附近生长着桑、麻、茶叶的偏远小村中的破庙。② 此人物,一旦建立后,在全剧中始终如一。另一方面,张协的介绍并不借传统的独唱方式,而是借其他脚色与其本身,表面地、逐渐地形成。该人物的大部分特征或经舞台提示或经正文以其他方式解释过的情绪的突然转变表现。诗词性描述也表现出舞台空间的使用,如对山川的描述指定了当时的地理环境,③,对村庄、古庙、都城或宫殿花园、④旅行经历的地

---

① 罗曼·英伽登《文学的艺术作品》(*The Literary Work of Art*)中的章节《戏剧中的语言功能》(The Function of Language in the Theater),George G. Grabowicz 译,Northwestern University Studies in phenomenology and Existential Philosophy(Evanston:Northwestern University Press.1973),第381页。

② 见《张协状元》,钱南扬《永乐大典戏文三种校注》第24页及以后各页,台北:华正书局,1985年版。

③ 见《张协状元》,钱南扬《永乐大典戏文三种校注》第49页及以后各页,台北:华正书局,1985年版。

④ 参见《张协状元》第三、第七、第二十五、第十七出。

点①的描述则指定了所在位置,而描写时间的段落则传达了某天②、某季节③、某年的信息。诗词也可用于描述角色的穿着与妆容,这种描述常依据人物身份,也会根据所扮演人物的身份的改变而改变。④ 在正文所描述的所有要素中,只有小道具、穿着与妆容可以实物呈现。曲子极有可能伴随特定的姿态与面部表情。与注明极少信息或信息很难从其中推断而出的口头语部分不同,诗词的主体所描述的场景的形象化,大部分都需借助观众的想象。

虽然口头语部分与诗词部分有重合之处,但二者仍然在曲子与描写方法上有显著的分别。喜剧脚色也会使用曲子来表现其在舞台上占据的空间,有时也借此来帮助正剧脚色完成表演。如小二为贫女送去酒食时,演唱了一支描述其扁担上的物品的曲子⑤;又如,当生赴任时,三种喜剧脚色演唱了一首关于旅途艰难的曲子。⑥ 与正剧脚色的独白的戏剧性相对,一些可作为正剧的场景(如两位客商穿越五鸡山)也可显得诙谐。这由脚色的特征决定。第八出中的客商分由末与净扮演,而在张协前往梓州的路途中扮演脚夫的则是一净、一末、一丑,所有作为配脚的喜剧脚色,与带着不良意图的生一起,将自己强加于危险的山地情景中。与此相似,在王德用前往梓州的路途中,是丑脚的专门性或表演方式为其加上了喜剧精神。总而言之,以团体呈现悲剧的戏剧形式是不可能存在的,原因有二:其一,出于脚色的表演特长;其二,口头语部分的传统限制其功能于报告、嘲讽与简要描述。

---

① 如从村庄到古庙;从四川到五鸡山再到古庙,上京之路与附梓州赴任之路;贫女上京与返程;使相的旅途等。参见《张协状元》第七;第九、第十、第二十、第四十;第三十三、三十七、四十二及四十五出。
② 如鸡鸣生表示天色很早。参见《张协状元》第三十三出。
③ 如第十一出中的冬天或第十三出中胜花对季节的描述。季节的流逝同样可看出年份。全剧的时间大概经历了一年,因张协在冬天从四川离家,而再次与贫女于深秋结婚。译者按,依据剧中主角张协因遇匪而错过第一次春闱,在破庙中恢复健康后,又于春季赶赴京城,故而全剧应至少跨越四年以上。
④ 例如,贫女在破庙中的粗衣麻布与其被王德用夫妇收养后的锦衣华服。或者张协被强人打劫与其通过科考中得状元时的不同穿着。对胜花的锦衣华服的描述亦显示其极其富有。参见《张协状元》第三、四十七、九、二十七及十三出。
⑤ 见《张协状元》,钱南扬《永乐大典戏文三种校注》第 66 页,台北:华正书局,1985 年版。
⑥ 见《张协状元》,钱南扬《永乐大典戏文三种校注》第 173—174 页,台北:华正书局,1985 年版。

另一方面,一般使用曲子作为沟通媒介的角色,也可以使用口头语部分。例如,旦对李大婆渴望头发的描述①,向小二以及随后向李大公解释张协突然出现的扼要描述,简单的又如与小二一起的喜剧场次。由喜剧脚色扮演的人物的身份说明常借口头语部分完成,而且可以延长。第八出中由丑脚扮演的强盗上场后对其扮演的角色的描述即为此例。对空间(包括地点)与时间的描述也在口头语部分的范畴内。然而,许多由口头语给出的描述在两个方面与诗词部分不同。第一,由正剧脚色或喜剧脚色使用的口头语部分不得不与说话的速度有关。演唱可以延长说明的时间,但说白却占用较少的时间。第二,在口头语部分中需标记分类,如列出填充场景的道具。如当末进场,寻找圆梦人,当到达圆梦人的房子时,他形容道:"兀底一间小屋,四扇旧门。青布帘大写着'员梦如神',纸招子特书个'听声揣骨'。且待男女叫一声:先生在?"②而在诗词部分中,角色并非简单列举而是加以详细描述,如山路的艰险、古庙的破败与偏僻、道路的难行,这设定了额外的气氛,而说白部分常是简单的示意图。由末脚扮演的同游学生,向刚到达京城的张协介绍旅店的便利,"尊兄,你看茶坊济楚,楼上宽疏。门前有食店酒楼,来壁有浴堂米铺,才出门前便是试院,要闹却是棚栏,左壁厢角奴鸳鸯楼,右壁厢散妓花柳市。此处安泊,尽自不妨"③。毫无疑问,这只是比一张使观众知道所在地点的图片稍微丰富一些。

有时,描述也可以是简单的模拟,如末对相府进行详细的描述时,并未在舞台上移动:

(丑)来,来,与我请过夫人与胜花小娘子出来。(末)领钧旨。转阶头便升厅上,屏风后回廊深杳,画堂前帘幕低垂。着个小心,专当祗候。④

---

① 见《张协状元》,钱南扬《永乐大典戏文三种校注》第67—68页,台北:华正书局,1985年版。

② 见《张协状元》,钱南扬《永乐大典戏文三种校注》第26页,台北:华正书局,1985年版。与此相似,在第二十四出中,张协到京城时遇到了两位欢迎他的学生。其中一位由末扮演的学生,描述了旅店的环境。亦如第四十七中,净脚对京城的描述。另一个稍有不同的例子是净与末对前往王使相在梓州的官府的路线的交替描述。见《张协状元》第五十出。

③ 见《张协状元》,钱南扬《永乐大典戏文三种校注》第123页,台北:华正书局,1985年版。

④ 见《张协状元》,钱南扬《永乐大典戏文三种校注》第112页,台北:华正书局,1985年版。

由于没有舞台设定，所以末以此介绍了他可能走过的地方。末脚介绍旅馆环境的效果应与此相似。但是最后一句可能表明末并未移动一步。这明显的是一出遵照戏曲惯例的戏码，借对舞台上的地理与局部的描述的模拟惯例，使舞台显而易见。诗词与口头语部分用以创造想象真实，而描述的模拟则向观众表明此类幻象的消散与向舞台增添另一个层次有多么容易，从而表现出剧作的虚构性。绝大多数此类幻象都存在于口头语部分中。如对脚色多重性的疑问表明《张协状元》的戏剧性：

（净白）明日公公办些福物，（笑）婆婆办一张口儿。（笑）（末）只会噇相。你笑甚底？（净）做媒须着办几面笑。（末）你也忒笑。①

此处表明中国戏曲变戏法的程度。由净脚扮演的李大婆，即将扮演出现于婚宴期间的山神，此时正为双重任务做准备。媒人需要双重演绎，因为张协贫女夫妻将在山神前完成婚礼，而又是李大婆扮演媒人。此种有关脚色的多重性的幻象，有时也可以扩展到演员，正如当旦准备进入衙门，门房拐弯抹角地指出其大脚并非女性所有。这种转变即直接地从脚色（女主脚）变为演员（男性演员）。② 更微妙的是叙述者面向观众时所提到的区别。末进场解释张协行为的道德性，又一次走出故事，成了副末或面对观众的剧作呈现者，说明现实与故事间的区别。

喜剧是《张协状元》最大的组成部分，且其效果极度依靠表演。将剧本细分为语义单位、舞台提示、闹剧、模仿、动作"介"、情绪的提示等都意在灵活地填充舞台空间。然而，一场好的表演不仅依靠戏班成员在场上对剧本的理解，也需要依靠观众将所有这些不同的要素——曲辞与技艺，真实与幻想——一起带入表演中。之所以无法将所有此类体制要素一起描述，是因为无法确知当时规范的戏曲表演惯例，虽然读者的眼睛远离真实表演，但剧本本身还是充满了演员在舞台上相互影响的活动。

结　　论

1993年，距离《张协状元》最后一次上演三个多世纪后，做了一次将此

---

① 见《张协状元》，钱南扬《永乐大典戏文三种校注》第78页，台北：华正书局，1985年版。
② 见《张协状元》，钱南扬《永乐大典戏文三种校注》第161页，台北：华正书局，1985年版。

剧作重新搬上舞台的尝试。导演与演员遇到了大量的问题。第一,此剧太长,需要针对当代的舞台设定进行改编,表演最长只能持续两个半小时。因此,不得不选择一些可以代表全剧的场次。在挑选过程中所遇到的问题揭示出了笔者在本论文中已经提及的《张协状元》的特点之一,即喜剧的普遍,且常以情节为代价。为了在两个半小时内呈现连贯的故事,该剧的组织者不得不删去许多脱离于情节外的喜剧性闹剧,故而彻底降低了在原作中占主要地位的喜剧性脚色的重要性。

对《张协状元》的音乐的重建又是另一个严重的障碍。中国艺术研究院的傅雪漪教授承担起了这一令人怯步的任务。鉴于该剧作的音乐已经散失很久,他不得不从海盐、弋阳、梨园、昆山等地方戏曲形式中借用或改编曲牌。① 与此相似,根据每种角色的呈现方式,着装与妆容也取材自多种地方戏曲形式,且使其具有象征性。这部于1993年上演的剧作所需的大量研究,已通过对地方戏曲、晚清戏曲以及京剧的研究而完成,因而此剧作整合自此类表演形式。虽然,通过这些努力所呈现的剧作与几个世纪前所呈现的《张协状元》原表演相去甚远,但是这次表演的角色的多样性在精神上是与早期表演相似的,也是这次表演的组织者试图仿效的。对早期剧作进行改编与精心设计从明代开始就相当常见。元代剧作常见于明代的宫廷戏台上,而且元代剧作也频繁地被改编为明清传奇。此外,北曲与南曲在不同戏曲形式间交流,而且到了明代中叶,元代曲调可能已经失传,故而需要被相应的变体取代。知名剧作如关汉卿的《窦娥冤》、马致远的《汉宫秋》从明代起即被改编为不同形式的地方戏曲,而且尤其流行于京剧中。批评者意识到保存原剧作完整性的价值,这正如针对臧懋循改编元杂剧的批评。但是,似乎从未见将早期剧作以全新的形式重新创作的尝试。

《永乐大典戏文三种》距离现在的时间,远远久于元代到明代的时间。舞台快速演变着,尤其是近年来,产生了不少针对现代舞台与古代戏台的隔阂的反馈。诸如穿着与妆容,灯光或者舞台道具等的新考量,使舞台经历了许多变化。某些创新,如增加导演脚色的重要性,常见于对古典戏曲的现代演绎中。新《张协状元》的导演于少非,在一篇文章中描述了在担任该剧导演时所遇到的场面调度问题。他写道,中国古典戏曲直到20世

---

① 魏子云《〈张协状元〉重登舞台》,载《戏曲艺术》1994年第4期。

纪四五十年代才开始使用导演;在这之前,则为表演艺术家负责全剧表演的指导。① 他认为,介于中国古典戏曲的现代导演与现代西方舞台导演间的最大区别是,西方导演试图掩盖剧作表演的成分,而使故事更加真实,而中国导演着意于将目光吸引至表演诸要素的不统一与最终成果的统一间的对立。② 作为古典戏曲不使用导演的遗留,这种不统一当然影响了戏曲结构的全局。在稳定地走向角色与脚色的统一的戏曲中,重建上述二者的分裂是最为困难的。在舞台上表明脚色与角色并不等同非常重要,因此,角色可使故事变得只有单一脚色,从而戏剧幻象暴露于精通此惯例的观众前。

于少非发现,《张协状元》的呈现需要如下两个表演特点的融合,即源自舞蹈的非戏剧性特点与包括故事发展在内的戏剧性特点。他认为此二者是对立的,但是一场成功的表演必须包含二者的调和。通过表明在中国古典戏曲中"舞蹈"的特点(包括杂技在内)已被戏剧化,而且戏剧部分也被形式化为戏剧性舞蹈动作,于少非解决了这个问题。③ 在剧作的口头语与演唱中,正剧与喜剧的二元性中,亦可见这两种表演传统的并立。当表演的这两个方面被联结在一起,它们就成了一些不规则的故事片段,而且必须对应观众的戏剧观念以及他们对故事的总体理解。鉴于科诨本身是不受时间影响的喜剧部分,且常被用于回应特定的行为,喜剧表演本身并不会产生问题,而且两种主脚的表演更多地依赖诗词性较强的诸宫调,三种喜剧脚色已因宋元杂剧的喜剧传统而模式化——也就是说,可以用一种可能略比现代的喜剧小品吵闹的形式表演。

从于少非的陈述中可清晰看出,虽然尽可能接近故事的主要事件,或者接近古典戏曲观念的全局非常重要,但重建此类标准的唯一来源仍是剧本本身。即使剧本可约束剧作紧密地联系故事情节,但它肯定不能束缚表演,正如笔者在上文对《张协状元》的表演方面的论述所揭示的,文本只能为《张协状元》是如何表演的提供惊鸿一瞥。但是《张协状元》的现代演绎并不期待全部的精准,毕竟戏剧的所有方面都是暂时的,而且由于变化,每一次表演都是不同的,也没有适用于再创造的特定标准。对古老的表演形

---

① 于少非《〈张协状元〉导演构想》,载《戏曲艺术》1993 年第 1 期。
② 于少非《〈张协状元〉导演构想》,载《戏曲艺术》1993 年第 1 期。
③ 于少非《〈张协状元〉导演构想》,载《戏曲艺术》1993 年第 1 期。

式进行实验,将古老的表演形式改编为多样的现代形式,才是重要的。这场关于重建剧作的现代尝试的讨论,提出了收录《永乐大典》时,《张协状元》的表演距离更早的表演有多久的问题。其曲调、装扮、妆容是否全部源自宋代,或已经按明代惯例改变?虽然将《张协状元》抄入《永乐大典》的抄写人员确实比少非更接近这部剧作在宋代的表演,但如果存在是明代改编本的可能(似乎极有可能),作品的变动也应与之相应。简而言之,由于《张协状元》更早的版本与其他宋代剧本的缺乏,在《张协状元》的基础上重建宋代戏曲表演,必须做大量的推测。

那么,应该将本论文所讨论的脚色体制系统置于中国戏曲发展的什么位置呢?虽然之前已经有许多关于从剧本中恢复表演的困难的警告,也有从剧本中推断早期表演的各种问题,但《张协状元》的剧本还是意图被表演的。由其综合了多种通俗表演要素可证。正如喜剧场次中所见的多种多样的语言与杂技技艺,这些要素并非无缝综合。此类要素的一些部分如脚色体制、角色呈现的公式模型及场次序列等,暗示此剧本是按照明代表演传统记录的。虽然不能确信《张协状元》的舞台体制可以追溯到明代,但提及南宋戏剧的材料仅提到院本与北杂剧,二者都是北方戏曲形式。如果南戏早已流行,为什么它们没有被包括于早期记录杭州都市生活的回忆录中?而且,院本与北杂剧中的"脚色"也与出现于《张协状元》内的不同。如果南戏在南宋时期已如此重要,为什么此类回忆录不提及"南方"脚色体制系统?

由于仅有少数早期剧本被遗存到今天,故而笔者倾向于认为表演比剧本更重要,而且,明代《张协状元》的抄本只是一个少有的创新。然而,此剧作或有可能在南宋初年即已写定。但即使如此,到15世纪初,其被《永乐大典》收录时,该剧本毫无疑问已经经历了许多改变。虽然剧本一旦被写定,其改变即非常缓慢,但是舞台表演的结构与规则却在不断改进。因此,中国戏曲的脚色体制相比剧本发展得更快。与此同时,为了满足舞台发展的需要,剧本需根据脚色体制而改变。这个过程导致写定剧本与表演之间的不一致,或更具体地说,以《张协状元》为例,即是介于由剧本所揭示的不同表演成分与出现于《永乐大典》本之中的明代脚色体制间的不一致。

总而言之,本论文所讨论的脚色体制代表介于剧本与表演的复杂辩证转化中的某个时期(或为明代早期)的状况,剧本与表演二者均处于不断的发展与改变过程中。

参考文献

一、直接材料

[1] 杜仁杰《庄家不识勾栏》,隋树森《全元散曲》第一册,平平出版社,1973年版。

[2]《尔雅》,《十三经注疏》本,中华书局,1983年版。

[3] 高安道《淡行院》,隋树森《全元散曲》第一册,平平出版社,1973年版。

[4] 高明《琵琶记》,俞为民编校,正华书局,1994年版。

[5] Graham A.C. *The Book of Lieh-tzu*: *A Classic of Tao*. New York: Columbia University Press. 1990.

[6] 灌圃耐得翁《都城纪胜》,《东京梦华录(外四种)》本,大立出版社,1980年版。

[7]《管子》,《管子轻重篇新诠》本,中华书局,1979年版。

[8]《古本戏曲丛刊》初集,商务印书馆。

[9]《汉书》,中华书局,1962年版。

[10]《后汉书》,中华书局,1965年版。

[11] 胡应麟《庄岳委谈》,《少室山房笔丛》第二卷,世界书局,1963年版。

[12] 焦循《剧说》,《中国古典戏曲论著集成》第八册,中国戏剧出版社,1959年版。

[13]《晋书》,中华书局,1974年版。

[14] 孔尚任《桃花扇》,俞为民编校,华正书局,1994年版。

[14] Lau D.C., trans. *Mencius*. Middlessex: Penguin. 1970.

[15] Lau D.C., trans. *The Analects*. Middlessex: Penguin. 1979.

[16] 李昉等《太平广记》,人民文学出版社,1959年版。

[17] 李渔《闲情偶寄》,《中国古典戏曲论著集成》第七册,中国戏剧出版社,1959年版。

[18]《梁书》,中华书局,1974年版。

[19]《列子》,《列子集释》本,中华书局,1974年版。

［20］《礼记》，《十三经注疏》本，中华书局，1983年版。

［21］凌景埏《董解元西厢记》，人民文学出版社，1978年版。

［22］刘向《列仙传》，《诸子百家丛书》本，上海古籍出版社，1990年版。

［23］《论语》，洪业等编纂《论语引得》本，上海古籍出版社，1986年版。

［24］孟元老《东京梦华录》，《东京梦华录（外四种）》，大立出版社，1980年版。

［25］《尚书》，《十三经注疏本》，中华书局，1983年版。

［26］沈璟《博笑记》，《全明传奇》本。

［27］《十三经注疏》，中华书局，1983年版。

［28］司马迁《史记》，中华书局，1959年版。

［29］《宋史》，中华书局，1977年版。

［30］隋树森《全元散曲》，平平出版社，1973年版。

［31］孙崇涛、徐宏图《青楼集校注》，中国戏剧出版社，1990年版。

［32］汤舜民《新建勾栏教坊求赞》，隋树森《全元散曲》第一册，平平出版社，1973年版。

［33］汤显祖《牡丹亭》，《古本戏曲丛刊初集》本。

［34］汤显祖《牡丹亭》，徐朔方、杨笑梅校注，里仁书局，1995年版。

［35］陶宗仪《南村辍耕录》，中华书局，1980年版。

［36］吴自牧《梦粱录》，《东京梦华录（外四种）》，大立出版社，1980年版。

［37］夏庭芝《青楼集》，《中国古典戏曲论著集成》第二册，中国戏剧出版社，1959年版。

［38］《小孙屠》，钱南扬《永乐大典戏文三种校注》，华正书局，1985年版。

［39］徐沁君校点《新校元刊杂剧三十种》，中华书局，1980年版。

［40］徐渭《南词叙录》，《中国古典戏曲论著集成》第三册，中国戏剧出版社，1959年版。

［41］《易经》，《十三经注疏本》，中华书局，1983年版。

［42］臧懋循《元曲选》，中华书局，1989年版。

［43］《战国策》，中华书局，1979年版。

[44]《张协状元》,钱南扬《永乐大典戏文三种校注》,华正书局,1985年版。

[45]《中国古典戏曲论著集成》,中国戏剧出版社,1959年版。

[46]《中国古典小说新刊》第二卷,联经出版事业股份有限公司,1987年版。

[47]周德清《中原音韵》,《中国古典戏曲论著集成》第一册,中国戏剧出版社,1959年版。

[48]周密《武林旧事》,《东京梦华录(外四种)》,大立出版社,1980年版。

[49]周祈《名义考》,学生书局,1971年版。

[50]朱权《太和正音谱》,《古典戏曲论著集成》第三册,中国戏剧出版社,1959年版。

[51]祝允明《猥谈·土语》,冯可宾《广百川学海》第五卷。

[52]《左传》,《十三经注疏》本,中华书局,1983年版。

二、间接资料

[53] Aston, Elaine and George Savona. *Theater as a Sign-System*: A semiotics of Text and Performance. London: Roudedge. 1991.

[54] Bauer Wolfgang. "The Encyclopedia in China." *Cahiers d'hisroire mondiale*, 1966. 9: 665—691.

[55] Bentley Eric. *The Psychology of Farce*: Let's Get a Divorce and Other Plays. New York: Hill and Wang Inc.. 1958.

[56] Bergson, Henry. *Laughter*, ed. Willie Sypher. Baltimore: Johns Hopkins University Press. 1980.

[57] Brusak. Karel. "Signs in the Chinese Theater." In *Semiotics of An* (Prague School Contributors), ed. Ladislav Matejka and Irwin R. Titunik. Cambridge. Mass: MIT Press.1986.

[58] Carlson, Marvin. *Theories from the Theater*: A Historical and Critical Survey from the Greeks to the Present. Ithaca: Cornell University Press.1993.

[59] Ch'en Li-li "Some Background Information on the Development of the Chu-kung-tiao." *Harvard Journal of Asiatic Studies*. 1973.33: 224—37.

[60] Cook. Albert. *The Dark Voyage and the Golden Mean*: A Philosophy

of Comedy. New York：W.W.Norton，1966.

［61］戴平《论丑脚之美》，盖叫天、张庚选编《戏曲美学论文集》，丹青书局，1984年版。

［62］De Toro. Fernando. *Theater Semiotics*：*Text and Staging in Modern Theater*. John Lewis，trans. Toronto：University of Toronto Press. 1995.

［63］Debord. Guy. *The Society of the Spectacle*. Donald Micholson-Smith，trans. New York：New Zone Books. 1995.

［64］Diderot Denis. *Oeuvres Esthetiques*. France：Classiques Gamier. 1991.

［65］Dolby，W. *A History of Chinese Drama*. London：1978.

［66］Dolby. W. "Early Chinese Plays and Theater." In *Chinese Theater*：*From its Origins to the Present Day*. Colin Mackerras，ed. Honolulu：University of Hawaii Press.1983.

［67］董每戡《中国戏剧简史》，兰登文化，1987年版。

［68］冯沅君《古剧说汇》，上海书店，1990年版。

［69］Freud Sigmund. *Jokes and their Relation to the Unconscious*. James Strachey，trans.New York：W.W. Norton and Company，1960.

［70］顾力仁《永乐大典及其辑佚书研究》，文史哲出版社，1985年版。

［71］郭伯恭《永乐大典考》，台湾商务印书馆，1938年版。

［72］郭亮《早期南戏表演探源：〈张协状元〉剖析》，载《戏剧艺术》1982年第2期。

［73］Gurievitch Morton. *Comedy*：*The Irrational Vision*. Ithaca：Cornell University Press.1975.

［74］Gurr Andrew. *The Shakespearean Stage*，*1574—1642*. Cambridge：Cambridge University Press，1992.

［75］侯百朋《戏文中的温州方言》，《南戏探讨集》，1987年版。

［76］Hu Ji. "Ta-ch'u." In William H. Nienhauser ed.，*The Indiana Companion to Traditional Chinese Literature*. Bloomington：Indiana University Press. 1986. pp. 739—741.

［77］胡忌《宋金杂剧考》，古典文学出版社，1957年版。

［78］Hucker. Charles O.*A Dictionaiy of Official Titles in Imperial China*. Stanford：Stanford University Press. 1981.

［79］Idema W.L. and S. West，*Chinese Theater 1100—1450*. Wiesbaden：

Steiner. 1982.

［80］Idema W.L. "Data on the Chu-Kuns-Tiao: A Reassesment of Conflictins Opinions." In *T'oung Pao*. LXXIX. 1993: 95—112.

［81］Idema W.L. "Performance and Construction of the Chu-Kung-Tiao." In *Journal of Oriental Studies*. 1978.16: 63—78.

［82］Ingarden Roman. *The Literary Work of Art* . George G. Grabowic. trans.Northwestern University Studies in Phenomenology and Existential Philosophy.Evanston: Northwestern University Press, 1973.

［83］Ingarden Roman. "The Function of Language in the Theater." In The Literary Work of Art.

［84］金宁芬《南戏研究变迁》，天津教育出版社，1992年版。

［85］Kott Jan. *The Bottom Translation*. Daniela Miedzyrzecka and Lillian Vallee, trans.Illinois: Northwestern University Press, 1987.

［86］Leung K.C. *Hsu Wei as Drama Critic: An Annotated Translation of the Nan-tzu hsii-lu*. Oregon: University of Oregon, Asian Studies Program, No. 7, 1987.

［87］李慧绵《戏曲要籍解题》，正中书局，1991年版。

［88］廖奔《宋元戏曲文物与民俗》，文化艺术出版社，1989年版。

［89］廖奔《中国戏曲声腔源流史》，光亚文化，1992年版。

［90］刘致中、侯镜昶《读曲常识》，上海古籍出版社，1985年版。

［91］罗锦堂《从宋元南戏说到明代的传奇》，《永乐大典戏文三种·附录二种》，长安出版社，1978年版。

［92］梅兰芳《舞台生活四十年》，香港侨光印务有限公司，1953年版。

［93］Meyerhold Vsevolod. "Farce." In *Theater in the Twentieth Century*. ed.Robert W.Corrigan. New York: Grove Press. 1963.

［94］Pavis. Patrice. *Theater at the Cross roads of Culture*. London: Routiedge. 1992.

［95］彭飞《略论成化本白兔记》，载《文学遗产》1983年第3期。

［96］Pfister, Manfred. *The Theory and Analysis of Drama*. Cambridge: Cambridge University Press. 1988.

［97］钱南扬《宋元南戏百一录》，哈佛燕京学社，1934年版。

［98］钱南扬《戏文概论》，木铎出版社，1988年版。

[99]青木正儿著、王古鲁译《中国近世戏曲史》,台湾商务印书馆,1988年版。

[100]任半塘《唐戏弄》,上海古籍出版社,1984年版。

[101] Sareil Jean. *L'Ecriture Comique*. Paris：Presses Universitaires de France. 1984.

[102] Schechter Joel. *Durov's Pig：Clowns, Politics and Theater*. New York：Theater Communications Group. 1985.

[103] Schlegel. Agustus William. *Courses of Lectures on Dramatic Art and Literature*. John Black, trans. New York：Ares Press Inc., 1973.

[104]孙崇涛、徐宏图《戏曲优伶史》,文化艺术出版社,1995。

[105] The Indiana Companion to Traditional Chinese Literature, ed. William H.Nienhauser.Bloomington：Indiana University Press, 1986.

[106] Veltrusky, Jiri. *Drama as Literature*. Lisse：The Peter de Ridder press, 1977.

[107]王安祈《明代传奇之剧场及其艺术》,台湾学生书局,1986年版。

[108]王安祈《明代戏曲五论》,大安出版社,1990年版。

[109]王国维《中国戏曲史》,台湾商务印书馆,1994年版。①

[110]王国维《古剧角色考》,《王国维戏曲论著》,纯真出版社,1982年版。

[111]魏子云《〈张协状元〉重登舞台》,载《戏曲艺术》1994年第4期。

[112]翁敏华《张协状元和中国戏曲艺术形式初创》,载《上海师范大学学报》1983年第4期。

[113]吴梅《顾曲麈谈》,台湾商务印书馆,1988年版。

[114]叶长海《中国戏剧学史》,骆驼出版社,1993年版。

[115]曾永义《参军戏与元杂剧》,联经出版事业股份有限公司,1992年版。

[116]曾永义《中国古典戏剧的发展》,《中国古典戏剧的认识与欣赏》,中正书局,1991年版。

[117]曾永义《中国古典戏剧角色概论》,《说俗文学》,联经出版事业股份有限公司,1984年版。

---

① 王国维似无此书,疑为出版社更名出版。

[118]曾永义《说俗文学》,联经出版事业股份有限公司,1984年版。

[119]张敬《明清传奇导论》,正华书局,1986年版。

[120]张敬《论净与丑在我国戏曲中的重要》,《清徽学术论文集》,华正书局,1993年版。

[121]郑黛琼《中国戏曲的净脚研究》,学海出版社,1996年版。

[122]郑骞《元明抄刻本元人杂剧九种提要》,载《清华学报》1969年第7期。

[123]郑振铎《净与丑》,《中国文学研究》,作家出版社,1957年版。

[124]周贻白《中国戏剧论集》,中国戏剧出版社,1960年版。

[125]周贻白《元代壁画中的元代演出形式》,《中国戏剧论集》,中国戏剧出版社,1960年版。

[126]周贻白《侯马董氏墓中五个砖俑的研究》,《中国戏剧论集》,中国戏剧出版社,1960年版。

《中国戏曲史》（选译）*

[英]杜为廉 著 林施望 译

第二章 宋金戏剧

在可能出现于世界上任何地方的新兴戏剧成为具有独特的体系与传统的独立艺术形式之前，任何将戏剧作为容易辨别的事物，认为戏剧与其他娱乐形式存在根本差别的设想都是站不住脚的。例如，在伊丽莎白时期与莎士比亚的全盛时期，戏剧仍然只是被作为一种多姿多彩的游戏、消遣及娱乐活动。在1586年，参观丹麦宫廷的莱斯特人被称作"歌者与舞者"。演员不仅演戏，也表演"活动"或"活动的节日"。变节的剧作家、清教徒葛森（Puritan Gosson）声称来自恶魔的诱惑使剧院与舞台变得美轮美奂："吉格舞、双人三步舞、莫里斯舞、竹马舞的靓丽服装与面具，跳跃、翻腾及舞蹈；杂耍演员对技艺的卖弄，让人难以忘怀的表演构成了浮华的景象，使观众因丰富多样的愉悦而着迷。"①从女王到乡民，均爱好"混合的戏单"，爱好"混杂的"或"杂凑的"娱乐节目。三种、四种或五种表演凑在一起演出是常见的惯例，而且小丑的杂耍表演与壮观的短戏剧也进入了庄严、高贵的剧作中。

即使具有明显的差别，中国宋代的戏剧情形仍然与上述情形惊人地相似，虽然愉悦中国人的、由多种娱乐形式与社会条件所构成的系统持续得更久，且在某些方面一直延续到了今日。从宫廷到街市使用的相同的"混合戏单"，说书人、诸宫调艺人、木偶戏艺人、郎中、江湖骗子、算命先生、歌者、杂技艺人、演员、歌女与乐工们为了招揽生意而推推搡搡的娱乐场所，

---

* 该书原书名 *A History of Chinese Drama*，1976年由伦敦 Paul Elek 出版社出版。其第二章原名为 Song and Jin Plays，第五章原名为 Nanxi Drama, Chuanqi Drama, and The Beginning of Kunqu Drama。

① Bradbrook, M.C., *The Rise of the Common Player*, London: Chatto and Windus; Cambridge: Harvard University, 1971.

不禁使人想起一幅描绘古代巴黎新桥的知名画作。且相关的术语也同样具有明显的模糊性与可转移性，对娱乐形式的自然特征的描述或记录也同样显得草率。谁最终知道戏剧将会产生，并且会从根本上变更表演形式的可能性呢？人们通常只在某种流行的娱乐形式开始逐渐衰微或终于消失时，才会去记录它们。

在宋初，戏曲的许多组成部分就已经以各自的传统而存在：以戏剧式情节讲述故事、唱、音乐伴奏、节奏性的帮腔、合唱、朗诵、对话、舞蹈、装扮、妆扮、男子模仿女子、女子模仿男子、男女以原本的性别出演、杂耍、插科打诨、曲子中插入宾白等其他表演特征均已存在。在宋代，这些表演特征的结合或合并越来越明显，可将其作为一种全新的娱乐形式，即戏曲的先驱。

宋代分为两个时期。始于960年的北宋是统辖整个中国的王朝，定都位于现河南省开封市的汴梁。于1126年女真族占领中国北部地区，建立金朝（1115—1234）之后，北宋灭亡。女真族是满族的先祖。金朝以现在的北京城作为都城之一。之后则为南宋（1127—1279），南宋是管辖中国中部与南部地区的朝廷，定都位于中国东南部的杭州。在当时，金朝与南宋占据了中国绝大部分地区，而戏曲及合并的娱乐形式的发展亦出现于这一时期。

当戏曲出现于13世纪时，常被称作"杂剧"。"杂剧"一词及相关的"杂戏"一词早在832年即被用以指代滑稽戏"弄孔子"，在829年用以指代未分类的娱乐形式，而在五代时，后唐庄宗（923—926年在位）曾与艺人一道表演杂戏。①但在宋代以前，有关二者的记载颇为少见。在宋代，"杂剧"或"杂戏"指的是多种多样的滑稽剧、戏剧或载歌载舞的演出。其中一些演出，以滑稽、喜剧表演为主导，或直接由滑稽表演构成。在其他表演中，则以音乐与唱为主。此外，其中也有木偶戏、哑杂剧（类似《高布达克》中的哑剧表演）、小杂剧、大杂剧以及我们已知的杂耍表演——它们均出现于宋代的百戏名目之中。在某次"哑杂剧"的表演中，两三位瘦弱的演员以粉涂身，金眼白面，使自己看来如髑髅。他们系锦绣围肚看带，手执软仗，各作魁谐趋跄，举止若俳戏。这一"哑杂剧"表演处于一场百戏表演

---

① 欧阳修《新五代史》（四部备要本）第三十七卷，第1b-2b页记载，因庄宗之妻父原为草药商贩，庄宗便模仿其父，其妻以出身卑微为耻，其子因一同戏弄，亦遭杖打，且二人被一同逐出门外。庄宗自称为"李天下"，既说明其现实才能，又暗示其垮台因沉迷于表演。

中,被置于两组舞蹈表演之间,其中一组舞蹈,舞者戴假面,装扮为吓人的抓鬼者钟馗,另一组为特殊着装的七人使用真刀互相格斗击刺的骇人表演。每组表演前均有炮仗烟火。其他的表演则称为"神鬼杂剧""浪子杂剧",前者无疑与鬼怪、神仙有关,后者可能与爱情或风流故事有关。①

虽然相关记录揭示出杂剧的主题不尽相同,但是有可能大部分杂剧均由相同的部分构成。实际上,其所使用的名称"杂剧"——"杂"意为"多样"或"杂集"——就已经将这一形式与吞剑、吞火等更为清晰、明确的表演形式区分开来。如果文献记录只提及了特定表演的某一方面,难道也可以认为这一表演没有其他的方面吗?杂剧似乎就具有戏剧或滑稽剧的形式特点。

大多数有关宋金杂剧的记载,关注的都是在宫中或其他地方为帝王所上演的演出,杂剧常被作为列入包罗万象的"混合戏单"中的娱乐活动的一种,作为庞大的百戏演出中的一种,可能上演于觥筹交错、美食佳肴不断,且上演其他表演形式的冗长宴会之时。一份百戏名录将杂剧列于斗鸡演出之后,且与角抵、筑球、杂耍等演出一道。② 有时,杂剧又可以出现在唱与器乐表演之间。③

杂剧的表演贯穿宋代,也出现于金代与辽代。辽是由契丹人在中国东北部地区建立的政权。而且从本质上说,出现于这三个朝代的杂剧几乎是一样的。在金代,杂剧又被称为院本,而院本则与戏曲的诞生有紧密联系。

现已难以确定院本的确切意义,院本极有可能是倡伎之本或行院之本的简称。由于表演院本的女艺人通常都是歌女或妓女,因而也有学者认为院本即指"妓院之本"。④ 就本质而言,院本和杂剧非常相似,二者常被合并对待,但是,即使院本也传播到了南方,但它仍然是一种北方现象。杂剧与院本均由不同社会阶层的人士扮演,它们由宫廷教坊所创作,而且至少

---

① 见邓之诚《东京梦华录注》第五卷,第137—138页,及第七卷,第202页,香港商务印书馆,1961年版。

② 见徐梦莘《三朝北盟会编》第二十卷,第139—146页,1962年版。

③ 见周密《武林旧事》第一卷,《东京梦华录(外四种)》第350—351页,上海:古典文学出版社,1957年版。

④ 就"院本"意义的讨论,参见胡忌《宋金杂剧考》第8—10页,上海:古典文学出版社,1957年版;冯沅君《古剧说汇》第41页,注39,北京:作家出版社,1956年版。《太和正音谱》第53页(《中国古典戏曲论著集成》第三册,北京:中国戏剧出版社,1959年版)写道:"'院本'者,行院之本也。"

有一位帝王曾创作杂剧。① 剧作者们的行会或合作组织"书会",在13世纪时创作院本与其他作品,且有可能在这之前就已经如此。② 在杭州曾有过诸多被称为百戏社的会社或组织,如齐云社(蹴球)、角社(相扑)、锦标社(射弩)、遏云社(唱赚)、锦体社(花绣)等当时就已十分流行。而绯绿社,可能是来自"官宦人家"的年轻子弟的组织,他们创作、表演杂剧。③ 可以确定的是,未受教育的艺人也参与到了这类剧作的创作与即兴演出之中。宰相等高官在家中组建戏班,或邀请戏班来家中演出,而这种风俗一直延续着。

此类剧作的生命与生长的大部分时间都在社会的最底层。在汴梁,勾栏"乐人"需从七月初七搬演《目连救母》杂剧直至七月十五,这是中国的传统节日,也是佛教的盂兰盆节④。而通过后世目连剧作,基本可以判断《目连救母》这一杂剧也是杂凑而成。其中无疑包含了诸多杂技动作与精彩的插曲,从而迅速地使佛教的地狱与恶成为生动而可怕的故事。

宋代是手工艺品兴盛、商业活动发达的时期,伴随着大城市中人口数量的不断增加,文化与社会多样性不断涌现。⑤ 汴梁、杭州、金朝的都城中都(位于现北京城附近)都是人口众多的国际性繁华都市,此类大都市中的娱乐活动也相应地多样、密集。在汴梁城中存在的勾栏瓦肆,类似游乐场或闹市。这些瓦肆又被称作"瓦""瓦市"或"瓦舍",而其中存在的诸多看台,则被称作"棚""看棚""勾肆"或"勾栏"。⑥ 有三面开放的、高出地面

---

① 似乎在1116年前,教坊大使孟角球就曾编撰杂剧本子,见《都城纪胜》,第97页。《宋史》(《四部备要》本,台北:中华书局,1965年版),第一百四十二卷,第9b页写道:"真宗不喜郑声,而或为杂剧词,未尝宣布于外。"胡忌(《宋金杂剧考》第11页,上海:古典文学出版社,1957年版)怀疑真宗本人是否曾创作杂剧词,但这段记载似乎与胡忌的观点相对。

② 针对"书会"的考察,见冯沅君《古剧说汇》第57—58页,北京:作家出版社,1956年版;孙楷第《也是园古今杂剧考》第388—395页,上杂出版社,1953年版。

③ 见周密《武林旧事》,第三卷,《东京梦华录(外四种)》第377—378页,上海:古典文学出版社,1957年版。

④ 见《东京梦华录》,第八卷,第218页。参见 Dudbridge, Glen, The Hsi-yu Chi: *A Study of the Antecedents to the Sixteenth Century China Novel*, Cambridge and New York: Combrige University Press, 1970.

⑤ 对宋代社会的描绘,见谢和耐(Gernet J., La Vie)《蒙元入侵前夜的中国日常生活》[*quotidienne en Chine à la veille de l'invasion Mongole*, (1250-1276)], Paris, Hachette, 1959年版。

⑥ 见邓之诚《东京梦华录》第二卷,第67页,香港商务印书馆,1961年版。

的看台,四周建有围墙,而看台不开放的一面则有低矮的栏杆。汴梁城的"瓦子"内至少有五十座这样的看台,其中大型的如莲花棚、牡丹棚、里瓦子、夜叉棚及象棚,则可容纳数千人。

在宋代朝廷刚转移到南方时,杭州的瓦子数量即使有也不多,瓦子真正的形成,要等十多年后表演艺人从汴梁来到杭州之时,一开始瓦子主要集中于军营附近,为满足北方士兵的需求,随后杭州城即为路岐艺人(江湖艺人)提供了招揽生意的场所。① (有人也因而怀疑,这是否也便于对艺人的管制,及为皇家娱乐活动发掘相应的人才?)杭州城内瓦子的数量远远大于汴梁城中原有的数量。一份名录记载了不下三十个瓦子。② 除原有意义层面上的舞台外,杭州还出现了一些带有"楼"字的建筑,这或许意味着某些具有现代剧场结构的建筑的出现。一座1266年至1274年间的舞台被称作"羊棚楼",而非如在英国一般被称作"××竞技场"或"××剧场"。在宋末的数十年间,瓦子似乎开始衰退。相关文献记载道"今废为民居""今惟存勾栏""仅存勾栏一所"。③ 已难以确知是否某些勾栏的兴盛以其他勾栏的衰败为代价,或某一勾栏已具有垄断观众的影响力。

在城市及瓦子之中,各种各样的艺人均每日展现技艺,如木偶戏艺人、皮影戏艺人、诸宫调艺人、喜剧艺人、走索艺人、说书艺人等。其中最为突出的,就是杂剧艺人。这类杂剧艺人中包括来自教坊的演员,这说明了宫廷与民间之间分析意义上的严格区分有多么得不真实。④ 恰如在英国伊丽莎白时期,宫廷与民间游乐场之的之间有时联系得十分紧密,且共有相同的演员。

路岐艺人也搭建临时的看台。据记载,四川某地会在春节的第一天举

---

① 见耐得翁《都城纪胜》,《东京梦华录(外四种)》第95—96页,上海:古典文学出版社,1957年版;西湖老人繁盛录《繁盛录》,《东京梦华录(外四种)》第123—124页,上海:古典文学出版社,1957年版;吴自牧《梦粱录》第19卷,《东京梦华录(外四种)》第96页,上海:古典文学出版社,1957年版;周密《武林旧事》第六卷,《东京梦华录(外四种)》第440页,上海:古典文学出版社,1957年版。

② 见周密《武林旧事》第六卷,《东京梦华录(外四种)》第440页,上海:古典文学出版社,1957年版。

③ 见潜说友纂修、汪远孙校补《咸淳临安志》(《中国方志丛书》本)第十九卷,第222—223页,台北:成文出版社,1966年版。

④ 宋代教坊于1161年废止,见耐得翁《都城纪胜》,《东京梦华录(外四种)》第96页,上海:古典文学出版社,1957年版。从1164年以后起,教坊被用以称呼在宫廷中表演的市井艺人。见《宋史》(《四部备要》本,台北中华书局,1965年版),第一百四十二卷,第11a-11b页。

办全天的对台戏,并且搭建不同的看台,艺人彼此竞争以证明谁可以博得最多的笑声。① 路岐艺人当然会在任何可以吸引到观众的地方搭建看台。寺庙前常构建起看台,虽然这一点看来有些矛盾。②

宋杂剧是否源自参军戏是一个十分具有争议性的问题,而且难以证明谁是谁非,但可以确定宋杂剧继承了参军戏的特征。③ 没有完整的宋杂剧剧本留存至今,而可知的则是插科打诨具有早先朝代优人成对表演的特征。因精心布置的层次可以轻易地将插科打诨转为故事叙述,因此过于高估插科打诨与故事之间的距离似乎并不明智。然而,人们的期盼毕竟多于插科打诨式的暗示。据说某户人家通过炉火、召唤歌舞与杂剧表演、饮酒至大醉来度过寒冬。④ 另一记载则引用比喻"又爱又怕——狗吃热油、小儿看杂剧"。⑤ 一位知名诗人形容作诗恰如表演杂剧:初时布置,临了须打诨,方是出场。⑥ 所有这些偶然提及杂剧的例子,或许表达了比单纯的讽刺打诨更多的意义,可能这样的打诨只是全部表演之中被用以说明文学创作的一小部分,而文人引用它们只是为了说明另外的问题,而非为了解释它们本身作为舞台娱乐的问题。结合其他材料可证,在真实表演中,杂剧更为多样、复杂。

在宫廷中,杂剧的表演通常介于其他出现在宫廷宴会"混合戏单"上的表演形式之间,常介于由女队或由十一二岁的男童所组成的男队表演的

---

① 见庄绰《鸡肋编》第一卷,第 17 页,《丛书集成简编》本,台湾商务印书馆,1966 年版。

② 刘念兹《元杂剧演出形式的几点初步看法——明应王殿元代戏剧壁画调查札记》(《戏曲研究》,1957 年第 2 期)有一张建于一座元代戏台边上的寺庙戏台的照片,这座戏台建于 1271 年,位于一座更早的、无顶的、砖砌的、石基或土基的戏台边上。

③ 周密《齐东野语》第二十卷,(王文濡《说库》本,上海:文明书局,1915 年版)第 704 页记载宋徽宗(1101—1125 年间在位)与宰相蔡攸曾于 1110—1125 年间自为优戏,宋徽宗扮作参军鞭打蔡攸(这似乎与参军参见的功能相反)。岳珂《桯史》(《笔记小说大观续编》本,台北:新兴书局,1966 年版)第十卷,第 2162 页提及了在 1180 年的"绿衣参军"。显然,参军戏的表演一直在持续,且与少数有关宋杂剧的记载紧密相关,也经常与优伶诨砌相似。

④ 即宋祈(998—1061)家,宋祈是杰出的政治家与历史学家。见《曲洧旧闻》第 6 卷,第 7257 页,《知不足斋丛书》本,上海:兴中书局,1964 年版。译者注:此处按英文直译,原文为"只是拥炉,命歌舞,间以杂剧,引满大醉而已,如何比得内翰。"

⑤ 王铚(约 1126 年前后在世)《杂纂续》,亦被胡忌《宋金杂剧考》第 29 页(上海:古典文学出版社,1957)引用。

⑥ 此为黄庭坚(1045—1105)对秦观(1049—1101)诗作的评论。见王直方(约 1055—1105)《归叟诗话》,亦被王骥德《曲律》(《中国古典戏曲论著集成》第五册,北京:中国戏剧出版社,1959 年版)第 141 页所引用。

舞蹈与其他表演形式之间。与其他表演形式一样，杂剧也以由当时的杰出文人所创作的韵文开场，这类文人如知名的诗人与高官苏轼（1036—1101）。① 这也说明杂剧本身就混合了音乐与喜剧。在南宋时，杂剧已可分为三个主要部分，中间的主体部分为正杂剧。② 引入部分被称作"艳段"，是序幕，也是一场完整的表演，但比正杂剧简略，而正杂剧有时是一出单人表演的喜剧。

结尾部分或剧终短笑剧被称作"散段"，常由被称作"杂扮"的喜剧表演组成。"杂扮"源自北宋汴梁，是一种戏谑乡下老农的喜剧表演。③ "杂扮"十分流行，来自勾栏瓦肆的"杂扮"艺人常被邀请至宴会等场合上演出。在被组合进杂剧后，"杂扮"依然保留了喜剧特征，也会讲述故事、表演滑稽剧，同时也表演歌舞。"杂扮"极有可能是正杂剧的特使，但相比之下更为轻微、简略。"杂扮"艺人的艺名尤为生动，如铁刷汤、兔儿头、陈橘皮、银鱼儿、金鱼儿、菖蒲头、笑靥儿、菜市乔。而江鱼头、迎春茧、鱼得水、自来俏、王寿得均专扮旦角。④

杂剧的标准表演方式或可重建如下。末泥色（演员指导）指导表演，根据被称作"曲破"的舞蹈音乐开始舞蹈表演。这时，在舞台上还有其他表演，如杂耍。之后，引戏色引导主体表演，主体表演由四到五位演员组成，且集中于戏弄与被戏弄的喜剧表演。这一以故事、滑稽剧或事件而形成的结构，随相关的主题或逻辑上的终场，根据喜剧的唱、白、诵而突显。据说，人们期望剧作在表演的过程中可以随意地传达道德一类的告诫。杂剧表演的方式必定存在变化。即使是帝王也会以宽和的微笑接受这些道德告诫与讽喻，将告诫与讽喻作为优伶功能的一部分，且优伶不会因此而被惩处，而这也已成为传统。⑤

---

① 见邓之诚《东京梦华录注》第237页，注21，香港商务印书馆，1961年版。
② 见吴自牧《梦粱录》第二十卷，《东京梦华录（外四种）》第308—309页，上海：古典文学出版社，1957年版；耐得翁《都城纪胜》，《东京梦华录（外四种）》第96页，上海：古典文学出版社，1957年版。
③ 见《梦粱录》第二十卷，《东京梦华录（外四种）》309页，上海：古典文学出版社，1957年版；耐得翁《都城纪胜》，《东京梦华录（外四种）》第97页，上海：古典文学出版社，1957年版。
④ 周密《武林旧事》第六卷，《东京梦华录（外四种）》第458—459页，上海：古典文学出版社，1957年版。
⑤ 吴自牧《梦粱录》第二十卷，《东京梦华录（外四种）》第309页，上海：古典文学出版社，1957年版。

杂剧显然不是独立的、密不透风的表演类型,相反杂剧与其他娱乐形式、艺术形式相关,并且受到了其他娱乐、艺术形式的影响。竞争及本质上的密切联系与对新奇的追求,鼓励不同的娱乐形式与其他形式融合,吸收其他形式的特征。其中对杂剧产生较大影响的是曲破,以及其他舞蹈音乐如大曲、转踏。这些舞蹈常具有故事内容,几乎已成为"舞剧"。其中有一些根据套曲而创作,而非后世北杂剧的形式。① "散乐"与杂剧的关系也十分紧密,可能也部分融入了杂剧之中。散乐起初也与源于中亚的鼓乐有关。② 与杂剧类似,散乐也继承了参军戏的特征。这一散乐是特殊的表演类型,并非本书第一章内提及的体裁意义上的散乐。

一份南宋时期的名录列明了280种官本杂剧,但"官"的意义却不明确。③ "官"可能意为"官府的",但其中不少杂剧名目所指的只是宋杂剧,其中部分还是北宋时期的杂剧。而这些名录本身也不能表明宋杂剧的故事是否完整。虽然有些名目所表明的主题,在后世被认为在早期戏剧中的运用十分广泛与复杂,但是那些被包括于名目中的字词,如诸宫调、法曲等,明显地说明宋杂剧对其他娱乐形式的吸收,以及形式上与表演方式上的大量混杂。其中有些剧作,类似于以插科打诨为主要特征的二人喜剧。一些与杂剧与院本有关的彩色墓砖与图片留存至今,其中有一幅图像无疑表现的就是剧作《眼药酸》,而《眼药酸》同时是宋杂剧与院本剧作。④ 这幅图像表现了台上的两位演员,一位是眼病郎中,一位是需要治疗眼疾的"净"。虽然没有人可以完全肯定,但这可能也是一种戏弄与被戏弄的表演。

院本表演的最早记载——实际上也是参观中国剧院的最早记载——或为杜仁杰(约1190—约1270)创作的、内容嬉乐、粗鄙的长套《庄家不识勾栏》。⑤ 作品中的农人,在获得丰收后进城,被围满人的花绿纸榜所吸

---

① 此类曲子已被刘永济《宋代歌舞剧曲录要》所收集,且带有介绍。
② 见胡忌《宋金杂剧考》第44—51页,上海:古典文学出版社,1957年版。
③ 相关讨论见胡忌《宋金杂剧考》第64、187页,上海:古典文学出版社,1957年版;周贻白《中国戏曲论集》第384页,北京:中国戏剧出版社,1960年版。这一名录见于周密《武林旧事》第十卷,《东京梦华录(外四种)》第508—513页,上海:古典文学出版社,1957年版。
④ 见周贻白《中国戏曲论集》第376—383页,北京:中国戏剧出版社,1960年版。
⑤ 杜仁杰(约1190—1270)《庄家不识勾栏》,隋树森《全元散曲》第一册,第31—32页,北京:中华书局,1964年版。翻译见柯润普(Crump, J.L.)*Yüan-pen*, *Yüan Drama's Rowdy Ancestor*, Literature East and West (Austin, Texas), vol.14, no.4, 1970; 大卫·霍克斯(David Hawkes) *Reflection on some Yuan tsa-chü*, Asia Major (London), vol.16, pts.1-2, Jan.1971, pp.69-81; 伊维德(Idema, W.L.), *de opvoering van de Yuan-komedie*, in Forum Der letteren, Amsterdam, Arbeiderspers, Dec.1972, pp.94-97.

引,付钱给招揽观众的看门人之后,他进了勾栏。勾栏的位置排布于斜坡之上,大概是围着看台的长凳周围预留一些供观众站立的空间。在台上,女乐人擂鼓筛锣。在序幕后,开始表演院本《调风月》。该院本至少需要三位演员:一位富人,一位侍从,一位漂亮的女子;此外,还有一位官员,一二位其他演员。被女子的美色吸引后,富人让侍从试图通过许诺勾引该女子与其成婚。该女子口齿伶俐,最后,恼怒的富人可能猛打侍从,将"皮棒槌"打成两半。之后可能是一幕对簿公堂的场景,这也是中国喜剧中常见的插曲,但在此时,迫于压力,农人不得不带着遗憾离开了勾栏。农人不仅错过了该院本的结局,因他所看到的只是一个序幕,因此也错过了整场表演。

另外一位散曲家,13 世纪或 14 世纪早期的高安道,也对参观剧院进行了描绘,他描绘了一个破败、笨拙的戏班的整出表演。① 其中呈现了莽壮真牛的把棚者,无法无天的观众,令人难以忍受的吹笛者与擂鼓者,以及卖薄荷的人。坐于"乐床"之上的女乐人,丑陋、邋遢,眼睛扫视观众寻找嫖客。表演以唱为始,之后是一组不雅的舞蹈和杂技表演,在杂技表演中,演员被旗帜绊住,踩高跷者险些摔倒,一位后空翻演员险被摔成碎片,其他演员也都未能成功地表现技艺。表现鬼怪的演出彻彻底底的失败了,完全不能让人害怕。这之后表演的应为院本,但被呈现得毫无兴味,这一院本转而又让位给一部表演得十分拙劣的剧作,这部剧作被一群笨拙的演员扼杀,其中丑陋的女主角用肮脏的手指紧紧抓着台词本。散段结束了这出凄凉的表演。

这些记载以及元明时期的其他记载,为洞察院本提供了无价的参考,虽然它们的记载时间相对都有些晚。即使是杜仁杰的长套也可以确定是金末之后创作的。最早、最直接的院本信息提供者、编撰者陶宗仪,也远远晚于所讨论的这个问题的年代。生于 14 世纪中叶的陶宗仪,留下了一些关于院本简略但重要的记录,以及注明了一百多种院本名目的名录。② 无疑这些信息反映了其所生活的时代的情况,但是否也能代表金朝统治地区

---

① 高安道(13 世纪末 14 世纪初)《嗓淡行院》,隋树森《全元散曲》第二册,第 1109—1111 页,北京:中华书局,1964 年版。翻译见伊维德(Idema, W.L.), *de opvoering van de Yuan-komedie*, in Forum Der letteren, Amsterdam, Arbeiderspers, Dec.1972, pp.97-100 页。

② 见陶宗仪《辍耕录》第二十五卷,《丛书集成简编》第 366—385 页,台湾商务印书馆,1957 年版。

的表演形式？该名录中有不少名目与官本杂剧段数相同，而也有一些名目似乎也表明了二者的主题相同。这有助于对院本与宋杂剧的基本区分。名目中的其他一些与后世的剧作名完全相同；这些院本和许多其他名录可能也有故事内容，即使是简略的梗概。也有名目表明这些院本接近现代双口相声的特征，其吸引人之处为伶俐的跳跃性对话。在某些院本中，唱、舞蹈或杂耍占主要地位。与宋杂剧相似，一些院本也明显地源自或吸收了大曲、法曲等表演形式。院本在形式上必定存在大量的细微差别，而非呈现方式上的某些重大区别。

被称作院本或其他同义词的剧作一直持续搬演到了明代（1368—1644）。就目前所知，院本有时会被用作戏曲的序幕或者"混合戏单"之中的一场表演。其他时候，在乡村戏台、在私人府邸及在其他更为随意的环境中，许多院本会被一起扮演。虽然已基本上是全国性的传统，但院本作为一种北方的产物，开始在南北方剧作中充当滑稽性的或讽刺性的幕间剧。至少少数几种可靠的院本留存至今，它们均源自14世纪到16世纪，其中一二种被用进戏曲剧作中，一二种保留独立形式。最早确切注明"院本"的例子见于明亲王朱有燉（1379—1439）所作的杂剧《神仙会》之中。整部剧作所讲述的是叛逆的蟠桃仙子因转世为品德高尚之人而重新升仙的故事。这位仙子被逐出天庭降落凡尘，化身为妓女张珍奴，故而得以体验"酒、色、财、气"这四种人的基本恶习，进而克服它们。一些仙人隐姓埋名地来协助她。韩湘、张果、李岳、蓝采和四位仙人扮作路岐艺人，在张珍奴为相好双秀士的庆生会上表演院本。该院本大约占了半折的篇幅，且基本上只是常见的祝愿长寿的生日祝福。四位仙人分别扮作副末、净、末泥和捷机，四人均曾扮作传达美好祝福、呈上吉祥礼物的老寿星。副末与净的表演是主要的，但由末泥开场，而捷机似乎在该院本刚开始时也有引介的特权。副末、净、末泥和捷机无一具有清楚的定义，但或许可相应地译为"助理（assistant man）"，"助手（adjunct）"，"男主脚（leading man）"和"首长（captain）"。①

      朱有燉《神仙会》中的院本
    （捷云）歌声才住。（末泥云）丝竹暂停。（净云）俺四人佳戏向

---

① 译自《孤本元明杂剧》本《吕洞宾花月神仙会》，第3b-4b页。

前。(付末云)道甚清才谢乐?(捷云)今日双秀才的生日,您一人要一句添寿的诗。(捷先云)桧柏青松常四时。(付末云)仙鹤仙鹿献灵芝。① (末泥云)瑶池金母蟠桃宴。② (付净云)都活一千八百岁。③ (付末打云)这言语不成文章,再说。(净云)都活二千九百岁。(付末云)也不成文章。(净云)有了,有了,都活三万三千三百岁,白了髭髯白了眉。(付末云)好好!到是一个寿星。(捷云)我问你一人要一件祝寿底物。(捷云)我有一幅画儿,上面三个人儿两个是福禄星君,一个是南极老儿。(问付末云)我有一幅画儿,上面四科树儿两科是青松翠柏,两科是紫竹灵芝。(问末泥云))我有一幅画儿,上面两般物儿一个是送酒黄鹤,一个是衔花鹿儿。(净趋抢云)我也有。我有一幅图儿,上面一个靶儿④,我也不识是甚物,人都道是春画儿⑤。(付末打云)这个甚底,将来献寿。(净云)我子愿欢会长生⑥。(净趋抢云)俺一人是两般乐器一般是丝,一般是竹,与双秀才添寿咱。(捷云)我有一个玉笙,有一架银筝,就有一个小曲儿添寿,名是《醉太平》。(捷唱)有一排玉笙,有一架银筝,将来献寿凤鸾鸣,感天仙降庭。玉笙吹出悠然兴,银筝挡得新词令,都来添寿乐官星,祝千年寿宁。(末泥云)我也有一管龙笛,一张锦瑟,就有一个曲儿添寿。(末泥唱)品龙笛凤声,弹锦瑟泉鸣,供筵前添寿老人星,庆千春万龄。瑟呵!冰蚕⑦吐出丝明净,笛呵!紫筠调得声相应。我将这龙笛锦瑟贺升平,饮香醪玉瓶!(付末云)我也有一面琵琶,一管紫箫,就有个曲儿添寿。(付末唱)拨琵琶韵美,吹箫管声齐,琵琶箫管庆樽席,向筵前奏只。琵琶弹出长生意,紫箫吹得天仙会,都来添寿笑嘻嘻,老人星贺喜!(净趋枪云)小子儿也有一条弦儿一个孔儿的丝竹,就有一个曲儿添寿。(净唱)弹棉花的木弓⑧,吹柴草的火筒⑨,这两般丝竹不

---

① 松、柏、灵芝、鹿、鹤均为长寿的象征或与习惯上与长寿有关。
② 金王母常在瑶池举办宴会,宴会上众仙品食蟠桃。
③ 祝福常用整数,千或万。
④ 某些春宫图。
⑤ 在汉语里指代色情或挑逗性图片。
⑥ 这句话有两个意思,在汉语中这样的双关语并不少见。
⑦ 该词指代传说中美丽的丝蚕。弦索乐器及其乐谱常联系丝与冰,表现音乐的流畅与纯净。
⑧ 用于棉花生产中的类似弓的工具,用以抖松棉花,使棉花与棉籽分离。
⑨ 类似于风箱,用于将空气送入火中,提高温度,帮助火焰点燃的管状工具。

相同,是俺付净色的①受用。这木弓弹了棉花呵,一夜温暖衣衾重。这火筒吹着柴草呵,一生饱食凭他用。这两般,不受饥,不受冷,过三冬,比你乐器的有功。(付末打云)付净的巧语能言。(净云)说遍这丝竹管弦。(付末云)蓝采和②手执檀板。(净云)汉钟离书捧真筌③。(付末云)铁拐李忙吹玉管。(净云)白玉蟾舞袖翩翩。(付末云)韩湘子生花藏叶。(净云)张果老击鼓喧阗。(付末云)曹国舅高歌大曲。(净云)徐神翁慢抚琴弦。(付末云)东方朔学蹉焰爨。(净云)吕洞宾掌记④词篇。(付末云)总都是神仙作戏。(净云)庆千秋福寿双全。(付末云)问你付净的⑤办个甚色?(净云)哎哎!哎哎!我办个富乐院里乐探官员。(付末收住)世财红粉高楼酒,都是人间喜乐时。

难以确定这一明代初年的例子是否可以作为金元院本的典型。有学者强烈怀疑这一材料相比于作为独立娱乐形式的院本,少了一些气势而多了一些高雅,但也是在这一材料中,可以发现淫秽、粗俗的用语。就本章的目的而言,相对于主题,形式的特征更为重要。在形式上,这一例子在明代的最初数十年中,总体上是被当作院本的。该院本例子由音乐与曲子引导,是一段可在非正式场合的表演充当简短插曲的短篇表演,但是难以确认这是否就是这类院本唯一的用法。诗与曲占了这一院本所用词汇相当大的一部分:其中共有722个汉语音节,502个见于韵诗中,108个见于其他诗体形式,只有102个见于散白中。语言的风格包括简洁,甚至难以理解的文言与松散的口语。净脚的说与唱最具口语性。诗句形式包括四行字数相同的诗(七言绝句⑥),每行字数不一且自由使用衬字的曲,以及七个音节的对联。在这一院本中,独特的部分容易被感知。在一段不押韵的

---

① 净脚在此处直接用"俺付净色的"称呼自己。副净色,见下文。
② 此处及后文所提及的十位仙人均为道教神仙,这是出于某些原因,是在原有的八仙之上去掉何仙姑,加上徐神翁、东方朔、白玉蟾而成。其中四位于本院本中扮演角色。《神仙会》也曾提及其他几位。第一折中,八仙曾以书生的形象出现,而在第三、第四折中扮演寿星。而双秀士则由吕洞宾扮演。
③ "真筌"的字面意思为"真相之书",用在此处是否同时表示对神仙真理和手本的真实词汇的感知?
④ 可能是"提醒他们演唱部分的提词者"。
⑤ 又一次直接提及脚色"付净的",即副净。
⑥ 绝句是一种具有四行字数相同诗句的体裁,每一诗句均有五个或七个音节。

引介后,在第一部分中,每一位演员均献上一句诗句以组成四行诗。在第二部分中,每一位演员均献上一幅画,每人用一首四行诗解释。在第三部分中,每人均提及两种乐器;这些乐器的特征均以曲的形式加以介绍。在前三个部分中,净脚均最后表演,他的喜剧或愚蠢总让他挨副末的打。第四部分和最后部分是副末与净之间快速的轮唱,二人交替演唱一句以构成连续的八组对联,所有交替演唱的句子使用的都是同一韵脚。最后,副末以院本常见的、不押韵的结束对联总结了这一院本。紧接在这一院本之后,双秀士说道:"深谢四位伶官。逢场作戏,果然是锦心绣口,弄月嘲风。"

这一院本的大部分形式与某些内容应能代表早期的院本。引介部分、淫秽的语言、闹剧、插科打诨以及朗诵习惯用语结束表演等特征也见于其他罕见的明代院本和类似院本的例子中。① 这些罕见的例子虽然远远晚于金元院本,但仍可相信它们在精神与形式上类似于早期的院本。在这一院本中存在为数不少的唱,而数量相似的唱也见于一二种其他现存的例子中。因而,院本应常常有唱,但与戏曲相对,它们被认为主要由对白、朗诵、杂耍和科诨组成。

明代出现了一种短小、更具文学性的剧作形式,这一形式也被称为院本,以王九思(1468—1551)的《中山狼》为代表。虽然这一形式也具有早期院本的一些特征,尤其是其短小与滑稽倾向,但其形式与精神却有很大的不同,因此应被作为不同的类型。但在明末,钟鼓司仍在皇家娱乐活动上表演少数的传统院本,而这类院本又被称为"过锦"。② 过锦是一种热闹的滑稽剧,混合高雅与粗俗,非常接近院本,因而极有可能是古代的院本换了新的称呼。

滑稽无疑是宋杂剧及金等其他朝代中的院本的基本特征。宋杂剧与院本的表演者人数通常不超过四个或五个,③中心脚色是副净(净)与副

---

① 引自胡忌《宋金杂剧考》第366—385页,上海:古典文学出版社,1957年版。
② 毛奇龄《胜朝彤史拾遗记》(《香艳丛书》,台北:古亭书屋,1969年版)第六卷,第40b页的说法"如所称过锦戏者,仿佛古优伶供养,取时事谐谑,以备规讽"部分正确。参见胡忌《宋金杂剧考》第106—108页,上海:古典文学出版社,1957年版。杨恩寿《词余丛话》(《中国古典戏曲论著集成》第9册,中国戏剧出版社,1959年版)第284页写道:"迨入我朝……过锦、水嬉之戏俱罢。"
③ 见耐得翁《都城纪胜》,《东京梦华录(外四种)》第96页,上海:古典文学出版社,1957年版;陶宗仪《辍耕录》第二十五卷,《丛书集成简编》第366页,台北:商务印书馆,1957年版。

末,二者直接相应地源自参军与参鹘。副净是涂脸的喜剧脚色,而副末是副净的喜剧搭档,手拿磕瓜或棍棒,磕瓜是外裹软皮的软木。① 副末处于上峰,是较为严肃的脚色,而副净是主要滑稽脚色。但有时戏弄与被戏弄者也会反转,副末挨打。此外,还有末泥与引戏(在杂剧中被称作"戏头"),二者也会参与到表演中,或歌或舞,但就目前所知,并未参与故事的核心,而是承担开场与引介的职责。或许末泥应被作为舞台职员而不是脚色,虽然末泥在表演中的活动越来越多②(在一部后世的南方剧作中,"末泥"等同于年轻男主脚)。此外,演员之中还有可以扮演尊贵的朝廷官员或贵族人物的"装孤",与扮演女性角色的"装旦"。还存在其他许多可被当作脚色的词语,通常指的都是类型角色。装孤与装旦之间的对白,有时较为正常,但装孤往往不能自持身份,且在早期剧作中常退回到类型角色上。另有"鸨儿",大体包括鸨母、老妓女和中年、老年妇女,以及扮演书生的"酸"。

在宋代,南方也已经存在以温州杂剧或永嘉杂剧为名的演出。温州杂剧大约在北宋1119年至1125年间起于浙江温州地区,③直到南宋时期才开始广泛流行,此时温州杂剧开始吸收大量的曲调扩大其感染力,且混合词调与普通的音乐。④ 1190年至1194年间出现的《赵贞女》与《王魁》可以说明温州杂剧的流行,而温州杂剧可能兴盛于12世纪70年代。其后北杂剧占据了主导地位,但温州杂剧一直在演出,到了13世纪60年代,温州杂剧的命运被改写,其特征在一定程度上被高明的《琵琶记》改变,而高明也来自温州地区。除温州杂剧、永嘉杂剧等名称外,这一体裁也被称作南戏或戏文。

《赵贞女》与《王魁》讲述的都是书生对其坚贞的妻子不忠的故事,剧中的负心书生最终都受到惩罚,一个被雷电击毙,一个被复仇的冤魂害死。

---

① 李伯瑜(元末)散曲《磕瓜》写道:"木胎毡观要柔和,用最软的皮儿裹。手内无他煞难过,得来呵,普天下好净也应难躲。兀的般砌末,守着个粉脸儿色末,浑广笑声多。"见隋树森《全元散曲》(第一册),北京:中华书局,1964年版。有关副净的散曲,则见李开先《词谑》,《中国古典戏曲论著集成》(第3册)第282—283页,北京:中国戏剧出版社,1959年版。
② "捷机"在14世纪末15世纪初似乎主要承担喜剧性开场的功能,可能与末泥和引戏的功能相同,但"捷机"在宋金时期的功能并不明确。
③ 见《南词叙录》,《中国古典戏曲论著集成》(第3册)第239页,北京:中国戏剧出版社,1959年版。
④ 译者按,原作者杜为廉在该页以元杂剧为例,阐述了曲调的来源、特征与用法。

《赵贞女》曾与其他剧作一道被官府禁止演出。① 是否因为其处理高贵文人的方式？或这样的处理太过虚幻或太过简单？现存最早的南戏作品是《张协状元》，《张协状元》于13世纪中后期由佚名作者创作。其主题也为书生辜负其妻子。书生甚至以卑鄙的方式用剑刺伤了妻子，但是在最后二人还是幸福地或惊人地团聚了。《张协状元》形式具有喜剧性，而将它多少含有些荒诞地允许书生存活的处理方式看作是对朝廷禁令的挖苦是十分具有挑逗性的，虽然毫无根据。《张协状元》也完成于温州，可能由书生或某一书会成员创作。为一瞥该剧作的活力与丰富多彩，可研究其开场，虽然同时代其他剧作的活力与丰富多彩与该剧作对等或有过之而无不及，但都已消失在了各自的后世形式中。《张协状元》以诸宫调②开场，之后又有其他形式的表演，这又一次将戏曲的混杂性与当时各种表演形式的交流置于考虑之中。该开场的大部分均为词，但除两首诗外，其中的韵白均被写成连续的散体，以给出说白与曲辞之间交互的清晰印象。本段节选所出现的"生"③是南戏中的脚色，扮演年轻的男主角。④

《张协状元》开场

（末上白）[水调歌头]韶华催白发，光影改朱容。人生浮世，浑如萍梗逐西东。陌上争红紫，窗外莺啼燕语，花落满庭空。世态只如此，何用苦匆匆。但咱们，虽宦裔，总皆通。弹丝品竹，那堪咏月与嘲风。苦会插科使砌，何吝搽灰抹土，歌笑满堂中。一似长江千尺浪，别是一家风。

（再白）[满庭芳]暂息喧哗，略停笑语，试看别样门庭。教坊格范，绯绿⑤可仝声。酬酢词源滟砌，听谈论四座皆惊。浑不比，乍生后学，谩自逞虚名。《状元张叶传》，前回曾演，汝辈搬成。这番书会，要

---

① 见胡忌《宋金杂剧考》第59—60页，上海：古典文学出版社，1957年版。
② 译者按，原作者杜为廉在该页介绍了诸宫调的发展过程及其表演特点，以及《董解元西厢记》对后世戏曲形式的意义，已见于本译稿。
③ 译者按，原作者在该页简要地介绍了南戏脚色体制的特点及学界对其成因的追溯。已见于译稿《南戏、传奇及昆曲的开端》（实为杜为廉 A History of Chinese Drama 第五章）。
④ 译自《永乐大典·一三九九一卷·张协状元》第13b-15a页。
⑤ 原注：此乃杭州杂剧社或书会之名。译者按，原作者在该页对剧作者团体进行了介绍。已见于本译稿。

夺魁名。占断东瓯①盛事,诸宫调唱出来因。厮罗②响,贤门雅静,仔细说教听。(唱)

[凤时春]张叶诗书遍历,因故乡功名未遂。欲占春闱登科举,暂别爹娘,独自离乡里。

(白)看的,世上万般俱下品,思量惟有读书高。若论张叶,家住西川③成都府,兀谁不识此人。真个此人朝经暮史,昼览夜习,口不绝吟,手不停披。正是:炼药炉中无宿火,读书窗下有残灯。忽一日,堂前启覆爹妈:"今年大比④之年,你儿欲待上朝应举。觅些盘费之资,前路支用。"爹娘不听这句话,万事俱休;才听此一句话,扑地两行泪下。孩儿道:"十载学成文武艺,今年货与帝王家。欲改换门闾,报答双亲,何须下泪!"(唱)

[小重山]"前时一梦断人肠,教我暗思量:平日不曾为宦旅,忧患怎生当?"

(白)孩儿覆爹妈:"自古道:一更思,二更想,三更是梦。大凡情性不拘,梦幻非实;大抵死生由命,富贵在天;何苦忧虑!"爹娘见儿苦苦要去,不免与他数两金银,以作盘费。再三叮嘱孩儿道:"未晚先投宿,鸡鸣始过关。逢桥须下马,有渡莫争先。孩儿领爹娘慈旨,目即离去。"(唱)

[浪淘沙]迤逦离乡关。回首望家,白云直下把泪偷弹。极目荒郊无旅店,只听得流水潺潺。

(白)话休絮烦。那一日正行之次,自觉心儿裏闷。在家春不知耕,秋不知收,真个娇妳妳也。每日诗书为伴侣,笔砚作生涯。在路平地尚可,那堪顿着一座高山,名做五矶山。怎见得山高?巍巍侵碧汉,望望入青天。鸿鹄飞不过,猿穴怕扳缘。稜稜层层,奈休行鸟道。蜎蜎躅躅,为藤柱须尖。人皆平地上,我独出云颠。虽然未赴瑶池⑤宴,也教人道散神仙。野猿啼子远闻得咽咽呜呜。落叶辞柯,近睹得扑扑簌簌。前无旅店,后无人家。(唱)

---

① "东瓯"为浙江温州所辖的地区。
② 意为"锣",依据的是口头语中的双关语。
③ 即四川。
④ 三年一次的科举考试。
⑤ 道教传说中位于天山的湖泊,金王母在此邀请众仙享用蟠桃。

《中国戏曲史》(选译)

[犯思园]刮地朔风柳絮飘,山高无旅店,景萧条。足弯跧何处过今宵?思量只恁地,路迢遥。

(白)道犹未了,只见怪风渐渐,芦叶飘飘;野鸟惊呼,山猿争叫。只见一个猛兽,金睛闪闪,尤如两颗铜铃;锦体斑斓,好若半团霞绮。一副牙如排利刃,十双爪密布钢钩。跳出林浪之中,直奔草径之上。唬得张叶三魂不附体,七魄渐离身,仆然倒地。霎时间只听得鞋履响,脚步鸣。张叶抬头一看,不是猛兽,是个人。如何打扮?虎皮磕脑皮袍,两眼光辉志气豪。"使留下来金珠饶你命,你还不肯不相饶。"(末介)

(唱)

[绕池游]张叶拜启:"念是读书辈,往长安拟欲应举。些少裹足,路途里欲得支费,望周全不须劫去。"

(白)强人不管他说。怒从心上起,恶向胆边生。左手揢住张协头稍,右手扯住一把光霍霍冷搜搜鼠尾样刀,番过刀背,去张叶左肋上劈,右肋上打。打得它大痛无声,夺去查果金珠。那张叶性分如何?慈鸦共喜鹊同枝①,吉凶事全然未保。似恁唱说诸宫调,何如把此话文敷演。后行脚色,力齐鼓儿,饶个撺掇,末泥色②饶个踏场。(下)

(生上白③)讹未。(众喏)(生)劳得谢送道呵!(众)相烦那子弟!(生)后行子弟,饶个[烛影摇红]④断送。(众动乐器)(生踏场⑤数调)(生白)[望江南]多忔戏,本事实风骚。使拍超烘非乐事,筑毬打弹谩徒劳,设意品笙箫。⑥ 谱谇砌,酬酢仗歌谣。出入须还诗断送,中间惟有笑偏饶,教看众乐酕醄。适来听得一派乐声,不知谁家调弄?(众)[烛影摇红]。(生)暂籍轧色。(众)有。(生)罢!学个张状元似像。(众)谢了!(生)画堂悄最堪宴乐,绣帘垂隔断春风。波艳艳杯行泛绿,夜深深烛影摇红。⑦(众应)(生唱)

[烛影摇红]烛影摇红,最宜浮浪多忔戏。精奇古怪事堪观,编撰

---

① 在中国传统中,乌鸦是疾病的征兆,而喜鹊是好消息的前兆。
② 原文中写作"末泥色",因而与"生"和"末泥"的功能有关。
③ 这位"生"扮演的正是剧中的张协。但此处他还只是演员,并未扮演角色。
④ "烛影摇红"为词牌名,婚礼所用的蜡烛是红色的,因而该词牌名本身也有一定的意义。
⑤ 可能这是伴随着轻拍声的、有节奏的步调,但是这段有生表演的开场存在大量的难题。
⑥ 这些可能都是给正剧"送行"的表演形式。"筑毬"是一种非常正式的宫廷游戏,此处可能指代某些需要用球的场上游戏。"超烘""打弹"应该也是这类场上表演。
⑦ 这是一段用以说白的、每行字数相等的诗。原文注明这首诗需唱,显然有误。

于中美。真个梨园院体,论诙谐除师怎比? 九山书会①,近目翻腾,别是风味。一个若抹土搽灰,逸枪出没人皆喜。况兼满坐尽明公,曾见从来底。此段新奇差异,更词源移宫换羽。大家雅静,人眼难瞒,与我分个令利。

(白)祖来张协居西川,数年书卷鸡窗②前。有意皇朝辅明主,风云未际何恢恢。一寸笔头烂今古,时复壁上飞云烟。功名富贵人之欲,信知万事由苍天。③ 张协夜来一梦不祥,试寻几个朋友扣它则个……④

极少数13、14世纪的全本南戏与为数不少的南戏片段遗存至今,其中有不少剧目与官本杂剧段数有关。在南宋时期,温州杂剧与宋杂剧的整体运作有何关系? 二者应有紧密的联系,既因为二者首先在本质上完全相同,又因为温州杂剧是主流杂剧的地方分支与新发展,而作为地方分支,温州杂剧又逐渐地成为最受欢迎的喜剧种类。

对显然与戏曲相似的表演形式的关注,难免导致对其他有重大影响的戏曲,或仍然产生重大影响的表演形式的忽视。例如,木偶戏曾经流行于宋代。木偶戏包括杖头傀儡、悬丝傀儡、各式的自动傀儡与影戏。⑤ 木偶戏在街头、瓦子与宫殿中演出。在宫廷中,木偶戏为帝王与外国使臣演出。一些木偶戏艺人既可在瓦子又可在宫廷中演出。汴梁的一位木偶戏艺人,

---

① 九山,可能是安徽的某个小城,但更可能指的是中国的九座名山,或另有暂时未知的意义。这一书会应该创作或曾经修改过这部剧作。译者按,因温州城区有华盖、海坛、郭公、松台、积谷、黄土、巽吉、仁王、灵官九座小山,故而九山为温州古称,这已经是中国学术界的定论,所以此处原作者将其解释为安徽九山是不对的,也并非指中国的九座名山。

② 即指书房。这一典故源自晋代(265—420)宋处宗的故事。宋处宗曾经买得一只长鸣鸡,且将其放入笼中置于书窗前,此鸡遂作人语,用可使宋处宗取得巨大学业进步的方式与其交谈整日。

③ 此处也是将[烛影摇红]置于两首诗之间,位于其后的这首诗用以介绍该剧作,这时生脚已准备开始表演剧作,不再担任"主持人",而是完全进入人物张协之中。

④ 其后是在剧作进入真正的表演之前,一段介于末泥与净之间的、较长的喜剧插曲。

⑤ 见邓之诚《东京梦华录注》(第五卷)第137页,及(第七卷)第202页,香港:商务印书馆,1961年版;耐得翁《都城纪胜》,《东京梦华录(外四种)》第97页,上海:古典文学出版社,1957年版;西湖老人《繁盛录》第116、123页,上海:古典文学出版社,1957年版;吴自牧《梦粱录》第二十卷,《东京梦华录(外四种)》第311页,上海:古典文学出版社,1957年版;周密《武林旧事》第二卷,第371—372页,上海:古典文学出版社,1957年版。其中有"水傀儡",类似于隋代的"水饰"表演,以及"药傀儡""药发傀儡""药法傀儡"(此处"药"或应以为药粉)。后者似乎使用了火药与爆竹,参见孙楷第《沧州集》(第一册),第316页,北京:中华书局,1965年版。

每日五更就在瓦子内扮演"小杂剧"。① 汴梁城内有木偶戏艺人的行会或社团,且在两条小巷子中同时演出二十四种木偶戏,所使用的木偶均穿着色彩明丽的服饰。上等的女偶,穿戴花朵、锦袍、镶嵌绿宝石的头饰,再加上修长、苗条的腰肢,恰似亭亭玉立的女子。② 不少木偶戏艺人都获得了不小的名声。木偶表演也使用音乐,而且是多种多样的曲子,有时还有琵琶伴奏。有些木偶戏艺人表演的范围非常广,如烟粉、灵怪、铁骑、公案、史书、历代君臣将相故事等。有时木偶戏的故事类似于杂剧,有时类似说唱形式涯词,有时又类似以从中国历史、文学、传说中取材而来的人物、事件、战争等为内容的说书艺术。③

影戏大约起于北宋时期,也有学者认为其起源时间应更早。④ 有一段十分有趣的记载:"京师有富家子,少孤,专财,群无赖百方诱导之。而此子甚好看弄影戏,每弄至斩关羽,辄为之泣下,嘱弄者且缓之。"⑤ 皮影戏的主题十分广泛,类似于木偶戏,也类似于民间说书艺人所选择的故事。一开始,影戏的人物用纸片剪裁而成,后来则改用染色的皮革。正面人物具有正直、值得尊敬的外表,而反面人物则倍加丑恶。⑥ 至迟在南宋时期,即出现了由真人表演的"大影戏"。⑦

---

① 见邓之诚《东京梦华录注》第137页,香港:商务印书馆,1961年版。
② 吴自牧《梦粱录》第二十卷,《东京梦华录(外四种)》第311页,上海:古典文学出版社,1957年版。
③ 见耐得翁《都城纪胜》,《东京梦华录(外四种)》第97页,上海:古典文学出版社,1957年版;吴自牧《梦粱录》(第二十卷)第311页,上海:古典文学出版社,1957年版。有关"涯词"的探讨,见叶德均《宋元明讲唱文学》第28—38页。
④ 《事物纪原》第九卷,《丛书集成简编》本(台北:商务印书馆,1957年版)第351页将影戏的起源归于贡禹(前127—前44),贡禹使用方帷、灯烛为汉武帝召唤出李夫人的影像。就目前所知,这不可能是任何常规演出的起源。该书352页又写道:"宋朝仁宗时,市人有能谈三国事者,或采其说加缘饰作影人,始为魏吴蜀三分战争之像。"
⑤ 亦为11世纪时之事。见张耒《明道杂志》第二卷,《学海类编》(文源书局,1964年版)第3395—3396页。除文中所引外,此记载还写道:"一日弄者曰:'云长古猛将,今斩之,其鬼或能祟,请既斩而祭之。'此子闻甚喜,弄者乃求酒肉之费,此子出银器数十,至日斩罢,大陈饮食如祭者,群无赖聚而享之,乃白此子,请遂散此器,此子不敢逆,于是共分焉。"
⑥ 见耐得翁《都城纪胜》,《东京梦华录(外四种)》第97—98页,上海:古典文学出版社,1957年版;周密《武林旧事》第二卷,《东京梦华录(外四种)》第370页,上海:古典文学出版社,1957年版。
⑦ 见周密《武林旧事》第六卷,《东京梦华录(外四种)》第456页,上海:古典文学出版社,1957年版。邓之诚《东京梦华录注》(香港商务印书馆,1961年版)第五卷,第138页曾提及"乔影戏"。("乔影戏"意为"假装式影戏"还是"讽刺性影戏"?)——译者按:此处括号内为原注中内容。

有种木偶表演被称作"肉傀儡"①，而关于这一名称具体所指则争论颇多。有学者将其解释为仅指"手傀儡"或"手套傀儡"②，而其他观点则认为"肉傀儡"是由艺人亲身扮演而非操纵的表演。后一种观点的主要支持者，通过大量的证据，试图证明中国由艺人亲身扮演的戏曲演变自木偶戏且曾模仿木偶戏的观点。③ 轻易解散这一命题的整体性并不明智，尤其是当有人提及木偶戏在日本戏剧中的角色，木偶戏在欧洲曾经具有的活力时，例如在查理二世当政时，特鲁里巷的剧院所有者均因来自木偶表演的竞争而忧心忡忡，在18世纪的威尼斯，演出经理与演员经理均惧怕木偶表演。木偶有时可以表达真人演员难以表达的内容，它们尤其擅长于特定的夸张表现。波纳什（Beau Nash）曾在巴思使用牵线木偶嘲讽穿高跟鞋的潮流，这种做法与杂剧的科诨十分相似；木偶戏《潘趣与朱迪》及其更加暴力的版本，说明木偶能完美地被使用于科诨之中，而科诨则是杂剧和院本的典型特征。既不可低估木偶戏的吸引力，也不能低估木偶戏与宋代真实的舞台表演之间的亲密关系。木偶戏也可以在瓦子和宫廷中表演，十分接近由真人扮演的杂剧。但是根据现存的材料，中国的真人戏剧并不源于木偶戏，二者极有可能对彼此都产生了深远的影响，并且紧密地交织进表演形式的复杂性之中。

早期戏曲使用了大量的曲、调。"曲"是中国戏曲的主干，而曲的来源则多种多样。大量曲调来源于唐宋的词，其他则来自于大曲等叙事曲或其他也使用了这类叙事曲的表演形式。大部分曲的来源不可知，但其中融合了大量的外来曲，而且可以确定戏曲使用了民间小调，而且民间小调不仅在音乐上成为戏曲的灵感来源。有一些叙事曲以戏曲特有的方式安排曲调，许多对白，被插入于曲调之间，甚至是将直白的对白与口语以十分接近戏曲的方式插入于曲调之间。许多叙事曲均讲述了颇为复杂且接近戏曲的故事，且以类似早期戏曲的、喧闹的、逢迎的、混杂的语言讲述。最重要的是，这类叙事曲即称作"诸宫调"，而诸宫调本身就广泛地吸收了其他类型的曲、传统的音乐和故事。诸宫调在11世纪下半叶起于汴梁，而其首创

---

① 据耐得翁《都城纪胜》，《东京梦华录（外四种）》第97页，1957年版，记载，"肉傀儡"需与小儿、后生辈共同表演，或径由小儿、后生辈表演。
② 见周贻白《中国戏曲论集》第66—69页，北京：中国戏剧出版社，1960年版。
③ 见孙楷第《傀儡戏考原》第52页及其后，上海：上杂出版社，1952年版。

者为孔三传。① 张五牛(1131—1162)曾创作关于双渐与歌女苏小卿爱情故事的诸宫调,在作品中,苏小卿曾被卑劣的茶商冯魁抢走。该故事梗概依据的是当时的真实情形。《双渐苏卿》随后数百年中成为最知名的爱情故事之一,被诸多歌曲、故事和戏曲作为主题,也曾被许多其他著作提及。商道(1185—1231)曾改编过《双渐苏卿诸宫调》。少数诸宫调作品的片段留存至今,而全本流传至今的则只有董解元于金代1190—1208年间创作的《西厢记诸宫调》。②

董解元的诸宫调取材自元稹创作的唐传奇,讲述的是中国最知名的两种爱情故事之一。在历史的长河中,《西厢记诸宫调》直接或间接地促使许多同一主题的文学作品的出现,其中有最知名的中国戏曲作品——王实甫创作于13世纪的《西厢记》。《西厢记》从《西厢记诸宫调》中借鉴了许多主题处理的方法,同时也借鉴了许多语言。其他早期戏曲作品大体上无疑也从董解元等人的诸宫调作品中借鉴甚多。北杂剧将曲调按套数组合,而这一组合方式也见于诸宫调中,诸宫调也与北杂剧一样,每一套数自始至终只能使用同一韵脚。在套数与曲子之间存在的报告式口语,也见于北杂剧中。诸宫调在普及曲这一形式,以及大胆、粗野的语言上居功至伟,而二者又是早期戏曲的基本要素。在金朝之后的数百年中,诸宫调表演与戏曲紧密相关。诸宫调的作者,通常都是女性,有时她们也是戏曲的作者与演员,因而也是戏曲的演员或女演员。以诸宫调之名著称的这一体裁,似乎消失于15或16世纪。大量现已不存的诸宫调作品,其故事也见于戏曲之中。就这些方面与其他方面而言,诸宫调在为戏曲铺平道路上的作用显然十分重要。戏剧性姿态、使用直接对白代替报告式的描述的倾向、曲与对白的交替等潜在的戏剧特征均见于下文引自《西厢记诸宫调》的节选中。作品中的男女主角所处的寺庙已被转变为强盗且居心险恶的哗变士兵所包围,而住持和僧人们正陷于不知所措的窘境之中。③

---

① 见邓之诚《东京梦华录注》(第五卷)第138页,香港:商务印书馆,1961年版;耐得翁《都城纪胜》,《东京梦华录(外四种)》第96页,上海:古典文学出版社,1957年版。
② 柯润璞(James Irving Crump, Jr.)与米列娜(Milena Velingerova)的 Ballad of the Hidden Dragon 就是《刘知远诸宫调》残卷的英译本。
③ 译自凌景埏校注《董解元西厢记》(第二卷)第37—39页,北京:人民文学出版社,1962年版。

董解元《西厢记诸宫调》(节选)

[大石调][伊州衮]佛堂里诸僧尽商议,开门欲迎贼。于中监寺道不可,对众说及仔细:"乱军贼党,倘或掳了莺莺,怎的备?朝野所知,满寺里僧人索归逝水。"大师言道:"如何是?诸乱军屯门首,不能战故。"众中个和尚,厉声高叫如雷,道:"大师休怕!众僧三百余人,只管絮聒聒地,空有身材,枉吃了馒头没见识!"

[尾]把破设设地偏衫揭将起,手提着戒刀三尺,道:"我待与群贼做头抵。"

这和尚是谁?乃是法聪也。聪本陕右蕃部之后,少好弓剑,喜游猎,常潜入蕃国,盗掠为事,武而有勇。一旦父母沦亡,悟世路浮薄,出家于此寺。"大丈夫之志决矣!既遇今之乱,安忍坐视?非仁者之用心也。愿得寺僧有勇敢,共力破贼,易如振槁自断。众止一二作乱,余必胁从,贪目前之利,忘反掌之灾,我若敷陈利害,必使逆徒不能奋武作威,自令奔溃。"

[仙吕调][绣带儿]不会看经,不会礼忏,不清不净,只有天来大胆。一双乖眼,果是杀人不斩①。自受了佛家戒,手中铁棒,经年不磨被尘暗。腰间戒刀,是旧时斩虎诛龙剑,一从杀害的众生厌,挂于壁上,久不曾拈。顽羊角靶尽尘缄,生涩了雪刃霜尖。高呼:"僧行,有谁随俺?但请无虑,不管有分毫失赚。"心口自思念,戒刀举今日开斋,铁棒有打謩。立于廊下,其时遂把诸僧点:"抢搜好汉每兀谁敢?待要斩贼降众,大喊故是不险。"

[尾]"开门但助我一声喊,戒刀举把群贼来斩,送斋时做一顿馒头馅。"

杀人肝胆,翻为济众之心;落草英雄,反作破贼之勇。聪大呼曰:"上为教门,下为僧众。当此之时,各当勉力。有敢助我退贼者,出于堂右。"须臾,堂下近三百人,各持白棒戒刀,相应曰:"愿从和尚决死!"

[双调][文如锦]细端详,见法聪生得抢搜相:刁厥精神,跷蹊模样;牛[月邦]阔,虎腰长。带三尺戒刀,提一条铁棒。一匹战马,似敲

---

① 此处的"斩"是双关语,既指"眨",又指"斩"。理所当然,佛教徒不杀生是为恪守佛教清规。

了牙的活象。偏能软缠,只不披着介胄,八尺堂堂,好雄强,似出家的子路①,削了发的金刚②。○从者诸人二百余,一个个器械不类寻常。生得眼脑瓯抠,人材猛浪。或拿着切菜刀,干面杖。把法鼓擂得鸣,打得斋钟响。着绫幡做甲,把钵盂做头盔戴着顶上。几个髭头的行者,着铁褐直掇,走离僧房,骋无量,道:"俺咱情愿,苦战沙场。"

北杂剧在13世纪取得优势地位的原因之一,无疑是其主题选择的多样性。南戏在这方面则受到较大限制。出现这种区别的原因之一,或许是因为南戏的发展过程较为平稳、窄小,而北杂剧则经历了多种艺术与表演形式更为剧烈的融合。戏曲可以吸收已因院本、诸宫调、木偶戏及民间说书等形式而为人们所熟知的大量故事。人们对这类古代或当代故事的熟识,对戏曲家而言是一种巨大的优势,是戏曲家的跳板,而对西方现代戏剧家而言,这是望尘莫及的。由于观众对基本故事情节的熟悉,戏曲家们就可以自由地以戏剧效果为目的,对故事加以渲染、摆布。也是由于对故事情节的熟悉,观众们能很快地感知到戏曲家的处理方式,而要求也十分苛刻,但这却有助于戏曲的发展。

在8、9世纪或更早的时候,中国就已有街头说书人。③ 尽管缺少可靠证据,但仍然可以通过更进一步的古代遗物证明业余说书人的存在。某些变文为世俗的、专业的说书人的存在提供了证明材料,但直到宋代才有专业说书人普遍存在的确切记载。④ 说书不仅兴盛于汴梁、杭州的瓦子之中,无疑也兴盛于中都,而且在北宋时期就已达到了不同说书人擅长于讲述多种不同类型故事的程度。一些说书人讲述历史故事,一些人讲述虚构故事,一些人讲述佛教故事。许多故事均与烟粉、公案、灵怪、传奇、铁骑

---

① 子路指的是孔子的弟子仲由,其以勇武品质与打斗事迹闻名。
② 金刚是持有权杖的巨型护法神,常与其他事物一道被塑造为寺庙的护卫图与保护神。
③ 据段成式《酉阳杂俎续集》(《丛书集成简编》第十九卷,台湾商务印书馆,1966年版)第四卷,第211页记载,一市人曾于太和(827—835)末年讲述"市人小说",该市人操此道已有二十年之久,因而可算专业。
④ 郎瑛《七修类稿》(中华书局,1959年版)第二十二卷,第331页写道"小说起宋仁宗"。苏轼《东坡志林》(《丛书集成简编》,第一三四卷,台北:商务印书馆,1966年版)第一卷,第5—6页,引用了王彭(1067—1092)的说法:"涂巷中小儿薄劣……令聚坐听说古话……闻曹操败,即喜唱快。"

儿、朴刀杆棒等有关。这些都是传奇冒险式的短篇故事。① 许多归于宋朝的记载都源自宋以后的朝代,极有可能已被大幅度的修改、重编,或因其他原因而不可靠。但是,大量源于13世纪或14世纪早期的口头故事的名目,使我们确信娱乐形式的这一分支的丰富多彩,② 而且由于它们之中有不少可从早期戏曲中轻易地分辨出,因此这也说明了口头故事对戏曲的重大影响。说书艺人对戏曲的深远影响,不仅在于为戏曲提供了素材,也为戏曲提供了语言,并且也为戏曲的出现时提供了更为丰富的环境。同样可以确定的是,戏曲转而也影响了说书人的生意与素材。

在宋金时期的繁华大城市中,存在着人与人之间不断的交流,不同的消遣方式与行业之间不断的融合。严格的现代划分方式似乎无一可运用于当时的娱乐世界之中。木偶艺人无疑会关注不远处说书艺人的表演。演员在上场前无疑也会听一小段诸宫调。艺人们有意无意地相互吸收彼此的主题与技艺,为保住自己的饭碗,试图提高自己的艺术技巧——而艺术的交融也是最本质、最不可避免的。艺人们或许不会把自己当作独一无二的专家,或许认为自己的表演与众不同,他们可能只是把其他两三种表演技艺的特征融汇在自己的表演中。大多数表演形式都包含音乐与曲子。而艺人们聚集在同一个行院中,为同一份戏单而表演,二者原本就是同一个现象,且几乎没有例外。而戏曲搜集表演世界的精华,但缺少划分,或缺少为区分类别而做的划分。

当时的舞台已设立,但是否已有戏曲?

第五章　南戏、传奇及昆曲的开端

我们对过往的看法,难免会受到书面记载的影响,更会受到所遗存的

---

① 见邓之诚《东京梦华录注》(第五卷),第137—138页,香港:商务印书馆,1961年版;耐得翁《都城纪胜》,《东京梦华录(外四种)》第98页,上海:古典文学出版社,1957年版;吴自牧《梦粱录》(第二十卷)第312—313页,上海:古典文学出版社,1957年版;周密《武林旧事》,《东京梦华录(外四种)》(第六卷)第454—455页,上海:古典文学出版社,1957年版。

② 见罗烨《醉翁谈录》(古典文学出版社,1957年版)第1—3页中的名录。对这些名目的分析,见谭正璧《话本与古剧》第13—37、93—104页,上海:古典文学出版社,1956年版。对早期说书技艺复杂问题的探讨,参见韩南(Hanan, Patrick) *Sung and Yüan Vernacular Fiction: A Critique of Modern Methods of Dating*, Harvard Journal of Asiatic Studies (Cambridge, Mass), No.30, 1970, pp. 159-184.

记载的影响。有多少娱乐形式因无人记载而消失于历史长河中？有多少流行乃至盛行于当时,给人们带去欢愉、激励的娱乐形式仅存粗略的记载？许多即使曾有记载的娱乐形式也在后世因偏见与盲目而注定被忽视。我们所知的大部分有关剧作者与演员的信息,也仅来自于有关一二位以个人身份进入戏曲世界的剧作者或曲作者的回忆录。因为如此之多的这类著作已散轶,就目前所见,我们一直难以获知有关元杂剧的大部分背景信息。如果不是一些元本杂剧偶然地保存于书籍收藏家手中,我们可能就没有知悉元杂剧为何物的确切基础。① 即便在明末,少数的剧作也只是出于一部分人的喜好,如果没有大量的线索,元杂剧极容易消失不见。官修元代历史只字未提元杂剧,而其他的官方记载即使有,也仅大略或顺带提及元杂剧。然而,与其他作为文学国度的最主要文学表现形式一样,元杂剧以多种形式呈现出了当时的核心精神。

从另一种与元杂剧同时的戏曲形式中,就可以看出曾经极可能发生的事情。在《青楼集》中,芙蓉秀能搬演杂剧与南戏,另有其他女艺人可搬演南戏。剧作家萧德祥(14世纪早期)同时创作南戏与杂剧。② 周德清为维护北曲的正统地位,以使用《乐昌分镜》等源于杭州一代的戏文曲白之中的南方字音为耻,因其为南宋的"亡国之音"③。然而,与元杂剧同时存在的南戏,虽然势力强大,且在某些方面更为灵活,但是直到最近几个世纪依然未引起后人的积极重视,也尚未重建与元杂剧同时的合理地位。南戏绝非元杂剧无关紧要的竞争者。

目前已知有170种左右的南戏名目,其中部分毫无疑问来自明代早期,但大部分来自南宋与元代。少部分名目现存相应的剧本,而其中超过百种仅残存从一两句曲白到大量的曲辞等不同的片段。④ 然而,又因极少数作者的信息留存至今,导致对这一戏曲形式的理解存在巨大的障碍。但是,根据构成南戏的娱乐及文学武库所潜藏着的线索,依然可对南戏有足够的了解。

---

① 笔者所指的是收录于《校订元刊杂剧三十种》中的剧作。
② 见钟嗣成《录鬼簿》,《中国古典戏曲论著集成》(第2册)第134—135页,北京:中国戏剧出版社,1959年版。
③ 见周德清《中原音韵》,《中国古典戏曲论著集成》(第1册)第220页,北京:中国戏剧出版社,1959年版。
④ 钱南扬《宋元戏文辑佚》(上海:古典文学出版社,1956年版)已收录大部分南戏片段。

恰如前文已大略提及的，在北宋时期，南戏起初从词与村坊小调中吸收曲调发展自身的音乐形式。在1190—1194年间，南戏已因《赵贞女》与《王魁》获得了成功。① 已难以准确知悉这些剧作相对于宋杂剧在形式上发生了多少变化，但显然它们已非简单的插科打诨。1268—1269年间，距离杭州陷落于蒙古大军几年之前，南戏《王焕》在当地获得了广泛的赞誉。② 在元朝统一全国后，南戏依然流行。恶僧祖杰私蓄美妾，于其怀孕时逼迫从人之子娶其为妻，以避免流言蜚语，且继续与其保持关系。但是，从人之子不堪忍受邻人的风言风语，因此携妻私奔。祖杰构陷罪名，将从人一家送上公堂遭受毒打。无论从人一家如何上诉，祖杰总行贿使其遭受更多的折磨。从人一家试图进京告状，但在动身之前，祖杰派人将其一家人抓捕至一无人之地全部淹死。人们强烈抗议，要求审理祖杰，但由于地方官员已收受贿赂，行动迟缓。这一事件被编为南戏，广为上演，鉴于巨大的公众压力，地方官员无奈，只好将祖杰杀死于监牢之中，而仅在五日后，朝廷特赦祖杰的指令即达到当地。③

在蒙元统一全国后，势头十足的北杂剧传播迅速，在南方也取得了优势地位，但南戏仍然在继续演出。1920年在伦敦一家书店年发现的三种全本南戏，是明代大型类书《永乐大典》的残卷，大约可追溯至13世纪或14世纪早期。④《张协状元》——第二章内已提及——可能为早至南宋末年的剧作。⑤《小孙屠》讲述的是小孙屠的兄长及其恶毒嫂子李琼梅的故事。李琼梅的情夫朱邦杰在李琼梅的教唆下杀害了侍女，并且设计将罪名栽赃嫁祸到其丈夫孙必达身上。但小孙屠将罪名加到自己头上，代替其兄长上了刑场。感动于这一忠贞的行为，泰山府君使小孙屠重返人间。因受

---

① 见徐渭《南词叙录》，《中国古典戏曲论著集成》（第3册）第239页，北京：中国戏剧出版社，1959年版。亦见《少室山房笔丛》（第41卷）第555页，上海：中华书局，1958年版。13世纪时，吴中曾流行《韫玉传奇》，见《山中白云词》（《国学基本丛书》第224卷），第91—92页，台北：中华书局，1958年版。

② 见《钱塘遗事》（《武林掌故丛编》本）第6卷，第3427—3428页。译者按，原作者为注明该著作的版本，按所使用的注解格式，应是《武林掌故丛编》的排印本，但译者并未找到在原作者写作此书之前出版的排印本《武林掌故丛编》。

③ 僧人祖杰与臭名昭著的元朝江南释教都总统杨琏真迦有关。见周贻白《中国戏曲史讲座》第108—109页，北京：中国戏剧出版社，1958年版。记载源于周密（1232—1298）《癸辛杂识》。

④ 由时任铁道部部长的叶恭绰（1881—?）发现于伦敦。Smith, *China in Convulsion* 曾对部分《永乐大典》被毁坏的经过做过记载。见 Smith, *China in Convulsion*, vol.1, pp.283-284.

⑤ 参见胡忌《宋金杂剧考》第61页，上海：古典文学出版社，1957年版。

惧于小孙屠、小孙屠兄长和侍女冤魂,李琼梅及朱邦杰坦白了罪行,这对奸夫淫妇得到了应有的惩罚,剧中人物获得了公平。《宦门子弟错立身》讲述的是一位年轻贵族完颜延寿马与女艺人王金榜的爱情故事。完颜延寿马之父乃朝中高官,二人在完颜府中被其父撞破后,延寿马从家中潜逃而出以躲避其父的盛怒。在资财散尽后,延寿马不得不在王金榜的家庭戏班中表演院本和杂剧求生。一天,延寿马之父被朝廷派遣到河南,恰巧到了王家戏班表演的地方,因而召唤演员娱乐自己。在演员之中,延寿马之父认出了延寿马与王金榜,因与爱子重逢的喜悦,延寿马之父同意二人结为秦晋之好。

元杂剧作为第一种流行于全国范围内的戏曲运动首先出现于中国北部的现象是颇为奇特的,因为中国人口、文化传统与商业成就的大部分都处于位于杭州一代的南方地区。在蒙元最后几十年的统治过程中,发生了脱离蒙元北方朝廷的权力变化,由于南方汉族权力与政治自信的重现,南方出现了重新抬头的基本趋势。源于这一总体的自信,又源于自身所发生的某些变化,再从北杂剧之中吸收养分之后,大约在1330年之后,南戏突然获得了壮大的势头且大为普及,也出现了大量的剧作家。萧德祥可能是其中出现较早的剧作家。他主要以行医为生。不论何时偶遇早期剧作,他均将其"改编为南曲",且十分流行于街头巷尾与勾栏瓦肆之中。①

"南方曲调"被称为"南曲"。朱有燉曾为南北曲做过区别:

> 故唐末宋初以来,歌曲则全以词体为主,今世则呼为南曲者是也。自金元以胡俗行乎中国,乃有女真体之作。又有董介元、关汉卿辈知音之士,体南曲而更以北腔,然后歌曲出自北方,中原盛行之,今呼为北曲者是也。因此分而为二。②

朱有燉或多或少都将南曲等同于词调,但二者从来就是有区别的,"南曲"指代的是南方音乐的全部曲目,囊括词调与其他传统曲子、村坊小调在内,与南戏相关,且在宋末或元代中期,可能在吸收北曲的特点之后,形成

---

① 见钟嗣成《录鬼簿》,《中国古典戏曲论著集成》(第2册)第134—135页,北京:中国戏剧出版社,1959年版。
② 引自朱有燉《诚斋乐府》,亦见于李殿魁《元明散曲之分析与研究》第573页,台北:中国文化学院出版部,1965年版。

了诸多新的特点,例如衬字的使用及套数之中曲子的安排方式,这更使南曲与之前的唐宋词调具有了较大的差别。而且,相比于北曲,从词调中衍生而来的曲子在南曲中占了更大的比重,且相比于整个北曲而言,南曲与词的关系更清晰,也更接近更为传统的中国音乐体制。

相比于北曲,南曲较少使用衬字,或者几乎不用,不同之处还在于二者的所使用的韵脚之中,相对于北曲,南曲依据南方与词调的传统规则使用韵脚,且束缚较少,二者在套数之中安排曲子的方式也有不同之处。但二者最大的不同之处在于音乐效果。当时的音乐文本未保存至今,因而只能主要根据有关这一区别的概括描述见其一斑,而这些描述大部分来自于明代中叶以后。一位明代评论者呈现二者的区别为:

听北曲使人神气鹰扬,毛发洒渐,足以作人勇往之志,信胡人之善于鼓怒也。所谓"其声噍杀以立怨"是已。南曲则纡徐绵眇,流丽婉转,使人飘飘然丧其所守而不自觉,信南方之柔媚也。①

另一位明代文人将这一区别处理得更为准确,但仍然只是一般性概括:

北主劲切雄丽,南主清峭柔远。北字多而调促,促处见筋;南字少而调缓,缓处见眼。北辞情少而声情多,南声情少而辞情多。……北气易粗,南气易弱。②

二者最多只是宽泛的一般性描述。例如,毫无疑问北曲中也有许多略微柔媚诱人的曲子,而南曲有时也劲切雄丽。

在表演中,除其他方面外,北杂剧与南戏的区别之处不仅在整体音乐气氛的不同,也在于演唱的安排方式与效果的不同。在元杂剧中,只有一个脚色可唱,而在南戏中,脚色可独唱、二重唱,三个或以上的脚色轮唱后

---

① 引自徐渭《南词叙录》,《中国古典戏曲论著集成》(第 3 册)第 245 页,北京:中国戏剧出版社,1959 年版。
② 引自王骥德《曲律》,《中国古典戏曲论著集成》(第 4 册)第 57 页;亦见王世贞《曲藻》,《中国古典戏曲论著集成》(第 4 册)第 27 页;魏良辅《曲律》,《中国古典戏曲论著集成》(第 5 册)第 7 页;徐大椿《乐府传声》,《中国古典戏曲论著集成》(第 7 册)第 164—165 页及 175 页。

合唱，或所有场上脚色合唱整支曲子。与元杂剧相对，南戏之中的对白紧随曲辞之后，对白并非曲辞的引介。在早期南戏之中，曲子并未按套数安排，或安排进松散的套数之中。音乐结构的缺乏是南戏未获得传统文人高度赞赏的原因之一，即使紧密的结构或音乐的一致性的缺乏可能也自有一种魅力。在元末，出现了一种将南北曲融合进同一套数等形式之中的习惯。剧作家、曲作者沈和（逝世于1330年后不久）显然是第一位将南北曲同时用于同一部曲作品之中的人。①尽管沈和是否除将南北合套使用于戏曲创作之外，还将其使用于其他曲作品之中仍然存在疑问，但这一做法显然在元代的最后几十年中相当地流行，无论是在南戏还是在北杂剧中。有人在《小孙屠》之中发现了两种这样的套数，除此之外，该剧作中还有分散于它处的北曲。就某些后世的南戏作品来看，即使南戏中使用了北曲，但南戏的演唱方式仍占支配地位，因此这一剧作的整体音乐效果并不会丧失其原有的特征，或者并不剧烈。

《小孙屠》之中的两种南北合套的套数均由同一位演员一唱到底，但在绝大部分已知的其他南戏剧本中，这类套数均由两位演员交替演唱，其中一人紧跟着另一人，常常像是小小的一个乐句同时由二位演员分别演唱。不仅限主脚演唱，也不要求某位演员在同一出中一唱到底。一出也不限用一个套数。在同一出中也可更换韵脚，韵脚的更换常发生于对情节事件有所反映时。因此，并不存在与元杂剧相同的音乐与韵脚效果。交替演唱的方式使其中某些剧作具有连续的大篇幅，相比在元杂剧中，篇幅更大，交替演唱出现的频率也更高。

由于并不明确元杂剧说白的特征，对说白进行比较的可能性受到了限制。《张协状元》的剧本非常完整，其中韵白的数量大于平实的散白，而在《小孙屠》与《宦门子弟错立身》二者中，所见的曲白则较为简略，可能并不能代表全部的表演。早期南戏剧作之中的对白段落颇多，且经过巧妙地处理，例如在坐贾者施惠的《拜月记》中，对白灵巧的连贯性及其中机敏的幽默均胜过元本杂剧。与在北杂剧中占主要地位的散白相比，南戏的对白即使在"粗鄙"的早期剧作中，也囊括了大量的韵文，有时颇为华丽、复杂。就南方的剧作家而言，这反映出了使用韵文作为对白媒介的流行，但并不

---

① 见钟嗣成《录鬼簿》，《中国古典戏曲论著集成》（第2册）第121页，北京：中国戏剧出版社，1959年版。

反映受过正式教育的文人的出众水平,或文人卖弄学识的野心。

可能由于强大的中央政府在当时的缺位,审查与其他对戏曲的主题与语言的约束非比寻常的松散与无效。相比于元杂剧,南戏也更接近于民间或通俗的作品,因而也难以得到文人学士的赞誉。有些在当时创作北曲或北杂剧的作者也于其他显著的领域知名,如为官或作画,但早期南戏的剧作者却并非如此,可能在当时这些剧作者就是无名之辈。在注明于剧本的少数剧作者姓名之中,有一部分是属于书会成员的,又有一部分使用的知名北杂剧作者的姓名。这些剧作,不仅著作者模糊不清,它们的主题及对主题的处理方式也常常粗鄙或厚颜无耻地直接。这种"自然"的方式对于一些明代学者而言过于不堪入目,而这样的态度又是南戏剧作大量湮没于历史长河之中的原因之一。

徐畛的《杀狗记》,佚名作者的《白兔记》,施惠的《拜月记》及柯丹邱或王状元①的《荆钗记》,均热闹喧天。② 某些明代及之后的评论者尤其不满这些剧作中大量的粗鄙之处与频繁使用的俚语,有人评价其曲辞中满是难以接受的粗俗用语,《杀狗记》尤为如此。有时难以确认这些评论者更不满的是这些剧作的语言还是内容,或许在他们看来,二者并不能完全区分开来。少数已知的明代评论者中的一位曾认为南戏具有杰出的价值,但也仅针对少数几部剧作,"其余皆俚俗语也;然有一高处:句句是本色语,无今人时文气"③。这同样也只是一般性的评价,但也有助于平衡彻底的非难。

某些南戏作品的主题与剧目与元杂剧相同。在有些情况下,二者可能只是源自相似或相同的材料。而在另外一些情况下,毫无疑问,南戏直接改编自早已流行于世的、主题相同的元杂剧,或受到了这一类元杂剧的影响。模仿极有可能是效法元末杂剧的主要手段。例如,施惠的《拜月记》与关汉卿的《拜月亭》的情节极其相似,且《拜月记》之中存在为数不少的、与《拜月亭》相同的字词。然而,《拜月记》是一部形式与风格十分完整的剧作,成为南戏引人入胜之处的绝佳典范。

---

① 王状元或指王十朋,应为《荆钗记》的男主角,此处恐有误。——译者注

② 这些剧作的剧作者仍存疑,其中有些剧作存在不止一个版本。有关南戏剧作者的信息,见赵景深《元明南戏考略》第 11—16 页,北京:作家出版社,1958 年版;赵景深《戏曲笔谈》第 29—42 及 159 页,北京:中华书局,1962 年版;周贻白《中国戏曲史讲座》第 119—120 页,北京:中国戏剧出版社,1958 年版。

③ 见梁廷枏《曲话》第 2 卷,《中国古典戏曲论著集成》(第 8 册)第 257 页,北京:中国戏剧出版社,1959 年版。

这些剧作新鲜、热闹、插科打诨的粗俗与滑稽形式的自由等特征,对保证早期南戏吸引观众的注意力而言,无疑是十分重要的,而且,许多早期元杂剧也具有相同的特征。但是,或许出于政治环境的突然变化,出现了一部相当不同的作品,且该作品在当时全国与后世均造成了巨大的影响。这就是高明(约1301—约1370)的《琵琶记》。

曾经做过乞丐与和尚的朱元璋,在1368年领导起义军扫荡了中国北部地区,占领了大都城,将蒙古统治者赶出了中国。朱元璋因此而成为明朝的第一个皇帝,1368年至1644年在位。与众多反叛军领导者一样,朱元璋出身卑微,来自于农人、养蚕人、淘金人阶层,因而早已体会民间戏曲的动人之处与力量。在登基后,朱元璋及其皇室宗族对北杂剧和南戏表现出了巨大的、积极主动的兴趣。多数王公贵族赠予朱元璋1700本词曲,[1]其中必定存在为数不少的南北剧作。[2] 明成祖(1402—1424年间在位)下旨编撰一部大型的类书,其中包括大量的说唱手本,超百本元明杂剧及三十四种南戏作品。[3] 据记载明宪宗(1465—1487年间在位)沉迷于戏曲之中,因而将戏曲作品收集殆尽。[4] 明武宗(1506—1521年间在位)同样偏爱戏曲,且慷慨地赏赐献上戏曲作品的人员,三位官员共向他呈送了数千本剧作、曲子与小说,[5]有记载说他因得到一部罕见的小说作品而赏赐五十金,可见他对通俗文学的热情。[6] 对戏曲的兴趣在王族以外的宫廷中也十分强烈。在皇家宫廷中建有多个大型的戏曲舞台,而且这些帝王大都具有戏曲自觉。明熹宗(1621—1627年间在位)甚至表演戏曲——在戏曲中扮演帝王。[7]

但这一态度具有两面性。正是由于帝王们充分意识到戏曲的娱乐与

---

[1] 此处似对"必以词曲千七百本赐之"的理解有误,应为洪武皇帝赠亲王,而非亲王赠洪武皇帝。——译者注

[2] 见《闲居集》第五卷,《李开先集》第297—298页,北京:中华书局,1959年版。

[3] 此类书即《永乐大典》。

[4] 见《闲居集》第五卷,《李开先集》第297—298页,北京:中华书局,1959年版。

[5] 见《闲居集》第五卷,《李开先集》第297—298页,北京:中华书局,1959年版。亦见周晖(16世纪)《金陵琐事剩录》第一卷。亦被王利器《元明清三代禁毁小说戏曲史料》引用,见该书第10页。

[6] 见周晖《金陵琐事剩录》第一卷。亦被王利器《元明清三代禁毁小说戏曲史料》引用,见该书第10页,北京:作家出版社,1958年版。

[7] 见《词余丛话》第三卷,《中国古典戏曲论著集成》(第9册)第282—284页,北京:中国戏剧出版社,1959年版。

教育价值,所以相应地,他们也迫不及待地要对流行于平民之中的戏曲进行控制与监督。1369年,朝廷加强了禁止艺人及其家人参与科举考试的法令。① 1389年,朝廷严令禁止驻扎于京城的军官与士兵学"唱",违反者将被割舌。

双陆象棋与蹴鞠也被禁止。下棋的官员或平民将被砍下一手,而踢球的人员将被断去一腿。此类惩处曾经确实发生过,甚至有过之而无不及,这让后世的回忆者十分恐慌。艺人被允许搬演神仙、义夫节妇、孝子顺孙及其他劝人为善、维持和平与社会秩序的作品,但任何从事冒犯或亵渎历代帝王后妃、如孔子等先圣先贤的演出的艺人则将面临拘捕、惩处。艺人和纵容此类表演的官民之家将遭受杖责一百。帝王们颇为明了戏曲的煽动性和反叛性。1411年,重复了对搬演"驾头杂剧"的禁令,其惩罚尤为残忍。胆敢持有、搬演、刻印、售卖或以其他形式传播这类剧作的人,会被立即逮捕,遭受相应的责罚。在这一法令颁布后,人们有五天的宽限时间将这些剧作送到官府焚烧、销毁,五天之后仍持有这些剧作的人将会与其家人一道被处决。明代帝王对戏曲的爱好显然是与充分理解了戏曲的社会与政治作用相伴相生的,但不可否认,帝王们的喜好与恐惧对明代戏曲的样式与发展进程产生了不小的影响。

元代最后数年中,从军事纷争中告退之后,文人、朝廷官员、永嘉人高明开始创作名为《琵琶记》的南戏作品。高明认为《赵贞女》之中的蔡伯喈被诽谤且不公平对待,因此有意以同一主题创作新剧加以改正。在《琵琶记》中,蔡伯喈未因被雷击而死,相反,他与妻子团圆,并且获得了道德的救赎、高贵的社会地位与名誉。据明代有关南戏的材料,高明高贵、精致的曲辞将早期南戏的"粗鄙之处"一扫而空。② 实际上,高明的曲辞确实精美,也说明剧作者受过良好的教育,但《琵琶记》中仍然保留了一些早期南戏的"自然"属性。根据记载,高明在完成《琵琶记》之前,曾在一小楼中居住三年,他按拍曲子韵律之处,木板皆穿。③

---

① 有关这些禁令的资料,见王利器《元明清三代禁毁小说戏曲史料》第11—13页,北京:作家出版社,1958年版。
② 见徐渭《南词叙录》,《中国古典戏曲论著集成》(第3册)第239页,北京:中国戏剧出版社,1959年版。
③ 见徐渭《南词叙录》,《中国古典戏曲论著集成》(第3册)第239页,北京:中国戏剧出版社,1959年版。

在下文节选自《琵琶记》的段落中,即可见为蔡伯喈证明的意图,以及对话间错综复杂的联系,感情的微妙与波澜不惊的幽默,而所有这些都有助于《琵琶记》得到如此之多的仰慕。书生蔡伯喈已离开赵五娘与父母,前往京城,在科考中夺取头名之后,被迫与牛丞相之女牛小姐成婚。同时,蔡伯喈的家乡正遭受饥荒的侵袭,即使五娘竭力照料,伯喈的父母仍然先后去世。伯喈试图寄送书信钱物回家,但他所托付的恶棍并未将书信钱物送达。新任妻子牛小姐得知伯喈对五娘的思念之后,说服她的父亲派遣多少有些滑稽的家人李旺(由丑脚扮演,本章将讨论这一脚色)将五娘与蔡父蔡母接到京城来。但是,五娘此时已离家进京,将家中事务托付给了老邻居张广才。张广才是个善人,在本段节选的开头,李旺遇见他时,他正在打扫蔡父蔡母的墓园。①

高明《琵琶记》第三十七出:张大公扫墓遇使

〔虞美人〕〔末上〕青山古木何时了。断送人多少。孤坟谁与扫荒苔。连冢阴风吹送纸钱迨。

冥冥长夜不知晓。寂寂空山几度秋。泉下长眠人未醒。悲风萧瑟起松楸。老汉曾受赵五娘嘱托。教我为他看管坟茔。这两日有些闲事。不曾看得。今日只索去走一遭。

〔步步娇〕呀。只见黄叶飘飘把坟头覆。厮赶的皆狐兔。〔望介〕敢是谁砍了树木去。为甚松楸渐渐疏。〔滑倒介〕咳。甚么绊我这一倒。却元来是苔把砖封。笋迸泥路。老员外。老安人。自古道未归三尺土。难保百年身。已归三尺土。难保百年坟。只怕你难保百年坟。我老夫在日。尚来为你看管。若老夫死后呵。教谁添上你三尺土。〔丑扮李旺上〕

〔前腔〕渡水登山多劳苦。来到这荒村坞。遥观一老夫。试问他家住在何所。趑步向前行。呀。却是一所荒坟墓。

〔相见介末〕小哥。你从那里来。〔丑〕小人从京都来。〔末〕却往那里去。〔丑〕奉蔡相公差至此。〔末〕你相公是那里人。差你来有甚勾当。〔丑〕我相公特差小人来请取他的太老爷太夫人和那小夫人。

---

① 转译自张敬《明清传奇导论》第 20—26 页,北京:东方书店,1961 年版;高明《琵琶记》第 208—211 页,北京:中华书局,1960 年版。

一同到洛阳去。〔末〕你相公叫甚么名字。〔丑〕我相公的名字。小人怎敢说。①〔末〕荒僻去处。但说不妨。〔丑〕我相公是蔡伯喈。〔末发怒介〕

〔风入松〕你不须提起蔡伯喈。说着他每忒歹。〔丑〕呀。他有甚歹处。〔末〕他中状元做官六七载。撇父母抛妻不采。〔丑〕他父母在那里。〔末〕兀的这砖头土堆。是他双亲在此中埋。

〔丑〕呀。元来太老爷太夫人都死了呵。不知为甚的死了。

〔前腔〕〔末〕一从他别后遇荒灾。更无人倚赖。〔丑〕这等是谁承直他两个。〔末〕亏他媳妇相看待。把衣服和钗梳都解。〔丑〕解也须有尽时。〔末〕便是。这小娘子解得钱来籴米。做饭与公婆吃。他背地里把糟糠自捱。公婆的反疑猜。

〔丑〕公婆敢道他背后自吃丁些好东西么。〔末〕便是。后来呵。

〔前腔〕他公婆的亲看见。双双痛倒。无钱断送。翦头发卖买棺材。〔丑〕他那般无钱。如何筑得这一所坟墓。〔末〕他去空山里。裙包土。血流指。感得神明助。与他筑坟台。

〔丑〕自古道孝感天地。果然有此。这小娘子如今在那里。

〔前腔〕〔末〕他如今径往帝都来。〔丑〕他把甚么做盘缠。〔末〕小哥。我不瞒你。他弹着琵琶做乞丐。〔丑〕蔡相公特地差小人来取他父母妻子。如今太老爷太夫人既死了。小夫人却又去了。如何是好。老员外。老安人。你孩儿做了官。如今差人来取你到京。同享富贵。你去也不去。〔哭介〕叫他不应魂何在。空教我珠泪盈腮。〔丑〕公公。你休啼哭。小人如今回去。教俺相公多多做些功果。追荐他便了。〔末笑介〕他生不能养。死不能葬。葬不能祭。这三不孝逆天罪大。空设醮。枉修斋。你相公如今在那里。〔丑〕我相公如今入赘牛丞相府里。

〔前腔〕〔末〕小哥。你如今疾忙便回。说我张老的道与蔡伯喈。〔丑〕道甚么来。〔末〕道你拜别人的爹娘好美哉。亲爹娘死。不值你一拜。〔丑〕公公。你休错埋冤了人。他要辞官。官里不从。他要辞婚。我太师不从。也只是没奈何了。〔末〕恁的呵。元来他也是无奈。好似鬼使神差。他当元在家不肯赴选。他的爹爹不从。他这是

---

① 出于直呼某人姓名的禁忌,尤其是对于身份高贵的人。

三不从把他厮禁害。三不孝亦非其罪。〔丑〕公公。你险些错埋冤了人。〔末〕这是他爹娘福薄运乖人生里都是命安排。

〔丑〕敢问公公高姓。〔末〕小哥。我老汉不是别人。张太公的便是。当初蔡伯喈临去之时。把父母嘱付与我。如今他父母身死。小娘子又去京都寻他。将近去了个半月日。你如今回去。一路上但见一个妇人。道姑打扮。拿着一个琵琶。背着一轴真容的。便是你相公的小娘子。你把盘缠好好承直他去便了。〔丑〕理会得。小人告别了。

双亲死了已无依。　　　今日回来也是迟。
夜静水深鱼不饵。　　　满船空载月明归。

在荣登宝座前,朱元璋就已经看过《琵琶记》的演出,且表现出了极大的赞美之情。在成为皇帝后,朱元璋试图征招高明入朝为官,但高明以疯病为名拒绝了朝廷的任命,这让朱元璋十分失望。有人将《琵琶记》进呈朱元璋,朱元璋笑曰"五经四书,布帛菽粟也,家家皆有;高明《琵琶记》,如山珍海错,贵富家不可无"①,进而要求日日演出《琵琶记》,不久之后苦于不能使用弦索乐器为其伴奏,于是要求教坊人员重新编排音乐,以使其可使用琵琶、古筝伴奏,然而还是显得柔缓散戾,不能像北曲一般铿锵入耳。《琵琶记》在数百年间都是最受欢迎的剧作,对南戏的发展产生了极大的影响,进而在明代时被称为"传奇"。"传奇"也曾用以指代唐小说,元代学者也将之用以指代杂剧,直到后世才被妥帖地专门用以指代明代的南戏。

南戏的体制与结构大大不同于元杂剧。南戏的场次数量并不固定,可多至四十出以上。场次的篇幅也大小不一,有时只有一两行,有时则与元杂剧的主要场次相当或更长。就目前所知,南戏剧作最典型也最具有戏剧性的特征就是开场的存在,元杂剧之中则不存在开场。就目力所及,开场有两种存在的理由。第一,开场应是早期百戏表演的历史发展结果,在百戏中,较短的娱乐形式可作为主要表演的开场。如果百戏表演一直存在,那么有时也使用其他形式的表演作为序幕,某些开场表演则被作为第一

---

① 见徐渭《南词叙录》,《中国古典戏曲论著集成》(第3册),第240页,北京:中国戏剧出版社,1959年版。

出,成为时行剧作不可或缺的一部分。第二,开场在为观众理解剧情提供即时的梗概、营造预设的悬念与兴奋上所具有的戏剧价值是十分明显的。《张协状元》的开场,本书第二章已对其进行翻译,为剧作提供了令人惊讶的灵活的、充满戏剧效果的、高度具有想象力的引介,其主要内容始自张协离家,以张协遇见盗匪为结,以诸宫调形式讲述。这只是对即将上演的剧作极小的一瞥。开场之后是生脚具有喜剧效果的舞蹈与引介,以生脚巧妙地进入舞台角色张协为结。

虽然难以确认写定的开场是否能代表真实的表演,但是另外两部早期南戏的开场还是具有根本性的不同。《小孙屠》开场对即将上演的剧作做了一个完整的,或是吸引人的、神秘的总结。① 这一总结之后是一段常见的、请观众欣赏剧作的戏剧性劝告。《宦门子弟错立身》的开场则仅对剧作做了简略的一小节总结。② 下文将以连续的散体翻译这两部剧作的开场,而在原本中,二者均包含有诗词:

《小孙屠》开场

(末上白)[满庭芳]白发相催,青春不再,劝君莫美精神。赏心乐事,乘兴莫因循。浮世落花流水,镇长是会少离频。须知道,转头吉梦,谁是百年人?雍容弦诵罢,试追搜古传,往事闲凭。想像梨园格范。编撰出乐府新声。喧哗静。伫看欢笑,和气霭阳春。

后行子弟,不知敷演甚传奇?(众应)《遭盆吊没兴小孙屠》(末再白)

[满庭芳]昔日孙家,双名必达。花朝行乐春风。琼梅李氏,卖酒亭上幸相逢。从此娉为夫妇。兄弟谋苦不相从。因往外,琼梅水性,再续旧情浓。暗去梅香首级,潜奔它处,夫主劳笼。陷兄弟必贵,盆吊死郊中。幸得天教再活,逢嫂妇说破狂踪。三见鬼,一齐擒住,迳断在开封。(末下)

(生上唱)[粉蝶儿]生长开封,诗书尽皆历遍,奈功名五行薄浅。论荣华,随分有,称吾心愿。且开怀,共诗朋酒侣欢宴。

---

① 见《永乐大典·一三九九一卷·小孙屠》第1a页。
② 见《永乐大典·一三九九一卷·宦门子弟错立身》第54b页。

《宦门子弟错立身》开场

(末出白)[鹧鸪天]完颜延寿马住西京,风流慷慨煞惺惺。因迷散乐王金榜,致使爹爹捍离门。为路岐,恋佳人,金珠使尽没分文。贤每雅静看敷演:《宦门子弟错立身》。(下)

(生上唱)

其他现存南戏与后世传奇的开场,大体上与《小孙屠》的开场方式相似。后世将这种"一出式"的开场称作"家门","家门"的字面意思有"家系""凭据""背景"等。也见诸多他种说法,如"开场始末""家门始终""报目""家门引子""先声""开宗""开场""通略""副末开场",等。"家门"通常由一两个乐句组成,简要地向观众介绍剧作者的创作动机及剧作者希望剧作所传达的精神,然后再对剧情做一总结。后世也有恢复"家门"的戏剧活跃性的尝试,但对《琵琶记》开场的匆匆一瞥,即可见明代文人剧作的开场与《张协状元》充满舞台自觉与血性的开场的差距有多大。①

高明《琵琶记》第三十七出:张大公扫墓遇使

[末上白]【水调歌头】秋灯明翠幕,夜案览芸编②。今来古往,其间故事几多般。少甚佳人才子,也有神仙幽怪,琐碎不堪观。正是:不关风化体,纵好也徒然。　论传奇,乐人易,动人难。知音君子,这般另作眼儿看。休论插科打诨,也不寻宫数调。只看子孝与妻贤。骅骝③方独步,万马敢争先?

【沁园春】赵女姿容,蔡邕文业,两月夫妻。奈朝廷黄榜,遍招贤士。高堂严命,强赴春闱④。一举鳌头⑤,再婚牛氏,利绾名牵竟不归。

---

① 转译自高明《琵琶记》第1—2页,北京:中华书局,1960年版。
② 即男主角的书本。芸香是一种用于书中的香料。这些词语描绘了常见于爱情故事开头的郎才女貌。
③ 原文为"骅骝",骅骝是古代君王的名马,一日内可疾驰千里。此处高明是用以指代主角的坚贞,或他的剧作,或二者均有?因在第二出的开头就使用"骅骝"指代蔡伯喈的能力,所以应为指代主角的坚贞。
④ 朝廷取士考试在春季于京城举行。
⑤ 即男主角第一次参加科考,就考取状元。"鳌头"一词常用以形容这一类的巨大成功。

饥荒岁,双亲俱丧。此际实堪悲。　　堪悲赵女支持,剪下香云①送舅姑。罗裙包土,筑成坟墓;琵琶写怨。竟往京畿。孝矣伯喈,贤哉牛氏,书馆相逢最惨凄。重庐墓,一夫二妇,旌表门闾。

  南戏的脚色类型主要有生、旦、净、丑四种。丑与净多少有些相似之处,均扮演滑稽的笑柄、粗俗的小丑、呆子、狡猾的恶棍等角色。在《琵琶记》中,曾有一次丑称自己为副净。② 因为丑脚确实在脸上涂抹烟灰,以使自己看来十分怪诞,又因为用以指代丑脚的汉字与丑脚常用的简称均意为"丑陋",因此有一种语源学解释认为丑即意为"丑陋"③,但现在看来这只是让人困窘的、轻率的、大众化的解释。一种出现于 18 世纪的理论似乎更为可信,这一理论推测丑省简自"杂扮"④,因此,丑颇有可能源于杂扮。故而,南戏实际上只有生、旦、净/丑这三种脚色类型。生是主脚,首先出现于南戏之中,除一些可能存在抄写错误外,生只存在于南戏与后世的传奇之中。生在南戏中是男主脚。然而,生脚与元杂剧的正末一样,只能扮演文人与年轻书生,不能扮演张飞或关羽一类的武打角色。"生"一开始即意为"年轻男子"。在南戏与北杂剧中,旦都是女主脚。除此之外,还有一些次脚。末是男次脚。外常演男性角色,但在《张协状元》中,外也可以作为女次脚。贴是女次脚。末、外、贴中与元杂剧中的脚色类型与类型化人物更为相似。

  与元杂剧相比,南戏具有诸多独立的特征。南戏剧作的主题常与浪漫爱情故事有关,很少出现像常见于北杂剧之中的与战争有关的故事。北方人对南戏的批评,可能就像西方人对中国故事的批评,其中总是些郎才女貌的故事,但正如批评西方戏剧总是与战士和商人有关一样,这样的批评是不公平且无意义的。所有这类不同之处,使南戏成为一种极其独特的形式。就目力所及,南北方形式之争整体上有利于中国戏曲的生命与发展,与之相似,南北分野及二者间的交互影响在中国后世戏剧之中扮演了重要

---

① 用以形容女性的头发。
② 见高明《琵琶记》第 96 页,北京:中华书局,1960 年版。
③ 见徐渭《南词叙录》,《中国古典戏曲论著集成》(第 3 册)第 245 页,北京:中国戏剧出版社,1959 年版。
④ 见焦循《剧说》,《中国古典戏曲论著集成》(第 8 册)第 100 页,北京:中国戏剧出版社,1959 年版。

的角色。

在明朝建立时,北杂剧并未消失。与此相反,北杂剧曾经历了短暂的复兴。① 这一复兴,部分由于皇家的支持与参与。绝大多数明代初年的杂剧作家均出生于元代末年,其中曾有人在元朝廷为官,还有少数人以行医为生。他们大部分均来自于浙江与江苏两省。部分知名的戏曲家曾与明宫廷联系紧密。明朝皇帝对杂剧的抚育,部分出于对前朝的怀念,部分出于对元代的效仿。帝王们的娱乐喜好,杂剧所具有的气势及其所拥有的赞誉,无疑都是促使杂剧继续繁荣的重要原因。明朝皇帝都是戏曲作品、话本的热心收藏家,建造了大型的表演设施,建立起了与剧作家之间的紧密合作关系。

杨讷,蒙古人,元代遗老,善琵琶,好戏谑。② 约在1403年被征招入明宫廷担任顾问,共创作18种杂剧,其中《西游记》共有六本二十四出。《西游记》讲述的是高僧玄奘及其弟子,尤其惹是生非的孙悟空的故事,描述了玄奘收服弟子、师徒与妖魔鬼怪斗争、玄奘最后取得佛经且长生不老的故事。这是一场打斗与奇异冒险的盛宴。

贾仲明(1343—1422后),山东人,他是元末明初戏曲资料的重要来源,③也是当时众多杰出的剧作者的好友及知名文人。大约在1402年之前,贾仲明在朱棣登基前曾侍奉其于燕王邸,甚得朱棣宠爱,就目前所知,朱棣曾要求贾仲明为每一场宴会编写曲子,且对其作品一再嘉奖。据载,贾仲明还是一位器宇轩昂的美貌男子,着装优雅得体,生性宽宏大量——虽然这些细节均来自于由其本人写定的小传中,但似乎不能完全相信这一说法。贾仲明共创作了大约14种杂剧与诸多散曲,也刻印了一些自己的文集,所有这些都让他获得了"时人的敬佩"。贾仲明无疑擅长元杂剧,且继承了这一传统,他似乎可以翻阅明代皇家所藏的大量杂剧作品。④

贾仲明在自己的戏曲作品中做了大胆的创新。早在元代,杂剧已受到

---

① 在明初,南戏似乎经历了一段相对沉寂的时期。参见郑振铎《插图本中国文学史》(第四册)第769页,北京:作家出版社,1957年版。

② 杨讷原名杨暹,应也有蒙古名字。见钟嗣成《录鬼簿》,《中国古典戏曲论著集成》(第2册)第284页,北京:中国戏剧出版社,1959年版。

③ 贾仲明是天一阁本《录鬼簿》的作者,也极有可能是《录鬼簿续编》的作者。《录鬼簿续编》(《中国古典戏曲论著集成》第2册,北京:中国戏剧出版社,1959年版)第292页写有他的小(自)传。

④ 这可能就是天一阁本《录鬼簿》中含有大量额外的元杂剧剧目的原因。

南方音乐的影响。贾仲明在其剧作中则更进一步,例如在《升仙梦》中,他不仅使用了南北曲,而且也采用了男女主角交互演唱的唱法,而与南戏不同的是,男主角以北曲演唱,而女主角以南曲应答。

汤舜民长时间与贾仲明相交甚密,大约于元末时在地方官府内担任卑微小官,因郁郁不得志,转而加入了路岐艺人中。后约在1380年,也开始在燕王府邸侍奉朱棣,朱棣于1402年登基后,常给予汤舜民恩赏。汤舜民在1422年左右仍在世。汤舜民著有2种杂剧与大量的散曲,其散曲现仍存。他是一位伟大的幽默作家,从现存的作品之中即可见其聪明才智。

有两位皇室亲王也是优秀、多产的剧作家。朱权(逝世于1448年)是明太祖朱元璋的第六子。出于学习大量知识的热情与过于常人的好奇心,朱权写出了涉及庞杂的著作,如占卜、古琴、象棋、道家心法等,但他以剧曲见长。朱权创作了12种杂剧,也编定了最完整的早期元曲韵律著作。① 周王朱有燉(1379—1439)是明太祖朱元璋第五子的长子,创作了不下31种杂剧,且全部留存至今,其中多数创作于1425年其继承周王之位后。朱有燉沉溺于古代事物中,是书法、音乐的行家,其所创作的散曲流行于数百年间。

朱有燉与关汉卿的相似之处,不仅在于多产,朱有燉也喜欢以女性作为剧中的主角。朱有燉有三分之一的剧作围绕歌女、妓女、女乐人展开,他这类女子投以了极大的同情,其他则关注女圣人。朱有燉有关匪盗与士卒的剧作则富有动作感与激情。在剧作《蟠桃会》中,朱有燉设定了一些蒙古人角色,使用了蒙古语对白与曲调。在创作技巧上,朱有燉比贾仲明更进一步,使主角以外的角色加入演唱之中,有时还使用合唱的曲子。朱有燉有意识地——这一点或稍有疑虑——吸收了南戏与南曲的特点,但仍然保留了杂剧与北曲有力、直率的特点。

在15世纪后半期,北杂剧开始衰落,而南戏因博学的文人剧作家的参与而进入了新的阶段。生于1436—1456年间的邵灿,将《琵琶记》文采倾

---

① 朱权的《太和正音谱》刻印于1398年,同年又刻印《琼林雅韵》。朱权也是当时重要的军事与政治事件中的主要人物。朱权的事迹,可见《明史》(《四部备要》本),第117卷;钱谦益《列朝诗集小传》(第1册)第6—7页,中华书局,1961年版;焦竑《国朝献徵录》(第一卷)第47—48页,台湾学生书局,1964年版。亦可参见赵景深《读曲小记》第22—27页,北京:中华书局,1959年版。现代学者为明杂剧作家所作的小传,见傅惜华《明代杂剧全目》,北京:作家出版社,1958年版;亦见黄琼玖(Hung, Josephine Huang)《明代戏曲》(*Ming Drama*), Taipei: Heritage Press, 1966年版。

向推至过度,被认为是传奇"文采派"的开创者。明代的评论者批评他卖弄文采,将剧作填满夸张的文辞,甚至使用唐代诗人杜甫与《诗经》中的词汇。① 这些批评意见的正当性清晰地显露在邵灿的《香囊记》中,其中夸张、华丽的语言常常不适用于所设定的角色。②

与元杂剧的大体趋向不同,许多早期传奇剧作家都是如邵灿一般具有较高社会地位的传统文人、学者与士大夫,他们的剧作常公开地宣扬已建立的道德标准及对国家的忠诚。丘濬(1421—1495)是邵灿主要的灵感来源,也是典型的文人剧作家。虽然几乎所有的剧作家均来自于江苏或浙江,但是丘濬则例外地来自广东。③ 他的仕途一派光明,先后出任翰林院编修、侍讲学士、翰林学士、国子监祭酒、礼部尚书、文渊阁大学士等职。丘濬因精通于古代儒学与理学,写作了多部关于这类主题的博学著作;他对学问的其他分支也有一定的研究,通今博古,从诗词、散文到医药,从道教学说到佛学。据说丘濬在年轻时曾写过一部名为《钟情丽集》④的小说,将自己所经历的不正当男女关系写入了这部小说中,因此后来试图通过创作《五伦全备记》修补这部小说对他的名声所造成的破坏。无论借口为何,《五伦全备记》都是道德宣传的范本,并且被批评为"文庄元老大儒之作,不免腐烂"⑤。

虽然使戏曲少了一些强加的华丽语言,因而更适用于舞台表演,但的确仍然有许多剧作家在某种程度上采用了丘濬与邵灿的方式。另一方面,又有像沈受先的《三元记》一类含有市井俚语的剧作。⑥ 在早期南戏中常见这两种极端风格的对立,有时并未像元杂剧一般充分地融合为一体。过于明显的粗俗性质成为南戏流行于具有更高政治地位的文人之中的障碍,也有碍于南戏在全国各个社会阶层之中的传播。作为博学的传统文人,邵

---

① 见徐渭《南词叙录》,《中国古典戏曲论著集成》(第3册)第243页,北京:中国戏剧出版社,1959年版;徐复祚《曲论》,《中国古典戏曲论著集成》(第4册)第236页,北京:中国戏剧出版社,1959年版。
② 傅惜华《明代传奇全目》中有明代传奇作者的小传。
③ 丘濬实为琼州琼台(今属海南)人。——译者注
④ 《钟情丽集》是否确为丘濬所作,学术界尚有争议。——译者注
⑤ 见王世贞《艺苑卮言》,亦见傅惜华《明代传奇全目》第5页,北京:作家出版社,1958年版。
⑥ 见徐渭《南词叙录》,《中国古典戏曲论著集成》(第3册)第252页,北京:中国戏剧出版社,1959年版。

灿与丘濬的作品使传奇具有了体面的光环，但二人的迂腐却持续影响着明代剧作家的作品，甚至是其中最好的作品。

康海(1475—1540)与王九思(1468—1551)均曾创作剧作《中山狼》，《中山狼》讲述的是东郭先生从猎人手中救出狼后，被狼恐吓，因而询问三位仲裁者他是否应该被狼吃掉的故事。这是个年代久远的故事，相似的故事出现于古代的韩国、叙利亚、挪威，以及欧洲与亚洲的其他地区。康、王二人的剧作均用以讽刺朝廷官员。康海的作品是一部标准的四折杂剧，而王九思的作品写于1510年，只有一折，且自称为"院本"。王九思的作品因其简短而在形式与精神上更接近元明杂剧与传奇。在16世纪初，出现了大量这类短篇作品，可称之为"短杂剧"或"单折杂剧"。

之后所创作的诸多"杂剧"多少有些似是而非。除短杂剧外，仍有许多作品的形式在表面上与元杂剧相同。但是，后者实际上已经受到了南戏的强大影响，因而丢失了原有的个性特征。它们混合了大量的南曲，而且曲子与对白所用的语言均来自南方。场次的数量也不再被严格遵循，"杂剧"被用以指代任何一到七折的短篇剧作。虽然许多剧作者家同时写作此类"杂剧"与传奇，但显然南戏具有优势地位。大部分杂剧与传奇剧作家均来自江苏与浙江等南方地区，只有极少数人来自于元杂剧的中心地区——河北省。按照生活于16世纪的剧作家和评论者的说法，在当时，北曲多多少少已经消亡，且大量的北杂剧已经停止演出。① 即使是使用北方曲牌名与韵律的曲子，也是以南方音调演唱，至少不再具有纯粹的北方特征。

然而，事实更为复杂。当北杂剧作为一种鲜活的娱乐形式的色彩逐渐消退时，文人与剧作家对其文学性与诗性的兴趣开始复活。这一兴趣在16世纪开始逐渐变得不言而喻，进而通过文学途径影响剧作。②

李开先(1501—1568)同时创作杂剧与传奇，在很多方面都是综合南北、新旧的代表。李开先生于山东，在39岁时即已身居高位，但不久后就

---

① 见何良俊《曲论》，《中国古典戏曲论著集成》(第4册)第6页，北京：中国戏剧出版社，1959年版；沈德符《顾曲杂言》，《中国古典戏曲论著集成》(第4册)第204页，北京：中国戏剧出版社，1959年版；沈宠绥《度曲须知》第一卷，《中国古典戏曲论著集成》(第4册)第239页，北京：中国戏剧出版社，1959年版。

② 凌濛初《谭曲杂札》，《中国古典戏曲论著集成》(第4册)，北京：中国戏剧出版社，1959年版)第254页写道："近世作家如汤义仍(显祖)，颇能模仿元人。"

致仕归田,集结乐人与艺人,醉心于唱曲、编曲、弹奏弦索乐器。作为民歌小调的热心收集者,李开先编写曲子时漠视传统惯例,可以轻而易举地完成韵散曲白。李开先的藏书量在山东无匹,且藏有大量的元本杂剧。他一共创作了6种杂剧,这些杂剧具有金元院本的特征。更知名的还是他的三部传奇作品,尤其是其中的《宝剑记》。《宝剑记》首次刻印于1549年,是一部政治讽刺剧,针对的是罪恶、暴虐的首辅严嵩,而对盗匪活动的关注,则是对传奇传统主题的违背。《宝剑记》辞藻华丽,但仍因其对形式的恪守而备受赞誉。

与西方戏剧相比,唱与音乐在中国戏曲中扮演了更为重要的角色,在1500年以后,中国戏曲的历史逐步转变为音乐类型的历史而非戏曲形式的历史,或更为准确地说,音乐能更为完整地表现出戏曲形式的特征。在元杂剧中,音乐无疑是一种关键的元素,但在传奇及其他后世的地方戏曲形式中,音乐具有更重要的代表性意义。在元代,地方口音是区分南戏与北杂剧的代表性特征,但在后世,不同的戏曲形式更为自由、迅捷地在国内传播,因而,相对于单独的口音或形式,整体的音乐特征在很多时候才具有决定性的代表意义。

遵照帝王的命令而为《琵琶记》所增加的伴奏种类,后来也常见于其他剧作,并被称为"弦索官腔"。现在已难以确知弦索官腔的特征,但可以确定的是,它逐渐地被各种地方音乐形式所取代,尤其是海盐腔、余姚腔与弋阳腔。

断定在中国戏曲史中起过一定作用的音乐类别的起源,以及重现它们的精确音乐特征、它们的散播途径、它们的后期发展形式,充满着巨大的复杂性,持有不同意见的学者争辩激烈。[①] 本文能做的只是给出一些可能的、一般性的结论。海盐腔的起源可追溯至宋代。海盐位于浙江北部,接近杭州。杨梓(1153—?)对当时流行的音乐加以改造,使其成为独特的海盐腔。更为确定的是,两位著名的元曲作家,即贯云石(1286—1324)与鲜于必仁(14世纪早期),他们与海盐的杨梓、杨梓的子嗣一道创立了在表面

---

① 相关的讨论,见周贻白《中国戏曲史讲座》第140—177页,北京:中国戏剧出版社,1958年版;周贻白《中国戏曲论集》第204—229页,北京:中华书局,1958年版;欧阳予倩《中国戏曲研究资料初辑》导论,第5—20页,北京:艺术出版社,1956年版;夏野《戏曲音乐研究》,上海文艺出版社,1959年版;Mackerras, *The Growth of Chinese Regional Drama in The Ming and Ch'ing*, *Journal of Oriental Studies*(Hong Kong University), 1971, vol.9, no.1, pp.58-91.

上仍为北曲的音乐形式,这一音乐形式混合了一些已经流行于海盐的南方音乐,或许是南戏的音乐。在明代,海盐腔已使用琵琶伴奏,而琵琶与月琴、古筝一类弦索乐器的使用显然都是受到了北方音乐的影响。此外,海盐腔也使用了腔板。在16世纪早期,海盐腔颇为流行,但只在温州、嘉兴、湖州、台州等地传唱。在浙江、江苏两省的其他地区,则流行余姚腔,余姚也邻近杭州。源自当地多种音乐形式的活力与丰富多彩的个性是异彩纷呈不断的原因。这种音乐中的唱,似乎只由打击乐器伴奏。这种形式可能源自南戏,其中可能包括了一些"帮腔"。海盐腔与余姚腔均未以风行形式存留于17世纪,虽然有学者认为余姚腔被保留于当地的某种戏曲形式中。①

弋阳腔源自江西弋阳,使用鼓与铙钹伴奏,在曲子的末句使用帮腔,音乐效果活泼、有力、吵闹,恰如一位明代学者所抱怨的,像"嘶吼",且"急喧"。除此之外,弋阳腔与余姚腔的旋律和念字也都不同。弋阳腔的传播范围颇广,除流行于江西本省外,也波及北京、南京、湖南、福建及广东地区。弋阳腔及其他发展自弋阳腔的音乐形式,对中国戏曲产生了深远的影响。

在15世纪末16世纪初,海盐腔、余姚腔、弋阳腔三者均有力地向外传播,常因其他地区的音乐、字音、韵律模式而变换或被转换风格。之后,则出现了最为重要、影响最为深远的创新,即昆山腔的创造。这一事件可追溯准确的年代,且可将其确切地归功于某些人,主要是魏良辅(生于1522年后),他首先得到的是两位老乐师与袁髯、尤驼的协助,后来又有歌者张野塘等。两位老乐师熟悉江苏昆山的地方戏曲中的音乐,这种音乐有时被称为昆山腔,而张野塘是当时昆山地区演唱北曲的知名代表人物。② 在1540—1566年间,借助元曲、海盐腔、弋阳腔以及当地戏曲的知识,魏良辅(其本人曾公开演唱北曲)及好友一同创立了被称为昆山腔

---

① 即江苏的"调腔戏",见周贻白《中国戏曲史讲座》第143页,北京:中国戏剧出版社,1958年版。

② 沈德符《顾曲杂言》(《中国古典戏曲论著集成》第4册,北京:中国戏剧出版社,1959年版)第212写道:"吴中以北曲擅场者,仅见张野塘一人。"最早在元代已存在昆山腔,可能由顾坚所创,见魏良辅《南词引正》(载《戏剧报》1961年第56期)。在16世纪有许多人参与了对昆山腔的改造。

的音乐形式。① 昆山腔也被称为"水磨调",这一名称所指代的正是创立者们的心血。昆山腔在本质上具有南方特征,但使用南北曲作为基础,使用多种弦索乐器、管乐器伴奏。冰冷、哀伤的竹笛成为昆山腔最具有特征性的伴奏乐器。

虽然一开始仅用以业余、非戏曲的演唱,但昆山腔很快就流行开来。约在1579年,戏曲家梁辰鱼(1520—1580或之后)通过创作传奇《浣纱记》将昆山腔引入了戏曲世界。② 人人乐见《浣纱记》,这使梁辰鱼获得了普遍的赞誉。《浣纱记》讲述的是商人、政治家范蠡与中国的"特洛伊的海伦"西施二人如何帮助越王报复吴王,之后又携手消失于山林之中的故事。《浣纱记》至少间接地使用了源于《琵琶记》的丽词锦语以及文学性方式,且在即将组成昆山派的众多剧作家的作品之中创立了一种新的风潮。起初,昆山腔对应的是广大普通民众的诉求,但部分由于其内在的品质,部分由于剧作家所使用的语言,部分由于其所得到的支持,昆山腔渐渐与高贵的、博学的表达方式相联系,相应地被当成了"雅乐"。

《浣纱记》风行全国,原有的杂剧与传奇也被改编,为昆山腔表演而创作的剧本,在当时主宰了其他类型的"改编音乐",进而加速了北方原有曲调的消亡。昆山腔通过自身的规则改变南北曲子原有的曲调与韵脚,因其彻底的改变,有时难以确定某曲调是否源于原先的相似曲调,或是同一名称的音乐。昆山腔的传播遍及全国,在未来几个世纪中影响、改变,进而经常主导各种地方音乐。由于昆山腔的曲辞是根据南北曲的韵律及长短不一的乐句而创造的,所以根据昆山腔所表演的戏曲常被简称为"昆曲"。

---

① 徐渭写于1559年的《南词叙录》(《中国古典戏曲论著集成》第3册,北京:中国戏剧出版社,1959年版),第242页记昆山腔已广为普及,且具有优势地位,所指的或许就是经魏良辅改造过后的新昆山腔。因此,这一新音乐形式可能是在1550年前后被改造的。有关昆山腔的大体资料,见 Ts'ang Un-kai, K'ouen K'n, Yao Hsin-nung *The Rise and Fall of K'un Ch'ü* 及 Anon, *Kunchu Opera*.CL, 11, 1955, pp.166-167.

② 徐扶明《梁辰鱼和他创作浣纱记的意图》将梁辰鱼的出生年份定为1508年。张元长《笔谈》:"魏良辅……能谐声律,若张小泉、季敬坡、戴梅川之类,争师事之。梁伯龙起而效之,考订元剧,自翻新调,作《江东白苎》《浣纱》诸曲,又与郑思笠精研音理,唐小虞、郑梅泉五七辈杂转之,金石铿然,谱传藩邸、戚畹金紫熠爚之家,取声必宗伯龙氏,谓之'昆腔'。张进士新勿善也,乃取良辅校本,出青于蓝,偕赵瞻云、雷勇民与其叔小泉翁,踏月邮亭,往来唱和,号'南马头曲';其实禀律于梁而自以其意稍为韵节,'昆腔'之用不能易也。"亦见焦循《据说》第二卷,《中国古典戏曲论著集成》第8册,第117页,北京:中国戏剧出版社,1959年版。

昆曲直到今日仍在上演。昆山腔的唱以花腔式传达,是一种典型的南方音乐。①

汤显祖(1550—1617)与沈璟(1553—1610)是进一步确立了昆山腔的美誉的两位戏曲家。汤显祖以其强烈的自主精神与慷慨激昂的品质,在 1590 年因直言上谏而摧毁了自己的仕宦前程。② 在外放广东后,汤显祖被任命为浙江遂昌知县,但在 1598 年汤显祖愤而弃官归故里。汤显祖的四部知名传奇均创作于辞官后,在当时获得了大量的赞誉,也表达了他对生活与仕宦经历的认识。剧作错综复杂的形式常常是汤显祖微妙、精细的思想的表现形式。然而,同时代的学者却因音乐上的瑕疵而尖锐地批评了他,③其中的瑕疵如不能使韵律与曲调相匹配,但是这些"瑕疵"可能是创新音乐的有意尝试。《牡丹亭》是汤显祖最为知名的剧作。在《牡丹亭》中,年轻女子杜丽娘梦见了意中人,随后因为思念其人而消瘦至死。后来,年轻书生柳梦梅因暂居原杜家而见到了杜丽娘的自画像,继而柳梦梅爱上了画中的杜丽娘,并在梦中与杜丽娘相见。杜丽娘奇迹般地从墓穴中苏醒。柳梦梅因进京赶考,遇见了杜丽娘之父,杜父身为高官,听闻柳梦梅的故事后,觉得十分可笑,盛怒之下要对柳梦梅加以严惩。柳梦梅中举的消息与丽娘的解释使柳梦梅免于皮肉之苦,最终以大团圆结局。下文是节选自《牡丹亭》的段落,其中即可见汤显祖剧作中精心的形式、错综复杂的描绘以及诉诸感官的灵活技巧。首先引出的是春日令人沉醉的草木繁茂,及杜丽娘与侍女一同穿过花园的景象,而春日的芬芳以及这种精心修饰过的缓慢气象,极其有效地铺垫了杜丽娘紧接着的梦中的意外情节,在梦中她与书生柳梦梅发生了性关系。④

汤显祖《牡丹亭》第十出:惊梦

〔绕池游〕〔旦上〕梦回莺啭,乱煞年光遍。人立小庭深院。〔贴〕

---

① 徐渭《南词叙录》(《中国古典戏曲论著集成》第 3 册,北京:中国戏剧出版社,1959 年版)第 242 页评昆山腔为"即旧声而加以泛艳",故而其应比南戏早期音乐更为绚丽。
② 见黄芝冈《汤显祖年谱》,载《戏曲研究》1957 年第 2 期。
③ 例见王骥德《曲律》,《中国古典戏曲论著集成》第 4 册,第 165 页,北京:中国戏剧出版社,1959 年版。
④ 转译自《牡丹亭》第 45—48 页,北京:中华书局,1959。

炷尽沉烟,抛残绣线,恁今春关情似去年?〔乌夜啼〕"〔旦〕晓来望断梅关①,宿妆残。〔贴〕你侧着宜春髻子②恰凭阑。〔旦〕翦不断,理还乱③,闷无端。〔贴〕已分付催花莺燕借春看。"〔旦〕春香,可曾叫人扫除花径?〔贴〕分付了。〔旦〕取镜台衣服来。〔贴取镜台衣服上〕"云髻罢梳还对镜,罗衣欲换更添香。"④镜台衣服在此。

〔步步娇〕〔旦〕袅晴丝⑤吹来闲庭院,摇漾春如线。停半晌、整花钿。没揣菱花,偷人半面,迤逗的彩云偏。⑥〔行介〕步香闺怎便把全身现!〔贴〕今日穿插的好。

〔醉扶归〕〔旦〕你道翠生生出落的裙衫儿茜,艳晶晶花簪八宝填,可知我常一生儿爱好是天然。恰三春好处无人见。不堤防沉鱼落雁鸟⑦惊喧,则怕的羞花闭月花⑧愁颤。〔贴〕早茶时了,请行。〔行介〕你看:"画廊金粉半零星,池馆苍苔一片青。踏草怕泥新绣袜,惜花疼煞小金铃。"⑨〔旦〕不到园林,怎知春色如许!

〔皂罗袍〕原来姹紫嫣红开遍,似这般都付与断井颓垣。良辰美景奈何天,赏心乐事谁家院!⑩恁般景致,我老爷和奶奶再不提起。〔合〕朝飞暮卷,云霞翠轩⑪;雨丝风片,烟波画船——锦屏人忒看的这韶光贱!〔贴〕是花都放了,那牡丹还早。

〔好姐姐〕〔旦〕遍青山啼红了杜鹃⑫,荼蘼外烟丝醉软。春香啊,

---

① 位于杜丽娘居住地南方的群山。

② 一般指的是旧时春日妇女将彩带剪成燕子形状,贴上"宜春"二字,装饰在所梳的髻上。但此处或用其一般意义。

③ 引自李后主的词句。(李后主即李煜,937—978)。

④ 引自诗人薛逢的诗作(薛逢,约853年在世)。

⑤ 中国诗人常提及毛虫、蜘蛛等动物所吐出的丝,而这些虫丝在春天清新的空气中摇曳,在春日的阳光中闪闪发光,确实是春天突出的特征。

⑥ 意为杜丽娘十分腼腆,因而只敢羞涩地斜地里偷看镜中的自己。

⑦ 此语引自庄子的著作(庄子,公元前3世纪)。

⑧ 此语司空见惯,常与"沉鱼落雁"连用。

⑨ 对这一想象的解释,常与唐宁王(742—756)有关,因惜花如命,所以他将金铃系上红丝带后,捆绑在花枝上,这样一来只要鸟儿聚集,他就可以命令园丁摇响金铃,吓走鸟儿,保护花朵。此处汤显祖进而夸张地给予了金铃痛感。

⑩ 这些句子中所用的词语,来自诗人谢灵运(385—433):"天下良辰、美景、赏心、乐事,四者难并。"

⑪ 这两句来自于诗人王勃的诗作(王勃,648—675)。

⑫ 在汉语中,"杜鹃"可指代杜鹃花,又可指代杜鹃鸟,而杜鹃鸟则有杜鹃啼血的传说。

牡丹虽好,他春归怎占的先!〔贴〕成对儿莺燕啊。〔合〕闲凝眄,生生燕语明如翦,呖呖莺歌溜的圆。〔旦〕去罢。〔贴〕这园子委是观之不足也。〔旦〕提他怎的!〔行介〕

〔隔尾〕观之不足由他缱,便赏遍了十二亭台是枉然。到不如兴尽回家闲过遣。〔作到介〕〔贴〕"开我西阁门,展我东阁床①。瓶插映山紫,炉添沉水香。"小姐,你歇息片时,俺瞧老夫人去也。〔下〕〔旦叹介〕"默地游春转,小试宜春面。"春啊,得和你两留连,春去如何遣?咳,恁般天气,好困人也。春香那里?〔作左右瞧介〕〔又低首沉吟介〕天呵,春色恼人,信有之乎!常观诗词乐府,古之女子,因春感情,遇秋成恨,诚不谬矣。吾今年已二八,未逢折桂②之夫;忽慕春情,怎得蟾宫之客③?昔日韩夫人得遇于郎④,张生偶逢崔氏⑤,曾有《题红记》⑥《崔徽传》⑦二书。此佳人才子,前以密约偷期,后皆得成秦晋。〔长叹介〕吾生于宦族,长在名门。年已及笄,不得早成佳配,诚为虚度青春,光阴如过隙耳。〔泪介〕可惜妾身颜色如花,岂料命如一叶乎!⑧

〔山坡羊〕没乱里春情难遣,蓦地里怀人幽怨。则为俺生小婵娟,拣名门一例、一例里神仙眷。甚良缘,把青春抛的远!俺的睡情谁见?则索因循腼腆。想幽梦谁边,和春光暗流传?迁延,这衷怀那处言!淹煎,泼残生,除问天!身子困乏了,且自隐几而眠。〔睡介〕〔梦生介〕〔生持柳枝上〕"莺逢日暖歌声滑,人遇风情笑口开。一径落花随水入,今朝阮肇到天台⑨。"小生顺路儿跟着杜小姐回来,怎生不见?〔回看介〕呀,小姐,小姐!〔旦作惊起介〕〔相见介〕〔生〕小生那一处不寻访小姐来,却在这里!〔旦作斜视不语介〕〔生〕恰好花园内,折取垂柳半枝。姐姐,你既淹通书史,可作诗以赏此柳枝乎?〔旦作惊喜,

---

① 这些句子与创作于唐代的《木兰诗》中的句子十分相似。
② 通过科考称为"蟾宫折桂"。
③ 与前注相似,指的也是成功的书生。传说月中有一株桂花树,月亮有时被称为"蟾宫"。
④ 指的是书生于佑与身处宫中的韩氏在红叶上题诗作为情书的故事。
⑤ 该故事被用以《西厢记》中。
⑥ 汤显祖的友人王骥德曾以其为名创作过一部以韩氏与于佑的故事为主题的剧作。
⑦ 妓女崔徽与裴敬中的爱情故事。
⑧ 这两个比喻源于元好问的诗作(元好问,1190—1257)。
⑨ 指的是刘晨与阮肇误入天堂,发现丽质仙女的古代故事。

欲言又止介〕〔背想〕这生素昧平生，何因到此？〔生笑介〕小姐，咱爱杀你哩！

〔山桃红〕则为你如花美眷，似水流年，是答儿闲寻遍。在幽闺自怜。小姐，和你那答儿讲话去。〔旦作含笑不行〕〔生作牵衣介〕〔旦低问〕那边去？〔生〕转过这芍药栏前，紧靠着湖山石①边。〔旦低问〕秀才，去怎的？〔生低答〕和你把领扣松，衣带宽，袖梢儿揾着牙儿苫②也，则待你忍耐温存一晌眠。〔旦作羞〕〔生前抱〕〔旦推介〕〔合〕……〔生强抱旦下〕〔末扮花神束发冠，红衣插花上〕……吾乃掌管南安府后花园花神是也。因杜知府小姐丽娘，与柳梦梅秀才，后日有姻缘之分。杜小姐游春感伤，致使柳秀才入梦。咱花神专掌惜玉怜香，竟来保护他，要他云雨十分欢幸也。……秀才才到的半梦儿；梦毕之时，好送杜小姐仍归香阁。吾神去也。〔下〕

〔山桃红〕〔生、旦携手上〕〔生〕这一霎天留人便，草借花眠。小姐可好？〔旦低头介〕……〔生〕姐姐，你身子乏了，将息，将息。〔送旦依前作睡介〕〔轻拍旦介〕姐姐，俺去了。〔作回顾介〕姐姐，你可十分将息，我再来瞧你那。……〔下〕〔旦作惊醒，低叫介〕秀才，秀才，你去了也？〔又作痴睡介〕〔老旦上〕……孩儿，孩儿，你为甚瞌睡在此？〔旦作醒，叫秀才介〕咳也。〔老旦〕孩儿怎的来？〔旦作惊起介〕……

汤显祖来自江西临川，一些尊崇并且模仿汤显祖的创作风格的明代戏曲作家被称为临川派。其中有：在1646年被清军俘虏后绝食至死的明忠臣吴炳，编纂过两部元杂剧选集的孟称舜（约1644年左右在世），以及在享尽荣华富贵后于1646年死于对明朝残余势力的战斗中的阮大铖（约1587—1646）。

生于江苏吴江的沈璟，是汤显祖剧作所谓的音乐瑕疵最尖锐的批评者之一，沈璟甚至专门创作了一支套数来表达他的蔑视。沈璟是杰出的戏曲与音乐理论学者。因少年天才与美貌的长相，在1588年沈璟35岁因病辞

---

① 一种产于江苏与浙江两省交界处的太湖中的装饰性石头，遍布空洞，像是某些超现实主义的雕塑。

② 或为供儿童练习书法所用的灰白色竹垫。

官专门从事戏曲与散曲创作前,已在官场上取得了杰出的成就。沈璟改编了《琵琶记》及汤显祖的剧作,调整北曲使其适用于南方曲调,写出了大量的著作,其中包括唯一的关于南曲的格律与音乐形式的全面著作,此外还创作了多部剧作。在沈璟的剧作中,有两部是杂剧的选集。沈璟所著的传奇与汤显祖的作品相对,以恪守音乐格律为特征,且在其之后的作品中,使用了自然、简易、朴实的语言的气势。沈璟实际上因过于苛求音乐格律的准确而作茧自缚。① 明代追随沈璟对音乐与语言之态度的戏曲作者形成了吴江派,其中有大量的知名人物。沈璟的侄子沈自晋(1628年前后在世)也是一位音乐理论学者,此外还是一位诗人,与沈自晋类似的王骥德(逝世于1623年或1624年)曾收藏有数百本元杂剧。② 袁于令(约1600—1674)是一位爱说笑逗趣的人,曾两次被罢官,一次因对某妓女的喜爱,一次因其尖刻的嘲讽。冯梦龙(1574—1646)是中国最伟大、最多才多艺、最多产的文人,是许多剧作的改编者,极好的小说家、诗人、经典的注释者,也是奇闻逸事、笑话的收集者。

  隶属于上述这些派别的戏曲作者主导了明末的剧坛,虽然此类派别的划分稍显武断,但极少有戏曲作者完全与这些派别无关。有些戏曲作者如叶宪祖(1566—1641)处于临川派与吴江派之间。在当时,绝大多数戏曲作者同时写作杂剧与传奇,而这两种戏曲形式之间的差别及戏曲的主要发展方向之间的区别越来越小。有些戏曲作者如徐渭(1521—1585)仍然只创作杂剧。徐渭是一位个性鲜明的人物,过着无疑比他自己所设想的更为狂放的生活。当胡宗宪被拘监时,徐渭因对命运的焦虑而发疯,曾数次自杀。徐渭也曾被拘监多年。在好友的调停之下,他被释放出狱,此后醉心于书法与文学创作。徐渭以其书法、绘画与诗作闻名,在所有这些作品中,他表达了因自然奇迹与人工奇观而起的喜悦。他的5部杂剧得了广泛的赞誉,其中4部可见多个版本。徐渭也编写有关戏曲与音乐理论的著作,其中包括最重要的一部南戏专著《南词叙录》。作为一位屡教不改的异端分子,他在自己的剧作中破坏了所有的已知规则,剧作的场次数量不一,自由地混合南北曲。徐渭这种带有放纵架势的自由风格,使他远离了上述的三种

---

  ① 见徐复祚《曲论》,《中国古典戏曲论著集成》(第4册)第240页,北京:中国戏剧出版社,1959年版。

  ② 其中可能有为数不少的明代剧作。

戏曲派别。① 虽然有人试图模仿他,但徐渭因其热情洋溢的才华而特立独行,以元代的精神处理格律与诗词,与这一经典时代的剧作家的多才多艺与狂放恣肆高度一致。

不应该认为昆山腔在实际表演中的具有不可置疑的统治地位。现存的剧本和对当时的戏曲作家的了解,很容易使我们产生昆山腔占有统治地位的印象。对于身份越高贵的文人,我们对其倾向于欣赏"雅乐"的细节无疑了解得就越多。然而,在某些方面,此类剧作家的重要性多少有些下降。在明末已存留大量精善、著名的剧作,所以表演者一定越来越少地根据新剧作演出。南北剧作的融合、古代的剧本的重新发现,意味着即使没有新剧作,市面上仍有大量的剧作可供选择。在早先,一定就有对旧有戏剧、戏曲进行改编与调整的做法,而且无疑在元末这一做法尤为普遍,且在元末之后,有关这类改编与调整的做法的证据越来越多。大量的新剧作当然也在不断地涌现,但由于彻底的政治、社会变革或其他改变观众品位的根本性原因的缺乏,演员在很长一段时间内都不必上演新的剧作。在戏曲史接下来若干年中,越来越多的人关注的是演员与表演,而不是新的剧作者。但我们必须提高警惕。虽然改编与创作间的差距常常较为明显,但自明末以来的一种情形明显地降低了剧作者的重要性,这一情形是改编者并未因他们的改编获得名乐或遭致骂名,而这一情形可能可以追溯到早期南戏。或者许多改编者,由于社会、道德、法律的原因,倾向于匿名。但我们可以设想旧有剧作的演员、剧作家以及改编旧有剧作的风气,也对我们产生占优势地位的表演形式的印象具有一定的作用。

在16世纪末17世纪初,许多剧作以弋阳腔、弋阳腔的地方变体及其他形式的"俗唱""混唱"演出。虽然它们并未获得与使用"雅乐"的剧作同样高的文学评价,但这些剧作还是在表演世界中以手本形式刻印或流传。无疑,缺乏上层社会对这一类剧作的肯定迫使剧作者不愿在这类剧作中声明自己的著作权,因而也难以再得知剧作者的身份。这类剧作不具备文学性的装饰,或其目的原不在于使剧作像由伟大文人创作的剧作一样具有文

---

① 徐渭好友王骥德曾评其为"真曲子中缚不住者",见王骥德《曲律》(第4册)第168页,北京:中国戏剧出版社,1959年版。亦见《明史》(《四部备要》本)第288卷,第2a-3a页;《徐文长三集》第37—58页,台北:"国立中央"图书馆,1968年版。

学性的装饰,却以其充沛的能量以及真挚的魅力而优胜。

包括原本使用昆山腔表演在内的许多剧作,均被改编用以其他音乐形式的戏曲表演。只有《浣纱记》未被改编。最有效的改编方式之一是"加滚"或"滚调",即在原有的乐句之间加上散白或韵白。① 这一做法在表演中有三种效果,其中的某些功能类似于"衬字"的效果,但更为显著。第一,详细的阐述以及明确的或口语式的语言的使用,可以使原有的句意更为明确,并且使观众的理解更为鲜活、直接。第二,在所表达的意义之中突出某些词语,可以平衡因音乐的冲击性而造成的理解困难。第三,因为原剧作并非均由知晓舞台条件的文人所创作,所以这一机会可用以提高原作的意义与戏剧真实性。

青阳腔是起于安徽,使用"加滚"的弋阳腔地方变体。② 在明末就已有许多独具特色的地方戏曲形式开始发展并且迅速普及,常沿主要的商业扩张路径传播。就目力所及,元代早期的情形相对简单:某种写定的剧作以某特定区域的乐调表演,而明末的情形已大为不同。作为绝大多数中国传统戏曲中最重要元素的唱,成为相较以往更为重要的戏曲种类主要特征。地方或全国性的音乐一旦产生,就开始适应新形势,彼此借鉴。新的形式一旦产生,或得以存留、兴盛,或沉寂、消亡。其中一些融汇地方性剧作形成新的独特戏曲种类。新的独立音乐形式常保留其来源的标志,而最终的结果是一种千变万化的万花筒。某种地方戏曲或音乐的流行可以使其迅速具有全国性的影响力,但追溯其起源与流行的成因则存在许多问题。

---

① "滚"似意指传达的速度,恰如在一些民谣中的作用。例见赵景深《戏曲笔谈》第101—102页,北京:中华书局,1962年版。

② 青阳腔剧作的选集早在1573年即已刻印,当时就已是昆山腔的有力竞争者。参见赵景深《戏曲笔谈》第87—104页,北京:中华书局,1962年版。

英语学界知名南戏学者学术论文选译

林施望 译

20世纪前半叶中国古典诗词与戏曲的文学翻译*
——以洪涛生(Vincenz Hundhausen, 1878—1955)为例

[德]毕鲁直

家常生活才是激励你,使你长久欢乐的源泉,如你所知的,正似父母妻儿的亲密。它使陌生人放下旅帽、脱去旅鞋。①

——Ludwig Tieck(1773—1853)②

在两类不同的翻译者之间,有一类翻译者长久以来尤为突出。一类翻译者试图依据词与词翻译原有的图像,甚至包含词汇的音调在内;他们被称为 Translators,重点在于 Trans。另外一类翻译者,则表达作者的个人特色,就像如果作者掌握了我们的语言,并且愿意用他的方式与我们分享他的思想,因而就像是该作者在与我们沟通。这是翻译的主要类型,不管这种类型的翻译取得了多大的成就,都难以实现这样的目标,因为一种语言不能被转变为另外一种。

Johann Gottfried Herder(1744—1803)③

---

* 该文原名 Literary Translations of the Classical Lyric and Drama in the First Half of the 20th Century: The "Case" of Vincenz Hundhausen (1878-1955),收录于 Viviane Alleton 与 Michael Lackner 主编的 De l'un au multiple: Traduction du Chinois vers les langues européennes,于1999年由巴黎 Les Editions de la MSH 出版社出版。

① 原为德文,中译根据毕鲁直的英译。——译者注

② 为洪涛生1926著作 Chinesische Dichter in deutscher Sprache 所引用。

③ 为洪涛生1928年发表的文章 T'au Yüan-ming. Ausgewählte Gedichte in deutshcher nachdichtung 所引用。洪涛生在这篇文章中对这段话加以强调,以此凸显其意图。后文将对其加以讨论。译者按,原为德文,中译根据毕鲁直的英译。

在欧洲因第一次世界大战的灾难而加重精神危机的大背景下,20世纪20年代在德国令人惊讶地出现了一种对远东或东方的中国精神的兴趣。对来自这一地区的作品的翻译,使这一潮流更为明显。

由对这些译著的考察可见,古典纯文学译著的数量最大;相比之下,哲学(卫礼贤的译著)和历史学译著的数量则远远落后。对中国古典或现代长短篇小说的翻译,尤以库恩(Franz Kuhn,1898—1968)知名,其为最知名的中国散体文学的翻译家,在1961年过世时,由其所翻译的《金瓶梅》1930年德译本已出版7.4万本①。除此之外,中国古典诗词也被特意引入德国;除福尔克(Alfred Forke,1867—1944)及查赫(Erwin von Zach,1872—1942)的译本外,其他基本上是间接的翻译。对不同的、"智慧的"生活方式,对遥远的、已远去的理想中国的渴望(抑或为消遣、陶冶情操与自我安慰?)并非无关紧要,而这正可由已出版的译著可见:由诗人汉斯·贝特格(Hans Bethge,1876—1946)改编的《中国之笛》(*Die chinesische Flöte*)②首次出版于1907年,且在1929年既已出版4.3万本;而Klabund(Alfred Henschke,1890—1928)的《鼓点沉沉,锣声震耳》(*Dumpfe Trommel und berauschtes Gong*)③首次出版于1915年,且在1952年既有4.5万本流通于世。

但是,中国形式的"综合艺术(Gesamtkunstwek)"——戏曲,直到中国文学史的后期才出现,而对戏曲作品的翻译,远远落后于对诗词与叙事作品的翻译。在可关注到的德译本之中,即使到今日,戏曲的翻译仍仅与洪涛生有关。④ 本文也会提及福尔克,其为德译本《灰阑记》(1926)的译者,而其另外33种戏曲译作,在近几年经由与笔者同在科隆现已退休的同事Martin Gimm 的整理之后才能被阅读。⑤

---

① 参见 Kuhn, Hatto and Martin Gimm. 1980. *Dr. Franz Kuhn*(1884-1961), *Lebensbeschereibung und Bibliographie seiner Werke*. Wiesbaden, Steiner(Sinological Coloniensia, 10).

② 《中国之笛》(*Die chinesische Flöte*)由汉斯·贝特格依据《玉书》和《唐诗》的德译本《中国抒情诗》仿作而成。——译者注

③ 克拉邦德(Klabund)是阿尔弗雷德·亨施克(Alfred Henschke)的笔名。《鼓点沉沉,锣声震耳》(*Dumpfe Trommel und berauschtes Gong*)是一部反映战乱的中国诗歌集,其中收录有杜甫《兵车行》《石壕吏》等诗作。

④ 由洪涛生所翻译的《西厢记》在20世纪50年代与20世纪70年代仍流通于世,如以下两种版本:1926年版,该版本的散页在1954年由出版商Röth(后又在 Eisenach, Eisenach 和 Kassel 出版,直至去年仍在 Kassel 出版)重新设计封面出版,见 Schmidit, A.1986."Ein Geisterbuch", in *Die Auskunft*.Hamburg: 295-296;1978年版(原标题: *Si-siang-Gi. Hergegeben von Ernst Schwarz*),带有注解——如 E. Schwarz 所写——"在括号内为中文正名,以此修正洪涛生的描述中的不确之处",现代的译本——使用英语且在今日已取代了所有其他译本——非奚如谷与伊维德不可(奚如谷、伊维德,1991)。

⑤ 见 Gimm, Martin (ed.). 1978. *Chinesische Dramen der Yüan-Dynastie. Zehn nachgelassene Übersetzungen von Alfred Forker*. Wiesbaden, Steiner(Sinologica Coloniensia, 06); Gimm, Martin (ed.). 1993a. *Zwei chinesische Singspiele der Qing-Dynastie*(*Li Yu und Jiang Shuqian*). Translated by Alfred Forker. Wiesbaden, Steiner(Sinologica Coloniensia, 16).

翻译者所接受的来自中国人的,或者更确切地说,来自儒家的对戏曲极端反对的态度,无论其多么使人惊讶,但可解释在如此之长的时间内中国戏曲多少均被欧洲人所忽视的事实。《赵氏孤儿》(1260—1280年间)是闻名于西方的首批中国文学作品之一。传教士马若瑟(Joseph Henry-Marie de Prémare,1666—1736)在18世纪30年代以较为自由的形式翻译了这部剧作(其译著名为 Tchao chi cou ell, ou le Petit Orphelin de la Maison de Tchao. Tragédie chinoise),在其死后,这部译著由杜赫德(Jean-Baptiste du Halde)出版于《中华帝国全志》中①。《中华帝国全志》法语原本分四卷,这部译著同样出现在这部"欧洲畅销书"的德译本中②。这一对中国戏曲早期、模范性的引介,即使另有知名的、由伏尔泰于1755年创作的法语改编本(L'Orphelin de la Chine),但是仍未提高欧洲人对中国戏曲的兴趣,而由于儒家提倡"崇高的"(具哲理性、教育性与说教意味的)文学,认为戏曲琐碎而粗俗,大体只能提供粗鄙娱乐的功能(在儒者看来),为中国戏曲蒙上了一道阴影。而由德庇时(John Francis Davis,1795—1890)所译的《老生儿》(1817),及由儒莲(1799—1873)所译的《灰阑记》(1832)、《赵氏孤儿》(1834),以及可能在儒莲死后由 François Auguste Turrettini(1845—1908)补译的《西厢记》(1872—1880)③,巴赞(Antoine Pierre Louis

---

① Prémare, Father Joseph Henry-Marie de.1735."Tchao chi cou ell, ou le Petit Orphelin de la Maison de Tchao. Tragedie Chinoise", in Jean-Baptiste du Halde (ed.), *Description géographique, historique, chonologique, politique de l'Empire de la Chine et de la Tartarie chinoise...* Paris, P.G.Lemercier, vol.3: 339-378.

② Prémare, Father Joseph Henry-Marie de.1749. "Tchao chi cou ell/ Der junge Wayse aus dem Hause Thao", in Jean-Baptiste du Halde, (ed.), *Ausführliche Beschreibung des Chinesischen Reiches und der Großen Tartarey*···Rostock, Johann Christian Koppe, vol.3: 418-444.

③ 参见 F.A.Turrettini 对儒莲简介(法译本《西厢记》,1872—1880,p.ii),其中,Turrettini 写道,在1860年出版的小说《平山冷燕》法译本中,巴赞曾设想翻译并出版法译本《西厢记》;这本译稿在20年后才最后完成。在西方世界,《西厢记》的出版史较为复杂,儒莲的《西厢记》最初——在以专著或"单行本"出版之前——见于各种"选集"的分册与组成部分中,其共有八卷:自1871年来,出现在由 F. Turrettini 编辑的 *Atsume Gusa*。儒莲《西厢记》前四出的译文出版于1872年(分册 4—5,1872年10月,第88页);而全部十六出于1876年在 *Atsume Gusa* 中出版。见 Gabelentz, Georg von der.1879. *In Wissenschaftlicher Jahresbericht über die Morgenlandischen Studien From October 1876 to December 1877.* (supplement to Zeitschrift der Deutschen Morgenländischen Gesellschaft, vol.33), 51, n.41.Leipzig, Brockhaus. 但 G. Soulié de Morant 在其《西厢记》译本中,观点略有偏颇之处,他认为儒莲首次在月刊 *Europe littéraire*(巴黎,1834)既已发表前其七出(tableaux)。笔者未见此版本。之后,在1872年日内瓦的一份东方学杂志中——其共发行200本——*Atsume Gusa*(由 F. Turrettini 以此名编辑并出版的"选集"名)与"*une détestable traduction, fourmillant d'erreurs, des neuf derniers tableaux*"一同出版了《西厢记》的这七出[!],如果相信博议的查赫的观点,那么这七出是 F. Turrettini 的贡献,Zach 在同一篇文章中还认为这两种《西厢记》法译本依据的都是"精良的满语本"见 Zach, Erwin von.1927. (Review of Vincenz Hundhausen: *Chinesische Dichter in deutscher Sprache, Das Westizimmer, Ein Chinesisches Singspiel in deutsche Sprache*.Peking Verlag 1926), *Deutsche Wacht*, 13, 7: 38. 有关 F.A.Turrettini 的信息——现在他多少已被人遗忘——见 Cordier, Henri. 1908, "Nécrologie, François Turrettini", *T'oung Pao*, 9: 706-707. 有关《西厢记》刻印于1710年的满汉对照本的信息,见 Fuchs, Walter.1936."Beiträge zur Mandjurischen Bibliographie und Literatur", *Mitteilungen der deutschen Gesellschaft für Natur-und Völker-kunde Ostasiens*(supplement), 14: 35-36.

Bazin,1799—1863)对中国戏曲的涉及马若瑟、杜赫德等人多少有一些不同之处。对戏曲家汤显祖(1550—1616)、孔尚任(1684—1718)相关作品的首部德语本直到20世纪才出现,且仅能与其译者洪涛生相联系。此外,尚有巴赞出版于1841年的法译本《琵琶记》①,以及由晁德莅(P. Angelo Zottoli)在《中国文化教程》(*Cursus Litteraturae Sinicae*)(1879—1882)中节译的《琵琶记》与《西厢记》。

在这庞大的译者群体中,大部分译者均为"业余爱好者",鉴于在20世纪上半叶,德国汉学的学术代表人物总体上均未从事作品翻译,洪涛生这位介于欧洲与中国文学作品间的英勇中介者②,耀眼地矗立于世,成为将中国戏剧传统中的伟大作品介绍到德国的先驱。③

一、不懂中文的翻译者？

洪涛生何许人也？洪涛生1878年12月15日出生于格雷文布罗伊希,此地大约位于科隆西北方面30公里处。洪涛生是一位工厂主的儿子,是Vincenz Jacob von Zuccalmaglio(1806—1876)的孙子。而Zuccalmaglio的友人恩斯特·莫里茨·阿恩特(Ernst Moritz Arndt,1769—1860),是德国反拿破仑解放战争中的杰出爱国诗人,源自母辈的音乐素养(即浪漫主义)与爱国情怀使他紧密地联系莱茵兰19世纪早期的历史、文学、音乐;他投身于多种积极的统一德国(Reichseinigung)的运动之中。在波恩、柏林、弗莱堡、慕尼黑修习法律后,洪涛生在1909年定居于柏林从事律师与公证员工作。在第一次世界大战期间,洪涛生以军官服役,且成为东欧大平原东部总司令办公署的检察官,在任检察官期间,洪涛生又主持现位于波兰

---

① 见Magnin对法译本《琵琶记》评论。Magnin, Charles. 1842/1843. (Review of M.Bazin: *Le Pi-Pa-Ki, ou Histoire du Luth*), *Journal des Savants*, May 1842: 259-272; Oct.1842: 577-591; Jan.1843: 29-42. [51]May, Karl. 1892. *Der blau-rote Methusalem*.

② 在本文中笔者将要引用洪涛生1932至1936年在中国编辑的双语回忆录,其为大开本,Hundhausen, Vincenz.1932-1936.*Festscherifien*, Peking;这些回忆常为洪涛生所主办的杂志《德中消息》(*Deutsch-Chinesische Nachrichten*)的"特殊刊号"。洪涛生致力于将这类回忆——虽然"黑暗时代"正逐步逼近德国——用于经典的、进步的欧洲或德国的"文化英雄",对于他们洪涛生以独特的方式表达敬意,并试图将其介绍到中国:为来自歌德的记忆,为来自斯宾诺沙的记忆,为来自维兰德的记忆,为来自席勒的记忆,为来自洪保德的记忆,为来自普拉滕的记忆,为了来自贺拉斯的记忆。

③ 洪涛生试图将来自由其翻译的剧作也用以在欧洲表演的渴望见于其对戏剧活动的参与之中:在1934年他成立了一个名为"Pekinger Bühnenspiele"的剧团,1936年分别在奥地利、瑞士、德国进行现场表演,且以"中国戏曲文学杰作的可信德国译本和中国戏台的简朴风格"搬演(staged)——洪涛生的用语。

与白俄罗斯边境的 Wolkowicze 和 Bjalowis 地区的区域首长办公室的工作，这对当地民众而言不仅仅是福分（从后来装饰于洪涛生北京家中，由一位来自虔诚犹太教徒的感谢信中可见）。洪涛生的东行之路出于偶然，其祖父的兄弟、诗人海因里希·海涅（Heinrich Heine）及作曲家罗伯特·舒曼（Robert Schumann）的好友、浪漫诗人与民谣收集者 Anton Wilhelm Florentin von Zuccalmaglio（1803—1869）以收集俄罗斯与波兰民谣的为名在和平的环境中前往东部，洪涛生则作为翻译随行。在 1916 年，洪涛生的第一部译著《贺拉斯之颂歌》（*Odes of Horace*）①出版。② 洪涛生可能受到其极其仰慕的德国偶像之一，克里斯多夫·马丁·维兰德（Christoph Martin Wieland,1733—1813）的影响，③由于维兰德已在 1782 年翻译贺拉斯的书信，因此洪涛生在 1784—1786 年间翻译贺拉斯的讽刺作品，从某种意义上说，完成了维兰德的后续翻译工作。

今日已难以确认此类以西欧语言出版的译作是否可为洪涛生选择文学而放弃法律的标志。无论如何，洪涛生都在多年之后开始追寻"不保险的生活"［Nichtversicherbare，恰如小说家 Hans Erich Nossack（1901—1977）对放弃旧生活而追寻新的、未知的、开阔的新生活的说法］，前往远东，前往中国。直到 1923 年，洪涛生时年 45 岁，已经是监护权与财产管理的专家，被派遣前往中国处理一桩遗产案（作为天津 Pape-assets 的遗产执行者），这时他才发现了"他的"国家。洪涛生留在中国首先任的是北京大学的德国文学教授，后来又做过译者、诗人、出版商，在 1954 年被遣送回德国之前他还曾是某剧团的负责人。中国、中国文化，可能还有当时给予外国人（几

---

① Hundhausen, Vincenz.1916. *Die Oden des Horaz in deutscher Sprache*. Berlin, Borngräber.

② 相关评论见 Sparig, E.1917. (Review of Vincenz Hundhausen: *Die Oden des Horaz in deutscher Sprache*), *Lehrproben und lehrgange aus der Praxis der Gymnasien und Realschulen*, 3: 100; Hoppe.1917. (Review of Vincenz Hundhausen: *Die Oden des Horaz in deutscher Sprache*), *Monatsschrift für höhere Schulen*: 285; Dürr, J. 1918. (Review of Vincenz Hundhausen: *Die Oden des Horaz in deutscher Sprache*), *Korrespondenzblatt für die höheren Schülen Wurttemberges*: 232。这部译著最后出版了 1.6 万本，洪涛生 1926 年在著作 *Chinesische Dichter* 中宣称此乃其名至实归的骄傲，而这确为不可忽视的成功。亦见 Walravens, Hartmut. 1991. *Auf der Pappelinsel. Eine Dokumentation iber den Dicchter, Drucker, Verleger, Professor, Regisseur und Anwart Vincenz Hundausen*(1878-1955) *in Peking*. Berlin, C.Bell, p.63, Walravens 指出根据 Kürschner（及其著作 Deutscher Literatur-Kalender,1922），这部译著共出版了 1.6 万本。

③ 顺及一言，在当时德国民众对维兰德作品的阅读兴趣已非常低。瓦尔特·本雅明（Walter Benjamin,1892-1940）在维兰德诞辰 200 周年，即 1933 年写道"维兰德已无人阅读"，见 Benjamin, Walter. 1980. *Gesammelte Schriften*. Frankfurt, Suhrkamp, p.395。

乎放纵)的自由都深深地吸引了他。洪涛生在北京及位于北京西郊的小房产"杨树岛"(Pappelinsel)生活、创作诗歌、翻译、印刷出版,这里已成了他的"卡普里岛"!在对中国产生无尽的迷恋之前,洪涛生对中国几乎一无所知,他在给汉学家何可思(Eduard Erkes, 1891—1958)①的信中回忆道:"在1923年来到中国之前,我对这个国家的了解仅限于卡尔·麦(Karl May)的小说 Der blaurote Methusalem……"但无论律师工作在洪涛生45岁的意义如何,厌倦了欧洲,明显不再满足于在柏林办公室内的工作,他已决心开始在他的新国度寻找文学,并且也发现:

在我七年前来到远东,将原来柏林办公室中的生活变更为沉思、学习、创造的生活时,你的著作 Die Krisis der europäischen Kultur [1917]在莱布尼兹与赫尔德之外又给了我保证与确认……②

洪涛生在1931年7月给作家鲁道夫·潘维兹(Rudolf Pannwitz, 1881—1969)的信中写道。在未来的几年中,洪涛生与潘维兹密切地以书信交流自己的想法——这并非真正的中国,实际上是一个位于远方的理想之地,过去人们可能称之为特殊的"Chinesien"。该借用缘自毕德麦雅诗人 Ludwig Eichrodt(1827—1892)于1848年所创作的歌曲 Wanderlust。从这时起,洪涛生的注意力就直接指向了他想象之中的中国的中世纪,他从中国古代文学传统中所提炼的文学中国已经在他的翻译中某种程度上恰当地或更好地转变为"德国式"。洪涛生的著作 Chinesische Dichter③ 前言之中

---

① 参见 Walravens, Hartmut. 1991. Auf der Pappelinsel. Eine Dokumentation iber den Dicchter, Drucker, Verleger, Professor, Regisseur und Anwart Vincenz Hundausen(1878-1955) in Peking. Berlin, C. Bell, p.275. 卡尔·麦的小说 Der blaurote Methusalem 在1888至1889年间于报刊连载结束后,首次以书本的形式出现于1892年(1892年5月)。文中所述的事实只能出现于小说全本出现之后,且故事必须是将情节设定在中国的所谓"青年冒险小说"(Jugendzàhlung)。卡尔·麦的其他小说或故事则与之不同,将情节设定在了近东地区或美国。卡尔·麦现代版本的"作品集"共有七十多卷,直到今日他仍然是德国最有影响力的作者,他"无穷无尽的、混乱的粗劣作品与荒谬……到现在已毫不费力地让三代、成百上千万的德国人成为了他的世界的居民",现代作家 Arno Schmidt (1914—1979)在1963年冷漠地嘲讽道。

② Walravens, Hartmut. 1991. Auf der Pappelinsel. Eine Dokumentation iber den Dicchter, Drucker, Verleger, Professor, Regisseur und Anwart Vincenz Hundausen(1878-1955) in Peking. Berlin, C.Bell, p.290.

③ Hundhausen, Vincenz. 1926a. Chinesische Dichter in deutscher Sprache. Peking/Leipzig, Perkinger Verlag.

的总结,就可以很好地说明这一点:在他看见——在已经"进入上海附近的黄浦江"后——平坦的河堤"好像家乡那般闪烁",且进而使他发觉河堤上的草地正如"布兰登堡沼泽中的草地",他以一句总结表明之前的感叹都为用以表达他的心满意足:"你已如此地对我敞开心扉,你以家乡的方式迎接了我。"

1937年冬,洪涛生在他的《牡丹亭》德译本的导论的结尾处①将自己的主张总结为:

> 通过我的三部中国戏曲杰作的译本,Das Westzimmer、Die haute 及 Die Rückkehr,我希望这能够有助于承认中国戏曲文学在世界文学中的地位,确实是中国戏曲文学所有但长久以来被否认的地位。

这一诗人译者是如何出现的?是什么原因导致洪涛生在20世纪20年代翻译120多种中国文学作品(其中大部分为诗作)?是什么原因使他在1924—1934年于北京大学教授"德国文学与世界文学"的业余时间使自己投身于中国古典文学,尤其是戏曲作品之中,强烈地渴望通过自己的翻译能够使德语世界的读者阅读这类作品?在业余时间,洪涛生总是待在位于"莲湖"(Lotusteich)之中的"杨树岛"上的家与出版社中。所谓的"莲湖"大概就是现在的北京青年湖,位于北京老城墙以外,位于彰义门西南方。② 虽然洪涛生只是一个明显对于中国(文学?古典)语言知识有限的业余汉学家,③但他恰好有优秀的中国同事与助手,仅例举其中两个举世闻名的知识分子:冯至(1905—1993)④,一位中国诗人,后又在德国海德尔堡修读,成为德国文学与哲学的学者;以及法律专家与汉学家徐道邻

---

① Hundhausen, Vincenz. 1937.*Die Rückkehr der seele. Ein Romantisches Drama von Tang Hisän Dsu.* Leipzig, Räschner.3 vols, p.XVIII.

② 查北京地图,青年湖位于北京城东郊,与文中所述不符。所谓"莲湖"应正是位于北京城西南方的莲花湖,其位于广安门西南方,且广安门又名彰义门。——译者注

③ Irmgard Grimm,出生于1896年,是一位翻译家,也是汉学家Tilemann Grimm(出生于1922年)的母亲。她于1923年与其丈夫医生Reinhold Grimm一同首次到达中国,简洁明了地评论了洪涛生及其译作——"他并不懂中文"。(见Grimm 1992:67) Irmgard Grimm 与其丈夫一起一同翻译了《聊斋志异》中的几则故事(Grimm 1956),也节译了《三国志演义》,先后发表于 *Journal Sinica*,根据她的回忆录记载,她已以手稿的形式完成了该书的全译。

④ 有关冯至生平与著作的介绍见Cheung 1979。

(1906—1973)①。二者与洪涛生在北京将近 30 年的生活经历一道,使他成为中国古典文学最杰出的翻译者之一。②

在出版于 1926 年之后、翻译自中文的洪涛生译著中,笔者将会专门提及精美的选集 Chinesische Dichter in deutscher Sprache③、《琵琶记》德译本,④以及

---

① "徐道邻"又译为"Hsu Dau-lin"或"Hsu Dauling",有关他的一些信息,可见"逝者名录:徐道邻 1906—1973",1974:42—46。

② 有关洪涛生翻译技巧参见费迪南·雷森(Ferdinand Lessing, 1882-1962)对洪著 Westzimmer 的评论(费迪南·雷森 1929),其中雷森写道:"洪涛生已承认,一位中国学者曾为其指出并转译难懂之处……洪涛生为翻译《西厢记》耗费了大量的心血,正如他在别处写道的,他必须在字典中查找每一个词汇——他查找失败的频率有多高,看一看现代汉语词典的形态即可知——类似在之前的歌德那样,出现的是一种词对词的翻译。然后他在自由地对翻译草稿做或多或少修饰与诗化。"冯至为"弗雷德里希·冈多夫(Friedrich Gundolf, 1880-1931)最后一批知名的学生之一,而在前往德国之前,就已出于个人的热情而成为伟大诗人斯特凡·格奥尔格(Stefan George, 1868-1933)的仰慕者"(见于洪涛生 1935 年 5 月 29 日写给 R. Pannwitz 的信中。参见 Walravens 1991: 305),洪涛生对冯至的评价极高,在冯至的帮助下,洪涛生完成了《琵琶记》的德译,而徐道邻的协助则见于洪涛生于 1937 年完成的《牡丹亭》德译本中(洪涛生, 1937)。冯至于 1988 年获得弗雷德里希·冈多夫奖,此前已在 1983 年获得歌德奖章,在 1985 年获得德国高教部颁发的格林兄弟文学奖,在 1987 年获得"国际交流中心艺术奖"。参见"冯至……" 1988。

③ Hundhausen, Vincenz. 1926a. *Chinesische Dichter in deutscher Sprache*. Peking/Leipzig, Perkinger Verlag.评论对此著作的评论见 Wirtz, H. 1928.(Review of Vincenz Hundhausen: *Die Oden des Horaz in deutscher Sprache*), *Ostasiatische Rundschau*, 8: 287, Zach, Erwin von. 1927.(Review of Vincenz Hundhausen: *Chinesische Dichter in Deutscher Sprache*, *Das Westizimmer*, *Ein Chinesisches Singspiel in deutsche Sprache*.Peking Verlag 1926), *Deutsche Wacht*, 13, 7: 38, Eichborn, Werner. 1927, (Review of Vincenz Hundhausen: *Chinesische Dichter in deutscher Sprache*), *Literarisches Zentralblatt*, 78: 480 对此著作的评论。这部著作也在第二次世界大战后以新封面出版,见 Hundhausen, Vincenz. 1954b. *Chinesische Dichter des dritten bis elften Jahrhunderts*. Eisenach, Röth,与洪涛生的 *Westzimmer* 一致 见 洪涛生 Hundhausen, Vincenz. 1926a. *Chinesische Dichter in deutscher Sprache*. Peking/Leipzig, Perkinger Verlag;Hundhausen, Vincenz. 1954a. *Das Westzimmer.Ein chinesisches Singspiel aus dem dreizehnten Jahrhundert*, Eisenach, Röth.

④ Hundhausen, Vincenz.1930. *Gaoming: Die Laute*, Peking, Pekinger Verlag.对该著作的评论见 Hsü Dau-Lin.1932.(Review of Vincenz Hundhausen: *Die Laute*), *Sinica*, 7: 271-272., Zach, Erwin von.1931.(Review of Vincenz Hundhausen: *Die Laute*), *Deutsche Wacht*, 17: 26;Tscharner, E.H.von. 1934.(Review of Vincenz Hundhausen: *Das Laute*), *Ostasiatische Zeitschrift*, 10: 43-44;C., H.1932. (Review of Vincenz Hundhausen: Die Laute), *Journal of the North China Branch of The Royal Asiatic Society*, 63: 177;Soulie de Morant, G.1930.(Review of Vincenz Hundhausen: *Das Laute*), *Mercure de France*, 229: 484-485;Wirtz, H. 1931. (Review of Vincenz Hundhausen: *Die Laute*), *Ostasiatische Rundschau*, 8: 287.

《牡丹亭》的编译本①——此外还有著名的《西厢记》(Westzimmer)②,《牡丹亭》可能是洪涛生最知名的译著,下文将会对此进行详细探讨。在有关洪涛生的所有著作中,笔者建议读者注意 H.Walravens 在早先就已宣告且即将要出版的版本;笔者已查阅了该著作 1991 年的全部录音稿,上文也已多次引用该著作③。

① Hundhausen, Vincenz. 1937. *Die Rückkehr der seele. Ein Romantisches Drama von Tang Hisän Dsu*. Leipzig, Räschner.3 vols.对该著作的评论见 Fang, Achilles, 1938.(Review of Vincenz Hundhausen: *Die Rüchhehr der Seele*), *Monumenta Serica*: 655-657; Ferguson, J.C.1938.(Review of Vincenz Hundhausen: *Die Rüchhehr der Seele*), *T'ien Hsia Monthly*, 6: 173-174; Eschmann, Ernst Wilhelm.1944.(Review of Vincenz Hundhausen: *Die Rüchhehr der Seele*), *Deutsche Allgemeine Zeitung*, 13 May 1944.

② Hundhausen, Vincenz. 1926b. *Das Westzimmer*, Peking/Leipzig, Perkinger Verlag。在致辞页(像 Wilhelm Bölsche [1861-1939] 致谢)之后,是写有如下内容的下一页(原为德文):德译本的底本由王实甫(前四折)与关汉卿(第五折)创作,二人均生活于 12 世纪左右。北京大学的读者与图书馆员王有德帮助洪涛生理解原文中难懂之处。文人元稹(8 世纪)的故事被附于译著后,讲述了作者的经历以及该戏曲作品的故事来源。其中的插图转印自不知名的中国画师所创作的版画。中国人名的翻译并不总是意在完整地传达其中文读音,因为对德国人而言可能会略刺耳;而主要在于使其在德语中具有分辨角色的作用。相关评论见 Schmitt, Erich.1929.(Review of Vincenz Hundhausen: *Das Westimmer*). *Orientalische Literaturzeitung*, 4: col.300-304 及 Schmitt, Erich.1933. [Review of Vincenz Hundhausen: *Das Westimmer* (note)], *Orientalische Literaturzeitung*, 7: col. 460-461。亦可参见 Haenisch, E.1933.(Review of Vincenz Hundhausen: *Das Westzimmer*), *Asia Major*, 8: 278-282.对《西厢记》(*Westzimmer*)的评论及洪涛生对 Haenisch 的评论的回复;另见 Wirtz, H.1927.(Review of Vincenz Hundhausen: *Das Westizimmer*), *Ostasiatische Rundschau*, 7: 258; von Dewall 13 Feb. 1927, Zach, Erwin von.1927.(Review of Vincenz Hundhausen: *Chinesische Dichter in deutscher Sprache, Das Westizimmer, Ein Chinesisches Singspiel in deutsche Sprache*. Peking Verlag 1926), *Deutsche Wacht*, 13, 7: 38; Meerkerk, M.E.R.F.1928.(Review of Vincenz Hundhausen: *Das Westzimmer*), *Journal of the North China Branch of the Royal Asiatic Society*, 59: 124-127; Wilhelm, Richard [P.T.].1928.(Review of Vincenz Hundhausen: *Das Westizimmer*), *Sinica*, 3: 38-39; Salzmann, E.Von.1928.(Vincenz Hundhausen als Übersetzer), *Querschnitt*, 8, 4: 249-250; Lessing, Ferdinand. 1929.(Review of Vincenz Hundhausen: *Das Westimmer*), *Ostasiatusche zeischrift*, NF, 5: 272-274; Ernest.1930.(Review of Vincenz Hundhausen: *Das Westizimmer*), *Humbolt Blätter*, 3, 11: 121 的评论;及见于 1927 年版 Zeitschrift für Bücherfreunde, 19: 100 中的评论、1927 年版 Freie Welt, 8, 165: 28 的评论。

③ Walravens, Hartmut.1991. *Auf der Pappelinsel. Eine Dokumentation iber den Dicchter, Drucker, Verleger, Professor, Regisseur und Anwart Vincenz Hundausen (1878-1955) in Peking*. Berlin, C.Bell.所宣告的仍然只是暂定名称,虽然至少有两种书稿保存至今,但直到目前(1998 年 9 月)仍未出版;笔者之所以需要详述此问题的原因如下——在此向焦急的读者致歉——洪涛生的著作(今日已非常少见,因为它们印刷于困难时期,且出版于离可以将它们进行收集的图书馆很远的地方),以及有关其著作的评论在绝大多数时候均由笔者的老朋友 I.Walravens 所"侦查"而出, I.Walravens 是精通"中国事物"的德国书志学家,其中又凝结着他的心血,非常希望以洪涛生为题的著作能在不久的将来出现于世。

洪涛生将自己定位为艺术家与诗人,并不试图在其译著中阐明与文献学有关的内容;针对原著的文献勘误或文献可信性不是洪涛生的强项,恰如汉学家费迪南·雷森曾以一首德语打油诗调侃洪涛生译著中"自由的"诗化风格:"格律对诗如此重要,你成不了歌德,那就当格莱姆吧。"(In poetry, the most important thing is the rhyme. If you cannot become a Goethe, be a Gleim.)①依据约瑟夫·维克多·冯·谢弗尔(Joseph Victor von Scheffel, 1826-1886)的浪漫诗篇 Der Trompeter von Säckingen (1854)推测,雷森时而也会调侃洪涛生,根据相当出名的"北京的吹鼓手"(Trumpeter of Pekingen)②所描述的,雷森是出名的同性恋者,因此他在所谓的北京"德国人协会"中有多个朋友。洪涛生,作为一位诗人式翻译者,意图将自己的中文"译作"始终如一地呈现为由(现代)德国诗人所创造的"编译本"。对意义的理解,对意义的翻译——根据赫尔德的观点,如本文所引题词所证——相对比于文学性翻译,对洪涛生而言更为重要;洪涛生可以便利地引用 Heinrich Stein-höwel(1412—1482/83)在开始翻译伊索的《寓言》(见于 Stein-höwel 于 1474 年后出版的译著)时所确立的权威准则,即是 Stein-höwel 声称"与其词对词翻译,不如意义对意义翻译"(wort uβ wort, sunder sin uβ sin)③。

在笔者看来,徐道邻留下了肯定洪涛生的付出的记载,无论译著多么地与文献学无关,但在为了将中文作品转译为德文并且恰当地加以修饰上,从徐道邻对于洪涛生的 30 首陶渊明诗作的编译较为严苛的评论即可见出他的态度:

> 洪涛生追求对陶渊明诗作的直观把握。他并不单独地翻译诗句,而是翻译整首诗;他不关注词语,而是描绘语境。一些译作初看来略微有些奇怪,但对文字细读后就会发现这些译作表现出了潜藏于字里

---

① 此处暗指的是 Johann Wilhelm Ludwig Gleim(1719-1803),他年长于歌德,常被称为"父亲格雷姆"(Father Gleim),是一位才华横溢、多才多艺但不大出名的诗人,在当时以其悦耳、幽默、"优美"的诗作为人所知,但在死后百年就已被人遗忘。

② Grimm, Irmgard. 1992. *Erinnerungen aus meinem bunten Leben*. Hannover, Frankfurt, Selbstverlag.

③ Österley, Hermann. 1873. *Steinhöwels Äsop*. Stuttgart, Literarischer Verein(Bibliothek des Literarischen Vereins in Stuttgarts, 117), p.4.

行间的信息……①

洪涛生认为自己是被选择的、忠实的诗人(与拥有特殊追随者群的德国诗人斯特凡·格奥尔格相似,即"牧师"(priest)②。无论对洪涛生的了解有多少,均可推断及此,正是这样的译者品格,使洪涛生本人深信不疑,且成为其译作的主要原则(意为:洪涛生对此深信不疑),本论文所引的题词即可为此证明。洪涛生受到德国浪漫主义影响的语言风格,及特殊的文学风格,使他的译著颇符合当时为数不少的观众的需求与愿望。例如他自觉地将外国文化(即遥远的中国的诗意的现实)转化成为德国人所熟知的事物;例如他将"角门"(奚如谷、伊维德的 *Wang Shifu*, *The Moon and the Zither. The Story of the West Wing* 译为"corner door")译为德国本土的、为德国读者所熟悉的"garden gate"(园子的门)③。甚至可以推测许多读者都被他的诗意、自信的态度和编译的著作所吸引,并且绝不会因为编译著作中的删节与洪涛生对理想国度的盲目而对他产生厌恶之感,即使这样一个理想化的、假定性的、充满希望的中国图像,与当时正迅速地陷入黑暗与混乱的中国的实际情形相比——至少从当时的报纸所呈现的情形而言——显得千奇百怪。

当时对洪涛生译著的评论给人留下了评论者都钦佩于洪涛生的文学著作或文学专栏的印象,无论当时这类文学专栏多么的"无用",但正如今日对中国的关注一致,它确实提高了这些译著读者的认知。汉学界主要承

---

① Hsü Dau-Lin.1930.(Review of Vincenz Hundhausen:*T'au Yüan-ming*), *Sinica*, 5: 271-272.

② 也有其他人认为洪涛生是一位伟大的诗人,例如由方济各会汉学家 Eduard Bödefeld O.F.M 的一篇文章所表明的,见 Bödefeld Eduard, O.F.M. 1938. "Sinensis fidicen lyrae", *Collectanea Commissions Synodalis*, 11: 113-139。但此处所引用的并非其拉丁原文,而是由 Hartmut Walravens 所翻译的 *Der Spieler der chinesischen Leier*, 见 Walravens, Hartmut.1991. *Auf der Pappelinsel. Eine Dokumentation iber den Diechter*, *Drucker*, *Verleger*, *Professor*, *Regisseur und Anwart Vincenz Hundausen* (1878-1955) in Peking. Berlin, C.Bell, pp.31-43.洪涛生在出版第一首诗 *Hindenburg. Deutsche Ode*, 见 Hundhausen, Vincenz.1927. *Hindenburg. Eine Ode*. Tientsin。之后,将其诗作以 *Beihau. Gereimte und ungereimte Einfälle und Ausfälle* 为名集结出版,见 Hundhausen, Vincenz. 1939. *Beihau, Gereimte und ungereimte Einfalle und Ausfalle*. Peking, Verlag der pappelinsel(Die Kleinen Bucher der Pappelinsel, 1)。

③ E. Bödefeld 洪涛生一直"对原著十分陌生"的观点(Bödefeld Eduard, O.F.M. 1938. "Sinensis fidicen lyrae", *Collectanea Commissions Synodalis*, 11: 37)显然并不正确;而实际上这与本文开头处所引用的、洪涛生的蒂克宣言相对:翻译者洪涛生实际上意图将外国文本(旅帽与陌生人的旅鞋)变得"家常""知名"并且"亲近"。

认洪涛生的"艺术成就":例如查赫在评论中赞扬了洪涛生自 1926 年起的译著①,且进而接受了洪涛生的指导原则。查赫认为洪涛生的译著是"真正的诗篇","在德语中建立了真正的音调、节奏、韵脚,以使外国名著更易于我们的理解,并使其惹人喜爱";但德国的汉学家通常并非如此,他们倾向于使用学术标准衡量洪涛生的译著,如费迪南·雷森在著作 *Westzimmer*(洪涛生译《西厢记》)②中的观点。然而,报纸却毋庸置疑地将洪涛生作为全德国最动人的、中国诗歌与文学的"先知"。下述分别引自收录于 *Zeitschrift für Bücherfreunde* 之中由 Wolf von Dewall 在 *Frankfurter Zeitung* 评论 *Westzimmer* 的观点③,及引自 Ernest 发表在 *Humboldt-Blätter* 上的观点④,或能对此加以证明。

在论述洪涛生在杰出地、成功地谈论真正的翻译的"风险"之后,Wolf von Dewall 论证道:

……带有细微差别的中国感觉,难以使欧洲人掌握,却在翻译者洪涛生正式的、完美的德国式诗作中流淌。

Wolf von Dewall 的第二种观点的思路与上述一致:

我们难以确认洪涛生的德语译本在何种程度上忠实于原著,但他呈现出了一部纯诗歌的著作,满是温柔、深层的感觉,达到了最大限度的心灵吸引力,可能有稍许的一知半解(尤其是对为数众多的诗歌的韵脚);但总体而言,仍确实是丰富我们对中国文学的认识的令人愉悦的作品。

---

① Zach, Erwin von. 1927. "Review of Vincenz Hundhausen: *Chinesische Dichter in deutscher Sprache*, *Das Westizimmer*, *Ein Chinesisches Singspiel in deutsche Sprache*.Peking Verlag 1926", *Deutsche Wacht*, 13, 7: 38.

② Lessing, Ferdinand. 1929. "Review of Vincenz Hundhausen: *Das Westimmer*", *Ostasiatusche zeischrift*, NF, 5: 272-274.

③ Dewall, W. von. 1928. "Review of Vincenz Hundhausen: *Das Westizimmer*", *Frankfurter Zeitung*, 13 Feb. 1927.

④ Ernest.1930. "Review of Vincenz Hundhausen: *Das Westizimmer*", *Humbolt Blätter*, 3, 11: 121.

评论者 Ernest 在其文章的开头即已强调:

> 如果完美的译著是让读者忘记其为译著,那么 *Westzimmer* 正是我们所拥有的最亲切、最优秀的诗歌式翻译之一。如果我们不会经常地遇到不熟悉的、与神话或历史事件有关的图像、对照及引用,如果此类轻歌剧①总体上也不会在细节上满是这类不同的思想,那么我们就能够相信在我们面前的正是来自德国浪漫主义后期的全盛时期的作品。无论其他人如何将这部作品作为译著加以评论——我实际上并无法对此加以区分——毫无疑问洪涛生是诗歌语言的大师。

二、洪涛生公案

由于文献学家常认为"编译本"存在问题、值得怀疑,因此突然一致地将洪涛生提升为调和中国精神的顶级作者,这一定会让汉学家大吃一惊,产生疑惑。Erich von Salzmann(1876—1941)也创作关于中国的小说,至少有一部与中国有关的非小说作品,②而 Erich Schmitt(1893—1955)是身处波恩的汉学家。Erich von Salzmann 对洪涛生的赞美激起了 Erich Schmitt 对洪涛生的 *Westzimmer* 的攻击。这毫不奇怪,因 Salzmann 首先强调的就是天才艺术家所具有的对外国文学作品的诗性感知力——这是一个注定会招来文献学家们抵制的观点。

Erich von Salzmann 以《作为译者的洪涛生》(*Vincenz Hundhausen als Übersetzer*)为题的文章,显然首先应是计划出现于洪涛生的诗歌译著中,但它却在洪涛生的 *Westzimmer* 出版之后,出现于一份在当时较有影响力的期刊之中③。Salzmann 激怒 Erich Schmitt 并使其痛苦的地方在于,Salzmann 在文章中毫无隐瞒表示洪涛生"关于中国最伟大的诗人诗作的译著或编译作品,以自然的方式,或在某些汉学家看来以不科学的方式出现"④,且总

---

① 此处的"轻歌剧"原文"Singspiel",原专指流行于 18 世纪末和 19 世纪初的德国轻歌剧,但此处应是 Ernest 用以指代与洪涛生相关的中国剧作的德译本。——译者注

② 一些有关 Erich von Salzmann 的基本材料见 Zhang Zhenhuan.1992. "Das China-Verstandnis von Erich von Salzmann", in Adrian Hisa and Sigrid Hoefert(eds.), *Fernöstliche Brückenschelage. Zu deutsch-chinesischen Literaturbeziehungen im 20. Jahrhundert*.Bern/Berin, Peter Lang(Euro-sinica, 3).

③ Salzmann, E.Von.1928."Vincenz Hundhausen als Übersetzer", *Querschnitt*, 8, 4: 249-250.

④ Salzmann, E.Von.1928."Vincenz Hundhausen als Übersetzer", *Querschnitt*, 8, 4: 250.

是比由"东亚汉学家"完成的"专利"译著受到更多的青睐,如果某人"能将汉语特征的感觉转化为不同的语言,如德语的发音",那么汉学家的观点根本无关紧要。Salzmann 总结道:"通过概述它们的思想可知洪涛生给了我们中国的文化。洪涛生将中国古代文化鲜活地带给了我们……"

对于 Erich Schmitt 而言,"洪涛生的例子"是"关系重大的",因为这是——恰如其对 Erich von Salzmann 的评判的称呼——不加批判的赞颂。① Schmitt 一定也因洪涛生这位业余翻译者——Schmitt 对洪涛生的称呼——天真且冷漠地忽略了此前汉学家们在"科学的葡萄园中"所做的艰苦的、困难的、自我奉献的工作而更加恼怒。例如民众早已能够阅读由儒莲所翻译的《西厢记》②,但更有甚者,报纸或杂志中未对这部译著表达任何钦慕之情。因此,Erich Schmitt 撰写了一篇针对洪涛生《西厢记》(*Westzimmer*)的激烈评论,将洪涛生定性为剽窃者(Erich Schmitt 可能未参考 Norman M. Penzer 的意见。③ Norman M. Penzer 的著作写定并出版于 Schmitt 与洪涛生发生争执几年之前,书中认为指控一位翻译者为剽窃者是"困难且无用的",因为这一控诉不能在最后的终审中被坐实),并且劝说道:"他,Schmitt,已暴露出洪涛生译著的不足之处,在他看来这本译著'不是一本独立的译著',因此翻译者'正如之后将会被证实的,并不具有翻译这部剧作的能力'④。"在 Schmitt 看来,洪涛生的译著根据的仅是由儒莲在 1872—1880 出版的题为 *Si-Siang-Ki ou l'histoire du Pavillon d'Occident* 的法译本,因为"洪涛生的译著在散白部分与儒莲法译本逐字地一致"⑤。Schmitt 依据四种由其错误翻译的文本证据支持他的观点,且意在证明洪

---

① Schmitt, Erich.1929."Review of Vincenz Hundhausen: *Das Westimmer*". *Orientalische Literaturzeitung*, 4: col.300-304.

② 见费迪南·雷森的评论 Lessing, Ferdinand.1929."Review of Vincenz Hundhausen: *Das Westimmer*", *Ostasiatusche zeischrift*, NF, 5: 273.在评论中,雷森写道:"我坚定地为翻译者抵制因使用出版于儒莲死后的、不完整的《西厢记》法译本而受到的责备。我曾在 1925 年偶然建议他关注这部译作,但他拒绝了;因为他意图完全不受外界的干扰。"

③ 在说明 R. F. Burton 和 John Payne 的《一千零一夜》(*Alf laila wa-laila*)译本时,Penzer 认为:"最困难且无用的事情之一是,使自己与他人都满意地证明某个翻译者因剽窃而最及其有意地剽窃",Penzer, Norman M.1967.*An Annotated Bibliography of Sir Richard Francis Burton K.C.M.G.* London, Dawsons of Pall Mall.(Reprint of the 1923 London edition.), p.316.

④ Schmitt, Erich.1929."Review of Vincenz Hundhausen: *Das Westimmer*". *Orientalische Literaturzeitung*, 4: col.301.

⑤ Schmitt, Erich.1929."Review of Vincenz Hundhausen: *Das Westimmer*". *Orientalische Literaturzeitung*, 4: col.301.

涛生对汉语的无知①。而且,他还引用了一个例子批评洪涛生对"名人姓名可笑的破坏"(洪涛生将著名文人"司马相如"译为 Se-Ma Sing-Yüe,而非 Sima Xiangru)②,最后他还引用了一段文字质疑洪涛生的诗歌才华。无论如何,Schmitt 的说法使洪涛生深受打击,且激怒了这位先前的柏林好斗律师,之后的诗人、翻译者、北京教授;他不仅与 Schmitt 对簿公堂,而且在 Schmitt 的评论文章出现在 Orientalische Literaturzeitung(OLZ)几个星期内就印刷了一本名为 Der Fall Erich Schmitt... 的小册子给予回击。③ 这本高度论战的小册子读来颇为逗趣,但在笔者看来它整体上最主要的缺憾在于,洪涛生有关不同版本的正确信息与对《西厢记》德法两种译本的评论,均隐没于他所使用的"过激"的语言之中,并且有时看来颇为无痛呻吟。例如,洪涛生意图点亮"诸多汉学家所身处的黑屋",又如他论述道:"在这些案头学者石化的手里,中国文化图像也受到扭曲了古代欧洲的文化图像的命运的威胁。"

  然而,这件真正的学术争端的特殊性在于洪涛生不仅通过文学手段,

---

① Schmitt, Erich.1929."Review of Vincenz Hundhausen: *Das Westimmer*". *Orientalische Literaturzeitung*, 4: col.302-303.

② 在笔者看来,直到现在,在提供给大众的出版物之中引用中国人姓名仍然有很多问题;仅举一例即可对此加以说明,如李清照(1082—约 1151),字易安;J. Gauthier 因此称呼她为 Ly Y-Hane,见 Gauthier, Judith. 1867.*Livre de jade*; H. Bethge 又进一步翻译为 LY-Y-HAN,见 Bethge, Hans.1907. *Die chinesische flöte*. Introduction and annotations by Hans Bethge. Leipzig, Insel Verlag.

③ 洪涛生一面分发小册子 *Der Fall Erich Schmitt...* 支持他的期刊 *Die Brücke*, 5, 1929, no.29/30,一面又在汉学家中进行分发;例如 P. Pelliot 就在 Note under "Livre reçus": Vincenz Hundhausen, *Der Fall Erich Schmitt*(*T'oung Pao*, 1930, 27: 220)中坦白道,他并未发现 Schmitt 洪涛生的译著参考了儒莲的译著的意图具有可信性(第279—280页),因此他并不怀疑洪涛生是在自己的译著出版之后才发现儒莲的译著的声明。相似的观点首先由费迪南·雷森向 Pelliot 传达,之后又出现于 E. Haenisch(1880-1966)的著作中,见 Haenisch, E.1933.(Review of Vincenz Hundhausen: *Das Westzimmer*), *Asia Major*, 8: 278-282.为完整起见,此处也引用 Haenisch 在其评论文章中的观点。Haenisch 的意见听来公平且高尚,他们观点可以用下的句子来总结:"无论如何,汉学作为一种科学,汉学家们都希望某部著作(即洪涛生的译者)能够在更大的范围内流传,而不是仅存留于他们自己的手上",见 Haenisch, E.1933.(Review of Vincenz Hundhausen: *Das Westzimmer*), *Asia Major*, 8: 278;但 Schmitt 显然过于苛责洪涛生的"不科学"行为,因而二人走上了公堂。这迫使洪涛生在 1932 年撰写了一篇反驳文章,且发表于 *Asia Major*,即 Hundhausen, Vincenz. 1933b. "Zu der Besprechung meines Buches *Das Westimmer* durch Prof E.Haenisch in *Asia Major* 8, 1/2" *Asia Major*, 8, 193: 562-563,以及一本更具论战性的小册子: *Epilog zum Fall Erich Schmitt. Das "Si-Siang ki" von Stanislas Julien und "Das Westzimmer"*, Hundhausen, Vincenz.1933a. *Epilog zum fall Erich Schmitt. Das "Si-Siang Ki" von Stanislas Julien und "Das Westzimmer"*.(Without date and place of publication, Signed Peiping, 15th of January 1933).

正如上文已提及的,也与 Schmitt 二人对簿公堂,从而维护自己的名誉,从今日的角度来看,Schmitt 的责难几乎不可能被公正地处理。因此 Schmitt 可能越发愤怒,继续坚持他唯一的证据。他继续坚守之前由他确立的证据:洪涛生的不能胜任及绝对参考了儒莲的译著。例如,他完全忽视了上述的、不同版本之间的差别导致儒莲译本与洪涛生译本之间有所差别的可能性。最后,Schmitt 不得不降低了介于两个不同版本的译著之间的差异性,而这原是洪涛生不能胜任的主要证据。1933 年 7 月,一小则出现于 *OLZ* 的"通知"向关心这段公案与文学(法律)斗争的专家学者们宣告了结果:Schmitt 教授因诽谤而赔偿 100 马克(虽然罚款因 1933 年 4 月 12 号生效的撒克逊赦免法案而取消)。这则通知总结道:

> 依据所陈述的事实,地区法院宣判(尤其是在汉学家何可思所提供的证词的基础上,虽然 Erich Haenisch 拒绝出庭作证)洪涛生的作品确为独立的译著,且以中文原著为底本。

三、洪涛生及结论

在第二次世界大战期间与战后的重建期间、中国切断与欧洲的联系的背景下,对洪涛生的孤立有增无减,这确实加剧了第二次世界大战以后到目前为止德国汉学界对洪涛生翻译著作的忽视,因此,我们应从这件悲喜交加的争论中吸取教训。而且,在业余爱好者与专家、才华横溢的诗人与文献学家之间设定特定的界限是否真有意义?

笔者认为应当设定这样的界限,且简要地将两个观点概述如下:第一个原因与当下有关,当下需要完成沟通的任务,严格地说就是翻译的任务,尤其是对当代中国文学作品的翻译;因为只有翻译才能使普罗大众得以了解遥远的、奇异的今日中国,因中国正在不断地变得强大。对中国古典文学的翻译同样如此,这一宝库里囊括了许多亟待发掘的重要著作,因此能得以更好地了解中国:中国是如何变化发展的,又是如何变为今天我们所见到的样子的,这都需要我们这些当代人去观察、分析。对这样的任务而言,讨论翻译的原则与方法,是可以建立在洪涛生译著的基础之上的,在笔者看来也是必须且值得的,虽然现今对翻译原则的认识已大不相同于洪涛生重视直观诗性的观点,这是一种以翻译者的(德国)母语借助非常高的

("诗意的")胜任能力而产生的对外国语言和环境的十分特殊的理解。① 第二个原因与汉学的历史有关;洪涛生在这个框架内是一位十分杰出且重要的人物。作为一个擅长德语的翻译者——即使这种语言也仅限于某段特殊的时期,其"风味"属于 19 世纪,因而已经过了"保质期",所以只能出现于历史文献之中——洪涛生应该也必须置于那些以特殊的方式确立并呈现出中国文学作品德译本的先祖的画廊之中,在 19 世纪与 20 世纪,其中有奥古斯特(August Pfizmaier,1808—1887),卫礼贤(Richard Wilhelm,1873—1930)以及库恩,②而洪涛生则可以恰如其分地放置于卫礼贤与库恩之间。

参考文献

[1] Bauer, Wolfgang. 1993. *Entfremdung, Verklärung, Entschlüsselung. Grundlinien der deutschen Übersetzungsliteratur aus dem Chinesischen in unserem Jahrhundert.* Bochum, Richard-Wilhelm-Übersetzungszentrum, Ruhr-Universität-Bochum(Arcus Texte, 1).

[2] Bazin, M.1841.*Le Pi-Pa-Ki, ou Histoire de Luth, translated from the Chinese*, Paris, Imprimerie royale.

[3] Benjamin, Walter. 1980. *Gesammelte Schriften*. Frankfurt, Suhrkamp.

[4] Bethge, Hans.1907. *Die chinesische flöte*. Introduction and annotations by Hans Bethge. Leipzig, Insel Verlag.

[5] Bödefeld Eduard, O.F.M. 1938. "Sinensis fidicen lyrae", *Collectanea Commissions Synodalis*, 11: 113—139.

[6] C.H.1932."Review of Vincenz Hundhausen: Die Laute", *Journal of the North China branch of The Royal Asiatic Society*, 63: 177.

[7] Cheung, Dominic. 1979. *Feng Zhi*. Boston Twayne.

---

① 在笔者看来,唯一一部将汉学家著作与诗人著作融合的真正作品——这个例子中的诗人甚至具备一些汉学知识——是优秀的选集 *Lyrik des Ostens*,即 Gundert, Wilhelm et al.,1952.*Lyrik des Ostens*.Munich, Hanser,根据笔者所知,这是由伟大的现代诗人君特·艾西(Gunter Eich)在汉学家 Peter Olbricht(b. 1909)的中国诗作翻译草稿的基础上调整而成的。

② 见 Bauer, Wolfgang. 1993. *Entfremdung, Verklärung, Entschlüsselung. Grundlinien der deutschen Übersetzungsliteratur aus dem Chinesischen in unserem Jahrhundert*. Bochum, Richard-Wilhelm-Übersetzungszentrum, Ruhr-Universität-Bochum(Arcus Texte, 1)。在这篇文章中,W. Bauer 介绍了奥古斯特、卫礼贤、库恩对汉语文本的翻译方法。

[8] Cordier, Henri. 1908, "Nécrologie, François Turrettini", *T'oung Pao*, 9: 706—707.

[9] Dewall, W. von 1928. "Review of Vincenz Hundhausen: *Das Westizimmer*", *Frankfurter Zeitung*, 13 Feb. 1927.

[10] Dürr, J. 1918. "Review of Vincenz Hundhausen: *Die Oden des Horaz in deutscher Sprache*", *Korrespondenzblatt für die höheren Schülen Wurttemberges*: 232.

[11] Eichborn, Werner. 1927, "*Review of Vincenz Hundhausen*: Chinesische Dichter in deutscher Sprache", Literarisches Zentralblatt, 78: 480.

[12] Ernest. 1930. "*Review of Vincenz Hundhausen*: Das Westizimmer", Humbolt Blätter, 3, 11: 121.

[13] Eschmann, Ernst Wilhelm. 1944. "*Review of Vincenz Hundhausen*: Die Rüchhehr der Seele", Deutsche Allgemeine Zeitung, 13 *May* 1944.

[14] Fang, Achilles, 1938. "*Review of Vincenz Hundhausen*: Die Rüchhehr der Seele", Monumenta Serica: 655—657.

[15] "Feng Zhi mit dem Friedrich-Gundolf-Preis Ausgezeichnet". 1988. China Atuell, *May* 1988, 5: 359, *n*.22

[16] Ferguson, J. C. 1938. "*Review of Vincenz Hundhausen*: Die Rüchhehr der Seele", T'ien Hsia Monthly, 6: 173—174.

[17] Forke, Alfred. 1926. "Der Kreidekreis. Schauspiel in vier Aufzügen und einem Vorspiel". *Leipzing*, *Reclam*(*Reclam UB* 768).

[18] Fuchs, Walter. 1936. "*Beiträge zur Mandjurischen Bibliographie und Literatur*", Mitteilungen der deutschen Gesellschaft für Natur-und Völkerkunde Ostasiens(supplement), 14: 35—36.

[19] Gabelentz, Georg von der. 1879. In Wissenschaftlicher Jahresbericht über die Morgenlandischen Studien From October 1876 to December 1877. (*supplement to Zeitschrift der Deutschen Morgenländischen Gesellschaft*, vol. 33), 51, *n*.41. *Leipzig*, *Brockhaus*.

[20] Gauthier, Judith. 1867. Livre de jade.

[21] Gimm, Martin(ed.). 1978. Chinesische Dramen der Yüan-Dynastie. Zehn nachgelassene Übersetzungen von Alfred Forker. *Wiesbaden*, *Steiner*(*Sinologica Coloniensia*, 06).

［22］Gimm, Martin (ed.). 1993a. Zwei chinesische Singspiele der Qing-Dynastie(Li Yu und Jiang Shuqian). *Translated by Alfred Forker. Wiesbaden, Steiner(Sinologica Coloniensia, 16)*.

［23］Gimm, Martin (ed.).1993b. Elf chinesische Singspiele aus neuerer Ziet nebst zwei Dramen in Westlicher Manier. *Translated by Alfred Forker. Wiesbaden, Steiner(Sinologica Coloniensia, 17)*.

［24］Grimm, Irmgard. 1938—1939.(*Translations of Parts of Sangguo zhi yanyi*), *Sinica*, 13, 3/4: 109—121;14.1/2: 32—39.

［25］Grimm, Irmgard.1992. *Erinnerungen aus meinem bunten Leben*. Hannover, Frankfurt, Selbstverlag.

［26］Grimm, Irmgard and Reinhold. 1956. *Chinesische Gespenster-und Fuchs-Geschichten*, Eisenach, Röth(Der Erdkreis).

［27］Gundert, Wilhelm et al.,1952.*Lyrik des Ostens*.Munich, Hanser.

［28］Haenisch, E.1933.(Review of Vincenz Hundhausen: *Das Westzimmer*), *Asia Major*, 8: 278—282.

［29］Hoppe.1917.(Review of Vincenz Hundhausen: *Die Oden des Horaz in deutscher Sprache*), *Monatsschrift für höhere Schulen*: 285.

［30］Hsü Dau-Lin.1930.(Review of Vincenz Hundhausen: *T'au Yüan-ming*), *Sinica*, 5: 271—272.

［31］Hsü Dau-Lin.1932.(Review of Vincenz Hundhausen: *Die Laute*), *Sinica*, 7: 271—272.

［31］Hundhausen, Vincenz. 1916. *Die Oden des Horaz in deutscher Sprache*. Berlin, Borngräber.

［32］Hundhausen, Vincenz. 1926a. *Chinesische Dichter in deutscher Sprache*. Peking/Leipzig, Perkinger Verlag.

［33］Hundhausen, Vincenz. 1926b. *Das Westzimmer*, Peking/Leipzig, Perkinger Verlag.

［34］Hundhausen, Vincenz.1927. *Hindenburg. Eine Ode*. Tientsin.

［35］Hundhausen, Vincenz.1928. *T'au Yüan-ming*.Ausgewählte Gedichte in deutshcher nachdichtung. Peking/Leipzig, Perkinger Verlag.

［36］Hundhausen, Vincenz.1929. *Der Fall Erich Schmitt…*Tientsin/Peking, Peiyang Press.

［37］Hundhausen, Vincenz. 1930. *Gaoming*: *Die Laute*, Peking, Pekinger Verlag.

［38］Hundhausen, Vincenz.1932—1936.*Festchheriften*, Peking.

［39］Hundhausen, Vincenz. 1933a. *Epilog zum fall Erich Schmitt. Das "Si-Siang Ki" von Stanislas Julien und "Das Westzimmer"*. Without date and place of publication, Signed Peiping, 15th of January 1933.

［40］Hundhausen, Vincenz. 1933b. "Zu der Besprechung meines Buches *Das Westimmer* durch Prof E.Haenisch in *Asia Major* 8, 1/2",*Asia Major*, 8, 193: 562—563.

［41］Hundhausen, Vincenz. 1937. *Die Rückkehr der seele. Ein Romantisches Drama von Tang Hisän Dsu.* Leipzig, Räschner.3 vols.

［42］Hundhausen, Vincenz. 1939. *Beihau, Gereimte und ungereimte Einfalle und Ausfalle*. Peking, Verlag der pappelinsel(Die Kleinen Bucher der Pappelinsel, 1).

［43］Hundhausen, Vincenz. 1954a. *Das Westzimmer. Ein chinesisches Singspiel aus dem dreizehnten Jahrhundert*, Eisenach, Röth.

［45］Hundhausen, Vincenz. 1954b. *Chinesische Dichter des dritten bis elften Jahrhunderts.* Eisenach, Röth.

［46］Hundhausen, Vincenz. 1978. *Das Westzimmer.Ein chinesisches Singspiel aus dem dreizehnten Jahrhundert*, Leipzig, Insel Verlag.

［47］Hundhausen, Vincenz(ed.)*Die Brücke*.

［48］*Julien*, Stanislas. 1860. Pingshan Lengyan(Les Deux Jeunes Filles Lettrées).*Paris, Didier & Cie.*

［49］*Julien*, Stanislas.1872—1880, "*Si-siang-ki ou l'Histoire du Pavillon d'Occident. Comedie en seize actes*", Atsume Gusa.

［50］*Klabund*(*Alfred Henschke*). 1915. Dumpfe Trommel und berauschtes Gong, *Leipzig, Insel Verlag.*

［51］*Kuhn*, Hatto and Martin Gimm. 1980. Dr. Franz Kuhn (1884—1961), Lebensbeschereibung und Bibliographie seiner Werke. *Wiesbaden*, Steiner(*Sinological Coloniensia*, 10).

［52］Lessing, Ferdinand.1929.(*Review of Vincenz Hundhausen*: Das Westimmer), *Ostasiatusche zeischrift*, NF, 5: 272—274.

［53］Magnin, Charles. 1842/1843.(Review of M.Bazin: *Le Pi-Pa-Ki, ou Histoire du Luth*), *Journal des Savants*, May 1842: 259—272; Oct. 1842: 577—591;Jan.1843: 29—42.

［54］May, Karl. 1892. *Der blau-rote Methusalem.*

［55］Meerkerk, M.E.R.F.1928.(Review of Vincenz Hundhausen: *Das Westzimmer*), *Journal of the North China Branch of the Royal Asiatic Society*, 59: 124—127.

［56］Österley, Hermann. 1873. *Steinhöwels Äsop. Stuttgart, Literarischer Verein*(*Bibliothek des Literarischen Vereins in Stuttgarts*, 117).

［57］Pelliot, Paul. 1930. (*Note under "Livre reçus"*: Vincenz Hundhausen, *Der Fall Erich Schmitt*), *T'oung Pao*, 27: 220.

［58］Penzer, Norman M.1967.*An Annotated Bibliography of Sir Richard Francis Burton K.C.M.G.* London, Dawsons of Pall Mall.(Reprint of the 1923 London edition.)

［59］Prémare, Father Joseph Henry-Marie de.1735."Tchao chi cou ell, ou le Petit Orphelin de la Maison de Tchao. Tragedie Chinoise", in Jean-Baptiste du Halde(ed.), *Description géographique, historique, chonologique, politique de l'Empire de la Chine et de la Tartarie chinoise...* Paris, P. G. Lemercier, *vol.*3: 339—378.

［60］Prémare, Father Joseph Henry-Marie de. 1749. "*Tchao chi cou ell/ Der junge Wayse aus dem Hause Thao*", in Jean-Baptiste du Halde, (ed.), *Ausführliche Beschreibung des Chinesischen Reiches und der Großen Tartarey*···*Rostock*, *Johann Christian Koppe*, *vol.*3: 418—444.

［61］"Review of Vincenz Hundhausen: *Das Westimmer*". 1927. Freie Welt, 8, 1927, 165: 28.

［62］"Review of Vincenz Hundhausen: *Das Westimmer*".1927.Zeitschrift für Bücherfreunde, 19: 100.

［63］"Review of Vincenz Hundhausen: *Das Westimmer*".1929.Zeitschrift für Bücherfreunde, NF, 5, 1929: 272—274.

［64］Rohl, H.1918."Review of Vincenz Hundhausen: *Die Oden des Horaz in deutscher sprache*", Monatsschrift für höhere Schulen: 391.

［65］Salzmann, E.Von.1928."Vincenz Hundhausen als Übersetzer", *Qu-*

erschnitt, 8, 4: 249—250.

[66] Scheffel, J.V.von.1854.*Der Trompeter von Säckingen*. Ein Sang vom Oberrhein, *Stuttgart*, *Metzler*.

[67] Schmidit, A.1986."*Ein Geisterbuch*", in Die Auskunft.*Hamburg*: 295—296.

[68] Schmitt, Erich.1929."Review of Vincenz Hundhausen: Das Westimmer".*Orientalische Literaturzeitung*, 4: col.300—304.

[69] Schmitt, Erich.1933."Review of Vincenz Hundhausen: Das Westimmer(note)", *Orientalische Literaturzeitung*, 7: col.460—461.

[70] Soulie de Morant, G.1928.*L'Amoureuse Oriole*, *Jeune fille*. Paris, Flammarion.

[71] Soulie de Morant, G.1930."Review of Vincenz Hundhausen: Das Laute", *Mercure de France*, 229: 484—485.

[72] Sparig, E.1917. "Review of Vincenz Hundhausen: Die Oden des Horaz in deutscher Sprache", *Lehrproben und lehrgange aus der Praxis der Gymnasien und Realschulen*, 3: 100.

[73] Tscharner, E.H.von.1934. "Review of Vincenz Hundhausen: Das Laute", *Ostasiatische Zeitschrift*, 10: 43—44.

[74] Turrettini, François Auguste(ed.).since 1871.*Atsume Gusa*.

[75] Voltaire.1755, *L'Orphelin de la Chine*, Paris Michel Lambert.

[76] Walravens, Hartmut.1991. *Auf der Pappelinsel. Eine Dokumentation iber den Dicchter, Drucker, Verleger, Professor, Regisseur und Anwart Vincenz Hundausen(1878—1955)in Peking.* Berlin, C.Bell.

[77] West, S.H.and W.L.Idema(eds.)1991. *Wang Shifu, The Moon and the Zither. The Story of the West Wing.* Berkeley, University of California Press.

[78] Wilhelm, Richard[P.T.].1928."Review of Vincenz Hundhausen: Das Westizimmer", *Sinica*, 3: 38—39.

[79] Wirtz, H. 1927. "Review of Vincenz Hundhausen: Das Westizimmer", *Ostasiatische Rundschau*, 7: 258.

[80] Wirtz, H.1928. "Review of Vincenz Hundhausen: Die Oden des Horaz in deutscher Sprache", *Ostasiatische Rundschau*, 8: 287.

[81] Wirtz, H.1931."Review of Vincenz Hundhausen: *Die Laute*", Osta-

siatische Rundschau, 8: 287.

［82］Zach, Erwin von. 1927. " Review of Vincenz Hundhausen: *Chinesische Dichter in deutscher Sprache*, *Das Westizimmer*, *Ein Chinesisches Singspiel in deutsche Sprache*. Peking Verlag 1926", *Deutsche Wacht*, 13, 7: 38.

［83］Zach, Erwin von. 1931. " Review of Vincenz Hundhausen: *Die Laute*", Deutsche Wacht, 17: 26.

［84］Zhang Zhenhuan. 1992. "Das China-Verstandnis von Erich von Salzmann", in Adrian Hisa and Sigrid Hoefert (eds.), *Fernöstliche Brückenschelage. Zu deutsch-chinesischen Literaturbeziehungen im 20. Jahrhundert*. Bern/Berin, Peter Lang(*Euro-sinica*, 3).

论早期南戏作品所见之天罚、复仇及书生负心*

[美]雷伊娜

南戏恰好以两种书生负心而遭受天罚,女子因爱而复仇的故事开始出现于文字记载。其一,即《赵贞女蔡二郎》,后被改编为表现全忠全孝的模范剧作。其二,即"王魁"故事,幸存于歌谣及小说中。在南方的传统戏曲中,存在大量以爱情、爱情的幻灭、女子的复仇为主题的作品,而上述两种故事即部分构成了此类剧作的存在。

学者认为中国南戏出现于有宋一代(960—1279)。最早认为南戏为完备戏曲形式的学者为祝允明(1460—1526)及其后的批评家徐渭(1521—1593)①。二人虽于南戏起源的时间意见不一(祝允明认为是12世纪早期,而徐渭认为是12世纪晚期),但一致认为《赵贞女蔡二郎》与《王魁》是南戏最早编演的故事。此类故事揭示出早期南戏中盛行的主题,即负心书生离开父母妻子参加科考后却不归家。负心书生的故事通常又与追求爱情自由的渴望相结合,并置于普普通通的婚姻之下。追求爱情自由的剧作占现存南戏作品的三分之一,但是以书生负心为主题的作品却占绝大多数。② 虽然《赵贞女蔡二郎》与《王魁》的文本无一幸存,但其他剧作及批评作品间接提到了二者的故事内容,且仍有部分曲子保存于曲选

---

* 该文原名"Retribution, Revenge, and the ungrateful scholar in Early Chinese Southern Drama",发表于《亚洲学刊》(*Asia Major*) 2007年第2期。

① 祝允明《猥谈·土语》,《古今说部丛书》(第三册)第4a页,上海文艺出版社,1991年版;徐渭《南词叙录》,中国戏曲研究院编《中国古典戏曲论著集成》(第3册)第239页,北京:中国戏剧出版社,1980年版。

② 可参看钱南扬《戏文概论》第121—125页,台北:木铎出版社,1989年版;俞为民《宋元南戏考论》第39—41页,台北:商务印书馆,1994年版。这一主题之所以在南戏作品中占大多数,原因之一应为南方书生参加科考的比例相当高。可参看本杰明·A. 埃尔曼(Benjamin A.Elman)《中华帝国晚期科举考试文化史》(*A Cultural History of Civil Examination in Late Imperial China*)。埃尔曼同时指出,在元末明初,科举考试并非朝廷聘用官员的主要途径。

及小说中。①

除此二种奠基性剧作外,一系列与《赵贞女蔡二郎》《王魁》主题相同的早期南戏剧作(包括后期改编在内),亦揭示书生负心这一主题在中国戏曲中的普及性。此类剧作可追溯至14世纪至17世纪,其中部分完整保存至今,多数则仅于曲选著作中保留部分曲子。《赵贞女蔡二郎》《王魁》等剧作,亦有部分以小说形式留存。早期曲录曾记载大量剧名,且剧作之前应曾以传统口头形式编演或记录于文字之中。② 虽剧作质量及其所产生的影响各不相同,但都试图利用这种与责任、抱负及功成名就相随的冲突,而且,此类冲突往往导致欺骗、背叛乃至复仇。本文之目的正在于呈现而不是探讨文本中由此类主题所导致的社会冲突。

一、男性之抱负与女性之坚贞

此类以爱情起始而以复仇结局的故事,高度重视女性的坚贞与坚忍,与此同时,这又是对男性追求地位与权力而导致的社会不稳定的质问。教育的目的、科举考试系统、地位与权力的滥用及因此而导致的社会和谐的不稳定,都与书生对成就与名誉的追求相捆绑。在剧作中,起源于男性对

---

① 关于《赵贞女蔡二郎》,徐渭引述了两句陆游创作的诗,但徐渭错以此为刘后村所作,此二句为"死后是非谁管得,满村听唱蔡中郎"。可参看李复波、熊澄宇校注《南词叙录注释》第5—14页,北京:中国戏剧出版社,1989年版。陶宗仪(1316—1403)《南村辍耕录》戏剧目录曾提及"蔡伯喈"。陶宗仪《南村辍耕录》,《四部丛刊》(第30卷)第204页,台北:商务印书馆,1981年版。剧作《王魁》的部分曲子收录于钱南扬《宋元戏文辑佚》第36—40页(上海:古典文学出版社,1956),其故事梗概则记载于宋代学者张邦畿编撰的小说集《侍儿小名录拾遗》中。该著作收录于《笔记小说大观》(台北:新兴书局,1985);亦见于由路工与谭天编撰的《小说传奇》,该著作中最早的小说可追溯至1610年,收录于《古本平话小说集》第63、89—94,北京:人民文学出版社,1999年版;又见于罗烨所著小说目录中,《醉翁谈录》(第一集)第4页,台北:世界书局,1958年版。

② 例如,于杂剧作家与剧作名录《录鬼簿》中,元代的戏曲迷钟嗣成曾提及《诈妮子调风月》,且将之归于关汉卿名下;将《宦门子弟错立身》归于李直夫名下,又认为赵文殷曾改编此剧作;将《王魁》归于尚中贤名下;将《欢喜冤家》归于沈和名下。另有一部剧名含"风月"二字的剧作,即《风月状元三负心》,应同为书生负心这一主题的剧作。详可参看钟嗣成《录鬼簿》,《中国古典戏曲论著集成》第二册,第87—274页,北京:中国戏剧出版社,1980年版。《永乐大典》目录中提及的三十三种剧作,包括:《张协状元》《金钗记》《琵琶记》,应为《王魁》后世改编本的《王俊民休妻记》及《诈妮子》。钱南扬《宋元戏文辑佚》亦收录此目录,见第3—4页。在亦为《永乐大典》收录的剧作《宦门子弟错立身》曾提及《张协状元》与《王魁》,详可参看钱南扬《永乐大典戏文三种校注》第231页,台北:华正书局,1990年版。在徐渭编撰的戏曲目录中,除《王魁》及《赵贞女蔡二郎》外,仍有《崔君瑞》《白兔记》《欢喜冤家》,详可参看徐渭《南词叙录·宋元旧篇》,《中国古典戏曲论著集成》(第三册)第250—252页。

权力的渴求与女性的坚贞之间的冲突,导致了以天罚或女性复仇为结局的社会矛盾。在此过程中,此类剧作通过揭露朝廷与家庭对书生的不合理要求,表现出书生们如果意图恪守孝道,那么其社会价值将无法实现的矛盾。这些剧作批判书生们不恰当的伦理价值观念,自然而及朝廷的行政系统、教育倾向、选聘官员的途径。南戏虽有将剧作限定于一男一女两个主要角色的传统,但笔者认为此类剧作并非单纯地批判独立个体,这两个主要角色,是提喻性的,即书生代表失败的教育系统,而女性却坚持传统道德价值。

此类以书生负心为主题的剧作,在宋代已经出现,到明代早期则风行于世。戏曲鉴赏家与剧作家沈璟(1553—1610),使用戏笔列举了当时流行于世的知名书生负心故事,表达爱情的变化无常:

书生负心:叔文玩月,谋害兰英;张叶(协)生荣,将贫女顿忘初恩。

无情:李勉把韩妻鞭死;王魁负倡女亡生。叹古今,欢喜冤家,继着莺燕争春。①

此诗暗指六种故事,即《陈叔文》《张协状元》《李勉》《王魁》《欢喜冤家》《诈妮子》——讲述的都是出身贫寒但才华横溢的书生,一心参加科考的故事。书生离开新婚的妻子与年老的父母,赶往京城,后在京城以状元之荣誉通过科举考试。书生一旦获得名誉与地位便抛弃先前寒微的妻子或者曾给予帮助的妓女,而重新与名门之女婚配。随之,书生的原配(或妓女)上京寻找丈夫,但在找到书生时,书生却不肯相认。此类故事大体上都谴责书生,为被抛弃的女性寻求公正,但依据受害女性的道德品质与社会地位,公正又可以不同的途径实现,即如果她是妓女,那么由她自己报复书生;如果她是坚贞之妇,那么上天将为她复仇。更进一步,此类剧作大体上可区分为两类,即通过表现书生的不道德,因而遭受天罚或妇女的复仇;或

---

① 沈璟(1553—1610)[刷子序],《南九宫十三调》,《善本戏曲丛刊》(第三集,第 27 卷)第 191—192 页,台湾学生书局,1984 年版。末一句指《欢喜冤家》与《诈妮子》(又名《莺燕争春》)两部剧作。《欢喜冤家》为明代爱情剧作,但"欢喜冤家"四字又可指随季节变换而变化的男女关系。二人于温暖柔媚的春天相爱,在清冷的秋天经历离别与背叛,历经感情的不稳定,直到产生紧随死亡、复仇的怨恨。可参看俞为民《宋元南戏考论》第 41—42 页,台湾商务印书馆,1994 年版。

者在后世被改编,试图为书生的不道德开脱,而将导致其犯错的根源归结到其他剧中人物的身上。就第一类而言,其主题为负心书生因行为不端遭受惩罚,与上文已提及的《赵贞女蔡二郎》《王魁》相类,其他如《张协状元》《李勉》《陈叔文》《崔君瑞江天暮雪》亦为此类。而第二类,书生的行为已被开脱,如《琵琶记》《焚香记》《金钗记》。即使部分剧作的文本残缺不全,但这类剧作在证明其所描绘的角色具有正当性这一点上却是大体相同的。

就《赵贞女蔡二郎》而言——应为后世广受欢迎、影响巨大的剧作《琵琶记》的前生——虽然就目前所知,关于此故事内容情节的记载,仅存在于徐渭对南戏的有关论述中,但已足以分析其主题类型①,即:

> 赵真女蔡伯喈,即旧伯喈弃亲背妇,为暴雷震死。里俗妄作也。实为戏文之首。②

虽不能确定徐渭所据为何,亦不知其时《赵贞女蔡二郎》剧本是否仍存在,或者《赵贞女蔡二郎》与《琵琶记》是否同时并行。但正如绝大部分学者认为的,《琵琶记》以《赵贞女蔡二郎》为改编基础,那么在明代中期,此故事就与负心、天罚无关,而转变为宣传女性忠贞与坚忍的故事典型。③

在另一具有奠基性质的剧作《王魁》中,雄心勃勃的书生王魁,在考取状元之前,偶遇并迎娶妓女桂英。在王魁赴京之前,他在海神之前许下永不背叛桂英的誓言。然而,王魁通过科举考试之后,就抛弃妓女桂英,与来

---

① 《小上坟》为描述弃妇的地方喜剧性短剧,剧中有曲子受到了《赵贞女蔡二郎》故事的启发,此曲子即"正走之间泪满腮,想起了古人蔡伯喈:他上京中去赶考,赶考一去不回来。一双爹娘冻饿死,五娘抱土垒坟台。坟台筑起三尺土,从空降下琵琶来。身背着琵琶描容相,一心上京找夫郎。找到京中不相认,哭坏了贤惠女裙钗。贤惠五娘遭马践,到后来五雷殛顶蔡伯喈"。可参看《小上坟》,北京市戏曲编导委员会编辑《京剧汇编》(第二册)第42—50页,北京出版社,1957年版。

② 见徐渭《南词叙录·宋元旧篇》,《中国古典戏曲论著集成》(第三册)第252页。此故事有多种方式流传,都与"守三贞赵贞女,罗裙包土将坟茔建"有关。见李复波、熊澄宇校注《南词叙录注释》(北京:中国戏剧出版社,1989)第141—142页,书中亦提及《金钱记》《老生儿》《铁拐李》等剧作。

③ 见黄仕忠《琵琶记研究》第46—58页,广州:广东高等教育出版社,1996年版。《琵琶记》不同版本的流传历史极其复杂,以恢复元代原本为倾向。但所有现存的版本只能追溯到嘉庆时期(1522—66)。详尽的《琵琶记》版本研究及其曲调收集,可参看金淑英《琵琶记版本流变研究》,台北:中华书局,2003年版。本文采用的是由钱南扬校注的《元本琵琶记校注》,上海古籍出版社,1980年版。英文全译,可参看莫丽根译《琵琶记》(*The Lute*),New York:Columbia University Press,1980年版。

自富贵之家的崔小姐结为夫妻。焦急的桂英托人送信给王魁,然而王魁不仅没有恳求谅解,相反,将送信人逐出了衙门。随之,桂英自杀,冤魂纠缠王魁直到其死亡。① 与《赵贞女蔡二郎》相似,剧作《王魁》亦改编自其他与爱情、抛弃、复仇有关的故事。但与《赵贞女蔡二郎》将主题限制至复仇不同,《王魁》因以书生负心为中心而使该主题更为深刻。②

《王魁》现存的曲子分由四位角色演唱,始于二位主角第一次相遇,内容分为爱慕之情的流露、春日之爱、离别时刻及结局处王魁的负心及决绝。由女主角(旦)主唱,突出桂英的慷慨与爱,同时反衬了男主角(生)王魁的负心。终场曲子由送信人演唱,送信人告知桂英王魁的背弃,从而促使桂英坚定报复的决心,也树立起她的坚贞。明代同题材的小说,详细扩充了桂英自杀及冤魂复仇的情节。这两种奠基性的剧作及其变体显现出早期剧作的典型结构,即不道德的书生因地位与权力的改变,而抛弃了原配或妓女,迎娶京城某位位高权重的人物的女儿,但随后不久就因遭到复仇或天罚而死亡。所有的剧作,即使结局各各不同,但都存在这种基本结构。

就结构而言,有关负心书生的剧作都以前途无量的书生即将离家参加科举起始,此时,介于公心(知识与道德品质)与私欲(社会地位与家庭声誉)之间的对峙就呈现为紧张的冲突。一开始,此类剧作就预先提醒读者,在朝廷对官员候选人的要求与书生本人赞同的理念之间存在不平等。这类剧作聚焦于书生,号召书生响应朝廷的号召参与国家的治理,以及维持乃至提升家庭的地位。通常,此类剧作以书生表达其追求官职、社会地位的雄心壮志,以及效忠皇帝的渴望而准备离家为起始。父母于此场合会交代告诫与建议,而妻子则会要求书生抗拒城中的娱乐与美妇的诱惑。在伤感的离别时刻,书生尚恼怒而对。例如《王魁》开头场景:

---

① 此剧作并不完整,因而难知其故事梗概,但依据张邦畿的记载,桂英的冤魂回来杀死了王魁。此剧作极有可能晚于此故事。
② 《张协状元》中的"贫女"劝告张协不要向王魁那样背弃自己,"你莫学王魁薄幸种,把下书人打离厅"。见钱南扬《永乐大典戏文三种校注》第 160 页,台北:华正书局,1990 年版。《宦门子弟错立身》亦认为此剧讲述的是负心故事。在《崔君瑞江天暮雪》中,崔君瑞准备离开时,月娘也告诫他不要与王魁一样,"莫学王魁负义汉",见钱南扬《宋元南戏辑佚》第 131 页,上海:古典文学出版社,1956 年版。

[前腔第二换头]"一心为利名牵,暂别间不久团圆。""叹许多恩爱,怎不教我埋怨?""做状元,挂绿袍,那时回转,何须苦苦常忆念?"……①

《张协状元》中,张协告知父母自己期望离家赴京参加科举时说道:

(末白②)孩儿道:十载学成文武艺,今年货与帝王家。欲改换门闾,报答双亲,何须下泪!③

朝廷设立科举制度意在为统治者选拔优秀的人才,与此同时,科举制度亦给予优异、才华横溢的书生以权力、社会名誉及财富:

少年无非求名利,名利不求少年。文龙寸阴可惜,即日皇榜招贤,大丈夫当为之志④。

在《张协状元》中,书生表达了报答父母养育之恩以及改换家庭地位的强烈愿望,在《金钗记》中,比起对于国家的责任,父亲要求儿子多加考虑的是家庭。此类剧作自然是将科举考试作为进入权力中心的合法途径,但同时也抨击了书生的动机,这正反映出宋明理学有关学习的部分看法,即"学习乃是领悟万事万物之至理的阶段性成就"⑤。依照这一观点,所有事物都有其内在的自然准则(理),亦即万物存在(并非指其形态)的鲜活原力,并且高明的学者可通过"格物""致知"体会这一准则。如果全身心投入其中,即使不完全依赖通读儒家经典,那么学者也有可能理解这一准则;但是,由于万物的自然准则不能于一时全部显露,因而,学习必为一生的事业。因此,学习即为对万事万物之至理的探求,又是对个体经验、知识的总结。宋

---

① 钱南扬《宋元南戏辑佚》第38页,上海:古典文学出版社,1956年版。
② 此段文字引自《张协状元》开场之"诸宫调"。脚色"末"为叙述者。
③ 钱南扬《永乐大典戏文三种校注》第2页,台北:华正书局,1990年版。
④ 见刘念兹《宣德写本金钗记》第13页,广州:广东人民出版社,1981年版。此剧本发现于潮州一学者的墓穴之中,可追溯至1432年。见陈历明《刘希必金钗记的发现及其概貌》,收录于刘念兹《宣德写本金钗记》第141—145页,广州:广东人民出版社,1981年版。
⑤ 见 Peter Bol《个案研究:12 世纪至 16 世纪宋明理学与当地社会》,*New-Confucianism and Local Society*, *Twelfth to Sixteen Century: A Case Study*,收录于 Paul Jakov Smith 及 Richard Von Glahn 编撰的著作《中国历史变迁之宋元明》(*The Song-Yuan-Ming Transition in Chinese History*),《哈佛大学东亚研究书系 221》(*Harvard East Asian Monographs* 221),Cambridge,Mass.:Harvard U.P.,2003,p.249.

明理学首先将学习作为求取个体成长而须提升精神境界所必经的基本途径，并非为社会之进步。然而，此类剧作都明显地突出了其对立面。年轻书生确实表现出运用其学识、效忠皇帝的强烈愿望，但又立即证实了其愿望中物质的一面，即"出售"能力获得社会地位与利益。剧作中描绘的男主角，为了物质丰盛而努力，却未意识到其本应是官场中的理想的精神模范。

　　雄心勃勃的书生与其坚贞的女性伴侣之间的对比突出了书生介于知识与品行端正的之间的沟壑。例如，在《张协状元》中，因贫女（旦脚）细心照看而恢复健康的张协与贫女结为夫妻。但是，当贫女为筹集供张协赴京赶考的旅费而整日未归时，张协又辱骂甚至殴打贫女，此时，贫女哀求道："（旦）丈夫，汝是图功名底人，莫便恁地做作。"①这明显暗示教育应是加强道德素养的手段，也反映出书生对名誉、地位的物质追求是自私的、以妇女的坚贞为代价的。因行为与实现目标的准则，有规范的与实用的，道德的与惯常的巨大区别，从而使精英阶层的形成过程劣迹斑斑，使教育难以达成其目的。换言之，即使道德准则可被习得，但关键仍在于书生们是否将其内化，从而使其发挥效用。书生道德标准的暧昧不清，科举考试系统不能引起书生的道德觉悟，二者既为教育问题亦为制度问题，也明显是社会冲突的根源之一。但最终，剧作本身质问的并不是对物质享受的渴求，相反，随处可见（亦被广泛认同）商业主义的表达——学问之为商品、父母之投资、俸禄之为利益，但剧作实际上已为缺少重视社会贡献超越眼前的家庭利益、具有强大道德品质的读书人而奏起了哀歌。

　　使冲突加剧的又一根源与社会地位和血统有关。即使书生的雄心壮志与对成功的渴望已为"人之常情"，而且家庭是否能改变自身的社会地位取决于书生所取得的成就，但是此类剧作同样揭露了家庭之中因性别不同而造成的矛盾，即女性对血统的考虑与男性对官职的追求之间的对比。在《金钗记》中，父母与妻子反复劝告书生不要移情于富贵人家之女，不要在妓女身上耗费资财，即：

　　　　孩儿，出去我挂心机，你夫妻三日便分离，记得堂前爹共妈，也须念夫妻恩义，休贪恋丞相人家女儿，休教爹妈倚门望你。②

---

① 钱南扬《永乐大典戏文三种校注》第106页，台北：华正书局，1990年版。
② 刘念兹《宣德写本金钗记》第14页，广州：广东人民出版社，1981年版。

此段引文,表现出两方面的担忧:一方面,是对书生在进京赶考路上容易遇到的危险与不安全所做的警告,此类危险与不安全会影响书生的前景、家庭改换门闾的可能,也会影响血统的传承与家庭生活;另一方面,又告诫书生不要因京城的繁华与美色而误入歧途。① 妻子又重复了两次此类告诫,在送书生离开时更直接地说道:"休要恋鸾帷,莫把奴抛弃。"②剧作从一开始就已关注家庭的隐忧,不仅家庭成员害怕失去其希望的象征,父母也害怕失去书生本已决定要加以报答的、一生的投资。旅途之中确实会出现真正威胁书生生命的危险,然而与之相对的是,父母妻子的言语之中所表现出来的、对书生经受不住京城刺激诱惑的告诫,却暗示他们对书生的自制力的不信任与忧虑。由父母妻子预先的告诫(以及不信任)与书生的失败都已落入剧作的主题之中。此后,剧作将书生的雄心壮志与妻子或妓女的坚贞对立,使剧情对照主题而发展;男性的缺陷与女性的绝对坚贞并行,体现出坚贞亦可以天生,不一定仅能通过读书获取。在此类剧作的背景中,在模范妇女和负心男子的对比中,潜藏着天生与习得的坚贞的对比问题,但不能判定二者间清楚的倾向。坚贞这一品质,贞洁的妻子与妓女天生而具备,书生则正如前述,通过惯例与行为准则习得。他们的行为都是一个选择的问题,即使这一选择被社会规范所束缚。

虽隐匿于喜剧之中,但在《金钗记》中性别需求仍通过引用儒家经典机敏地得以表达。在下述引文中,妻子(旦)和母亲试图通过引用《论语》劝服书生,但父亲和书生(生)通过引用《孝经》指明男性的责任,即:

(旦白)官人枉读孔圣之书,不晓书中礼义。(生白)书中怎么说?(旦白)不见《论语》中孔子曰,父母在不远游。(生白)娘子,你记《论语》中说,可记《孝经》篇说?(旦白)《孝经》篇[怎]么说?(生白)立身扬名于后世,已显父母,孝之忠也。情虽难舍,功名之事……③

---

① 同见《张协状元》《刘文龙》《陈书文》《金钗记》。刘知远虽不是书生,但其对名誉的追求实为一致。
② 刘念兹《宣德写本金钗记》第20页,广州:广东人民出版社,1981年版。
③ 刘念兹《宣德写本金钗记》第15—16页,广州:广东人民出版社,1981年版。此处文本或有缺失。

母亲与媳妇试图保持家庭完整,延续家族脉络,而父亲与书生却表现出对社会地位的渴求,从而加剧了性别的对立。在男性看来,男子应为家庭带来荣誉与兴旺;在女性看来,男子须维护已经拥有的,承担起延续家族血统的责任。虽然此矛盾并未得以解决,但是书生依然离开,从而导致了家庭的悲剧。

家庭之中最剧烈的矛盾源自于伴随宰相之女而来的利益与书生对地位和权力的渴求。不管书生是主动背弃或是被迫背弃,女主角一开始就表达的担忧成为现实。然而,讽刺的是才华横溢的书生与宰相之女竟是绝配,而且也是此类剧作根本性不稳定的来源。在此类剧作通常出现的三位女性角色①中,最显眼的即"糟糠妇",因其为原配,她与丈夫一道忍受了早期的艰难、贫穷与挣扎。她亦被称为"三日之妻",因其婚后不久即与丈夫分离。原配往往被描绘成完美的、操守贞洁的模范,其对公公婆婆无可挑剔的孝道,其历经困苦而毫无怨言的品行,其于丈夫失踪后仍拒绝再婚更是最高的操守。于此三种品质中,孝道与守寡在明代为最高的社会荣誉。孝道普适于男女,早期剧作《王魁》以至《张协状元》,都暗示或专门地称赞孝道,后期的剧作如《琵琶记》及《金钗记》则存在似乎不孝的情形(由一些愚昧的错误所导致),与女性的坚贞成了尖锐的对比,突出了男主角的缺点。

一旦书生获得成功,"旦"与"生"的强烈对比成为促进情节发展的主要动力,即"旦"面临严酷的生活与艰苦的劳动,而"生"却过着物质丰盛的美好日子,从而又将"旦"恪守贞操的决心与"生"面对官府的软弱无能做了对比。女性的决心与男性的懦弱的对置,将女性角色提升到了突出的位置。在《金钗记》中,当被公公婆婆要求改嫁时,女主角断然拒绝,这又表现出了比孝道更坚忍的品质。然而,这一对比实为用一种品质(孝道)还击另一种品质(贞洁),她的决心亦不过仅增强她的贞洁。

明代的卫道士以传播寡妇故事以为模范,但当深入研究此类在明代被高度赞扬、广泛传播的女性贞洁故事时,却找不出守寡之所以成为贞洁操

---

① 即原配或"糟糠妻",富贵之女及妓女。

守及其之所以流行的原因。① 然而,笔者并不否认对女性守寡的赞扬与女性坚忍的独特魅力之间的联系。女性角色的这一特征流行于两种相隔几百年的剧作之中,即:《白兔记》与12世纪的《琵琶记》。② 坚忍乃是女性形成美德(如贞洁这一衡量女性品质的标准品德)的支柱。③

此类故事将寡妇守寡之贞洁限定于拒绝改嫁,或被压迫时选择自杀。但是,剧情结构已设定的公正、完满结局(团圆)源于对守寡的逐步演绎。在《赵贞女蔡二郎》《王魁》等奠基性剧作中,品行不端的书生或遭遇了天条的惩处,或受到了满怀怨恨的妓女的报复。但自《张协状元》(至少为此

---

① 实际上,改嫁仍为惯例。有关晚明妇女贞操综合性说明与分类,可参看 Katherine Carlitz《欲望、危情及身体:晚明女性贞操故事》(Desire, Danger, and the body: stories of Women's Virtue in Late Ming China),收录于 Christina K.GilMartin et al.编《中国之产生:女性、文化及国家》(Engendering China: Women, Culture and the State),《哈佛当代中国研究书系10》(Harvard Contemporary China Series 10), Cambridge, Mass.: Harvard U.P., 1994, pp.101-24;亦见于 Bettine Birge《朱熹与女性教育》(Chu His and Women's Education),收录于 Wm. Theodore de Bary and John W. Chaffee 编《宋明理学之教育:形成期》(Neo-Confucian Education: The Formative Stage), Berkeley: U. California P., 1989, pp.325-367;又见于 Patricia Buckley Ebrey《槛内人:宋代女性之婚姻与生活》(The Inner Quarters: Marriage and the Lives of Chinese Women In The Sun Period), Berkeley: U. California P., 1993, pp.188-203.

② 在《白兔记》中,已怀孕三月的李三娘,因刘知远之前往附近之军营,而被迫与其分手。因被其嫂子虐待,三娘于草堆之上分娩,用牙齿咬断脐带。与之相似,在《琵琶记》中,饥荒横扫大地,赵贞女为了养活其年老的公公婆婆,让二老吃白米饭,自己吃糠。见暖红室汇刻传奇影印本《新编刘知远还乡白兔记》第56a-b、57a-b 页,江苏扬州广陵古籍刻社,1999年版;钱南扬《元本琵琶记校注》第112—116页,上海古籍出版社,1980年版。

③ 贞洁或拒绝再嫁被誉为高尚的操守,亦为忠贞之行为,亦有"忠臣不事二君,烈女不嫁二夫"之意。见钱南扬《元本琵琶记校注》第136页,上海古籍出版社,1980年版。有大量有关守寡与再婚的文字记载,也有大量试图解释明代守寡风向的兴起与流行的理论。守寡这一行为根源于父系的、家长制的社会制度,在此社会制度下,女性必须对已去世的丈夫的父母继续尽孝。在明代,守寡风尚与多种决定性因素相关联,例如,法律与经济因素:寡妇唯有守寡方能拥有孩子的抚养权和亡夫的遗产;政治因素:女性的贞洁可比于男性对帝王的忠诚;伦理因素:元代以后恢复中华传统文化遗产的愿求及重建宋代理学道德信条的尝试。但在社会现实之中,寡妇的命运却是由众多额外的阶层、宗教及个人的决定性因素所决定的。可参看 Ann Waltner《明代及清代早期之寡妇与改嫁》(Widows and Remarriage in Ming and Early Qing China),收录于 Richard W.Guisso 及 Stanley Johannsen 编《中国女性》(Women in China), New York: Philo Press, 1981, pp.129-46; Mark Elvin《女性贞洁与中国国家》(Female Virtue and the State in China),"历史与现今书系104"(Past and Present 104), 1984, pp.111-52; T'ien Ju-K'ang《男性之焦虑与女性之操守:明清时期中国伦理价值比较研究》(Male Anxiety and Female Chastity: A Comparative Study of Chinese Ethical Value in Ming-Ch'ing Time), Leiden: E.J.Brill, 1988; Katherine Carlitz《晚明之〈列女传〉版本所提示的女性贞洁之社会用途》(The Social Uses of Female Virtue in Late Ming Editions of Lienü Zhuan),载《中华帝国晚期》12.2(Late Imperial China 12.2), 1991, pp.117-52; Patricia Buckley Ebrey《中国历史之妇女与家庭》(Women and the Family in Chinese History), London: Routledge, 2003.

剧作目前可见之版本）始，剧情结构已要求贞洁的糟糠妻于现实生活中得到补偿，从而给剧作以正面的结局。换言之，在理想的剧本中，贞洁之妻所经历的艰难困苦会得到以和睦的家庭、社会地位、财富以及忠诚的丈夫为内容的补偿。从负心、不道德的书生到忠诚、自律的丈夫的转变之所发生，是否出于不幸妻子的还击，是否展现出对早期剧本之中的粗俗、暴力的不适？是否反映出当时社会经济的变化？是否体现出观众重新探讨女主角之精神与物质命运的要求？是否仅因从公共舞台到寺庙，而导致情节设定的不同？或是出于观众对于团圆结局的需求？如果在明代，守寡已成为公开的盛事而受政府表彰，那么剧中伴随忠诚或悔改的丈夫而来的社会地位、财富也正是对女主角的嘉奖。

在许多此类剧作中，一旦顺利通过科考，负心书生就会背弃过去曾支持他的原配，而迎娶京城中某位显赫人物的富贵之女。这位富贵女，通常为宰相之独女，由二号女演员（贴）扮演，一般都为美貌、心地单纯的女子。因这类女子为高官之女，且已到适婚年龄，因而让人梦寐以求，而其重要意义正在于，她们是状元郎的完美伴侣。然而，在早期剧作中，状元郎或被其美色所倾倒，或将其视为获得权力之捷径，求之不得地与高官之女交换誓言，而在后期剧作中，则是因宰相只有独女而威迫状元郎与其女成婚，从而延续家族血脉。此类后期剧作，通过谴责宰相滥用职权，从而为书生的软弱开脱。

在妓女为女主角的剧作中，妓女以其富裕与慷慨使男主角赢得社会成就，但也是社会地位决定了她的命运，导致她的死亡。在《王魁》中，王魁一通过科考，就依照父亲订下的婚约再婚。在《陈叔文》中，陈叔文虽已成婚，但在通过科考，赶赴上任的途中，因家境贫寒而要求妻子留在家中直到其能寄钱给她为止。他遇见了心仪的妓女，并与之成婚。但不久后，当原配即将归来时，陈叔文就将妓女杀死，并且投之于江中。

喜剧为中国戏曲的工具，将强烈的痛苦与荒谬的滑稽做对比，平衡剧作的内在社会批判性，及其成为情节剧及获得观众共鸣的巨大潜质。在悲剧即将发生之时，插入喜剧以平衡剧作气氛。此类奇异的插入常与故事主旨无关，因而应为戏曲的结构惯例，而非对剧作主旨的讽刺。但合理地布局喜剧的力量，确实有淡化书生负心主题的效果。由于包裹书生之雄心在喜剧之中，因而书生追求的方方面面及其获取目标的过程，自接受教育的终极目标——参加科考，到求取功名，到为帝王效忠的誓言,都具有嘲弄意味。① 而在实例之中,轻描淡写有逃避潜在政治审查的作用,也可通过娱乐手段转变观念,即将观众注意力吸引到其他极度关键性及戏剧性的主题上。② 而"糟糠妻"与妓女的经历与坚忍就是极其重要的方面之一。

言而总之,与负心书生有关的剧本揭露出了两个问题。其一,正如《王魁》《张协状元》,尤其是《赵贞女蔡二郎》所说明的,学问不可与道德同时获取,科考的应试者主要是由对物质满足——财富与社会地位的追求所鼓动。即使应试者们具备道德价值(如孝顺),也明了社会及家庭寄予的需求,权力地位也使其能够合乎规范与有所作为,利于他人与满足私欲之间做一选择。书生必须达到考试阶梯的顶峰暴露出教育与考试系统的瑕疵,体现为仅少数出生卑微(或相当卑微)的书生可斩获状元之誉而成为才华横溢的模范。其二,书生的伪善与道德堕落使其陷入与贞洁的女性角色的矛盾中,这种角色间的对比促进剧作在品行高尚与道德败坏,牺牲与正义,闹剧与荒谬间平衡发展。起初,解决此类问题之唯一途径即为报复与天罚;之后,此类矛盾方由大团圆与皆大欢喜化解。

三、复仇,报应与书生负心剧

中国戏曲的复仇描绘见于最早的北杂剧与南戏剧本中,但对其处理的方式却千差万别,从以复仇问题为故事中心而发展的历史题材,到更世俗化的幽魂复仇的爱情故事。在多数情形中,复仇与中国社会的基本观念"报"——行为的报应紧密相关。"报"几乎与所有的人际关系形式相联系,以维护"五伦"为基础而扩展于公众领域内,而于私人范围内,则拓展于平辈,或者家庭、朋友及道德观念相同的人之中。其亦用于迫切渴望严惩某人对自己、亲属或者朋友所作之恶。在此类语境中有两个复合词,其一为"报

---

① 如刘文龙,于准备参加科考,告别父母(二者皆为喜剧脚色)时,其父母关注之焦点即极其世俗,二人担忧其子因着迷于新婚妻子而走不出家门。

② 主要角色书生(由生脚扮演),毫无疑问,均为有学问的应试者,如《张协状元》之第一、第九、第十八出。见钱南扬《永乐大典戏文三种校注》第1—12、49—54、96—98页,台北:华正书局,1990年版。但剧中除男主角外,其余书生则主要由喜剧脚色扮演,且以嘲弄方式夸耀自己并没有的才学。参加科考的书生常有喜剧脚色扮演(净、丑、末),此类脚色特点决定其以拙劣的文字游戏与闹剧模仿科考,进而讥讽教育的缺陷与考试制度。如《张协状元》,第二十四出,见钱南扬《永乐大典戏文三种校注》第122—128页,台北:华正书局,1990年版;《金钗记》第十三出,刘念兹《宣德写本金钗记》第25—28页,广州:广东人民出版社,1981年版。

仇",即以复仇求偿还;其二为"报恩",即因感怀某人之助而思以好意相报。合理的回应,或者说"报"的构成从古至今都是可争辩的问题。好意自然报以感激,然而值得关注的问题是如何偿还错误。没有明确的方法解决这一问题——"报"最终与环境有关——无论是凭借相同规则,抑或不偏不倚的规则,使问题可至少以粗鄙、有名无实的方式不偏不倚地、正义地补偿伤害。社会关系由精妙的、均衡的互惠社会关系及心照不宣的交换原则所维持。在此类交换中,随社会阶层的起伏,任何人的社会投入皆可获得相应的回报。①

在南戏形成的早期阶段,离别时刻为主要关注点之一,此时书生离去参加科考,也是等候已久的报答时刻,此时书生会补偿父母的辛劳,报答曾给予其协助的妻子或妓女的好意。前文已述,当书生准备离家时,存在着顺利通过科考之后,实际是否补偿道德缺失的疑虑。书生强烈地声明其报答的意愿以应答疑虑,而对父母的责任则源自孝道与经济性质,即儿子归来时可以提升家庭地位为报答;而对妻子或妓女的责任则源自感激的亏欠,且未被报答。当妓女桂英对情人王魁的忠诚表现出疑虑时,又告诫王魁切不可抛弃自己,王魁则于庙神前发誓道:

[前腔第三换头]"伊娇面,伊娇面,俏如洛浦神仙②。肯漾却甜桃,再寻酸枣留连。""是果然,意志坚,指日同往,灵神祠里同设愿。亏心的,上有天,莫辜负此时誓言。"③

最终,男主角确实未能回报妓女的善意,这时的疑虑正是剧作结果的伏笔。④ 现在已经无法真正明了早期奠基性剧作中此类负心书生的动机,但

---

① Lien-sheng Yang《"报"之作为中国社会关系基础观念》(*The Concept of Pao as a Basis for Social Relations in China*),John K.Fair Bank 编《中国之思想与制度》(*Chinese Thought and Institution*),Chicago: University Chicago Press,1957,pp.291-309;Karl S.Y.Kao《报与报应:中国小说之因果叙事与外部动机》(*Bao and Baoying: Narrative Causality and External Motivations in Chinese Fiction*),《中国文学:随笔、论文、评论》第二辑(*Chinese Literature: Essays, Articles, Review II*), December 1989,pp.115-137.
② 源自曹植(192—232)《洛神赋》。
③ 钱南扬《宋元南戏辑佚》第 38 页,上海:古典文学出版社,1956 年版。
④ 《张协状元》中,因片刻感激,张协与贫女结为夫妻。贫女告诫张协道:"伊须异日,休得要忘却奴厚期,忘却来庙里。"对于此,张协以"文人"之口吻答复曰:"诗书礼乐曾谙历,我敢负伊! 伊我放心,不须要虑及辜负妻,虑及辜负伊。"见钱南扬《永乐大典戏文三种校注》第 86 页,台北:华正书局,1990 年版。又如陈叔文对妓女许诺道:"[石榴花]卑人今幸错爱与扶持,怎肯道忘了些儿。片云但得与遮体,管须来报答恩义。"见钱南扬《宋元戏文辑佚》第 2 页,上海:古典文学出版社,1956 年版。

由后期完整的剧作可发现这类动机之隐藏意义相当复杂。王魁、张协及陈叔文为彻底逃避责任而杀害其贞洁伴侣的计谋,说明女主角在离别时刻的疑虑的明智。贯穿这类剧作始终的诚信缺乏着实使人忧虑,依据父母对儿子的告诫,出于对妓女的担忧,为确保刘知远归来,刘知远的妻子夺走了他的印信①;《琵琶记》中,赵贞女以蔡伯喈已经认不出父母消瘦后的肖像而揣度其道德品质。②此类情节不仅暗示角色的缺陷,亦显示年轻书生的学业并未使其获得坚毅的道德。在殴打贫女,显示其无教养且道德沦丧后,张协准备再次前往京城,并与贫女二人同唱一首离别之曲。贫女唱道:"你不分女皂白阿好闷"③,从而显示张协身上没有高尚优良的品质。剧作重复劝诫的是,道德责任与报答之间的脆弱平衡极容易被打破。

就此而言,此类剧作似乎建立于负心书生必须因其对忠诚女子的不合理对待而受到惩罚的直接主题之上,然而也有部分剧作在推进道德责任冲突时,使这一问题复杂化。这种高尚或罪恶的行为获得相应的"报"的因果模式,不再明析,且不同剧作的报应的复杂程度也各不相同。在早期剧作,如《赵贞女蔡二郎》《李勉》中,书生未能报答其父母妻子。但随剧情发展,角色的发展使行为的决定因素更趋复杂,因而似乎存在尝试使用社会公正与些微道德批判的可能。如当李勉抛弃其父母与妻子,于他地重建家庭时,其父亲指责道:

[一封书]闻说你在京,恋红裙,醉酒樽。不顾闺中少妇,不念堂前白发亲。义和恩,重和亲,问你从前不孝名。④

即使《李勉》已经是不孝与背弃的故事,李勉给父亲的回复中依然增添了其他顾虑,即"卑人在馆下多年恩爱深"⑤。之后,某天他又邂逅了另一个心仪女子,便又同样逃离而与此心爱的女子经历重重困难建立另一家庭。对新家庭,李勉表现出极大的周全与道德感,他不愿抛弃他们,即"怎

---

① 见凌景埏、谢伯阳编《诸宫调两种》第69页,济南:齐鲁书社,1988年版。亦可见《刘知远诸宫调》英译本题为 *Ballad of the Hidden Dragon*,译者为米列娜(Milena Dolezelova-Velingerova)与柯润璞(J. I. Crump),London:Clarendon Press,1971,p.93.
② 钱南扬《元本琵琶记校注》第182页,第三十一出,上海古籍出版社,1980年版。
③ 钱南扬《永乐大典戏文三种校注》第107页,台北:华正书局,1990年版。
④ 钱南扬《宋元南戏辑佚》第69—70页,上海:古典文学出版社,1956年版。
⑤ 钱南扬《宋元南戏辑佚》第70页,上海:古典文学出版社,1956年版。

教他别取个头条嫁个人?"①从他的对白中,可推断(也仅可推断),此处一定有更复杂的正直、感激、孝顺的原因。《张协状元》也有相似之处,贫女在张协赶赴京城的路途中受强盗击伤后而照料张协,后张协与贫女结婚。为回报贫女的善意,表达感激之情,或者为贫女正名(因张协与贫女同住破庙之中),张协别无选择而与贫女结婚。然而,张协最初的感激之情在其离开贫女,继续赶赴京城的途中,迅速转为悔意,其言道:"近日须谐贫女,未是吾儒活计,依旧困其身"②,及"贫女那贱人,十大打底九人没下!自家不因灾祸,谁恨肯近傍你每"③。张协自然明了正确的社会行为与回报方式,但当时的情形迫使他别无选择,即接受贫女之好意(亦为维护贫女的名誉),因而只能与贫女结婚。换言之,这并非由于道德观念的缺乏,也并非源于意志力的软弱;张协并非不明了社会对他的期许,而是因为被困于对功成名就的追求,丧失了正义感。问题并非道德品质与功成名就间的矛盾,而是他的成功(及因成功而得到的权力)源于对社会行为准则的违背与不以感激回报善意。当书生起初遵照社会的期许而为时,便违背了权力的规则,由此可见,书生的过错与新得的社会地位紧密联系,且书生深知可依照自己的利益操纵这一社会地位。

这种矛盾的解决方式多种多样。因"报"未被实现,或回报未曾发生,不忠即成为复仇的强烈的动机或原因。虽然在每一个事例的环境中,回报的缺乏都是选择性的、特殊化的。但以复仇结尾的剧作与结局经调整的剧作间仍有明显区别。奠基性剧作,如《王魁》《赵贞女蔡二郎》及之后的《陈叔文三负心》明显都是复仇剧。可暂将此类剧作按与贞洁之妻或妓女有关作一个划分。在与贞洁之妻有关的剧作中,因女子相当被动,复仇即为天罚。如于《赵贞女蔡二郎》中,复仇由神意执行,蔡二郎被雷电击毙。贞洁女子不寻求复仇,而天意为其主持正义。坚忍为女子的高尚品德,因而复仇不在其选择之内。

如所有此类剧作所呈现的,天意主持这种由亏欠与回报交织的复杂网络。诉诸自然与公正司空见惯。天意维护高尚品德,并惩罚不遵守维护人类品行法则的人。中国自古以来即存在上天的公正保佑善者而惩罚恶人

---

① 钱南扬《宋元南戏辑佚》第70页,上海:古典文学出版社,1956年版。"他"此处指"卑",即"谦卑之人"。
② 钱南扬《永乐大典戏文三种校注》第96页,台北:华正书局,1990年版。
③ 钱南扬《永乐大典戏文三种校注》第104页,台北:华正书局1990年版。

的信念。然而,这一信念在戏曲中的形成似乎与佛教学说的传入有关,且保留了关于因果报应的通俗说法。① 然而,在佛教学说中,命运源自生老病死的自然循环,且"天"并不发起惩处,而在此类剧作及其他中国文学作品中,"天"会报复,且因果报应以人的标准衡量,由此可见,复仇可能即是戏剧情节所需,也是为满足观众为正义寻求补偿的心理。剧作《白兔记》中,在李三娘分娩时,忠朴窦老前来协助,并言道:"恶有恶报,善有善报,若还不报,时辰未到。"②此对白不见于后世的版本中。这类表述常见于早期剧作中,渴望源自上天的终极支持与评判实现正义,但上天又反复无常,即"若无报应,果是乾坤有私"。③ 但上天确实一一回应,给予社会和谐运行的神圣正义。

另一方面,妓女先自杀,通过其蒙冤且不安的幽魂寻求正义以自我复仇。妓女起初的施恩即为了交换。在王魁科考失利而归家时,一位友人将他安排在妓女桂英处住宿。王魁与桂英立刻相互爱慕,且在第二日拂晓之时,桂英决定担负所有的生活物资,直到王魁通过科考。王魁也以发誓永不辜负桂英作为补偿。于1620年的一则记载中,二人于庙神前结婚。然而,当王魁最终背弃桂英时,置上天对王魁可能的惩处于不顾,桂英决定寻求自己的正义。④ 在桂英发觉王魁已背弃自己时,她因为"老鸨"的言语突然发觉自己身为妓女的现实,即:

[麻婆子]"自古道痴心女,痴心太过头。他亏心你枉自守。""浪语闲言莫僝僽,奴家不庐你何忧。""怕你吃他负,无人替你羞。"⑤

通过对比留宿妓女之处在人际关系中的附加意义与外部世界依然认为妓女不过是一件商品的社会传统观念,老鸨提醒桂英其工作的性质。然而,即使此类冷酷的语言对妓女有些许的安慰,那也是为强调感情的浅薄

---

① 见 Karl S. Y. Kao《报与报应:中国小说之因果叙事与外部动机》(*Bao and Baoying: Narrative Causality and External Motivations in Chinese Fiction*),《中国文学:随笔、论文、评论》第二辑 (*Chinese Literature: Essays, Articles, Review II*), December 1989, pp.115-138.
② 暖红室汇刻传奇影印本《新编刘知远还乡白兔记》第56a-56b页,江苏扬州广陵古籍刻印社,1999年版。
③ 钱南扬《元本琵琶记校注》第190页,上海古籍出版社,1980年版。
④ 路丁、谭天《古本评话小说集》第89—95页,北京:人民文学出版社,1984年版。
⑤ 钱南扬《宋元戏文辑佚》第39页,上海:古典文学出版社,1956年版。

及男角色的无情无义。高尚道德与野心间的矛盾通常导致背叛与抛弃,且只能以复仇的形式给予戏剧性的补偿。

引文最后一句再次肯定了妓女桂英的决定,因为无人替其主持公正,所以她唯一的力量源于冤魂。桂英牺牲自己的性命并非为荣誉、爱或苍白的绝望,而是为了追索补偿与正义。自我牺牲为桂英复仇的第一步。正如由张邦畿收集的"王魁"故事,现存的曲子的最后一句简洁地表现了王魁的"负心",即"魁负我如此,当以死报之"①。在王魁死后,桂英又概括地声明已取回王魁之性命,即"桂英曰:得君之命即止,不知其他"。② 然而,因陶醉于对复仇的描绘,王魁故事的恶毒在后世的故事版本中变得越发复杂。例如,桂英决定必以一死求得正义,即"我必死以报之!"③随后又出现一道士(应邀驱除桂英之冤魂)要求王魁必须因其负心回海神庙接受惩处。不言自明,当道士回到现实世界,王魁已经死亡。源自欺骗的复仇,意味着冷酷的死亡,这也源于中国历史悠久的表现冤魂复仇的传统。④ 中国与西方的早期戏剧确实都不允许蒙冤的幽魂在恶贯满盈的恶人被连根拔除前,徘徊于活人世界。从阴间回到地上的冤魂,积怨极深,强烈地渴望自己复仇。⑤ 而冤魂的在场或被带回场似乎出于对抽象的正义的渴望,如果冤魂不在场,有人则会怀疑其是否能代表与满足对特定、真实的社会正义的缺失所导致的怨恨之情。

总而言之,当妓女将物质(或许亦有感情)投入于一位才华横溢、饱读诗书的年轻书生时,她期望书生能因其付出而以承认自己为补偿。当书生负心时,依据因果报应的原则,书生会受到审判,而且最终将会以自己的生命补偿妓女无私的付出与不公正的死亡。妓女的复仇,服务于个人渴望与正义感,仅能满足观众对于诗意正义的渴求。

---

① 钱南扬《宋元戏文辑佚》第36页,上海:古典文学出版社,1956年版。

② 钱南扬《宋元戏文辑佚》第36页,上海:古典文学出版社,1956年版。与此类似,崔兰英的冤魂悄无声息地归来,并以此强调陈书文对被发现的害怕,当崔兰英要求陈书文看望自己时,陈书文以不被家人发现为要求予以接受。当陈书文最后被发现时,其面孔朝上而死,如同被杀头。

③ 路丁,谭天《古本评话小说集》第91页,北京:人民文学出版社,1984年版。

④ 亦可见 C.Yu《安息吧,安息吧,不安的冤魂!——中国古典短篇小说之冤魂描写》(*Rest, Rest, Perturbed Spirit! Ghosts in Traditional Chinese Prose Fiction*),HJAS 47.2(1987),pp.397-434.

⑤ 此于改编本南戏剧作《小孙屠》中,尤为明析,即于侍女梅香之冤魂满含怨恨地从阴间回到地上时,剧中写道:"(梅)在阴间衔冤痛伤悲,(净旦)谁知冤报冤和债。"钱南扬《永乐大典戏文三种校注》第322页,台北:华正书局,1990年版。或许,戏曲作品中最知名的"冤魂"为剧作《窦娥冤》中之"窦娥"。

或许源于双方的最终裁定过于粗糙，或许已将妓女作为书生之配对的表现手法做了简单变更，此类主题不再存于中国后世之剧作中。剧作逐渐转变得更加积极且功利，伴随对人的失败的批评的消失。

《张协状元》的"报"，与其他剧作相比，则更为复杂，且与更大的社会范围相关。它稳固地建立于父子之间，亦直接地存在于张协与贫女之间，而又偶然地与想要张协成为女婿的丞相有关。除父母与儿子的关系（孝道当然不容置疑）之外，所有的回报关系都被破坏，所有的需求又都被报答，这就是报应系统内对称的"报"。

例如，在张协担任公职时，就责骂贫女"强迫"自己与其结婚，后来又在京城中装扮成乞丐羞辱自己。"报"此时来自于张协，张协感觉自己受到责骂，因而不知不觉地寻求对贫女的报复。

讽刺的是，这类剧作中不曾寻求报复的女角色就是《张协状元》的女主角贫女。贫女因找寻张协而被赶出张协的衙门后，边离开边挖苦道："买炷好香祝苍天，愿你亏心，长长荣贵。"①在早期与爱、谎言有关的故事中，张协的命运应该与其他因负心而死的人物相同，但《张协状元》却以已经修改过的圆满为结局。贫女，与赵贞女相似，当具备寻求报复的条件时，显得高尚而无助。但报应之不爽却宣示了天罚即将来临，张协渐长的文人式傲慢及对权力的滥用，终将化为乌有。

但是预想的报复竟然出人意料地没有降临到张协身上，取而代之的是，张协回到了破庙，为报复贫女而想要杀了她，这一行为增加了对复仇的期望。当张协找到贫女时，贫女又一次掩盖了张协的不正当行径，只是略微地抱怨了自己的悲惨命运。但贫女独自身处破庙时，却不断提醒观众自己对张协无回报的善意付出，及对张协有失正义的对待方式的怨恨。

然而，报答最终依然随着强迫来临了。与之前书生负心剧作中负心须以神圣的或个人（冤魂）的惩罚致死为代价不同，《张协状元》中，为突显"报"的内涵，作者精巧地将贫女再嫁张协，由此既补偿贫女，又迫使张协报答了贫女的恩情。张协的报答更多的是对女性的补偿，而非对书生的错误行径的救赎。

---

① 钱南扬《永乐大典戏文三种校注》第162页，台北：华正书局，1990年版。

四、结论

在明代早期,多数有关书生负心的故事都被重新改写。其中一个原因应为政府明令禁止了特定题材及场上角色,如帝王、官员的演出,而又鼓励有关烈妇、孝子等一切与"劝人为善"有关的剧作的演出。① 难以断言此类政令发挥影响的程度。当代学者俞为民,追随16世纪的学者徐渭的观点认为,这一转变来源于文人试图证明自己是孝顺、正直之人的大倾向。徐渭在其关于南戏起源的讨论中,认为元代时北杂剧曾风行南方,几乎完全取代了土生土长的南戏。徐渭也认为如果北杂剧真正取代南戏,那么就会出现许多以低劣、粗糙的语言创作北杂剧的剧作家,而且表现出了对古代北方剧作家群的"乡愁"。在下文之引述中,徐渭提及了高明改编《琵琶记》的意图,即:

> 惜伯喈之被谤,乃作《琵琶记》雪之,用清丽之词,一洗作者之陋,于是村坊小妓,进与古法部相参,卓乎不可及已。②

按照徐渭的观点,高明改编此剧作意在澄清蔡伯喈的历史名声及其作为文人的评价。徐渭可能由剧作之序幕及全局得出此结论,然而这也只是猜测。在《琵琶记》的序幕中,高明并不反对人物的演出或文人气的剧作语言,他反对的是剧作所包含的道德内容。末脚进场之后即向观众宣告,未含道德教育的故事毫无意义,且继续说道:"论传奇,乐人易,动人难。"③又继而要求观众注意剧作传达的信息,而不要着意于通俗的戏曲元素,如喜剧与音乐。所以,为何要使用此媒介?如何认定是高明的剧作充当了传播道德品质的媒介?因戏剧作为价值传播的媒介,不需要观众具备读写的能力,因而此类政令确实在一定程度上直接地影响了戏曲的传播。但无法确知此类政令的效力如何,因胁迫性的、不道德的丞相及负心的书生依然在舞台与剧本中流传。

对负心书生的描述大体上确实是消失了,并且让位于由男性之坚贞与

---

① 王利器《元明清三代禁毁小说戏曲史料》第11—15页,上海古籍出版社,1979年版。
② 徐渭《南词叙录》,《中国古典戏曲论著集成》(第三册)第239页,北京:中国戏剧出版社,1980年版。
③ 钱南扬《元本琵琶记校注》第1页,上海古籍出版社,1980年版。

忠诚取代负心的喜剧。将《王魁负心》改编为《焚香记》即为此例。于《焚香记》中,王魁通过科考,拒绝再婚,准备赴任时,修书一封致忠贞的妓女桂英,然而金垒拦截此信后,便将其改为休书。桂英收到休书后,便自杀,后又以冤魂发现王魁实际上并没有违背誓言,且最终因为爱与补偿,重获新生。早期剧作的暴力与谴责被改编为正直端方的教旨。早期剧作失去了至关重要的特点,也失去了其对大体上可控制的社会价值,如教育的有效性、因果报应的束缚的评判作用。

在中国戏曲的早期剧作中,"动人"或曰使人有所回应,是评判"好剧"的重要标准,而这一特点主要存在于"旦"或是女主角的表演之中。其所使用的模式即为高尚的女性与不道德的书生之间的对峙,介于女性之坚忍与男性的负心之间。当这一社会伦理道德标准未被遵守时,则另有多种补偿的方式,其中最极端的即为复仇。此类剧作中的复仇寻求社会和谐与正义的原则的连贯,而于剧作终了之时,那些贪求权力与荣誉,贬低学问且以政府之条文作为功力手段的书生,最终遭受到了道德品质的责问。因此,书生之负心不仅仅是对某一人道德缺失的责难,也显示出"报"作为一种无阶层的信条对整个社会的作用。

然而,如果一开始就有针对此类棘手的社会问题的明确答案,其过程会牵涉私人领域与公共领域的对抗。换言之,李勉虽然背弃第一个家庭,背叛了社会的道德准则,但对第二个家庭的献身精神却说明他是道德高尚之人;张协与贫女结婚(第一次),虽然并不出于感激,但为了遵守社会道德行为标准,他还是违背了自己的意愿。在《琵琶记》中,丞相对其女儿的要求正大光明。宰相拒绝让女儿离开自己身边,即使正确的孝顺行为要求女儿与蔡伯喈一道吊问丈夫已逝之父母,由此观众可细致地领略到父亲对女儿的爱护及其焦虑之情。对分离的恐惧与对女儿安全的担忧使宰相违背了所有的传统孝顺准则。然而,评判依然在剧中进行着,由此,观众可见在舞台上私欲与公共责任之间的斗争有多么复杂。作为早期负心书生剧作最引人瞩目的方面的这一类社会伦理道德观念,逐渐消失,而代之以大团圆结局的浪漫喜剧。以死为报,作为早期剧作的典型谴责方式,或许太过剧烈与不公平,且以转移自此前的伤害的正义为补偿。而后期的剧作,矛盾的解决途径由精神主导过渡到物质,由此,女主角最终可过上应有之高贵、富足、舒适之生活。

学者简介

1. 日比科夫斯基（Tadeusz Zbikowski），波兰汉学家，生前为波兰华沙大学汉学系教授。1956—1957 年，于北京大学访学。1963 年，发表博士论文《关汉卿的著作与生平》，并被聘为助理教授。1966—1970 年，担任波兰驻中国大使馆工作人员。在完成助理教授申请论文《南宋早期南戏研究》（后出版成书）之前，他已经在中国学习、工作、生活五年。① 日比科夫斯基的南戏研究专著《南宋早期南戏研究》出版于 1974 年，在钱南扬先生出版《永乐大典戏文三种》（首次出版于 1979 年）、《元本琵琶记校注》（首次出版于 1980 年）以及《戏文概论》（首次出版于 1981 年）之前，对剧本的划分、剧本内涵的解读等都与国内学者有不同之处。

2. 孙玫，生于江苏扬州，新西兰籍。1988 年，考取中英友好奖学金，先后求学于剑桥大学、爱塞克斯大学并进行学术交流。1990 年，访问印度考察梵剧，同年 8 月入夏威夷大学攻读戏剧系博士学位，师从著名中国戏剧研究专家魏莉莎专攻东方戏剧。1995 年，获博士学位，旋即任教于新加坡国立大学中文系。1999 年，任教于新西兰维多利亚大学亚欧语言文化学院。2007 年起，任台湾"中央"大学中文系专任教授。其博士论文《南戏——中国最早的戏曲形式》（夏威夷大学，1995 年）延续钱南扬先生《戏文概论》已关注的戏文原委、形式、演唱等议题，对此更细腻地加以探讨，并对南戏的研究提出意义重大的可能发展方向。

3. 雷伊娜（Regina Sofia Llamas），美国汉学家。1978 年，入台湾师范大学学习中文。1980 年，于北京学习高级汉语课程。1981 年，入北京大学攻读汉语言文学本科。1987 年，入哈佛大学攻读东亚地区研究硕士。1998 年，获得哈佛大学东亚语言文化博士学位。2000 年起，任台湾师范大学外语学院西班牙语助理教授。后任斯坦福大学东亚语言文化研究所讲师。

---

① 日比科夫斯基生平资料均由波兰华沙大学东方学院现任汉学系主任李周女士提供。

雷伊娜精通西班牙语、英语、汉语、法语等多种语言,主要研究方向为早期南戏、戏曲史、戏曲表演方式及晚清戏曲,除将《张协状元》译为英文外,亦已将其译为西班牙语,目前正编写着重探讨中国戏曲形成发展规律的戏曲史专著。雷伊娜有关南戏的研究,除《〈张协状元〉喜剧脚色及其演出研究(附全剧英译)》(*Comic Roles and Performance in the Play Zhang Xie Zhuang Yuan with a Complete Translation*)外,尚有《论早期南戏作品所见之天罚、复仇及书生负心》(*Retribution, Revenge, and the ungrateful scholar in Early Chinese Southern Drama*)等论文。

4. 杜为廉(William Dolby),英国人,曾于剑桥大学用时 6 年多研修汉语,后长期执教于爱丁堡大学,从事中国古典戏曲研究 40 余年,在 20 世纪的西方中国古典戏曲研究中有着举足轻重的影响,被中国学者称为"欧洲汉学传统的继承人","是英国唯一的一流的中剧研究专家"。其著作《中国戏曲史》(*A History of Chinese Drama*)大量吸收了中国著名学者的研究成果,同时也大胆地采用了世界各国的资料,在西方,是一部拓荒性的论著,成为欧美大学通行的中国戏曲史教材。

5. 毕鲁直(Lutz Bieg),1989 年起任德国科隆大学教授,是当今德国最活跃的汉学家之一。曾参与由顾彬(Wolfgang Kubin)主编的德语版《中国文学史》(*Geschichte der chinesischen Literatur*),为该书《德国中国文学书目》[*Bibliographie zur chinesischen Literatur in deutscher Sprache*, Munich(De Gruyter Saur),2012]部分的执笔人。其学术论文《德语世界中的鲁迅》("Lu Xun im deutschen Sprachraum", Wolfgang Kubin(Hrsg.), *Aus dem Garten der Wildnis*, Bonn:Bouvier,1989)是德国汉学界最早对"鲁迅研究在德国"进行系统介绍的成果。曾于 1975 年出版有关黄庭坚的专著《黄庭坚:生命与诗歌》[*Huang T´ing-chien(1045-1105): Leben und Dichtung*. Darmstadt: J. G. Bläschke Verlag, 1975]。

南戏研究英文论著索引

[1] Bieg, Lutz, "Literary Translations of the Classical Lyric and Drama in the First Half of the 20th Century: The "Case" of Vincenz Hundhausen (1878-1955)", in *De l'un au multiple: Traduction du Chinois vers les langues européennes/Translation from Chinese into European Languages*. ed. Viviane Alleton and Michael Lackner. Paris: Les Editions de la MSH, 1999, 66.

[2] Birch, Cyril, "Tragedy and melodrama in early ch'uan-ch'i plays: 'Lute song' and 'Thorn hairpin' Compared", *Bulletin of the School of Oriental & African Studies*, 36.2(1973): 228-247.

[3] Colin, Mackerras, *Chinese Drama: A Historical Survey*, Beijing: New World Press, 1990.

[4] Colin, Mackerras, *Chinese Theatre: from Its Origins to the Present Day*, Honolulu: University of Hawaii Press, 1983.

[5] Dolby, William(tr.), *Eight Chinese Plays, From the Thirteenth Century to the Present*, London: Paul Elek, 1978.

[6] Dolby, William, *A History of Chinese Drama*, London: Paul Elek, 1976.

[7] Jin, Huan, "Envisioning Morality in Times of Dynastic Change", *Morailty Dynastic Changes*(2010).

[8] Llamas, Regina Sofia, *Comic Roles and Performance in the Play Zhang Xie Zhuang Yuan with a Complete Translation*, Harvard University, 1998.

[9] Llamas, R., "Retribution, Revenge, and the Ungrateful Scholar in Early Chinese Southern Drama", *Asia Major*, 2007, 20(2).

[10] Mei, Sun, *Nanxi: the Ealiest Form of Xiqu(Traditional Chinese Theatre)*, University of Hawaii at Manoa, 1995.

[11] Mulligan, Jean M.(tr.), *The Lute: Kao Ming's P'i-p'a chi*, New

York: Columbia University Press, 1980.

[12] Mulligan, Jean M., *The P'i-p'a Chi and its Role in the Development of the Ch'uan-ch'i Genre*, The university of Chicago, 1976.

[13] West S. H., "Shifting Spaces: Local Dialect in A Playboy from a Noble House Opts for the Wrong Career", 戏剧研究, 2008(1).

[14] Zbikowski, Tadeusz, *Early Nan-hsi Plays of the Southern Sung Period*, Warszawa: Wydawnictwa Universytetu Warszawaskiego, 1974.

后 记

我接触英语世界的南戏传播与研究，或许是出于偶然，或许也是冥冥中注定的缘分。在2016年春天，我正在为论文题目发愁的时候，出现了波兰汉学家日比科夫斯基的《南宋早期南戏研究》一书，在师长的鼓励下，我用了三四个月时间对其进行了全文翻译。该书虽然不长，但是我第一次翻译的英文学术著作，期间遇到了很多问题，如对威妥玛拼音的陌生、对著作中提及的外国戏曲学者姓名与生平的生疏，以及如何使用中文确切地表达原作者的本意等，所幸最后这些问题都得到了解决。在《南宋早期南戏研究》之后，又断断续续地积累了本书中的30多万字译稿，在翻译、校对等过程中得到了许多老师的帮助，但其中一定还存在各种各样的问题，希望来日我能再对其加以纠正。说是缘分，是因为在大学毕业之后，一直没有放弃对英语的学习，在工作的四五年间一直从事的也都是需要运用英语的工作，只是那时并没有想到能在其他层次上发挥英语的作用。

一路走来，要感谢的人实在太多。感谢俞为民老师大度海量，将我收入门墙，给予我学习与生活上的指导与帮助。俞老师高屋建瓴地为我指出了未来的研究方向，又为我提供了大量非常宝贵的资料。俞老师的气度与学问，是我学习的榜样和继续从事学术研究的力量源泉。感谢阎纯德老师在第一时间录用我的译稿，又决定将我所有的英语南戏研究论著的译稿出版成书，并极其细致地提出了许多可行的建议与需要注意的问题。阎老师对我的信任，使我有了尽力收集全英语南戏研究论著的动力，也使原本枯燥的翻译工作变得快乐温馨。感谢波兰大学李周女士、台湾师范大学孙玫教授、哈佛大学雷伊娜女士、悉尼大学石峻山先生，他们或为我提供了大量的资料，或帮助我校对译稿，或给予了我许多关心与鼓励。感谢蒋宸、张真二位师兄对我的关心和爱护，二位师兄亦师亦友，在谈笑间告诉了我许多方法与道理。还要感谢刘曼华等同学一直以来的相伴，因为有他们，读书的生涯才显得鲜活。

  我的家人无法理解这本书或许会有的意义,我也无法向他们解释我选择继续读书的原因,希望时间能慢慢帮我向他们说明这一切吧。

林施望

2018 年 4 月 10 日

于温州大学研究生公寓